保罗与保罗书信

PAUL AND PAULINE LETTERS

施文华 著

上海三联书店

谨以此书

献给

敬爱的钟志邦老师

推荐序

施文华博士在新加坡三一神学院读圣经学硕士的时候，我有幸成为她的老师之一。她于 2008 年获得圣经学重镇英国杜伦大学（University of Durham）的哲学博士学位，研究的焦点是保罗书信中的十字架神学（Theology of the Cross）。她应该是中国大陆第一位获得英国重点大学新约研究博士学位的女学者。在她获得学位的同一年，她的博士论文在德国杜宾根的著名出版社 Mohr Siebeck 出版，书名是 *Paul's Message of the Cross as Body Language*（WUNT II 254; Tübingen: Mohr Siebeck, 2008）。中文译作《从身体语言看保罗的十字架信息》。

保罗书信一般性和综合性的英文和德文著作不胜枚举。相关的中文著作和保罗书信个别的注释也不少。可是，像施博士这样从历史与文学的视角来探讨和评述保罗书信的专著却不多见。这不是一部神学的（theological）著作，它的特点和贡献也不在于它的原创性（originality），而是在于它给一般大专学生、教牧人士和普通读者们所提供的丰富资料，而这些资料在中国大陆尤其缺少。书中所引用的那些参考书的资料，大部分是作者自己在书写过程中取其要义的概要与评述。这些参考书的原作者，都是当代研究保罗书信的著名专家学者，例如 J. M. G. Barclay, C. K. Barrett, D. A. Carson, A. Deissmann, J. D. G. Dunn, J. Elliott, M. I. Finley, M. Hengel, R. F. Hock, R. A. Horsley, D. G. Horrell, E. A. Judge, R. P. Martin, J. B. Malina, W. A. Meeks, E. P. Sanders, T. B. Savage, G. Theissen, B. W. Winter, N. T. Wright，等等。每一位作者对自己采用的参考资料都是选择性的（selective）。施博士自然也不会例外。一位公正和客观的作者，除了尊重所引用的资料以及原作者的论说之外，也必然会有自己独立的观点和结论。施博士可说是已经做到了这点。

对一般读者而言，比较陌生的，可能是保罗书信当代研究的方向与成果以及历史—社会研究（historical-social studies）对认识保罗书信的背景和内容的重要意义。从这部著作中，读者将不难发现保罗所处的第一世纪希腊罗马社会是非常复杂的，其中包括文化、政治、经济、教育、宗教、哲学、道德、伦理、价值观和时尚等。保罗自己的文化、宗教和教育背景等也不简单。他可说是一位"跨文化"（cross-cultural）的人物。这里所指的，当然是希伯来—犹太文化（Hebrew-Jewish culture）与希腊—罗马文化（Greco-Roman culture）。作者也因此用了不少篇幅来评述保罗的生平。又因为保罗的著作是以"书信"（英文 epistle 或 letter，拉丁文 *epistola*，希腊文 *epistolē*）的形式出现，古代书信，作为很特殊的一类文学（literature），包括它的形式（form）和风格（style）等，也就成了重要的研究与探讨课题。它也因此占了本著作的不少篇幅。在保罗那个时代以及它前后的希腊—罗马社会（Greco-Roman society），修辞学（英文 rhetoric，拉丁文 *rhetorica*，希腊文 *rhētorikē*）是男人完整教育和操练的核心。是的，那是一个完全以男性为中心和主导的社会。这不但是保罗自己的部分教育背景，修辞学的修养和运用，也在保罗的书信，尤其是在《罗马书》《哥林多前后书》和《加拉太书》，明显地体现出来。可是，对保罗而言，希腊—罗马的修辞学只是一个很有用的工具以及文学的体裁和风格而已。耶稣基督的福音内容及其传播，才是他的终极关怀（ultimate concern）。

这部著作也明显不是一本圣经注释，它因此只给保罗的各卷书信一个基本的介绍而已。它的重心，是保罗书信的历史与文学。就当前中国学术界的情况而言，这部著作的面世也可说是来得很"合时"。广义的"基督教研究"（Christian studies）在当代中国学界已经有三十多年的历史了。国内有诸多专家学者在这个领域投入和参与，并产生了不少研究成果，我个人深感敬佩和欣慰。可是，由于新中国自 1949 年成立以来的特殊历史背景和发展，广义的基督教研究很明显是偏重在"哲学"（philosophy）和"神学"（theology）这两个方面。这也是完全可以理解的，因为这些年来，国内认真参与和推动基督教研究的，迄今还是以哲学出身的学者为主。圣经学的研究，就相对比较弱了。这个情况近年来虽然有一些令人鼓舞的改变，但主要还是在旧约圣经的研究和出版方面，例如好些中青年学者掌握了希伯来文。与此相比，新约圣经的研究和成果，就显得比较弱了。这个弱势当然也包括学者在希腊文这方面的掌握能力，以及他们对新约历史和文学等领域的研究。希望施博士这部新作能够给国内的青年学者一些鼓励和启发。

一部著作的价值，并不限于它本身的内容以及它给一些问题提供的答案，也在于它留下来那些悬而未决的问题，给读者留下了机会和空间去作更深层的研究和探索。本书那些"冗长"的注脚（footnotes），很明显是比一般的著作多而且详细，目的是要给读者提供更多的资料和线索，去作进一步的阅读和考究。这一点对中国大陆的读者们应该是比较有价值和意义的，因为这些外文书籍在国内很不容易获得。注脚有不少是用英文和其他外文写的。这自然会带来阅读的困难。可是，对有志于学的读者来说，这些阅读的困难本身也就是一个正面的启发和挑战。出生于中国，并且曾经在那里受过教育的作者施文华博士，对那样的启发和挑战，肯定有亲身的体验和经历。

作者最后还在"附录"中写了一篇"死海古卷简介"，帮助读者更多认识耶稣和保罗那个时代犹太教的多元性和复杂的背景。死海古卷（The Dead Sea Scrolls，简称 DSS）被公认是 20世纪最重要的文物发现之一。

北大、清华、复旦、浙大、香港中大客座教授

钟志邦

2019 年夏写于新加坡松林公寓

作者序

　　《保罗与保罗书信》是我近年来从事学术研究和学习的一些成果。早在英国杜伦大学攻读博士学位时，我就对保罗及其书信产生了浓厚的兴趣，尤其是哥林多书信。我也有机会广泛地阅读与保罗及其书信相关的犹太和希腊—罗马背景，包括宗教、政治、文化与注释等方面的著作。

　　2008 年，香港汉语基督教文化研究所邀请了大陆几位学者为中国大专院校提供圣经研究的学术教材。笔者有幸受邀撰写保罗书信。书稿早在几年前就完成，只是一直没有机会出版。本书的一些内容，也曾先后在复旦大学、浙江大学、香港中文大学崇基学院、新加坡三一神学院、中国南京金陵协和神学院的讲座或教课中，以及英国伦敦大学、芬兰赫尔辛基大学和上海社科院的学术会议上分享过。

　　承蒙联合圣经公会中国事工部主任柯伟生先生的推荐，让我获得奖学金到英国杜伦大学完成我的博士学位，在此深表感激。本书得以完成，也承蒙新加坡三一神学院一些老师的鼓励和支持，特别是钟志邦教授给初稿的审阅以及书写的序言；也要感谢钟师母和李宗高博士与师母，林长泰夫妇全家的关爱，以及充满爱心的新加坡大家庭。我当然也要感谢亲爱的父母、兄弟姐妹及其他家人的关爱。我最后要感谢的肯定是我的先生，爱尔兰都柏林三一大学的沃德铭教授（Benjamin Wold）和女儿沃咏诗（Shira Wold）对我那始终如一的爱、陪伴、鼓励和启发。

一本书的面世当然也肯定有赖于一家好的出版社。我在此要特别感激上海三联书店的邱红和李天伟二位老师在多方面的协助和关照，让这本书能顺利出版。

本书的要旨是：

1. 介绍使徒保罗的希伯来与希腊—罗马文化背景以及这背景下的教育对保罗的深远影响。归信基督是保罗一生最大的转折点，因为它不仅标志着保罗对基督的态度的彻底改变，也是他建立神学思想的崭新基础。

2. 保罗书信占有新约圣经三分之一的篇幅，是认识和理解初期基督教信仰、教会、教义、圣礼、传统、社会伦理、婚姻与家庭观的最原始资料。

3. 介绍现代圣经学者对保罗及其书信的研究成果，尤其是希腊—罗马文化在第一世纪罗马帝国各阶层和领域中的深远与全面的影响，包括历史、人文、教育、宗教、政治、社会、民情风俗等。

4. 历史—社会学对研究保罗的重要性。近年来保罗书信的研究方向，明显是已经从传统上以释经学和神学为主的路线转移到那被认为是非常丰富的历史和社会资料上。研究课题与成果包括古代的各种文献、考古、社会习俗、风土人情、帝国祭礼、多元宗教与哲学思想和世界观。学者们也因此必须把保罗的著作及其建立的教会置于第一世纪的历史和社会的背景下来解读。

5. 本书的设计将全书分为六大部分：（一）导论；（二）第一世纪希腊—罗马的宗教和文化背景；（三）保罗生平；（四）保罗书信与古代书信；（五）保罗书信与修辞评鉴学；（六）保罗书信个别介绍。附录：死海古卷简介。

6. 名作概览。近年来，有关保罗研究的书籍不胜枚举。本书所介绍的作者也不少，其中最有影响力的代表著作有邓恩（James D. G. Dunn; 或译作邓雅各）的《保罗新观》（*A New Perspective on Paul*）和《使徒保罗的神学》（*The Theology of Paul the Apostle*）；桑德斯（E. P. Sanders）的《保罗与巴勒斯坦的犹太教：一种宗教模式的比较》（*Paul and Palestinian Judaism: A Comparison of Patterns of Religion*）；霍雷尔（David G. Horrell）的《新约诠释的社会科学研究方法》（*Social-Scientific Approaches to New Testament Interpretation*）；泰森（Gerd Theissen）的《保罗的基督教的社会处境》（*The Social Setting of Pauline Christianity*）和米克斯（Wayne Meeks）的《最早期的城市基督徒：使徒保罗的社会世界》（*The First Urban Christians: The Social World of the Apostle Paul*）。

施文华

2019 年夏于都柏林书斋

目录

绪　言

　　谁是保罗？除了他在所写的书信中展现的神学思想以外，我们能知道有关他个人和他的生活吗？这就自然涉及以下的问题了：1）个人历史方面：保罗出生在哪里？谁是他的父母？他受的是什么教育？他的生活状况如何——贫穷还是富裕？他是否在年幼的时候就是一个虔诚的宗教追随者？他结过婚吗？他活了多少年？他是在什么情况去世的？2）文化与宗教方面：保罗所处的世界是怎样的？当时的主流文化和宗教是什么？当时的通用语言是什么？

　　为什么要研究保罗及他的神学？他为何是如此富有争议的一个历史人物？他在历史、文学和基督教中有何重要的地位？学者当如何对待或核实《使徒行传》中记载有关保罗的事迹？新约给保罗简单的描述是这样的：保罗的原名是扫罗，希伯来（犹太）人，受过严格的希伯来教育，是热心的法利赛人，为维护他所信奉的犹太教，奉命搜捕耶稣的追随者，也即是当时贬义的"基督的门徒"（Χριστιανός）。[1] 他在往大马色的路上，遇见了复活的耶稣，立即悔改，然后开始了他的三次宣教旅程，最后被囚在罗马监狱中。想要理解他的书信，首先就要认识保罗这个人物以及了解他所处的世界和文化。

保罗之所以至今仍然在基督教的历史上扮演着非常重要的角色并保持着持久不衰的影响力，主要是由于他所留下的著作。基督教文学是构成亚洲和西方文明不可或缺的重要部分。[2] 它在人类历史的过去、现在以及将来，将继续扮演着不可忽略的角色。但是，不是每一个人对保罗的评价都是正面的。有些人固然认为保罗是基督教伟大的历史人物和思想家，他献身宣扬的核心福音就是"基督的死和复活"。持相反观点的人，却谴责保罗是一个叛教者，认为他把耶稣源自犹太教的思想变成了希腊—罗马化的宗教。也有人把保罗看作是一个社会和宗教的改革者，宣传妇女和奴隶的自由与平等的信息。有

1.《使徒行传》11:26："门徒称为基督徒，是从安提阿开始的。"
2. 朱维之，《圣经文学十二讲：圣经、次经、伪经、死海古卷》（北京：人民文学出版社，1989）。帅培天、周平、马赫等编著，《圣经文学词典》（成都：四川人民出版社，1997）。梁工编译，《圣经文学导读》（台北：智慧大学，1992）。梁工，《圣经文学研究与比较文学》，《中国比较文学》2001年第4期，117-121。梁工，《跨文化视域中的圣经文学研究》，《解放军外国语学院学报》2003年第26期，78-81。梁工主编，《圣经与文学》（长春：时代文艺出版社，2006）。梁慧，《中国现代处境下的圣经解读：吴雷川的新约圣经诠释研究》（香港：香港文汇出版社，2006）。梁工，《圣经文学研究》（北京：人民文学出版社，2007）。梁工，《论圣经的文学经典品质》，《外国文学》2008年第5期，74-79。叶约翰（John Y. H. Yieh），《圣经文学研究：当代西方对耶稣比喻的诠释方法》，汉语基督教文化研究所。黄保罗，《汉语学术神学：作为学科体系的基督教研究》（北京：宗教文化出版社，2008）。杨克勤，《圣经文明导论》（北京：宗教文化出版社，2011）。田海华编著，《经典与诠释》（成都：四川人民出版社，2011）。田海华，《希伯来圣经之世界研究》（北京：人民出版社，2012）。梁工，《圣经文学研究意义之所在》，《河南大学学报（社会科学版）》2009年第49期，87-90。徐亮、梁慧，《圣经与文学》（北京：商务印书馆，2016）。

些人却持相反的观点，认为保罗应该对古代以来维持妇女和奴隶在社会上原有的低下地位负部分的责任。人们对保罗极端对立的看法和评估，有不少其实是反映了他们自己的处境所出现的问题。这关键性的一点，在美国和西欧国家尤其明显。很多时候，保罗只是这些欧美人一个很方便的代罪羔羊和借口而已。

保罗的重要性和影响力以及历史意义，主要是在于他的神学，而不是基于他的政治和社会观。因此，无论是学者或是一般的读者，都不应该基于自己的利益和动机，把保罗个人或是他的神学社会化或是政治化。保罗对上帝在耶稣基督的身上所成就的作为和意义的理解和阐释，已经成了基督教神学这两千年来的重要基础。现代神学家基于自己的处境向保罗提出的问题，往往是反映了神学家自己的特殊处境（context）和问题。为了要解决自己当前的问题和困境，或是基于某些动机，有些学者往往会不择手段，用自己的一套方法来"诠释"，甚至歪曲保罗书信文本（text）的原意。这是保罗研究，甚至是整个圣经研究中存在的一个非常严重的问题。

对保罗和他的书信所产生的不同态度和观点显示了一个事实。那就是，保罗并不是一位容易被人理解的人物。即使在保罗自己那个时代，他书信中的不少部分就已经被认为是难以理解和接受的。结果产生了各种不同的诠释，甚至误会和曲解。因此，意识到保罗书信的复杂性和多样化，将有助于读者理解，为何在当时以及历代以来会出现各种不同关于保罗思想的诠释。理解保罗本人以及理解学者们为何会对保罗提出各种不同的观点是同样重要的。

在新约圣经的二十七卷中，有关耶稣的生平和事迹的记载共有四卷，称为"四福音书"（The Four Gospels）。所谓的"保罗书信"则占有新约圣经三分之一的篇幅。被传统地称为"保罗十三封书信"的，是《罗马书》《哥林多前后书》《加拉太书》《以弗所书》《腓立比书》《歌罗西书》《帖撒罗尼迦前后书》《提摩太前后书》《提多书》和《腓利门书》。

但是，在新约中有些被称为"保罗书信"的，也被一些学者们认为不是使徒本人所写，而是在保罗死后，他的追随者用他的名字写的。可是，学者们并没有绝对客观或无可争辩的标准来作出上述的判断。他们只是根据词汇和风格，神学和伦理，以及一些假设来作出判断的。这些学者们得出的结论是：教牧书信（《提摩太前后书》《提多书》）是在保罗死后数年，追随者或教会用他的名字撰写的。有学者认为，《以弗所书》也不是保罗本人写的。《歌罗西书》也被列在同样的争议中。但也有学者持较平衡的观点。他们认为，尽管《歌罗西书》也许不是保罗自己亲手所写，它却是写在保罗生前，或是得到他的许可写成的。《帖撒罗尼迦后书》也受到争议，但多数学者仍旧坚持它是真正的保罗所写的书信。

在新约中，有七封书信被认为是纯正和无争议的保罗书信：《罗马书》《哥林多前书》《哥林多后书》《加拉太书》《腓立比书》《帖撒罗尼迦前书》和《腓利门书》。这七封无争议的保罗书信，因此成了学者研究保罗的原始证据。其中前四封书信被称为主要书信（major or chief letters）。[3] 至少在学术界中，这四封主要的书信对认识保罗的思想和他的神学是最有影响力的。《腓立比书》《帖撒罗尼迦前书》和《腓利门书》对理解保罗的为人和形象则是非常重要的。

在使徒保罗所处的希腊罗马时代，"书信"（epistolh, epistle）是一个极其常见和重要的文学表达形式。近代新约学者的研究显示，保罗书信与古代希腊信函有许多相似之处。因此，对古代书信的风格、类型、格式以及主题的认识，将有助于理解保罗书信。本书将在第三部分以大量的篇幅来介绍古代书信的形式。研究的结果显示，保罗书信大体上是依照希腊信函的标准模式：即信首、正文和信尾。但是，保罗最终却以独特的方式，运用自如地发挥了希腊信函的常规要素，而非完全受其局限，结果形成了自己独特的风格。除了采纳希腊信函的格式以外，保罗书信还吸收了其他的文学传统。这些文学传统包括修辞学与演说技巧（rhetoric and technique of speaking），平行及交叉结构（chiasm），对话议论法或对话教授法（diatribe），以及早期传统的诗歌和信经（hymns and creeds）。故此，保罗书信不但反映了古代信函的模式及多种特征，而且混合了多种形式的文学传统，超越了普通信函的定义。使保罗书信从而显得更有特色，别具一格。此外，修辞学在第一世纪的希腊罗马

---

3. F. C. Baur, *Paul, The Apostle of Jesus Christ, His Life and Work, His Epistles and His Doctrine*（Edinburgh/London: Williams & Norgate, 1875），1.246; 2.18-21, 35-42. 包尔把保罗书信划为三等：1）一等（first class）包括前四封书信（*homologoumena*）；2）二等（second class）：《腓立比书》《帖撒罗尼迦前书》和《腓利门书》（*antilegomena*）；3）三等（third class）：教牧书信。

社会非常盛行，它渗透到文化、教育、政治以及社会意识形态的各个层面。保罗及其会众也因此会熟悉修辞学及其广泛的运用。研究保罗书信的学者，提出了许多保罗在书信中大量运用的修辞学、架构、文体风格、论证以及说服等方式。他们以修辞评鉴法（rhetorical criticism），来分析保罗书信的修辞类型以及演说的组成单位。这种方法有助于理解保罗在书信中使用的一些具体的修辞模式、情境、用语、风格以及论证技巧。

"保罗书信"是作者保罗采取书信的方式来处理教会出现的各种复杂问题的途径，例如教义、社会伦理、圣餐、婚姻、方言、恩赐、复活等问题。书信的内容包括教导和勉励。它们经常被传阅或公开宣读于不同的教会。保罗的书信因此不是出自真空，而是针对某些具体的处境或是回应一些特殊的需要而写的。[4] 结果每一封书信所关切的，都是教会具体的生活和见证（如《哥林多书信》）或个人的特殊处境（如《腓利门书》）。但保罗书信一般而言都包含教义（处理教会和基督徒的信仰问题）和实践（有关信徒的伦理和道德行为问题）两方面。由于基督

---

4. 莱特富（J. B. Lightfoot）早在 19 世纪出版的释经书中就开始强调认识"书信的处境性"的重要，该倡议从此便成为圣经研究的一个标准做法。保罗书信向读者展现了一位伟大的神学家所处理的一系列不同的问题及处境。马歇尔（I. Howard Marshall）也认为，这些书信是针对不同的具体处境和不同的问题而写给不同的特定对象，保罗因此就必须处理不同的课题，以及采用不同的回应方式。参见马歇尔，《马歇尔新约神学》（美国：麦种传道会，2006）。赖德（G. E. Ladd）也提出，保罗的神学不是一套抽象理论，思想上的系统，而是为着实际切合个别或整体基督徒生活而解释基督及其事工的意义。保罗的书信几乎都是因回应他众教会一些特殊境遇而写。研究保罗的思想就受到若干限制，其中最大的限制是没有保罗的全部思想。赖德，《赖氏新约神学》（台北：华神，2000）。G. E. Ladd, *A Theology of the New Testament*（Grand Rapids, Mich.: Eerdmans, 1974, 1993）。

徒会众或个人的生活和见证充满了活力和挑战性，因此即使保罗在书信中针对个别的情况，也必须被看作是动态而不是静态的。再者，由于保罗的每一封书信都写于不同的背景，每封书信也就必须尽量根据各自的原始背景来研究和理解。在阅读保罗的书信时，每封书信的背景（context）和文本（text）之间的关系是非常重要的。然而，保罗书信不只是有意义的历史文件，尽管它们确实具有重要的历史意义，更重要的是，这些书信早就被历代的教会整体和基督徒个人普遍地接受和尊重为圣经的一部分，像其他的圣经著作一样。它们也就理所当然地被看着是关乎信仰和行为的最高准则和权威。因此，它们与所有不同时代和地点的教会整体以及基督徒个人的关系是非常密切的，所带来的影响也是同样深切的。

由于当代学者对保罗书信相当熟悉，他们往往也就容易犯上一个很大的错误。那就是，把保罗书信文本（text）中的问题，完全跨越历史的时空，非常勉强地带进自己的处境（context）。因此，一个很重要的事实就显然被忽略了。那就是，保罗生活和写作的历史和社会背景，与学者自己当代所处的环境是很不相同的，虽然保罗的神学和教导在许多方面是普世的（universal）。保罗在《哥林多前书》13章中有关爱的论说，就是一个很好的例子。

当代保罗书信研究的焦点之一是"保罗新观"（New Perspective on Paul），由桑德斯首倡，主要是针对信义宗（或译路德宗，Lutheranism）有关保罗律法观及其对犹太教传统的解释。桑德斯的著作《保罗与巴勒斯坦犹太教：一个宗教模式的比较》[5] 提出一个近乎全新的观点：保罗时代的巴勒斯坦犹太教是"恩约守法主义"（covenantal nomism），而非律法主义（legalism）。他的论点由英国杜伦大学的邓恩加以发展和扩充。[6]新观点给保罗研究带来了极大的争议，它认为宗教改革以来的基督教对保罗的诠释在一定的程度上误解了犹太教是一个律法主义的宗教，因此把保罗所传的福音与律法对立起来。

16 世纪宗教改革家马丁·路德（Martin Luther）提出了"唯独恩典"（*sola gratia*）与"因信称义"（*sola fidei*, justification by faith）的神学，以反对当时罗马天主教的教义，结果把当时罗马天主教的教义，看成是保罗所驳斥的犹太教律法主义。路德的诠释，后来一直被看为信义宗的传统。19 世纪的德国新约学者包尔（Ferdinand C. Baur）及其杜宾根学派（Tübingen School）继承了路德的律法与福音对立的传统解释，并以此为依据，扩展其思想。它主要观点是：早期基督教内部的冲突，主要是存在于那个以保罗为首，不受律法主义约束的外邦基督徒群体和那个以彼得为领导的犹太基督徒群体之间。[7]

5. E. P. Sanders, *Paul and Palestinian Judaism: A Comparison of Patterns of Religion* (Philadelphia: Fortress, 1977).
6. James D. G. Dunn, "The New Perspective: Whence, What and Whither?" in J. D. G. Dunn, *The New Perspective on Paul: Collected Essays* (Tübingen: Mohr Siebeck, 2005), 10-97.
7. Baur, "Die Christuspartei in der korinthischen Gemeinde, der Gegensatz des petrinischen und paulinischen Christenthums in der ältesten Kirche, der Apostel Petrus in Rom", *TZT* 4 (1831), 61-206; *idem*, Baur, *Paulus der apostel Jesu Christi. Sein Leben und Wirken, seine Briefe und seine Lehre* (Stuttgart: Becher & Müller, 1845). 英译：*Paul, The Apostle of Jesus Christ, His Life and Work, His Epistles and His Doctrine: A Contribution to a Critical History of Primitive Christianity* (1st ed., 1845, 2nd ed., by E. Zeller, trans. A. Menzies; 2 vols.; Edinburgh/London: Williams & Norgate, 1875).

包尔及其学派在研究保罗方面所占的主导地位，一直持续到20世纪的 70 年代。桑德斯在他的著作《保罗与巴勒斯坦的犹太教：宗教模式的比较》中，[8] 提出了一个几乎是全新的观点，认为保罗时代的巴勒斯坦犹太教其实是"恩约守法主义"，而不是"律法主义"。这个新观点促使那个自宗教改革以来一直占主流的观点受到质疑。

桑德斯对保罗律法观的重新诠释，在学术上很快就引起了很大的反响和争议。邓恩的回应是最具影响力的。结果成了"保罗新观"的主要创建者之一。"保罗新观"（或"保罗新释"）作为一个新的标签或学术用语，在某种程度上，也可说是深受邓恩 1983 年的一篇标题为 "The New Perspective on Paul" 的论文的影响。[9] 邓恩首先肯定了桑德斯论点的基本立场。不过，他对桑德斯的理论又加以批判和扩充，认为保罗的思想和犹太教均属于恩约守法主义，只是保罗持有很不同以及独特的基督论（Christology）。

对邓恩来说，保罗新观其实并不算新，它之所以被称为"新观"，主要在于它重新强调了保罗因信称义形成的历史处境层面。而这个一直受到忽略的历史处境层面亦是理解保罗福音内容的关键所在。故此，新观不能被理解为"旧观"的替代品，它也不应被看成旧观的对立面。新观要问的一个基要问题是：传统对保罗称义观的诠释是否顾全到形成保罗教义的全面要素？这也就是新观所要阐述的四点内容：1）新观源于犹太教

8. Sanders, *Paul and Palestinian Judaism: A Comparison of Patterns of Religion*.
9. Dunn, "The New Perspective on Paul", *BJRL* 65（1983），95-122.

新观；2）宣教作为形成保罗称义观的处境之重要性；3）因信称义，而非通过律法之工或行律法；4）保罗福音的全部内容。[10]

卡森（D. A. Carson）将保罗新观归纳为三种倾向。第一，从救恩历史的故事背景来诠释保罗的神学。那就是，用以色列民和上帝子民的集体经验替代了以个人经验来解读保罗的神学的传统模式。主要代表人物是海斯（Richard Hays）和赖特（N. T. Wright）。[11] 第二，新观反对改革宗将"信心"与"行为"视为对立的得救途径的传统诠释，并提出：保罗要解决的是救恩历史的问题（即外邦人怎样在救恩的新纪元成为上帝的子民），而非个人救恩的问题（人怎样才能得救）。第三，注重保罗有关称义的教导：从人怎样在上帝面前称义，转变为更加关注外邦人如何与犹太人一起成为上帝的子民。这是对改革宗"唯独信心"和"唯独恩典"的称义神学发出的一个巨大的挑战：对推动保罗新观的学者来说，"称义"是指成为上帝子民的途径，并不是保罗思想的核心。[12]

由桑德斯发起那个对早期犹太教及保罗律法观的重建，发展到邓恩出版其《罗马书新释》时，已经在一定的程度上改变

10. Dunn, " A New Perspective on the New Perspective on Paul", *Early Christianity* 4（2013），157-182.
11. Richard Hays, *The Faith of Jesus Christ: The Narrative Substructure of Galatians 3:1-4:11 11*（2nd ed.; Grand Rapids: Eerdmans, 2002）; N. T. Wright, *What Saint Paul Really Said: Was Paul of Tarsus the Real Founder of Christianity?*（Oxford: Lion, 1997）; *The Climax of the Covenant: Christ and the Law in Pauline Theology*（Edinburgh: T. & T. Clark, 1991）.
12. 卡森、穆尔，《21世纪新约导论》（香港：天道书楼，2007），356-357。D. A. Carson, Douglas J. Moo, *Introduction to the New Testament*（2nd ed; Grand Rapids: Zondervan, 2005）.

了宗教改革以来人们对保罗律法观的传统解释。柏德（Michael Bird）在《上帝拯救的公义》一书中，作了这样的评语："保罗新观是非常难以下定义的，因为它不是一个可以设界限的严格思想学派，它只有一些轨迹而已。"[13] 时至今天，各类意见似乎有增无减，完全无法统一、整合或归纳。[14] 但保罗新观的学者们对保罗以及早期犹太教的理解，确实是开拓了一个新的思考和研究方向。

近些年来，新约圣经学者们在早期基督教的研究方面，也越来越多地吸收了社会科学，特别是人类学和社会学的研究成果和理论，结果提出了不少新的观点。新约学者对早期基督教在社会学方面的兴趣，可以追溯到 20 世纪 60 年代，以贾奇（Edwin Judge）的著作《第一世纪基督教团体的社会模式》为代表。[15] 德国新约学者戴斯曼（Adolf Deissmann）相信早期基督徒，包括保罗的会众，皆源自社会较低的阶层。[16] 这个观点后来被标签为"旧共识"（Old Consensus）。贾奇反对戴斯曼的观点，指出保罗本人可能就是一名辩士（sophist），其会众中也包括了一些社会的上层人士。泰森（Gerd Theissen）和米克斯（Wayne Meeks）继承了贾奇的观点，以社会学的研究成果来分

---

13. Michael Bird, *The Saving Righteousness of God* (New York: Paternoster Press, 2007), 88.

14. 赖特为了保持自己与桑德斯和邓恩的距离，作了这样的评语："新观"的立场也许和拥护它们的作者同样多，而我不同意他们的大部分立场。

15. E. A. Judge, *The Social Pattern of Christian Groups in the First Century* (London: The Tyndale Press, 1960)；参见 Judge, *Social Distinctives of the Christians in the First Century* (Peabody, Masachussetts: Hendrickson Publishers, 2008)。

16. A. Deissmann, *Paul, A Study in Social and Religious History* (London: Hodder & Stoughton, 1926).

析保罗的会众背景，被称为"新共识"（New Consensus）。如此一来，新约学者就展开了所谓"旧共识"和"新共识"之间的学术辩论，寻求重建早期基督教的起源和社会背景。

新约学者们在理解新约世界和当代的社会和文化之间的差异方面的研究也作出了极大的贡献。这些学者以马利纳（Bruce Malina）和内瑞（Jerome Neyrey）为代表。他们主要是注重地中海社会人类学的研究。马利纳和内瑞探索的研究结果，认为保罗的背景可以理所当然地被看作是社会和文化价值观的模式。他们认为保罗的文化处境，是集体主义和以团体为导向的文化。荣誉和耻辱，则在当时的社会和文化价值观中占主导地位。

保罗书信的精确日期虽然很难确定，但他们大约写于公元66年之前，[17] 也就是可能在四部福音书的任何一部还未出现之前。这一点至关重要，因为这清楚表明，在四部福音书还未出现之前，保罗的思想就早已经继续在影响着早期教会的教义、伦理及会众的组织和结构。再者，由使徒保罗亲手所创立，或与他有着密切联系的大多数早期教会，都是处在罗马帝国的各大城市中。其中包括一些大型和具有影响力的城市教会，如罗马、哥林多、以弗所、腓立比。尽管保罗的书信最初是针对个别教会并带着非常特定的目的而写，但其中有一些书信，后来也很有可能在其他的教会中广为散发以及公开宣读。而那样的情况，实际上也是很自然和可以理解的。这是因为保罗大量的

---

17. 例如：《罗马书》（56—57 年），《哥林多前书》（53—54 年），《哥林多后书》（56年），《加拉太书》（53—56 年），《腓立比书》（约 61 年），《帖撒罗尼迦前书》（50 年）和《腓利门书》（约 61 年）。

基督教教义以及伦理和其他方面的教导，都是一般性质的，因此可以普遍地适用于各教会。保罗的大多数信件，至少与四部福音书的篇幅相比，都是较短的，因此抄写它们的副本也比较容易。传播起来也同样不会太困难。保罗自己其实也希望他的信件能在信众中被公开朗读，以使他能够借此指导教会的信仰和生活。保罗特别吩咐帖撒罗尼迦教会，"要把这信念给众弟兄听"（帖前 5:27）。在《歌罗西书》4:16，当使徒保罗即将结束他的书信时，也非常具体地指示歌罗西基督徒，在读完这封信之后，也应当在老底迦教会诵读此信。同样地，歌罗西教会也应该阅读保罗写给老底迦教会的信。事实上，即使没有使徒保罗特定的指示，信众之间也会彼此交换保罗的书信以供阅读，因为保罗众教会之间相互的联系本来就是非常密切的。

使徒保罗的世界，虽然是以希腊罗马的文化为主流，但也同时是多源的。人们今天所处的，是一个全球化的时代。在日益全球化的世界中，文化之间的联系也变得更加密切和频繁。从积极方面来看，这些联系可能会成为不同文化之间有意义和富有成果的对话机会，从而导致不同文化的民族之间更多的相互理解。从消极方面来看，这些接触也可能会造成不同文化之间的张力，甚至冲突。保罗的著作，因此在跨文化研究方面肯定会作出一定的贡献。这是因为使徒保罗至少是在一个双文化的环境（bi-cultural environment），也即是犹太和希腊罗马文化的环境中成长，接受教育以及后来在其中生活和工作。

保罗是犹太人，却是用希腊文写作，并且居住在罗马帝国。这些不同的文化的背景和影响，构成了保罗的特定身份。但是，那影响他的两个文化自然也不能截然分开。[18]不但如此，保罗时代的犹太教本身也是极其多样化的，不仅是巴勒斯坦犹太人（Palestinian Jews）和流散的犹太人（Diaspora Jews）之间的不同，还有不同的犹太人团体，如法利赛人（Pharisees）、撒都该人（Sadducees）、禁欲者艾赛尼人（Essenes）和奋锐党人（Zealots）。

区分犹太教和希腊文化之间的差别和寻求区分保罗的神学是否是"犹太化"还是"希腊化"，已经有很悠久的学术传统。但是，最近的研究显示，有越来越多的学者对寻找一个明显区别的可能性，深感怀疑。这主要是有鉴于巴勒斯坦以及散居的犹太人，早在保罗之前一百年就已经深受希腊语言和文化的影响。

保罗出生之前，地中海盆地已经在罗马的控制之下，包括占主导地位的皇权和中央治理、行政、税务、司法体系，等等。可是，罗马的控制并不意味着希腊文化对罗马帝国影响的结束。因为希腊文仍然是东地中海的主要通用语言（*lingua franca*）。事实上，罗马人不但没有试图消除希腊文化、习俗和宗教的影响，反而吸收和促进其发展。犹太、希腊和罗马，这些复杂的混合影响，形成了保罗生活的世界和保罗本人。

尽管保罗的神学基本上是犹太或是希伯来的，但它的表达方式，包括它的一些风格、概念和词汇，却明显地存在着希腊罗马文化影响的标志和迹象。一般而言，这个观点是正确和公正的。实际上，这一点对保罗而言也是很自然的，因为他是用希腊文写作，而没有任何一种语言是"中立"（neutral）和"不

18. M. Hengel, *Judaism and Hellenism: Studies in their Encounter in Palestine During the Early Hellenistic Period,* trans. J. Bowden（Philadelphia: Fortress, 1974）.

含价值"（value-free）的。总体而言，保罗的希腊罗马文化背景，不仅丰富了他个人，而且也成为他一生的事工和创作不可或缺的资源。另一方面，保罗与希腊罗马文化的密切关系，也存在着不可避免的张力和冲突。不但如此，他的十字架神学最终还成了对希腊罗马社会意识形态的一种倒转（an inversion of the Greco-Roman social ethos）。在哥林多书信的研究中，这一点是至关重要和显而易见的。

正如前所述的一样，大约在耶稣以后的 30 年左右，可能在四福音书的任何一部还未真正成书之前，保罗的神学、伦理和教会的实践已经在罗马帝国许多地区的早期教会，产生了决定性的影响。保罗很清楚地意识到，他的福音和早期教会一般教导的连续性（continuity），因为两者基本上都是源于耶稣基督本人的。保罗非常重视这个基要的事实。例如，保罗福音的核心信息（林前 15:1-8）和主的晚餐传统，与早期教会一样，都明显是源于耶稣基督本人的（林前 11:23-26），即使他自己个人领受的经历与理解有其一定的特殊背景。关于这一点，《哥林多前书》的这两段经文，是特别值得注意的。因为使徒保罗在此用了两个很重要的希腊术语，即希腊文 παραλαμβάνω（I receive，"我领受"）和 παραδίδωμι（I deliver，"我传给"，"我传递"）。在古代，任何重要的传统，都是通过认真地"领受"（παραλαμβάνω）和"传递"（παραδίδωμι）的惯例和方式，即从一个人传到另一人，或从一代传到下一代，被忠实地保存和流传下去。这个"传承"的惯例，不仅是早期教会的传统，也是犹太教拉比的传统（Rabbinic tradition）。这两者都是使徒保罗非常熟悉的。在这个特别的环节上，也应当注意到的是，虽然保罗的书信大约写于公元 48 年至 64 年之间（基于现在被保存于新约圣经中的那些信件），但是当时已有不少"口述的传统"（oral tradition）以及一些在早期教会广泛流传的有关耶稣的教导和事迹的文字片段，尽管现有的四部福音成书较晚（约公元 65 年至 90 年之间）。由此可见，保罗书信和"口述的传统"，连同一些文字片段，实际上是在并行运作的。因此，"保罗传统"（Pauline tradition）和所有早期的"教会传统"（church traditions）是相辅相成，而不是相互竞争的。最终这两个传统因为互相充实的结果而丰富了起来。"多样化中的统一"（unity in diversity）是其最终的结果。[19] 保罗书信的贡献和意义，也必须从这个非常重要的角度来研究和审视，特别是早期教会的传统和使徒保罗传统之间的连续性。

使徒保罗和早期教会的连续性和统一性，也显明在他与当时一些教会领袖之间非常个人化的关系中，包括他和彼得、马可以及路加之间的关系。在《加拉太书》2:11-14 中保罗公开地向他的读者表示，他曾一度反对彼得和谴责过他，因为彼得有一次被保罗发现没有完全遵行基督福音的基本原则。不过，保罗不是在反对彼得个人，而是在持守福音真理的原则。几年之后，保罗与彼得显然已经完全和解了。在《彼得后书》3:15，使徒彼得形容保罗为"我们所亲爱的兄弟"（ὁ ἀγαπητὸς ἡμῶν

---

19. J. D. G. Dunn, *Unity and Diversity in the New Testament* (London: S. C. M. Press, 1977). 新约的统一性（在差异中统一的特性）是与每本著作的独特性有密切关系的。耶稣基督为所有新约文献提供了一个独特的焦点和连接（包括《雅各书》和《约翰三书》）。

ἀδελφὸς），同时也非常慷慨地宣称，保罗是根据"［上帝］所赐给他的智慧写了信给你们［基督徒读者］"，尽管彼得自己也谦虚地承认，保罗的信中有些内容是"难明白的"（ἐν αἷς ἐστιν δυσνόητά τινα, 3:16）。《马可福音》的作者马可，是保罗早期的旅行同伴（徒 13:5, 13）。但是，保罗不久后拒绝接受马可继续作为他的旅行同伴，因为在较早的旅程中，马可在旁非利亚似乎就已经遗弃保罗，转回耶路撒冷去了（徒 12:13; 15:37, 38）。保罗和巴拿巴也为马可的缘故，发生过争执。结果导致巴拿巴与保罗分手。这个事件之后，巴拿巴带着马可前往居比路，保罗则选择了西拉，前往叙利亚和其他地方（徒 15:39-41）。但是，几年之后，保罗与马可已经完全和好，在保罗所提到的"同工"中，也包括了马可（腓 1:24）。这一点是非常重要的，因为马可后来成了彼得非常亲密的助手，以致彼得很亲切地称呼马可为"我的儿子"（Μᾶρκος ὁ υἱός μου，彼前 5:13）。此外，按照非常古老的教会传统，是使徒彼得为马可撰写的福音书提供了许多有关耶稣非常重要的资料，而马可撰写的福音书后来被称为《马可福音》。但是，上述这些并不是关于保罗与早期教会领袖们的亲密联系的完整记载。路加是一名医生，又是教会的第一位历史学家，他写了《路加福音》和《使徒行传》，同时也是保罗非常亲密的同事和旅行同伴。保罗在《腓利门书》1:24 提及的同工中，也包括了路加。换句话说，使徒保罗与福音的两位作者，即马可和路加的关系，是很密切的。同样重要，同时也是非常有意义的历史事实是，使徒保罗极其尊重彼得，称彼得为早期教会的三根"柱石"（στῦλοι, pillars）之一，其中心是在耶路撒冷（加 2:9）。

上述强调保罗和早期教会之间的亲密联系和团结，主要是对一些现代学术研究给予一个必要回应。这些研究者往往没有充实的确据，就非常主观地强调保罗与早期教会的差异，包括保罗和彼得之间的所谓"冲突"。

概而言之，研究保罗书信最重要的资料，基本上还是那些保存在新约圣经中的保罗书信。研究保罗书信的另外一个重要资料，是《使徒行传》，尽管学者们对《使徒行传》的作者及其内容意见不一。《使徒行传》是早期教会叙述性的历史。它是早期基督教起源以及保罗作为一名基督教传教士活动的宝贵记录。但是，在应用《使徒行传》的资料时，也应当谨慎，因为它毕竟不只是历史的文字记录而已，也包括了丰富的神学诠释。

有些极其重要的大量资料，虽然与保罗没有直接联系，但仍然有助于重建保罗当时工作和生活的社会、文化和宗教背景。犹太人的资料，包括从死海古卷到亚历山大的斐洛（Philo of Alexandria）和犹太历史学家约瑟夫（Josephus）的著作，对理解保罗时代所存在的那个多样化的犹太教和保罗所属的犹太教派别是很重要的。尤其关键的，是旧约圣经对保罗神学的影响，毕竟保罗的神学是植根于犹太教的，尤其是旧约圣经。[20]

其他资料，从文学文本到碑文、钱币、壁画和建筑等，都可

---

20. Richard Hays, *Echoes of Scripture in the Letters of Paul*（New Haven; London: Yale University Press, 1986）。邓恩指出，读保罗神学，就仿佛在聆听一系列丰富多彩的对话。但因为你只能听见对话的一方，听者就必须以它作为对话来理解，否则便会导致误解。邓雅各：《新约神学导论》（香港：天道书楼，2012），49-50。参见章雪富：《斐洛思想导论（I）：两希文明视野中的犹太哲学》（北京：中国社会科学出版社，2006）。

以在不同的程度上，帮助我们理解有关保罗生活和工作中那更广阔的社会、政治和哲学背景。学者们对保罗思想的形成，也提出了不同的详细理论，有些认为保罗不仅受到犹太传统的影响，同时也受到犬儒学派（Cynicism）、斯多亚哲学（Stoicism）、希腊罗马修辞学（Greco-Roman Rhetoric）等的影响。

综上所述，在新约圣经许多领域和相关方面的研究中，最具魅力，同时又是最复杂的，也许就是保罗书信的研究了。较早时已经提及包尔在保罗研究中长期占据的主导地位。[21] 在包尔的影响下，麦克唐纳德（Margaret MacDonald）认为，20 世纪 50 至 60 年代之间，保罗书信的研究普遍倾向于以"保罗为中心"，而没有充分认识和了解整个初期教会的群体（community）。[22] 在 20 世纪初，一个称为"宗教历史学派"（*Religionsgeschichtliche Schule*）的新运动的一些学者，开始强调应当把犹太教和基督教的研究置于更广泛和普遍的宗教学研究的领域中，从而剥夺了犹太教和基督教千百年来享受的"独特"地位。另一个学派是以吕格特（W. Lügert），施米特豪斯（Walter Schmithals）和威尔肯斯（Ulrich Wilckens）等学者为代表，从宗教和哲学传统出发，以"诺斯替主义"（Gnosticism）

---

21. Baur, *Paul, The Apostle of Jesus Christ, His Life and Work, His Epistles and His Doctrine: A Contribution to a Critical History of Primitive Christianity*, 1.267-320.

22. Margaret Y. MacDonald, "The Shifting Centre: Ideology and the Interpretation of 1 Corinthians", in David G. Horrell and Edward Adams（eds.）, *Christianity at Corinth: The Quest for the Pauline Church*（Louisville: Westminster John Knox Press, 2004）, 273-94, at 280. 参见 C. K. Barrett, "Christianity at Corinth", *Bulletin of the John Rylands University Library of Manchester* 46（1964）, 269-297. K. Stendahl, *Paul Among Jews and Gentiles*（Philadelphia: Fortress Press, 1976）. N. A. Dahl, "Paul and the Church at Corinth", in *Christianity*, 85-95。

的观念为特征，来诠释基督教及其神学。[23] 但霍斯利（Richard Horsley）则怀疑以诺斯替主义作为背景来研究哥林多书信的恰当性。他认为从"希腊化的犹太教"（Hellenized Judaism）的角度来解释保罗的神学更为恰当。[24] 麦克唐纳德认为 1960 至 1970 年代之间的保罗书信研究，可被视为是以"基督教为中心"的。因为"第一世纪的哥林多教会（ἐκκλησία）"被公认为初期"基督教"的代表。[25] 其次是"历史—社会学运动"（historico-sociological movement）。保罗书信的近代研究趋势，已经逐渐转移到以"社会为中心"。那就是，用希腊罗马背景去解读保罗书信，尤其是哥林多书信。[26] 此外还有女权方面的研究，以费

23. Walter Schmithals, *Die Gnosis in Korinth: eine Untersuchung zu den Korintherbriefen*（Göttingen, 1956）, trans. J. E. Steely, *Gnosticism in Corinth: An Investigation of the Letters to the Corinthians*（Nashville: Abingdon 1971）.U. Wilckens, "Sophia", *Theological Dictionary of the New Testament* 7.519-22. 参见 R. A. Horsley, "Wisdom of Word and Words of Wisdom in Corinth", *Catholic Biblical Quarterly* 39（1977）, 224-39; Birger A. Pearson, *The Pneumatikos-Psychikos Terminology in 1 Corinthians: A Study in the Theology of the Corinthian Opponents of Paul and its Relation to Gnosticism*（SBLDS 12; Missoula, MT: Society of Biblical Literature, 1973）, 27-43。

24. Horsley, "Gnosis in Corinth: I Corinthians 8.1-6", *New Testament Studies* 27（1981）, 32-52.J. A. Davis, *Wisdom and Spirit: An Investigation of 1 Corinthians 1.18-3.20 Against the Background of Jewish Sapiential Traditions in the Greco-Roman Period*（Lanham, MD: University Press of America, 1984）.Horsley, "Pneumatikos vs. Psychikos: Distinctions of Spiritual Status Among the Corinthians", *Harvard Theological Review* 69（1976）, 269-88; Dunn, *1 Corinthians*, 37-38.

25. MacDonald, "The Shifting Centre: Ideology and the Interpretation of 1 Corinthians", in Horrell and Adams（eds.）, *Christianity at Corinth: The Quest for the Pauline Church*, 285. Schmithals, *Die Gnosis in Korinth: eine Untersuchung zu den Korintherbriefen*（Göttingen, 1956）, trans. J. E. Steely, *Gnosticism in Corinth: An Investigation of the Letters to the Corinthians*.Horsley, "Gnosis", 32-52.

26. G. Theissen, *The Social Setting of Pauline Christianity: Essays on Corinth*（Philadelphia: T. & T. Clark, 1982）. S. C. Barton, "Paul and the Cross: A Sociological Approach", *Theology* 85（1982）, 13-19.W. A. Meeks, *The First Urban Christians: The Social World of the Apostle Paul*（New Haven: Yale University, 1983）.B. Holmberg, *Sociology and the New Testament*（Minneapolis: Fortress, 1990）.J. K. Chow, *Patronage and Power: A Study of Social Networks in Corinth*（JSNTS 75; （转下页）

奥伦莎（Elisabeth S. Fiorenza）1983 年发表的作品《纪念她：以女性神学重建的基督教起源》为代表。这部著作尝试以新颖和大胆的方式来诠释早期教会妇女的地位和角色。[27] 这部著作起初曾一度引起了相当广泛的关注。新约现在最新的研究方向之一，是倾向于探讨希腊罗马修辞学与保罗书信的关系。

亚当斯（Edward Adams）和霍雷尔（David G. Horrell）为保罗书信目前的研究作了一个相当全面性的总结，认为重建早期基督教的任务将继续是多元化的。[28] 有些新约圣经研究分支却避免历史的重建，认为它的探索方法的弱点之一，是提出具体的历史假设来阅读保罗的文本。其他学者则继续利用各种古代的文献，以重建古代哥林多的语境，期望能更好地了解保罗和哥林多会众，使书信仍然保持着对话的意义。这些具体领域的研究范围，将会继续保持和推广下去。例如，从帝国祭礼（imperial cult）到家庭领域，从饮食习俗到流行的哲学思想和世界观。有一个领域似乎已经达成了一致的观点。这观点可以推翻那些以为保罗书信的研究可以越来越简单化或完全客观化的理论。这个相当一致性的观点，很清楚地认识到批判性和理论性思考的需要，包括如何使用和解释古代文献，如何运用社会科学的资源，以及塑造研究的兴趣与意识形态。但没有任何理论、方法和方向是完全正确或是绝对的。

（接上页）Sheffield: JSOT, 1992).D. B. Martin (New Haven: Yale University Press, 1995).D. G. Horrell, *The Social Ethos of the Corinthian Correspondence: Interests and Ideology from 1 Corinthians to 1 Clement* (Edinburgh: T. & T. Clark, 1996).

27. E. S. Fiorenza, *In Memory of Her: A Feminist Theological Reconstruction of Christian Origins* (New York: Crossroad, 1983).

28. Edward Adams and David G. Horrell (eds.), *Christianity at Corinth: The Quest for the Pauline Church* (Louisville, Ky.: Westminster John Know Press, 2004), 42-43.

第一部分

导　论

第一章
保罗及其书信的研究趋向

一、宗教历史学派及其影响

宗教历史学派是 19 世纪的一个德国学派。它第一次把宗教作为一种社会文化现象进行系统研究，把宗教描绘为人类文化不断发展的必然现象，从原始多神教发展到"伦理一神论"（ethical monotheism）。这个学派促成了对圣经及教会历史的批判性学术研究在德国及其他国家的蓬勃发展。

自 18 世纪启蒙运动以来，科学主义和理性主义成为学术领域的主流意识形态，它要求基督教证实其历史性及合理性，而神学家也难免深受其影响。其中两位重要的德国学者，即施莱尔马赫（Friedrich D. E. Schleiermacher）[1] 和黑格尔（Georg W. F.

---

1. 施莱尔马赫（1768—1834），著有：《宗教讲演录》（*On Religion, Speeches to Its Cultural Despisers*, 1799），《基督教信仰》（*The Christian Faith*, 1821），《伦理哲学演讲录》（*Lectures on Philosophical Ethics*）。施莱尔马赫全集：《神学》（*Theology*, 11 册）；《讲道集》（*Sermons*, 10 册, 1873—1874 编著）；《哲学：其他》（*Philosophical and Miscellaneous*, 9 册, 1835—1864）。

Hegel），[2] 值得特别一提。他们都从形而上学的角度去研究宗教与历史的关系。施莱尔马赫的神学和哲学，被视为近代神学界的哥白尼，因为其思想极富革命性，堪称一个分水岭。其神学深受理性主义和浪漫主义的影响，特别主张宗教的本质在于人类的感性经验。他同时也指出宗教所具备的社会性和历史性，他的理论引导学者对圣经持更开放的批评态度。黑格尔的思想使 19 世纪的德国唯心主义哲学达致巅峰，他的辩证法将历史区分为"正、反、合"三个阶段的连续过程。此外，他也将历史与神学以及哲学紧密地结合在一起，强调超越的上帝或理念在人类历史的发展中完满的合一，自然和历史皆处在一个过程中，最终有限和无限达到辩证中的统一。

以施莱尔马赫和黑格尔为代表的神学家们正视宗教的历史性问题，认定宗教及其真理均在不断发展过程中。他们关于基督教历史性的理论影响了 19 乃至 20 世纪的神学界。启蒙运动以前，神学在西方被尊为"众学科之皇后"（The Queen of sciences），历史和哲学则被当成"神学的婢女"（The Handmaid of Theology）。但自 18 世纪末起这种现象开始转变，历史成为逐渐盛行的学科（*Wissenschaft*）。它一方面以实证方式探索人类的历史现象，另一方面也采纳了一种历史主义世界观，坚持

---

2. 黑格尔（1770—1831），著有：《耶稣生平》（*Life of Jesus*）；《精神现象学》（*Phänomenologie des Geistes*）；《逻辑学》（*Wissenschaft der Logik*）；《哲学百科词典》（*Enzyclopädie der philosophischen Wissenschaften im Grundrisse*, 1817—1830）；《法哲学原理》（*Grundlinien der Philosophie des Rechts*, 1819）；《美学讲演录》（*Lectures on Aesthetics*）；《历史哲学讲演录》（*Lectures on the Philosophy of History*）；《哲学史讲演录》（*Lectures on the History of Philosophy*）；《宗教哲学讲演录》（*Lectures on the Philosophy of Religion*）。

所有学科都必须从历史出发。这种方法深刻影响了神学和圣经批判，[3] 其代表学者为施特劳斯（David F. Strauss）和利奇尔（Albrecht Ritschl）。施特劳斯是德国杜宾根大学教授，他的《关于耶稣生平的批判论述》认为福音书是神话而非历史，[4] 其立场主要是针对当时有关基督教起源史的两派观点：超自然主义者坚持福音书不但是历史，而且是超自然的历史；理性主义者则强调福音书是纯粹的自然历史。施特劳斯采用历史方法审视新约圣经中的耶稣，指出耶稣及其在耶路撒冷的使徒的生平和教训，与保罗截然不同。可是，不少比较客观的学者却认为，施特劳斯自己所采用的那一套历史方法是很有问题的。利奇尔是19 世纪后期最具影响力的德国神学家之一，被视为古典自由派神学的奠基人。利奇尔的理论受到施莱尔马赫影响，强调宗教体验和情感的重要性，并主张从历史角度分析基督教。他指出历史与信仰在解释学上相互依存的密切关系，倡导用严格的历史批判方法研究"历史的耶稣"（The Historical Jesus）。

从"宗教历史学派"的发展来回顾，学者就不难发现，正如过去不少的思想"运动"一样，它除了对探讨的课题提出了质疑之外，建设性的成果其实并不多。不但如此，当年那些显赫的倡导者如今早已随风而逝之后，他们所留下来的"烂摊

---

3. Thomas Albert Howard, *Religion and the Rise of Historicism: W. M. L. de Wette, Jacob Burkhardt, and the Theological Origins of Nineteenth-Century Historical Consciousness* (New York: Cambridge University Press, 2000), 2.

4. David F. Strauss (1808—1874), *Das Leben Jesu kritisch bearbeitet* (2 vols., Tübingen: C. F. Osiander, 1835—1836)；乔治·艾略特（George Eliot）将其从德文翻译成英文：*The Life of Jesus Critically Examined* (London: Swan Sonnenschein and Company, 1846)。

子"，却仍待后人继续去收拾。宗教、历史、信仰、神学将继续是无穷尽的课题。

二、包尔和杜宾根学派

在保罗书信研究领域，最具影响力的早期人物是德国新约学者包尔及其创建的杜宾根学派。包尔于1831年发表一篇具有划时代意义的论文，采纳黑格尔的哲学辩证法，视犹太教与基督教为"正"，保罗的外邦基督教为"反"，二者的最后融会为"合"。"合"的事实体现在《使徒行传》的记叙及《以弗所书》的教导中。包尔以《哥林多前书》1:11-12作为其整个论点的依据和框架，认为早期教会的冲突主要发生于以保罗为首的外邦基督徒与以矶法（彼得）为首的犹太基督徒之间。前者强调福音的普世性，不受律法的约束；后者则注重原始使徒的权威，以律法为中心。在包尔看来，保罗书信中福音与律法的对立明确显示出这个冲突的张力。保罗以因信称义为其神学的中心，来抵御犹太基督徒的攻击。包尔进一步假设，保罗与彼得二人之间的严重冲突不但主导了整个新约圣经的形成，而且塑造了早期基督教的历史。上述冲突直至2世纪末基督教会共同抵抗诺斯替主义时才得以化解。[5] 包尔对保罗和彼得两个派系之间早期有关律法和福音（law and gospel）的争议，虽然是有其历史背景，但包尔却经常忽视甚至是歪曲了一个非常简单和

---

5. Baur, "Die Christuspartei in der Korinthischen Gemeinde, der Gegensatz des petrinischen und paulinischen christenthums in der ältesten Kirche", *TZT* 4（1831），61-206.

明确的历史事实。那就是，至少在个人方面，保罗与彼得之间的争议，早就在这两位使徒健在的时候就化解了。因此，包尔的上述假设本身其实就存在着不少悬而未决的问题。

包尔于 1845 年发表了名著《耶稣基督的使徒保罗：他的生平与事工、书信与教义》，并在学术界引起了很大的争议。[6] 他在书中阐述了保罗领导的外邦基督徒与彼得领导的犹太基督徒两大阵营之间的根本对立，并以保罗与彼得之间的冲突及保罗因信称义的教义作为衡量保罗书信的标准，以致监狱书信被视为保罗派的晚期作品，约写于公元 120 年至 140 年之间，主要是针对诺斯替派而写。《帖撒罗尼迦前后书》则被假设是保罗死后才写成的，约作于公元 70 年至 75 年之间。教牧书信被归结为 2 世纪晚期的文献，因其内容主要是针对诺斯替主义及马吉安主义（Marcionism）。只有《罗马书》《哥林多前书》《哥林多后书》和《加拉太书》被接受为真正的保罗书信。此外，包尔及其杜宾根学派的追随者们，也用评论保罗书信的观点和基本架构来审核新约圣经，按各卷的神学取向或神学意图（Tendenz）来分类；认为体现保罗神学的书卷有《希伯来书》和《彼得前书》，体现彼得神学的书卷有《雅各书》《马太福音》和《启示录》，尝试调解问题的书卷有《路加福音》《使徒行传》及《马可福音》，倾向于普世大公观念的书卷包括《彼得后书》《犹大书》和《约翰福音》。

多数学者如今不但批评，并且已经弃绝包尔及其杜宾根学

---

6. Baur, *Paul, The Apostle of Jesus Christ, His Life and Work, His Epistles and His Doctrine: A Contribution to a Critical History of Primitive Christianity.*

派的研究方法和成果。原因之一是，杜宾根学派完全是根据自己无法证实的假设，只接纳保罗的四卷书信，并以保罗与彼得之间的冲突为衡量其他新约圣经书卷的尺度。其次是，他们采用历史怀疑论及哲学理性主义，排除历史中的超自然事件，对历史上的耶稣持完全怀疑态度。这种怀疑论很明显是受到了施特劳斯的影响。

到了 20 世纪 70 年代，桑德斯的《保罗与巴勒斯坦犹太教》一书问世的时候，包尔的观点已近乎瓦解。[7]

当代的学者已经从很不同和多元化的视角去审视包尔昔日所提出的三个关键性问题了：1）保罗对手的身份；2）保罗的律法观；3）保罗神学的中心思想。

三、保罗新观

在保罗书信的研究论题中，学者们对保罗的律法观始终争议不休。16 世纪宗教改革家马丁·路德通过自身经历与神学反思所得出的答案是：救恩不是靠功德而是靠对基督的信靠。律法不能使人称义只能定人有罪，基督徒"因信称义"从律法主义中被释放了出来（加 2:16-21，参见《路德文集》[*Luther's works*, 26:140-157]）。路德竭力反对当时罗马天主教的神学教义，强调罪人无法藉着功德来赚取救恩。恩典与功德是不能混为一谈的。此外，当时教廷也藉着有关炼狱的教条和迷信，劝信徒购买赎罪券，把它看成是赎罪的手段，以达到为建造罗

---

7. Sanders, *Paul and Palestinian Judaism*: *A Comparison of Patterns of Religion*.

马圣彼得大教堂筹款的目的。因此，路德提出了"唯独恩典"（*sola gratia*）与"因信称义"（justification by faith）的神学。路德强调圣经的最高权威，反对罗马教廷的集权制、教阶制以及神职人员的任命制。以路德的神学思想为依据而形成的路德宗教会（Lutheran Church），也称"信义宗"，是因为路德强调"因信称义"的神学教义。[8] 因此，"因信称义"便成了整个基督新教的核心教义。路德认为，他当时所反对的罗马天主教教义，与使徒保罗所驳斥的犹太教律法主义（"legalistic" Pharisaic-Rabbinic Judaism）基本上是一样的。而路德的"因信称义"神学也就一直被视为正统的信义宗传统（Orthodox Lutheran Tradition）。

在很长的一段时间里，神学界一般都认为或假设在保罗的神学中，律法与福音是对立的。从 20 世纪 70 年代开始，学者们才对这个观点提出质疑。穆尔（Douglas Moo）指出，保罗律法观的研究者自 70 年代以来已经经历了一个"范式的转换"（paradigm shift）。因此，当 1977 年桑德斯提出保罗时代的巴勒斯坦犹太教是"恩约守法主义"而不是律法主义的时候，以包尔为首的主流观点便渐渐开始瓦解了。[9] 哈格拿（Donald A. Hagner）形容桑德斯的观点是保罗研究领域的一个"哥白尼式的革命"。[10]

---

8. 路德为反对罗马天主教的功德主义，特别突出因信称义的神学。他的因信称义有三个重点：1）罪人的拯救是完全依赖上帝的主动和恩典；2）这外来的恩典，是上帝给予所有相信者的，他们唯有因信基督而被上帝称为义；3）被上帝宣告为义的，他们在上帝面前的地位，也就随之转变。

9. Douglas Moo, "Paul and the Law in the Last Ten Years," *Scottish Journal of Theology* 40（1987），287-307.

10. Peter Stuhlmacher, *Revisiting Paul's Doctrine of Justification: A Challenge to the New Perspective*（Downers Grove, IL: IVP, 2001），75-76.

桑德斯的《保罗与巴勒斯坦的犹太教》一书，旨在重新建构巴勒斯坦的犹太教和保罗思想。全书分为两大部分：第一部分主要研究和分析巴勒斯坦的犹太教（Palestinian Judaism）。[11]桑德斯将拉比文学（Tannaitic［Rabbinic］literature）、死海古卷、次经（Apocrypha）及伪经（Pseudepigrapha）与保罗文学作了详细的比较。结果发现，除了《以斯拉四书》（4 Ezra）主张律法性的完美主义（legalistic perfectionism）以外，[12] 所有古文献均显示救恩不是靠人的好行为，而是在于成为与上帝立约的子民。因此，桑德斯得出的结论是，从公元前 200 年至公元 200 年的巴勒斯坦犹太教应该称为"恩约守法主义"。那就是，人在上帝计划中的地位是被建立在约（covenant）的基础上，人应以顺服诫命作为正确的回应，"约"为人的过犯提供了赎罪的途径。[13] 恩约守法主义的宗教共同模式（the common pattern of religion）特征是：1）上帝拣选了以色列；2）赐予律法；3）上帝应许持守对以色列的拣选；4）对顺从的要求；5）上帝赏赐顺从和惩罚过犯；6）律法提供了赎罪的途径；7）约的关系得以维持或重新建立；8）藉着顺服、赎罪和上帝的怜悯，凡是被保守在约内的人都属于将会得救的群体。首末两点特别值得注意。那就是，"拣选"（election）和"救恩"（salvation）完全是靠上

---

11. Sanders, *Paul and Palestinian Judaism: A Comparison of Patterns of Religion*, 33-428.
12. 桑德斯认为是此书把犹太教变为个人自义的（individual self-righteousness）。
13. "Covenantal nomism is the view that one's place in God's plan is established on the basis of the covenant and that the covenant requires as the proper response of man his obedience to its commandments, which providing means of atonement for transgression." Sanders, *Paul and Palestinian Judaism: A Comparison of Patterns of Religion*, 75.

帝的怜悯，而不是人自己的成就。[14]

《保罗与巴勒斯坦的犹太教》的第二部分是关于保罗的思想。保罗对恩典（grace）和行为（works）以及主的即将再来的理解与犹太教是一致的：1）救恩是来自恩典，审判则是按照行为；2）行为是保留在救恩内的条件，但行为不能赚取救恩；3）保罗期望主即将再来的思想来自基督教的传统而非犹太教。[15]但是，桑德斯指出保罗的末世论思想模式不能被描述为恩约守法主义，而是参与式的末世论（participationist eschatology），即参与基督的死而复活和圣灵。[16]

保罗对"义"（righteousness）的理解与希腊文化及巴勒斯坦的犹太教全然不同。在希腊文化中，义是一种美德（virtue），义有德行（being righteous）与敬虔（being pious）之分，以及人际关系与人/神关系之间的区别。在犹太的文献中，"义"主要是与顺从律法和为过犯悔改，以及保持自己被上帝拣选的地位有关。而对保罗来说，"义"变成了一个专用神学术语或转换用词（transfer term）。它主要是强调被基督所拯救的人，不是靠行律法被上帝称为义，而是唯独因信基督被转入得救的群体中。[17]

保罗的律法观完全不同于犹太教，它是以基督为中心的救赎论（Christological soteriology）作基础的。保罗因此在处理当时犹太教的一些律法条文上，与犹太教存有很大的区别。最明

---

14. Sanders, *Paul and Palestinian Judaism: A Comparison of Patterns of Religion*, 422.

15. Ibid., 543.

16. Ibid., 548-552.

17. Ibid., 544.

显、也是最具争议性的，就是保罗认为外邦人是不必遵守割礼的。上述的区别主要是基于保罗的救赎论、基督论和圣灵论。[18]

此外，桑德斯也认为保罗的思想深受希腊化犹太教（Hellenistic Judaism）的影响。保罗为了使犹太律法不成为宣教的阻碍，以便吸引更多的外邦信徒，宣布割礼（Circumcision）、安息日（Sabbath）及食物条例（Food Laws）已经失效。就保罗而言，唯独藉着基督，罪人才可以获得救恩，律法对救恩因此已经失去了它的价值。

自《保罗与巴勒斯坦的犹太教》这部著作面世以后，桑德斯在这个领域继续研究和出版，著有《保罗、律法和犹太民族》(*Paul, the Law, and the Jewish People,* 1983)、《保罗》(*Paul,* 1991)、《公元前 63 年至公元 66 年的犹太教：实践和信仰》(*Judaism: Practice and Belief 63 BCE-66 CE,* 1992)。

桑德斯对保罗律法观的重新诠释在学术上引起了极大震撼和反响。邓恩的回应最具影响力，他成为保罗新观的主要创建者之一。保罗新观作为一个标签或学术用语始于邓恩发表于 1982 年的一篇论文的标题"保罗新观"(The New Perspective on Paul)。[19] 在这篇论文中，邓恩给予桑德斯对保罗新观所做出的

---

18. "Paul seems to work with an implicit distinction between the commandments which govern relations between man and man and the commandments which govern relations between man and God. It is especially the latter (sabbath, circumcision and the like) which Gentiles need not follow, while transgression of the former is invariably challenged-though again, not because the commandments are commandments, but on the ground of his soteriology, Christology and pneumatology." Sanders, *Paul and Palestinian Judaism: A Comparison of Patterns of Religion,* 544.

19. Dunn, "The New Perspective on Paul", *BJRL* 65 (1983), 95-122.

贡献高度评价："桑德斯的著作是过去一二十年来所写的唯一值得赞赏的作品，它打破了保罗研究的模式。"

邓恩的《保罗新观论文集》于 2005 年在杜宾根出版。[20] 在这部著作中，邓恩将新观概括为以下五点：1）桑德斯的"恩约守法主义"正确地总结了第二圣殿时期犹太教的仁慈本质；2）犹太教的律法，在保持犹太人与上帝的关系以及有别于其他国民上，发挥了重要的社会作用；[21] 3）因此，保罗在有关"义"的辩论上，努力去克服这个障碍，强调因信称义的道理，首先

---

20. Dunn, *The New Perspective on Paul: Collected Essays.*

21. 参见《申命记》6:7-8："因为你归耶和华你的上帝为圣洁的民；耶和华你的上帝从地上的万民中拣选你，特作自己的子民。耶和华专爱你们，拣选你们，并非因你们的人数多于别民，原来你们的人数在万民中是最少的。只因耶和华爱你们，又因要守他向你们列祖所起的誓。"这段经文里提到的圣洁（holiness）不但是指分别出来归上帝，也包括从其他民族中分别出来。律法是以色列民脱离外邦人的污秽，律法作为一个界限和屏障。所以"律法"的双重功能是标志以色列作为上帝的子民，并保持他们与别人的分离。参见 Book of Jubilees 22:16 "Separate yourself from the Gentiles, and do not eat with them, and do not perform deeds like theirs. And do not become associates of theirs. Because their deeds are defiled, and all of their ways are contaminated, despicable, and abominable"（你们要与外邦人分开，不要与他们一起吃饭，不要像他们那样行事。不要与他们同伙。因为他们的行为是污秽的，并且他们所有的道路都是污染的，卑劣的，和可憎的。）《利未记》20:24-26："我是耶和华你们的上帝，使你们与万民有分别的（I have separated [ἀφορίζω] you from the peoples）。所以，你们要把洁净和不洁净的兽类分别出来（You shall therefore make a distinction between the clean animal and the unclean）；不可因为不洁净的兽类使自己成为可憎恶的。你们要归我为圣，因为我耶和华是圣的，并叫你们与万民有别，使你们作我的子民（You shall be holy to me; for I the Lord am holy [ἅγιος], and I have separated you from the other peoples to be mine）。"彼得总结了他个人的经验和教训："又有声音向他说：'彼得，起来，宰了吃！'彼得却说：主阿，这是不可的！凡俗物和不洁净的物，我从来没有吃过……但上帝已经指示我，无论什么人都不可看作俗而不洁净的。"（徒 10:13-14, 28）同样的，保罗在《加拉太书》2:1-16 也是捍卫相同的福音原则。例如：反对试图给希利尼人提多行割礼（2:1-10）；反对彼得和其他犹太基督徒与外邦基督徒隔开用餐：洁净和不洁净的食物条例（2:11-14）；重申因信称义的原则，而不是因行律法称义（2:15-16）。保罗在称义方面注重的其他两个重点是：唯独因信，而不是通过法律的行为；这里涉及从他人中分别出来成圣的特别行为——分别为圣。一切相信的，没有要求比信心更多的。"所有"在罗马书中是绝对关键词，即"一切相信的"（to all who believe）。

意味着它是为"所有的"犹太人和外邦人的；4）保罗把"义"的教训与律法的行为作对比，因为有些犹太基督徒，坚持某些律法和维持在约内的联系；[22] 5）保罗新观则注意到"义"可能被忽视的方面。[23] 邓恩强调"义"不是希腊的概念，而是犹太人的观念——即履行关系而产生的义务，也就是履行上帝的约的义务。"义"指公义（上帝的公义，也为真理辩明），信实，拯救的义（藉着信心，从上帝而来那个拯救的义［God's Saving Righteousness through Faith，罗 1:16］）。

邓恩肯定了桑德斯论点的基本立场，认为保罗时代的犹太教也是以恩典为主的宗教，因为上帝无条件地拣选了以色列民族并与其立约。与此同时，选民则通过服从律法（Torah）和为过犯（transgression）悔改来回应，保持他们与上帝的关系。[24] 不过，邓恩对桑德斯的理论也加以批评和扩充。邓恩认为保罗的思想和犹太教均属于恩约守法主义，只是保罗持有一个很不一样的基督论。邓恩也同时指出，桑德斯在处理有关保罗与犹太教的关系方面有欠缺，以致淡化了保罗书信中的犹太色彩，特别是《罗马书》9—11 章中保罗倾吐了他自己常为犹太同胞

---

22. 旧的假设是：律法的行为等同于好行为；通过人们自我的成就获得上帝的接纳以及自义。犹太教所教导的因行称义就是等同于律法主义；法利赛人就是寻求功德的人；结果导致犹太教成了一个枯燥无味和失去喜乐的宗教。

23. Dunn, *The New Perspective on Paul: Collected Essays*, 16-17.

24. 邓恩将桑德斯的"犹太教新观"归纳为：一个被恩典拣选的选民；顺服为约的起点；没有完美的要求；有悔改的可能性；提供祭物与赎罪；通过人们自己的成就获得上帝的接纳。参见 Prayer of Manasseh, 7b: "You, O Lord, according to the sweetness of your grace, promised forgiveness to those who repent of their sins, and in the multitude of your mercies appointed repentance as the salvation for sinners."（"耶和华啊，根据你甜美的恩典，应许宽恕那些为自己的罪孽忏悔的人，并在你众多怜悯下，以'悔改'为罪人的拯救。"）

的不信而痛心及身负欠债感。因此，邓恩以保罗的犹太根源为切入点，对《罗马书》进行了新的阐释。邓恩认为《罗马书》与保罗的特殊宣教背景有关。全书的主旨在于说明福音是给予世上所有人的，包括犹太人和外邦人。尽管福音是源于犹太人和具有犹太特色，但在上帝的计划中，福音的对象不只限于犹太民族而且也包括外邦人在内。换言之，《罗马书》体现了福音的犹太色彩和普世性的双重特征。[25] 邓恩在另外一部重要的著作《分道扬镳：基督教与犹太教的分离及其对基督教特性的意义》[26] 中，进一步地强调了基督教的犹太根源。[27]

在有关保罗律法观的问题上，邓恩提出了一个与桑德斯不同的解释。邓恩反对视犹太教为律法主义的宗教，靠行为得救的传统解释。邓恩指出，保罗驳斥的，是犹太人因律法拥有的优越感，而不是靠行为得救的律法观。[28] 邓恩认为，守律法的行为

---

25. Dunn, *Romans*（2 vols.; Word Biblical Commentary 38; Dallas: Word, 1988）.

26. Dunn, *The Partings of the Ways Between Christianity and Judaism and their Significance for the Character of Christianity*（London: SCM Press, 1993）.

27. 从 19 世纪末到 20 世纪中左右，也即是死海古卷被发现那半个世纪，不少新约圣经学者，尤其是欧洲大陆的，曾经过于片面地强调希腊文化和思想，包括诺斯替派，对原始基督教，包括保罗在内的影响。自死海古卷等重要文献面世以后，这个强调基督教希腊色彩的观点才渐渐被纠正过来。原始基督教的犹太背景和本质，如今已经是当今新约研究的主流观点和思想。邓恩在这方面所作出的贡献，是学术界一致肯定的。在《分道扬镳：基督教与犹太教的分离及其对基督教特性的意义》这部著作的结论中，邓恩再次明确地表明了这个观点。他认为，原始的基督教基本上是第一世纪犹太教的一个"更新的运动"（a movement of renewal）。这个更新的运动，在第一世纪首先从犹太教内部开始突破，然后围绕着犹太教本身。邓恩最终的心愿和期盼是：源自犹太教更新的原始基督教的这个见证，给了我们一个更新的期盼，那就是，上帝将会在犹太人和外邦人之间，为了他的子民以色列以及全世界，再成就新的事。

28. 参见《加拉太书》2:15-16："我们这生来的犹太人，不是外邦的罪人；既知道人称义不是因行律法，乃是因信耶稣基督，连我们也信了基督耶稣，使我们因信基督称义，不因行律法称义；因为凡有血气的，没有一人因行律法称义。"

（ἔργα νόμου，works of the law）[29] 即割礼、守安息日和饮食等条例，是犹太人的身份记号以及选民的象征。结果导致犹太人的一种国民优越感和宗教自豪感。守律法的行为的社会功能，也造成犹太人与外邦人的隔离。但根本的问题并不是出于犹太人的律法主义（legalism）或行动主义（activism），而是犹太人的民族主义（nationalism）及自负的特殊主义（particularism）。因此，保罗极力反对的守律法主义，不是指犹太人靠好行为得救，而是指那些坚持外邦人必须归属犹太民族才能得救的说法，并以遵守律法作为归化的标志。保罗对律法的负面理论，并不是针对律法本身，乃是针对犹太民族主义者对律法的误解和误用。[30] 因此，邓恩正确地指出，保罗和犹太人之间的关系，其实并不是非此即彼或是对立的，因为保罗也将他认为是合乎上帝所启示以及圣经的信仰和传统因素纳入自己的思想和教导中。

邓恩在《分道扬镳》的第七章中，也特别以"保罗与恩约守法主义"（Paul and "covenantal nomism"）为标题来阐述保罗的律法观。邓恩在该章一开始，就作了一个很重要的观察。那就是：假使耶稣自己在第二圣殿犹太教的圈子中不容易适应，甚至对它提出疑问和挑战，并且还尝试给予某些律法新的定义，那么最早的跟从者在耶稣受难以及复活之后，就似乎比较少面临同样的问题了。至少在第一世纪中叶左右那些年间，耶稣的信众在犹太教的圈子范围内，似乎是比较可以适应的。这一点

---

29. "律法的行为"这个用语在保罗书信中总共出现8次：加 2:16（3次）; 3:2, 5, 10；罗 3:20, 28。

30. Dunn, *Jesus, Paul, and the Law: Studies in Mark and Galatians*（Louisville: Westminster/John Knox, 1990），190-200.

对理解以耶路撒冷为中心的犹太基督徒与犹太教的关系很重要。邓恩的观察可以概括为以下几点。首先，最初期的犹太基督徒将自己的社群看成是犹太教的高峰点。其次，他们似乎把继续遵从律法这件事，看成是理所当然的。再者，他们继续与耶路撒冷的圣殿保持关系。然后，他们在此阶段，似乎并没有关注到向外邦人宣教的事。最后，有些法利赛人甚至还对他们表示同情（徒 5:33-39）。总的来说，最初期的犹太基督徒将自己的社群看成是第二圣殿犹太教的一部分。若是那样，犹太教的第二和第三根支柱，也即是上帝的选召和以律法（妥拉）为核心的圣约是何时被质疑的呢？这就直接牵涉到使徒保罗了。保罗经历从迫害基督徒到成为热心的宣教者这个极大的转变，本来就是非常戏剧化的。保罗后来与犹太教甚至犹太基督徒之间最大的争议，肯定是割礼以及在耶路撒冷的会议中所涉及有关遵守律法的问题（加 2:1-10；徒 15）。

邓恩的结论是：保罗所反对的，并不是律法本身，或是好行为或善功（good works），而是犹太教在理解、遵守和实践律法的时候，限制了上帝广大的恩典，结果阻碍了外邦人去获得和享受这丰盛的恩典。[31] 再者，保罗在批判当时犹太教的"恩约

---

31. 邓恩所指出的这一点至关重要。因为不只是保罗同时代的人严重误解了保罗，历代以来的基督徒也是一样，误以为保罗只坚持"因信称义"的道理，因而反对律法本身和善功。同样大的误会，当然是认为第二圣殿犹太教完全忽略了恩典，因而只知道善功，或是只依赖自己的好行为在上帝面前蒙悦纳。作为蒙恩得救的基督徒，保罗不但没有反对律法本身，反而希望律法能在基督徒的身上完成。不同的是，因悔改而成为基督信徒的保罗，很自然是从"信"的角度和观点去理解和诠释律法的。因此，遵守和实践律法被看成是"信服真道"（the obedience of faith）的必然结果（罗 1:5）。这样一来，基督徒的"信"，非但没有废掉律法，反而是"坚固"了它。就正如保罗在《罗马书》3:31 自问自答的那样："这样，我们因信废了律法吗？断乎不是！更是坚固律法。"（转下页）

守法主义"的时候，并没有攻击律法或是恩约本身。保罗批判和攻击恩约守法主义，是因为犹太教以律法来坚持在以色列周边设下界限，把外邦人和犹太人完全区分出来，使得只有那些在圈子内的犹太人，才能承受给予亚伯拉罕及其后裔的应许。[32]邓恩因此认为，保罗是很有效地挑战了第二圣殿犹太教的第三根支柱，也即是律法。但不是律法本身，而是当时犹太教所理解、诠释和操纵的律法。因为当时的犹太教把律法看作是保护和保证以色列是唯一拥有圣约特权的工具。[33]

总而言之，邓恩虽然接受了桑德斯对信义宗传统的某些批判，包括信义宗学者对第一世纪犹太教的误解，在《耶稣、保罗和律法：在〈马可福音〉和〈加拉太书〉中的研究》一书中，[34]他也同时提出一套比桑德斯更为合理的解释，认为深受第一世纪犹太教影响的保罗，对律法的正反面理解和陈述是正确的。保罗的思想和教导因此不存在自我矛盾。他对律法本身的良善，始终保持着一贯的信念。

赖特是主张保罗新观的另一位重要新约学者。[35]他在 1978年出版的论文《历史的保罗和信心的使徒》中，[36]就表明真正

（接上页）不但如此，对保罗来说，基督徒在尝试遵守和实践上帝的律法的时候，还有"爱"作为后面的动机与动力。保罗称之为"仁爱的信心"（加 5:6）。参见 Dunn, *The Partings of the Ways Between Christianity and Judaism and their Significance for the Character of Christianity*, 137。

32. Dunn, *The Partings of the Ways Between Christianity and Judaism and their Significance for the Character of Christianity*, 138.

33. Ibid., 139.

34. Dunn, *Jesus, Paul, and the Law: Studies in Mark and Galatians*, 200-203.

35. 赖特是 20 世纪最重要的新约学者之一，现在圣安德烈大学（The University of St. Andrews）任教。

36. N. T. Wright, "The Paul of History and the Apostle of Faith," *Tyndale Bulletin* 29（1978）, 61-88. 赖特，《再思保罗神学争议：保罗真的创立了基督教?》（台北：校园书房，2000）。

的犹太教不是一个律法主义、依靠行为称义的宗教，而是建立在一个对恩典有明确认识的基础上。"好行为"是为了表达感恩之情，并证明一个人对"约"的忠实。并且，赖特提醒研究保罗的学者们，避免使用路德那种时代错置的方法来诠释保罗。历史的保罗并未指责犹太人以律法为律法主义的阶梯或凭借人的行为。

赖特在《再思保罗神学争议：保罗真的创立了基督教？》[37] 一书中的焦点是福音和因信称义。他论证了保罗的福音的核心不是因信称义，乃是基督的受死、复活和升天。福音的宣讲是宣告耶稣为主，应验了以色列素来所盼望的弥赛亚。《罗马书》1:3-4 才是保罗写给罗马人的核心信息，而不是一章十六至十七节。赖特的观点因此不同于传统的思维。对他来说，称义不是保罗的思想中心，而是它的一个必然结果。[38] 换而言之，保罗是以因信称义来作为衡量神的真群体的标准的。[39]

赖特在该书中还强调，保罗在《加拉太书》要处理的问题不是一个人如何成为基督徒、或与上帝建立关系的问题，很明显是你如何界定上帝的子民（the people of God）或你怎样分清谁是"约"的家庭成员（a member of the covenant family）的问题。[40] 第一世纪的称义思想意味着信者已经被上帝宣称为他的子民或约的家庭成员。所以，称义是关乎末世的问题。那就是，

37. 赖特，《再思保罗神学争议：保罗真的创立了基督教？》。

38. Wright, *What Saint Paul Really Said: Was Paul of Tarsus the Real Founder of Christianity?* (Oxford: Lion, 1997), 132-133.

39. Wright, "Putting Paul Together Again: Toward a Synthesis of Pauline Theology", in Jouette M. Bassler (ed.), *Pauline Theology, Volume 1: 1 and 2 Thessalonians, Philippians, and Philemon* (Minneapolis: Fortress Press, 1991), 183-211.

40. Wright, *What Saint Paul Really Said: Was Paul of Tarsus the Real Founder of Christianity?* 120-122.

谁真正是现在和未来的上帝子民。对赖特来说，当时的犹太人与基督徒都同样相信救恩是来自上帝的恩典。他们两者之间存在的最大区别是，犹太人不接受耶稣就是他们所盼望的那位弥赛亚。犹太人相信唯独他们自己是上帝的选民，在上帝的盟约里，他们只需坚持妥拉要求的行为。妥拉提供了三种特别的标记，将犹太人从外邦人中分别出来：行割礼、守安息日和饮食的条例（kosher law）。[41] 而基督徒则接受耶稣为弥赛亚，有赦罪的权柄。他们因信靠耶稣为标记特征，悔改而被上帝称为义。正如赖特所言：称义的教义坚持凡拥有这等信心的人，是属于上帝家中的成员，仅此而已，不可再作添加。[42] 赖特在《圣约的高潮》中明确指出，[43] 保罗所反对和期望拆毁的，是犹太人持守的民族的"义"。民族主义是那些自认为他们在与上帝立约的子民中拥有特殊的地位，又因着他们忠于犹太的民族身份而得到人所追求的保障。

　　按照赖特的看法，保罗在《加拉太书》3:16 提到的亚伯拉罕的"子孙"是单数，是指上帝的子民为单一的家庭。而上帝的子民的家庭也将会以信心来界定。再者，上帝的约的实现也会重新界定"以色列"这个词语。那就是，人只有依靠恩典和信心才能真正成为上帝的子民，而非种族，遵照妥拉的行为或标记。故此，上帝所应许的亚伯拉罕的后裔包括"万民"，不仅是犹太人，也包括外邦人；"以色列"结果从种族含义上的上帝

41. 赖特，《新约与神的子民》（台北：校园书房，2013），303。Wright, *The New Testament and the People of God: Christian Origins and the Question of God* (Minneapolis: Fortress Press, 1992).

42. 赖特，《再思保罗神学争议：保罗真的创立了基督教？》，201。

43. Wright, *The Climax of the Covenant: Christ and the Law in Pauline Theology*, 99.

"子民"变成普世的、以上帝为父的一个大家庭。[44]

赖特也提醒研究保罗的学者们，应避免使用马丁·路德那种时代错置的方法来诠释保罗。历史的保罗并没有指责犹太人从遵守律法变成律法主义者。

此外，赖特还将另外一部与保罗新观相关的著作命名为《保罗神学崭新观》。[45] 这部作品的特色，是以叙事为进路，从犹太教的背景去解析保罗的思想。它透过剖析保罗的神学，来审视起源于耶稣基督的初期教会所持守的信仰系统。赖特在书中注重的论题包括：创造和圣约（Creation and Covenant）；弥赛亚和末世论（Messiah and Apocalyptic）；福音和帝国（Gospel and Empire）。赖特在《保罗神学崭新观》的架构部分，主要是环绕着弥赛亚和圣灵这两根主干，对与以色列息息相关的三个主题（独一神论、拣选与终末论）所作的重新定义来理解保罗的神学。保罗相信上帝藉着弥赛亚耶稣已经先给以色列人开启了救赎的工作，并在这末世藉着圣灵将这救赎的恩典赐给万民。

提倡保罗新观的学者还有瑞生宁（Heikki Räisänen），他的著作《保罗与律法》尝试用新的角度来解释保罗的律法观。[46] 瑞

---

44. 魏斯特鸿，《保罗神学：新旧观》，陈永财译（美国：麦种传道会，2014），239-240。Stephen Westerholm, *Perspectives Old and New on Paul: The "Lutheran" Paul and His Critics* (Grand Rapids: Wm. B. Eerdmans, 2004). Wright, *The Climax of the Covenant: Christ and the Law in Pauline Theology*, 150-250。

45. 赖特，《保罗神学崭新观》，邵樟平、邵尹妙珍译（香港：天道书楼，2008）；Wright, *Paul: In Fresh Perspective* (Minneapolis: Fortress Press, 2005)。参见 Wright, *Pauline Perspectives: Essays on Paul*, 1978—2013 (Minneapolis: Fortress Press, 2013)。

46. H. Räisänen, *Paul and the Law* (WUNT 29; Tübingen: Mohr Seibeck, 1983), 256-263; *idem, The Torah and Christ: Essays in German and English on the Problem of the Law in Early Christianity* (SESJ; Helsinki: Finnish Exegetical Society, 1986), 300-301.

生宁接纳了桑德斯对早期犹太教的解释，并提出保罗之所以贬低甚至放弃律法，是因为他深受希腊化基督徒社群的影响，并且为了回应犹太派基督徒的攻击，旨在推广福音和对外邦人的宣教事工。瑞生宁认为保罗在律法与福音方面的答辩，不但没有达到成功的效果，而且还显示了某些观点的自相矛盾。瑞生宁对保罗的理解和评论是有些问题的。

在主张保罗新观的学者中，值得一提的还有唐纳森（Terence L. Donaldson）的著作《保罗与外邦人：重新绘制使徒的信仰世界》。[47] 唐纳森同样以桑德斯的思想为基础，反对路德宗对因信称义的传统解释，即将第一世纪的犹太教理解为律法主义的宗教。他赞同桑德斯所提出的"恩约守法主义"为当时犹太教的特征。唐纳森的贡献在于研究推动保罗向外邦人宣教的信念。唐纳森以保罗在大马色之前坚守"圣约守法主义"作为研究的前提，得出了以下结论。1）在大马色之前，保罗认为外邦人必须先归信犹太教，遵守妥拉，加入以色列的行列，才可获得救恩。2）保罗曾认为接受弥赛亚耶稣和依从妥拉两者之间是有冲突的。3）大马色的经验使保罗确信耶稣就是上帝所差遣的弥赛亚，是上帝引人通往救恩之路。保罗宣告救恩是依靠信心，而非凭借行为。他视妥拉为上帝的恩赐，其功用是预备人在基督里的救恩。4）保罗坚信他大马色的经验和召命是将外邦人带到上帝的群体中。上帝的子民是以色列，而界定群体身份的标准是相信基督，不是遵守妥拉（也即是以犹太人的

---

47. Terence L. Donalson, *Paul and the Gentiles: Remapping the Apostle's Convictional World* (Minneapolis: Foress, 1997).

种族身份为标记和界线）。5）保罗相信外邦人是在末世到来之前得救成为上帝的子民的。这是一个"过渡时期"，因为保罗相信末世已经近了，而以色列人在这过渡时期会"暂时"拒绝福音，从而给外邦人得救所需的机会。当以色列最终向上帝回转得救的日子到来的时候，向外邦人宣教的时代便会终结（罗 11:11-16, 25-26）。

卡森对保罗新观作了如此的回应：从正面来看，桑德斯的"恩约守法主义"和因它而掀起对保罗神学的重新诠释，已成为学术研究的主流力量，促使学术界对保罗的诠释范式转移。桑德斯的解释也有助于修正学术界以往对犹太教的一些误解和偏见。保罗时代的犹太教并非全是"律法主义"的宗教。有些守上帝圣约的犹太人也理解和珍惜上帝的恩典。无论如何，当时的犹太教也是孕育保罗思想和教导的土壤。[48]

卡森对新观也提出了一些保留的意见。1）他质疑"圣约守法主义"是第一世纪犹太教唯一的救恩观。原因是保罗那个时代的犹太教非常复杂，他们当中的神学观点也很不一致。2）支持保罗新观的学者对"约"和犹太团体等的理解和诠释存在着不少问题。3）认为第一世纪的犹太教也相信上帝的恩典是救恩的基础的假设，是很难证实的。[49]

也有一些学者完全不赞同保罗新观。[50] 例如，沃特森

---

48. 卡森、穆尔，《21世纪新约导论》，尹妙珍、纪荣神译（香港：天道书楼，2007），357。

49. 卡森、穆尔，《21世纪新约导论》，358-361。

50. Francis Watson, *Paul and the Hermeneutics of Faith*（Edinburgh: T&T Clark, 2004）; Watson, *Paul, Judaism, and Gentiles. Beyond the New Perspective*（Revised And Expanded edition; Grand Rapids, MI: Wm B Eerdmans Publishing, 2007）.

（Francis Watson）就认为学者不应当按照路德宗的传统来解释保罗的律法观，他们应当采用社会学的研究方法。他指出，保罗否定律法的原因是为了要使外邦信徒从犹太群体中分别出来。[51] 沃特森采纳了加尔文主义的五个要点来驳斥保罗新观。加尔文主义（Calvinism）的五点基本救恩立场可以用"TULIP"这五个英文字母（即"郁金香"的缩写）为代表。[52] 沃特森基于加尔文主义的五个要点很有创造性地重新书写了"郁金香"：1）保罗新观完全是对路德诠释的一个荒谬模仿；2）上帝对以色列的拣选是无条件的；3）忠于律法作为犹太人被拣选的表达；4）包括犹太人和外邦人的救赎；5）只有不设前提的释经才能让学者摆脱预先定下的神学立场。[53] 沃特森批评保罗新观阵营的学者其实并不理解宗教改革家路德，认为他们不是有深度和客观的路德读者。在他看来，保罗新观的基本路线已经逐渐远离了个人救赎的福音。这是非常严重和危险的，因为个人的得救是保罗神学的核心。

沃特森于 2007 年出版了《保罗、犹太教与外邦人：新观之

51. Watson, *Paul, Judaism, and the Gentiles: A Sociological Approach*（Society for New Testament Studies Monograph Series 56; Cambridge: Cambridge University Press, 1986）.
52. 1）人类的完全败坏。由于亚当的堕落，人是无法凭借自己的能力作任何灵性上的善事。2）上帝对罪人无条件的拣选。上帝的拣选并非因为人在伦理道德上的优点，也不是由于人的信心。3）有限的代赎。基督钉十字架只是为那些预先拣选的人，而非世上所有的人。4）不可抗拒的恩典。人无法拒绝上帝的救恩，上帝的救恩不会因为人的缘故受阻。5）圣徒因坚持得蒙保守。已经获得救恩的人最终不会丧失，因为上帝能保守那些蒙他拣选的人。
53. Francis Watson, "Not the New Perspective", Unpublished paper delivered to the British New Testament Conference 2001. www.abdn.ac.uk/divinity/articles/watsonart.hti. Cited 24 July 2002, 3-4, 4. Michael F. Bird, "When the Dust Finally Settles: Coming to a Post-New Perspective", *CTR n. s.* 2（2005）, 57-69, at 57-58.

后》(*Paul, Judaism, and the Gentiles: Beyond the New Perspective*)。
在这本完全改写了 1986 年的原著的新书中，沃特森扩展、更新
并澄清了他对桑德斯的保罗观点的回应，尝试超越对使徒保罗
的 "新" 和 "旧" 观点的两极分化。换言之，沃特森不再希望
陷于保罗 "新" 和 "旧" 观的教义之争中。在这本新书中，他
综合了历史、社会和神学的方法，为保罗及其福音提供一个丰
富的诠释。沃特森尝试揭开保罗关于犹太人、律法和外邦人的
论述的社会现实层面（social reality）。他从社会学的角度分析
所得出的结论是：保罗与安提阿、加拉太和罗马的基督徒之间
所辩论的，是有关基督徒群体的社会地位问题。保罗对律法和
行为、恩典和信仰、拣选和应许等主题的讨论，可以被看作是
为了使那些不必遵守犹太人某些律法的外邦人也可以成为 "合
法" 的基督徒群体。[54]

拥护路德派的传统诠释并批评保罗新观的学者还有史瑞纳
（Thomas Schreiner）。他持守路德派的观点，坚信保罗的福音是
恩典的福音，保罗的称义指藉着信心而非靠行律法。[55] 蒂尔曼
（Frank Thielman）也认为，保罗并未将犹太教看作律法主义或
靠行为得救的宗教。保罗深信律法不能使人称义，因为在末世
的群体以外，它的要求不能得到满足。所以，基督是人类困境
的解决方法。保罗借用了普遍的犹太末世论模式。对保罗来说，

---

54. Watson, *Paul, Judaism, and the Gentiles: Beyond the New Perspective*.

55. Thomas Schreiner, *The Law and Its fulfillment: A Pauline Theology of Law*（Grand Rapids: Baker, 1993）。安德鲁·达斯赞同史瑞纳的思想，并将其观点加以扩展。根据达斯，犹太教的整个恩典框架（约、拣选、代赎）已经瓦解了：保罗始终如一地否认旧约/摩西的约有任何拯救或赐生命的能力。参见 Andrew Das, *Paul, the Law, and the Covenant*（Peabody, MA: Hendrickson, 2001）。

基督之死是上帝预期的末世介入：基督不但承担了律法的咒诅，也开展了上帝救赎的时代。在上帝的新时代里，归信基督的外邦人和归信的犹太人一起构成末世的"新以色列"，也即是上帝在末世的新"子民"。[56]

赛弗里德（Mark Seifrid）指出，保罗新观确实使人注意到保罗称义的论证的社会面向，但它未充分理解路德称义的意思，用圣约守法主义称呼初期犹太教的救恩论是有误导性的。他认为，桑德斯并没有阐明保罗的归信如何影响他以前对救恩的理解，以及如何脱离妥拉的束缚而接受弥赛亚为救主。[57]

盖瑟科尔（Simon J. Gathercole）也是保罗新观的批评者之一，他于2002年出版了《自夸何在？早期犹太教的救赎神学与保罗在〈罗马书〉1—5章的回应》。[58] 盖瑟科尔认为，桑德斯对犹太第二圣殿的理解过于广泛。桑德斯将犹太第二圣殿理解为"恩约守法主义"，其实是淡化、忽视、甚至是否定了犹太文本中那些决定性的标准和最终的裁决。

无论如何，由桑德斯发起那个对早期犹太教及保罗律法观的重新构建，到了邓恩的罗马书新释面世的时候，在一定的程度上，可说是改变了自宗教改革以来不少学者对保罗律法观的

56. Frank Thielman, *From Plight to Solution: A Jewish Framework for Understanding Paul's View of the Law in Galatians and Romans* (Leiden: E. J. Brill, 1989).

57. Mark Seifrid, *Justification by Faith: The Origin and Development of a Central Pauline Theme* (Leiden: Brill, 1992). Seifrid, *Christ, Our Righteousness: Paul's Theology of Justification* (Downers Grove, III. Apollos/Intervarsity Press, 2000). 赛弗里德也不赞同邓恩提出的保罗反对民族排他的义：这种思想坚持以守割礼等为犹太人身份标记，却忽略了犹太人给这些标记的宗教和伦理价值。

58. Simon J. Gathercole, *Where Is Boasting? Early Jewish Soteriology and Paul's Response in Romans 1-5* (Grand Rapids: Eerdmans, 2002).

传统解释。可是，作为保罗研究的一个潮流或方向，"保罗新观"直到如今仍旧没有在学术界取得一个广泛的共识。学者们对保罗律法观的见解，到现在还是众说纷纭。[59]

四、社会科学的研究方法

近三十年来，多种不同的理论及方法被运用于圣经研究领域。在圣经研究中，除了使用早已被广泛运用的历史评鉴法（historical criticism），学者们也开始运用其他学科的理论和新方法，例如文学评鉴法和社会科学方法来分析文本。新约的社会科学释经法（Social-scientific interpretation of the New Testament）是研究整本圣经之大趋势的一部分，反映了人文学科和社会科学在跨学科方面的联系及多样化。与文学评鉴法的某些形式不同，运用于圣经上的多种社会科学方法，保留了它与历史评鉴法的密切联系。学者们使用社会科学提供的资源是尝试结合其

---

59. Stuhlmacher, *Revisiting Paul's Doctrine of Justification: A Challenge to the New Perspective.*Michael B. Thompson, *The New Perspective on Paul*（Cambridge: Grove, 2002）. Seyoon Kim, *Paul and the New Perspective: Second Thoughts on the Origin of Paul's Gospel*（Grand Rapids: Eerdmans, 2002）; Westerholm, *Perspectives Old and New on Paul: The "Lutheran" Paul and His Critics*；魏斯特鸿，《再思保罗称义观：传统派与修正派的6场对话》，谭达峰译（台湾：校园书房，2017）。D. A. Carson, Peter O'Brien and Mark A. Seifrid, eds., *Justification and Variegated Nomism: Volume 2: The Paradoxes of Paul*（Grand Rapids: Baker, 2004）. Michael F. Bird, 'When the Dust Finally Settles: Coming to a Post-New Perspective Perspective', *Theological Journal* 2, no. 2（2005）, 57-69.陆红坚，《重估"因信称义"——"保罗新观"评述》，《基督教思想评论》2006年第4期，149-161。吴慧仪，《从保罗新观看圣经研究对福音信仰之贡献和挑战》，《中国神学研究院期刊》2008年第44期，13-29。曾思瀚，《反思保罗新观的三个发展阶段》，《山道期刊》2010年第25期，50-85。麦启新，《恩约守法主义与新约救恩论》，《山道期刊》2010年第25期，121-143。邵樟平，《赖特保罗新观带来对保罗的新认识》，《山道期刊》2010年第25期，146-166。邓恩，《保罗新观的新视角》，王学晟译，《圣经文学研究》2016年第12期，106-135。

他文本和历史评鉴的方法在一起，就它们的历史、社会和文化背景，更充分和深入地了解圣经文本和它的群体。"[60]

自从上世纪 70 年代以来，研究保罗书信的学者们，不但使用了社会科学的多种方法，并且还采纳了人类学和社会学的各种理论和观点。使用这些新方法的部分原因，是希望它们能纠正某些偏激的神学思想和释经结论。那些神学思想和释经结论是在特定的社会处境下形成的。因此，这些新约学者们更关注的问题和中心就不是传统的保罗和他的神学，而是有关保罗和早期基督徒生活的文化、政治和社会领域：早期基督徒与当时整个社会的关系；早期基督徒的社会结构；以及早期基督徒如何对待权柄和祭礼等问题。[61]

按照埃利奥特（John Elliott）理解，圣经的社会科学评鉴法是通过社会科学的透视、理论、模型和研究来分析文本及其社会处境和文化层面。作为历史评鉴释经法的一部分，社会科学评鉴法审查圣经文本那些富有意义的语言结构，目的在于沟通作者及其读者。[62]

圣经研究，包括文学考察、文本分析和评鉴，无疑是进行社会历史调查的重要资料和工具。凡有历史感和重视社会科学

---

60. Horrell, *Social-Scientific Approaches to New Testament Interpretation* (Edinburgh, T & T Clark, 1999), 3.
61. Horrell, *An Introduction to the Study of Paul* (2nd ed.; London: T&T Clark, 2006), 106-107.
62. "social-scientific criticism investigates biblical texts as meaningful configurations of language intended to communicate between composers and audiences." J. Elliott, *What Is Social-Scientific Criticism?* (Guides to Biblical Scholarship; New Testament Series; Minneapolis: Fortress, 1993), 7. Elliott, "From Social Description to Social-Science Criticism", *Biblical Theology Bulletin* 38.1 (2008), 26-36. Elliott, *Social-Scientific Criticism of the New Testament: An Introduction* (London: SPCK, 1995).

的学者都必须考虑文本的文学特征以及它所包含的原始证据。[63]

新约学者在理解新约世界与现代社会文化之间的差异方面也做出极大的贡献。学者马利纳（Bruce Malina）和内瑞（Jerome Neyrey）特别重视地中海社会的人类学研究，从而在保罗的背景中探索那些常被视为理所当然的社会和文化价值观模式。例如，他们将保罗的文化处境理解为集体主义和以团体为导向的文化，认为荣誉和耻辱（honour and shame）的观念在那种处境中占有的主导地位。他们的研究肯定了保罗那个时代的世界观、价值观和心态等都属于古代地中海的背景。[64] 可是马利纳和内瑞对保罗时代文化的描绘也有太普遍化或笼统之嫌，因为他们往往假设现代与古代地中海社会有很多相似之处。保罗毕竟还是生活在一个与现代社会很不相同的文化、社会、经济和政治背景中的。

---

63. Horrell, *Social-Scientific Approaches to New Testament Interpretation*, 24.
64. 参见 J. B. Malina, *The New Testament World: Insights from Cultural Anthropology*（Louisville: Westminster/John Knox Press, 1993）. J. B. Malina and J. H. Neyrey, *Portraits of Paul: An Archaeology of Ancient Personality*（Louisville, KY: Westminster John Knox Press, 1996）. Horrell（ed.）, *Social-Scientific Approaches to New Testament Interpretation*。

第二章
保罗及其会众的社会背景

一、早期基督教的社会背景

现代新约学者对早期基督教社会背景的兴趣可追溯到贾奇的著作，以《第一世纪基督教团体的社会模式》（*The Social Pattern of the Christian Groups in the First Century*）为代表。20世纪80年代以来，新约学者对社会背景的兴趣再度复兴。泰森和米克斯开始采用了社会学的研究成果来分析保罗的会众背景。新约学者中的所谓的"旧共识"和"新共识"之间的学术争论持续不休，都是在尝试重建早期基督教的起源和社会背景，特别是哥林多教会的社会背景。

泰森的研究为深入了解哥林多的社会状况，特别是等级观念及其冲突的性质提供了丰富的资料。舒茨（John Schütz）认为，泰森的作品不仅标志着"大胆的假设"，也"平衡了释经的洞察力和细节上的耐心"。[1] 霍雷尔则认为，哥林多书信"不仅

---

1. John H. Schütz（trans.）, *The Social Setting of Pauline Christianity*, introduction.

提供了研究早期基督徒社会背景的丰富的材料，而且还可以将重点放在特定的团体以及它随着时间的推移的改变上"。[2] 切斯特（Stephen Chester）的看法是，至少在社会背景方面，哥林多书信的研究可能比其他的保罗信件更为准确。这是由于该信件在第一世纪的 50 年代就被保罗送往哥林多的教会。因此，把哥林多置于更精确和更广泛的希腊罗马文化的范围内来理解是有可能的，尤其是考虑到第一世纪的哥林多及其周边环境的丰富考古记录。[3]

圣经学者在研究早期基督教的社会背景时，《哥林多前书》1:26 成为一个关键性的经文，一如维尔纳（Wilhelm Wuellner）所说，"在整本新约中，对于研究早期教会的起源而言，没有任何其他文句比《哥林多前书》1:26 更具影响力地塑造了流行的见解和释经的判断。"[4] 梅杰特（Justin Meggitt）也认为，最引人注目的，是新共识与旧共识在这里发现了其各自重建基督教起源的基石。[5]

早在公元 2 世纪，塞尔修斯（Celsus）就已经声称，基督教是一个下层社会的运动，包括耶稣自己在内。它因此只能赢得社会低下阶层的信徒，如收税员、船员以及那些从未进过学堂的文盲。[6]20 世纪初，德国新约学者戴斯曼就已经提出了类

2. Horrell, *The Social Ethos of the Corinthian Correspondence: Interests and Ideology from 1 Corinthians to 1 Clement.*

3. S. J. Chester, *Conversion at Corinth: Perspectives on Conversion in Paul's Theology and the Corinthian Church* (London: T & T Clark, 2003), 32.

4. W. H. Wuellner, "The Sociological Implications of 1 Corinthians 1:26-28 Reconsidered", 666.

5. J. J. Meggitt, *Paul, Poverty and Survival* (Edinburgh: T & T Clark, 1998), 102.

6. Origen, *Celsus* 1.62.

似的观点，后来这个观点被称为"旧共识"。戴斯曼相信早期的基督教，包括保罗的会众，都是来自社会的较低阶层。[7] 与此相反，贾奇则认为，基督教是当地的庇护人或赞助者（patrons）对其社会依赖者或隶属者（clients）提供赞助的一个运动。他进一步假设，保罗当时可能已经被确定为"辩士"（sophist），他也有一些关系亲密的庇护人。[8]

周健文（John K. Chow）加强了贾奇的观点，认为通过保护或赞助所建立的关系是第一世纪哥林多社会的重要运作方式之一。[9] 他相信保罗是与哥林多教会的社会弱者站在一起的。这不仅符合哥林多信函给人的一般印象，同时也符合保罗击败强大的"智慧之城"的策略。[10]

保罗在《哥林多前书》1:26-29所使用的一些术语如"智慧""能力"和"尊贵"，是有关上层社会最关注的重大问题。保罗结合这三个词汇来设法提醒自负的哥林多人，实际上在他们中间不是很多人配得这些称呼。泰森发现了斐洛作品中与保罗运用这些社会术语之间的相似处。[11] 从社会学的角度去分析，学者们就显然会发现，哥林多教会的结党纷争基本上是由于权力和社会地位之间斗争的结果，与传统的社会风气非常相符。因此，保罗就必须采取大幅度翻转社会风气的形式来处理这些

7. Deissmann, *Paul, A Study in Social and Religious History*, 29-51.
8. Judge, "Cultural Conformity and Innovation in Paul: Some Clues from Contemporary Documents", *TynBul* 35（1984）, 3-24, at 23.
9. Chow, *Patronage and Power: A Study of Social Networks in Corinth*, 188.
10. Ibid.
11. Theissen, Theissen, *The Social Setting of Pauline Christianity: Essays on Corinth*, 72. Philo, *Somn.* 1.155.

棘手的问题。事实上，当保罗论到不是有很多哥林多教会的成员是属于上层阶级的时候，也就意味着至少有几个或是少数哥林多教会的成员是属于上层阶级的，虽然大多数哥林多会众的社会地位则是因贫穷而卑贱。具有讽刺意味的是，恰恰是因为教会里有少数的所谓上层社会成员，这些"精英分子"就变得更加重要和有影响力，从而充分地利用了他们的社会地位。克拉克（A. D. Clarke）所得出的研究结论，也同样肯定哥林多会众中一些成员确实是来自社会的统治阶级。[12] 巴克莱（J. M. G. Barclay）也认为，哥林多教会有少数基督徒拥有较高的社会地位。[13] 温特（B. W. Winter）也据此提出建议，称《哥林多前书》1:26 所指的是哥林多统治阶级，并且还可能包括演讲家和辩士。[14]

在哥林多书信的研究中，"新"与"旧"立场之间的辩论仍在进行。梅杰特继承了戴斯曼的观点，认为保罗的会众应属于罗马帝国中的穷人和非精英阶层。据梅杰特评估，罗马人口的百分之九十九维持于只求生存的物质水平上。[15] 傅瑞生（Steven Frisen）也提出类似于梅杰特的见解，但有些细微的区别。傅瑞生通过从罗马帝国中的各种经济群体来建立了一个贫穷人口的比例方法，然后把保罗书信中提到的基督徒分配到这些经济群

---

12. A. D. Clarke, *Secular and Christian Leadership in Corinth: A Socio-Historical and Exegetical Study of 1 Corinthians 1-6*（Leiden: Brill, 1993），45. 参见 Meeks, *The First Urban Christians: The Social World of the Apostle Paul*, 63。

13. J. M. G. Barclay, "Thessalonica and Corinth: Social Contrast in Pauline Christianity", *Journal of the Study of New Testament* 47（1992），49-74, at 57.

14. B. W. Winter, *Philo and Paul Among the Sophists*（Cambridge: Cambridge University Press, 1997），191. 同时，温特坚信，保罗在 2:1-5 运用的语言是"反智者派的"（anti-sophistic，或"反诡辩派的"）。保罗在哥林多时拒绝了自我表现的诡辩方法和塑造自己的形象。参见 Winter, *Philo and Paul Among the Sophists*, 113-157。

15. Meggitt, *Paul, Poverty and Survival*, 75-153.

体中。他在结论中尝试显示保罗会众的绝大部分处于生存的边缘，但至少有几人拥有过剩的资源。[16] 无论如何，有关保罗会众的社会和经济地位问题，相信学术界将会继续辩论下去。

泰森和米克斯认同贾奇的研究成果。他们的学术立场现在被称为"新共识"。其观点为：保罗的会众是由跨阶层的社会成员组成的，其中包括一些来自较高阶层的人士。泰森和马丁（Dale Martin）在回应梅杰特的书评中，特别为"新共识"的立场辩护。[17] 鉴于现有的资料，刻板地描述哥林多教会的社会组成似乎是不明智的，在很多方面甚至是不可能的。尽管在任何一张图像中都会有许多阴影，"新共识"的观点似乎与《哥林多前书》的陈述更加符合和一致。

无论情况如何，保罗在《哥林多前书》1:26 的意图却是很清楚的。那就是，保罗向哥林多人的社会现实发出严峻的挑战，促使他们不能再过于自负和浮夸。保罗的策略和修辞言论给人印象深刻，他似乎在对那些自负的成员说：既然你们哥林多人是如此关注权力和社会地位，就让我按照你们自己的世俗标准来审查你们的实况吧。最终，甚至你们自己也不得不承认这赤裸裸的事实——"在你们中间按照肉体而言有智慧的不多，有能力的不多，有尊贵的也不多"（οὐ πολλοὶ σοφοὶ κατὰ σάρκα,

16. Steven Frisen, "Poverty in Pauline Studies: Beyond the So-Called New Consensus", *Journal for the Study of the New Testament* 26（2004），323-361.

17. 参见 Dale B. Martin, "Review Essay: Justin J. Meggitt, *Paul, Poverty and Survival*", *JSNT* 84（2001），51-64; Theissen, "The Social Structure of Pauline Communities: Some Critical Remarks on J. J. Meggitt, Paul, Poverty and survival", *JSNT* 84（2001），65-84。Meggitt, "Response to Martin and Theissen", *JSNT* 84（2001），85-94. Theissen, "Social Conflicts in the Corinthian Community: Further Remarks on J. J. Meggitt, Paul, Poverty and Survival", *JSNT* 25/3（2003），371-391。

οὐ πολλοὶ δυνατοί, οὐ πολλοὶ εὐγενεῖς, 1:26）。哥林多人渴求权力和社会地位是当时教会出现比较明显分裂的原因之一。

保罗所使用的这些词语，如"智慧"（σοφοί），"能力"（δυνατοί），"尊贵"（εὐγενεῖς），都是当时最具吸引力的口号。这些词语和口号表示当时人们深切渴望拥有的是什么以及一些基本的传统社会风气又是怎样的。在保罗那个时代，罗马人把社会分为两个主要类别：上层阶级（honestiores）和下层阶级（humiliores）。荣誉只属于前者（honestiores）。[18] 正如巴顿（C. A. Barton）所指出的那样，对罗马人来说，荣誉（honour）是一个人"存在与生存"的同义词。因此，当一个人失去自己的荣誉时，那种感受是绝对无法忍受和难以想象的。[19] 如果事实真是像巴顿所观察的那样，荣誉等同于"存在与生存"，那保罗质疑哥林多人所假定的荣誉（如"智慧""能力"和"尊贵"），就很明显是等于挑战他们的存在与生存了。这并非言过其实，因为保罗当时事实上就是在处理哥林多人的存在与生存的问题，因此，他特别提醒他们有关蒙召（1:26）和上帝的拣选（1:27）。对保罗而言，是上帝神圣的恩召和拣选最终赋予哥林多人新的存在与生存意义，尽管他们似乎已经忘记了这一个关键性的经历。因为他们显然仍旧受到当前社会风气的捆绑。此外，也正是基督徒新的存在意义赋予了哥林多人真实的身份（1:28）。最终，保罗起初对哥林多人真正的社会地位的质疑，

---

18. P. Garnsey, *Social Status and Legal Privilege in the Roman Empire*（Oxford: OUP, 1970），221.

19. C. A. Barton, *The Sorrows of the Ancient Romans: The Gladiator and The Monster*（Princeton, N. J.: Princeton University Press, 1993），186.

便非常机智和吊诡性地引导他们对自己真正的存在和身份的重新确认。

二、保罗的社会背景

尽管路加在《使徒行传》中几次提到了保罗的公民身份（16:37；21:39；22:3，25-29；25:7-12），保罗自己却从来没有提及这个问题。由于保罗是否拥有大数和罗马公民的身份与他的社会出身和地位息息相关，学者们对此课题的兴趣及辩论持久不衰。

根据早期教父哲罗姆（Jerome）的记载，保罗首先是随同父母从犹太地迁移到大数城作殖民的，后来他的父母获得自由及罗马公民籍。[20] 大多数的新约学者现在持守的立场是，保罗在皈依基督之前，也曾享受过他作为罗马和大数公民的特权。[21] 贾奇还特别指出，保罗来自一个杰出的犹太人圈子，属于"希腊化家庭的特权团体"（the privileged group of Hellenistic families），并同时拥有一系列优越的社会资格。[22] 亨格尔（Martin Hengel）则认为保罗来自一个"中等的小资产阶级家庭"（petty-bourgeois middle-class family）。戴尔（N. Dahl）表明保罗出生于一个"富

---

20. 哲罗姆，《名人传》5。参见 Photius, *Quaest. Amphil.* 116。
21. 参见 Barrett, *A Critical and Exegetical Commentary on the Acts of the Apostles* (Vol. II, ICC; Edinburgh: T. & T. Clark, 1998), 2.801-802；Dunn, *The Acts of the Apostles* (Peterborough: Epworth Press, 1996), 223；F. F. Bruce, *The Acts of the Apostles: The Greek Text With Introduction and Commentary* (New International Commentary on the New Testament; Grand Rapids, MI: William B. Eerdmans, 1990), 340-341. R. Riesner, *Paul's Early Period: Chronology, Mission Strategy, Theology* (Grand Rapids/Cambridge: Eerdmans, 1998), 147-156。
22. Judge，*The Social Pattern of Christian Groups in the First Century*, 57-58.

裕之家"。[23] 桑德斯强调保罗是在一个中产阶级的家庭氛围中长大的。[24] 拉姆塞（W. M. Ramsay）和泰森一致认为，保罗属于更高的社会阶层，拥有大数和罗马的公民身份，因此享有罕见的"特权地位"。[25] 马歇尔（P. Marshall）坚信，"保罗与他的竞争对手的社会地位和教育是平等的"。[26] 萨尔（M. E. Thrall）却为一件发生在保罗身上的事感到困惑。那就是，保罗自己曾经提到他忍受过三次罗马的鞭打刑罚（林后 11:25），但没有清楚表明自己作为罗马公民身份，是非常令人感到意外的。《使徒行传》22:25-29 却有记载，保罗曾有一次为了保护自己而向罗马长官表明他的罗马公民身份。也许是各种外在的环境和内在的动机，促使保罗在某些情况下选择了对自己所拥有的国籍保持沉默。[27] 亨格尔特别指出，保罗在遭受罗马的三次鞭打刑罚时，之所以故意隐藏他罗马公民身份是为了效法基督的受苦。对保罗来说，"我身上所带的耶稣的印记"（加 6:17）是光荣战役中得胜的符号。[28] 有一些证据非常确实地表明：即使那些身份毫无

23. Hengel, *The Pre-Christian Paul* (London: SCM Press, 1991), 17. N. Dahl, *Studies in Paul: Theology for the Early Christian Mission* (Minneapolis: Augsburg, 1977), 35.

24. E. P. Sanders, *Paul: A Very Short Introduction* (Oxford: OUP, 1991), 10.

25. W. M. Ramsay, *St. Paul the Traveller and the Roman Citizen* (London: Hodder and Stoughton, 1895), 30-31；Theissen, *The Social Setting*, 36.

26. P. Marshall, *Enmity in Corinth: Social Conventions in Paul's Relations with the Corinthians* (Tübingen: Mohr Siebeck, 1987), 400.

27. M. E. Thrall, *II Corinthians* (ICC; London; New York: T & T Clark, 2000), 742. 然而，梅吉特则持相反的观点："正如早期教父将他（保罗）看作'普通人'（ἀγοραῖος）一样，他同时代的人也把他视为穷人（πτωχός）之一，所以我们也应该把保罗放在这样的经济背景之下。"（Meggitt, *Paul, Poverty and Survival*, 96.）

28. Hengel, *The Pre-Christian Paul*, 6-7. 参见 Hengel, "Crucifixion and Roman Citizens", in *Crucifixion in the Ancient World and the Folly of the Message of the Cross* (Philadephia: Fortress, 1982), 39-45。

疑问的罗马公民也有遭遇罗马当局鞭打，甚至被钉十字架酷刑的待遇。[29] 墨菲-奥康纳（Murphy-O'Connor）作出了如下的结论：那些怀疑保罗拥有罗马公民身份者既然不能证实这件事是《使徒行传》的作者路加创制出来的，再加上保罗书信本身所提供的线索，保罗的罗马公民身份是应该被承认的。[30]

但是，在希腊罗马社会风气的盛行下，保罗身为一个罗马公民的确是作了一件被认为是有损于自己社会地位的异常选择。因为保罗自己所选择的劳作，让他被诬蔑为是属于劳动阶级的，也就是当时希腊罗马社会所鄙视的下层阶级。保罗在《哥林多前书》4:12 明确地提到了他与同伴是"亲手做工"的。路加在《使徒行传》18:3 中清楚地提到保罗制造帐篷的职业。从保罗宣教的立场和目的来说，这个职业选择是完全正面和积极的。因为它让保罗有机会尽量自供、自养和自传，使福音可以免费地传给他人。[31] 不但如此，这个很不寻常的选择，也更具体地表达了保罗作为基督仆人的身份和他自愿卑微的生活方式。

29. Wenhua Shi, *Paul's Message of the Cross as Body Language*, WUNT II/254 (Tübingen: Mohr Siebeck, 2008), 33-36. Josephus, *B.J.* 2.308; 5.449-451; Cicero, *Verr.* 5.165-168; *Rab. Perd.* 4.13-16; *Cal.* 12.2; Livy 30.43.13; 29.9.10; Suetonius, *Gal.* 9.2.

30. J. Murphy-O'Connor, *Paul: A Critical Life* (Oxford: OUP, 1996), 41.

31. 林前 9:13-15。

第三章
罗马的政治制度

到了保罗那个时代，罗马原有的共和政体早已经是名存实亡了，取而代之的是一个非常巩固和全面的大一统帝制。为了维持罗马帝国的社会秩序与安定，罗马政府允许地方官员执政和管制各个省市，而不完全坚持统一的官方组织机构。保罗在其书信中提到了各种不同的罗马官职和地方长官。例如：凯撒（Καῖσαρ），总督（或称方伯，ἀνθύπατος），[1] 罗马或犹太巡抚（ἡγεμών），[2] 百夫长（ἑκατοντάρχης），[3] 千夫长（χιλίαρχος），[4] 御营军（πραιτώριον），[5] 地方官（πολιτάρχης），[6] 书记（γραμματεύς,

---

1. 亚该亚方伯迦流（Γαλλίωνος ἀνθυπάτου ὄντος τῆς Ἀχαΐας, 徒 18:12）。Lucius Annaeus Novatus Gallio, 参见 Dio 61.35.2-4; 62.20.1; Seneca, *Ep.*104.1; Tacitus, *Ann.*15.73.4。
2. 波求非斯都（Πόρκιος Φῆστος, Porcius Festus）接替腓力斯（Φῆλιξ, Antonius Felix）犹太巡抚的职位继续审问保罗的案件（徒 24:1-25:8）。
3. 徒 21:32; 24:23; 27:1。
4. 徒 21:31; 22:26-29; 23:18-22; 24:22。
5. 保罗提到他被捆锁在御营全军中（ἐν ὅλῳ τῷ πραιτωρίῳ）人人皆知晓（腓 1:13）。
6. 徒 17:8-9。

scribe, NRSV & NIV: clerk），等等。[7]

　　如前所述，在保罗时代的地中海世界，那些在巴勒斯坦境内以及散居在各地的犹太人，在行政上除了受罗马政府的管辖以外，也要服从当地的犹太领袖。犹太的地方管理制度和政治体系由会堂领袖（ἀρχισυνάγωυος）[8]、公会（συνέδριον）和大祭司（ἀρχιερεύς）组成。会堂首领负责处理犹太社区的事物，也是地方的政治领袖。会堂以上的政治代表机构是公会。公会是由 71 位犹太成员组成的宗教和民事的立法议会和最高法庭。[9]公会成员包括祭司[10]（包括大祭司在内）、文士或律法师（γραμματεύς）及长老（πρεσβύτερος）。祭司通常由撒都该人（Σαδδουκαίων）担任，[11] 文士则以法利赛人（Φαρισαῖος）为主。[12] 第三种成员长老，虽德高望重，却不属于专业宗教人士。[13] 这些公会成员也同时是耶路撒冷城的宗教和政治领袖。这种政治体系存在的功能，一方面是为了保持犹太的宗教、文化和风俗，另一方面也是为了征收圣殿税。[14] 保罗作为犹太

7. 徒 19:35-40。
8. 徒 18:8, 17。
9. 坦乃英时期（Tannaitic, 70—200 CE）的拉比认为公会的 71 位成员和摩西在西乃山上一同敬拜神的 70 位长老有关（*t. Sanh.* 1.6；出 24:1, 9-11）。
10. 约瑟夫，《犹太古史》4.8.14. 参见徒 23:1-5；9:1-2。
11. 犹太教的四大派别包括撒都该人、法利赛人、艾赛尼人和奋锐党。撒都该人只接受摩西五经，不相信死人复活，天使及鬼魂；与法利赛人的信仰立场针锋相对。
12. 法利赛一词源于希伯来文 פרושים，意为"分离"或"分别为圣"，指一群已经从世人中分别出来，是上帝圣洁的子民。法利赛人与追求俗世权利的撒都该人形成了鲜明的对比。不同于撒都该人，法利赛人相信死人复活、灵魂不灭、天使及神灵。保罗在祭司长和全公会面前分诉时，曾利用撒都该人和法利赛人对复活所持的不同立场，使得公会分为两党（徒 23:6-9）。
13. 可 15:1；徒 4:5, 8, 27-28；23:14；24:1；25:15。
14. 奥古斯督于公元前 12 年正式颁布诏书赋予权利。

人，同时也很可能兼有罗马公民的身份，因此他对犹太人和罗马人的政治制度所持守的态度在会众中的影响应该是举足轻重的。

一、保罗与政治神学

既然保罗及其会众所处的社会背景与公元1世纪的罗马帝国息息相关，了解罗马帝国的政治体系、法律制度、宗教及社会风俗将有助于理解保罗书信和早期基督徒的社会处境。学者们对这方面研究的注意应当追溯到20世纪初的德国新约学者戴斯曼。他特别强调罗马帝国背景对于新约研究的重要性，相信早期基督徒每天所面对的处境构成了基督教信息形成的特定背景。就这个意义而言，新约圣经，包括保罗书信，可说是一部罗马帝国时代的书籍。因此，基督徒在崇拜中向基督所表达的词汇和术语，其实也是帝国的人在崇拜罗马皇帝的礼仪中常用的。也正因为这样的情况，信徒对基督的崇拜以及对罗马皇帝的效忠之间产生了一个无可回避的张力甚至是冲突。[15] 遗憾的是，随着时代的发展，学者们在这方面的兴趣，曾经在很长的一段时间逐渐减少。直到80年代，新约学者对罗马帝国与新约研究关系的兴趣才开始复苏。皇帝崇拜（emperor cult 或 imperial cult）涉及各种繁杂的实践和习俗，包括把皇帝崇奉为祈祷、奉献和礼拜的对象。古代历史学家所留下的资料，让研究者可以重新研究和审议这个重大的

---

15. Deissmann, *Light from the Ancient East*（London: Hodder and Stoughton, 1910），344-346.

课题。[16]

此外，现代许多领域的研究成果，尤其是社会科学，也肯定大大帮助了圣经学者认识和理解保罗那个时代的犹太教，包括犹太教当时与原始基督教之间既复杂又密切的关系。这些都有助于解释当代学术界对保罗时代罗马帝国兴趣的恢复。[17]

二、遵守法律和服从权柄的教导

保罗的政治立场通常被视为是相当保守和循规蹈矩的，因为他主张基督徒有义务顺服犹太人和罗马人的政治制度和权威。在保罗书信中，《罗马书》13:1-7 肯定是最有影响力的经文，因为保罗在此公开劝勉所有基督徒应当顺服罗马执政当局。保罗在此不只是劝勉基督徒要安分守己、顺服政府，还把罗马帝国的权柄正面地论述为上帝的公义工具。历代以来，学者们对《罗马书》13:1-7 的诠释有许多不同的见解。一些人认为，这段经文与《彼得前书》2:13-17 非常相似，两位作者可能采用了同一个传统，都源自希腊化犹太教。无论如何，保罗在《罗马书》

---

16. S. R. F. Price, *Rituals and Power: The Roman Imperial Cult in Asia Minor* (Cambridge: CUP, 1984). D. Fishwick, *The Imperial Cult in the Latin West: Studies in the Ruler Cult of the Western Provinces of the Roman Empire* (Leiden: E. J. Brill, 1987). K. Hopkins, "Divine Emperors or the Symbolic Unity of the Roman Empire", in *Conquerors and Slaves* (Cambridge: Cambridge University Press, 1978). F. Millar, *The Emperor in the Roman World* (31 BC–AD 337) (Ithaca: Cornell University, 1977). R. Turcan, *The Cult of the Roman Empire* (Oxford: Blackwell, 1996). Eric Orlin, *Foreign Cult in Rome: Creating a Roman Empire* (Oxford: Oxford University Press, 2010).

17. R. A. Horsley, *Jesus and Empire* (Minneapolis: Fortress, 2002), 137-149. 参见沃格林，《希腊化、罗马和早期基督教》(上海：华东师范大学出版社，2007)。钟志邦，《政教分离是个神话?》(香港：研道社，2008)。陶伯斯，《保罗政治神学》(上海：华东师范大学出版社，2016)。

13 章所要处理的，是有关基督徒生活在罗马帝国的自由与责任问题。这也是当时教会中普遍存在的问题，诸如婚姻、家庭、丈夫与妻子以及奴隶与主人之间的关系和职责。保罗警告基督徒切勿滥用在基督里的自由。他在《哥林多前书》6 章指责哥林多信徒在世俗法庭上彼此控诉的错误行为。保罗在《罗马书》13 章里特别指出基督徒与政府民法之间存在的问题。他把执政掌权者描述为"上帝的用人"（θεοῦ διάκονός），因为他们的权柄来自上帝，是被上帝所任命和委派的（ὑπὸ θεοῦ τεταγμέναι）。保罗在希腊原文使用的是命令式语气（ὑποτασσέσθω, to subject or to submit）：所以你们［罗马信徒］必须（ἀνάγκη）顺服地上的权柄（ἐξουσία），当尽一切的责任 / 本分（ἀπόδοτε πᾶσιν τὰς ὀφειλάς），诸如纳粮（φόρος, tribute, tax）、上税（τέλος, tax, revenue），等等。《彼得前书》的作者在 2:13-14 也使用了同样的语调：顺服（ὑποτάγητε，命令式语气）人的一切制度（πάσῃ ἀνθρωπίνῃ κτίσει），或是在上的君王，或是君王所派罚恶赏善的臣宰。但作者在这里特别指出，基督徒如此行的一个重要前提是"为主的缘故"（διὰ τὸν κύριον）。此外，保罗在《罗马书》13 章强调执政掌权者是"上帝的用人"，而彼得书信的作者也同时肯定基督徒作为"上帝的仆人"（ὡς θεοῦ δοῦλοι, as servants/ slaves of God）的身份。他告诫基督徒虽有自由（ἐλεύθερος），却不可滥用自由（ἐλευθερία）。[18]

　　另有一种假设则把《罗马书》13 章置于当时罗马帝国的

---

18. 加 5:1, 13。在希腊化的犹太人及旧约的思想中，执政掌权者被看作是牧者和父亲。

特殊政治背景下。罗马皇帝革老丢（Claudius）于公元 41—54 年当政期间，曾下令驱逐罗马城的犹太人。罗马史学家苏多纽斯（Suetonius）在其著作《革老丢传》中记述了这个事件："他［皇帝革老丢］将犹太人驱逐罗马，因为他们常受基里斯督的教唆而起骚动。"[19] 根据苏多纽斯的描述，在持续动荡之后，革老丢对罗马的犹太人实施了驱逐令。与苏多纽斯同时代的另一位罗马历史学家塔西陀（Tacitus）也证实，那是公元 1 至 2 世纪初受过罗马教育的人们都熟悉的情况。[20] 塔西陀述及罗马尼禄（Nero）皇帝统治期间（公元 54—68 年）民众曾抗议重税。[21] 保罗可能是在这种背景下警告基督徒不可参与任何被视为扰乱公共秩序的事件，包括抗税，并以命令语气要求他们顺服罗马政府。但是，也有些学者认为塔西陀之所以记载这段抗税的目的是为了表现尼禄仁慈以及他受群众爱戴的一面，并非是反映群众有任何暴动的倾向。

三、基督徒的双重身份和职责：寻求他人的福利

多数学者都认同圣经文本的上下文（context）对于诠释学的重要性，《罗马书》也不例外。保罗在 12:1-2 劝勉基督徒将身体献上，当作活祭，蒙上帝悦纳；用意也是勉励基督徒要以

19. Suetonius, *Vita Claudii* 25.4.
20. Tacitus, *Annals*, xv.44.
21. Tacitus, *Annals*, xiii.50: "Eodem anno crebris populi flagitationibus, immodestiam publicanorum arguentis, dubitavit Nero, an cuncta vectigalia omitti iuberet idque pulcherrimum donum generi mortalium daret."（同年，鉴于民众不断提出请求，他们抱怨税收是无情的勒索，尼禄于是考虑是否应当发布命令取消一切的间接税，并把这次改革作为他赠给人类的最高贵礼物。）

自身在地上的身份和职责，在生活中荣神益人。因此，纳粮和上税既表示顺服地上的权柄，也是尽公民职责的行为。基督徒当以国家利益为重，顺服执政者。

古代有一位匿名作者在其《致丢格那妥书》中，[22] 描述了基督徒在城邦中 [23] 既是捐助人（benefactor）又是公民的双重角色，同时也反映了基督徒的吊诡处境（paradoxical situation）："他们住在自己的国家，但只是作为寄居者；他们作为国家的公民，分享所有的责任和义务，忍受一切困难如同外国人。每片外国土地都是他们的家乡，每个家乡又是他们的异乡。他们发现自己生活在肉体之中，却不按照肉体生活。他们遵守既定的法律，热爱和尊敬他人。" [24]

保罗在书信中强调基督徒作为捐助人和公民的双重身份。对基督徒的教导，旨在同时肯定自己在天上和在地上的双重身份，并且要认真完成这身份所赋予的职责。天上的身份鼓励他们作为上帝散居或流放的子民，应当完全专注他们在基督的恩典中那永恒的盼望，最终可以继承那已经在基督里得到保证的

---

22. 《致丢格那妥书》（*The Epistle to Diognetus*）是公元 2 世纪左右的一份早期基督教护教（apologetics）的文献。此书共有 12 章，内容主要是强调基督教的独特性及其与犹太教和异教之间的区别。

23. "城邦"（city-state）是希腊哲学家柏拉图和亚里士多德政治思想中的一个重要术语。

24. *The Epistle to Diognetus* 5.5-11: "They dwell in their own countries, but only as sojourners; they share in all things as citizens, and they endure all hardships as foreigners. Every foreign land is their home and every home a foreign land（πατρίδας οἰκοῦσιν ἰδίας, ἀλλ' ὡς οἰκοῦσιν ἰδίας, ἀλλ' ὡς πάροικοι · μετέχουσι πάντων ὡς πολῖται, καὶ πάνθ' ὑπομένουσιν ὡς ξένοι · πᾶσα ξένη πατρίς ἐστιν αυτῶν, καὶ πᾶσα πατρὶς ξένη）....They find themselves in the flesh, but do not live according to the flesh（ἐν σαρκὶ τυγχάνουσιν, ἀλλ' οὐ κατὰ σάρκα ζῶσιν）....They obey the established laws（πείθονται τοῖς ὡρισμένοις νόμοις）. They love all men（ἀγαπῶσι πάντας）."

天国福分和基业。这个焦点有助于基督徒应付当前身份的不确定性。基督徒在地上的生活所要面对的，是一个无可回避的吊诡与张力。那就是，基督徒虽"活在肉体中"却要时刻选择一个不受肉体所操纵和捆绑的人生哲学与生活方式。基督徒的使命有责任确保他人在社会以及个人领域里的福利（彼前 2:11-17）。社会福利也必须同时重视物质和精神两个领域。对基督徒而言，前者在某些方面可说是具有一定的社会革新意义的：因为它把城市里那些富裕的基督徒带入公民捐献的行动中，因此扩大和强化了"捐助人"的意义。在保罗那个时代，捐助者包括基督徒群体中那些有能力以自我生产的资源去满足他人生活需要的富裕者。结果基督徒作为公民的身份便可以在社会中起良好的引导作用。[25]

保罗呼吁基督徒去寻求他人在物质和精神上的福利，并使它成为基督徒群体关注的焦点。基督徒寻求他人的利益和幸福，其实是在效法保罗的生活方式，因为保罗首先是效法基督的（林前 11:1）。保罗提到了一个基督徒的典范，那就是，"城内管银库的以拉都"（Erastus, the city treasurer）。在保罗看来，这位"管银库"的基督徒是真正履行了公民的职责（罗 16:23）。初期使徒们的传统，已经为历代的基督徒建立了一个积极的生活原则和态度，并指导他们如何为自己城市中的居民作出贡献。

尽管公元 1 世纪的罗马社会风气强调阶层、地位和贫富之

---

25. 与第一世纪罗马社会崇尚权势和地位的价值观完全不同，基督教群体捐助和施舍的对象是那些受歧视和社会底层的人，照顾被遗弃的孤儿寡母。保罗也在书信中鼓励基督徒彼此相爱并要亲手作工。这样，他们不但可以供给自己的需要，而且还有能力照顾有缺乏的人（弗 4:28）。

分。基督教的社会伦理却恰好相反，可以被看作是古代社会前所未有，并具有某种特色的一场社会革命。基督徒热衷于他们的城市居民的利益，尽管这个城市对他们来说可能是一个"异乡"。因为按照他们的社会伦理，"每个家庭都是他们的家"。基督徒认为，这是他们当时在罗马城市生活中一个卓越和异乎寻常的特征。[26]

四、罗马社会风尚的倒置

霍斯利（R. A. Horsley）及另一些学者则认为保罗有意担负起一项政治任务。[27] 他们相信保罗是在反对当时的罗马帝国社会，企图建立一个新的社会，去替代占主导地位的帝国社会。保罗因此在《哥林多前书》8—10章要求哥林多信徒避免食用那些祭拜过偶像的肉类，劝戒他们不要参与主流社会中的某些社会活动等。他们以家庭为核心组织，在经济上成为独立的群体，结果与当时普遍的政治社会风气格格不入，针锋相对。[28]

上述这些学者关于保罗的社会政治观的看法显然是不正确的，令人怀疑他们是受了某些当代政治思想的影响，结果把保罗塑造成一位坚决反帝国（anti-imperial）的人物，以致严重误会了保罗的使命。不过，在把保罗政治化的同时，这些学者却

26. Bruce Winter, *Seek the Welfare of the City: Christians as Benefactors and Citizens* (Grand Rapids: Wm. B. Eerdmans Publishing Co., 1994), 201-209.

27. R. A. Horsley (ed.), *Paul and Empire* (Harrisburg: Trinity Press Internationl, 1997); 另参见 Horsley (ed.), *Paul and Politics* (Harrisburg: Trinity Press Internationl, 2000); Horsley (ed.), *Paul and the Roman Imperial Order* (Harrisburg: Trinity Press Internationl, 2004)。

28. Horsley, "1 Corinthians: A Case Study of Paul's Assembly as an Alternative Soceity", in *Paul and Empire*, 242-251.

也提醒人们要对大一统的罗马帝国的政治情况有基本的认识。罗马第一位皇帝奥古斯都（Augustus，公元前 63 年—公元 14 年）曾被普遍地尊奉为救世主，以及和平和世界好消息的化身。这种将政治统治者宗教化、神圣化的历史背景，自然可以给政治神学及其诠释带来新的意义。[29] 保罗书信中有关政治论述的经文曾一度被长期忽视。一些当代学者从某些层面和视角去审视罗马帝国的政治神学，在一定程度上肯定有助于人们对保罗书信中相关内容的认识。[30]

此外，保罗有关自由和奴隶方面的教导，似乎也与罗马帝国社会当时的等级制度和主流思想大相径庭。[31] 保罗特别使用"仆人"（δοῦλος, servant, slave）这个词语和比喻来表达信徒在基督里的身份和地位，以此来理解领袖们在基督徒社群中的角色和任务。保罗在书信中自称"基督的仆人"（δοῦλος Χριστοῦ, slave of Christ）。[32] 这个角色不局限于保罗本人的自我认同，而

---

29. N. T. Wright, "Paul's Gospel and Caesar's Empire", in Horsley（ed.）, *Paul and Politics*, 160-183. P. A. Brunt and J. M. Moore, *Res Gestae Divi Augusti: The Achievement of the Divine Augustus*（Oxford: Oxford University Press, 1967）.

30. 例如：《腓立比书》2:9-11 谈到基督是万物之主，所有天上的、地上的和地底下的，因他的名无不屈膝。

31. 早期教会已经意识到奴隶制是社会中的牢固制度。因此，奴隶的比喻在新约的神学中显著地出现应该不足为奇。戴维斯（Davies）认为，救赎、公义与和解（redemption, justification and reconciliation）这三个关键的神学术语有奴隶语言的比喻根源。它也因此展现了基督徒归信的性质和影响。参见 I. A. H. Combes, *The Metaphor of Slavery in the Writings of the Early Church*（JSNTSup 156; Sheffield: Sheffield Academic Press, 1998）, 68。斯坦利（D. M. Stanley）则把"耶和华的仆人"的主题与原始基督教神学的基督救赎的死亡和复活紧密地联系在一起（"The Theme of the Servant of Yahweh in Primitive Christian Soteriology and its Transposition by St. Paul", *CBQ* 16 [1954], 385.）。在保罗的会众中既有奴隶也有主人，保罗也因此必须慎重地处理这个复杂和敏感的社会问题（参见门；林前 7:21; 弗 6:5-9; 西 3:22-4.1; 提前 6:1-2; 以及彼后 2:18-21）。

32. 罗 1:1; 加 1:10; 腓 1:1; 多 1:1。

且还关系到所有基督徒的地位和身份。保罗的神学悖论是，奴隶和自由不应该被看作是不可调和的对立两面，而是在基督十字架神学里的奥秘。"基督的仆人"即是跟随和效法基督（ *imitatio Christi*, imitation of Christ ）的意思，因为基督自己也曾自愿成为"上帝的仆人"（ The servant of God ）。尽管保罗自己拥有罗马公民的优越身份，他却为福音的缘故亲手劳作，选择了清贫的巡回传道者的生活方式，也即是效法基督背负十字架与献身的生活方式。[33]

33.《哥林多前书》10:33："凡事不求自己的益处，只求他人的益处。"（另参见 4:16 ）希腊罗马哲学家在他们的著作中也提到古人所效法的道德典范：Isocrates *Dem.* 4.11; Seneca *Ep.Mor.* 6.5-6; 7.6-9; 11.9; Quintlian *Orat.* 2.28; Philostratus *Vir. Ap.* 1.19; 4 Macc. 9.23。

第四章
女权主义的研究

现代学术有关妇女在社会和教会中所占地位的争论，致使学者们认真地研究保罗在这方面的观点。这个课题涉及妇女对教会活动的参与，保罗对她们的态度，以及保罗对妇女与婚姻、崇拜与领导权的关系的教导。[1]一个特别在西方流行、但非常有问题的观点是，保罗是个男性沙文主义者，应该对妇女在旧社会中的地位负责。有些学者却持恰好是相反的看法，认为保罗是妇女的护卫者，非常热心关注妇女在社会上的平等权益。

尽管妇女运动对女权方面的研究是一个重要的推动因素，学者们所考虑的，却不只限于此，而是从更广的视角和论据来探讨整个课题，最终超越了一些自设的范围和议题。因为有部分的女权主义者在诠释保罗的时候，往往是比较主观和片面地把焦点放在当时罗马社会以男性为中心的社会统治制度，以及

---

1. 梁工，《妇女主义理论、创作及其圣经阅读》，《东方丛刊》2010年第1期，45-55。

这制度对妇女的剥削和压制上，她们因此就以为保罗也只是这个社会制度的产物，甚至是它的维护者。

女权主义者采用社会评鉴的释经原理，反对传统以男性为主导或以父权角色为核心的解经方式，而主张建立妇女在社会上及教会中的地位，强调全面认识妇女在圣经中扮演的角色。吕特尔（R. R. Ruether）认为，古典神学及其传统存在的一些问题是因为它没有按照人类两性的经验，而只是依据男性的经验发展和成形的。[2] 麦克法格（Sallie McFague）建议诠释者应当采用现代人的视角和观点来研究圣经，而不是仅限于古代世界的社会处境和文化价值观；此外，还要用以现代的模式来取代传统神学所反映的那一套父权体系。[3] 有趣的是，有一些女权主义学者还认为保罗书信同时散播了压抑女性的拉比思想以及妇女解放思想的种子。[4]

对早期基督教研究最具开创意义的女权主义学者之一是修茨勒·费奥伦莎，她于 1983 年发表其代表作《纪念她：以女性神学重建的基督教起源》，诠释了妇女在早期教会中的地位和角色，引起了相当广泛的关注。[5]

---

2. R. R. Ruether, "Feminist Interpretation: A Method of Correlation", in L. M. Russell（ed.）, *Feminist Interpretation of the Bible*（New York: Blackwell, 1985）, 111-124.

3. S. McFague, *Models of God: Theology for an Ecological, Nuclear Age*（Philadelphia: Fortress, 1987）.

4. 林前 11:2-16; 14:34-35; 提前 2:11-15。罗 16:1-3, 7; 加 3:28。

5. Schüssler Fiorenza, *In Memory of Her: A Feminist Theological Reconstruction of Christian Origins*. A. C. Wire, *Corinthian Women Prophets: A Reconstruction Through Paul's Rhetoric*（Minneapolis: Fortress, 1990）. E. S. Fiorenza（ed.）, *Searching the Scriptures. Vol 2: A Feminist Commentary*（London: SCM, 1995）. A.-J. Levine（*A Feminist Companion to Paul*（London and New York: T & T Clark, 2004）. J. Økland, *Women in Their Place: Paul and the Corinthian Discourse of Gender and Sanctuary Space*（London: T & T Clark, 2004）.

修茨勒·费奥伦莎在这部书的开头几章就阐述和辩护了她作为女权主义者的释经观点，称其目的是要写一部认同妇女地位，确立两性平等，反对父权统治的早期基督教历史。在修茨勒·费奥伦莎看来，圣经文本主要是从男性的角度书写下来的。她因此把评鉴的焦点放在男性中心主义或男性自我中心。在此，她把保罗看成是一个范例。不但如此，她还认为圣经文本的诠释和翻译者在传统上也没有考虑到妇女的地位。例如，保罗在《罗马书》16:7 提到了两位有名望的使徒。他们的名字在保罗的希腊文本中是 Ἀνδρόνικον καὶ Ἰουνιᾶν。可是，这两个人的名字在英文也常被翻译为男人的名字——安多尼古（Andronicus）和犹尼亚安（Junias, RSV, NIV）。后者很可能就是一个女性的名字，"犹尼亚"（Junia）。而犹尼亚这个名字现在已经被普遍接受（NRSV）。另外一个例子是《哥林多前书》11:10 的翻译和诠释。其实，这本来就是一节非常难解和令人困惑的经文。保罗写道："因此，女人为天使的缘故，应当在头上有服权柄的记号"（διὰ τοῦτο ὀφείλει ἡ γυνὴ ἐξουσίαν ἔχειν ἐπὶ τῆς κεφαλῆς διὰ τοὺς ἀγγέλους）。许多男性的读经者和诠释者，也就因此相信或假设妇女是应该处在男人的权柄之下的。现代的英文译本 Good News Bible 以及 Today's English version 翻译为："a woman should have a covering over her head to show that she is under her husband's authority."（"女人应当蒙头，以显示她是服从在丈夫的权柄之下的。"）新耶路撒冷圣经（New Jerusalem Bible）译为："a woman should wear on her head a sign of the authority over her."（"女人应当在头上戴着服从权柄的记号。"）费奥伦莎认为，就希腊原文而言，这是一种不太自然的翻译。因为保罗在文本中所谈论的，是关于妇女的权柄，而不是别人对她们行使的权力，尽管保罗的含义本来就不很清晰。当今有些学者认为费奥伦莎所评鉴的观点，本来就是保罗自己的意思（Paul means what he writes）。当然，保罗或许也把妇女的蒙头看作是她在教会中祈祷以及作先知讲道的一个权柄象征。[6]

对费奥伦莎而言，最早期的基督教，包括耶稣自己最早的门徒和保罗建立的教会，都一致宣扬信徒在基督里的平等。就正如《加拉太书》3:28 所表明的："并不分犹太人、希利尼人、自主的、为奴的，或男或女，因为你们在基督耶稣里都成为一了。"保罗的教会也有妇女参与的记载和证据。保罗在《罗马书》16 章也向几位重要的妇女问候，包括坚革哩教会的女执事非比（Phoebe）、百基拉（Prisca）和犹尼亚（Junia）。马利亚（Mary）、士非拿氏（Tryphaena）和士富撒氏（Tryphosa）被称为"主劳苦的工人"。保罗也同样在《腓立比书》4:2-4 中提到了两位妇女友阿爹（Euodia）和循都基（Syntyche），保罗在此呼吁教会解决她们之间的不和。

在《哥林多前书》，保罗明显是针对妇女在婚姻和崇拜方面出现的各种问题。在《哥林多前书》7 章，保罗回应哥林多信徒有关婚姻和性关系的问题。在概述丈夫和妻子彼此相处和个别的责任时，保罗始终都在暗示双方平等的地位。这点

---

6. M. D. Hooker, "Authority on Her Head: An Examination of 1 Cor. XI.10", *New Testamnet Studies* 10（1964），410-416; Hooker, *From Adam to Christ: Essay on Paul*（Cambridge: Cambridge University Press, 1990），113-120.

在 7:14 尤为突出："妻子没有权柄主张自己的身子，乃在丈夫；丈夫也没有权柄主张自己的身子，乃在妻子。"尽管有些学者不同意，保罗在第 7 章中的婚姻观至少在表面上略显消极，因为保罗似乎在建议成年男女最好是保持单身，以致把婚姻看作是那些无法控制自己感情的人的一条出路。不过，费奥伦莎却认为，保罗鼓励妇女保持独身在无形中显示了他对妇女的积极态度。因为守独身无疑是违反了当时的习俗和罗马帝国的法令。在当时，婚姻是被视为正常的。保罗有关持守婚姻关系的劝告，其实是对当时罗马律法以及文化风气的一个明确批判。但保罗却因此为普通妇女提供了一个成为自立个体的可能性。[7]

《哥林多前书》11 章是众所周知、令学者费解的一段经文，在学术上经历了长时间的辩论，仍旧意见纷纭。保罗在这章所关切的，是哥林多信徒在他们的公共崇拜中的合宜行为。这里就涉及妇女在祈祷或讲道应当蒙头的问题，而男人则无需此举。可是，11:3 中的词语"头"（κεφαλή）的含义是什么？它是否暗示一个权柄的关系或者是来源之一（如创造论中女人源自男人，创 2:21-23）？保罗的基本用意是否是要确保男女之间创造的差异，并让它保留和反映在信众的聚会中？保罗在什么程度上借着两性之间的等级差别，以加强早期基督教的神学与圣经的某些论点？费奥伦莎认为，保罗主要关心的是会众的尊严和

---

7. Schüssler Fiorenza, *In Memory of Her: A Feminist Theological Reconstruction of Christian Origins*, 225-226.

秩序，以避免教会看起来就像是在哥林多聚集的一个邪教。[8] 另外一处相关的经文是 14:34-35，保罗在此告诫妇女在会中应保持沉默；如果她们有任何问题，就应当在家请教自己的丈夫。费奥伦莎坚持说，保罗在此所指的，只是作妻子的应保持沉默，而那些可以祈祷或讲道的未婚处女，保罗则视她们的身体和灵性为圣洁的（ἡ ἁγία καὶ τῷ σώματι καὶ τῷ πνεύματι, "holy in body and spirit"）。[9] 有些学者根据文本和当时的处境，相信这些经文是后来被添加到《哥林多前书》的文本中，而不是保罗自己所写的。[10] 但接受保罗是书写这些经文的原作者的学者们，则解释说，此处与《哥林多前书》11:2-16 都呈现着同样的张力。有些学者却认为保罗其实是已经假定妇女有权在教会中祈祷与讲道的，只是保罗在此是专注于会众的尊严和秩序，防止妇女通过太多的言说和声音扰乱聚会。关键的问题是，保罗是在什么程度和情况下，采取了排除妇女参与教会崇拜的措施的。即使保罗的劝导（例如 11:2-16）存在着一些特殊的地方与处境因素，那些劝导最终还是在历代基督教群体的规范中发挥了决定性的作用，因为保罗的那些劝导早已经被看作是圣经的一部分。

费奥伦莎认为，《歌罗西书》《以弗所书》和教牧书信是保罗死后才写成的，教牧书信的成书时间晚于《歌罗西书》和

---

8. Schüssler Fiorenza, *In Memory of Her: A Feminist Theological Reconstruction of Christian Origins*, 227-230.

9. Ibid., 230-233.

10. Horrell, *The Social Ethos of the Corinthian Correspondence: Interests and Ideology from 1 Corinthians to 1 Clement*, 184-195.

《以弗所书》。这些书信因此就被费奥伦莎看作是保罗的教会内"不断增强的家长制"（increasing patriarchalization）的依据。男人的主导地位以及妇女被边缘化的趋势也因此是必然的。与此同时，支持父权制的信徒和那些坚持信徒平等观念的信徒之间，仍旧争议下去。对费奥伦莎而言，这些所谓"后保罗书信"（post-Pauline letters）显然试图排除妇女在教会中的侍奉和权柄，因此只让她们在家庭和教会中扮演一个配角的角色（a subordinate role）。

与费奥伦莎不同，本书的作者接受《歌罗西书》《以弗所书》以及教牧书信为保罗所写，也同时重视前两封信卷书中所提到的家庭规范（household codes），即《歌罗西书》3:18—4:1和《以弗所书》5:21—6:9。这两处经文都一致强调作丈夫的要爱妻子，作妻子的也要顺服丈夫。妇女在家庭中被劝勉扮演适宜的角色。[11] 至于这些不同经文在何种程度上使妇女在教会和社会中处于劣势或次要的地位，学者们至今还是持守不同的见解。有些学者强调这些经文的特殊处境以及特定的时间和地点，意味着它们不需要被看作是对基督徒普遍的约束和禁令。其他学者却认为，这些经文实际上是在大力支持男性在教会以及家庭中的主导地位。

读者应当如何评估保罗对妇女的态度呢？对有些人来说，保罗是代表着平等和自由的声音；别的人就可能认为保罗是大男子主义和妇女的压抑者。总之，学术上至今仍旧没有一个共

---

11. 提前 2:15；5:14；多 2:4-5。

识。对费奥伦莎而言，保罗书信在处理妇女的问题上，基本上是难以接受的。但有些学者却认为费奥伦莎这位女权主义者似乎过于偏激和主观，在试图描绘一幅体现自身立场的图画。对她来说，所有的历史写作都是重建的，所反映的只是历史学家自己的价值观和立场。[12] 若是那样，还有什么"历史"是客观和可信的呢？而人类又凭着什么去判断历史中的是非真假？保罗对妇女的观点和态度在基督教宣教运动中的影响是双面的。一方面，他肯定基督徒的平等和自由，鼓励妇女保留婚姻的自由和选择，从而为她们开辟了一个新的独立生活方式。另一方面，为了基督教的使命和基督徒社群本身的利益，他也认为有必要约制妇女在群体崇拜中的行为，不仅是在"属灵"（pneumatics）方面，也在女性对权力的使用方面。

在所谓"后保罗"（post-Pauline）和"伪保罗"（pseudo-Pauline）的传统中，保罗上述的立场和训导，早已经在基督里的男女之间、奴隶和自由人之间的平等中，改变了传统社会和家庭的阶级与从属的关系。[13]

---

12. Schüssler Fiorenza, *In Memory of Her: A Feminist Theological Reconstruction of Christian Origins*, Introduction.

13. Schüssler Fiorenza, *In Memory of Her: A Feminist Theological Reconstruction of Christian Origins*, 236.

第五章
保罗书信研究途径的多样性

保罗书信，特别是有关哥林多书信的各方面研究，已经和社会科学的研究方法类似，严谨地把语境和文本密切地联系了起来。这个研究方式近年来也已经被学者们普遍采用。通过社会科学评鉴所提供的方法，我们可以对早期基督徒所处的日常生活世界，作更深入的认识和理解。结果是把他们的研究固定在具体的社会背景中，使得研究不至于沦为泛泛之谈。不但如此，这样的研究方法，还有助于学者们去探索和关注一些以往被忽视的问题。

然而，这个有益和必要的研究途径并非完全没有问题，特别是当它尝试将某些现代理论和思想轻易地用于古代的时候，或把现代与古代的社会情况进行随意比较之际。关于这一点，贾奇就曾经批判过霍姆伯格（Bengt Holmberg）的著作《保罗和权力：保罗书信中反映的初期教会权力结构》。[1] 贾奇说，"新

---

1. 参见 B. Holmberg, *Paul and Power: The Structure of Authority in the Primitive Church as Reflected in the Pauline Epistles* (Lund: Liberlaromede/Gleerup, 1978)。

约圣经的研究与现代社会学强烈地混合在一起，好像社会理论不需要核查，就可以完全转换和跨越千百年。结果基本的问题仍然存在。那就是，究竟什么是新约所属于的世界和社会及其生活特点？直到艰苦的工作更好地完成为止，那些已经被其他文化确定的社会模式在方法上也可被称作是'社会学谬论'。"[2]此外，巴克莱也指出，保罗教会的社会学研究不仅仅是一个有关社会地位的调查，也应该包括社会的互动，好让我们停止给"保罗的基督徒"（Pauline Christians）随意贴标签。[3]现在，关键的问题似乎已经是很明显了，那就是，如何批判性地善用各门学科的研究和实践成果。

克拉克十分正确地指出，在保罗书信的研究中，神学和社会学之间已经出现了令人不安的不平衡，因为"他们不是过于狭隘地把神学理想建造在保罗的素材上，就是太过被现代的社会理论所支配，结果对社会历史背景缺乏足够的认识"。[4]由此可见，用社会科学的方法研究保罗虽然有不少优势，同时也会产生一些不可避免的问题。例如，太过依赖现代地中海一带的社会文化、宗教团体、组织及价值观所构成的模式，来理解和诠释保罗时代的地中海社会和文化价值观。这种研究方法的弊端是很明显的，结果是把保罗时代的文化过于普遍化和笼统化，

2. Judge, "The Social Identity of the First Christians, A Question of Method in Religious History", *Journal of Religious History* 11（1980），201-217, at 210.

3. 巴克莱："保罗教会的社会学研究不仅是要调查社会地位，而且还要调查社会互动，同时应当停止普遍地用'保罗基督徒'这些词语。"参见 Barclay, "Thessalonica and Corinth: Social Contrast in Pauline Christianity", *JSNT* 47（1992），49-74。

4. Clarke, *Secular and Christian Leadership in Corinth: A Socio-Historical and Exegetical Study of 1 Corinthians 1-6*, 129.

因为它假设了太多现代与古代地中海社会处境的相似处。

新约研究依然存在的问题是：圣经学者有时可能会过分强调神学和释经的重要性，而忽视了社会历史研究的发现和贡献。同样的，社会历史学者或许只侧重社会背景方面的特征和理论，而把神学应扮演的重要角色置之度外。因此，保持社会历史考察与神学释经之间的平衡，不让一方支配另一方，依然是一个持续的挑战。

单独的保罗文献难以提供足够的证据和资料去重建哥林多的历史背景，多学科的研究方法和视角是必不可少的。亚当斯和霍雷尔为当代保罗书信研究做出了较为全面的总结，认为重建早期基督教的任务仍将是多元化的。一些新约圣经研究者力图避免重建历史，而倡导在不做历史假设的前提下阅读保罗文本。其他学者则继续利用各种古代文献，以求重建古代哥林多的语境，更好地了解保罗和哥林多会众，使其书信仍然保持着对话的功能和意义。具体领域的研究范围将保持和拓展下去，从帝国祭礼到家庭生活，从饮食习俗到流行的哲学思想和世界观。有一点似乎是大部分学者们都同意的。那就是，保罗书信的研究是不能简单化或完全客观地去研究的。也没有任何学者是带着一个"真空"的头脑和完全"超越"的态度去处理和研究问题的，不论是对保罗书信的研究或是别的学科的研究。

到了今天，学者们对社会科学方法的运用还是见仁见智的。有的认为，这种方法不过是一时的潮流，毋须纳入保罗研究的主潮。另一些学者则相信，为了更深入地理解和认识保罗及其书信，这种新方法是不可缺少的。总的来说，运用社会科学方法来探究圣经，包括对保罗书信的研究，将会持续下去，虽然方法本身也必然会有所变化。这也应该是一个健康的现象。因为"学术"理论，在一定的程度上也好像日常的"时尚"那样，是可以层出不穷、五花八门、令人眼花缭乱的！有信仰的年轻学者，不但要始终持守自己的信念，还应该像圣安瑟伦（St. Anselm）那样，让"信仰不断地寻求理解"（*fidei quaerens intellectum*）。

‖ 名作概览 ‖

邓恩[5]的《分道扬镳》

邓恩（James D. G. Dunn）在 1991 年出版了 *The Partings of the Ways Between Christianity and Judaism and their Significance for the Character of Christianity* 一书，中译本翻译为《分道扬镳：基督教与犹太教的分离及其对基督教特性的意义》。这部著作共有十二章。第一章导论的标题是，"从包尔到桑德斯"（From Baur to Sanders）。著作的主题和具体内容，是有一个非常重要根源的。他也因此很正确地从德国杜宾根大学学派的著名创始人包尔开始论述基督教与犹太教"分道扬镳"的前因后果，并且以包尔到桑德斯这一段历史，作为导论。紧接下去那十一章的标题是以耶路撒冷的第二圣殿以及与这圣殿密不可分的律法（妥拉，Torah）、圣约和犹太教的上帝为焦点。同样重要的，当然是耶稣和保罗对上述这些主题的观点和态度以及犹太教的领袖对他们的强烈反应。这点关联是非常合理和重要的。因为耶稣和保罗与第一世纪犹太教的冲突，主要也是在这些关

---

5. 不像一些圣经学者那样，尝试以标新立异的观点来建立自己的学术地位和声望，新约学者邓恩的学术是以稳重平衡见称。这也是他在保罗研究的学术地位能持续 30 多年的主要原因。

键性的神学问题上。根据《马可福音》14:58 的记载，犹太人的祭司长和全公会曾以毁坏圣殿的罪名来控告耶稣（参见徒 6:14）。犹太人的大祭司和长老也以同样的罪名，在罗马巡抚腓力斯面前指控保罗（徒 24:6）。犹太人在公会控告司提反的罪名也很类似，是说他"不住地糟践圣所和律法"（徒 6:13；参见徒 7:47-50）。

邓恩在"从包尔到桑德斯"这一章导论的结尾中，给了一个很重要的建议。他认为，在研究和探讨原始基督教、耶稣以及保罗的时候，"历史研究"（historical study）和"新约圣经文本的文学研究"（the historical study of the NT texts）必须要同时兼顾，不可厚此薄彼。[6] 他非常严肃地提醒学者说，有关"历史上的耶稣"（The Historical Jesus）以及他所带动的那个运动的研究，不能只是为了满

---

6. 现代神学家史瑞纳提出：圣经神学是关于整本圣经的神学，从描述性和历史性的角度来探讨。它应该表述所有圣经文本的内在统一性。圣经神学是一种解释圣经之方法的名字，它显示上帝的话语是借助多种多样的文学体裁和受历史制约的人类文字而以文本的形式传递出来的。圣经神学也符合文本本身所关注的课题。参见史瑞纳，《史瑞纳新约神学：在基督里尊神为大》（美国：麦种传道会，2014）。Thomas R. Schreiner, *New Testament Theology: Magnifying God in Christ*（Grand Rapids: Baker Academic, 2008）。邓恩在《新约神学导论》中，也非常清楚地表明，除了一些描述性的，并且是受到 19 世纪牛顿式和历史主义的科学探究理想所局限的新约神学之外，还有新约的神学建构（New Testament theologizing）。对邓恩而言，新约神学建构的名称比新约神学更为恰当。他对此作出了详细解释和总结：一方面，神学不单是谈神论和包含神学的陈述或教义的声明；神学同时也包含对神（上帝）的信仰及其所导致的必然结果。明白这个世界的"被造性"是有其"实存"（existential）的含义。这包括认真地看待上帝的启示以及人对救恩的需要，让人在社会以及在上帝的面前承担责任。另一方面，为了进入新约神学，学者就有必要把圣经文本看成是最早期基督教信仰和体验的结晶以及思想与实践的一个见证及表达。新约神学家因此可以在对文本有深度和宽阔度认知的基础上以批判的态度并依据历史去解读圣经的文本。只有如此全面地进入新约文本的生活处境中，才能理解基督教建构神学的基础和过程。神学工作者的任务不仅要把神学建构的过程和内容与历史连接起来，也要把新约圣经本身视为"动态"（dynamic）的神学，结果与"传统"互动，将它转化成"活的传统"。邓雅各，《新约神学导论》，335-339。"活动的文本"（moving text），参见 David Brown, *Trandition and Imagination: Revelation and Change*（Oxford, Oxford University Press, 1999）；同上，*Discipleship and Imagination: Christian Tradition and Truth*（Oxford, Oxford University Press, 2000）。

足我们"人类天性的好奇"。它必须要有一些真正"研究出来的答案"。邓恩建议学者应当给上述这一些以及其他密切相关的问题一个"新的探讨"。他的建议至少是基于两个关键性的"神学理由"。其一，如果耶稣果真是上帝在历史上的道成肉身，那耶稣这个人在"历史上的特殊性"（historical particularity），对我们人类而言，就必然是"上帝"最基本的定义了。其二，对第一世纪那第一和第二代的基督徒来说，当时的新约圣经"正典"（canon）是非常基要的。对这些圣经文献的认识和理解，是尝试为原始基督教下定义，最核心的（central）。它比任何其他的文献都更重要。[7]

《分道扬镳》的第二章着重论述"第二圣殿犹太教的四根支柱"（The Four Pillars of Second Temple Judaism）。这"四根支柱"分别是：一神论（Monotheism），选召（Election），妥拉（律法，Torah），圣殿（Temple）。邓恩以上述这"四根支柱"来代表耶稣和保罗那个时期的犹太教是一个非常正确和明智之举。他在文本中也清楚显示，他对这四根支柱的理解和诠释是非常有深度、有历史和文献为扎实依据的。正如邓恩所指出的那样，原始基督教与第一世纪犹太教分道扬镳（parting of the ways）的主要原因，是耶稣所发起的那个运动从一开始就不断地对这四根支柱提出问题，或是对它们重新定义或诠释。但这些新的定义和诠释都是主流的犹太教不能接受的。[8]

针对犹太教的四根支柱与原始基督教的关系，邓恩一连串发出了好几个重要的问题：犹太教与基督教是何时开始分离的？犹太教的四根支柱是何时受到质疑和挑战的？这是从耶稣开始的吗？或是耶稣之后？是耶稣的使命使得他不得不对这四根支柱提出质疑和挑战？是不是所有的质疑和挑战都是一起提出来的？或是它们是在间断中先后出现的？这些问题较后都会在书中得到处理。可是，这些问题又将如何来处理呢？邓恩的建议是，就按这四根支柱来分别处理：一神论、选召、妥拉、圣殿。但是，要从何处先开始呢？答案

7. Dunn, *The Partings of the Ways Between Christianity and Judaism and their Significance for the Character of Christianity*, 138.

8. Dunn, *The Partings of the Ways Between Christianity and Judaism and their Significance for the Character of Christianity*, 35-36.

是很明显的。因为只要稍微考查一下原始基督教的历史，例如《马可福音》11:15-18以及《使徒行传》6—7章，就不难发现，是圣殿在当时犹太教的地位以及围绕着它的宗教和崇拜那持续下去的重要性，使得圣殿首先受到质疑和挑战。但是，问题又如何以及为何是那样的呢？第三章有解释。

《分道扬镳》第三章的主题是"耶稣与圣殿"（Jesus and the Temple）。就上述的内容而言，特别是圣殿在当时犹太教所占的绝对重要地位，第三章以"耶稣与圣殿"作为标题是完全合逻辑的。在处理这个问题的时候，必然要考虑的前提，很自然是耶稣自己对圣殿的态度。假使对圣殿首先提出质疑和挑战的是耶稣，那么他这样的做法又是否是刻意的？若是，其目的又何在？这些问题很重要，因为耶稣的跟从者以及初期的基督教，似乎都惯于以耶稣对圣殿的态度与观点为例。这些考虑至关重要，因为耶稣和原始基督教对圣殿的态度，直接和间接地决定了他们与当时整个犹太教的关系。

根据新约福音书的记载，耶稣自己对圣殿的态度，其实是非常正面的。[9]耶稣洁净圣殿那件很不寻常的行动，也清楚表明他对圣殿的尊重与爱护（可11:15-17）。按《马可福音》14:58的记载，有一些犹太人曾在公会面前，指控耶稣有意拆毁耶路撒冷的圣殿。这很明显是一个大误会。因为耶稣说这些话，是以自己的身体来比喻圣殿。假使耶稣相信耶路撒冷的圣殿有一天会被一个"天上"和永恒的新圣殿所取代，这个思想其实也符合犹太人当时的末世观（《以诺一书》90:28-29）。就这一点而论，耶稣对第二圣殿的态度，是没有居住在死海边那个库姆兰（Qumran）社群那么负面和偏激的。

邓恩紧接下去提出了一个很重要的问题："是谁或是什么导致耶稣被杀害？"（Who or what killed Jesus?）根据一般传统的观点，是与耶稣为敌的法利赛人（Pharisees）杀害了耶稣的。但近年来有学者如桑德斯等，对这传统的观点提出了一些疑问。邓恩也认为这样的疑问是有道理的。因为根据新约福音书有关耶稣受难的记载，法利赛人并不是关键性的人物。与此同时，祭司长在耶稣受难期间出现

---

9. 例如：路2:41-51, 13:34-35；约5:1, 7:10；可14:49；太23:37-39等。

的次数可就多了：在《马可福音》(14—15章)十六次；在《马太福音》(26—28章)十九次；《路加福音》(19—24章)十三次；《约翰福音》(18—19章)十四次。这一点非常重要，因为这表示耶稣的死与祭司长所控制的圣殿比法利赛人所最关注的律法有更加密切的关系。纵使是那样，钉十字架毕竟还是一个罗马人的刑罚。因此，容许耶稣被钉十字架的罗马政权，还是要对耶稣的死负不少责任的。桑德斯对耶稣受难的一些历史可靠性有一些怀疑的地方。邓恩认为桑德斯的怀疑是过度的。因为至少《马可福音》对耶稣受难的记载以及记述的程序，是可以经得起历史的考验的。总而言之，耶稣的死主要还是大祭司这一派的人促成的，纵使耶稣对圣殿的负面态度只是大祭司这一些人自己的想象，或是刻意用来控告耶稣的"罪状"。假设耶稣真是借着圣殿来挑战大祭司的话，对大祭司来说，它的政治含义也许比神学还大，因为大祭司这些人最关注的，还是权力的问题。这也完全符合犹太教当时的实际情况。这一点也是那个时代一些犹太学者们可以证实的。

耶稣与第二圣殿的关系很是复杂的。邓恩如下的三点也许可以作为暂定的结论。1）不论是对还是错或是误会，至少对大祭司那一派人而言，耶稣对耶路撒冷的第二圣殿，是持负面和批判态度的。这也无疑是对他们权力和地位的严重挑战，因此是绝对无法接受的。2）门徒在耶稣被处死之后，仍旧继续上圣殿去这件事（徒3:1），也许有助于说明耶稣对圣殿的态度是正面的。3）第二圣殿时期的犹太教本身可说是复杂和多元的。因此，耶稣对当时犹太教（包括圣殿）持有个人的看法和态度，也不足为奇，不论他的看法和态度是否被理解或误解，被接受或是被拒绝。[10]

《分道扬镳》第四章的主题为"人手所造的殿"（A Temple "made with hands"）。这章所关注的问题是"第一代基督徒对圣殿的态度"。他们的态度是与耶稣一样，还是不同的？根据路加的记载，第一代基督徒是以耶路撒冷的圣殿为他们的宣教活动与崇拜生活为

---

10. Dunn, *The Partings of the Ways Between Christianity and Judaism and their Significance for the Character of Christianity*, 52-56.

中心的。[11] 这一点就很显然与库姆兰社群很不相同了。因为后者完全抛弃耶路撒冷及其圣殿。不但如此，库姆兰社群还是一个祭司的社群。它很清楚是有意取代被它认为是已经腐败了的耶路撒冷祭司制度和宗教。在此值得一提的，是耶稣与门徒的师生关系，与法利赛人的很相似。至于讲希腊语的犹太基督徒（Hellenists）对圣殿的态度又如何呢？按邓恩的解释，所谓讲希腊语的犹太基督徒主要是指在犹太境外长大和生活，一般上只讲希腊语的犹太人。他们之中有不少人后来回到了犹太，包括耶路撒冷，并且成为基督徒。他们以往的背景，包括宗教和语言，就很自然会与犹太本土的其他犹太人有隔阂的。《使徒行传》所记载的司提反，可说是犹太基督徒最重要的代表人物。他最终被耶路撒冷的犹太人用石头处死，是与圣殿有直接关系的。[12] 犹太人当时在大祭司面前宣告他的罪状是："这个人说话不住地糟践圣所和律法。"（徒 6:12-14）不但如此，指控司提反的犹太人还补充说，"我们曾听见他说，这拿撒勒人耶稣要毁坏此地[圣殿]"。司提反曾为自己作出很长的辩护。就当时犹太教的领袖来说，司提反在辩护词中最严重和最冒犯他们宗教的一句话，肯定是："其实，至高者并不住人手所造的[圣殿]。"（徒 7:48）邓恩很正确地指出司提反在辩护词中重要的两点：其一，拒绝耶路撒冷的圣殿为上帝临在和实现他旨意的焦点；其二，犹太人对耶稣的拒绝是他们不断拒绝上帝使者的高峰。总而言之，原始基督教与犹太教最终的分道扬镳，很明显是与圣殿分不开的。[13]

《分道扬镳》第五章的焦点是"非人手所造的殿"（A Temple "made without hands"）。根据《使徒行传》7:58 的记载，当司提反被犹太人处死的时候，保罗（当时名叫扫罗）不但也在场，并且还可能是一个很重要的负责人。因为"作见证的人把衣裳放在……扫罗的脚前"（7:58）。因此，当司提反在辩护词中说，"其实，至高者并不住人手所造的[圣殿]"（徒 7:48）的时候，保罗应该是听到的。

11. 路 24:53；徒 2:46，3:1，5:42。
12. 徒 6:12-14，7:57-60。
13. Dunn, *The Partings of the Ways Between Christianity and Judaism and their Significance for the Character of Christianity*, 57-65.

这一点很有意义，因为成为基督徒以后的保罗，也认同类似的神学观点。在他的书信中保罗的圣殿观表达得很清楚，尤其是在《哥林多前书》。保罗把信徒或是教会看成是"上帝的殿"，是上帝圣灵的居所（林前 3:16，17）。那就是说，基督徒信众或是教会，可说是已经取代了耶路撒冷那座"人手所造"的圣殿，因此圣殿也就失去了它存在的功用和意义。基督徒信众或是教会，已经成为新的"圣殿"，并且是"非人手所造的殿"。这个神学思想，对犹太教来说，是绝对不能接受的。因此，正如祭司长和全公会当年曾以毁坏圣殿的罪名来控告耶稣（参见徒 6:14），犹太人的大祭司和长老也以同样的罪名，在罗马巡抚腓力斯面前指控保罗（徒 24:6）。

邓恩的观点是对的。保罗既然相信那"非人手所造的殿"，也就是基督徒信众或是教会，已经取代了耶路撒冷那"人手所造"的圣殿，那个围绕着圣殿的宗教（temple cult），包括一切的献祭等，也自然随之失效。[14] 这样一来，整个祭司制度也就没有存在的价值了。这样的思想和逻辑是革命性的。针对圣殿的宗教、献祭和整个祭司制度作出最全面论述的，应该是《希伯来书》了，不论此书与保罗的关系如何。《约翰福音》对有关原始基督教和犹太教分道（partings）这件大事，有很大的启发。邓恩的结论是很有深度的：《约翰福音》的作者所关注的那个运动或群体，就正好是在犹太教的圣殿宗教这件事上，是与主流的犹太教分道的。[15] 在讨论第二圣殿这件大事上，一个绝对不可忽略的历史事实是：虽然公元 70 年以后，耶路撒冷的圣殿已经不复存在，犹太教仍然可以借着"拉比犹太教"（rabbinic Judaism）继续传承下去。

《分道扬镳》第六章主要是探讨"耶稣、圣约与妥拉"（Jesus, Covenant and Torah）。这里所关注的最重要问题当然是：耶稣有

---

14. Dunn, *The Partings of the Ways Between Christianity and Judaism and their Significance for the Character of Christianity*, 79.

15. "... the Fourth Evangelist emphasizes that the movement for which he speaks has parted company with mainstream Judaism precisely at the point of the cult." Dunn, *The Partings of the Ways Between Christianity and Judaism and their Significance for the Character of Christianity*, 93.

刻意反对律法（Torah）吗？这是一个大而复杂并且富有争议的问题，因为耶稣在许多情况和场合中的言行，都涉及了这个非常敏感的问题，尤其是因为犹太教的律法还有书写成文的（written）以及口传的（oral）之分。有关耶稣对犹太教律法的观点和态度，他在《马太福音》5:17的表态至关重要："莫想我来要废掉律法和先知，我来不是要废掉，乃是要成全。"既是那样，耶稣又为何声称"你们听见［旧约圣经］有话说……只是我告诉你们……"？这似乎是意味着耶稣的话语要比旧约圣经更有权威。有关耶稣这句话的意义和诠释，见仁见智。邓恩对这个问题的看法是可以接受的。他认为耶稣这句话并不表示他有意废除旧约的律法，他只是给上帝的话语一个更新和更具挑战性的诠释和教导。[16]

从整体来看，耶稣所怀疑和挑战的，其实不是他自己一惯尊重的旧约圣经，而是犹太教一些像法利赛和文士那样的人。他们以字面或是人为的一些行为规范，如哈拉卡（halakah）等，作为标准，最终完全忽略了上帝律法中的精神。法利赛人对安息日的理解和规范，就是最好的一个例子。耶稣是对的，若是稍微细心去看十诫中守安息日的条文（出 20:8-10），就不难发现，"安息日［确实］是为人设立的，人不是为安息日设立的"（可 2:27）。结果是耶稣真正理解和领悟安息日的原意和精神。"好撒玛利亚人"的故事（路 10:30-37），不但是对法利赛主义那非常狭窄的宗教和民族观念的一个批判和挑战，也完全符合旧约圣经的创造和上帝观以及上帝的普世恩典。

《分道扬镳》第七章的重点是"保罗与恩约守法主义"（Paul and "covenantal nomism"）。见本书的概要和评述。[17]

《分道扬镳》第八章的标题是"上帝的以色列"（The Israel of God）。与这个标题分不开的一个重要问题是：原始基督教是否从

---

16. Dunn, *The Partings of the Ways Between Christianity and Judaism and their Significance for the Character of Christianity*, 98-102.

17. Dunn, *The Partings of the Ways Between Christianity and Judaism and their Significance for the Character of Christianity*, 117-139.

新约时代开始，就已经"反犹太"（anti-Jewish）?《路加福音》《使徒行传》和《约翰福音》等，都常被认为是"反犹太"的。但谁是第二圣殿时期的"犹太人"呢？（英文 Jew，希腊文 Ἰουδαῖος）邓恩认为在第二圣殿时期，"犹太人"一般应该是指按种族和宗教来定义的一个社群，因此与周边的其他人有别。邓恩认为保罗在《罗马书》9—11 章用"以色列"一词是很有用心的。保罗从来没有否认过"以色列"是上帝的选民，也不相信以色列已经被上帝抛弃了。可是，保罗在肯定的同时，也刻意地强调他所指的"以色列"是超越了当时犹太教在犹太人和外邦人之间所作的划分。[18] 此外，保罗也绝对没有把自己看成是一位站在以色列以外来观察事物的人。在犹太教之外也许是有的，但那样的犹太教是与他同时代的法利赛人所决定的，也因此与保罗观念中的"以色列"不同，而保罗自认仍旧是一位以色列人。有关"上帝的以色列"这个重要和富争议性的问题，邓恩曾根据《马太福音》《约翰福音》《使徒行传》和保罗的书信等重要的文献作了一番考究。[19] 他得出了一些结论。首先，上述这些新约文献在书写的时候，"犹太教"的本质是什么，仍旧在争议中，而它的界限也还未重新划定。其次，人们因此不要那么快给上述那些新约圣经的作者下定论说，他们是"反犹太教"或是"反闪族主义"的，因为他们争论的背景和我们是很不相同的。再者，至于犹太教的第二根支柱——律法，保罗和法利赛派的分歧是没有公元 70年后的情况那么明确的。总的来说，马太、路加、约翰和保罗都没有放弃律法。就约翰而言，他所更关注的，是基督论，而不是律法。最后，根据上述的考证，这些新约圣经的作者都没有与当时第二圣殿犹太教的第二和第三根支柱，也即是律法和圣约，存在明显的

---

18. "The axiom of Israel's election is thus not denied or abandoned; instead it is reaffirmed and re-expressed, in terms which are no longer restricted but rather which transcend the old Jew/Gentile division（Ephesians 2.14-19），anticipating a truly universal church（Ephesians 1.22-23）." Dunn, *The Partings of the Ways Between Christianity and Judaism and their Significance for the Character of Christianity*, 149.

19. Dunn, *The Partings of the Ways Between Christianity and Judaism and their Significance for the Character of Christianity*, 141-149.

分道。[20]

《分道扬镳》第九章着重论述"耶稣与一神"（Jesus and the One God）。这是一个很大和非常具争议的题目，因为与它有密切关系的，还有耶稣是上帝的儿子，是"人子"，是弥赛亚，是君王大卫的儿子等问题。与此同时，耶稣自己对权柄的清楚意识以及行使，也是极具争议的问题。当然，在耶稣那个时代或是在他的前后，也有不少其他人物作过类似的宣称。可是，正如邓恩所指出的那样，耶稣单在对权柄的清楚意识以及行使方面，就似乎与其他人物很不相同了。邓恩认为，这样的观察和结论，是新约圣经可以经得起严谨和正确的圣经学评鉴的。当耶稣用"只是我告诉你们……"（太 5:39, 44）这些近乎狂傲的话语的时候，他很明显是把自己看作是上帝在世上的代言人，甚至是上帝自己。暂且不论那样的话语是否可以接受，它的出现已经可说是很不寻常了。

上述那些围绕着历史上的耶稣的大小问题多而复杂，争议不休，在耶稣自己那个时代并没有解决，也没有明确的答案。仅是从《约翰福音》的基督论，就可以看出来了。但有一点是可以肯定的。那就是，没有人怀疑犹太人对上帝那传统的理解以及上帝借着他的使者向人启示他的旨意的信念。

但与此同时，在耶稣那个时代，基督徒的弥赛亚观还尚未清楚地建立起来。耶稣作为"上帝的儿子"（Son of God）这个信念，也还没有一个非常清晰的焦点。耶稣身为"人子"（Son of man）也同样没有成为一个清楚的名号（title）。耶稣最终被处死的原因，是政治性多过于宗教性的，因为他的言行对当时的权柄（authority）和一些制度，包括圣殿的现状（status quo），是很大的挑战。除了《约翰福音》的记述之外，耶稣的言行似乎没有被看作是对"上帝的整

---

20. "None of these first-century Christian writers would have accepted the proposition that they had denied or abandoned the law .... At least so far as 'the partings of the way' are concerned, we have to say that there was nothing like a clean break over the issues and in the period covered by the writers reviewed above." Dunn, *The Partings of the Ways Between Christianity and Judaism and their Significance for the Character of Christianity*, 160-162.

全性"或"独一性"（the unity of God）的一种破坏或颠覆。邓恩的结论是：在犹太教一神论这个信仰上，耶稣还是站立在第二圣殿犹太教的范围内的。[21]

《分道扬镳》第十章的主题是"一上帝，一主"（One God, One Lord）。邓恩认为耶稣的复活（resurrection）对这个重要的主题是关键性的。耶稣的复活也因此是原始基督教最早宣教的核心。它也是在保罗之前，对耶稣基督的宣信（confession）中，最基要的信条。[22] 邓恩也同时指出，耶稣的复活是基督论最重要的内容。不但如此，耶稣复活让耶稣被宣告为"主"（Lord）（徒 2:36；腓 2:6-11）。在《哥林多前书》8:6，保罗一方面提及"一位上帝，就是父"（one God, the Father），另一方面又讲到"一位主，就是耶稣基督"（one Lord, Jesus Christ），这是意义深长的。因为至少对保罗来说，两者似乎是没有构成什么竞争或冲突。他可以同时称耶稣基督为"主"，又宣告上帝为"父"，后者完全符合犹太教的一神论。再者，那位被尊称为"主"的耶稣，自己也同样可以尊上帝为"主"（林前 15:24-28）。很重要的一点是，对保罗和原始的基督教来说，称耶稣基督为"主"，并不表示将他与上帝等同起来。[23] 可是，耶稣究竟是不是"上帝"这个问题，最终似乎还是无可回避的。在保罗的书信中，《罗马书》9:5 应该是最接近于将耶稣基督与上帝等同起来的。在一些比《罗马书》更早的书信中，耶稣几乎已经和上帝并列在一起了，例如《帖撒罗尼迦前书》3:11："愿上帝我们的父和我们的主耶稣……"纵使是那样，邓恩却认为最早的基督徒对耶稣的敬拜以及保罗自己的基督论似乎还没有被他同时代的犹太人看成是干犯了他们传统的一神思想。[24] 那就是说，到现在为止，原始基督教的基督论（christology）仍旧还未导致基督教与当时犹太教的分道。

---

21. Dunn, *The Partings of the Ways Between Christianity and Judaism and their Significance for the Character of Christianity*, 181-182.

22. 徒 2:24-32；3:22-26；13:30-37；参见罗 1:3-4；4:24-25；8:34。

23. Dunn, *The Partings of the Ways Between Christianity and Judaism and their Significance for the Character of Christianity*, 183-191.

24. Ibid., 203-206.

《分道扬镳》第十一章的论题是"基督教是一神论吗？第一个基督论大辩论"（Is Christianity Monotheist? The first great christological debate）。这可说是邓恩这本书相对比较复杂的部分。他在这一章所引用和探讨的文献和资料，已经远远超越了新约圣经的范围。其中包括耶稣和保罗那个时代以及前后的智慧文献。犹太思想家斐洛（Philo）也被包括在其中。在基督论方面，也涉及了"智慧基督论"（wisdom christology）和"亚当基督论"（Adam christology）等。[25]邓恩在这一章所引的新约圣经著作虽然很广，从《马太福音》到《希伯来书》《雅各书》和《彼得前书》等。但焦点是放在约翰的著作：《约翰福音》和《启示录》。这样的做法当然有一定的道理。因为约翰的著作一般上都被看成是在新约圣经中最后才完成的，接近公元第一世纪末。因此，《约翰福音》和《启示录》的基督论，也自然被认为是比保罗和其他的新约著作有了更进一步的发展。对邓恩来说，《启示录》开始那一段，也即是 1:12-16，可能是整部著作中最引人注目的。这一段经文所描绘的那一位"人子"与旧约一些经文太相似了，包括《但以理书》7:9、10:5-6 和 13 章，《以西结书》1:24、26，8:2 等。总的来说，按照《启示录》的描绘，耶稣的身份和地位已经与父上帝同等了。这似乎已经是没有什么疑问的。

按《约翰福音》的见证。耶稣当日和犹太教的领导层最大的争论，就是耶稣的身份问题。结果，祭司长和犹太人向罗马巡抚彼拉多要求耶稣被钉死在十字架的"罪名"是："我们有律法，按那律法，他是该死的，因他以自己为上帝的儿子。"（约 19:7）不但如此，也同样是《约翰福音》，藉着门徒多马的宣信，称复活了的耶稣为"我的主，我的上帝！"（20:28）有关《约翰福音》的基督论，邓恩作了这样的评语：《约翰福音》已经很明显地超越了我们所阅读过的这个时期的基督教的著作。它把'智慧基督论'最丰富的意义都展现出来了。《约翰福音》坚持耶稣是来自'天上的'。它所强调的，

25. Dunn, *The Partings of the Ways Between Christianity and Judaism and their Significance for the Character of Christianity*，207-209.

也超越了《哥林多前书》8:6 以及《歌罗西书》1:15 所论及的。"[26] 此外,《约翰福音》的基督论也远远超越了任何在第二圣殿时期的犹太教可以见到的。这肯定是公元 70 年以后的拉比们不能接受的。[27] 因此,邓恩的结论是合理的:对犹太教而言,当时基督教对耶稣的宣称已经是走得太远了。从拉比犹太教的角度来看,基督教与犹太教的分道,可说是已经开始了。[28]

《分道扬镳》第十二章的主题 "分道"(The Parting of the Ways)。这最后一章,很明显是全书的最高潮和总结。邓恩一开始的提问是很有意义的:在犹太教过去的历史中,是否有一个时间点,在它之前,基督教与犹太教最终的分道,可能是可以避免的,而在它之后,却一切都无法扭转过来了?对许多人来说,这个时间点最明显就是犹太人在反抗罗马帝国失败的那一年,也即是公元 70 年。当时连圣城耶路撒冷也被毁了。在 20 世纪开始的时候,这是一个主流的观点。如今,这个观点却被认为是太过简单化了。是的,随着公元 70 年那个大灾难而兴起的,有第二圣殿犹太教的两个继承者。那就是,法利赛的接班人拉比犹太教以及以外邦人为主的基督教。假设《使徒行传》《马太福音》和《约翰福音》的记载是准确的话,我们就不能相信基督教与犹太教的分道在公元 70 年就已经发生,并且两者的分道是一次完成的。[29]

---

26. "Clearly, then, the Fourth Gospel has gone beyond anything which we have so far read in Christian writing of the period to bring out the full significance of Wisdom christology. The insistence on the heavenly origin of Jesus is much thoroughgoing and emphatic than what we have in 1 Cor. 8.6 and Col. 1.15." Dunn, *The Partings of the Ways Between Christianity and Judaism and their Significance for the Character of Christianity*, 227.

27. Dunn, *The Partings of the Ways Between Christianity and Judaism and their Significance for the Character of Christianity*, 227.

28. "But John's christology has also gone well beyond anything that we have seen being said in second Temple Judaism ... that would have put him at odds with the rabbis of the post-70 period." "Christian claims for Jesus had taken a step too far. From their perspective the parting of the ways had already happened." Dunn, *The Partings of the Ways Between Christianity and Judaism and their Significance for the Character of Christianity*, 229.

29. Dunn, *The Partings of the Ways Between Christianity and Judaism and their Significance for the Character of Christianity*, 231-232.

邓恩在经过详细的研究和引用了非常广泛和重要资料之后，作了不少的观察和评论。至少下列这几点是值得一提的。第一，就算是进入了公元第二世纪，不仅一些基督徒的派系可以被称为"犹太—基督徒的"（Jewish-Christian），甚至整体的基督教也可以被看作是"犹太基督教"（Jewish Christianity）。第二，有证据可以相信，在很长的一段时间里，犹太人和基督徒继续有接触。第三，犹太教与基督教最后的"分道"是在犹太人第二次反抗罗马帝国的时候，也即是公元132—135年，才发生的。[30] 邓恩在书的末了进行自我反思的时候，还是强调基督教的犹太根源。对他来说，整个研究留给他的永久印象，肯定是基督教那持久不变的犹太特质。邓恩继续下去特别提到犹太教的旧约成了基督教圣经的组成部分。当然，最重要的是耶稣身为犹太人这个历史事实。[31]

邓恩的《使徒保罗的神学》

《使徒保罗的神学》（The Theology of Paul the Apostle）是邓恩的另外一部重要巨作。保罗在该书中被称誉为"第一位伟大的基督教神学家（Christian Theologian）"与"基督教第二创始人"。[32] 邓恩在绪论中提出了两个重点。其一，对话：1）无意中听到保罗自己与读者的历史对话；2）好像是进入保罗本人与自己的对话中；3）带着自己的问题和传统来审视保罗所说过的话。其二，找到与保罗思想流动保持一致的书信，以便开始对话。区别保罗神学中的一些细节：大马色经历之后的信仰表述与耶路撒冷会议和安提阿事件之间的保罗神学是不完全相同的。此外，《使徒保罗的神学》的目录是按照《罗马书》的主题顺序排列。邓恩认为，在保罗神学建构的活动和对

---

30. Dunn, *The Partings of the Ways Between Christianity and Judaism and their Significance for the Character of Christianity*, 234-238.

31. Ibid., 258.

32. 保罗属于对基督教的形成和神学富有创造性和确定性的那一代。"基督教第二创始人"保罗的影响力与著作在神学史上是无前例的。从早期教父或基督教神学家，中世纪神学家，到近现代的神学家包尔皆如此。Dunn, *The Theology of Paul the Apostle*, 1-26。

话中,《罗马书》拥有一个相对固定的特征。该信是写给他并非自己亲自建立的教会,既是在他宣教事工的结尾(15:18-24),也是在他宣教极为平稳的期间,因此对福音有更成熟的理解和护卫。在《罗马书》中,保罗自己选择了他神学中的主题顺序。[33]

邓恩认为,保罗神学活力的特性是源自几个主要的因素:犹太教的丰富资源与传统;学术界在宗教史研究这个领域的成果与贡献;保罗自己所处那个时代的罗马社会的各种关系。

对邓恩而言,保罗的神学思想是以三个要素为背景和基础的。第一,他自己的希伯来信仰和传统,也即是旧约的背景。第二,他在大马色的路上与复活的主耶稣的相遇,悔改和蒙召。第三,保罗自己的书信。邓恩自己所写的"保罗神学"也离不开这三个领域。

邓恩认为,保罗的神学始终都以下列三点为基本的信念。其一,旧约的上帝(神)是不变的。以色列的上帝也即是基督徒的上帝。其二,不论以色列在历史上如何背弃上帝以及在使命上如何失败,上帝对以色列的"拣选"是不变的。以色列最终必然会归回上帝(罗9—11章)。最后,上帝所赐的律法的神圣和善良性,并不因为人的不遵守而废弃它的本质。律法在耶稣基督到来的时候,不但更明确地显示和暴露了人的罪性与罪行,而且最终把罪人引到耶稣基督那个蒙恩得救的路上。

按邓恩的理解,"第二圣殿"在保罗的神学思想中已经是不重要了。这主要是因为保罗已经把圣殿"内在化"了。那就是说,每个"在基督里"蒙恩得救的信徒,已经是圣灵的"殿"了。

在邓恩看来,在保罗诸多的神学"论"(logia)中,"基督论"是最核心的。其他所有的"论"都必须围绕着"基督论"来论说和表述。这也是邓恩自己处理"保罗神学"的方式。简而言之,对保

---

33. Dunn, *The Theology of Paul the Apostle*, 1-26. 马歇尔认为,保罗神学的架构除了受到含有希腊化因素的犹太教影响(其中包括希伯来圣经,运用经文的方式,以及犹太的天启思想)之外,还包括早期基督徒的思想观念,和保罗自身的大马色经历。大马色与基督相遇对保罗神学的影响举足轻重。参见马歇尔,《马歇尔新约神学》,潘秋松、林秀娟、蔡蓓译(美国:麦种传道会,2006)。

罗和邓恩来说，"基督教就是基督"（Christianity is Christ），一切都以基督为中心。

　　经过非常严谨的分析和归纳，邓恩认为保罗神学有几个很明显的特点和创意。1）对"福音"（gospel），"恩典"（grace）和"爱"（love）的理解与诠释；2）人的"肉体"（body 或 flesh）与"灵"（spirit）之间的张力；3）对"灵恩"（charismata）的本质和功能的深层理解和教导；4）把教会看作是"基督的身体"也是非常有创意的一个神学理念。上述这几点在《哥林多前书》特别明显。

　　对邓恩而言，《罗马书》和《加拉太书》的"因信称义"也肯定是保罗神学的基要思想。这也说明了邓恩在整个"保罗新观"的讨论和争议中扮演了非常重要的角色。比起桑德斯等学者，邓恩的观点是比较平衡以及可以接受的。处在败坏的罗马社会中的使徒保罗，对人在罪恶中的处境的观察和分析是非常透彻的。这点也是邓恩没有忽略的。

　　从《帖撒罗尼迦前书》以及《哥林多前书》15章等处就可以发现，就是对使徒保罗来说，"末世论"（eschatology）也是一个很难讲解清楚的"奥秘"。他也因此没有勉强去给它作进一步的诠释和猜测。它对保罗和邓恩都一样是只能以信心来接受的奥秘，因为在"末世"的"已经到来"（already）和"仍未到来"（not yet）之间，永远存在着一个"张力"（tension）；是"张力"，而不是"矛盾"（contradiction）。[34]

---

34. Dunn, *The Theology of Paul the Apostle*, 713-733. 耶稣本身的使命和信息。新约的末世论可说是从耶稣开始的。救恩论的"已临到"（already）与"还未到"（not yet）之间的张力，也是依据耶稣自己对"上帝国度"的教导。耶稣本身的教导，不管是说出来还是活出来的，结果都成了新约神学的起点。参见邓雅各，《新约神学导论》，邵樟平、邵尹妙珍译（香港：天道书楼，2012），329-335。

推荐书目

中文推荐书目

埃里克·沃格林，《希腊化，罗马和早期基督教》，上海：华东师范大学出版社，2007。

邓雅各，《保罗新观的新视角》，王学晟译，《圣经文学研究》2016年第12期，106-135。

霍桑、马挺主编，《21世纪保罗书信辞典》，杨长慧译，郭秀娟审校，台北：校园书房，2009。

卡森、穆尔，《21世纪新约导论》，尹妙珍、纪荣神译，香港：天道书楼，2007。

赖特，《保罗神学崭新观》，邵樟平，邵尹妙珍译，香港：天道书楼有限公司，2008。

赖特，《再思保罗神学争议：保罗真的创立了基督教？》，白陈毓华译，台北：校园书房，2000。

陆红坚，《重估"因信称义"——"保罗新观"评述》，《基督教思想评论》2006年第4期，149-161。

麦启新，《恩约守法主义与新约救恩论》，《山道期刊》2010年第25期，121-143。

邵樟平，《赖特保罗新观带来对保罗的新认识》，《山道期刊》2010年第25期，146-166。

陶伯斯，《保罗政治神学》，吴增定等译，上海：华东师范大学出版社，2016。

魏斯特鸿，《保罗神学：新旧观》，陈永财译，美国：麦种传道会，2014。

魏斯特鸿，《再思保罗称义观：传统派与修正派的6场对话》，谭达峰译，台北：校园书房，2017。

吴慧仪，《从保罗新观看圣经研究对福音信仰之贡献和挑战》，《中国神学研究院期刊》2008年第44期，13-29。

曾思瀚，《反思保罗新观的三个发展阶段》，《山道期刊》2010年第25期，50-85。

钟志邦，《政教分离是个神话？》，香港：研道社，2008。

英文推荐书目

Adams, E. and D. G. Horrell (eds.), *Christianity at Corinth: The Quest for the Pauline Church*. Louisville: Westminster John Knox Press, 2004.

Barclay, J. M. G., "Thessalonica and Corinth: Social Contrast in Pauline Christianity", *Journal of the Study of New Testament* 47 (1992), 49-74.

Barrett, C. K., *A Critical and Exegetical Commentary on the Acts of the Apostles*. Edinburgh: T & T Clark, 1998.

Barton, C. A., *The Sorrows of the Ancient Romans*. Princeton, N. J.: Princeton University Press, 1993.

Baur, Ferdinand Christian, "Die Christuspartei in der korinthischen Gemeinde, der Gegensatz *des* petrinischen *und paulinischen* Christentums in der Altesten Kirche, der Apostel Petrus in Rom", *TZT* 4 (1831), 61-206.

Baur, Ferdinand Christian, *Paul, The Apostle of Jesus Christ, His Life and Work, His Epistles and His Doctrine: A Contribution to a Critical History of Primitive Christianity*. 1st ed. 1845, 2nd ed, by E. Zeller, trans. A. Menzies; Edinburgh/London: Williams & Norgate, 1875.

Bird, Michael F., "When the Dust Finally Settles: Coming to a Post-New Perspective Perspective", *Theological Journal* 2, no. 2 (2005), 57-69.

Bruce, F. F., *The Acts of the Apostles: The Greek Text With Introduction and Commentary*. Grand Rapids, MI: William B. Eerdmans, 1990.

Brunt, P. A. and J. M. Moore, *Res Gestae Divi Augusti: The Achievement of the Divine Augustus*. Oxford: Oxford University Press, 1967.

Carson, D. A., Peter O'Brien and Mark A. Seifrid (eds.), *Justification and Variegated Nomism: Volume 2: The Paradoxes of Paul*. Grand Rapids: Baker, 2004.

Chester, S. J., *Conversion at Corinth: Perspectives on Conversion in Paul's Theology and the Corinthian Church*. London: T & T Clark, 2003.

Chow, J. K., *Patronage and Power: A Study of Social Networks in Corinth*. Sheffield: JSOT, 1992.

Clarke, A. D., *Secular and Christian Leadership in Corinth: A Socio-Historical and Exegetical Study of 1 Corinthians 1-6*. Leiden: Brill, 1993.

Combes, I. A. H., *The Metaphor of Slavery in the Writings of the Early Church*. Sheffield: Sheffield Academic Press, 1998.

Dahl, D., *Studies in Paul: Theology for the Early Christian Mission*. Minneapolis: Augsburg, 1977.

Deissmann, A., *Light from the Ancient East*. London: Hodder and Stoughton, 1910.

Deissmann, A., *Paul: A Study in Social and Religious History*. New York: Hodder and Stoughton, 1926.

Dunn, J. D. G., "The New Perspective on Paul", *BJRL* 65 (1983), 95-122.

Dunn, J. D. G., *Romans*. Dallas: Word, 1988.

Dunn, J. D. G., *Jesus, Paul, and the Law: Studies in Mark and Galatians*. Louisville: Westminster/John Knox, 1990.

Dunn, J. D. G., *The Acts of the Apostles*. Peterborough: Epworth Press, 1996.

Dunn, J. D. G., *The New Perspective on Paul: Collected Essays*. Tübingen: Mohr/Siebeck, 2005.

Elliott, J., *What Is Social-Scientific Criticism?*. Minneapolis: Fortress, 1993.

Fiorenza, E. S., *In Memory of Her: A Feminist Theological Reconstruction of Christian Origins*. New York: Crossroad, 1983.

Fiorenza, E. S. (ed.), *Searching the Scriptures. Vol 2: A Feminist Commentary*. London: SCM, 1995.

Fishwick, D., *the Imperial Cult in the Latin West: Studies in the Ruler Cult of the Western Provincess of the Roman Empire*. Leiden: E. J. Brill, 1987.

Frisen, Steven, "Poverty in Pauline Studies: Beyond the So-Called New Consensus", *Journal for the Study of the New Testament* 26 (2004), 323-361.

Garnsey, P., *Social Status and Legal Privilege in the Roman Empire*. Oxford: OUP, 1970.

Hays, Richard, *Echoes of Scripture in the Letters of Paul*. New Haven; London: Yale University Press, 1986.

Hengel, M., "Crucifixion and Roman Citizens", in *Crucifixion in the Ancient World and the Folly of the Message of the Cross* (Philadephia:

Fortress, 1982), 39-45.

Hengel, M., *The Pre-Christian Paul*. London: SCM Press, 1991.

Hock, R. F., *The Social Context of Paul's Ministry: Tentmaking and Apostleship*. Philadelphia: Fortress, 1980.

Holmberg, B., *Paul and Power: The Structure of Authority in the Primitive Church as Reflected in the Pauline Epistles*. Lund: Liberlaromede/ Gleerup, 1978.

Horsley, R. A. (ed.), *Paul and Empire*. Harrisburg: Trinity Press Internationl, 1997.

Horsley, R. A., "1 Corinthians: A Case Study of Paul's Assembly as an Alternative Soceity", in *Paul and Empire* (Harrisburg: Trinity Press Internationl, 1997), 242-251.

Horsley, R. A. (ed.), *Paul and Politics*. Harrisburg: Trinity Press Internationl, 2000.

Horsley, R. A., *Jesus and Empire* (Minneapolis: Fortress, 2002), 137-149.

Horsley, R. A. (ed.), *Paul and the Roman Imperial Order*. Harrisburg: Trinity Press Internationl, 2004.

Hooker, M. D., "Authority on Her Head: An Examination of 1 Cor. XI.10", *New Testamnet Studies* 10 (1964), 410-416.

Hooker, M. D., *From Adam to Christ: Essay on Paul*. Cambridge: Cambridge University Press, 1990.

Hopkins, K., "Divine Emperors or the Symbolic Unity of the Roman Empire", in *Conquerors and Slaves* (Cambridge: Cambridge University Press, 1978), 197-242.

Horrell, D. G., *The Social Ethos of the Corinthian Correspondence: Interests and Ideology from 1 Corinthians to 1 Clement*. Edinburgh: T & T Clark, 1996.

Horrell, D. G. (ed.), *Social-Scientific Approaches to New Testament Interpretation*. Edinburgh: T & T Clark, 1999.

Horrell, D. G., *An Introduction to the Study of Paul*. London: T & T Clark, 2006.

Howard, Thomas Albert, *Religion and the Rise of Historicism: W. M. L.*

de Wette, Jacob Burkhardt, and the Theological Origins of Nineteenth-Century Historical Consciousness. New York: Cambridge University Press, 2000.

Judge, E. A., *The Social Pattern of Christian Groups in the First Century*. London: The Tyndale Press, 1960.

Judge, E. A., "The Social Identity of the First Christians, A Question of Method in Religious History", *Journal of Religious History* 11 (1980), 201-217.

Judge, E. A., "Cultural Conformity and Innovation in Paul: Some Clues from Contemporary Documents", *TynBul* 35 (1984), 3-24.

Kim, Seyoon, *Paul and the New Perspective: Second Thoughts on the Origin of Paul's Gospel*. Grand Rapids: Eerdmans, 2002.

Levine, A.-J., *A Feminist Companion to Paul*. London and New York: T & T Clark, 2004.

Malina, J. B., *The New Testament World: Insights from Cultural Anthropology*. Louisville: Westminster/ John Knox Press, 1993.

Malina, J. B. and J. H. Neyrey, *Portraits of Paul: An Archaeology of Ancient Personality*. Louisville, KY: Westminster John Knox Press, 1996.

Marshall, P., *Enmity in Corinth: Social Conventions in Paul's Relations with the Corinthians*. Tübingen: Mohr Siebeck, 1987.

Martin, Dale B., "Review Essay: Justin J. Meggitt, *Paul, Poverty and Survival*", *JSNT* 84 (2001), 51-64.

McFague, S., *Models of God: Theology for an Ecological, Nuclear Age*. Philadelphia: Fortress, 1987.

Meggitt, J. J., *Paul, Poverty and Survival*. Edinburgh: T & T Clark, 1998.

Meggitt, J. J., "Response to Martin and Theissen", *JSNT* 84 (2001), 85-94.

Millar, F., *The Emperor in the Roman World* (31BC-AD337) . Ithaca: Cornell University, 1977.

Moo, D., "Paul and the Law in the Last Ten Years", *Scottish Journal of Theology* 40 (1987), 287-307.

Murphy-O'Connor, J., *Paul: A Critical Life*. Oxford: OUP, 1996.

Økland, J., *Women in Their Place: Paul and the Corinthian Discourse of*

Gender and Sanctuary Space. London: T & T Clark, 2004.

Orlin, Eric, *Foreign Cult in Rome: Creating a Roman Empire*. Oxford: Oxford University Press, 2010.

Price, S. R. F., *Rituals and Power: The Roman Imperial Cult in Asia Minor*. Cambridge: CUP, 1984.

Räisänen, H., *Paul and the Law*. Tübingen: Mohr Seibeck, 1983.

Räisänen, H., *The Torah and Christ: Essays in German and English on the Problem of the Law in Early Christianity*. Helsinki: Finnish Exegetical Society, 1986.

Ramsay, W. M., *St. Paul the Traveller and the Roman Citizen*. London: Hodder and Stoughton, 1895.

Riesner, R., *Paul's Early Period: Chronology, Mission Strategy, Theology*. Grand Rapids/Cambridge: Eerdmans, 1998.

Ruether, R. R., "Feminist Interpretation: A Method of Correlation", in L. M. Russell (ed.), *Feminist Interpretation of the Bible* (New York: Blackwell, 1985), 111-124.

Sanders, E. P., *Paul and Palestinian Judaism: A Comparison of Patterns of Religion*. Philadelphia: Fortress, 1977.

Sanders, E. P., *Paul: A Very Short Introduction*. Oxford: OUP, 1991.

Savage, Timothy B., *Power Through Weakness: Paul's Understanding of the Christian Ministry in 2 Corinthians*. Cambridge: Cambridge University Press, 1996.

Shi, Wenhua, *Paul's Message of the Cross as Body Language*, WUNT II/254. Tübingen: Mohr Siebeck, 2008.

Stanley D. M., "The Theme of the Servant of Yahweh in Primitive Christian Soteriology and its Transposition by St. Paul", *CBQ* 16 (1954), 385-425.

Strauss, David Friedrich, *Das Leben Jesu kritisch bearbeitet* (2 vols., Tübingen: C. F. Osiander, 1835—1836), trans. George Eliot, *The Life of Jesus Critically Examined*. London: Swan Sonnenschein and Company, 1846.

Stuhlmacher, P., *Revisiting Paul's Doctrine of Justification: A Challenge to* the *New Perspective*. Downers Grove, IL: IVP, 2001.

Theissen, G., *The Social Setting of Pauline Christianity*. Philadelphia: T & T Clark, 1982.

Theissen, G., "The Social Structure of Pauline Communities: Some Critical Remarks on J. J. Meggitt, Paul, Poverty and survival", *JSNT* 84 (2001), 65-84.

Theissen, G., "Social Conflicts in the Corinthian Community: Further Remarks on J. J. Meggitt, Paul, Poverty and survival", *JSNT* 25/3 (2003), 371-391.

Thompson, Michael B., *The New Perspective on Paul*. Cambridge: Grove, 2002.

Thrall, M. E., *II Corinthians*. London; New York: T & T Clark, 2000.

Turcan, R., *The Cult of the Roman Empire*. Oxford: Blackwell, 1996.

Watson, Francis, *Paul, Judaism, and the Gentiles: A Sociological Approach*. Cambridge: Cambridge University Press, 1986.

Westerholm, S., *Perspectives Old and New on Paul: The "Lutheran" Paul and His Critics*. Grand Rapids: Eerdmans, 2003.

Winter, Bruce W., *Seek the Welfare of the City: Christians as Benefactors and Citizens*. Grand Rapids: Eerdmans, 1994.

Winter, Bruce W, *Philo and Paul Among the Sophists: Alexandrian and Corinthian Responses to a Julio-Claudian Movement*. Grand Rapids: Eerdmans, 2002.

Wire, A. C., *Corinthian Women Prophets: A Reconstruction through Paul's Rhetoric*. Minneapolis: Fortress, 1990.

Wright, N. T., "Paul's Gospel and Caesar's Empire", in Horsley (ed.), *Paul and Politics*, 160-183.

Wuellner, W. H., "The Sociological Implications of 1 Corinthians 1:26–28 Reconsidered", 666-672.

第二部分

第一世纪希腊罗马的宗教
和文化背景

第一章
从耶稣到保罗：保罗之前的基督教

　　耶稣的信息和早期基督徒（包括保罗在内）宣讲的福音，是有着密不可分的历史和神学根源的。[1] 仅"历史的耶稣"（The Historical Jesus）这个课题本身，就已经够错综复杂了，而要给它"重建"更是谈何容易。纵使是那样，这些严肃的工作和任务却是不能回避的。它的结果，在很大的程度上，将取决于学者们对福音书以及保罗书信的严谨研究，包括对耶稣复活之后，基督徒社群信仰的传承与生活的深入研究。

1. Kim Huat Tan, *The Zion Traditions and the Aims of Jesus*（New York: Cambridge University Press, 1997）. 约翰·杜蓝，《早期教会生活》（台北：校园书房，1986）。欧内斯特·勒南，《耶稣的一生》（北京：商务印书馆，1999）。章雪富，《早期基督教的演变及多元传统》（北京：社会科学文献出版社，2003）。亚德迈耶等，《新约文学与神学：四福音及耶稣》（香港：天道书楼，2004）。林荣洪，《耶稣基督生平与言论》（上册；香港：明道社，2005）。林荣洪，《耶稣基督生平与言论》（下册；香港：明道社，2006）。黄风仪，《宗徒大事录：早期教会一系列福传故事研读》（香港：论尽神学出版社，2007）。钟志邦，《约翰福音注释》（上下卷；香港：天道书楼，2003/4；上海：上海三联书店，2010）。季纳，《新约圣经背景注释》（台北：校园书房，2006）。卡森、穆尔，《21世纪新约导论》（香港：天道书楼，2007）。霍桑、马挺主编，《21世纪保罗书信辞典》（上下册；台北：校园书房，2009）。德席尔瓦，《21世纪基督教新约导论》（台北：校园书房，2013）。

福音书和保罗书信之间，既有很明显的连续性，也有不同表达的方式和语言。例如，福音书中常出现的"上帝的国度"（kingdom of God）或"天国"（kingdom of heaven）以及"人子"（son of man）极少在保罗书信中出现。另一方面，保罗书信中常提到的基督，在符类福音书中就相对少了。[2] 假设耶稣以后的初期教会有所谓"高基督论"（High Christology）的话，保罗也肯定是它最重要的推动者和发展者。与此同时，如果耶稣是基督教真正创始者，那么保罗就肯定是他的承先启后人。

一、保罗在《使徒行传》中的证据

《路加福音》的作者路加，传统上也被认为是《使徒行传》的作者（路 1:1-4；徒 1:1-2）。《使徒行传》的重要性在于它记载了耶路撒冷最早的基督教团体，并且见证了基督教信息从那里传播到罗马帝国的其他城市的历程。同样重要的是，它描述了保罗在皈依基督前的一些情况以及他的悔改和随后的宣教使命。[3] 保罗的悔改和宣教历程，是《使徒行传》最为人所知的一些篇章。使徒保罗成为那个故事中的一个中心人物。可是，与保罗自己的书信相比，《使徒行传》给保罗所提供的证据，在许多学者看来，只能被列为次要的。保罗在自己书信那些宝贵的"自传资料"（autobiographical data）则被看作是首要的。其中也有一定的道理，因为《使徒行传》毕竟是初期教会的一部

---

2. Horrell, *An Introduction to the Study of Paul*, 12.
3. 葛德·泰森，《用新眼光看耶稣与保罗：基督宗教的根基与建筑师》（台北：南与北文化出版社，2014）。张达民、黄锡木，《使徒行传与保罗书信要领》（香港：基道出版社，2003）。

"史记"，而不是"保罗传记"。

学者们对《使徒行传》的作者、日期和历史可靠性，是持有各种不同的观点和见解的。基于某些不易确定的因素，学者们把《使徒行传》书写的日期锁定在自己所定的时期。总的来说，把《使徒行传》成书的日期暂定在公元 65 至 75 年之间，也许是比较合理的。这也就是保罗死前或死后不久期间。就《使徒行传》本身的内容性质而言，不少学者都认为它既是一部历史书，也是一部神学著作。

学者马歇尔（I. Howard Marshall）也因此把《使徒行传》的作者路加，看作是一位"历史学家和神学家"（Historian and Theologian）。马歇尔深信，路加虽然是一位认真和严谨的历史学家，但他采用的资料也与他的神学兴趣密不可分。马歇尔同时也指出很重要的一点。那就是，我们不能把路加看作是一位我们现代人眼中的历史学家。这样看是既不合时宜也是很不现实的。因为路加的时代与我们今天所处的环境毕竟很不相同。在路加那个时代，文件和资源都是非常有限的。[4]

总而言之，《使徒行传》是研究保罗书信的一个重要资料，尽管学者们对《使徒行传》的作者及其内容意见不一。《使徒行传》是早期教会叙事性的历史。它是早期基督教起源和保罗作为一名基督使徒活动的宝贵记录。但是，在应用《使徒行传》的资料时，学者们也应当谨慎，因为它毕竟不是一般定义上的历史书，它也包括了神学及其诠释。

---

4. Horrell, *An Introduction to the Study of Paul*, 14.

第二章
保罗和希腊罗马世界 [1]

一、罗马社会背景

---

1. 古罗马历史背景简介

罗马是由意大利拉丁乌姆（Latium）一个狭小的"城邦"逐步扩张而成的。罗马人于公元前 753 年建城。它属于伊特拉斯坎人（Etruscans）的君主统治领域，被称为罗马王政时期（*Regnum Romanum*）。[2] 公元前 510 年，罗马人驱逐了罗马王政时期的第七任君主苏佩布斯（Lucius Tarquinius Superbus），建立了罗马共和国。[3] 罗马共和国由控制实权并以贵族为代表的元老院（*Senatus*），执行行政权力的执政官（*Consules*），和

---

1. 弗格森，《古希腊—罗马文明：社会、思想和文化》(上海：华东师范大学出版社，2012)。杰弗斯，《古希腊—罗马文明：历史和背景》(上海：华东师范大学出版社，2013)。张晓梅，《使徒保罗和他的世界》(北京：社会科学文献出版社，2012)。
2. 公元前 753 年—前 509 年，亦称罗马王国或伊特鲁里亚时期。
3. 公元前 509 年—前 27 年。

罗马公民组成的部族会议（*Comitia Tributa*）三权分立。到了公元前 2 世纪中期，罗马已经形成了横跨欧、亚、非三大洲的地中海地区的大帝国。虽然它在这一时期的经济发展迅速，社会矛盾却日益恶化。公元前 2 世纪 30 年代，罗马陷入了百年的内战时期（公元前 131 年—前 31 年），共和体制趋于瓦解。公元前 27 年，屋大维实行了元首制，[4]独揽政治、军事、司法、宗教大权于一身，结束了一个世纪的内战，导致罗马共和国彻底告终。罗马从此就进入了帝国时代（公元前 27 年—公元 476 年）。[5]按照希腊的来源，屋大维（Ὀκτάβιος, Octavius），拥有多种称号，亦称凯撒（Καῖσαρ, Caesar），[6]奥古斯都（Αὔγουστος, Augustus），或者尊崇者（Σεβαστός, venerable one）。[7]奥古斯都原意为"神圣，至尊"。这个尊号与当时宗教的权威（*auctoritas*, authority）和预言（augur）有关。奥古斯都也同时兼有"国父"（*pater patriae*）及国家宗教的大祭司（*pontifex maximus*）等称号。尽管奥古斯都偏爱"第一公民"（*princeps*）的头衔。他沿用凯撒大帝的皇帝头衔，使用"凯撒皇帝"（Καῖσαρ Αὔγουστος, *praenomen*）作为自己的称号。[8]

---

4. Gaius Julius Caesar Octavianus , 公元前 63 年—公元 14 年。
5. 西罗马的最后一位皇帝是罗慕路斯·奥古斯都（Romulus Augustulus），在位仅一年时间（公元 475 年—476 年）。
6. 凯撒是一个带有帝国性质的头衔，它源于罗马独裁者盖乌斯·尤利乌斯·凯撒（Gaius Julius Caesar，公元前 100 年—前 44 年）的家庭姓氏（*cognomen*）。盖乌斯·尤利乌斯·凯撒，亦称凯撒大帝，是罗马共和国末期杰出的军事统帅和政治家。屋大维是凯撒大帝的养子。
7. 奥古斯都，是元老院赠予屋大维的荣誉头衔（凯撒奥古斯都）；奥古斯都的希腊文为"尊崇者"（Σεβαστός, *Sebastos*，是古希腊人用于对罗马帝国的奥古斯都表示敬意的称号）。希腊文 Σεβαστός 一词在《使徒行传》25:21 和 25:25 用来指"皇帝"（emperor, imperial, sovereign）。
8. 《路加福音》2:1:"当那些日子，该撒亚古士督有旨意下来，叫天下人民都报名上册。"

后来继位的罗马皇帝亦沿用凯撒这个头衔。[9] 皇帝（*imperator*）在拉丁文中的意思为"掌权者，下令者"。奥古斯都因此拥有"极大的统治权"（*imperium maius*）。

奥古斯都开启了罗马的太平盛世时代，常被称作"奥古斯都和平时期"（*Pax Augusta*）。在他长达四十三年的统治期间（公元前27年—公元14年），罗马呈现了太平与辉煌的景象。罗马帝国的文人哲士也借此题献诗词，讴歌太平盛世，颂扬皇帝英明。[10] 罗马史学家苏多纽斯（Suetonius，约公元69/75年—130年）在他的著作《奥古斯都传》（*Vita Divi Augusti, Life of Augustus*）中记载：[11] 奥古斯都生前撰写了他一生的所作所

---

9. "凯撒"在旧的和合本圣经中译为"该撒"。例如：可 12:24; 路 3:1; 约 19:12, 15; 徒 17:7, 25:8; 腓 4:22。

10. 罗马文学方面也被誉为黄金时期，著名的人物包括西塞罗（Cicero），李维（Livy），卡图卢斯（Catullus），维吉尔（Virgil），奥维德（Ovid），贺拉斯（Horace），以及卡西乌斯·狄奥（Cassius Dio）。

11. Suetonius, *Aug.*101.1-4: "He [Augustus] had made a will in the consulship of Lucius Plancus and Gaius Silius on the third day before the Nones of April, a year and four months before he died, in two note-books, written in part in his own hand and in part in that of his freedmen Polybius and Hilarion. These the Vestal virgins, with whom they had been deposited, now produced, together with three rolls, which were sealed in the same way. All these were opened and read in the senate. He appointed as his chief heirs Tiberius, to receive two-thirds of the estate, and Livia, one-third...His heirs in the second degree were Drusus, son of Tiberius, for one-third, and for the rest Germanicus and his three male children. In the third grade he mentioned many of his relatives and friends. He left to the Roman people forty million sesterces; to the tribes three million five hundred thousand; to the soldiers of the pretorian guard a thousand each; to the city cohorts five hundred; and to the legionaries three hundred. This sum he ordered to be paid at once, for he had always kept the amount at hand and ready for the purpose. He gave other legacies to various individuals, some amounting to as much as twenty thousand sesterces, and provided for the payment of these a year later, giving as his excuse for the delay the small amount of his property, and declaring that not more than a hundred and fifty millions would come to his heirs; for though he had received fourteen hundred millions during the last twenty years from the wills of his friends, he said that he had spent nearly all of it, as well as the estates left him by his natural and his （转下页）

为，并将三份书稿以及遗嘱密封后，托付于维斯塔贞女（Vestal Virgins）。他去世之后，维斯塔贞女在元老院公开宣读这些文件。奥古斯都任命提比略（Tiberius）为其遗产的主要继承人。提比略遵照遗嘱，将该文铭刻在青铜柱上——即"奥古斯都功德碑"（*Res Gestae Divi Augusti*）。[12] 这座碑文亦被称为"安齐拉铭文"（*Monumentum Ancyranum*）。[13] 奥古斯都藉着叙述罗马的历史事件，向天下表彰自己在政治、军事以及经济方面的成就和功绩。

所以，从公元前 27 年奥古斯都建立罗马帝国开始到公元 180 年马可·奥勒留（Marcus Aurelius）[14] 去世约有二百年左右的时间，史称"罗马和平时期"（*Pax Romana*, Roman peace）。

（接上页）adoptive father, for the benefit of the State. He gave orders that his daughter and his granddaughter Julia should not be put in his Mausoleum, if anything befell them. In one of the three rolls he included directions for his funeral; in the second, an account of what he had accomplished, which he desired to have cut upon bronze tablets and set up at the entrance to the Mausoleum; in the third, a summary of the condition of the whole empire; how many soldiers there were in active service in all parts of it, how much money there was in the public treasury and in the privy-purse, and what revenues were in arrears. He added, besides, the names of the freedmen and slaves from whom the details could be demanded."

12. Brunt & Moore, *Res Gestae Divi Augusti: The Achievements of the Divine Augustus* （Oxford: Oxford University Press, 1967）.

13. 参见 Paul Nelles, "The Measure of Rome: Andre Schott, Justus Lipsius and the Early Reception of the Res gestae divi Augusti", in Christopher Ligota and Jean-Louis Quantin（eds.）, *History of Scholarship: A Selection of Papers from the Seminar on the History of Scholarship Held Annually at the Warburg Insititute*（Oxford: Oxford University Press, 2006）, 113-134。奥地利的亚洲特使布伊斯毕克（Buysbecche）于 1555 年在安齐拉的寺庙内发现了这座保存完好的拉丁—希腊碑文。另参见 Georges Perrot and Edmund Guillaume, *Monumentum Ancyranum*（Mommsen, ed. 2, 1861）. Theodor Mommsen（ed.）, *Res Gestae Divi Augusti*（Berlin, 1883）. Velleius Peterculus（Compendium of Roman History）, *Res Gestae Divi Augusti*, trans. Frederick W. Shipley（Loeb Classical Library, 1924）. Alison E. Cooley, *Res Gestae Divi Augusti: Text, Translation and Commentary*（Cambridge: Cambridge University Press, 2009）。

14. 奥勒留（公元 121 年—180 年）于公元 161 年至 180 年在位，是罗马帝国五贤帝时代的最后一位皇帝。

因为在这一段相当漫长的时期，帝国内部政治局势稳定，社会安宁，秩序井然，交通便利，经济繁荣，文化兴盛，一片天下太平、国泰民安、歌舞升平的社会和谐景象。罗马帝国无论是在经济、文化、军事、艺术上都达到了前所未有的辉煌顶峰。[15]

然而，为了维护帝国的和平，罗马政府对社会秩序与安定的关注几乎成了病态。[16] 罗马政府为了保护其有利于社会上层阶级的法制体系，不惜一切代价镇压底下平民的抱怨及动乱。即使是开明的哲学家一般也同意保持那样的现状（status quo）。

2．罗马的社会等级制度

古罗马社会是非常严格分等级的。这种等级制度在古罗马人的生活中长期发挥了重大作用。自由的罗马公民通过血统和财产被分成几个社会阶层，如贵族和庶民。非公民身份的，则分为几个不同的类别，并以不同的法律权利来处理，如妇女、外国人、自由人和奴隶。一般来说，奴隶是不享有任何权利并且不受到法律保护的。奴隶制度是古希腊罗马体系中不可或缺的一部分。[17] 第二世纪罗马法学家盖尤斯（Gaius, 公元 130 年—

---

15. 吉本在其巨作《罗马帝国衰亡史》的第一章开首就描述了罗马帝国和平时期的盛况："在公元 2 世纪，罗马帝国据有地球上最富饶美好的区域，掌握了人类最进步和发达的文明。自古以来声名不坠而且纪律严明的勇士，防卫着辽阔的边界。法律和习俗能发挥温和而巨大的影响力，逐渐将各行省融合成一体。其享受太平岁月的居民，尽情挥霍着先人遗留下来的财富和光荣。"参见 Edward Gibbon, *The History of the Decline and Fall of the Roman Empire,* vol. 1, ed. J. B. Bury, Intro. W. E. H. Lecky（New York: Fred de Fau and Co., 1906），Chapt. 1. 另参见王晓朝，《罗马帝国文化转型论》（北京：社会科学文献出版社，2002）。

16. Barton, *The Sorrows of the Ancient Romans: The Gladiator and The Monster*, 180.

17. A. A. Rupprecht, "Slave, Slavery", in G. Hawthome, *et al.,*（eds.），*Dictionary of Paul and His Letters*（Downers Grove, IL: InterVarsity, 1993），881-883.

180 年）在他的《法学阶梯》（*Institutes*）中，清楚指出人在法律中所处的不同地位：“人的主要区别是：所有的人不是自由人就是奴隶。”[18]

甘塞（Peter Garnsey）的著作，在理解罗马帝国的社会地位和法律特权方面，作出了很大的贡献。罗马人结果把社会分为两个主要类别：上层阶级（*honestiores*）和下层阶级（*humiliores*）。[19]甘塞指出，罗马帝国中的社会地位和法律特权是彼此挂钩起来的。法官本身属于上层阶级，他们很自然就会偏袒在社会中有身份地位的贵族人士。[20]拥有罗马公民身份者，享有一定的权利。这些权利包括上诉权（*provocatio*）和豁免权（*muneris publici vacatio*）。此外，罗马公民被控告时，还有权选择在本地或在罗马听审。不但如此，罗马公民通常还享有免遭鞭打的特权。

自希腊时代以来，家庭的出生、权力、地位、财富和荣誉，已经成为人们竭力追求和向往的目标和社会时尚。当有人询问伊索克拉底（Isocrates）关于一个人通往荣耀的路径的时候，他只是回答说：他的出生和教育是什么？[21]甚至连著名的哲学家亚里士多德（Aristotle）也同样视财富、荣誉、权力和尊贵为快乐或幸福人生的基本要素。[22]伟大的演说家西塞罗

---

18. Gaius, *Institutes*（Oxford: Clarendon Press, 1946-1953），vol.1.9: *Et quidem summa divisio de iure personarum haec est, quod omnes homines aut liberi sunt aut servi.*（"The principal division of persons is the following, namely, that all men are either free or slaves."）

19. Garnsey, *Social Status and Legal Privilege in the Roman Empire*, 221.

20. Ibid., 4.

21. 伊索克拉底（公元前 436 年—前 338 年），*Antidosis* 308。

22. 亚里士多德（公元前 384 年—前 322 年）：《修辞学》（*Ars Rhetorica*, 1360b 3-5）；《尼各马科伦理学》（*Ethica Nicomachea*, 1102a）。

虽然重视人身体的健康和内在的美德与尊严，可是就外在环境而言，他则认为人的优势还是离不开荣誉、金钱、人际关系、家庭、朋友、国家、权力以及其他类似的东西。[23] 西塞罗强调人只有拥有足够的权力资源，才可以保全自己，抗拒消弱他人。[24] 内瑞（Jerome Neyrey）对希腊人、罗马人和犹太人共同的荣辱价值观（honour and shame values）做了研究之后，作出了这样的结论：不管是从荷马到希罗多德时代，还是从品达到保罗的时代，人对荣誉的追求始终还是社会的枢轴；男人的生死存亡皆为谋取名利、赞扬和尊重。[25] 在罗马社会，荣誉无可置疑是只属于上层阶级的。[26] 对罗马人而言，"荣誉"（honour）简直就是一个人在社会上存在的价值和意义的同义词。因此，一个人失去了自己在社会上的荣誉，是绝对无法忍受的。[27] 马利纳（B. J. Malina）进一步阐明，古地中海世界中所讲论的荣誉和价值及其所象征的意义，最终决定了一个人在社会上的地位。一个人的权力、尊贵、性别也因此被划定。[28]

23. 西塞罗（公元前 106 年—前 43 年）：《论修辞学的发明》（De Inventione rhetorica, 2.56.169: "...the virtues of the body are health, dignity, strength, swiftness. Extraneous circumstances are honour, money, relationship, family, friends, country, power, and other things which are understood to be of a similar kind."）。

24. Cicero, De Inventione rhetorica, 2.59.177: "Power is a possession of things suitable to preserving what is one's own, and to acquiring what belongs to another."

25. Jerome H. Neyrey, "'Despising the Shame of the Cross': Honor and Shame in the Johannine Passion Narrative", in D. G. Horrell（ed.）, Social-Scientific Approaches to New Testament Interpretation（Edinburgh, T & T Clark, 1999）, 151-176, at 155.

26. Garnsey, Social Status and Legal Privilege in the Roman Empire, 221.

27. Barton, The Sorrows of the Ancient Romans: The Gladiator and The Monster, 186.

28. Malina, The New Testament World: Insights from Cultural Anthropology, 54.

3. 罗马的法律制度

第一世纪的罗马法律与许多古代法律系统相似。这些法律包括早期公元前 449 年的"十二铜表法"(Twelve Tables, 现仅存一些断章残篇), [29] 及罗马帝国对十二铜表法的条文的扩充——议会制定的律法(senates consulta), 皇帝的敕令(rescripta), 训示(mandata)以及其他先例。罗马帝国头三个世纪著名的法学家们将之编为法典流传各地。[30]

罗马政府的权柄是国家与社会的权力中心, 由社会中拥有权力的团体赋予其立法权及执法权。政府权柄的范围从罗马皇帝、行省总督(或称方伯, proconsul)[31] 及巡抚(procurator), 都由元老院或皇帝委派任命, 直到地方性的官长(magistrates)。罗马法律制度在帝国各地推行无阻。早在公元前 2 世纪, 执政官(praetor)就已经开始享有决定听审个案的权力, 可以根据双方的控诉和辩护作出最后的裁决。执政官若认为某个案例特别严重, 就会把听审和裁决的权力交给一个陪审团去处理, 可是该陪审团还是隶属在执政官的司法权下。罗马皇帝除了参与公众庆典、比赛等活动, 还有履行法律的义务。皇帝主要是通过口述来聆听案件、回复信件以及接见差派的使者。皇帝的回应或裁决, 则常被看作是制定法律的先例。皇帝

---

29. 这些断章残篇主要是从西塞罗以及其他人著作中的引文收集而来的, 内容涉及家庭法, 民事干犯行为, 触犯法律罪行等条文。

30. 例如: 罗马法学家普布利尤斯·斯凯沃拉(Publius Scaevola, 约卒于公元前 115 年); 塞尔苏斯(Celsus, 约生于公元前 10 年, 卒年不详); 盖尤斯(Gaius, 公元 130 年—180 年); 萨尔维乌斯·尤里安(Salvius Julianus, 约公元 110 年—170 年); 保罗(Paulus, 公元 121 年—180 年); 乌尔比安(Ulpian, 约公元 170 年—223 年)。

31. ἀνθύπατος, 方伯迦流(Lucius Annaeus Novatus Gallio, 徒 18:12-17)。

的命令（*constitutiones principium*）还包括谕旨（*edicta*），判决（*decreta*），训示（*mandata*）和诏书（*rescripta*）。

罗马的政治、社会和经济结构，都同样是基于父权制（patriarchy）。家庭（οἶκος, *familia*）不仅是希腊罗马社会架构中的最基本单位，同时也被视为整个社会的基础。罗马城邦的和谐稳定，有赖于处理有方的家庭。罗马家庭的组织建构不管如何庞大，皆以父亲为权威的中心。家庭成员除了直系亲属之外，还包括奴仆，业务上的客户（clients）以及社会中的那些依赖者或隶属者（social dependents）。他们家庭中的成员通常各司其职，从家务管理到专业责任如教育、医药及书记助理等。主人或家主（κύριος 或 δεσπότης; lord, master, slave-owner）对家庭中的属下成员拥有绝对的权力（ἐξουσία; authority, power, tribunal），但同时也对属下负有某些义务和法律责任。家主在为其家庭成员提供身份和安全感的同时，当然也要求他们对他效忠。

自希腊罗马国家与社会被建立以来，奴隶的拥有和运作就已经变成一个庞大的制度化体系。[32] 奴隶主要是来源于海盗、国际奴隶贩卖、绑架、婴儿、罪犯 [33] 和战俘。[34] 然而，在第 1 世纪罗马帝国中的大多数奴隶，都是以之前在战争中被奴役的儿童居多。[35] 奴隶之间的婚姻（*contubernium*）可能是奴隶的最

32. M. I. Finley, *Ancient Slavery and Modern Ideology*（London: Chatto & Windus, 1980），67.

33. J Albert Harrill, *The Manumission of Slaves in Early Christianity*（Tübingen: Mohr & Siebeck, 1997），30.

34. 例如 , Josephus, *B.J.* 4.414-34; 7.24-39, 153-155。根据约瑟夫，罗马的战争总是导致被允许生存的人成为奴隶。

35. 罗马公民显然可以免除债务的束缚和作为奴隶被贩卖到国外。参见 T. Wiedemann, *Greek and Roman Slavery*（London: Croom Helm, 1981），40。

大来源，因为所生的儿女完全没有任何主权，只能像他们的父母一样，受役于主人。奴隶们的工作，则根据情况各有不同。[36]帝国的奴隶虽然身份低下，却也经常会参与一些"公务"的工作。有些奴隶还可能储积了财富，并通过对主人家庭的管理，逐渐成了主人的"代理人"，结果变得富裕起来。也有一些奴隶在寺庙里服务或者积极地参与商业活动和贸易。这些奴隶就往往有能力储存一定的财富去购买自己的自由。多数获得自由的奴隶，都被纳入一种"庇护人与隶属者"（patron-client）的关系中。[37]在当时的罗马社会中，庇护人与隶属者的关系是很重要和特殊的社会关系。根据罗马法律，奴隶被视为主人的财产（resmancipi），与土地和牲畜同类。[38]总之，在罗马法律中奴隶是一无所有的，除非他有能力获得自由。[39]

第一世纪巴勒斯坦的处境比较复杂。主要是它同时受犹太省长和罗马帝国的行政管辖。为了稳定政治局势和控制不同的社会集团和派系，罗马皇帝得派遣军队驻扎在耶路撒冷和其他的重要区域。皇帝的特使则直接听命于皇帝。罗马政府一般是容许各省的地方官去维持秩序的。省长按照罗马的法律制度和政治体系，对省民有绝对的权柄，但死刑则是除外。自希腊帝

---

36. 参见 J. M. Arlandsom, "Women and Class in the Roman Empire, II", in *Women, Class, and Society in Early Christianity: Models from Luke-Acts*（Peabody: Hendrickson Publishers, 1997），98-102。

37. Wiedemann, *Greek and Roman Slavery*, 53-56.

38. W. W. Buckland, *Roman Law Of Slavery: The Condition Of The Slave In Private Law From Augustus To Justinian*（Cambridge: Cambridge University Press, 1908; reprinted 1970），1, 10.

39. Gaius, *Institutes*（Oxford: Clarendon Press, 1946-1953），vol. II, 96. 关于罗马法给予奴隶、妻子或孩子的私产的法律方面的简要讨论，参见 A. Watson, *Roman Slave Law*（Baltimore: John Hopkins University Press, 1987），95-96。

国的亚历山大大帝（Alexander the Great）以来，希腊罗马就开始盛行皇帝崇拜（emperor worship），这崇拜使得皇帝享有与诸神相同的荣誉（*isotheoi timai*）。祭司、神庙、祭祀和节庆等活动以及各类的比赛，都与皇帝崇拜有关。因此，早期基督徒的崇拜与皇帝崇拜的思想和制度体系有着很明显的矛盾和冲突。

4. 经济、职业与社会地位

罗马的政治、法律和社会等级制度，对经济方面的发展产生了深远的影响。罗马从建立城邦和共和国一直发展到建立帝国，完全都是通过一条以武力征服的道路。而在这一个漫长的征服的过程中，积累了许多民族和经济等方面的问题，结果为帝国后来的发展设置了很大的障碍。罗马公民多数不参与政治，连年的战争和沉重的税收使他们对帝国充满了抱怨和不满。伴随着罗马政治形态上从共和走向帝制，罗马原有的小规模奴隶制经济，不得不朝向大规模奴隶制经济形态演变。这种经济形态的演变，不但致使原有的经济基础遭到破坏，[40] 而且也造成了严重的环境和社会结构问题的出现，例如自然资源的流失，劳动力的短缺，农业发展的失衡，政治危机的挑战以及社会道德的沦丧。罗马帝国主要依靠奴隶生产剩余产品，但是奴隶承担的劳动力过于沉重，以致他们无法通过繁衍后代来补充奴隶队伍。与此同时，随着战争的结束，战俘奴隶的来源也随之断绝，

---

40. 罗马帝国的农业主要包括小麦，橄榄和葡萄。农业庄主雇佣大量的奴隶为其劳作。奴隶制度使罗马的奴隶主从不关心发展生产技术，导致农业生产效率不高。手工业则以陶器为主，因为葡萄酒、橄榄油、粮食的运输都要使用陶器。

结果乡村的剩余产品越来越少。奴隶的广泛使用，不仅阻碍了生产力的增加，最终还促使不少从事经济活动的罗马人破产。这些问题很自然就深化了罗马社会本身阶层之间的矛盾，使庞大的帝国困难重重。

在希腊罗马时代，手工的劳作一向都被鄙视为是社会底层阶级的职业。甚至罗马的哲学家西塞罗也明确表达了他蔑视手工劳作的态度，"所有雇用工人的谋生手段都是庸俗低级的，我们仅仅是支付他们的手工劳作，而不是他们的手艺技巧。"[41] 罗马讽刺大师琉善（Lucian）也持同样的态度，认为手工劳作者只有他的双手，除了靠他的身体生活和劳役以外，别无所有。[42] 便西拉（Ben Sira）认为，工匠之所以不能获得智慧是因为他们必须日夜劳作（《便西拉智训》38:27）。《便西拉智训》38:24还直截了当地说，"文士的智慧取决于闲暇；只有那些少有业务的人才能成为智者。"

二、宗教背景

1. 罗马宗教：多神教 [43]

古希腊宗教是维持城邦、社会以及家庭的要素。罗马宗教也同样以古希腊宗教的这些要素作为基础。再者，罗马宗教不但继承了古希腊盛行的宗教及其仪式和庆典，而且还接纳了不

---

41. Cicero, *Off.* 1.150.

42. Lucian, *Somn.* 9. 另参见 Seneca, *Ep.* 88.2; Juvenal 9.140。

43. Augustine, *De civitate Dei*, iv.23. 罗马人敬拜多神。参见奥古斯丁，《上帝之城》（北京：人民出版社，2006）。

少流行于地中海区域的其他宗教和崇拜，包括犹太教和早期的基督教。[44] 古罗马的最高神祇可说是三位一组：朱庇特（Jupiter）、玛尔斯（Mars）和奎里努斯（Quirinus）；或是朱庇特、朱诺（Juno）和密涅瓦（Minerva）。这些神祇与希腊神祇不同，他们之间不存在婚姻关系和子女后裔，也不具有人的情感与行为。[45] 罗马的主神朱庇特被尊称为 "朱庇特至善至大之神"（*Iuppiter Optimus Maximus*）。

公元前 2 世纪，恩尼乌斯（Quintus Ennius）采用希腊十二主神的组合法，把它罗马化，称之为联合神祇（*di chonsentes*）。朱庇特，等同于希腊宗教的天神宙斯（Ζεύς, Zeus）。朱诺（*Iuno*），对应希腊中的天后赫拉（Ἡρα, Hera）。[46] 维斯达（*Vesta*），对应女灶神赫斯提亚（Εστία, Hestia）。密涅瓦（*Minerva*），对应希腊的正义和智慧女神雅典娜（Αθηνά, Athena）。刻瑞斯（*Ceres*），对应希腊的大地和丰收女神底米特（Δήμητρα, Demeter）。狄安娜（Diana），对应希腊的月亮女神与狩猎及贞操之神阿耳忒弥斯（Ἄρτεμις, Artemis）(《使徒

44. W. Burkert, *Greek Religion*（Cambridge: Harvard University Press, 1985）; Burkert, *Ancient Mystery Cults*（Cambridge: Harvard University Press, 1987）. R. MacMullen, *Paganism in the Roman Empire*（New Haven: Yale University, 1981）. J. Finegan, *Myth & Mystery: An Introduction to the Pagan Religions of the Biblical World*（Grand Rapids: Baker, 1989）. Eugene Lane and Ramsey MacMullen（eds.）, *Paganism and Christianity 100-425 C. E.: A Sourcebook*（Philadelphia: Fortress, 1992）. 参见王镇国（编译），《希腊罗马神话集》（香港：文艺书屋，1969）。马小朝，《宙斯的霹雳与基督的十字架：希腊神话和圣经对西方文学的发生学意义》（上海：学林出版社，1999）。H. A. 库恩：《古希腊的传说和神话》（北京：三联书店，2002）。

45. 因此，公元前 1 世纪的古希腊历史学家哈利卡纳苏斯的狄欧尼修斯（Dionysius of Halicarnassus）在其《罗马史》（Ρωμαικἡ Αρχαιολογία）第 2 卷 19 至 20 章中提到罗马人没有本土神话述说神祇的故事。

46. 赫拉被视为婚姻、妇女和生育之神。

行传》19:24 将其翻译为"亚底米")。维纳斯（Venus），对应希腊的爱神与美神阿芙洛狄忒（Αφροδίτη, Aphrodite）。[47] 玛尔斯（Mars），对应希腊的战神阿瑞斯（'Αρης, Ares）。[48] 墨丘利（*Mercurius*），对应希腊的信使之神赫尔墨斯（'Ερμῆς, Hermes）。尼普顿（*Neptunus*），对应希腊的海神波塞顿（Ποσειδών, Poseidon）。武尔坎努斯（*Vulcanus*），对应希腊的火神赫发斯托斯（'Ηφαιστος, Hephaestus）。阿波罗（Απόλλων, Apollo），对应希腊的光明之神、艺术之神，是罗马的太阳神。[49] 阿波罗是戴费（Delphi）神庙的守护神，向该神庙发布神谕。

根据李维（Livy）的记载，罗马人在政治或社会危机时会举行十二主神（*lechtisternium*）筵席，这些神像被配成六对，公开供奉在六张长椅上：朱庇特和朱诺；尼普顿和密涅瓦；玛尔斯和维纳斯；阿波罗和狄安娜；武尔坎努斯和维斯达；墨丘利和刻瑞斯。[50] 这个庆典一直延续到公元 2 世纪。[51]

47. 保罗时代的哥林多城已发展为大都市。它是商业、旅游以及航运的港口要道。由于当地居民复杂，因此有多种宗教流行。当中包括众所周知的膜拜对象阿芙罗狄忒神庙（the temple of Aphrodite）。这座爱情神庙坐落在卫城山上，该庙里受聘的上千名庙妓成为哥林多城重要的经济来源之一。此外，考古学证实了在哥林多城内发现的海神波塞顿（Poseidon），智慧女神雅典娜，太阳神阿波罗（Apollo）等神庙的遗址。参见《哥林多前书》8:5："虽有称为神的，或在天或在地，就如那许多的神、许多的主。"周天和，《中文圣经注释——哥林多前书》（香港：基督教文艺出版社，2001），2。

48. 阿瑞斯是希腊奥林匹斯十二主神之一，传说是宙斯与希拉的儿子。

49. Quintus Ennius, *Annales* 7.240-41.

50. Livy 22.10.9-10: "Six couches were publicly exhibited; one for Jupiter and Juno, another for Neptune and Minerva, a third for Mars and Venus, a fourth for Apollo and Diana, a fifth for Vulcan and Vesta, and the sixth for Mercury and Ceres."（参见 5.13.5-6）

51. *Augustan History, Marcus Aurelius Antonius* 13.1-2: "So great was the dread of this Marcomannic war, that Antoninus summoned priests from all sides, performed foreign religious ceremonies, and purified the city in every way, and he was delayed thereby from setting out to the seat of war. The Roman ceremony of the feast of the gods was celebrated for seven days."

罗马人除了敬拜十二主神之外，还同时信奉无数匿名之神以及各种小神（indigitimenta）。他们相信每个神祇都负责一定的功能，帮助或干扰人类的生活，特别是有关农业及私人的生活领域。[52] 例如，刻瑞斯是罗马宗教中的谷物女神，她的功能不仅包括大地的五谷丰收，[53] 而且还关系到人类的生儿育女，扮演母神和联系婚姻的角色。[54]

52. 参见 Barbette S. Spaeth, *The Roman Goddess Ceres*（Austin, TX: University of Texas Press, 1996）, 33-50. J. A. North, *Roman Religion*（Cambridge: Cambridge University Press, 2000）. Tertullian, *Ad Nationes* 11; *De Anima* 37-39。

53. Horace, *Carmen Saeculare* 29-30: "Tellus, fertile in crops and herds"（*fertilis frugum pecorisque*）. Ovid, *Fasti* 1.673-674: "Ceres and Terra serve a common function: the one provides the cause for crops, the other their place"（参见 1.675-684; 4.679-682; 703-712; *Metamorphoses* 5.642-647）. Cicero, *Nat.D.* 2.62: "Crops［grain］we call Ceres; wine, however, Liber"（*fruges Cererem appellamus, vinum autem Liberum*）. Virgil, *Aeneid* 1.177-179: "Then, wearied by events, they take out wheat, damaged by the sea, and implements of Ceres, and prepare to parch the grain over the flames, and grind it on stone." Pliny, *HN* 18.2.8.

54. Ovid, *Fasti* 4.547-551: "Nurturing Ceres abtains and gives to you, boy, poppies with warm milk to drink, the causes of sleep. It was in the midst of the night and the silences of placid sleep: she took Triptolemus in her lap and stroked him three times with her hand." Augustine, *De civitate Dei*, iv.11："让他就是那位以利伯尔（Liber）之名掌管男人精子的神，让他就是那位以利伯拉（Libera）之名掌管女人卵子的神。" Horace, *Carmen Saeculare* 29-32: "Tellus, fertile in crops and herds, present Ceres with a crown of wheat stalks; let the healthy waters and breezes of Jupiter nourish the offspring." Cicero, *Nat.D.*3.52: "Indeed if she is Ceres from bearing［*gerendo*］—for so you said—the earth itself is a goddess（and so she is considered; for what is she but another Tellus?" Servius, *Servianorum in Vergilii Carmina Commentariorum*, "The Manuscripts of the Commentary of Servius on Virgil"）4.166: "Some...hold that Tellus is present at wedding; for she is also invoked in the auspices of wedding: for maidens, either when they first go to the house of their husband, or when they are already established there, make sacrifice to her under diverse namesor rite." Virgil, *Aeneid* 4.56-59: "In the beginning they approach the shrines and they seek peace through the altars; they sacrifice sheep chosen according to custom to Ceres who bears the laws and to Phoebus and to Father Lyaeus, and before all to whose care are the chains of marriage." 参见 Varro, *Rust.*2.4.9-10; Pliny, *HN* 30.75。

2. 崇拜仪式

罗马的宗教至少有四个明显的特征。其一，是"与众神和平共处"（*pax dorum*）。因为罗马人相信只有与诸神保持和谐的关系才能赢得今世的富足。因此，罗马人把宗教仪式的参与，作为他们日常生活中不可或缺的部分。其二，罗马宗教与罗马政府的关系不但密不可分，而且还富有很强的法律含义。罗马宗教神职人员的组织结构与罗马政府的组织结构非常相似。罗马宗教的祭司同时兼有议院顾问的政治身份。祭司除了主持宗教仪式以外，还参与宗教法律（*pontifices*）及历法的制定，保管和解释"西比里尼书"（*Libri sibillini*），藉着占卜的方式解释从神祇而来的各种预兆和信息（*augures*），并由此决定举行洁净仪式或是发起战争（*fetiales*）。其三，罗马人无论是在公众场合还是在自家中的崇拜，都特别注重宗教礼仪。[55] 罗马人奉行"与众神和平共处"（*pax dorum*）的宗教原则：以祈祷和献祭安抚神；必须遵守誓约和许愿；通过古希腊罗马的洁净仪式（*lustratio*）保守城市免遭神之报复；关注预兆所显示的神旨。罗马宗教相信人可以通过遵守正确的仪式来获得和享受神祇恩赐的平安。罗马人一般以奉行传统的宗教仪式为主，诸如祈祷、占卜、献祭及宴会。最后一个特征是，罗马宗教热衷于倡导对君王的敬拜。罗马皇帝被奉为神明，成了罗马宗教中崇拜的诸神之一。罗马帝国辖区内的各个省份皆强调帝王崇拜，因为皇帝崇拜代表他的临在。

---

55. Pliny, *Nat. Hist.* 13.10.

祈祷。由于罗马人信奉多神，他们的祈祷的对象是一位神或是众神。[56]第一世纪的罗马诗人贺拉斯（Horace），在他的《颂歌》中，描述了罗马人向女灶神维斯达（Vesta）的吟唱和祈祷。[57]奥古斯丁（Augustine）在《上帝之城》（*De Civitate Dei*）中，提到瓦若（Varro）颂赞自己赋予罗马人有关崇拜众神的知识。瓦若还特别强调认识诸神在某个领域所拥有的力量、特权和能力的重要性及优越性。因为这些认识将有利于祈祷者直接呼求这位神的名字以及讲明自己呼求该神明的原因。[58]

---

56. 罗马人在举行宗教仪式时，祷告先呼求罗马门神雅努斯（Janus）的名字，接着是朱比特、朱庇特、玛尔斯、奎里努斯，最后是维斯达。

57. Horace, *Odes* 1.2.25-26: "What god shall Rome invoke to stay Her fall? Can suppliance overbear the ear of Vesta, turn'd away from chant and prayer?"

58. Augustine, *De civitate Dei*, iv.22: "为何瓦若自夸，对同胞有过伟大的贡献，因为他不但告诉罗马人当崇拜何神，并教了他们敬拜每个神当用的礼仪。他说：若人知道医生的名字及其本身，而不知道何为医生，毫无用处。同样只知道阿斯克勒庇俄斯（Aesculapius）是神，而不知道他能医何种疾病，也不知道为何去求他，也无益处。他亦用了另一个比方，指出同样的真理，没有人能好好地生活，亦可说根本不能生活，若他不知道何为木匠、面包师傅、泥水匠；亦不知道向谁要器具，求谁帮助、引导、教训。同样，在认识神方面，若知道每个神在某事上有能力，才有益处。他又说：由此我们知道在任何困难时，当求何神，不如演戏剧者惯常求利伯尔（Liber）赐水，水神赐酒飞这一定是有利益的学问；若瓦若所教是真的，他该教训人只当敬拜一个真天主，因为一切恩赐皆由他而来。"（What is it, then, that Varro boasts he has bestowed as a very great benefit on his fellow citizens, because he not only recounts the gods who ought to be worshipped by the Romans, but also tells what pertains to each of them? Just as it is of no advantage, he says, to know the name and appearance of any man who is a physician, and not know that he is a physician, so, he says, it is of no advantage to know well that Aesculapius [Ἀσκληπιός] is a god, if you are not aware that he can bestow the gift of health, and consequently do not know why you ought to supplicate him. He also affirms this by another comparison, saying, No one is able, not only to live well, but even to live at all, if he does not know who is a smith, who a baker, who a weaver, from whom he can seek any utensil, whom he may take for a helper, whom for a leader, whom for a teacher; asserting, that in this way it can be doubtful to no one, that thus the knowledge of the gods is useful, if one can know what force, and faculty, or power any god may have in any thing. For from this we may（转下页）

　　无论是古代还是现代，呼吁神的名字是祈祷的普遍特征。希腊和罗马宗教皆属于多神系统，因此知道那一位神明的名字，并且通过他或她的名字来向该神明呼吁或祈祷将会更有效。希腊罗马人在祈祷时，必须使用某些固定的公式。因为以不正确的公式向神祈祷和呼吁，将会冒犯和得罪神明。希腊最早的祈祷公式出现在荷马的《奥德赛》："主啊！无论你是谁，请听！"[59]

　　古希腊悲剧作家埃斯库罗斯（Αισχύλος），被誉为"悲剧之父"，其剧作《阿伽门农》中的"宙斯颂歌"有这样的一句话："宙斯，无论他是谁，若此名讨他喜欢"（Ζεύς, ὅστις ποτ' ἐστίν, εἰ τόδ' αὐτῷ φίλον κεκλημένῳ）。[60] 这里使用的祈祷公式"无论他是谁"很类似罗马的礼仪公式"不论何神"和"不论何名"。[61] 有关神名的问题，早已反映在柏拉图的《克拉底鲁篇》——苏格拉底（Socrates）与赫谟根尼（Hermogenes）之间的对话中：人必须明智地承认自己无法得知众神的真正姓名。因为众神自称之名与我们按照祈祷的习惯呼吁讨他们喜欢的名字不同。[62]

（接上页）be able, he says, to know what god we ought to call to, and invoke for any cause; lest we should do as too many are wont to do, and desire water from Liber, and wine from Lymphs. Very useful, forsooth! Who would not give this man thanks if he could show true things, and if he could teach that the one true God, from whom all good things are, is to be worshipped by men?）

59. Homer, *Odyssey* 5.445.

60. Aeschylus, *Agamemnon*, lines 160-161.

61. David E. Aune, "Prayer in the Greco-Roman World", in Richard N. Longenecker（ed.）, *Into God's Presence: Prayer in the New Testament*（Grand Rapids: Eerdmans, 2001）, 23-42.

62. Plato, *Cratylus* 400d-e: "By Zeus, Hermogenes, we, if we are sensible, must recognize that there is one most excellent kind, since of the gods we know nothing, neither of them nor of their names, whatever they may be, by which they call themselves, for it is clear that they use the true names. But there is a second（转下页）

罗马人敬拜的礼仪公式频繁地出现在古罗马的文献中。李维在《罗马史》中，提到了年轻的罗马执政官马库斯·瓦勒里乌斯（Marcus Valerius）曾经向"不论何神"（*sive deus sive dea*，whether a god or goddess）占卜和祈祷。[63] 根据格利乌斯（Aulus Gellius）在《阿提卡之夜》中的记载：若有人亵渎节日，他们必须向"不论什么神或女神"（*si deo, si deae*）献祭赎罪。马库斯·瓦若（Marcus Varro）还有趣地指出，这种惯例是由宗教法令设定的，因为它不确定是什么力量或是哪位神或女神造成地震的。[64] 第四世纪的基督教护教士阿诺比乌斯（Arnobius）在七卷《反对异教徒》中，也因此批评异教的神话和偶像崇拜以及他们向"不论何神"祈祷的公式。[65]

维吉尔（Virgil）在他长达十二卷的史诗《埃涅阿斯纪》中，记载了埃涅阿斯鼓励他的同伴遵循顺从"不论何名"（*sive quo alio nomine te appellari volueris*）之神的命令。[66] 公元前第

（接上页）kind of correctness, that we call them, as is customary in prayers, by whatever names and patronymics are pleasing to them since we know no other."

63. Livy 7.26.4: "The tribune [Marcus Valerius] gladly accepted this as a divinely-sent augury, and prayed that whether it were god or goddess who had sent the auspicious bird that deity would be gracious to him and help him."

64. Aulus Gellius, *Noctes Atticae* (Attic Nights) 2.28.3："If anyone had desecrated that festival, and expiation was therefore necessary, they used to offer a victim 'to either the god or goddess' and Marcus Varro tells us that this usage was established by a decree of the pontiffs, since it was uncertain what force, and which of the gods or goddesses, had caused the earthquake."

65. Arnobius, *Adversus Nationes Libri VII* 3.8.2："for in your prayers you have been wont to say whether thou art god or goddess [*sive tu deus es sive dea*] , and this uncertain description shows, even by their opposition, that you attribute sex to the gods."

66. Virgil, *Aeneid* 4.576: "We follow you, whoever you may be, sacred among the gods, and gladly obey your commands once more." 2.351: "All the gods by whom this empire was supported have departed, leaving behind their temples and their altars: you aid a burning city: let us die and rush into battle. The beaten have one refuge, to have no hope of refuge." 另参见 Marcrobius, *Saturnalia* 3.9.10。

一世纪的罗马诗人卡图卢斯（Gaius Valerius Catullus）在所写的《狄安娜的颂歌》（Hymn to Diana）中，也有类似的记载。[67] 古代祈祷的内容，往往是与神祇过去应允过祈祷者的经历有关联的缘由。那就是，由于神祇过去曾经应允过他的祈求，神祇也必然有能力继续应允他现在和今后的祈求。

神庙。罗马最古老的神庙是以朱庇特命名（Temple of Jupiter Optimus Maximus 或 Temple of Jupiter Capitolinus, *Aedes Iovis Optimi Maximi Capitolini*）。按照李维的记载，埃特鲁斯坎国王卢修斯·塔克文·普里斯库斯（Lucius Tarquinius Priscus）曾在萨宾战争（Sabine war）期间，发誓要在卡匹托利欧山为朱庇特建立神庙。[68] 在宗教建筑方面，罗马深受埃特鲁斯坎人（Etruscan，亦称伊特鲁里亚人）的影响。这座罗马神庙模仿了典型的伊特鲁里亚神殿的建筑风格，于公元前 509 年建立在卡匹托利欧山上（Capitoline Hill），尊朱庇特、朱诺和密涅瓦三大神为罗马的最高神祇。卡匹托利欧山的罗马神庙是矩形建筑物，耸立在高台上，庙内分为：前殿（anteroom）；内殿（cella）——供奉主神像，并设有香坛；储藏室；和周围环绕有屋顶的六对廊柱。这座罗马神庙被毁于公元前 83 年的大火，重建于公元前 69 年。奥古斯都于公元前 26 年及公元前 9 年加以整修。

---

67. Catullus, 34.21-24："无论你喜爱怎样的名号，都愿您永远神圣，也愿您像昔日一样，赐福于我们，赐福于罗姆卢斯的后裔。"

68. Livy 1.38.3: Lucius Tarquinius Priscus（616 B.C. - 579 B.C.）"built up with masonry a level space on the Capitol as a site for the temple of Jupiter which he had vowed during the Sabine war, and the magnitude of the work revealed his prophetic anticipation of the future greatness of the place."

除了朱庇特神庙以外，万神庙（Pantheon, 万神殿）也属于罗马古老的建筑之一。公元前27年，罗马政治家阿格里帕[69]为纪念屋大维的胜利，[70]在罗马建立此庙，献给"所有的神"，因此它称为"万神庙"。该庙于公元80年被大火焚毁。后来由喜爱建筑设计的罗马皇帝哈德良[71]下令重建万神庙（公元120年—124年）。公元609年，罗马教皇波尼法斯四世（Pope Saint Boniface IV，约公元550年—615年）将它更名为"圣母与诸殉道者（Santa Maria ad Martyres）教堂"。

　　坐落于古罗马广场的南部，还有维斯达神庙、卡斯托雷神庙、帕提农神庙以及社稷神（*lares*, 古罗马的家庭守护神）和家神（*di penates*）。这些神明在家庭的仪式中，也成了常被呼求的家庭之神。

　　祭司与献祭。 在罗马共和国晚期及帝国早期，罗马的公众宗教事务和仪式主要是由祭司学院（*collegium pontificum*）负责，祭司（*flamines*）那时共有十六位。最高级别的祭司被尊为"祭典王"（*rex sacrorum*）。在帝国时期，"祭典王"可以指已经去世或是尚在世的罗马皇帝的祭司。接着是三位主要祭司（*flamines maiores*），即朱庇特祭司（*flamen Dialis*），玛尔斯（*flamen Martialis*）和奎里努斯（*flamen Quirinalis*），以及十二

---

69. 阿格里帕（Marcus Vipsanius Agrippa，公元前63年—前12年），屋大维的大臣和女婿。
70. 屋大维打败安东尼（Antonius）和克丽奥佩托拉七世（Cleopatra VII，古埃及托勒密王朝的最后一任法老，被称为"埃及艳后"）。
71. 哈德良（Hadrian，公元76年—138年），于公元117年—138年在位。

位小祭司（*flamines minores*）。[72] 其他参与祭典的成员还包括六位维斯达童女（*Virgo Vestalis Maxima*）。

古希腊盛行的占卜，[73] 在罗马的公众宗教活动中，也同样扮演着重要的地位。罗马的占卜学院（*augures*）由十六人组成。占卜师主要是通过占卜的方式，来解释从神祇而来的象征性信息和各种的预兆（*auguria*）。不但如此，占卜师还要负责寻找破坏"与众神和平共存"的原因。占卜师分为三类：1）占卜师（*augures*），通过观察闪电或鸟的飞行等预兆来占卜神的意愿——推断吉凶祸福；[74] 2）脏卜师（*haruspices*），主要在献祭前观察动物的行为及解释其内脏；3）十五人委员会（*quindecemviri*），旨在保管和解释"西比里尼书"（*Libri sibillini*）。此外，还有"执行筵席"的十五人委员会（*quindecemviri sacris faciendis*）和"监督公众宴会"的七人委员会（*septemviri epulones*），一起负责组织公众宗教仪式期间举行的宴席。

罗马神庙的前方，通常都会设有为献祭使用的石祭坛。罗马人在举行宗教仪式中，必须要献上特定的家禽为祭物。通常祭物的一部分将会被焚烧在石祭坛上，可食用的部分则供献祭者和祭司们享用，如山羊和羊羔等。无论公众还是私人献祭，罗马人都会习惯地按照性别，将雄性和阴性的祭物分别献给男

---

72. Aulus Gellius, *Noctes Atticae* 10.15.1: *Caerimoniae impositae flamini Diali multae, item castus multiplices, quos in libris, qui da sacerdotibus publicis compositi sunt, item in Fabii Pictoris librorum primo scriptos legimus.* ("Ceremonies in great number are imposed upon the priest of Jupiter and also many abstentions, of which we read in the books written *On the Public Priests*; and they are also recorded in the first book of Fabius Pictor.")

73. 占卜者希腊文为 μάντις，可翻译为"先知、先见者、占卜师、算命者"。

74. Cicero, *De Leg.* 2.30.

性神祇和女性神祇。大型的献祭活动，一般上是以牛为主要的祭物。这些祭物在伴随的宴会中，会用来招待到场的许多会众。剩余的肉可以拿到市场去销售。

3. 皇帝崇拜

罗马宗教的最显著特征之一，肯定就是皇帝崇拜（Emperor Worship）。罗马帝国倡导那个与众神和平共存（*pax dorum*）的宗教原则，特别强调诸神赐予皇帝的特殊地位、保护和支持。这种"神化皇帝"的理论以及皇帝崇拜本身，不仅加强了罗马皇帝所拥有的最高统治地位，而且也合法化了皇帝所拥有的那个最高宗教领袖（大祭司）的地位。

皇帝的神格化致使其权力变得神圣不可侵犯，百姓对他的崇敬完全不次于任何神明。罗马盛行的皇帝崇拜，其实是承继了希腊的宗教传统。自从亚历山大大帝要求希腊诸城邦封他为神并向他敬拜以来，希腊人便开始盛行对统治者的崇拜。由于希腊的城市可以从对皇帝的崇拜中受益，他们就逐渐让它发展成为具有组织性，并且宗教色彩非常浓厚的崇拜制度与活动。希腊人对皇帝的敬拜一般是通过各种宗教仪式如祈祷、献祭、占卜，隆重的宗教庆典和节日以及游行等活动来表达的。[75] 此外，不少的民间赛事和娱乐节目等活动，也是与皇帝崇拜有关的。公元前 27 年，凯撒·屋大维·奥古斯都（Octavian

---

75. F. Millar, *The Emperor in the Roman World*（31BC-AD337）（London: Duckworth, 1977）. Fishwick, *The Imperial Cult in the Latin West: Studies in the Ruler Cult of the Western Provinces of the Roman Empire*. Robert Turcan, *The Cult of the Roman Empire*（Oxford: Blackwell, 1996）.

Augustus Caesar）成为罗马帝国的第一任皇帝。由于奥古斯都在政治和军事上曾经为罗马立下了丰功伟业，罗马元老院和罗马百姓（Senatus Populusque Romanus）为他建立了一座"奥古斯都和平祭坛"（Ara Pacis Augustae），藉着宗教祭礼来表达诸神对罗马帝国的庇佑。奥古斯都也很聪明地借此机会，促使罗马议会官方的法案于公元前 42 年将其养父凯撒·该犹（Gaius Julius Caesar, 公元前 100 年—前 44 年）奉为神明（divus），[76] 同时也称自己为神的儿子（Divi filius），以致成为罗马人敬拜的诸神之一。奥古斯都不仅改变了罗马宗教的常规，也复兴了古罗马的家庭守护神（lares, 社稷神）的崇拜。他不但把家庭守护神的崇拜与"奥古斯都监护神"（Genius Augusti）的崇拜结合了起来，而且还委任奥古斯塔斯（Augustals）为祭司，来负责宗教仪式，致使罗马人的祈祷不只涉及自己的家庭，也包括整个罗马帝国。因此，奥古斯都对后来罗马皇帝的身份和地位的影响，是非常深远的。从今以后，皇帝崇拜的稳固基础，就似乎让他永远地奠定了下来。罗马皇帝在历史上被赋予的尊号，如"神的儿子"（ὁ υἱὸς τοῦ θεοῦ），"主"（κύριος）和"救主"（σωτήρ）等，结果成了初世纪基督教要面对的一个极大的挑战和问题。

保罗与皇帝崇拜。[77] 旧约圣经常用"主""救主"这些头衔

---

76. Plutarch, *Caesar* 67.4.

77. J. Gresham Machen, *The Origin of Paul's Religion*（New York, Macmillan Co., 1921）.

称呼上帝。[78] 早期的基督徒，包括保罗及其信众，对基督的崇拜也常使用这些在罗马帝国已经通用的头衔来称呼耶稣。[79] 皇帝崇拜在罗马统辖下的小亚细亚全地特别盛行；这个区域与地中海一带的居民，当然就自然地把这些基督徒对耶稣的称呼与时下的皇帝崇拜联系起来。这个很特殊的历史和宗教背景，对理解初期基督徒的处境和"政治神学"（political theology）非常重要。

三、哲学背景

认识第一世纪罗马帝国的哲学背景和内涵，将有助于理解保罗神学思想的文化背景以及这些背景可能带给他的影响和冲击。学者们不断对保罗思想的形成提出不同的见解和诠释。但其中有一点可说是学者们的普遍共识。那就是，保罗不仅深受犹太教文化传统的影响，同时也和希腊哲学，例如斯多亚等派系，有一定程度的接触。希腊罗马的修辞学在保罗的书信中也是很明显的。[80]

古希腊哲学主要是产生于公元前 6 世纪以及较后的两个世纪中。它的影响一直持续到亚历山大的"希腊化"时期以及紧接下去的年代，最终被纳入罗马帝国的整套教育体系中。古希

---

78. 创 2:4-5; 7-9; 撒下 7:14; 诗 2:7; 18:21, 30; 106:21; 赛 45:15, 21; 耶 2:17, 22。
79. 太 27:54; 约 20:28; 罗 1:4; 4:24; 16:2; 腓 2:11; 3:20; 提前 1:1; 彼后 3:18。
80. G. L. 狄金森，《希腊的生活观》（台北：商务印书馆，1966）。章雪富，《希腊哲学的 Being 和早期基督教的上帝观》（北京：中国社会科学出版社，2005）。梁工，《古代犹太教与早期基督教：希腊哲学观照下的两种释经理念》，《世界宗教研究》2013 年第 4 期，77-85。帕利坎，《基督教与古典文化：基督教与希腊主义相遇中自然神学的转化》（北京：中国社会科学出版社，2012）。

腊哲学涉及的课题和范围非常广泛，诸如政治哲学、伦理学、修辞学、美学、本体论、形而上学、物理学、逻辑学和生物学等。[81]

古希腊哲学对西方的哲学、宗教和科学的发展的深远影响，是众所周知的。由于希腊化先后在希腊帝国和罗马帝国的全面渗透，它的影响也明显反映在同时代的犹太教和早期基督教的许多文献与思想中。[82] 公元第一世纪的著名犹太思想家斐洛所采用的寓意解经法（allegorical interpretation），以及早期基督教著名的护教士查士丁（Justin Martyre）、奥利金（Origen）和特土良（Tertullianus）等的著作和思想，都在不同的程度上采纳和融合了古希腊哲学的思想和解经法。保罗时代的哲学思想，基本上还是和古希腊一脉相承的。它主要的哲学派系有：柏拉图派（Platonism），亚里士多德学派（Aristotalianism），斯多亚派（Stoicism），伊壁鸠鲁派（Epicureanism），以及犬儒学派（Cynicism）。

1. 柏拉图学派

这个学派的创始人柏拉图（Plato, 约公元前 427 年—前 347 年），[83] 早年深受其老师苏格拉底的影响。苏格拉底则被视为西方哲学思想的主要泰斗之一。苏格拉底以辩证法的教学方式闻名，并且毕生在崇尚、追求智慧（wisdom）和美德（virtues）。

81. 苗力田，《古希腊哲学》(北京：中国人民大学出版社，1990)。汪子嵩等，《希腊哲学史》(三卷；北京：人民出版社，1997—2005)。

82. 章文新（Francis P. Jones）等选编，《基督教早期文献选集》，谢扶雅译（北京：宗教文化出版社，2011)。范明生，《晚期希腊哲学和基督教神学》(上海：上海人民出版社，1993)。

83. 柏拉图，《柏拉图全集》，王晓朝译（北京：人民出版社，2003)。

他的言论被记载于柏拉图的苏格拉底对话录中（Σωκρατικὸς διάλογος, Socratic Dialogue）。[84] 柏拉图主义的核心哲学概念则是"原型理念"（the Theory of Form, ιδέες），旨在寻找那个超越的、永恒的和最完美的"原型"（form），因为现实世界中的事物充其量也只是"原型"本身很不完美的复制品而已。"至善的原型"（τοῦ ἀγαθοῦ ἰδέαν, the Form of the Good）是所有其他"型"的来源，是最高的理念，可以通过"理性"（λογική, reason）获得。"至善的原型"也因此是知识（ἐπιστήμη, knowledge, science）的终极目标。[85] 故此，柏拉图的形而上学也被称为柏拉图主义（Platonism）。它的宇宙二元论（dualism）将世界划为理念世界和现实世界：前者是静态的、永恒不变的和完美的，后者则是流动的、有形的和暂时的。真正的完美和至善只有通过知识才可以获取。柏拉图认为知识是与生俱来的，

---

84. 苏格拉底的审判和死刑被记载在柏拉图的三部著作中：《申辩篇》（Apology）、《克力同篇》（Crito），《斐多篇》（Phaedo）。此外，色诺芬（Xenophon, 约公元前430年—前354年）也是苏格拉底的学生之一。色诺芬记载了苏格拉底对话录：《回忆苏格拉底》（Memorabilia），《苏格拉底的辩护》（Apology of Socrates to the Jury），《会饮篇》（Symposium），《经济论》（Oeconomicus），《希尔罗》（Hiero）。

85. 或称为"至善的理念"（the Ideas of the Good），也常被解释为柏拉图心中的上帝。柏拉图在《理想国》（Πολιτεία, Repeblic）中，列举了太阳的隐喻来阐明这个论点。Plato, De Republica 509b: πῶς; τὸν ἥλιον τοῖς ὁρωμένοις οὐ μόνον οἶμαι τὴν τοῦ ὁρᾶσθαι δύναμιν παρέχειν φήσεις, ἀλλὰ καὶ τὴν γένεσιν καὶ αὔξην καὶ τροφήν, οὐ γένεσιν αὐτὸν ὄντα. πῶς γάρ; καὶ τοῖς γιγνωσκομένοις τοίνυν μὴ μόνον τὸ γιγνώσκεσθαι φάναι ὑπὸ τοῦ ἀγαθοῦ παρεῖναι, ἀλλὰ καὶ τὸ εἶναί τε καὶ τὴν οὐσίαν ὑπ' ἐκείνου αὐτοῖς προσεῖναι, οὐκ οὐσίας ὄντος τοῦ ἀγαθοῦ, ἀλλ' ἔτι ἐπέκεινα τῆς οὐσίας πρεσβείᾳ καὶ δυνάμει ὑπερέχοντος. ("You'll be willing to say, I think, that the sun not only provides visible things with the power to be seen but also with coming to be, growth, and nourishment, although it is not itself coming to be. How could it be? Therefore, you should also say that not only do the objects of knowledge owe their being known to the good, but their being is also due to it, although the good is not being, but superior to it in rank and power.")

人们可以藉着学习将这些知识回想或回忆起来。[86] 柏拉图相信，人的理性是神赐的种子（seed, sperm），因此是神圣不朽的。人的身体因为属于物质，因此充满了欲望，最终会朽坏。人只有坚守真理，保持理性的神圣和不朽的部分，才能脱离身体的束缚，使灵魂得享自由。[87] 柏拉图的《斐多篇》，明确地表述了苏格拉底一贯认为"身体是灵魂的监狱"的思想。[88]

---

86. Plato, *Meno* 85d："那么，就他现在具备的知识而言，要么他在某个时候掌握到它，要么他始终具备。"（οὐκοῦν εἰ μὲν ἀεὶ εἶχεν, ἀεὶ καὶ ἦν ἐπιστήμων: εἰ δὲ ἔλαβέν ποτε, οὐκ ἂν ἕν γε τῷ νῦν βίῳ εἰληφὼς εἴη.）

87. Plato, *Timaeus* 90b-c: ἀνακρεμαννὸν ὀρθοῖ πᾶν τὸ σῶμα. τῷ μὲν οὖν περὶ τὰς ἐπιθυμίας ἢ περὶ φιλονικίας τετευτακότι καὶ ταῦτα διαπονοῦντι σφόδρα πάντα τὰ δόγματα ἀνάγκη θνητὰ ἐγγεγονέναι, καὶ παντάπασιν καθ᾽ ὅσον μάλιστα δυνατὸν θνητῷ γίγνεσθαι, τούτου μηδὲ σμικρὸν ἐλλείπειν, ἅτε τὸ τοιοῦτον ηὐξηκότι· τῷ δὲ περὶ φιλομαθίαν καὶ περὶ τὰς ἀληθεῖς φρονήσεις ἐσπουδακότι καὶ ταῦτα μάλιστα τῶν αὑτοῦ γεγυμνασμένῳ φρονεῖν μὲν ἀθάνατα καὶ θεῖα, ἄνπερ ἀληθείας ἐφάπτηται, πᾶσα ἀνάγκη που, καθ᾽ ὅσον δ᾽ αὖ μετασχεῖν ἀνθρωπίνη φύσει ἀθανασίας ἐνδέχεται, τούτου μηδὲν μέρος ἀπολείπειν, ἅτε δὲ ἀεὶ θεραπεύοντα τὸ θεῖον ἔχοντά τε αὐτὸν εὖ κεκοσμημένον τὸν δαίμονα σύνοικον ἑαυτῷ, διαφερόντως εὐδαίμονα εἶναι. θεραπεία δὲ δὴ παντὶ παντὸς μία, τὰς οἰκείας ἑκάστῳ τροφὰς καὶ κινήσεις ἀποδιδόναι. τῷ δ᾽ ἐν ἡμῖν θείῳ συγγενεῖς εἰσιν κινήσεις αἱ τοῦ παντὸς διανοήσεις.（"Keep upright our whole body. Who so, then, indulges in lusts or in contentions and devotes himself overmuch thereto must of necessity be filled with opinions that are wholly mortal, and altogether, so far as it is possible to become mortal, fall not short of this in even a small degree, in as much as he has made great his mortal part. But he who has seriously devoted himself to learning and to true thoughts, and has exercised these qualities above all his others, must necessarily and inevitably think thoughts that are immortal and divine, if so be that he lays hold on truth, and in so far as it is possible for human nature to partake of immortality, he must fall short thereof in no degree; and in as much as he is for ever tending his divine part and duly magnifying that daemon who dwells along with him, he must be supremely blessed. And the way of tendance of every part by every man is one, namely, to supply each with its own congenial food and motion; and for the divine part within us the congenial motions."）参见 Plutarch, *Fac. Lun.* 943d; *Gen. Socr.* 593d-594a。

88. Plato, *Phaedo* 67d: οὐκοῦν τοῦτό γε θάνατος ὀνομάζεται, λύσις καὶ χωρισμὸς ψυχῆς ἀπὸ σώματος; παντάπασί γε, ἦ δ᾽ ὅς. λύειν δέ γε αὐτήν, ὥς φαμεν,（转下页）

2. 亚里士多德学派

亚里士多德（Aristotle，公元前 384 年—前 322 年）是柏拉图的学生，亦是逍遥学派（Peripatetics）的创始人。[89] 亚里士多德的思想同时受到苏格拉底和柏拉图的深刻影响。苏格拉底、柏拉图和亚里士多德被视为西方哲学的奠基者。但亚里士多德的研究方式特别强调归纳法和先验论。他的研究领域也许比苏格拉底和柏拉图更广泛，涉及了物理学、生物学、动物学、形而上学、逻辑学、修辞学、[90] 政治学、伦理学、心理学以及诗歌、音乐和美学等。他在哲学和科学方面所作出的贡献，可说是超越了他的前辈们。亚里士多德的一些思想对后世产生了深远的影响。公元前第一世纪末，亚里士多德的思想再度得到复兴。中世纪经院学派（Scholasticism）的哲学家和神学家托马斯·阿奎纳（St. Thomas Aquinas）将基督教思想与亚里士多德的哲学结合了起来。[91] 可是，文艺复兴的启蒙者之一意大利诗人但丁·阿利吉耶里（Dante Alighieri）却在《神曲》中将亚里

（接上页）προθυμοῦνται ἀεὶ μάλιστα καὶ μόνοι οἱ φιλοσοφοῦντες ὀρθῶς, καὶ τὸ μελέτημα αὐτὸ τοῦτό ἐστιν τῶν φιλοσόφων, λύσις καὶ χωρισμὸς ψυχῆς ἀπὸ σώματος: ἢ οὔ;（"Is not what we call death a freeing and separation of soul from body? Certainly, said Socrates. Such was the desire of a true philosopher: And the desire to free the soul is found chiefly, or rather only, in the true philosopher; in fact the philosopher's occupation consists precisely in the freeing and separation of soul from body. Isn't that so?"）参见 66e。

89. 公元前 335 年，亚里士多德在雅典的吕克昂（Lyceum）建立了一所学院。这所学校的名字源于雅典的吕克昂的健身房，"柱廊"（περίπατοι）。逍遥学派（περιπατητικός）是由亚里士多德的跟随者命名的。据说这个名称来自亚里士多德边散步边讲课的习惯。

90. 亚里士多德，《修辞学》（北京：三联书店，1991）。沈谦，《修辞学》（台湾：国立空中大学出版，1991）。

91. 托马斯·阿奎纳最重要的著作是《神学大全》（*Summa Theologica*）。

士多德放在第一层地狱里。[92]

在伦理学方面，亚里士多德继承和综合了古希腊学者的研究和探讨，非常系统地论述了美德幸福观的形成。在《尼各马科伦理学》中，亚里士多德对"幸福"的理解展开了详细和精辟的讨论。他首先概述了古希腊哲人对幸福的理解。[93] 例如，苏格拉底认为美德（ἀρετή; virtue, excellence）诸如自制、勇敢、正义、敬虔、智慧等，可以确保一个快乐幸福的人生；[94] 苏格拉底竭力反对雅典人以荣誉和休闲的生活为幸福的终极目标。[95] 柏拉图接受了苏格拉底的伦理观，认为美德、智慧和公义才是人生真正的幸福。[96] 犬儒学派的创始人第欧根尼（Diogenes）一生

92. 但丁的《神曲》分为"地狱""炼狱"和"天堂"三部分。

93. Aristotle, *Ethica Nicomachea* 1095b 15-1097a 10.

94. Plato, *Apology* 30b, *Euthydemus* 280d-282d, *Meno* 87d-89a. 参见徐学庸，《古希腊正义观：荷马至亚里斯多德的伦理价值及政治理想》(台北：台湾大学出版中心，2016)。

95. Plato, *Apology* 29d-e: ὦ ἄνδρες Ἀθηναῖοι, ἀσπάζομαι μὲν καὶ φιλῶ, πείσομαι δὲ μᾶλλον τῷ θεῷ ἢ ὑμῖν, καὶ ἕωσπερ ἂν ἐμπνέω καὶ οἷός τε ὦ, οὐ μὴ παύσωμαι φιλοσοφῶν καὶ ὑμῖν παρακελευόμενός τε καὶ ἐνδεικνύμενος ὅτῳ ἂν ἀεὶ ἐντυγχάνω ὑμῶν, λέγων οἷάπερ εἴωθα, ὅτι ὦ ἄριστε ἀνδρῶν, Ἀθηναῖος ὤν, πόλεως τῆς μεγίστης καὶ εὐδοκιμωτάτης εἰς σοφίαν καὶ ἰσχύν, χρημάτων μὲν οὐκ αἰσχύνῃ ἐπιμελούμενος ὅπως σοι ἔσται ὡς πλεῖστα, καὶ δόξης καὶ τιμῆς, φρονήσεως δὲ καὶ ἀληθείας καὶ τῆς ψυχῆς ὅπως ὡς βελτίστη ἔσται οὐκ ἐπιμελῇ οὐδὲ φροντίζεις. ("Men of Athens, I respect and love you, but I shall obey the god rather than you, and while I live and am able to continue, I shall never give up philosophy or stop exhorting you and pointing out the truth to any one of you whom I may meet, saying in my accustomed way: Most excellent man, are you who are a citizen of Athens, the greatest of cities and the most famous for wisdom and power, not ashamed to care for the acquisition of wealth and for reputation and honour, when you neither care nor take thought for wisdom and truth and the perfection of your soul?")

96. Plato, *De Republica* 354a: ἀλλὰ μὴν ὅ γε εὖ ζῶν μακάριός τε καὶ εὐδαίμων, ὁ δὲ μὴ τἀναντία. πῶς γὰρ οὔ; ὁ μὲν δίκαιος ἄρα εὐδαίμων, ὁ δ' ἄδικος ἄθλιος. ("But furthermore, he who lives well is blessed and happy, and he who does not the contrary. Then the just is happy and the unjust miserable." 591c: "Then the wise man will bend all his endeavors to this end throughout his life; he will, (转下页)

都在追求自然和清贫的生活，反对物质肉体享受。

尽管古希腊学家对幸福概念的理解不尽相同，但他们一致同意幸福是人生的目标。[97] 按照亚里士多德，幸福是完美无价的。[98] 一个完美的人生是体现在人按照理性的原则去行动，人的善是合乎美德而生成的灵魂的现实活动。[99]

（接上页）to begin with, prize the studies that will give this quality to his soul and despise the others." ）

97. Aristotle, *Ethica Nicomachea*, 1095a 17-25：“无论是一般大众，还是那些出众的人，都会说这是幸福（εὐδαιμονία），并且会把它理解为生活得好或做得好。但是关于什么是幸福，人们就有争论，一般人的意见与爱智慧者的意见就不一样了。因为一般人把它等同于明显的、可见的东西，如快乐、财富或荣誉。不同的人对于它有不同的看法，甚至同一个人在不同时间也把它说成不同的东西；在生病时说它是健康；在贫穷时说它是财富；在感到了自己的无知时，又对那些提出他无法理解的宏论的人无比崇拜。”（ὀνόματι μὲν οὖν σχεδὸν ὑπὸ τῶν πλείστων ὁμολογεῖται· τὴν γὰρ εὐδαιμονίαν καὶ οἱ πολλοὶ καὶ οἱ χαρίεντες λέγουσιν, τὸ δ᾽ εὖ ζῆν καὶ τὸ εὖ πράττειν ταὐτὸν ὑπολαμβάνουσι τῷ εὐδαιμονεῖν· περὶ δὲ τῆς εὐδαιμονίας, τί ἐστιν, ἀμφισβητοῦσι καὶ οὐχ ὁμοίως οἱ πολλοὶ τοῖς σοφοῖς ἀποδιδόασιν. οἱ μὲν γὰρ τῶν ἐναργῶν τι καὶ φανερῶν, οἷον ἡδονὴν ἢ πλοῦτον ἢ τιμήν, ἄλλοι δ᾽ ἄλλο—πολλάκις δὲ καὶ ὁ αὐτὸς ἕτερον· νοσήσας μὲν γὰρ ὑγίειαν, πενόμενος δὲ πλοῦτον· συνειδότες δ᾽ ἑαυτοῖς ἄγνοιαν τοὺς μέγα τι καὶ ὑπὲρ αὑτοὺς λέγοντας θαυμάζουσιν. ["Verbally there is very general agreement; for both the general run of men and people of superior refinement say that it is happiness, and identify living well and doing well with being happy; but with regard to what happiness is they differ, and the many do not give the same account as the wise. For the former think it is some plain and obvious thing, like pleasure, wealth, or honour; they differ, however, from one another and often even the same man identifies it with different things, with health when he is ill, with wealth when he is poor; but, conscious of their ignorance, they admire those who proclaim some great ideal that is above their comprehension."]）

98. Aristotle, *Ethica Nicomachea* 1102a 1：“我们显然可以从上面所说的得出结论，幸福是受尊敬的、完美的事物。”（ἡμῖν δὲ δῆλον ἐκ τῶν εἰρημένων ὅτι ἐστὶν ἡ εὐδαιμονία τῶν τιμίων καὶ τελείων. ["To us it is clear from what has been said that happiness is among the things that are prized and perfect."]）

99. Aristotle, *Ethica Nicomachea* 1098a 14-19：“如果是这样，并且我们说人的活动是灵魂的一种合乎逻各斯的实现活动与实践，且一个好人的活动就是良好地、高贵地完善这种活动；如果一种活动在以合乎它特有的德性的方式完成时就是完成得良好的；那么，人的善就是灵魂的合德性的实现活动；如果有不止一种的德性，就是合乎那种最好、最完善的德性的实现活动。不过，还有加上‘在一生中’。”（εἰ δ᾽ οὕτως, [ἀνθρώπου δὲ τίθεμεν ἔργον ζωήν τινα, ταύτην（转下页）

亚里士多德注重美德的理论和实践双方的重要性，人若按照美德的标准去生活，即是幸福（εὐδαιμονία, happiness, well-being, good）和快乐的人生。幸福是最终的至善和人的终极目标。亚里士多德强调幸福的人生要以美德为前提，快乐应由理性去指导和支配，以使美德的认知与实践行为达到一致。因此，保持自制、节制和选择中庸之道是把握幸福的关键。亚里士多德不仅重视个人的幸福，还关心城邦整体的幸福。对他而言，个人的美德与城邦的美德是紧密结合的。亚里士多德的伦理观不但强调了理性在道德生活中的重要性，同时突出了实践在道德生活中的价值。

3. 斯多亚学派

基提翁的芝诺（Zeno of Citium, 公元前 334 年—前 262 年）被视为斯多亚学派的创始人。这所希腊哲学学院源于雅典著名的"斯多亚廊"（στοὰ ποικίλη），是众所周知的斯多亚教学的地方。克雷安德（Cleanthes, 约公元前 330 年—前 230 年）和克吕西波（Chrysippus, 公元前 279 年—前 206 年）进一步发展了芝诺的思想。芝诺、克雷安德和克吕西波三人因此被视

（接上页）δὲ ψυχῆς ἐνέργειαν καὶ πράξεις μετὰ λόγου, σπουδαίου δ᾽ ἀνδρὸς εὖ ταῦτα καὶ καλῶς, ἕκαστον δ᾽ εὖ κατὰ τὴν οἰκείαν ἀρετὴν ἀποτελεῖται· εἰ δ᾽ οὕτω,] τὸ ἀνθρώπινον ἀγαθὸν ψυχῆς ἐνέργεια γίνεται κατ᾽ ἀρετήν, εἰ δὲ πλείους αἱ ἀρεταί, κατὰ τὴν ἀρίστην καὶ τελειοτάτην. Ἔτι δ᾽ ἐν βίῳ τελείῳ. "If this is the case, and we state the function of man to be a certain kind of life, and this to be an activity or actions of the soul implying a rational principle, and the function of a good man to be the good and noble performance of these, and if any action is well performed when it is performed in accordance with the appropriate excellence: if this is the case, human good turns out to be activity of soul in accordance with virtue, and if there are more than one virtue, in accordance with the best and most complete. But we must add 'in a complete life'.")

为早期斯多亚学派的代表人物。[100] 除了克雷安德的短诗《宙斯颂》(Hymn to Zeus)以外，几乎没有早期斯多亚学派的作品被完好无损地保存下来。斯多亚学派的形成也曾受到犬儒学派的深刻影响。[101] 早期斯多亚学派强调美德是人生的终极目标，而顺应自然的生活即是美德。早期斯多亚学派在自然哲学和认识论中趋向唯物主义。斯多亚学派的中期代表人物是潘奈修斯(Panaetius，约公元前 185 年—前 110 年)和波塞多纽斯(Posidonius，公元前 135 年—前 51 年)。他们在学术上吸取了许多柏拉图主义的思想，放弃了唯物主义的因素，他们发展和经营的学院主要以罗得岛(Rhodes)为主。潘奈修斯和波塞多纽斯对公元前 1 世纪中的西塞罗(Cicero, 公元前 106 年—前 43 年)的哲学论述产生了极大的影响。斯多亚学派的晚期代表人物是塞涅卡(Seneca the Younger，约公元前 2 年—公元 65 年)，艾彼克泰德(Epictetus，公元 55 年—135 年)，以及罗马皇帝马可·奥勒留(Marcus Aurelius，公元 121 年—180 年)。[102] 他们提倡的社会道德规范和适宜的生活方式，得到罗马帝国的赞赏和接受，并一度成为罗马帝国的"官方哲学"，因此也被称为"罗马斯多亚派"。斯多亚学派和他们的跟随者最关注的是个人道

100. R. W. Sharples, "Stoicism", in H. Ted (ed.), *The Oxford Companion to Philosophy* (Oxford: OUP, 1995), 852-53, at 852. 参见 A. A. Long, "Stoicism", in *Hellenistic Philosophy: Stoics, Epicureans, Sceptics* (London: Duckworth, 1986), 107-209。

101. 犬儒学派的名称源于希腊文 (κυνικός, dog-like) 意思是 "像狗一样"，主要指该学派成员的简朴生活方式 (Diogenes Laertius 6.103)，素以弃绝社会规范，不知羞耻闻名。创始人是锡诺普的第欧根尼 (Diogenes of Sinope，约公元前 400 年—前 325 年)。犬儒学派的哲学思想强调过 "顺应自然" 的生活，注重公开演讲，放胆斥责罪恶。

102. D. N. Sedley, "Stoicism", in R. Audi (ed.), *The Cambridge Dictionary of Philosophy* (Cambridge: CUP, 1995)，768-769.

德的实践，主张禁欲并相信宿命论。这个学派对个人严肃的生活规律具有极大的影响力。接受任何灾难而不发怨言是斯多亚派信徒典型的表现。那样的人生哲学后来被形容为"斯多亚"（stoic），就是"处之泰然，毫不在乎"的意思。许多罗马的政治领袖人物是斯多亚派的信徒。

　　一般而言，斯多亚派的哲学特征是自然主义、经验主义以及强调对道德责任的承担。尽管创始人芝诺的著作早已丧失，但其影响力仍旧不断地持续下去。斯多亚观念中的"神圣理性"（λόγος, divine reason）是他们理解宇宙作为一个高度统一的实体的核心思想。在斯多亚派的宇宙论和本体论中，logos（可翻译成"道"或直接音译为"逻各斯"）是最基要的。Logos 不仅贯彻整个宇宙，还赋予人类"理性的种子"或是"道种"（λόγος σπερματικός）。个人的幸福和人类社会的福祉在很大的程度上，取决于个人和社会在道德方面的实践以及被理性主导的思维和生活方式。此外，人类没有别的幸福途径。[103] 斯多亚哲学相信上帝及神意（天命，Providence）在有秩序的宇宙中运行，而人在宇宙中则占有突出的地位。理性使人认识到上帝至高无上的智慧和计划，并甘心情愿地将自己委托于他。这也使人超越了自己的个人能力、智慧和与生俱来的欲望。因此，人即使是处在苦难之中，他仍然可以相信那是侍奉天意预定的一个圣旨的机会。这个相信世界是完全由神意所掌管的信念，不仅在

---

103. P. P. Hallie, "Stoicism", E. Paul, *et al.*, (eds.), *The Encyclopedia of Philosophy* (London: Collier Macmillan Publishers, 1967), vol. 8.19-22, at 21-22. Sedley, "Stoicism", 769. Long, "Stoicism", 147-150.

统治阶层产生强烈的呼应，也是那些生活在各种不幸中的人们的极大安慰。基于以上和其他种种原因，斯多亚主义在古希腊罗马社会中，一直都是支持个人和社会的基石和一股巨大的力量。

在古希腊罗马哲学和伦理学中，美德占了一个很特殊的地位。按照柏拉图的观点，美德是掌管和指导一个人的道德举止和行为的内在力量。[104] 根据斯多亚的伦理学，人的内心状态不是一个自主和独立的实体。它必须与井然有序的自然（φύσις, nature）和谐共处。因此，一个在道德上有责任感的人，就必须尽力"顺应自然"（κατὰ φύσιν, according to nature）而行，过一种理性的生活，接受神所赐的命运。只有通过这种生活方式，人才能获得心灵的平安（ἀπάθεια）、康乐（εὐθυμια）和幸福（εὐδαιμονια）。[105] 在这样一个快乐和幸福的状态中，人与自然才可以说是达到完美的和谐，结果是离神不远了。这也正是斯多亚派的终极关怀。斯多亚派存有这样一个满足和幸福境界的信念，完全是基于他们对理性（道或"逻各斯"，logos）的理解。对斯多亚派而言，理性就是宇宙的灵。又因为人与生俱来就有了理性的种子，他很自然就可以参与和分享理性了。

斯多亚派也相信美德与智慧是密不可分的。因此，一个有"德性的人"也是一个"智慧的人"，也只有"智慧的人"才可

---

104. M. Slote, "Virtues", in T. Honderich（ed.）, *The Oxford Companion to Philosophy*（Oxford: Oxford University Press, 1995）, 900-901.

105. Diogenes Laertius 7.88: "The virtue of the happy man and the smooth current of life, when all actions promote the harmony of the spirit dwelling in the individual man with the will of him who orders the universe."

能是有"德性的人"。不但如此，斯多亚人也相信只有那些有德性的人才是真正良善的（ἀγαθόν）和幸福的。按照这个意义，"美德""良善"和"幸福"在斯多亚派的伦理学上几乎成了同义词。完美的德性是人追求的终极目标。除了善恶必须要分明以外，有些事物应该被智慧和有德性的人认为是"可有可无的"或是"漠不关心的"（ἀδιάφορα, indifferent），例如，荣誉、健康、力量、财富、出身、美貌和生命。因为这些事物存在与否，"智慧的人"的幸福和美德皆不受影响。塞涅卡所列举的"可有可无的"事物，包括疾病、痛苦、贫穷、流放和死亡，认为它们不包括在善恶之内。[106]

然而，智慧的斯多亚派也承认，有些"可有可无的"的事物诸如吉祥、健康、财富和美名等，尽管不一定需要或必要，却可能成为优势或比其他人有优先权（προηγμενα, have precedence）。相反的，疾病、贫困和羞耻等很自然会让人处于劣势。如果有选择的余地，一个正常和理智的人一般上都会很自然地优先考虑到健康、吉祥、财富和美貌，而不是疾病、贫困和丑陋。虽然在斯多亚派的观念中，"优势"本身不是"善的"，而"劣势"也不一定就是"坏的"。[107]因为所谓"优势"和"劣势"两者都同样是在"善"与"恶"的概念之外。其实，对芝诺及其跟随者而言，"优先"的事情永远都不会带来真正的幸福。在整个斯多亚派的历史中，这种观点仍然是其哲学的关

---

106. Seneca, *Ep.* 82.11: "I classify as 'indifferent,' —that is, neither good or evil, — sickness, pain, poverty, exile, death."
107. Hallie, "Stoicism", 8.22. Long, "Stoicism", 189-199.

键所在。一个人的美德绝不取决于其能力所获得的外在世界的成就，而是取决于他对那些"可有可无的"的事物所持的正确态度。斯多亚派对自力更生的信念，不仅对自身极其重要，而且也为那些必须面对生活的残酷现实包括严重的痛苦和死亡的人们，提供一股伟大的精神力量。[108]

西塞罗将幸福与良善结合起来。他对邪恶的表述是："如果我们把它们当作邪恶"，"如果有邪恶的话"。这些用语清楚显明，其实没有什么事物是所谓邪恶的，只是人自己的思想使得它如此而已。[109] 对西塞罗而言，最终是一个人的心态将智者从其他人中分别出来。智者之所以能在痛苦中仍然保持快乐和宁静，主要是基于他的精神状态，而不是痛苦本身固有的性质。[110] 塞涅

108. F. H. Sandbach, *The Stoics* (London: Chatto & Windus, 1975), 29.

109. Cicero, *Tusculan Disputation* 5.10.29-30: "Let us see who are to be described as happy: for my part I think it is those who are compassed about with good without any association of evil, and no other sense underlies the word happy, when we use it, except the fullness of combined good and complete separation of evil ... for there will come as it were a throng of evils, if we regard them as evils, poverty, obscurity, insignificance, loneliness, loss of property, severe physical pain, ruined health, infirmity, blindness, fall of one's country, exile and, to crown all, slavery—in all these distressing conditions—and more still can happen—the wise man can be involved; for chance occasions them, and chance can assail the wise man; but if these are 'evils,' who can show that the wise man will be always happy, seeing that he can be involved in all of them at one and the same time? ... And if the noble distinction of this title of 'wise', most worthy of Pythagoras, Socrates and Plato, so delights them, let them constrain the soul to despise the things which dazzle them, strength, health, beauty, riches, distinctions, wealth, and count as nothing the things that are their opposites: then will they be able in clearest accents to claim that they are terrified neither by the assault of fortune nor the opinion of the mob nor by pain or poverty, and that they regard all things as resting with themselves, nor is there anything beyond their control which they reckon as good. "

110. Cicero, *Fin.* 3.13.42: "Again, can anything be more certain than that on the theory of the school that counts pain as an evil, the Wise Man cannot be happy when he is being tortured on the rack? Whereas the system that considers pain no evil clearly proves that the Wise Man retains his happiness amidst the worst （转下页）

卡在此方面的观点与西塞罗相似。[111] 他进一步指出，事物的善与恶，不仅是精神状态和人的认知问题，它也是上帝的思维方式。在斯多亚派的观念中，上帝的目的是可以与人的思想协调的。[112] 塞涅卡深化了斯多亚派的精神与沉着，强调人无所畏惧去面对患难的伟大美德。[113] 艾彼克泰德也同样相信人的德性可以让他无论在什么处境中都能保持快乐和自在。[114]

总而言之，斯多亚派持守始终如一的信念就是，人自己必须自力更生，并且让知识、智慧和理性引导他通往幸福之路。

（接上页）torments. The mere fact that men endure the same pain more easily when they voluntarily undergo it for the sake of their country than when they suffer it for some lesser cause, shows that the intensity of the pain depends on the state of mind of the sufferer, not on the pain's own intrinsic nature."

111. Seneca, *Const.* 10.4: "The wise man does receive some wounds, but those that he receives he binds up, arrests, and heals; these lesser things he does not even feel, nor does he employ against them his accustomed virtue of bearing hardship, but he either fails to notice them, or counts them worthy of a smile."

112. Seneca, *Prov.* 5.1-2: "It is God's purpose, and the wise man's as well, to show that those things which the ordinary man desires and those which he dreads are really neither good nor evils. It will appear, however, that there are goods, if these are bestowed only on good men, and that there are evils, if these are inflicted only on the evil."

113. Seneca, *Ep.* 82.17: "Nothing glorious can result from unwillingness and cowardice; virtue does nothing under compulsion (*Non est autem gloriosum, quod ab invito et tergiversante fit; nihil facit virtus, quia necesse est.*)." (cf. 66.16) For Seneca, a virtuous man "welcomes (*amplexatur*) that which all other men regard with fear" (*Ep.* 71.28; cf. 30.9; *Ir.* 1.5.2). *Ep.* 85.27: "He reckons all these things as the bugbears of man's existence. Paint him a picture of slavery, lashes, chains, want, mutilation by disease or by torture, or anything else you may care to mention; he will count all such things as terrors caused by the derangement of the mind."

114. Epictetus 2.19.24: "The virtuous man is the one 'who though sick is happy, though in danger is happy, though dying is happy, though condemned to exile is happy, though in disrepute is happy' and 'suffers no harm, even though he is soundly flogged, or imprisoned, or beheaded." (cf. 4.1.126) "How, then, does it come about that he suffers no harm, even though he is soundly flogged, or imprisoned, or beheaded?' asked Epictetus. The answer is: the virtuous man bore it in 'a noble spirit'." (4.1.127)

4. 伊壁鸠鲁学派

伊壁鸠鲁（Epicurus, 公元前 341 年—前 270 年）是古希腊哲学家以及伊壁鸠鲁学派的创始人。据说伊壁鸠鲁的早期学院就在他的住房和花园内。塞涅卡在他的书信中记载了这座花园门上所雕刻的名言："陌生人，你将在此过着舒适的生活。在这里享乐乃是至善之事"（*Hospes, hic bene manebis, hic summum bonum voluptas*）。[115] 伊壁鸠鲁唯一幸存的三封完整书信被收录在第欧根尼·拉尔修的《哲人言行录》（*Lives and Opinions of Eminent Philosophers*）第十卷中。此外，在赫库兰尼姆（Herculaneum）的蒲草纸别墅（Villa of the Papyri）中也发现了伊壁鸠鲁的三十七卷著作《论自然》（*On Nature*）的无数残片。伊壁鸠鲁强调哲学的目的是要达到一个不受世界任何事物干扰的完美精神状态，并享受免于痛苦和恐惧的自由。而这种宁静才是真正的至善和安宁（'Αταραξία, tranquility）。伊壁鸠鲁早期受到德谟克利特（Democritus）哲学的影响，采用了德谟克利特原子论的基本原则，认为世界是由不可分割的原子（άτομος）组成的。但伊壁鸠鲁却不以为是自然律在支配着原子的运动。对他而言，万物的产生并无目的和计划，只是原子的碰撞、反弹和彼此交织的结果。[116] 宇宙是永恒

---

115. Seneca, *Ep.*21.10.
116. Diogenes Laertius, *Vitae Philosophorum* 10.42-44："Again: the atoms within the bodies, and these full elements from which the combined bodies come, and into which they resolve themselves, assume an incalculable variety of forms, for the numerous differences which the bodies present cannot possibly result from an aggregate of the same forms. Each variety of forms contains an innumerable amount of atoms, but there is not for that reason an infinity of atoms; it is only the number of them which is beyond all calculation." 10.117："Such are his sentiments on the heavenly phenomena, But concerning the rules of life, and （转下页）

无限的。自然事物的产生是基于原子在空间的运行和互动。在伊壁鸠鲁看来，常人所谓"神差遣魔鬼惩罚邪恶者，祝福那些效法神的正义者"的信念，只是大众的一种观点而已。因为在现实的世界中，神并不关注自己与人类的关系。[117] 因此，伊壁鸠鲁主张人应当避开相信来世的信念。神既然是远离尘世，对人类漠不关心，人也就不用去畏惧神或是相信他会奖赏罚恶了。

与亚里士多德不同，伊壁鸠鲁认为死亡本身并不可怕，因为人死后生命不再存在，所有的感觉和意识也随着死亡而结束。死亡既没有快乐也无痛苦。"死亡和我们没有关系，因为只要我们存在一天，死亡就不会来临，而死亡来临时，我们也不再存在了。"[118] 伊壁鸠鲁因此提倡追求享乐（*voluptas*, pleasure），人生的最高享受是没有身体和心理上的痛苦（$\dot{\alpha}\pi o\nu\acute{\iota}\alpha$, the absence of

---

（接上页）how we ought to choose some things, and avoid others, he writes thus. But first of all, let us go through the opinions which he held, and his disciples held about the wise man. He said that injuries existed among men, either in consequence of hatred, or of envy, or of contempt, all which the wise man overcomes by Reason. Also, that a man who has once been wise can never receive the contrary dispositions, nor can he of his own accord invent such a state of things as that he should be subjected to the dominion of the passions; nor can he hinder himself in his progress towards wisdom. That the wise man, however, cannot exist in every state of body, nor in every nation."

117. Diogenes Laertius, *Vitae Philosophorum* 10.123："First of all, believe that a god is an incorruptible and happy being, as the common opinion of the world dictates; and attach to your theology nothing which is inconsistent with incorruptibility or with happiness; and think that a deity is invested with everything which is able to preserve this happiness, in conjunction with incorruptibility. For there are gods; for our knowledge of them is distinct. But they are not of the character which people in general attribute to them; for they do not pay a respect to them which accords with the ideas that they entertain of them. And that man is not impious who discards the gods believed in by the many, but he who applies to the gods the opinions entertained of them by the many."

118. Diogenes Laertius, *Vitae Philosophorum* 10.125: "Death is nothing to us, since when we are, death has not come, and when death has come, we are not."

pain）。这种静态的快乐状态取决于欲望和痛苦的消除。[119] 对伊壁鸠鲁而言，快乐和痛苦是区分好与坏的道德基础。[120]

伊壁鸠鲁对邪恶问题提出了哲学与神学方面的著名讨论，被称为伊壁鸠鲁悖论（Epicurean Paradox）。伊壁鸠鲁的三元悖论为：上帝是全能的，上帝是至善的，但邪恶却存在。"如果上帝愿意阻止邪恶，却不能阻止，那他不是全能的；如果他能阻止却不愿意阻止邪恶，那他是恶意的；如果他既能阻止又愿意阻止邪恶，那么哪里会有邪恶呢？如果他既不能阻止又

---

119. Diogenes Laertius, *Vitae Philosophorum* 10.136："And Epicurus, in his treatise on Choice, speaks thus: 'Now, freedom from disquietude, and freedom from pain, are states of pleasure; but joy and cheerfulness are beheld in motion and energy.' " 10.22: "And when he was at the point of death, he wrote the following letter to Idomeneus: 'We have written this letter to you on a happy day to us, which is also the last day of our life... nothing can be added to the violence of my sufferings. But the cheerfulness of my mind, which arises from there collection of all my philosophical contemplation, counterbalances all these afflictions. And I beg you to take care of the children of Metrodorus, in a manner worth of the devotion shown by the youth to me, and to philosophy.' "

120. Diogenes Laertius, *Vitae Philosophorum* 10.129-132: "Every pleasure is therefore a good on account of its own nature, but it does not follow that every pleasure is worthy of being chosen; just as every pain is an evil, and yet every pain must not be avoided. But it is right to estimate all these things by the measurement and view of what is suitable and unsuitable; for at times we may feel the good as an evil, and at times, on the contrary, we may feel the evil as good. And, we think contentment a great good, not in order that we may never have but a little, but in order that, if we have not much, we may make use of a little, being genuinely persuaded that those men enjoy luxury most completely who are the best able to do without it; and that everything which is natural is easily provided, and what is useless is not easily procured... Now, the beginning and the greatest good of all these things is prudence, on which account prudence is something more valuable than even philosophy, inasmuch as all the other virtues spring from it, teaching us that it is not possible to live pleasantly unless one also lives prudently, and honourably, and justly; and that one cannot live prudently, and honestly, and justly, without living pleasantly; for the virtues are allied to living agreeably, and living agreeably is inseparable from the virtues."

不愿意阻止邪恶，那为什么要称他为上帝呢？"[121] 伊壁鸠鲁的生活原则可使用 λάθε βιώσας 这个短语来概括，即"过隐居的生活"。[122]

📖 推荐书目

中文参考书目

奥古斯丁，《上帝之城》，王晓朝译，北京：人民出版社，2006。

德席尔瓦，《21世纪基督教新约导论》，纪荣智、李望远译，台北：校园书房，2013。

弗格森，《古希腊—罗马文明：社会，思想和文化》，李丽书译，上海：华东师范大学出版社，2012。

G. L. 狄金森，《希腊的生活观》，彭基相译，台北：商务印书馆，1966。

葛德·泰森，《用新眼光看耶稣与保罗：基督宗教的根基与建筑师》，陈惠雅译，台北：南与北文化出版社，2014。

霍桑、马挺主编，《21世纪保罗书信辞典》，台北：校园书房，2009。

H. A. 库恩，《古希腊的传说和神话》，秋枫译，北京：三联书店，2002。

杰弗斯，《古希腊—罗马文明：历史和背景》，谢芬芬译，上海：华东师范大学出版社，2013。

卡森、穆尔，《21世纪新约导论》，尹妙珍、纪荣神译，香港：天道书楼，2007。

梁工，《古代犹太教与早期基督教：希腊哲学观照下的两种释经理念》，《世

---

121. Epicurus, *Frag.* 374. 参见 Lactantius, *De Ira Deorum* 13.19: "God either wants to eliminate bad things and cannot, or can but does not want to, or neither wishes to nor can, or both wants to and can. If he wants to and cannot, then he is weak—and this does not apply to god. If he can but does not want to, then he is spiteful—which is equally foreign to god's nature. If he neither wants to nor can, he is both weak and spiteful, and so not a god. If he wants to and can, which is the only thing fitting for a god, where then do bad things come from? Or why does he not eliminate them?"

122. 参见 Plutarch, *De latenter vivendo* 1128c; Flavius Philostratus, *Vita Apollonii* 8.28.12。

界宗教研究》2013年第4期，77—85。

林荣洪，《耶稣基督生平与言论》（上册），香港：明道社，2005。

林荣洪，《耶稣基督生平与言论》（下册），香港：明道社，2006。

马小朝，《宙斯的霹雳与基督的十字架：希腊神话和圣经对西方文学的发生学意义》，上海：学林出版社，1999。

苗力田主编，《古希腊哲学》，北京：中国人民大学出版社，1990。

欧内斯特·勒南，《耶稣的一生》，梁工译，北京：商务印书馆，1999。

帕利坎，《基督教与古典文化：基督教与希腊主义相遇中自然神学的转化》，石敏敏译，北京：中国社会科学出版社，2012。

沈谦，《修辞学》，台北：空中大学出版，1991。

汪子嵩等，《希腊哲学史》（三卷），北京：人民出版社，1997，1993，2005。

王晓朝，《罗马帝国文化转型论》，北京：社会科学文献出版社，2002。

王晓朝译，《柏拉图全集》，北京：人民出版社，2003。

王镇国编译，《希腊罗马神话集》，香港：文艺书屋，1969。

徐学庸，《古希腊正义观：荷马至亚里斯多德的伦理价值及政治理想》，台北：台湾大学出版中心，2016。

亚德迈耶等，《新约文学与神学：四福音及耶稣》，香港：天道书楼，2004。

亚里士多德，《修辞学》，罗念生译，北京：三联书店，1991。

约翰·杜蓝，《早期教会生活》，周如欢译，台北：校园书房，1986。

张达民、黄锡木，《使徒行传与保罗书信要领》，香港：基道出版社，2003。

张晓梅，《使徒保罗和他的世界》，北京：社会科学文献出版社，2012。

章文新等选编，《基督教早期文献选集》，谢扶雅译，北京：宗教文化出版社，2011。

章雪富，《希腊哲学的Being和早期基督教的上帝观》，北京：中国社会科学出版社，2005。

章雪富，《早期基督教的演变及多元传统》，北京：社会科学文献出版社，2003。

英文推荐书目

Aristotle, *The "Art" of Rhetoric*, vol. XXII, eds. G. P. Goold, *et al.*, trans. John Henry Freese. Loeb Classical Library; London: William

Heinemann Ltd, 1926.

Aristotle, *Ethica Nicomachea*, vol. XIX, eds. G. P. Goold, *et al.*, trans. H. Rackham. Cambridge, Harvard University Press, 1934.

Arlandsom, J. M., "Women and Class in the Roman Empire, II", in *Women, Class, and Society in Early Christianity: Models from Luke-Acts* (Peabody: Hendrickson Publishers, 1997), 98-102.

Augustine, *De civitate Dei*, vol. I-VII, eds. T. E. Page, *et al.*, trans. G. E. MaCrachen, *et al.* London: William Heinemann Ltd, 1957-72.

Aune, David E., "Prayer in the Greco-Roman World", in *Richard N. Longenecker* (ed.), *Into God's Presence*: *Prayer in the New Testament.* Grand Rapids: Eerdmans, 2001.

Barton, C. A., *The Sorrows of the Ancient Romans.* Princeton, N. J.: Princeton University Press, 1993.

Brunt, P. A. & J. M. Moore, *Res Gestae Divi Augusti: The Achievements of the Divine Augustus.* Oxford: Oxford University Press, 1967.

Buckland, W. W., *Roman Law Of Slavery: The Condition Of The Slave In Private Law From Augustus To Justinian.* Cambridge: Cambridge University Press, 1908; reprinted 1970.

Burkert, W., *Greek Religion.* Cambridge: Harvard University Press, 1985.

Burkert, W., *Ancient Mystery Cults.* Cambridge: Harvard University Press, 1987.

Cicero, *De Finibus Bonorum Et Malorum*, eds. T. E. Page, *et al.*, trans. H. Rackham. London: William Heinemann Ltd, 1961.

Cicero, *De Inventione, De Optimo Genere Oratorum, Topica*, eds. T. E. Page, *et al.*, trans. H.M. Hubbell. London: William Heinemann Ltd, 1949.

Cicero, *De Natura Deorum, Academica*, eds. T. E. Page, *et al.*, trans. H. Rackham. London: William Heinemann Ltd, 1930.

Cicero, *De Re Publica, De Legibus*, eds. T. E. Page, *et al.*, trans. Clinton Walker Keyes. London: William Heinemann Ltd, 1929.

Cicero, *De Officiis*, eds. T. E. Page, *et al.*, trans. W. Miller. London: William Heinemann Ltd, 1961.

Cicero, *Tusculan Disputations*, vol. XVIII, eds. Jeffrey Henderson and G.

P. Goold, trans. J. E. King. Cambridge: Harvard University Press, 2001.

Cooley, Alison E., *Res Gestae Divi Augusti: Text, Translation and Commentary*. Cambridge: Cambridge University Press, 2009.

Diogenes Laertius, *Lives of Eminent Philosophers*, vol. I-II, eds. T. E. Page, *et al.*, trans. R. D. Hicks. London: William Heinemann Ltd, 1925.

Edward Gibbon, *The History of the Decline and Fall of the Roman Empire*, ed. J. B. Bury with an Introduction by W. E. H. Lecky. New York: Fred de Fau and Co., 1906.

Epictetus, eds. E. Capps, *et al.*, trans. W. A. Oldfather. London: William Heinemann Ltd, 1927.

Ferguson, Everett, *Backgrounds of early Christianity*. Grand Rapids: Wm. B. Eerdmans, 2003.

Finegan, J., *Myth & Mystery: An Introduction to the Pagan Religions of the Biblical World*. Grand Rapids: Baker, 1989.

Finley, M. I., *Ancient Slavery and Modern Ideology*. London: Chatto & Windus, 1980.

Gaius, *Institutes*, vol. I-II, trans. Francis de Zulueta. Oxford: Clarendon Press, 1946-1953.

Garnsey, Peter, *Social Status and Legal Privilege in the Roman Empire*. London: Oxford University Press, 1970.

Gellius, Aulus, *Noctes Atticae*, vol. I-III, ed. and trans. John C. Rolfe. London: William Heinemann Ltd, 1948.

Hallie, P. P., "Stoicism", E. Paul, *et al.*, (eds.), *The Encyclopedia of Philosophy* (London: Collier Macmillan Publishers, 1967), vol. 8.19-22.

Harrill, J. A., *The Manumission of Slaves in Early Christianity*. Tübingen: Mohr & Siebeck, 1997.

Horace, *The Odes and Carmen Saeculare of Horace*, trans. by John Conington (3rd edition; Gutenberg text).

Horrell, D. G., *An Introduction to the Study of Paul An Introduction to the Study of Paul*. London & New York: T & T Clark, 2006.

Isocrates, *Antidosis*, vol. II, eds. T. E. Page, *et al.*, trans. George Norlin. London: William Heinemann Ltd, 1930.

Josephus, Flavius, *Jewish Antiquities*, vol. I-IX, eds. T. E. Page, *et al.*, trans. Ralph Marcus. London: William Heinemann Ltd, 1937-1962.

Josephus, Flavius, *The Jewish War*, vol. I-IX, eds. T. E. Page, *et al.*, trans. H. St. J. Thackeray. London: William Heinemann Ltd, 1930-1961.

Juvenal, *Juvenal and Persius*, eds. G. P. Goold, *et al.*, trans. G. G. Ramsay. London: William Heinemann Ltd, 1940.

Lane, Eugene and Ramsey MacMullen (ends.), *Paganism and Christianity 100-425 C. E.: A Sourcebook*. Philadelphia: Fortress, 1992.

Livy, *Works*, vol. I-VIII, eds. T. E. Page, *et al.*, trans. Frank Gardner Moore, *et al..* Cambridge, Mass.: Harvard University Press; London: William Heinemann Ltd, 1919-1959.

Long, A. A., "Stoicism", *Hellenistic Philosophy: Stoics, Epicureans, Sceptics* (London: Duckworth, 1986), 107-209.

Lucian, *Works*, vol. I-VIII, eds. T. E. Page, *et al.*, trans. A. M. Harmon. Cambridge, Mass.: Harvard University Press; London: William Heinemann Ltd, 1913-1967.

MacMullen, R., *Paganism in the Roman Empire*. New Haven: Yale University, 1981.

Malina, B. J., *The New Testament World: Insights from Cultural Anthropology*. Louisville: Westminster/ John Knox Press, 1993.

Millar, F., *The Emperor in the Roman World* (31BC-AD337). London: Duckworth, 1977. D. Fishwick, *The Imperial Cult in the Latin West*. Leiden: E. J. Brill, 1987.

Mommsen, Theodor (ed.), *Res Gestae Divi Augusti*. Berlin, 1883.

Nelles, Paul, "The Measure of Rome: Andre Schott, Justus Lipsius and the Early Reception of the Res gestae divi Augusti", in Christopher Ligota and Jean-Louis Quantin (eds.), *History of Scholarship: A Selection of Papers from the Seminar on the History of Scholarship Held Annually at the Warburg Institute*. Oxford: Oxford University Press, 2006.

Neyrey, Jerome H., "'Despising the Shame of the Cross': Honor and Shame in the Johannine Passion Narrative", in D. G. Horrell (ed.), *Social-Scientific Approaches to New Testament Interpretation* (Edinburgh: T & T Clark, 1999), 151-176.

Ovid, *Fasti*, trans. Frazer, James George. Cambridge, MA: Harvard University Press; London: William Heinemann Ltd, 1931.

Perrot, Georges and Edmund Guillaume, *Monumentum Ancyranum.* Mommsen, ed. 2, 1861.

Peterculus, Velleius (Compendium of Roman History), *Res Gestae Divi Augusti*, trans. Frederick W. Shipley. Loeb Classical Library, 1924.

Plato, *Cratylus, Parmenides, Greater Hippias, Lesser Hippias*, trans. H. N. Fowler. Cambridge: Cambridge University Press, 1926.

Plato, *Euthyphro, Apology, Crito, Phaedo, Phaedrus*, eds. E. H. Warmington, *et al.*, trans. Harold North Fowler. London: William Heinemann Ltd, 1971.

Plato, *Republic*, vol. I, eds. T. E. Page, *et al.*, trans. Paul Shorey. London: William Heinemann Ltd, 1953.

Pliny, *Natural History*, trans. H. Rackham. London: William Heinemann Ltd, 1942.

Plutarch, *Lives*, vol. I-XI, eds. E. Capps, *et al.*, trans. Bernadotte Perrin. London: William Heinemann Ltd, 1914-1926.

Quintus Ennius, *The Annals of Quintus Ennius*, edited by Ethel Mary Steuart. Cambridge: Cambridge University Press, 1925.

Sandbach, F. H., *The Stoics.* London: Chatto & Windus, 1975.

Sedley, D. N., "Stoicism", in R. Audi (ed.), *The Cambridge Dictionary of Philosophy* (Cambridge: CUP, 1995), 768-769.

Seneca, Lucius Annaeus, *Epistulae Morales*, vol. I-III, eds. T. E. Page, *et al.*, trans. John W. Basore. London: William Heinemann Ltd, 1928-1935.

Sharples, R. W., "Stoicism", in H. Ted (ed.), *The Oxford Companion to Philosophy* (Oxford: OUP, 1995), 852-853.

Slote, M., "Virtues", in T. Honderich (ed.), *The Oxford Companion to Philosophy* (Oxford: Oxford University Press, 1995), 900-901.

Spaeth, Barbette Stanley, *The Roman Goddess Ceres* (Austin, TX: University of Texas Press, 1996), 33-50. J. A. North, *Roman Religion*. Cambridge: Cambridge University Press, 2000.

Suetonius, vol.I-II, eds. T. E. Page, *et al.*, trans. J. C. Rolfe. London: William Heinemann Ltd, 1920.

Tan, Kim Huat, *The Zion Traditions and the Aims of Jesus*. New York: Cambridge University Press, 1997.

Tertullian, *Ad Nationes*, vol.I-II, ed., J. W. Ph. Borleffs. CCSL 1, Brepols, 1954.

Turcan, Robert, *The Cult of the Roman Empire*. Oxford: Blackwell, 1996.

Virgil, vol. I-II, eds. G. P. Goold, *et al.*, trans, H. Rushton Fairclough. Cambridge, Mass.: Harvard University Press; London: William Heinemann Ltd, 1986.

Watson, A., *Roman Slave Law*. Baltimore: John Hopkins University Press, 1987.

Wiedemann, T., *Greek and Roman Slavery*. London: Croom Helm, 1981.

第三部分

保罗生平

第一章
归信基督前的保罗

一、研究资料来源

若想了解悔改归信前的保罗，首先要问的一个问题是：学者有足够的资料和证据来构建保罗的历史图像吗？常令学者们遗憾的是，除了圣经以外，几乎没有其他的古代文献提供有关保罗个人的重要和可靠的信息。在一部被称为"次经"（Apocrypha来自希腊文词语 ἀπόκρυφος, hidden writings）的著作中，[1]

---

1. 新约次经（New Testament Apocrypha）是早期基督徒的一些著作，它记录了有关耶稣和他的教诲、上帝的本质，以及使徒的生活和他们的教诲。初期教会把这些作品命为次经是为了要把它们与新约正典（新约二十七卷）分开。新约次经被认为不是使徒所写，因而只被认为有参考价值，而没有被接纳为正典。新约次经有十一卷：《巴拿巴书信》（Letter of Barnabas）、《克莱门一书》（1 Clement）、《克莱门二书》（2 Clement）、《伊格那修书信》（Letters of Ignatius）、《波利卡普致腓立比书》（Polycarp To the Philippians）、《黑马牧人书》（Shepherd of Hermas）、《十二使徒遗训》（Didache）、《彼得启示录》（Apocalypse of Peter）、《保罗行传》（Acts of Paul）、《老底嘉书》（Epistle to Laodiceans）、《希伯来福音书》（Gospel according to the Hebrews）。参见：詹姆斯译（M. R. James），《新约次经》（The Apocryphal New Testament）（Oxford: Clarendon Press, 1924）。《次经全书》（中华圣书公会，1949）。《次经全书》（文林出版有限公司，注：American Bible Soceity for Chung Hua SKH 香港 1997 年初版）。马有藻，《次经概论》（香港：基道书楼，1982）。越沛林，（转下页）

《保罗行传》《保罗启示录》（Apocalypse of Paul）、《使徒保罗的

祈祷》（Prayer of the Apostle Paul）这三个文件也许只有一些参

考价值而已。[2] 此外，还有一些匿名书信以及教父的著作如《克

莱门一书》（1 Clement）等。[3] 学者们对它们的历史价值与可靠

（接上页）《圣经次经》（长春：时代文艺出版社，1995）。张久宣译，《圣经后典》（北京：商务印书馆，1999 年）。唐佑之，《次经概论》（香港：香港浸信会神学院，2004）。《圣经附次经：和合本修订版》（香港：香港圣公会，2014）。William Hone（ed.），*The Apocryphal New Testament*（London, Printed for William Hone, Ludgate Hill, 1820）. M. R. James, *The Apocryphal New Testament*（Oxford: Clarendon Press, 1924）. Montague Rhodes James, *The Apocryphal New Testament*（Oxford: Clarendon, 1924; reprinted in 1953 with appendixes by J. W. B. Barns; reprinted 1975）. Bruce M. Metzger, *An Introduction to the Apocrypha*（New York: Oxford University Press, 1957）. Charles Cutler Torrey, *The Apocryphal Literature: A Brief Introduction*（New Haven: Yale University Press, 1975）. Wilhelm Schneemelcher, Edgar Hennecke & Robert McLachlan Wilson（eds.）, *New Testament Apocrypha*. 2 vols.（London: Lutterworth, 1963, 1965. 2nd edition: Cambridge: James Clarke; Louisville: Westminster/John Knox, 1991, 1992）. J. H. Charlesworth and J. A. Mueller, *The New Testament Apocrypha and Pseudepigrapha*: *A Guide to Publications, with Excurses on Apocalypses*（Metuchen, NJ/London: American Theological Library Association and Scarecrow Press, 1987）. J. K. Elliott（ed.）, *The Apocryphal New Testament: a Collection of Apocryphal Christian Literature in an English Translation*（Oxford: Clarendon Press; New York: Oxford University Press, 1993）.

2. 《保罗行传》书写于公元 2 世纪。流传下来的保罗行传的书卷并不完整，其中四个主要的部分以独立的书卷留存:《保罗和泰克拉行传》（Acts of Paul and Teckla）;《哥林多致保罗书信》（The Epistle of the Corinthians to Paul）;《哥林多三书》（The Third Epistle to the Corinthians）;《保罗殉道记》（The Martydom of Paul）。参见 D. R. MacDonald, "Reading the Apocryphal Acts of the *Apostles*", in D. R. MacDonald（ed.）*The Apocryphal Acts* of the *Apostles*（Semeia 38; Decatur, Ga.: Scholars Press, 1986）, 161-171。

3. 参见 William Wake（ed.）, *The Genuine Epistles of the Apostolical Fathers: St. Barnabas, St. Ignatius, S. Clement, S. Polycarp. The Shepherd of Hermas, and the Martyrdoms of St. Ignatius and St. Polycarp*（London: Printed for S. Bagster, 1817）。Joseph Barber Lightfoot, *The Apostolic Fathers: comprising the epistles*（*genuine and spurious*）*of Clement of Rome, the epistles of S. Ignatius, the epistle of S. Polycarp, the martyrdpom of S. Polycarp, the teaching of the Apostles, the epistle of Barnabas, the Shepherd of Hermas, the epistle to Diognetus, the fragments of Papias, the reliques of the elders preserved in Irenæus*. Revised texts with short introductions and English translations by the late J. B. Lightfoot; edited and completed by J. R. Harmer（London: Macmillan and Co., 1891）. Robert M. Grant（ed.）, *The Apostolic Fathers: A New Translation and Commentary*（6 vols.; New York: Nelson,（转下页）

性持有不同的观点。

因此，保罗书信以及路加在《使徒行传》中所提供的信息仍旧是研究保罗个人生平事迹的最主要和可靠的资料来源。不论研究保罗生平事迹的资料多寡，保罗图像的构建是永远不能脱离他当时所处的环境和背景的。这至少是保罗研究者的共识。保罗的犹太身份和信仰以及他在罗马帝国中的文化背景、生活和教育等，都很自然是构成保罗思想与神学的关键因素。与保罗个人生平事迹的资料相比，有关第一世纪罗马社会、文化和宗教背景等方面的资料则是相当丰富的，其中包括当时犹太教本身不同的派别，希腊化的犹太教，罗马帝国的祭礼和众多的宗教，希腊罗马的社会价值观与教育传统理念，特别是修辞学所占的核心地位。此外，各种古代文献、历史、考古等，也是非常丰富和多姿多彩的。这些资料都直接或间接地与保罗研究密不可分。

新约圣经是以保罗悔改归信基督为他生平的开始，而以他在罗马的囚禁作为结束。保罗书信和《使徒行传》中有关保罗归信基督之前的记录少之又少。但保罗书信和《使徒行传》二者都一致见证并且强调两个关键点：1）保罗与复活了的基督相遇是他一生的转折点；[4] 2）保罗归信基督以前是教会的一个主要逼迫者。[5] 尽管保罗在书信中很少提到他归信之前的生活，却也提供了一些重要的信息和线索。例如保罗作为一个犹太人的

（接上页）1964-1968). Robert M. Grant, *The Apostolic Fathers: An Introduction* (New York: Thomas Nelson & Sons, 1964).

4. 林前 15:3-9；徒 9:3-5。

5. 林前 15:9；加 1:13-14；徒 7:58，8:1，9:1-2。

身份（腓 3:5；罗 11:1；林后 11:22）；是一位严谨的法利赛人，非常慎重地遵行犹太人的律法与传统（比如书写和口传的妥拉 Torah）。总的来说，是保罗对上帝的律法以及以色列的宗教信仰与传统的热心，导致他以暴力的行为去迫害初期教会及其信徒的（腓 3:5-6；加 1:13, 23；林前 15:9）。他绝对相信初期基督徒的信仰与会众是对整个以色列一个最危险的威胁，因此必须要根除。

路加在《使徒行传》中，提供了一些有关保罗悔改之前的资料，包括保罗在悔改归信前的名字，"扫罗"。但奥雷尔（Horrell）则认为，路加在《使徒行传》13:9 所说的"扫罗又名保罗"（Σαῦλος δέ, ὁ καὶ Παῦλος）这一句，可能只是表明保罗有两个名字，而不是意味着"扫罗"归信基督之后，将名字改成"保罗"。扫罗是希伯来圣经中的名字（שָׁאוּל [Sha'ul]）；在希腊文是 Σαῦλος（Saoul/Saulos）。6 "保罗"，英文 Paul 在拉丁文是 Paulus，是他的罗马名字。7 在保罗那个时代，一个犹太

---

6. 扫罗是便雅悯支派最有名的历史人物——以色列第一任君王的名字（《腓立比书》3:5 "我是以色列族，便雅悯便雅悯支派的人（φυλῆς Βενιαμίν, of the tribe of Benjamin），是希伯来人所生的希伯来人。"《罗马书》11:1："因为我也是以色列人，亚伯拉罕的后裔，属便雅悯支派的（φυλῆς Βενιαμίν）。"

7. 作为罗马公民，保罗有三部分组成的罗马名字：名字（praenomen, the given name）；氏族，表明罗马家庭的最早创始人（nomen, the gens, denoting the ultimate founder of the Roman family）；家姓（cognomen, the family name）。当一个奴隶或外人被授予公民身份之后，他继续保持自己的家姓（cognomen），接受授予他公民的罗马人的氏族作为自己的名字（nomen）。Paulos 是拉丁语 Paulus 的希腊形式，这证明了在保罗时代它被同时使用为名字（praenomen）和家姓（cognomen）。有一种解释则认为拉丁名字 Paulus 最相似于扫罗的希伯来名字，Saulos（参见 Murphy-O'Connor, Paul: A Critical Life, 42）。另一个假设是保罗接受了罗马地方总督士求·保罗（Sergius Paulus）的资助后采用了保罗（Paulus）这个名字。根据路加（徒 13:4-13），士求·保罗在居比路由保罗和巴拿巴带领侍奉基督（参见 S. Mitchell, Anatolia: Land, Men, and Gods in Asia Minor. Vol. II: The Rise of Church [Oxford: Clarendon Press, 1993], 7）。由于"保罗"是一个很罕见的名字，学者们对此持有不同见解（参见 Hengel, The Pre-Christian Paul, 8-10）。

人有两个名字是常见的。[8]

二、出生日期和地点

关于保罗的出生无人确知，因为没有任何独立的记载与证据。尽管学术界在这个问题上没有达成一致的共识，研究者一般上都会同意保罗和耶稣大约是同时代的人物。[9] 保罗最可能是死于公元 64 年—66 年之间，也就是在罗马皇帝尼禄迫害基督徒期间。如果这个日期大致可以接受的话，保罗去世的时候，应该是已经达到了六十岁左右的年龄了。按照犹太人的传统，男人到了六十岁就被认为是一位长者了。[10] 保罗最活跃、最有成就的时期几乎可以断定是在公元 36 年—60 年之间。[11]

根据公元 4 世纪哲罗姆的记载，保罗的父母来自加利利的小镇该希拉（Gishcala）。当整个小镇被罗马占领之后，保罗就随父母移居到基利家的大数（Tarsus）。[12] 在《使徒行传》22:3，

---

8. Horrell, *An Introduction to the Study of Paul*, 28.
9. 布鲁斯（Bruce）认为公元前 4 年，蒙塔格（Montague）建议公元 5 年。亚德迈耶（Achtemeier）提出保罗比耶稣年长大约十岁。参见 F. F. Bruce, *New Testament History*（London: Nelson, 1969），234; George T. Montague, *The Living Thought of St. Paul*（Beverly Hills, Calif.: Benziger, 1976），1; Achtemeier, Paul J., Joel B. Green, and Marianne Meye Thompson, *Introducing the New Testament: Its Literature and Theology*（Grand Rapids and Cambridge: Eerdmans, 2001），289;《新约文学与神学：保罗及其书信》（香港：天道书楼，2005）; Sanders, *Paul: A Very Short Introduction*, 9; Murphy-O'Connor, *Paul: A Critical Life*, 4。
10. 参见 *CD*（*Damascus Document*）10.7-10。《腓利门书》1:9："然而像我这有年纪的（πρεσβύτης [elderly man]）保罗，现在又是为基督耶稣被囚的，宁可凭着爱心求你。"
11. Sanders, *Paul: A Very Short Introduction*, 9.
12. 哲罗姆（希腊文：Εὐσέβιος Σωφρόνιὸς Ἱερώνυμὸς; 拉丁文：*Eusebius Sophronius Hieronymus*; Saint Jerome, 约公元 347 年—420 年），*De viris illustribus* 5："Paul the apostle, previously called Saul, was not one of the Twelve Apostles; he was of the tribe of Benjamine and of the town of Gischala in Judaea; when the town was captured by the Romans he migrated with his parents to Tarsus in （转下页）

保罗自己见证说："我原是犹太人，生在基利家的大数，长大在这城里，在迦玛列门下，按着我们祖宗严谨的律法受教，热心事奉神，像你们众人今日一样。"大数是基利家省的首都。保罗出生于大数几乎是无可争辩的（徒 9:11; 21:39）。早在公元前 4 世纪，色诺芬就宣称大数是"基利家的一个伟大和繁荣的城市"（εἰς Ταρσούς, τῆς κιλικίας πόλιν μεγάλην καὶ εὐδαίμονα）。[13] 克里索斯托（Dio Chrysostom，约公元 40 年—120 年）在他的演讲论坛中曾说，一个人要成为大数公民的基本条件是五百钱币。[14] 因此，当保罗说，他出生于大数，那些熟悉广阔的地中海世界的人们都会明白，保罗是来自于一个大型的罗马城市：基利家作为重要的一大城市，有宫殿、市集、道路、桥梁、浴室、喷泉和自来水等。这个城市离海岸和一条重要的沿海公路不远。

亨格尔的研究为我们认识归信基督前的保罗作出了很大的贡献。他的研究成果可概括为以下几个方面。1）保罗出生于

（接上页）Cilicia." idem, *Comm. in Ep. ad Philem.* 23-24: "We have heard this story. They say that the parents of the Apostle Paul were from Gischala, a region of Judaea and that, when the whole province was devastated by the hand of Rome and the Jews scattered throughout the world, they were moved to Tarsus a town of Cilicia; the adolescent Paul inherited the personal status of his parents."

13. Xenophon, *Anabasis* 1.2.23: "Descending through this plain country, he advanced...to Tarsus, a large and prosperous city of Cilicia."

14. Dio Chrysostom, *Orations* (or *Discourses*) 34.23: "Well then, what do you bid us do? I bid you enrol them all as citizens —— yes, I do —— and just as deserving as yourselves, and not to reproach them or cast them off, but rather to regard them as members of your body politic, as in fact they are. For it cannot be that by the mere payment of five hundred drachmas a man can come to love you and immediately be found worthy of citizenship; and, at the same time, that a man who through poverty or through the decision of some keeper of the rolls has failed to get the rating of a citizen, although not only he himself had been born in Tarsus, but also his father and his forefathers as well, is therefore incapable of affection for the city or of considering it to be his fatherland."

大数，成长在一个严谨的法利赛犹太家庭背景。他的父亲是罗马公民，拥有很高的社会地位。保罗可能从小就懂希腊文和希伯来文。他主要是根据七十士译本（Septuagint, LXX）来研究犹太教的圣经。2）保罗可能在青少年时代移居到耶路撒冷，并在那里接受某种程度的"犹太希腊教育"（Jewish Greek education）。保罗也很有可能定期来回于耶路撒冷和大数之间。3）保罗是"在迦玛列门下，按着他们祖宗严谨的律法受教"（徒22:3）。保罗先前的犹太背景和他与耶路撒冷犹太教的密切联系，很自然地影响了他后来对基督和福音的认识和理解。[15]

三、犹太背景和教育

学者对于保罗的出生地点大数似乎没有任何争议。再者，大多数学者也相信保罗拥有罗马和大数公民的身份（下一节将对保罗的罗马公民身份作详细的评述）。这里直接涉及一个很重要的问题：保罗究竟是在哪里接受教育的？程度又如何？

第一世纪的犹太儿童，往往会比同时代的异教徒承受更大的负担，因为他们必须生活在犹太和希腊罗马世界这两个世界之中。1）犹太人的世界：犹太儿童从十三岁起就必须严格遵守他们自己的习俗和律法，[16] 他们所要做的一切都有明确的宗教规

---

15. Hengel, *The Pre-Christian Paul*, 1-62.
16. Philo, *Legatio and Gaium* 210; trans. Yonge. 犹太文献《密西拿》（Mishnah）中的《先贤集》（Pirkei Avot 5.21），有段关于犹太男子的成长阶段的描述：犹太儿童五岁开始学习希伯来文圣经；十岁学习《密西拿》；十三岁有责任作为一个"诚命之子"；十五岁学习《塔木德》（Talmud）；十八岁成家立业；二十岁奉行召命；三十岁进入成年最佳时期；四十岁领会贯通，五十岁作律法师，六十岁为成熟年龄，七十岁为老人，八十岁具超级力量，九十岁时腰部弯曲，一百岁就如同从世界中消失了的死亡躯体（He［Yehudah ben Teima］used to（转下页）

范和教育原则。[17] 保罗可能是在这种背景下学会使用七十士译本的希腊文圣经。起初，仅仅是作为一部教科书，犹太男孩从很小的时候就开始阅读它，并且还必须背诵其中的重要部分。[18] 保罗在归信基督后的宣教中清楚显示了他对七十士译本的认识和独到的领悟与诠释。在保罗的书信中处处都可以看到他所引用的七十士译本经文。当保罗强调他"是希伯来人所生的希伯来人"（腓 3:5）的时候，他几乎也是有意表明他对希伯来文和亚兰文是非常熟悉的。[19] 2）希腊罗马人的世界：身处希腊罗马人的世界的犹太儿童，当然也必须学习如何运用社会的功能和职责。除了七十士译本的犹太教圣经之外，犹太儿童都与同时代的其他儿童一样照常接受希腊化的教育。大约在十一岁，他们就应该可以阅读和写作了。尽管作文的训练类型是多样化的，基本的要求则有四种：简洁，清晰，概要，文法正确。它同时也结合了媒介、行动、时间、地点、方式和原因。[20] 从保罗的书信中，将不难推断保罗自己也对希腊罗马文学及斯多亚学派的

（接上页）say: Five years [is the age] for [the study of] Scripture, Ten [is the age] for [the study of] Mishnah, Thirteen [is the age] for [observing] commandments, Fifteen [is the age] for [the study of] Talmud, Eighteen [is the age] for the [wedding] canopy, Twenty [is the age] for pursuit, Thirty [is the age] for [full] strength, Forty [is the age] for understanding, Fifty [is the age] for [giving] counsel, Sixty [is the age] for mature age, Seventy [is the age] for a hoary head, Eighty [is the age] for [superadded] strength, Ninety [is the age] for [a] bending [stature] , One hundred, is [the age at which one is] as if dead, passed away, and ceased from the world.)。

17. Josephus, *Against Apion* 2.178, trans. Whiston and Margoliouth.
18.《提摩太后书》3:15："并且知道你是从小明白圣经。"（καὶ ὅτι ἀπὸ βρέφους [τὰ] ἱερὰ γράμματα οἶδας. ）
19.《使徒行传》21:40："……保罗便用希伯来话（Ἑβραΐδι）对他们说……"（另参见 22:2）
20. Murphy-O'Connor, *Paul: A Critical Life*, 47-48.

思想等有一定程度的认识。保罗书信中所采用的许多术语也与斯多亚学派的塞涅卡（Seneca）著作中的用语非常相似。但是，保罗与塞涅卡对神、人以及二者之间的关系的概念却迥然不同。有些学者猜测，保罗或许曾经尝试借用当时流行的斯多亚理念来表达基督教的神学。

总而言之，在第一世纪的巴勒斯坦，可以说犹太男孩在十二或十三岁左右已经完成了他基本的学习义务，就技术上而言，他也开始成为一个能够负责任的人。用当时犹太教的术语来说，这男孩也已经算是一位"诫命之子"（Bar Mitzvah, "son of the commandment"）了。从今以后，他自己就开始像成人那样，承担妥拉（律法）的全部义务。那些家庭比较富裕的孩子，大约在十四岁还被送出去接受进一步的高等教育。为了使犹太人的传统不至于被希腊化，犹太人曾经发起一个倡导所有犹太人都学习律法的运动（b. B. Bat.21a）。

路加在《使徒行传》提到保罗曾经在耶路撒冷的迦玛列门下，按照犹太教的严格律法受过教育（22:3, 26:4）。虽然保罗书信中没有提到迦玛列这个名字，但这绝对不是一个虚构的人物。迦玛列（Gamaliel the Elder, or Rabbi Gamaliel I）是希伯来名字的希腊翻译，意即"上帝的赏赐"（reward of God）。他是一位极富声誉的教师和杰出的拉比（rabbi），被尊称为"Rabban"（"我们的拉比"）。他的名字也出现在犹太法典《塔木德》和新约全书中（徒 5:24-40, 22:3）。[21] 迦玛列本人可能是伟大的犹太

---

21. 迦玛列以他明智的宽容闻名（徒 5:34）。

教教师希列（Hillel）的孙子。希列是法利赛人中的最重要的一所学校的创始人。[22] 希列用他自己的名字为这所《密西拿》圣贤学校命名（the House of Hillel School for *Tannaim*）。这所学校记录了《密西拿》拉比圣贤不少对犹太教律法的见解。[23] 希列还有自己一套研究与诠释圣经的方法。[24] 迦玛列结果被尊为犹太教历史上最伟大的教师之一。由著名犹太教拉比编写的《密西拿》中，迦玛列的品格受到了高度的赞扬："自从迦玛列去世之后，这里就不再有人对律法的敬畏，纯洁和节制也同时死亡了。"[25]

　　保罗在耶路撒冷接受教育的时间，也正好是伟大的法利赛教师迦玛列在那里任教的时候。保罗当时很可能急于得到迦玛列的指导，因为自己身为一位法利赛人的保罗，是不能不认真地对待法利赛人的格言，"一个无知的人是不能成为圣洁的"。严谨遵守诫命的要求不仅是限于对律法条文有清楚和细致的认识，而且还必须对传统的解释，也就是口传律法（oral Law）有深度的理解。[26]

　　由于法利赛人的培训似乎都以耶路撒冷为中心，很少人会质疑保罗的确是在那里接受教育。只是学者们对当时保罗前往耶路撒冷的具体年龄不能肯定。认为保罗当时是个儿童、青少年或是年青的成年人的观点都有。总之，保罗在大数生活得越久，他源自"散居的犹太人"（Diaspora Jews）的背景就

---

22. C. J. den Heyer, *Paul: A Man of Two Worlds*（London: SCM Press, 2000），34-35.
23. *Tannaim*, תנאים, Sages of the *Mishnah*.
24. 参见 *t.Sanh.*7.11; *'Abot R. Nat.*［A］§37。
25. Mish. *Sorah* ix.15.
26. Murphy-O'Connor, *Paul His Story*（Oxford: OUP, 2004），12.

会更深，影响也相对越大。[27] 由于没有任何有关保罗年幼时期的资料，研究者就只能按照当时犹太男孩正常的情况来推测。也许当保罗离开家乡大数的时候，他已经长大并完成了基础教育。

研究保罗及其书信的学者们大概可以分成两个派别。一派强调保罗早期严格的犹太教律法训练，因此他们的研究便侧重于保罗思想及生活中的犹太色彩。[28] 正如保罗自己在《腓立比书》3:5-6 的自述中提到的，或是路加在《使徒行传》22:3 记载的那样，是他的犹太传统及宗教热诚，包括在迦玛列门下所受的教育，促使他热心地迫害初期的基督教。另一派则主要以希腊罗马作为文化和社会背景，来研究保罗及其书信。但两派学者们都会采用社会科学的方法和立场来研究保罗，特别是在哥林多书信的研究上。

虽然大数植根于当时罗马帝国东部的土壤，它却非常重视希腊式的教育。因此，非常希腊化的大数的教育和体育，特别是这个城市当时各种类型的修辞学，都是在整个罗马帝国闻名的。根据斯特拉波（Strabo）的记载，大数人热心投入的，不仅是哲学，而是全面性的教育体制和设施。它在许多方面实际上已经超过了当时的雅典和亚力山大等学术重镇，包括有分量的讲座和论坛等。[29]

对保罗同时代的亚历山大人斐洛来说，大数城的地位和该

---

27. Horrell, *An Introduction to the Study of Paul*, 28-29.
28. G. F. Snyder, *First Corinthians: A Faith Community Commentary*（Atlanta: Mercer University, 1992）.
29. Strabo, *Geography* 14.5.13.

城的优越感是毋庸置疑的。他认为一位有社会地位的犹太人在大数接受教育是理所当然的（*Spec. Leg.* 2.229-230）。一个学生在大数接受高等教育也同时意味着他的教育肯定会包括修辞学的训练，例如，演讲的理论与实践以及写作的技巧。至于保罗是否也接受过同样严格的修辞学训练，却一直是学术上争论不休的热门话题，因为它与保罗的社会地位、处世之道和宣教方式有直接的关联（林前 1:17, 2:4；林后 11:6, 10:10）。[30]

有一点是可以肯定的，那就是，在保罗那个时代，修辞学是高等教育中决对不可或缺的重要成分。而演讲的艺术则是修辞学的精华和具体的外在表现。[31] 因此，修辞学家在罗马帝国拥有很崇高的社会地位。在亚里斯多德的《修辞学》(*The Rhetoric*)一书中，"演讲"被分为三大类：法庭性的（judicial or forensic）；审议性的（Deliberative）；褒贬性的（Epideictic）。威瑟林顿（Ben Witherington）认为，保罗虽然都很熟悉以上三种修辞学的形式，但他个人则倾向采用审议性的演讲。保罗视

30. Murphy-O'Connor, *Paul: A Critical Life*, 49-50. 根据 Stowers 的研究，保罗没有像当时一些演说家那样，使用公共场所或采用公共演说家的角色（the role of a public orator），为赢得公共地位与社会声誉。保罗是以家庭或私人住宅（household or private home）为宣讲基地，因而受到哥林多人的鄙视。但是，保罗已经在《哥林多前书》2:1 清楚地表明："从前我到你们那里去，并没有用高言大智对你们宣讲神的奥秘。"保罗到哥林多的目的与当时公共演讲家的"自我呈现"（self-presentation）形成了鲜明的对照。他并非用高调的修辞或向会众展示智慧，以赢取他们的掌声和喝彩，而是定意以高举基督为宣扬福音的真实基础和本质。参见 S. K. Stowers, "Social Status, Public Speaking and Private Teaching: The Circumstances of Paul's Preaching Activity", *Novum Testamentum* 26（1984）: 59-82。

31. Martin L. Clarke, *Higher Education in the Ancient World*（London: Routledge and Kegan Paul, 1971）. Michael Bullmore, *St. Paul's Theology of rhetorical Style: An Examination of I Corinthians 2.1-5 in Light of First Century Graeco-Roman Rhetorical Culture*（San Francisco: International Scholars Publications, 1995）. 另参见 Plutarch, *Quaestiones Convivales* 8.4.1; Dio Chrysostom, *Orations* 8.9。

教会（ἐκκλησία）为信众的群体，同时也是一个自由交流的场所与平台。他自己以说教、对话和讨论的方式来教导和劝诫他的会众。[32] 保罗的书信风格清楚显示他是一位训练有素的作家。这不仅是在修辞的运用技巧和整篇书信的组织方面，也表现在不同课题的处理方面。这在哥林多书信中尤其明显。[33] 保罗对当时的希腊词语和希腊书信的常规也了如指掌。[34] 由此推论下去，不但可以理解保罗在修辞学方面的精通和造诣，也不难发现他的著作是在这方面长期学习和实践的结果。[35]

四、罗马公民身份

第一世纪的巴勒斯坦在行政上是受罗马严格管辖的。罗马公民的子女享受与生俱来的权利；他们不但在法律上受到保护并且还享有各种权利，例如，投票权，财产所有权，民事防卫，婚姻等。此外，自由奴隶的儿子也能够获得公民身份，虽然他享有的"公民"权利是很有限的。他们以前的主人仍然扮演着"赞助者"或"庇护人"的身份。

罗马公民享有的权力也包括上诉权（*provocatio*）和豁免权（*muneris publici vacatio*）。不但如此，罗马公民被控告时，还有权选择在本地或是在京城罗马听审。尽管路加在《使徒行

32. B. Witherington, *The Paul Quest: The Renewed Search for the Jew of Tarsus*（Leicester: INP, 1998），116-117.

33. Murphy-O'Connor, *Paul: A Critical Life*, 50; Murphy-O'Connor, *Paul His Story*, 4-6.

34. George A. Kennedy, *New Testament Interpretation through Rhetorical Criticism*（Chapel Hill and London: University of North Carolina Press, 1984），10.

35. C. Forbes, "Comparison, Self-Praise and Irony: Paul's Boasting and the Conventions of Hellenistic Rhetoric", *NTS* 32.1-30, at 23.

传》中几次提到了保罗的公民身份（16:37; 21:39; 22:3, 25-29；25:7-12），保罗自己却没有在书信中提及这个问题。由于保罗是否拥有大数和罗马公民的身份与他的出身和社会地位息息相关，学者们对此课题的兴趣及辩论持久不衰。一些对保罗大数和罗马的公民身份持怀疑态度的学者不仅指出了保罗在这个问题上所保持的沉默，而且还指出保罗曾经历过作为一个罗马公民不应当遭受的刑罚（林后 11:25；另参见徒 22:25）。罗马公民通常都获有免遭鞭打的特权。此外，这些学者还认为，接受罗马或大数的公民身份自然会涉及罗马民间宗教的参与。这将会损害一位忠诚的犹太人的立场。这对保罗来说，似乎是不太可能的，因为根据保罗自己的见证，他是非常热心于祖先的信仰。[36]

根据哲罗姆的记载，保罗早年曾随同父母从犹太地迁移到大数城作殖民，后来他的父母获得自由及罗马公民籍。[37] 大多数的新约学者持守的立场是，保罗在皈依基督之前应该是享受过他作为罗马和大数公民的特权。[38] 贾奇相信保罗是来自一个杰出的犹太人圈子，属于"希腊化家庭的特权集团"，并同时拥有一些优越的社会资格和特权。[39] 亨格尔则认为保罗来

---

36. Horrell, *An Introduction to the Study of Paul*, 28. 另参见 C. J. Roetzel, *Paul: The Man and the Myth* (Columbia: University of South Carolina Press, 1998), 19-22。

37. Jerome, *De viris illustribus* 5: "When this was taken by the Romans he removed with his parents to Tarsus in Cilicia." 另参见 Photius, *Quaest.Amphil.*116。

38. 参见 Barrett, A *Critical and Exegetical Commentary on the Acts of the Apostles*, 2.801-802; Dunn, *The Acts of the Apostles* (Peterborough: Epworth Press, 1996), 223; Bruce, *The Acts of the Apostles: Greek Text with Introduction and Commentary*, 340-341. Riesner, *Paul's Early Period: Chronology, Mission Strategy, Theology*, 147-156。

39. Judge, *The Social Pattern of Christian Groups in the First Century* (London: The Tyndale Press, 1960), 57-58.

自"中等的小资产阶级家庭"。戴尔研究的结果是：保罗出生于一个"小康之家"。[40] 桑德斯强调保罗是在一个中产阶级的家庭背景下长大的。[41] 拉姆塞和泰森皆一致认为，保罗属于更高的社会阶层，同时拥有大数和罗马的公民身份，因此享有罕见的"特权地位"。[42] 马歇尔（Marshall）坚信，"保罗与他的竞争对手的社会地位和教育是平等的"。[43] 萨尔接受保罗自己的见证说，他曾经忍受过三次罗马的鞭打刑罚（τρὶς ἐρραβδίσθην），[44] 但没有对保罗的罗马公民身份表示任何怀疑。因为各种外在环境和内在动机极可能结合在一起，使得保罗在某种情况下对自己所拥有的公民身份保持沉默。[45] 亨格尔还特别指出，保罗在遭受罗马的三次鞭打刑罚时，之所以故意隐藏他罗马公民的身份是为了要效法基督的受苦。对保罗来说，"他身上所带的耶稣的印记"（ἐγὼ γὰρ τὰ στίγματα τοῦ Ἰησοῦ ἐν τῷ σώματί μου βαστάζω）[46] 是光荣战役中胜利的符号。[47] 萨尔和亨格尔的观点，可说是最合理的。因为这两位学者的观点与保罗的"十

---

40. Hengel, *The Pre-Christian Paul*, 17. Dahl, *Studies in Paul: Theology for the Early Christian Mission*, 35.

41. Sanders, *Paul: A Very Short Introduction*, 10.

42. Ramsay, *St. Paul the Traveller and the Roman Citizen*, 30-31; Theissen, *The Social Setting of Pauline Christianity: Essays on Corinth*, 36.

43. Marshall, *Enmity in Corinth: Social Conventions in Paul's Relations with the Corinthians*, 400.

44. 林后 11:25; 另参见徒 22:25-29。

45. Thrall, *II Corinthians*, 2.742. However, Meggitt takes an opposite view that "just as the early Church Fathers recognised him [Paul] as a 'common man' (ἀγοραῖος), and his contemporaries saw him as one of poor (πτωχός) so we should also place him in this economic context.' " Meggitt, *Paul, Poverty and Survival*, 96.

46. 加 6:17。

47. Hengel, *The Pre-Christian Paul*, 6-7. 另参见 Hengel, '*Crucifixion* and Roman Citizens', in *Crucifixion in the Ancient World and the Folly of the Message of the Cross*, 39-45。

字架神学"以及他决心为基督受苦的心志完全一致。不但如此，罗马的历史也有确实的例证显示，即使是那些身份毫无疑问的罗马公民也有遭遇罗马当局鞭打，甚至被钉十字架酷刑的命运。[48] 墨菲-奥康纳因此作出了如下结论："既然没有任何证据可以指出路加有关保罗是罗马公民这件事是他'创造'的结果，而保罗在自己的书信中对此事也无异议，在这样的基础上，保罗的罗马公民身份是应该得到被认可的。"[49]

五、外貌特征

在古希腊罗马文化中，"形象就是一切"的观念与现代人对于身体和思想／心灵之间的关系的理解有非常大的差距。现代人持有的心理和生理以及内在和外在之间的明确区分，在古代是完全没有的。因为古人将一个人的外表看作是那个人灵魂的镜子。

古人也相信人体是宇宙的一个缩影。他们还有这样的一种猜测，即人体构成的基本元素和宇宙的构成材料是一样的。那就是水、气、火、土。[50]

在古希腊罗马人看来，神统治着宇宙和皇帝统治着社会与人的心灵以及人的身体基本上是一样的。柏拉图给那样的思想作了简明扼要的解释。他认为人的头部之所以是球形的，是因

---

48. Wenhua, *Paul's Message of the Cross as Body Language*, 33-36. Josephus, *B.J.* 2.308; 5.449-451; Cicero, *Verr.* 5.165-168; *Rab. Perd.* 4.13-16; *Cal.* 12.2; Livy 30.43.13; 29.9.10; Suetonius, *Gal.* 9.2.

49. Murphy-O'Connor, *Paul: A Critical Life*, 41.

50. Hippocrates, *The Nature of Humankind*.

为它是神的形状。头也是身体中最神圣的一部分，因为它统治着身体的其余部分（*Timaeus* 44D）。[51] 马丁认为，身体的等级概念支持和维护了希腊罗马社会的权力结构。[52] 古希腊罗马人除了以自然科学的方法研究人的身体之外，还有一门被称作相貌学或人相学（physiognomics）的学科，即通过人的外貌和身体结构等来断定那个人的性格。新约圣经并没有关于保罗个人形象或外貌特征的详细记载或描述，然而，保罗却在《哥林多后书》10:10 有这样一句话："因为有人说：他［保罗］的信又沉重又厉害，及至见面，却是气貌不扬，言语粗俗的。"这算是有关保罗的外表与举止的一些线索。保罗在此引用了敌对者攻击他的评语："气貌不扬。"此外，另外一个暗示也许可以从保罗的拉丁名字 *Paulus* 找到。因为 *Paulus* 在拉丁语中意味着"小或谦卑"。

在圣经以外的古代文献中，可以发现几处有关保罗的外貌和个人特征的描述，例如，在一部名为《保罗和泰克拉行传》（*The Acts of Paul and Thecla*）的著作中，就记载了这样一段关于保罗外貌的生动描述："一个身材矮小的男人，秃顶，双腿弯曲，举止高贵，双眼的眉毛相接，鼻子略呈钩状，十分和蔼可亲。"[53] 另外一处有关保罗外貌特征的记载，是在第六世纪的安提

51. Witherington, *The Paul Quest: The Renewed Search for the Jew of Tarsus*, 35-38.

52. Martin, *Christian Body*, xviii.

53. Elliott, *The Apocryphal New Testament: A Collection of Apocryphal Christian Literature in an English Translation*, 364. 另参见 R. M. Grant, "The Description of Paul in the Acts of Paul and Thecla", *Vigiliae Christianae* 36（1982），1-4. A. J. Malherbe, "A Physical Description of Paul", *Harvard Theological Review* 79（1986），170-175. Jan N. Bremmer（ed.），*The Apocryphal Acts of Paul and Thecla*（Kampen: Kok Pharos, 1996），36-59. W. Schneemelcher, "Acts of Paul", in W. Schneemelcher（ed.），*New Testament Apocrypha*（Revised Edition; Cambridge: James Clark & Co.; Louisville, Ky.: Westminster/John Knox, 1964），II.213-270; W. Schneemelcher（ed.），*New*（转下页）

阿约翰的作品中：[54]"他圆肩曲背，只有稀少带灰白的头发和胡须，鹰钩样的鼻子，灰色的眼睛，双眼的眉毛相接，脸色苍白带红，满嘴胡须。亲切和蔼的表情，让人感到他是通情达理，富有热诚，平易近人，满有甘甜，被圣灵感动的人。"[55]

　　关于保罗外貌的特征，学术界有两个几乎是完全相反的观点。1）按照修辞学中的演讲学（delivery），一位演讲家必须具有吸引人的外貌。然而《保罗和泰克拉行传》所描述的保罗就很明显没有什么可以吸引人的"外貌"可言了。保罗外表的缺陷，肯定不能达到作为一位演讲家的标准。[56]2）可是，按照古代希腊罗马的人相学及其对人性格的研究，双眉相接、双腿弯

（接上页）*Testament Apocrypha: Writings Relating to the Apostles Apocalypses and Related Subjects*, trans. R. McL Wilson（Louisville: John Knox Press, 1992）, II.213-270. W. M. Ramsay, "The Acts of Paul and Thekla", in *The Church in the Roman Empire before A.D. 170*（New York: G. P. Putnam, 1893; Reprint, Grand Rapids: Baker, 1954）, 390-410。

54. Paul was "round shoulkered, with a sprinkling of gray on his head and beard, with an aquiline nose, grayish eyes, meeting eyebrows, with a mixture of pale and red in his complexion and an ample beard. With a genial expression of countenance, he was sensible, earnest, easily accessible, sweet, and inspired with the Holy Spirit". Bernhard Pick, *The Apocryphal Acts of Paul, Peter, John, Andrew, and Thomas*（Chicago, Open Court Pub. Co.; London, K. Paul, Trench, Trübner & Co., 1909）, 14. William Steuart McBirnie, *The Search for the Twelve Apostles*（Wheaton, Illinois: Tyndale House Publishers, 1973）, 291. Achtemeier, Green, and Thompson, *Introducing the New Testament: Its Literature and Theology*, 290.

55. 此外，14世纪的尼斯波罗斯（Nicephorus）也记载了一段有关保罗外貌特征的描述："Paul was short and dwarfish in stature, and as it were, crooked in person and slightly bent. His face was pale, and aspect winning. He was bald-headed, and his eyes were bright. His nose was prominent and aquiline, his beard thick and tolerably long; both head and beard were sprinkled with white hairs."

56. 参见 Wenhua, *Paul's Message of the Cross as Body Language*, 112-186. Ray Nadeau, "Delivery in Ancient Times: Homer to Quintilian", *Quarterly Journal of Speech* 50（1964）, 53-60. Kennedy, *The Art of Rhetoric in the Roman World*（Princeton: Princeton University Press, 1972）. Erik Gunderson, *Staging Masculinity: The Rhetoric of Performance in the Roman World*（Ann Arbor: University of Michigan Press, 2000）. Betz, Hans Dieter, *Der Apostel Paulus und die Sokratische Tradition: eine Exegetische Untersuchung zu seiner Apologie 2 Korinther 10-13*（Tübingen: Mohr, 1972）, 44-57。

曲以及鹰钩鼻子等特征，不仅被视为吉人天相，而且还反映了一个男人的英雄气质。[57]

六、婚姻状况

保罗是否丧偶、离婚，还是一直保持单身的问题，始终是保罗研究中的一个谜。因为保罗自己的书信和路加的《使徒行传》在这个问题上都没有清楚的记载。但有一点很显然地是肯定的。那就是，至少当保罗写《哥林多前书》的时候，他自己显然是"单身"的（celibacy）："我对着没有嫁娶的和寡妇说，若他们常像我就好。"[58] 但是，墨菲-奥康纳却认为保罗在这里的简洁陈述其实蕴涵着潜在的双关语。[59] 保罗是否丧偶还是从未结过婚？一些解经家认为后者比较可能。[60] 但有不少当代的新约学者则倾向于前者。[61] 墨菲-奥康纳的根据是，犹太人按传统是高度重视婚姻的。[62] 犹太人还有文献明文规定男人的结婚年

57. 参见 Tamsyn S. Barton, "Physionomics: Voir, Savoir, Pouvoir", in *Power and Knowledge: Astrology, Physiognomics, and Medicine under the Roman Empire*（Ann Arbor: University of Michigan Press, 1994）, 95-131。Malina and J. H. Neyrey, *Portraits of Paul: An Archaeology of Ancient Personality*. Harrill, "Invective against Paul（2 Cor. 10.10）, the Physiognomics of the Ancient Slave Body, and the Greco-Roman Rhetoric of Manhood", in Adela Yarbro Collins and Margaret M. Mitchell（eds.）, *Antiquity and Humanity: Essays on Ancient Religion and Philosophy Presented to Hans Dieter Betz on His 70th Birthday*（Tübingen: Mohr-Siebeck, 2001）, 189-213. 另参见约弗逊，《保罗的人格》（上海：广学会，1926）。张思齐，《论保罗的精神操练》，《西南民族大学学报（人文社科版）》2006 年第 27 期，47-53。
58. 林前 7:8。另参见 9:5："难道我们没有权柄娶信主的姊妹为妻，带着一同往来，仿佛其余的使徒和主的弟兄并矶法一样吗？"
59. Murphy-O'Connor, *Paul: A Critical Life*, 62.
60. A. Robertson and A. Plummer, *A Critical and Exegetical Commentary on the First Epistle of St Paul to the Corinthians*（ICC; Edinburgh: SCM, 1914）, 138. Witherington, *The Paul Quest: The Renewed Search for the Jew of Tarsus*, 28.
61. G. D. Fee, *The First Epistle to the Corinthians*（NICNT; Grand Rapids: Eerdmans, 1987）, 288.
62. 创 1:28; 申 25:5-10。

龄在十八至二十岁之间。[63] 由此可见，大多数的犹太男人在相对年青的时候就已经结婚了，保罗也可能不会例外。这也是一个犹太男人要成为拉比的必要条件。[64]

七、职业 [65]

作为一个年轻的法利赛人，保罗当时是生活在一个相互竞争和自我展示的环境中。迦玛列的儿子西蒙（Simeon）似乎对当时那无休止的狂热辩论现象感到精疲力竭。他生动地表述道："在我成长在圣贤之中的所有日子里，我找不到什么比沉默会对人更好。" [66]

保罗靠什么维持生活呢？他似乎有几种选择。他可以要求一位庇护人或赞助者资助他。但是这将使保罗面临被主人摆布的情况，甚至为着主人的缘故，不得不调整自己的教导。再者，

63. 犹太文献《密西拿》中的《先贤集）(Pirkei Avot 5.21)，提及犹太男子一般在 18 岁就成家立业。Pirkei Avot（可称为 Pirke Aboth）的意思是 "先贤集" "先祖集" 或 "族长集"（Pirkei 意为 "篇章"，"作品"；Avotoor Aboth 译为 "族长"，"先祖"）。它是密西拿时期拉比的伦理教义和君主的汇编。Pirkei Avot 属于教导犹太人伦理的 Musar 文学的一部分，它是独一无二的，因为它是《密西拿》中唯一处理伦理和道德原则的篇章。Musar 文学是教导犹太人伦理的文学，它描述美德和邪恶的行为以及达到完美之道的方法。

64. Murphy-O'Connor, *Paul: A Critical Life*, 62.

65. 保罗在大马色经验之前，是个严守犹太传统习俗的法利赛人。根据 Pirkei Avot 2:2 记载："拉比 Yehudah HaNasi 的儿子说道：摩西五经的研究伴随着一个世俗的职业是杰出的；因为在这两者的运用中导致罪被遗忘。在没有世俗职业的情况下，所有的［摩西五经］的研究结果是没有用的并导致罪。所有为群体工作的人，让他们为着天堂的缘故工作；因为他们的祖先的美德维持他们，他们的公义将永远持续。至于你们已经［为群体工作的］，［神说：］我给予你们一个巨大的奖赏，好像你们［你自己］做的。"(Rabban Gamliel the son of Rabbi Yehudah HaNasi said: Excellent is the study of the Torah together with a worldly occupation; for the exertion［expended］in both of them causes sin to be forgotten. And all［study of the］Torah in the absence of a worldly occupation comes to nothing in the end and leads to sin. And all who work for the community, let them work for the［sake of the］name of Heaven; for the merit of their ancestors sustains them, And their righteousness［tsidkatam］will endure forever. And as for you［who work for the community］,［God says:］I credit you with a great reward, as if you［yourselves］had done it［on your own］.)

66. Mish. *Tractate Aboth* 1.17.

这还可能将自己限制在一定的范围内活动。另外一个选择就是在旅途上过着像一个乞丐般的生活。以上这些显然都不是保罗的选择。他充分意识到自己必须掌握一门手艺或职业来自给自足。因为只有经济上的独立，才能保证他作为一个宣教士的自由和流动性。[67]

尽管保罗继承了一些源自法利赛教门的偏见，他还得要尽快解决维持自己生活的方式。结果还是一个选择生活技能的问题。而这个技能也必须符合当时希腊罗马社会的需求，并且方便自己能在工作的同时宣传基督的福音。保罗最终选择成为一个帐篷制造者（tent-maker），因为这个手艺也比较容易学会。就第一世纪的社会情况来说，这是一个明智的选择。因为保罗是计划要在当时的大城市宣教的，而帐篷的贸易市场也很大。[68]

豪克（R. F. Hock）的著作《保罗宣教事工的社会背景：制造帐篷和使徒身份》（*The Social Context of Paul's Ministry: Tentmaking and Apostleship*），为理解体力劳动者在保罗那个时代的社会提供了不少重要的资料。[69] 虽然保罗从来没有明确自称为帐篷制造者，却在《哥林多前书》4:12，提到了他与同伴"亲手做工"（κοπιῶμεν ἐργαζόμενοι ταῖς ἰδίαις χερσίν [We work hard with our own hands]）。路加在《使徒行传》18:3 中倒是清楚地提到了保罗制造帐篷的职业。[70] 保罗自己很明显是以

67. Murphy-O'Connor, *Paul His Story*, 28.

68. Ibid., 28-31.

69. R. F. Hock, *The Social Context of Paul's Ministry: Tentmaking and Apostleship*（Philadelphia: Fortress, 1980）.

70.《使徒行传》18:3："他们本是制造帐篷为业。保罗因与他们同业，就和他们同住做工。"

正面的态度看待自己的这门职业，甚至还把它引以为豪，因为这职业不仅能让自己自立更生，而且还可以自由地把基督的福音传开。[71] 不管保罗以什么态度来看待自己的专业，那样的专业毕竟还是涉及了他的社会地位和个人形象。正如豪克所指出的那样，保罗的劳力操作在当时是一个奴隶或社会地位很低的人的工作。不但如此，保罗自己也在哥林多书信中提到了饥饿和干渴的生活经验，表示他的行业并不能完全提供给他足够的生活需要。也许更重要的，还是那份劳作结果成了保罗在当时社会地位意识特别强的希腊罗马社会中的一大块绊脚石（σκάνδαλον）以及被人鄙视的原因。豪克猜测保罗可能还是一个制造帐篷兼做皮革的工人。豪克还特别为此研究了第一世纪希腊罗马社会工匠的日常生活经验。结果发现工匠在当时通常都是穷人和未受过教育的。他们在肮脏、吵闹和危险的环境中长时间劳作，经常被蔑视为奴隶，每天的收入一般也就仅能赚取当天的食物而已。[72] 豪克于是作出了这样的总论：保罗的职业对他的社会地位和日常的生活经验产生了重大的影响。由于保罗日常所接触的生活环境是污秽的工作间，手操粗糙的工具，每日与那些被视为奴隶的工匠为伴，因此他被鄙视为奴隶般的低层阶级劳动工人，并且偶尔还会遭到侮辱，谩骂和虐待。[73]

塞维杰（T. B. Savage）在有关保罗的体力劳动方面的研究

71.《哥林多前书》9:13-15："你们岂不知为圣事劳碌的就吃殿中的物吗？伺候祭坛的就分领坛上的物吗？主也是这样命定，叫传福音的靠着福音养生。但这权柄我全没有用过。我写这话，并非要你们这样待我，因为我宁可死也不叫人使我所夸的落了空。"

72. Hock, *The Social Context*, 26-35.

73. Ibid., 67.

也作出了贡献。有一种观点在学者中是很普遍的，那就是，即哥林多人之所以批评保罗，主要是因为保罗拒绝他们的接受帮助和支付他的事奉工作，使得他有别于其他希腊和犹太教师。但塞维杰却对这个流行的观点提出了挑战。他认为哥林多人之所以批评保罗，主要的原因可能是他那奴隶般的职业（制造帐篷）所带来的社会影响。[74] 这当然也是第一世纪罗马社会对薪金，财富，贫穷和职业普遍存在的态度问题。[75] 根据当时的社会风气与价值观，保罗以劳力勉强度日的生活，肯定是大大损坏了他的尊严并让他受到鄙视的。不但如此，哥林多人也认为保罗不接受他们善意的资助其实是自相矛盾的，因为保罗自己也认为，工人得工价是当之无愧的。

保罗很可能已经敏锐地意识到，为了维持自己宣教的自由与自立，他就必须继续做劳工。结果是需要付上高昂的代价，那就是，降低自己的身份和地位。这对当时把社会地位和身份看作是比任何事物都更重要的希腊罗马社会来说，那样的代价肯定是太大了。但保罗本人似乎早就为此做好了心理和其他方

74.《哥林多前书》9:6-7："独有我与巴拿巴没有权柄不做工吗？有谁当兵自备粮饷呢？有谁栽葡萄园不吃园里的果子呢？有谁牧养牛羊不吃牛羊的奶呢？"参见耶稣的教导；《马太福音》10:10："行路不要带口袋；不要带两件褂子，也不要带鞋和拐杖。因为工人得饮食是应当的。"《路加福音》10:7："你们要住在那家，吃喝他们所供给的，因为工人得工价是应当的；不要从这家搬到那家。"参见 Timothy B., Savage, *Power Through Weakness: Paul's Understanding of the Christian Ministry in 2 Corinthians*（SNTSMS 86; Cambridge: Cambridge University Press, 1996），81。

75. Savage, *Power Through Weakness: Paul's Understanding of the Christian Ministry in 2 Corinthians*, 84. 塞维杰还进一步指出，保罗在哥林多那里所表现得极其谦卑和惶恐的态度（林前 2:3），是为回应和实现神的呼召。保罗深深地意识到自己身负使命感和责任感（Exod 15:16, LXX; Isa 19:16, LXX）。Savage, *Power Through Weakness: Paul's Understanding of the Christian Ministry in 2 Corinthians*, 84.

面准备，并期望通过那样的低贱地位来彰显上帝在他身上的能力。那样充满着吊诡性的"人生哲学"与价值观，只有通过保罗"十字架神学"才能理解和领悟。[76] 这一点保罗自己是绝对清楚的。因为归信了基督以后的保罗完全相信上帝是通过基督在十字架上的低贱和软弱来彰显他的能力的。然而，为了自己的信念，保罗也就不得不回应哥林多人对他的误解和批评，而那些批评者是完全根据当时盛行的社会风气和价值观来看待和批评保罗的。

---

76. Héring 指出，保罗宣称十字架是神的奥秘，它超越了世上的智慧，体现了上帝永恒计划的隐藏智慧。Jean Héring, The First Epistle of Saint Paul to the Corinthians (London: Epworth Press, 1962), 14.《哥林多前书》2:1, "宣传神的奥秘"：希腊文在此的 μυστήριον, "奥秘"(the Beatty Papyrus, the Codex Sinaiticus, and a number of Latin fathers), 在一些古抄本是 μαρτύριον, "见证"(a[c], B, D, G, P, Ψ, 33, 81, syr[h], Vulgate, and readings in Origen, Chrysostom and Jerome)。中文和合本选用了 μυστήριον, 把它译为"奥秘"。学者们就原文究竟是神的"奥秘"(μυστήριον) 还是神的"见证"(μαρτύριον), 常有争议。学者如 Lightfoot、Barrett、Fee 等认为原文在这里应该是"见证"(μαρτύριον)。周天和则认为，保罗在此说明的是他宣传的手法问题，而非讨论神的"奥秘"或神的"见证"的涵义问题。周天和，《中文圣经注释——哥林多前书》, 68-69。然而，多数学者接纳奥秘为原文 (Paul Ellingworth, Collins, Thiselton, Metzger, Garland 等)。Lightfoot, *Notes on the Epistles of St Paul from Unpublished Commentaries* (London: Macmillan, 1895), 170. Barrett, *A Commentary on the First Epistle to the Corinthians* (HNTC; NY: Harper & Row; London: Black, 1968), 62-63. Fee, *The First Epistle to the Corinthians*, 88, fn.1. C. Wolff, *Der erste Brief des Paulus an die Korinther* 8-16 (THKNT: Berlin: Evangelische, 1982), 47. Schrage, *Der erste Brief*, 1:226. Paul Ellingworth and Howard Hatton, *A Translator's Handbook on Paul's First Letter to the Corinthians* (London; New York: United Bible Societies, 1985). Collins, *First Corinthians*, 115, A. C. Thiselton, *The First Epsitle to the Corinthians: A Commentary on the Greek Text* (New International Greek Testament Commentary; Carlisle: Paternoster Press, 2000), 207. B. M. Metzger, *A Textual Commentary on the Greek New Testament: A Companion Volume to the United Bible Societies' Greek New Testament* (2nd ed.; London; New York: United Bible Societies, 1994), 545. D. E. Garland, *1 Corinthians* (Baker Exegetical Commentary on the New Testament; Grand Rapids: Baker Academic, 2003), 88。

第二章
保罗的归信与蒙召

在新约圣经中，最为人所熟悉的故事之一，应该是保罗在大马色的路上悔改后归信基督以及蒙召成为外邦人的使徒的历史性经历。[1] 在基督教的传统和诠释上，保罗悔改、归信以及蒙召是密不可分的，因此应当被看作是使徒保罗一个整体的生命见证。

一、保罗的大马色经历及其影响

在教会的历史中，保罗在大马色路上的悔改和归信基督的经历，常被看作是基督徒的典范。公元第四世纪，著名的神学家及哲学家奥古斯丁的悔改经历就被认为是受到保罗的影响。当奥古斯丁独自躺在花园的无花果树下忏悔流泪的时候，忽然听到一个邻童在反复吟唱"拿起来读"（ *Tolle, lege; tolle,*

---

1. 加 1:11-16; 林前 9:1, 15:3-8; 徒 9:3-19, 22:6-21, 26:12-18。

lege）。于是他受到心灵的催逼，拿起新约圣经，读到了《罗马书》13:13-14："不可荒宴醉酒，不可好色邪荡，不可争竞嫉妒；总要披戴主耶稣基督。"此后奥古斯丁便悔改归信了基督，并且严守己身，被教会封为圣者（saint），称为"圣奥古斯丁"（Sanctus Aurelius Augustinus）。² 奥古斯丁在基督教神学方面作出了巨大的贡献。直到今日，他的著作和思想仍然有很大的影响力。³

16 世纪的宗教改革家马丁·路德（1483 年—1546 年）也有特别的悔改与归信经历。他在一次雷暴闪电中，通过祈祷得

---

2. 希坡的奥古斯丁（Augustine of Hippo, 公元 354 年—430 年），亦被教会尊为圣奥古斯丁。圣奥古斯丁的《忏悔录》（*Confessiones*）8.12.28-29:"我灵魂深处，我的思想把我的全部罪状罗列于我心目之前。巨大的风暴起来了，带着倾盆的泪雨。为了使我能嚎啕大哭，便起身离开了阿利比乌斯（Alypius），——我觉得我独自一人更适宜于尽情痛哭——我走向较远的地方，避开了阿利比乌斯，不要因他在场而有所约束。我当时的情况，他完全看出，因为我不知道说了什么话，说时已是不胜呜咽。我起身后，他非常诧异，留在我们并坐的地方。我不知道怎样去躺在一棵无花果树下，尽让泪水夺眶而出。这是我向你奉上的，你理应哂纳的祭献。我向你说了许多话，字句已记不起，意思是如此：'主啊，你的发怒到何时为止？请你不要记着我过去的罪恶。'我觉得我的罪恶还抓住我不放。我呜咽着喊道：'还要多少时候？还要多少时候？明天吗？又是明天！为何不是现在？为何不是此时此刻结束我的罪恶史？'我说着，我带着满腹辛酸痛哭不止。突然我听见从邻近一所屋中传来一个孩子的声音——我分不清是男孩子或女孩子的声音——反复唱着："拿着，读吧！'拿着，读吧！'立刻我的我的面色变了，我集中注意力回想是否听见过孩子们游戏时有这样几句山歌；我完全想不起来。我压制了眼泪的攻势，站起身来。我找不到其他解释，这一定是神的命令，叫我翻开书来，看到哪一章就读哪一章。我曾听说安东尼也偶然读福音，读到下面一段，似乎是对他说的：'去变卖你所有的，分给穷人；你积财于天，然后来跟随我。'这句话使他立即归向你。我急忙回到阿利比乌斯坐的地方，因为我起身时，把使徒的书信集留在那里。我抓到手中，翻开来，默默读着我最先看到的一章：'不可耽于酒食，不可溺于淫荡，不可趋于竞争嫉妒，应该服主耶稣基督，勿使纵恣于肉体的嗜欲。'我不想再读下去，也不需要再读下去了。我读完这一节，顿觉有一道恬静的光色到心中，溃散了阴霾笼罩的疑阵。"

3. 著作包括：《忏悔录》（*Confessiones*），《上帝之城》（*De civitate Dei*），《论三位一体》（*De trinitate*），《论基督徒教义》（*De doctrina Christiana*），《论自由意志》（*De libero arbitrio*），等等。

蒙上帝的护佑，自此决定成为一位修士。路德强烈反对当时罗马教会的不少教义和实践，包括发售赎罪卷之举筹款来建造罗马的圣彼得大教堂（St. Peter's Basilica）。他结果于1517年发起了一场震动了罗马教廷乃至于整个欧洲的宗教改革。路德所引发的宗教改革，终于结束了中世纪教会在欧洲的独特地位。他翻译的圣经迄今仍旧是重要的德文译本。路德在圣乐方面也有一定的贡献和影响。[4]

另一位代表人物是19世纪的美国哲学家和心理学家威廉·詹姆斯（William James，1842年—1910年）。[5] 他以保罗大马色经历的典范作为一个人归信的心理学研究基础。詹姆斯认为，归信经历是指由一个自认是充满罪恶和绝望的人转变成为一个罪得赦免、完整的人。保罗身为法利赛人遭受了因无法遵守律法而获得上帝接纳的痛苦经验。只有当他得到基督自己的启示后，才认识到一个罪人是可以在基督里"因信称义"的。保罗因此经历了心灵内在的痛苦之后，在大马色的路上与基督相遇，结果从一个热心的逼迫教会者变成了初世纪基督教最伟大的福音使徒与神学家。

但是自20世纪70年代以来，有些学者却对保罗悔改和归信基督的经历的传统解释有不太相同的看法，其主要的代表人

---

4. 路德在宗教改革方面的主要文章有：《致德意志基督徒贵族公开书》（*An den christlichen Adel deutscher Nation*），《教会被掳于巴比伦》（*De captivitate Babylonica ecclesiae*），《基督徒的自由》（*Dissertatio de libertate Christiana per autorem recognita*）。

5. 詹姆斯著有：《心理学原理》（*The Principles of Psychology*），《信仰意志和通俗哲学论文集》（*The Will to Believe and Other Essays in Popular Philosophy*），《人的不朽》（*Human Immortality*），《宗教经验的种种现象》（*The Varieties of Religious Experience*）。

物是斯坦达（Krister Stendahl）。他在《保罗与犹太人和外邦人》一书中认为，保罗的经历应更适当地标签为"蒙召"而不是"归信"。因为斯坦达认为，这里所涉及的并不是保罗改变宗教信仰的问题，因为保罗所信仰和侍奉的，本来就是同一个上帝。所谓"大马色的经验"，主要是他从上帝那里获得了一个新的和特殊的呼召。那就是，上帝通过复活了的基督向保罗呼召，要他去作外邦人的使徒。通过这次蒙召的经历，保罗对旧约的律法也有了崭新的认识。[6] 与此同时，斯坦达还在一篇题为《使徒保罗与西方社会的良心自省》的论文中提出，保罗"因信称义"的教义在西方社会一直都是与个人良心的自省分不开。从奥古斯丁的"原罪论"经过马丁·路德的神学，直到现在基本上都是一样。[7] 路德是根据奥古斯丁的原罪论原理和自己个人的经历，书写了《罗马书讲义》（Lectures on Romans）。斯坦达的观点虽然有参考的价值，却不可能给保罗的悔改和归信经历提供一个更令人满意的诠释。不但如此，一些批评斯坦达的学者也认为，正如其他圣经学者和神学家那样，他还是难免有标新立异和搞文字游戏之嫌。

二、内证资料

保罗书信和《使徒行传》都记载了保罗在大马色的经历。保罗只有在《加拉太书》（1:11-17）和《腓立比书》（3:3-17）中

---

6. Stendahl, *Paul Among Jews and Gentiles*, 7-23.

7. Stendahl, "The Apostle Paul and the Introspective Conscience of the West", *HTR* 56（1963），199-215.

提到了这次历史性的经历。路加却在《使徒行传》中以叙事的方式提到了三次（9:1-30; 22:3-21; 26:9-23）。

保罗在《加拉太书》1:11-17 记载的一小片段自传，主要目的是为他自己所传的福音作出辩护。他强调向外邦人传福音的使命与权柄完全是来自耶稣基督的启示（1:12: δι᾿ ἀποκαλύψεως Ἰησοῦ Χριστοῦ; 1:16: ἀποκαλύψαι τὸν υἱὸν αὐτοῦ ἐν ἐμοί, "既然乐意将他儿子启示在我心里"）。因此，保罗使用了一些与呼召相关的词汇和用语。保罗在 1:15 使用的语言——自母腹被蒙召——让人回想起耶利米的呼召以及先知以赛亚书中的仆人。[8] 这里值得注意的，是保罗使用的对比语句：1:10（"我现在［ἄρτι］是要得人的心呢？还是要得神的心呢？"）和 1:13（"你们听见我从前［ποτε］在犹太教中所行的事"）。保罗现在接受基督的启示而成为外邦人使徒的这个身份，与他过去为祖宗的宗教传统逼迫残害教会的情况对比（1:13-14），确实是完全判若两人。在《腓立比书》3:3-17，保罗过去与现在的对照更加明显。保罗在未认识基督以前，比那些自以为可以靠自己的背景夸口的人更有资格：1）第八天受割礼；2）法利赛人；3）在律法上无可指摘。但是，自从保罗认识基督以后，他的整个人生的方向和价值观就彻底改变了："只是我先前以为与我有益的，我现在因基督都当作有损的。不但如此，我也将万事当作有损的，因我以认识主耶稣为至宝。我为他已经丢弃万事，看作粪土，为要得着基督。"（3:7-8）

---

8. 参见耶 1:5; 赛 49:1-6。

另外，《提摩太前书》1:12-16 也被看作是保罗的一部分自传。他再次把自己的过去与现在作了一个强烈的对照："我从前是亵渎神的，逼迫人的，侮慢人的；然而我还蒙了怜悯。因我是不信不明白的时候而做的。并且我主的恩是格外丰盛，使我在基督耶稣里有信心和爱心。"（提前 1:13-14）

路加在《使徒行传》中三次提到了保罗的经历，显示了这个事件在他整个叙事中的重要性。第一次的记载是在 9:1-30，作者以叙事的方式描述保罗逼迫教会，追捕门徒直至大马色。在从耶路撒冷到大马色的路途中，保罗突然被四面光照，击倒在地，并听到耶稣的呼叫："扫罗！扫罗！你为什么逼迫我？"保罗结束了与耶稣的对话之后，就从地上起来，但他的眼睛因被大光所照以致失明，就必须依赖人把他带进大马色城，但三日不吃也不喝。基督的门徒亚拿尼亚在异象中得到主的启示："他［保罗］是我所拣选的器皿，要在外邦人和君王，并以色列人面前宣扬我的名［ὅτι σκεῦος ἐκλογῆς ἐστίν μοι οὗτος τοῦ βαστάσαι τὸ ὄνομά μου ἐνώπιον ἐθνῶν τε καὶ βασιλέων υἱῶν τε Ἰσραήλ］。我也要指示他，为我的名必须受许多的苦难。"（9:15-16）于是亚拿尼亚便按照主的吩咐找到了保罗，并为他按手祈祷使他得以看见。路加采用的一系列的动词，戏剧般地呈现了这精彩的一幕，类似于旧约中耶和华上帝向先知显现与呼召的情况。保罗通过这次经历后，他的人生很快就发生了前所未有的巨大改变。

《使徒行传》另外两次的记载是在 22:3-21 和 26:2-23，经文分别描述了保罗在犹太人以及在亚基帕王面前的自我申辩。

在 22:3-21 中，保罗是用希伯来语来对耶路撒冷的犹太同胞述说他个人的经历。保罗在这次的申辩中，特别突出他自己先前作为虔诚的犹太人的背景，严守律法，热心侍奉上帝。除了借着门徒亚拿尼亚所得的启示以外，保罗自己还见证说，是主耶稣亲自差遣他出去的："你去吧！我要差你到远远的外邦人那里去（πορεύου, ὅτι ἐγὼ εἰς ἔθνη μακρὰν ἐξαποστελῶ σε, 22:21）。"26:2-23 与 22 章的记载非常相似，但这一次保罗是在亚基帕王面前为自己辩护。在这次的申辩中，保罗强调自己是听从了主耶稣的呼召与差遣，才到处传扬福音的："我差你到他们那里去（ἐγὼ ἀποστέλλω σε），要叫他们的眼睛得开，从黑暗中归向光明，从撒旦权下归向神；又因信我，得蒙赦罪，和一切成圣的人同得基业。亚基帕王啊，我故此没有违背那从天上来的异象；先在大马色，后在耶路撒冷和犹太全地，以及外邦，劝勉他们应当悔改归向神，行事与悔改的心相称。"（26:18-20）

《使徒行传》在保罗从一个基督徒迫害者转变成为外邦人的使徒的过程上提供了难得的资料和细节，从而加强了保罗归信和蒙召的历史见证。不但如此，路加在《使徒行传》描述保罗大马色的经历的时候所采用的不同叙述方式，也让整个历史事件显得格外生动、细致以及富有戏剧性（9:1-30; 22:3-21; 26:2-23）。相比之下，保罗在书信中给自己个人经历的见证则简要和直接多了。他既没有提到自己与主耶稣之间对话的内容，也没有重述他被光照后眼睛不能看见的那件事。但保罗却肯定了这个经历是发生在大马色（加 1:17；林后 11:32）。对保罗来说，最重要的当然是他与复活了的耶稣那个历史性的相遇，以及这个经历所带来的生命改变和使命的承当（林前 9:1; 15:8; 加 1:12-16）。

使徒（ἀπόστολος）一般上是指被上帝所差遣的使者。[9] 在新约，这个头衔则是专门指耶稣自己所选召的那十二个门徒。保罗的使徒身份，基于他的特殊背景，却被他的竞争者或是与他的神学立场不同的人所质疑。保罗因此在自己的书信中，用了不少的篇幅为自己的使徒身份辩护。至少对保罗自己而言，他的使徒身份是完全基于他与复活了的耶稣那个历史性的相遇，以及复活了的主亲自给他向外邦人传福音的使命（林前 9:1-2, 15:8; 加 1:1）。

三、归信还是蒙召？

保罗的经历究竟是归信还是蒙召？综合以上不同的观点也许可以作出这样的分析和结论。斯坦达给传统西方对保罗归信的定义所提出的挑战，使学者们注意到这种传统解释存在的问题：其一，保罗被传统解释为曾在律法中挣扎寻求出路，但《腓立比书》却指出保罗在律法上无可指责（3:6）；其二，保罗的皈信经历一般上被西方学界和教会看作是"因信称义"的经历，并非认识基督，蒙召向外邦人传扬福音的经历。可是斯坦达自己的理论和猜测却存在着更大的问题，因为他认为保罗的归信和蒙召经历并没有改变保罗在此之前的宗教信仰，也严重

---

9. 参见 *TDNT* 1:407-408; *TLNT* 1:187-188。

地忽略了保罗今后对律法的崭新理解和诠释。

有学者尝试从社会学的角度为归信下定义，认为它是指一个人从一个社会群体转移到另一个社会群体。归信者进入新的社会群体之后，按照新群体的架构重新解释他的过去。而保罗的经历似乎与社会学的研究非常接近。虽然现代社会学的研究分析有助于理解保罗经历中的某些层面，但绝对不能把保罗独特的经历公式化或下什么定义。因为保罗的经历涉及一些非常个人的因素，尤其是耶稣给他的特殊启示和使命。

塞格尔（Alan Segal）以归信来强调保罗加入基督社群的痛苦挣扎和决定性的变化。[10] 保罗书信以及《使徒行传》的记载显明，保罗认识和归信基督之后，就弃绝了以前作为犹太人所持有的优越感、传统和资历。他从一个严守律法的法利赛人转变成为一个热心向外邦人宣教的使徒。他在基督里的生命和以前在犹太教里的生活是很不相同的两件事。此外，《使徒行传》和《加拉太书》都一致强调保罗蒙召向外邦人传福音的使命。而这使命是基于保罗归信时基督给他的特殊启示。由此可见，保罗在大马色的路上所经历的，既是归信同时也是蒙召，两者是密不可分的。

四、大马色的经历：进一步的探讨

保罗大马色的经历还有进一步探讨的必要。例如，保罗在大马色与复活了的基督相遇之前，究竟知道多少有关耶稣的

---

10. A. F. Segal, *Paul the Convert* (New Haven and London: Yale University Press, 1990), 6.

事？保罗是否从归信基督的时刻起，就理解自己的使命是特别向外邦人传福音的？保罗有关救恩的信息，那就是，一个人得救"不是因行律法乃是因信耶稣基督"[11] 的神学，是否是他生命改变的直接后果？

墨菲-奥康纳的阐释是，当保罗承认"虽然我们凭着外貌认过基督"（εἰ καὶ ἐγνώκαμεν κατὰ σάρκα Χριστόν）的时候，保罗其实已经毫不含糊地表明，那是对基督一个完全错误的"认识"。[12] 他以前对基督徒的逼迫行动，也很明显是对这个社群的创始人耶稣的极大误解。

犹太历史家约瑟夫（公元 37 年—约公元 100 年）在所写的《犹太古史》这部巨著中，有提到施洗约翰被希律安提帕关在监狱和处死的事件。此外，他也曾提及拿撒勒人耶稣以及耶稣的兄弟雅各。[13] 尽管这些人物并不是此书着重讲述的主题，但这部著作却是一位历史学家所著有关耶稣的最早历史记录。

约瑟夫对耶稣的描述可以概括为：1）他是一位"智者"，行过许多奇迹；2）耶稣被彼拉多判处十字架之刑法；3）耶稣被称为弥赛亚；4）他吸引了很多跟随者。[14]

---

11. 参见罗 3:20-26, 27-30；4:2-6；9:11, 30-32；11:6；加 2:16, 21；3:2, 5, 10-14。
12. Murphy-O'Connor, *Paul His Story*, 22.
13. 约瑟夫，《犹太古史》20.9.1："所以，他召集了犹太人公会的法官，将耶稣基督的兄弟雅各和其他人带到那些法官面前；在指控他们犯法的罪状后，将他们押下去用石头打死。"另参见约瑟夫，《犹太古史》20.200；18.63-64。
14. 约瑟夫，《犹太古史》18.3.3："就在这时，有一个名叫耶稣的智者，如我们说他是人不会对他冒犯的话；因为他做过很多奇妙的事，对他表示认同的人乐于奉他为师。他吸引了不少犹太人和外邦人，并被尊为基督。彼拉多因为我们同胞的领导的鼓动而把他判处十字架之刑，当初爱他的人并没有离弃他；因为他在受刑后的第三天复活，并向他们显现；就如神圣的先知最初所预言的，以及那些与他相关的万千奇事。那些以他的名字命名的基督徒至今也没有灭绝。"

保罗自己在归信基督前也很可能听闻到了上述这些有关耶稣的事迹，包括耶稣的死里复活。[15] 耶稣在最活跃的两三年，可说是一位非常有争议的人物。有关耶稣的一些言行和事迹，特别是他最终被钉死在十字架上的大事件，身为法利赛人的保罗，是很可能知道的。不但如此，保罗曾经看过当年活跃的耶稣的可能性也不能完全被排除。无论如何，作为一个严格遵守摩西律法和其他犹太教条文和传统的法利赛人，保罗也肯定认为耶稣的言行是对独一上帝的冒犯，从而导致他对基督跟随者的迫害。基于保罗的法利赛背景和他对基督徒的迫害，绝对不会有人可以想象他会有归信基督的可能。因此，他与复活了的基督在大马色路上的相遇，就只能被看作是一个"神迹"了。这位被他否定和逼迫的耶稣竟然是一位复活的基督（Χριστός），是弥赛亚，确实是太不可思议了。希腊文的 Χριστός 在亚兰文和希伯来文是 Μεσσίας。这个革命性的"启示"不但立即导致保罗的归信，也彻底地改变了他的人生价值观（腓3:12）。保罗归信的同时也接受了基督给他向外邦人宣教的使命（加 1:15-16）。[16]

尽管多数学者认为保罗的大马色经历对他的神学产生重大的影响，但由于他们对保罗的经历有不同的解释，学者们也因此对这经历给保罗的神学所带来的影响持不同的观点。那些视

---

15. "不是复活、升天、永生、神圣，而是钉死在十字架上这起历史事件，让这位耶稣基督从世界历史上的众多英雄、神灵和宗教创始人中脱颖而出。"参见 Hans Küng, *On Being a Christian*, trans. by Edward Quinn（Garden City, N.Y.: Doubleday & Co., Inc., 1976），409-410。

16. Murphy-O'Connor, *Paul His Story*, 23-25.

保罗大马色的事件为他归信基督的学者，都认为这个经历是保罗神学的基础。代表人物为韩国学者金世润（Seyoon Kim）。他以保罗在《加拉太书》1:12的宣称为依据，认为保罗所传的福音是源于耶稣基督的启示。基督在大马色路上向保罗的显现，不仅导致他的归信，也是他领受向外邦人宣教使命的开始。[17]那些以保罗的大马色经验为蒙召经历的学者，则强调他蒙召成为外邦人的使徒是保罗神学的中心。邓恩相信保罗已经在书信中明确地指出，"他蒙召成为外邦人的使徒，不仅仅是根植于大马色路上基督的显现，也构成他福音的主要内容以及对他最持久的影响。"[18]沃特森（Francis Watson）的观察是正确的，在实际的宣教活动中，保罗其实是首先向犹太人传福音，后来才把福音传给外邦人。[19]

墨菲-奥康纳却认为保罗在他的书信中所讲述的经历，其实是与耶稣复活后向彼得和其他人显现的经历类似的（林前15:5-8）。福音书在这方面似乎显示了一个共同的模式：1）耶稣死了，门徒所有的希望都破灭了；2）耶稣的显现；3）耶稣复活后的新"身份"和意义；4）门徒认出了复活的主。[20]墨菲-奥康纳建议读经者必须在这个框架内去理解保罗对他自己经历的诠释。[21]邓恩非常坚定地相信，在大马色路上遇见复活基督的那个经历是保罗整个信仰和生命的转折点。对保罗而言，"基督成为

17. S. Kim, *The Origin of Paul's Gospel*（Grand Rapids: Eerdmans, 1982），56-66.
18. Dunn, "'A Light to the Gentiles': The Significance of the Damascus Road Christophany for Paul", in *Jesus, Paul and the Law: Studies in Mark and Galatians*, 90.
19. Watson, *Paul, Judaism, and the Gentiles: A Sociological Approach*, 28-38.
20. 约20:11-16，19-20；路24:13-42。
21. Murphy-O'Connor, *Paul His Story*, 21.

理解上帝对人类计划的关键所在"。[22] 保罗也因此在《哥林多前书》2:2 非常明确地表达了他那绝对坚定的立场："因为我曾定了主意，在你们中间不知道别的，只知道耶稣基督并他钉十字架。"[23] 从今以后，保罗一生的心志就是"效法基督"（林前 11:1；林后 4:10；加 6:14，17）。

22. Dunn, *The Theology of Paul the Apostle*, 181.

23. C.C. Oke, "Paul's Method not a Demonstration but an Exhibition of the Spirit", *ExpTim* 67（1955），85-86. T. H. Lim, "Not in Persuasive Words of Wisdom, but in the Demonstration of the Spirit and Power", NovT 29（1987），137-149. "我没有意图，也不想知道任何事情……我并没有因为其他任何有关知识的事情而烦恼自己。"（I had no intent, no mind to know anything ... I did not trouble myself about the knowledge of anything else.）Lightfoot, *Notes on the Epistles of St Paul from Unpublished Commentaries*, 171. 保罗并非反对理智本身（anti-intellectualism），而是针对哥林多人的自我吹嘘、追求名利、个人崇拜的修辞背景。对保罗而言，福音的核心信息就是耶稣基督并他钉十字架。希腊文的动词 ἐσταυρωμένον 强调钉十字架的救恩效果一直延续至今。保罗已做出了承诺，只专心传扬基督并他钉十字架。任何事情都不可影响和妥协"基督并他钉十字架的中心地位"（the central place of Christ crucified）。那就是，只宣告基督是保罗的既定政策。Fee, *The First Epistle to the Corinthians*, 92. Robertson and Plummer, *A Critical and Exegetical Commentary: First Epistle of St. Paul to the Corinthians*, 30. Schrage, *Der Erste Brief*, 1.227. Michael J. Gorman, *Cruciformity: Paul's Narrative Spirituality of the Cross*（Grand Rapids, Michigan: William B. Eerdmans Publishing, 2001），1.

第三章
保罗的宣教生涯

一、资料来源

保罗的宣教事工在早期基督教历史上扮演着不可磨灭的重要角色。大马色的经历之后,保罗就开始热衷于自己的宣教使命,对象是犹太人和外邦人。对后者的宣教,结果突破了基督的福音原先在犹太人当中的局限。不但如此,研究保罗的宣教活动和策略,也是认识和理解保罗个人以及他的神学的一个重要环节。

由于保罗宣教生活的资料不多,特别是来自保罗自己的,要认真重建他宣教的完整历史是相对复杂和困难的。由于书信是保罗本人撰写的,理当被看作是最原始的一手资料,而《使徒行传》则是很重要的佐证。虽然保罗的信件是原始证据,基于它们个别的不同背景,要确定和建立它们之间的思想和历史关系也是不容易的工作。[1]

---

1. Horrell, *An Introduction to the Study of Paul*, 32.

二、重建保罗年代表

关于保罗宣教事工的要略，学术界较多争议的是保罗宣教事业的年代表（Chronology）。[2]学者们对保罗书信和《使徒行传》的资料使用方面，往往持有不同的观点。例如，吕德曼（Gerd Lüdemann）、诺克斯（John Knox）和吉维特（Robert Jewett）都强调保罗书信作为原始资料的价值，他们也就试图以保罗书信的证据为主去建立他的年代表。[3]持不同观点的雷斯纳（Rainer Riesner）却认为《使徒行传》也许是更有价值的资料，因为作者路加身为保罗的同伴，应该是保罗的一名可靠的见证者。[4]在《使徒行传》中，路加以非常生动活泼的手笔描述了保罗的宣教事业及其行程。贺宸（Ernst Haenchen）和雷斯纳因此认为，《使徒行传》的证据对重建保罗的宣教事业是绝对必不可缺少的。[5]

保罗生活年代表的重建有很明显的必要。首先，它有助于读者把保罗的信件排列在一个被认为是原始的顺序中去思考。那样的排列涉及了一些相关的问题。例如，随着时间的推移，保罗的神学思想是否有任何发展的模式，或者是有什么重大的

---

2. 保罗年代表旨在重建保罗生平事迹的顺序和日期。它的主要资料来源是保罗书信和《使徒行传》。

3. Gerd Lüdemann, *Paul, Apostle to the Gentitles: Studies in Chronology*（London: SCM Press, 1984）. J. Knox, *Chapters in a Life of Paul*（London: SCM Press, 1989）. R. Jewett, *A Chronology of Paul's Life*（Philadelphia: Forttress, 1979）.

4. Riesner, *Paul's Early Period: Chronology, Mission Strategy, Theology*（Grand Rapids/Cambridge: Eerdmans, 1998）.

5. Ernst Haenchen, *The Acts* of the *Apostles*: *A Commentary*; trans. B. Noble and G. Shinn; rev. R. M. Wilson（Oxford: Blackwell; Philadelphia: Westminster, 1971）.

变化？在保罗最早的信件与最晚的信件之间有多少不同之处？显然，要回应这一类问题所要考虑的不仅是信件的时间顺序，而且还包括它们之间的时间差距。再者，这些考虑又涉及保罗书信和《使徒行传》对同一件重要事件的记述可能产生的问题。例如，保罗在《加拉太书》2章所记载的耶路撒冷会议与《使徒行传》15章所提到的，是否是同样的一次会议？《加拉太书》所描述的会议是否可能是在保罗访问耶路撒冷期间就已经发生了（徒11:29-30）？如果《加拉太书》2章和《使徒行传》15章所描述的是同一个会议，那么比较和对照保罗和路加对同一个会议的记述和看法是很有意义的。决定这个关键会议在耶路撒冷发生的时间，对诠释保罗的一些书信是很重要的。

1．保罗书信中的年代资料

在保罗的书信中，最重要的自传体叙事也许就是《加拉太书》1:13—2:14。保罗提及在他归信基督后，先去了阿拉伯和大马色，过了三年以后，才第一次拜访耶路撒冷。然后，保罗又在叙利亚和基利家境内传福音。过了漫长的十四年之后，他才第二次拜访耶路撒冷。上述的日期和时间，让学者们在尝试理清某些细节的时候，产生问题。[6]

再者，虽然保罗的悔改毫无疑问是发生在耶稣钉十字架若干年之后。但具体的时间就不容易确定了。日期在公元26年—36年之间应该是没有什么疑问的，公元34年左右也许是最有

6. Jewett, *A Chronology of Paul's Life*, 52-54.

可能的。保罗提到他悔改后花费了三年的时间在阿拉伯和大马色（加 1:17-18）。[7] 保罗在书信中提供的唯一历史年代信息，是在《哥林多后书》11:32-33，那起发生在亚哩达王（Aretas）身上的事："在大马色的亚哩达王手下的提督把守大马色城"时，保罗坐在筐子里从城墙上逃脱。亚哩达王四世是拿巴提人（Nabatean）的王，其在位时间为公元前 9 年至公元 39/40 年。他大约死于公元 39 年或 40 年。拿巴提人开始控制大马色的时间大约是在公元 37 年。因此，保罗逃脱大马色的时间可追溯到公元 37 年—39 年之间。[8] 若按着上述这些资料来推算，耶路撒冷会议的时间应当是公元 48/49 年或是 51/52 年。多数学者认为耶路撒冷大会的时间在公元 51 年的可能性比较大。[9]

根据保罗书信提供的信息，可以列出以下的年代表：

年代	事　件	经　文
34 年	归信和蒙召，在阿拉伯和大马色三年	加 1:15-17
37 年	第一次拜访耶路撒冷，见到彼得并与他同住了十五天	加 1:18
	十四年在叙利亚和基利家传福音，包括在加拉太宣教	加 1:21—2:1
	第一次马其顿之旅	帖前 1:7-8
51 年	第二次拜访耶路撒冷，耶路撒冷会议（有关保罗向外邦宣道以及是否为外邦信徒行割礼），安提阿事件	加 2:1-14
	在以弗所的事工，筹备捐款	林前 16:8-9
	最后一次马其顿之旅，途经各地，携带捐款赴耶路撒冷	林前 16:3-6；林后 7:5

---

7. Horrell, *An Introduction to the Study of Paul*, 37.

8. Jewett, *A Chronology of Paul's Life*, 30-33.

9. Murphy-O'Connor, *Paul: A Critical Life*, 24-31. Jewett, *A Chronology of Paul's Life*, 162-165.

2.《使徒行传》中的历史年代资料

　　关于路加的《使徒行传》的资料来源一直是个耐人寻味的课题，尤其是其中那些被称作"我们"的篇章。有一点几乎是可以肯定的，路加写《使徒行传》的主要目的，并非是按照年代的顺序来记录一个完整的"保罗生平"，而是选择性地记载一些事件，以达成他的叙事目的。因此，保罗的某些旅程资料是路加在《使徒行传》中完全没有记载的（林后 11:25-27）。路加也没有提及保罗在以弗所期间，去哥林多的那一次"忧愁的探访"（林后 2:1; 13:2）。

　　这里值得深入讨论的，是《使徒行传》所提供的两位重要历史人物，即革老丢和迦流。在罗马历史中可以找到这两位人物与保罗相关的历史年代的线索。第一，罗马皇帝革老丢（公元前 10 年—公元 54 年）与路加在《使徒行传》18:2 所记载保罗在哥林多与犹太人亚居拉相遇的那件事有直接的关系。这是因为革老丢敕令驱逐在罗马的犹太人的时候，犹太人亚居拉就携带着妻子百基拉从意大利来到了哥林多。[10] 关于这个驱逐令发生的时间，学者们也有一些不太相同的看法。罗马史学家苏多纽斯（Suetonius）在他的著作《革老丢传》（*Vita Claudii*

---

10. 革老丢是罗马第四任皇帝，在公元 41 年即位，直至 54 年去世。革老丢即位时，立希律亚基帕一世（Ἡρώδης Ἀγρίππας [Herod Agrippa I]）为犹太的分封王，公元 44 年亚基帕死后，革老丢不再用分封王治理犹太，而把它划为罗马帝国的辖制区，派遣罗马巡抚管理。革老丢在位期间对犹太人采取怀柔政策，所以初期教会得以迅速发展。然而，早期基督徒的热衷信仰及教会日渐兴盛，导致罗马政府感到不安和受到威胁。于是，革老丢下令把住在罗马城的犹太人驱逐出境。这可能是亚居拉和百基拉离开罗马的原因之一。《使徒行传》提到，在革老丢统治期间，犹太地方遭遇大饥荒，应验了耶路撒冷先知亚迦布的预言（11:27-28; 21:10）。

Life of Claudius）中描述了这个历史事件："他［革老丢］将犹太人驱逐出罗马，因为他们常受基里斯督的教唆而起骚动（*tumultuantis*）。"[11] 范·弗尔斯特（Robert Van Voorst）认为，苏多纽斯使用的资料来源是出自罗马而不是基督教。作为一名罗马皇帝的文书，苏多纽斯或许有机会接触到帝国的档案。[12] 布鲁斯相信，苏多纽斯的资料源于一个罗马警方的报告。[13] 这样的报告将不会谨慎处理煽动者的名字或关注问题发生的原因。皇帝和他所采取的行动才被视为至关重要。[14]

根据苏多纽斯的描述，在持续动荡之后，皇帝革老丢对罗马的犹太人实施了驱逐令。按雷斯纳的看法，苏多纽斯所指的"基里斯督"（Chrestus）可能是一群基督徒的创立人，不一定是指耶稣"基督"（Christos）。他在《尼禄传》（*Vita Neronis*）中确实有提到这群人："惩罚是由基督徒造成的，一群新兴和有毒害的人。"[15] 与苏多纽斯同时代的塔西佗（Tacitus, 约公元 56 年—117 年）也证实，在那个时代，一个受过罗马教育的人都会很

---

11. 25.4: *Iudaeos impulsore Chresto assidue tumultuantis*［sic!］*Roma expulit*（"Since the Jews constantly made disturbances at the instigation of Chrestus, he expelled them from Rome."）. 范·弗尔斯特则认为：苏多纽斯的陈述表明第一和第二世纪初的人们对基督教起源的认识是非常模糊和不正确的。与其他人一样，类似的发音和拼写导致苏多纽斯误解基督为 Chrestus。由于这个基督引起的公众不安，促使革老丢实行与其他罗马官员在此情况下采取的同样的行动。

12. Robert E. Van Voorst, *Jesus Outside the New Testament: An Introduction to the Ancient Evidence*（Grand Rapids: Eerdmans, 2000）, 38.

13. F. F. Bruce, *Jesus and Chrisitan Origins Outside the New Testament*（Grand Rapids: Eerdmans, 1974）, 21.

14. M. C. Howatson（ed.）, *Oxford Companion to Classical Literature*（Oxford: Oxford University Press, 1989）, 542.

15. 16.2: *afflicti suppliciis Christiani, genus hominum superstitionis novae ac maleficae.*（"Punishment was inflicted on the Christians, a class of men given to a new and mischievous superstition."）

熟悉上述这些情况的。[16] 苏多纽斯可能是属于小普林尼（Pliny the Younger，公元 61 年—约 112 年）的随行人员，在小普林尼治理俾西尼亚（Bithynia，即今土耳其一带）期间，他不得不处理基督徒的问题。[17]

也有学者认为，所谓基里斯督（Chrestus），其实只是基督（Christus）的另一种拼法。虽然苏多纽斯没有提供任何精确的动乱原因，通过他所表达的方式（*tumultuantis*）可以推测，这是导致罗马当局把它作为扰乱公共秩序的事件来处置的原因。"基督徒"（Χριστιανός [Christian]）的绰号显然是被外界（甚至可能被罗马当局）贬义地用来指初世纪基督徒这个新的运动。[18]

罗马史学家卡修斯（Dio Cassius）的《罗马史》（*Roman History*）的记载是这样的："因犹太人的数目再度增加，数目过多，不容易完全从城中驱逐出去，所以他实际上没有全数将

---

16. Tacitus, *Annals* xv.44: "因此，为了销毁报告，尼禄采取强硬手段加罪，并施最严酷的拷刑于一群因他们可憎的行为，被大众称为基督徒的可恨的人。这个基督，也即是这群人名字的由来，在提比留时期，作为我们的总督之一的本丢·彼拉多的手中受到了极大的惩罚。从那时起，一个最具毒害的迷信活动暂时停止了下来之后，又开始不仅在罪恶的发源地犹太，甚至在罗马也发展起来，使得罗马成了世界上一切藏在阴暗处的、可羞耻的人的中心，并且变得流行起来。"

17. 小普林尼在一封写给图拉真皇帝（Trajan, 公元 53 年—117 年）的信中，论到处理基督徒的问题："我曾问过他们是不是基督徒，如果他们承认，我会再重复这个问题第二和第三次，并警告他们若是事实的话，是会受到惩罚的。如果他们坚持，我就命令把他们拉出去处死。因为不管他们承认的态度如何，我都坚信他们的顽固和不可动摇的倔强不能不受到惩罚……他们还宣称他们所有的罪行和过犯不过如此：他们固定地在某一天黎明前聚会，互相唱诗赞美基督，好像是对一位神一样，并且还发誓约束自己，不是为了任何犯罪目的，而是为了远离偷盗、抢劫、淫乱、背信弃誓……拷问了两个他们称作执事的女奴之后，更使我决定找出真相的必要。但是除了顽固和极端的迷信以外，我最终一无所获。"*Epistulae* 10.96。

18. Riesner, *Paul's Early Period: Chronology, Mission Strategy, Theology*, 166.

他们赶尽，只是禁止他们再按他们祖宗的规定聚集。"[19] 革老丢在他即位之初（公元 41 年），其实就已经对罗马的犹太人强加限制和实行驱逐令了。吕德曼依此为据，认为保罗是于公元 41 年到达哥林多的。在迦流（Gallio）作亚该亚总督（公元 51/52 年）的时候，保罗第二次访问哥林多（徒 18:12）。[20] 教会历史家奥罗修斯（Paulus Orosius, 约公元 375 年—418 年）在他的《反异教徒的历史七卷》（Seven Books of History Against the Pagans）中，将革老丢颁布驱逐令的时间定为革老丢在位第九年（公元 49 年）。[21] 多数学者支持奥罗修斯的这个日期，认为保罗于公元 49/50 年间到达哥林多，在此遇见亚居拉夫妇。[22]

第二，路加在《使徒行传》18:12 提到保罗在迦流面前被犹

---

19. Dio Cassius（约公元 155 或 164 年—235 年）, *Roman History* 60.6.6: "As for the Jews, who had again increased so greatly that by reason of their multitude it would have been hard without raising a tumult to bar them from the city, he did not drive them out, but ordered them, while continuing their traditional mode of life, not to hold meetings."

20. G. Lüdemann, *Paul, Apostle to the Gentitles: Studies in Chronology* (London: SCM Press, 1984), 157-177.

21. Paulus Orosius, *Adversus Paganos* 7.6.15f: *Anno eiusdem nono expulsos per Claudium urbe Iudaeos Iosephus refert. sed me magis Suetonius mouet, qui ait hoc modo: Claudius Iudaeos inpulsore Christo adsidue tumultuantes Roma expulit; quod, utrum contra Christum tumultuantes Iudaeos coherceri et conprimi iusserit, an etiam Christianos simul uelut cognatae religionis homines uoluerit expelli, nequaquam discernitur.* ("In the ninth year of his reign, Claudius expelled the Jews from Rome. Both Josephus and Suetonius record this event, but I prefer, however, the account of the latter, who speaks as follows: 'Claudius expelled the Jews from Rome because in their resentment against Christ they were continually creating disturbances.' As a matter of fact, however, no one can say whether the emperor ordered the Jews to be restrained and repressed because they were creating disturbances against Christ or whether he wished the Christians to be expelled at the same time on the ground that they were members of an allied religion.")

22. Bruce, *The Acts of the Apostles: Greek Text with Introduction and Commentary* , 390-391. Riesner, *Paul's Early Period: Chronology, Mission Strategy, Theology*, 157-201. Jewett, *A Chronology of Paul's Life*, 36-38. E. M. Smallwood, *The Jews Under Roman Rule* (Leiden: E. J. Brill, 1976), 210-216.

太人指控。这个事件被普遍认为是发生于公元51/52年间。按照路加的记载，保罗居住在哥林多的时间是一年半（18:11）。墨菲–奥康纳认为，这意味着保罗在哥林多的事工至少有一部分是与迦流的任期有重叠的。因此，罗马官员迦流的任期时间是决定保罗年代表的一个关键。所有学者都接受这是使徒保罗的事业生涯和罗马一般的历史之间的一个重要连接，从而加强了圣经有关记载的历史性和可靠性。[23]

迦流的原名为鲁修斯·安奈乌斯·诺瓦图斯（Lucius Annaeus Noratus），是斯多亚派著名的哲学家塞涅卡的兄弟，于提庇留（Tiberius, 公元前42年—公元37年）在位期间来到罗马。迦流被修辞学家鲁修斯·尤尼乌斯·迦流（Lucius Junius Gallio）收为养子之后，便采用了养父的名字作为己名。迦流被委任为亚该亚省的总督。法国的考古学家在戴费（Delphi）发现了四个残缺的碑文碎片，并于1905年由爱米尔·布尔盖（Emile Bourguet）首次联合出版。1910年，爱米尔·布尔盖又发现了另外三个属于同一碑文的碎片，由布拉萨克（Brassac）于1913年出版。1967年，普拉萨特（Plassart）正式出版了九个碑文碎片。[24]戴费碑铭（Delphi Inscription）包含了革老丢皇帝的信，其中写道："... as [L.Jun] ius Gallio, my fri [end] an [d procon] sul ... "[25]（至于我们的朋友迦流，则是亚该亚地方的总

---

23. Murphy-O'Connor, *Paul: A Critical Life*, 15.

24. A. Plassart, "L'inscription de Delphes mentionnent le proconsul Gallion", *Revue des Études Greques* 80 (1967), 372-378; Kent, *Corinth VIII/3: The Inscriptions 1926-1950*, 55. Winter, "Gallio's Rulling on the Legal Status of Early Christianity (Acts 18:14-15)", *TynBul* 50 (1999), 213-224.

25. Murphy-O'Connor, *Paul: A Critical Life*, 15-16.

督……）

戴费碑文为推算迦流作亚该亚方伯的时间提供了很有价值的资料。以 7 月 1 日作为地方官方办公人员的行使职责的开始，是从提庇留于公元 15 年颁布的一项法令推论而来的："任职者应该由六月的第一天离开罗马"。[26] 这里假定上任者需要一个月的旅程抵达目的地，则总督迦流的任期[27] 是从公元 51 年七月至 52 年六月之间的可能性较大。[28] 又根据塞涅卡的记载，迦流任期其实不满一年，就以健康欠佳为由离职："在亚该亚，他开始感到发烧就立即乘船离开……这个地方。"[29] 老普林尼（Pliny the Elder, 公元 23 年—79 年）在他的《自然史》（*Naturalis Historia*）中假设，迦流在结束执政之后，也许还需要一个长期的海上远航的疗养。[30]

总的来说，革老丢颁布驱逐令的时间与路加记载保罗在哥林多十八个月的时间是比较相符的（18:1-18）。那就是，保罗在敕令颁布不久抵达哥林多（公元 50 年左右），并于迦流任总督期间离开（约公元 51/52 年）。墨菲-奥康纳则根据塞涅卡的记载，认

---

26. Dio Cassius, *History* 57.14.5: they "should take their departure [from Rome] by the first day of June".

27. 革老丢的信写于公元 52 年春末或夏初（Brassac, 1913, 45）。

28. Murphy-O'Connor, *Paul: A Critical Life*, 21.

29. Seneca, *Epistulae Morales* 104.1: "When, in Achaia, he began to feel feverish, he immediately took ship, claiming that it was not a malady of the body but of the place."

30. Pliny, *Naturalis Historia* 31.62: "There are numerous other medicinal resources derived from the sea; the benefit of a sea voyage, more particularly, in cases of phthisis, as already mentioned, and where patients are suffering from haemoptosis, as lately experienced, in our own memory, by Annaeus Gallio, at the close of his consulship: for it is not for the purpose of visiting the country, that people so often travel to Egypt, but in order to secure the beneficial results arising from a long sea voyage."

为保罗与迦流一起在哥林多的日期应该是在公元 51 年 7 月和 9 月之间。[31] 这个结论也许可以在《加拉太书》2:1 找到正面的确认。

3. 早期教会的传统

保罗的最终结局在《使徒行传》和保罗书信里都没有记述。《使徒行传》提及了保罗在耶路撒冷被捕，后来被转送到罗马接受审讯（21:27-28）。路加为何以保罗在罗马受审作为故事的结束？是路加的资料到此为止，还是他刻意选择以此为保罗的结局？学者们有各种猜测。新约圣经没有任何地方记载保罗是否到了罗马之后曾经被释放了一段时间，并且还按预期的计划访问了西班牙（罗 15:28）。在早期基督教的一些文献如罗马的克莱门于公元 95 年左右写给哥林多教会的书信中，保罗是"东方和西方的福音先驱"，他同时也在"统治者面前作过见证"。这封书信是新约以外最古老的基督教文献之一。[32] 教会传统相信"四封监狱书信"（《以弗所书》《腓立比书》《歌罗西书》及《腓利门书》）是保罗在罗马监狱中所写的，时间已经很接近他人生的尽头（参见徒 28:16-31）。《提摩太后书》显然是写于罗马

---

31. 海上航行不能迟于 9 月中旬，因为海的封锁。古代在冬季除非异常情况是避免旅行的，因为条件极其恶劣。参见林前 16:6。

32. *1 Clement* 5.6-7: "Through envy Paul, too, showed by example the prize that is given to patience, seven times was he [Paul] cast into chains; he was banished; he was stoned; having become a herald, both in the East and in the West, he obtained the noble renown due to his faith; and having preached righteousness to the whole world, and having come to the extremity of the West, and having borne witness before rulers ..." （保罗也因为外来的妒忌，展示了耐心所得的奖赏。他七次被锁链捆绑；他被驱逐，被投掷石块；结果他成为东方和西方的福音先驱。由于他的信仰，保罗获得了崇高的名声，并向全世界宣扬公义，直至西方的末端，并在统治者面前作见证。）

（1:17）。保罗在此书信中谈到了自己死亡的问题和即将面临殉道的事。[33]

使徒行传详细记载了保罗在该撒利亚受审的事件，它发生于波求非斯都（Porcius Festus）接任腓力斯（Antonius Felix）的巡抚职位期间。犹太历史学家约瑟夫也在他的著作中提到了腓力斯（约公元 5/10 年—？，公元 52 年—58 年任犹太省的罗马巡抚）和非斯都（公元 58 年—62 年任犹太省的罗马巡抚）这两个人物。根据约瑟夫的记载：腓力斯职位任满之时，犹太居民曾经上罗马去要求他应该受处罚。但由于腓力斯的兄弟帕拉斯（Antonius Pallas, 约公元 1 年—63 年）是尼禄皇帝的宠臣，结果让他得到了袒护。[34] 帕拉斯于公元 55 年失宠之后，腓力斯似乎还持续任职数年。[35] 虽然非斯都的上任时间没有精确的记

33.《提摩太后书》4:6-8："我现在被浇奠（σπένδομαι），我离世的时候到了（ὁ καιρὸς τῆς ἀναλύσεώς μου ἐφέστηκεν）。那美好的仗我已经打过了，当跑的路我已经跑尽了，所信的道我已经守住了。从此以后，有公义的冠冕为我存留，就是按着公义审判的主到了那日要赐给我的；不但赐给我，也赐给凡爱慕他显现的人。"

34. Josephus, *The Antiquities of the Jews* 20.8.9："Now when Porcius Festus was sent as successor to Felix by Nero, the principal of the Jewish inhabitants of Caesarea went up to Rome to accuse Felix; and he had certainly been brought to punishment, unless Nero had yielded to the importunate solicitations of his brother Pallas, who was at that time had in the greatest honor by him."

35. Josephus, *History of Jewish war* 2.13.2-7："Nero therefore bestowed the kingdom of the Lesser Armenia upon Aristobulus, Herod's son, and he added to Agrippa's kingdom four cities, with the toparchies to them belonging; I mean Abila, and that Julias which is in Perea, Tarichea also, and Tiberias of Galilee; but over the rest of Judea he made Felix procurator. This Felix took Eleazar the arch-robber, and many that were with him, alive, when they had ravaged the country for twenty years together, and sent them to Rome; but as to the number of the robbers whom he caused to be crucified, and of those who were caught among them, and whom he brought to punishment, they were a multitude not to be enumerated ... And as Felix came once into the market-place, and commanded the Jews, when they had beaten the Syrians, to go their ways, and threatened them if they would not, and they would not obey him, he sent his（转下页）

载，公元 59/60 年的可能性是很大的。[36] 由此大概可以推算保罗抵达罗马的时间很可能是公元 60 年。再加上他在罗马被囚禁两年，保罗留在罗马的时间应当至少到公元 62 年。这也是《使徒行传》结束的日期（28:30）。《使徒行传》因此是以保罗在罗马的软禁以及自由宣讲福音作为历史叙述的结尾（28:30-31）。

　　根据教会的传统，保罗与彼得的殉道与罗马尼禄皇帝在位期间（公元 54 年—68 年）的迫害有关。[37] 公元 64 年，罗马发生了一场大火导致整个罗马城陷于火海，约有一半的京城化为灰烬。以暴君著称的尼禄皇帝显然成为这场灾难的最大嫌疑犯，因为他一直都在寻找机会，为自己实现建造新的华丽宫殿的野心。为了保护自己不继续被怀疑，尼禄嫁祸于当时不受罗马社会欢迎的基督徒。无辜的基督徒遭受酷刑的对待，例如被兽皮裹着身体让恶狗撕裂至死，或被钉十字架，或被火焚烧。当白天过去之后，他们被绑在柱上，作为夜间的照明灯。[38]

　　克莱门有提到保罗和彼得在尼禄手下被处死的事。[39] 初期

（接上页）soldiers out upon them, and slew a great many of them, upon which it fell out that what they had was plundered. And as the sedition still continued, he chose out the most eminent men on both sides as ambassadors to Nero, to argue about their several privileges." 另参见 21:38; Josephus, *The Antiquities of the Jews* 20.8.6。

36. Jewett, *A Chronology of Paul's Life*, 50—52. 邵屋德（Smallwood）认为是公元 58/59 年。Smallwood, *The Jews under Roman Rule*, 269 footnote 40.

37. 尼禄皇帝（公元 37 年—68 年）。

38. Tacitus, *Annals* xv.44: "Accordingly, an arrest was first made of all who pleaded guilty; then, upon their information, an immense multitude was convicted, not so much of the crime of firing the city, as of hatred against mankind. Mockery of every sort was added to their deaths. Covered with the skins of beasts, they were torn by dogs and perished, or were nailed to crosses, or were doomed to the flames and burnt, to serve as a nightly illumination, when daylight had expired."

39. *1 Clement* 5.2-7: "Let us take the noble examples of our own generation. Through jealousy and envy the greatest and most just pillars of the Church were persecuted, and came even unto death. Let us place before our eyes the good Apostles.（转下页）

教会历史家该撒利亚的优西比乌（Eusebius of Caesarea）也在他的《教会史》（*Historia ecclesiastica*）中，把残暴成性的尼禄与充满信心的使徒作了鲜明的对照。保罗被斩首，彼得被钉十字架，二人都成了殉道者。[40] 根据新约次经中的《保罗行传》（Acts of Paul）记载，在殉道时"保罗面向东方站立，举手祈求上天，用希伯来语向天父上帝祈祷之后，便伸出颈项来不再说话了。但是，当刽子手斩首保罗的时候，牛奶溅满了士兵的衣服。看见此情此景，所有的士兵和站在旁边的人都感到极端惊奇，情不自禁地赞美上帝给予保罗的荣耀。他们离去之后，便向凯撒报告所发生的一切"。[41]

根据哲罗姆的记载，保罗的上诉结果成功，获无罪释放。但不久后再次被捕，结果在受严审后被判死刑。保罗在《提摩太

（接上页）Peter, through unjust envy, endured not one or two but many labours, and at last, having delivered his testimony, departed unto the place of glory due to him. Through envy Paul, too, showed by example the prize that is given to patience ... he departed at length out of the world, and went to the holy place, having become the greatest example of patience ."

40. Eusebius of Caesarea（公元263年—约339年），*Historia ecclesiastica* 2.25.5："尼禄就这样公开地被传扬是神首要的仇敌，他因愤怒，狂热而杀害了使徒们。保罗据说是在尼禄期间在罗马被斩首，而彼得也同样被钉十字架，今天保罗和彼得的名字仍保留在公墓中，证实了这件事（In this way then was he the first to be heralded as above all a fighter against God, and raised up to slaughter against the Apostles. It is related that in his time Paul was beheaded in Rome itself, and that Peter likewise was crucified, and the title of 'Peter and Paul', which is still given to the cemeteries there, confirms the story, no less than does a writer of the Church named Caius, who live when Zephyrinus was Bishop of Rome ）。"参见 Delbert Royce Burkett, *An introduction to the New Testament and the Origins of Christianity*（Cambridge: Cambridge University Press, 2002），101-102。

41. Wilhelm Schneemelcher（ed.），*New Testament Apocrypha,* trans. R. McL Wilson（Cambridge: James Clarke, 1992），vol.2:262-263。

后书》中也提及此事。[42] 保罗被斩首于罗马城外的奥斯田大道（Ostian way），一个称为阿奎撒微亚（Aquae Salviae，即现代的 Tre Fontane）的地方，保罗的尸体也埋在此地。[43] 现在该处建有一座名为"围墙外的圣保罗"（*San Paolo Fuori le Mura*）的长方形大教堂。

4. 综合年代表

（1）保罗书信与《使徒行传》的整合

根据保罗书信所提供的个人信息和年代，《使徒行传》中关于保罗的详细记述与两位重要人物在罗马著作中的历史证据及年代线索，以及圣经以外的资料来源，包括早期教会传统和基督教文献，研究者应该可以整合出一个相对完整的保罗年代顺序表。不过，在列出此表之前需要解释两个问题：其一是保罗访问耶路撒冷的次数；其二是有关保罗的耶路撒冷之行。

① 访问耶路撒冷的次数

学者在保罗访问耶路撒冷的次数问题上，也有一些不完全一致的看法。因为保罗在书信中明显记载了三次访问耶路撒冷（见表一），而路加在《使徒行传》中却提到保罗去过耶路撒冷五次（表二）。

---

42. Jerome, *De viris illustribus* 5："As he himself writes in the Second Epistle to Timothy, at the time when he was about to be put to death dictating his epistle as he did while in chains：'At my first defence no one took my part, but all forsook me: may it not be laid to their account.'"

43. Jerome, *De viris illustribus* 5: "He then, in the fourteenth year of Nero on the same day with Peter, was beheaded at Rome for Christ's sake and was buried in the Ostian way." 参见提后 4:6, 16-18。

表一 保罗书信

第一次访问耶路撒冷	归信之后，见到彼得及雅各	加 1:18
第二次访问耶路撒冷	与耶路撒冷的教会领袖讨论外邦信徒守割礼及向外邦人宣道	加 2:1-10
最后一次访问耶路撒冷	携带捐款赴耶路撒冷	罗 15:25-28

表二 使徒行传

第一次访问耶路撒冷	归信之后	徒 9:26-27
第二次访问耶路撒冷	在安提阿受托送捐款至耶路撒冷	徒 11:29-30；12:25
第三次访问耶路撒冷	统称"耶路撒冷大会"，讨论外邦信徒是否需要守割礼	徒 15:1-29
第四次访问耶路撒冷	向耶路撒冷教会问安，短暂之访	徒 18:22
最后一次访问耶路撒冷	携带捐款赴耶路撒冷，随后被捕，在该撒利亚被囚禁两年	徒 24:17；21:17-24:27

　　这里存在的问题，是如何把保罗自己提到的访问与《使徒行传》列出的次数协调起来。学者们对这个问题曾提出了广泛的解决方案。那些特别关注《使徒行传》的历史性和可靠性的学者们的解决方案，是把保罗在《加拉太书》2:1-10 所提到的第二次访问耶路撒冷等同于《使徒行传》11:29-30 中的记载。[44]如前所述，亚哩达事件不可能早于公元 37 年。若按照这个时间来推算以及保罗所提及的十四年的时间，耶路撒冷会议的时间大概是在公元 48/49 年（即 37 年 +11 年）。那就是说，保罗在第一次宣教旅行之后不久，也即是耶路撒冷大会之前，便写

---

44. Witherington, *The Paul Quest: The Renewed Search for the Jew of Tarsus*, 314-318; I. H. Marshall, *Acts*（Tyndale NT Commentaries; Leicester: IVP, 1980），204-205.

成《加拉太书》。这个观点结果是把《加拉太书》成书的日期提前到公元48年左右。但有不少学者则倾向于连续性的推算方式（即37年+14年），结果是把耶路撒冷会议的时间推迟到公元51年。由此可见，年代表是会直接影响到学者们对保罗书信成书日期的断定。再者，捐款赈灾和周济穷人是保罗在外邦宣教中不可或缺的事工。路加在《使徒行传》11:27-30只提到捐款赈灾的事，并没有涉及任何有关耶路撒冷的会议。路加在这里所指的，可能是另外一次与耶路撒冷会议无关联的赈灾之行。

有些学者则持这样的观点：虽然保罗只在《加拉太书》中宣称他仅仅访问过耶路撒冷两次，《使徒行传》中所记载的其他访问，假设是在《加拉太书》写成之后才发生的，根本就不构成什么问题，只要它们基本上符合保罗行程的大体情况。吉维特等学者支持诺克斯所建议的所谓"三次访问框架"（three-visit framework）。这个框架是基于保罗书信的证据。结果是：1）保罗与耶路撒冷领袖的首次相识（加1:18；徒9:26-27）; 2）耶路撒冷会议（加2:1-10；徒15:1-29）; 3）捐款（罗15:25-28；徒11:29-30；24:17）。

诺克斯作出的结论是，保罗书信和《使徒行传》的证据可以相互整合。那就是，从《使徒行传》中提到的五次访问减少到书信中的三次：[45]

---

45. Knox, *Chapters in a Life of Paul*, 34-52.

第一次访问耶路撒冷：相识	加 1:18	徒 9:26-27
第二次访问耶路撒冷：会议	加 2:1-10	时间＝徒 18:22 描述＝徒 15:1-29
最后一次访问耶路撒冷：捐款	罗 15:25-28	时间＝徒 21:17-24 描述＝徒 11:29-30

以上学者们提出的解决方案，表明问题之所在及其复杂性。虽然保罗书信是第一手证据，但这些信件主要是针对当时的教会处境所需而写，并不是记载他的生平事迹。因此，关于保罗的宣教活动和信件写作的过程的资料极其有限。相对而言，《使徒行传》作为第二手资料却提供了更多有关保罗个人及其行程的细节信息。[46]

② 耶路撒冷之行

保罗在《加拉太书》2:1-10 所记录的耶路撒冷之行以及耶路撒冷会议是否就是《使徒行传》15 章所记载的耶路撒冷会议，一直是学术界探讨的课题。总的来说，把耶路撒冷会议看作是可靠的历史事件的学者日益增加。[47] 不但如此，绝大多数学者也认为《使徒行传》15 章与保罗《加拉太书》2:1-10 所指的，是同一个耶路撒冷会议：1）同样的地点（加 2:1；徒 15:2-4）；2）同样的主题——外邦信徒守割礼的问题；3）同样的对手——保守的犹太派基督徒（加 2:4-5；徒 15:1）；4）同样

---

46. Horrell, *An Introduction to the Study of Paul*, 35.

47. Hengel, *Acts and the History of Earliest Christianity*（London, SCM Press, 1979）. 参见 Dunn, "The Relationship between Paul and Jerusalem according to Galatians 1 and 2", in *Jesus, Paul and the Law: Studied in Mark and Galatians*（Louisville, KY: Westminster John Knox Press, 1990）, 108-128。R. Lester, "Galatians 2.1-10 and Acts: An Old Problem Revisited", in N. H. Keathley（ed.）, *With Steadfast Purpose*（Waco, TX: Baylor University, 1990）, 217-238.

的人物——保罗、巴拿巴与彼得和雅各等（加 2:1, 9; 徒 15:2）；
5）同样的议决——不将割礼强加于外邦信徒（加 2:6-7; 徒
15:19）；6）圣灵的恩赐决定了犹太和外邦基督徒这个新群体的
合一（加 3:1-5; 徒 15:5-9）。[48]

保罗之所以在《加拉太书》记述访问耶路撒冷的经过，目
的是要证明他自己的蒙召和使徒的权柄是直接由上帝那里来
的。[49] 保罗的使徒身份也因此是完全独立于其他使徒的。在三
次访问耶路撒冷的记载中，第一次是在保罗归信三年之后，当
时只见到彼得和雅各这两位使徒，而且仅逗留了十五天的时间。
过了十四年之后，保罗才与耶路撒冷的众使徒会面，并且保罗
那时的使徒职分已经被众教会所公认。与此同时，保罗关于外
邦信徒无需受割礼的立场，也已经受到众人的肯定。

耶路撒冷大会所作出的结论常被称作"使徒的决议"（The
Apostolic Decree）。[50] 大会一致通过了外邦信徒无需受割礼，同
时也肯定了保罗作为外邦人的使徒的职分。这次会议对保罗的
整个外邦宣教事工起了积极的推进作用。此后，保罗在外邦人
中间的福音工作受到耶路撒冷的肯定和支持。这也意味着保罗
在外邦人中间所扮演的重要角色，就如同彼得在犹太人中间一
样。除了割礼之外，这项决议还包括禁戒偶像之物、勒死的牲
畜和血，禁戒淫乱（徒 15:20, 29）。这些禁忌的前三项与食物有

48. Finny Philip, *The Origins of Pauline Pneumatology: The Eschatological Bestowal of
The Spirit upon Gentiles in Judaism and in the Early Development of Paul's Theology*
（Tübingen: Mohr Siebeck, 2005），206.

49. 加 1:1, 12; 2:2; 罗 1:5; 林前 9:2。

50. P. J. Achtemeier, *The Quest for Unity in the New Testament: A Study in Paul and Acts*
（Philadephia: Fortress Press, 1987），54-55. Ernst Haenchen, *Acts* of the *Apostles: A
Commentary*（Oxford: Oxford University Press, 1971），468.

关。[51] 第四项则涉及伦理道德的行为。

（2）保罗年代表

综合保罗书信和《使徒行传》以及早期基督教的传统文献所提供的年代资料和有关线索，可以得出以下的年代表：

时　间	事　　件
34 年	归信和蒙召，在阿拉伯和大马色（三年）
37 年	第一次访问耶路撒冷：叙利亚和基利家（十四年），包括加拉太宣教以及第一次宣教之旅
49/50 年	第二次宣教之旅，第一次马其顿之旅
50 年—51 年	在哥林多十八个月，会见迦流（51 年七月）
51 年	第二次访问耶路撒冷，耶路撒冷会议，安提阿事件
	以弗所事工（两年半），筹备捐款
56 年—57 年	最后一次马其顿之旅（携带捐款赴耶路撒冷）
57 年—59 年	最后一次访问耶路撒冷，在该撒利亚被囚禁两年
59 年—60 年	在非斯都面前受审，赴意大利之旅
60 年—62 年	罗马囚禁两年
64 年—65 年	64 年罗马大火后，保罗被斩首

无论是保罗的旅途细节或是日期还是"保罗的三次宣教旅程"，资料和证据更多是源于《使徒行传》而不是保罗自己的书信。[52]

学者如康慈曼（Conzelmann）和贺宸等强调路加基本上是一位"神学家"多过于"历史学家"，使得《使徒行传》的一些

---

51. 参见徒 21:25; 林前 8:1-13, 10:14-33；利 7:26-27, 17:10-14。
52. Knox, *Chapters in a Life of Paul*, 25-26.

历史正确性受到质疑。[53] 但正如马歇尔所指出的，"神学"与"历史"，特别是在基督教的起源、历史和传统中，其实不是对立，而是相辅相成的，因为基督教的"神学"主要是以"历史"为基础，并非是在真空里产生的。他因此认为学者们没有必要在两者之间选其一。对马歇尔而言，作者路加既是历史学家，也是神学家。[54] 赫墨尔（C. J. Hemer）也肯定路加在《使徒行传》中的不少历史记载都可以在其他古代文献中得到证实。[55]

当然，为了达到叙事的目的，路加在某些地方也可能会基于神学的考虑，对手中的资料进行重组或选择，但他并非就像有些学者所想象的那样，会为了达到目的而不择手段去虚构或篡改历史。路加肯定也会有自己的"神学"思想，但他的神学素材是以保罗宣教事工的实际情况以及早期教会的其他历史资料为根源的。研究使徒行传的著名德国新约学者亨格尔（Hengel）一向都坚持作者路加是一位可靠的历史学家。[56]

（3）保罗书信形成的次序

根据以上的保罗年代表，大致可以推算出保罗书信成文的次序：[57]

---

53. H. Conzelmann, *Acts of the Apostles*（Herm; Philadephia: fortress, 1987）; E. Haenchen, *The Acts of the Apostles: a Commentary*（Philadephia: wesminster, 1971）.

54. I. H. Marshall, *The Acts of Apostles*（NTG; Sheffield: JSOT, 1992）, 90.

55. C. J. Hemer, *The Book of Acts in the Setting of Hellenistic History*, ed. C. H. Gempf（Tübingen: Mohr Siebeck, 1987）.

56. Hengel, *Acts and the History of Earliest Christianity*, 67-68.

57. 在此仅列出传统的保罗的十三封书信。有关书信的作者争议，在各卷书信的介绍中再作探讨。

58.《帖撒罗尼迦后书》的作者问题同样引起争议，但多数学者接受它是真正的保罗书信，以及《帖撒罗尼迦前书》《帖撒罗尼迦后书》在新约经典中 （转下页）

写作次序	日　期	地　点	经　文
《帖撒罗尼迦前书》	50 年	哥林多	1:1; 徒 18:5
《帖撒罗尼迦后书》[58]	51 年	哥林多	1:1
《哥林多前书》	53 年—55 年	以弗所	16:8, 19; 参见徒 18:18b-21
《加拉太书》[59]	53 年—56 年	以弗所	4:13; 参见林前 16:1
《哥林多后书》	56 年	马其顿?	2:12-13; 7:5; 8:1; 9:2-4; 参见徒 20:1-2
《罗马书》	56 年—57 年	哥林多	15:19; 16:23; 参见林前 1:14; 徒 20:2-3
《歌罗西书》	61 年	罗马	1:24; 4:3, 10, 18
《腓利门书》	61 年	罗马	1, 9, 23
《以弗所书》[60]	61 年	罗马	3:1; 4:1; 6:20
《腓立比书》	61 年	罗马	1:12-14
《提摩太前书》	约 63 年	马其顿?	1:3, 12-17
《提多书》	约 63 年	马其顿?	3:15; 另参见 3:12
《提摩太后书》[61]	约 64 年	罗马第二次被囚期间	4:6-8

三、小结

保罗书信和《使徒行传》在有关保罗宣教事工的记载上，

（接上页）的先后次序。参见 R. Jewett, *The Thessalonian Correspondence: Pauline Rhetoric and Millenarian Piety*（FFNT; Philadelphia: Fortress, 1986），26-30; Abraham J. Malherbe, *The Letters to the Thessalonians*（The Anchor Bible, vol. 32B; New York and London: Doubleday, 2000），361-364。

59. 这是唯一提及耶路撒冷会议的一卷书信，多数学者认为它可能是在耶路撒冷大会不久之后写成的。

60.《以弗所书》和《歌罗西书》的作者受到争议。但多数学者接纳保罗为这两卷书信的作者。

61. 保罗的最后一封书信。

显示了基本的一致和准确性。保罗行程万里，忍受和经历了旅行的所有危险：船毁所导致的漂流，海盗的威胁，旷野的风吹日晒，饥寒交迫，四处遭敌。[62] 保罗在那样的情况下，始终坚持着一个强烈的信念，而这信念是基于他个人非常特殊的归信与蒙召经历。

保罗的宣教事工特点可以归纳如下。1）目标：在"基督的名没有被宣扬过的地方"传扬福音（罗 15:20-21）。2）方式：随着旅途把福音传给外邦人和犹太人。3）权柄：来自圣灵的能力（罗 15:19）。4）宣教领域：在地中海东北部，从犹太全地一直到亚得里亚海，由东至西，循序渐进，途经叙利亚、基利家、马其顿、亚该亚、小亚细亚等地区（途经加拉太）。保罗自己在结束爱琴海一带事工之后，曾经作了一个总结："我从耶路撒冷，直转到以利哩古，到处传了基督的福音。"（罗 15:19；参见 19:21）保罗进一步的旅行计划是西行，直到西班牙（罗 15:24）。5）重点：以人口密集的大城市为基地建立教会，例如以弗所和哥林多。6）为了牧养和坚固教会，尽量重访教会。[63] 7）赈灾捐款给在耶路撒冷贫穷的信徒（林前 16:1-4; 林后 8-9; 罗 15:25-26）。

保罗所采用的宣教方式，无论是在城市、公共场所、会堂、市场或是个人家中，其实也是第一世纪希腊罗马社会一种普遍的宣教方式。希腊罗马的巡回宣传者、神秘主义者、敬

---

62. 林后 11:24-29；徒 15:40-28。
63. 徒 14:21-23; 15:36, 41; 16:1-5; 18:23; 20:1-2。

虔的犹太人等，都采用类似的方式宣传他们的信仰。但是，有一点却是常被忽略的。那就是，保罗的宣教方式与当时其他宗教的宣教方式还是有些重要不同的。保罗的宣教焦点和目的是建立教会和牧养信徒。1）保罗的宣教观是以教会为中心的。[64] 2）他首先确定地方的策略性，然后在其中扩展福音事工。[65] 拉姆塞认为保罗的宣教方式具有独特性，因为他善用罗马帝国的策略来选择区域、路线以及人口密集的大都市，让福音得以广传。[66] 诺克斯和戴维斯（William Davies）则强调保罗的宣教策略的全面性。[67] 乔吉（Dieter Georgi）认为，在保罗的时代，他的反对者（opponents），包括一批希腊化的犹太主义者和异教派，似乎也在模仿他的宣传方式。但是，一些研究者却认为没有确实的证据显示上述那些宣教人士的存在。[68]

自 1980 年代以来，新约学者就开始采用社会学的研究方法和成果来分析保罗的宣教方式。例如：泰森和米克斯的研究就为哥林多的社会和经济状况提供了深入和丰富的资料，特别是有关哥林多社会的等级观念及其冲突的性质。泰森和米克斯相信，保罗的会众是由跨阶层的社会成员组成的，其中包括一些

---

64. 教会（ἐκκλησία, congregation, assembly, church）：原指以色列民的聚集（LXX 申 4:10; 23:1; 31:30）。参见 *NIDNTT* 1:291-307。

65. P. Bowers, "Paul and Religious Propaganda in the First Century", *NovT* 22（1980），316-323.

66. Ramsay, *St. Paul the Traveler and The Roman Citizen.*

67. J. Knox, "Romans 15:14-33 and Paul's Conception of His Apostolic Mission", *JBL* 83（1964），1-11. W. D. Davies, *The Gospel and the Land: Early Christianity and Jewish Territorial Doctrine*（Berkeley: University of California Press, 1974），180-182.

68. D. Georgi, *The Opponents of Paul in Second Corinthians*（Philadelphia: Fortress, 1986）.

来自高阶层的人士。[69]泰森认为，保罗的宣教方式与其同时代的福音巡回传道士有所不同，因为保罗的宣教有明确的目标性、区域性和组织性。教会也由此建立了起来，福音结果得以广传。豪克以当时的希腊罗马作为社会背景，来阐释保罗制造帐篷的职业与他的宣教身份之间的关系。豪克的研究结果对理解一世纪体力劳动者所处的社会地位以及保罗的职业所带来的社会影响作出了重要的贡献。[70]沃特森认为，保罗开始宣教的对象是针对犹太人，但没有多大的成功，结果便把目标转向外邦人。不但如此，保罗对外邦人宣教也采取了一个很大胆的策略。那就是，不强求外邦人遵守犹太人的律法。宣教工作结果得到很大的成功。[71]

用社会学的方法研究保罗的宣教事工，也肯定有助于了解保罗和他的会众所处的文化、经济、宗教、政治和社会背景，基督徒群体的社会结构和地位，以及他们与当时希罗社会之间的关系。

对于保罗的宣教及其策略，学者们确实是提供了不少丰富的资料和见解，让读者对保罗个人及其宣教策略与成果有深一层的认识。假使保罗原来到西班牙宣教的计划得以实现的话，他就真的可说是把福音从耶路撒冷开始传至西方的"地极"了，因为西班牙被当时的人看着是西方的尽头。无论如何，就历史

---

69. Theissen, *The Social Setting of Pauline Christianity: Essays on Corinth*. Meeks, *The First Urban Christians: The Social World of the Apostle Paul*.

70. Hock, *The Social Context of Paul's Ministry: Tentmaking and Apostleship* (Philadelphia: Fortress, 1980). Savage, *Power Through Weakness: Paul's Understanding of the Christian Ministry in 2 Corinthians*.

71. Watson, *Paul, Judaism, and the Gentiles: A Sociological Approach*, 28-38.

的事实而论，保罗的宣教所遍及的地方是仅限于罗马帝国境内。这本身已经是非常伟大的成就。

📖 推荐书目

中文参考书目

巴克莱，《基督的大使：保罗的生平和教训》，戴哲民译，香港：基督教文艺出版社，1991。

德席尔瓦，《21世纪基督教新约导论》，台北：校园书房，2013。

霍桑、马挺主编，《21世纪保罗书信辞典》，台北：校园书房，2009。

季纳，《新约圣经背景注释》，台北：校园书房，2006。

卡森、穆尔，《21世纪新约导论》，尹妙珍、纪荣神译，香港：天道书楼，2007。

亚德迈耶等，《新约文学与神学：保罗及其书信》，香港：天道书楼，2005。

约弗逊，《保罗的人格》，上海：广学会，1926。

英文参考书目

Achtemeier, P. J., *The Quest for Unity in the New Testament: A Study in Paul and Acts.* Philadephia: Fortress Press, 1987.

Barrett, C. K., *A Critical and Exegetical Commentary on the Acts of the Apostles: Introduction and Commentary on Acts XV-XXVIII.* Edinburgh: T & T Clark, 1998.

Barton, Tamsyn S., "Physionomics: *Voir, Savoir, Pouvoir*", in *Power and Knowledge: Astrology, Physiognomics, and Medicine under the Roman Empire*（Ann Arbor: University of Michigan Press, 1994）, 95-131.

Betz, Hans Dieter, *Der Apostel Paulus und die Sokratische Tradition: eine Exegetische Untersuchung zu seiner "Apologie" 2 Korinther 10-13*

(Tübingen: Mohr, 1972), 44-57.

Bowers, P., "Paul and Religious Propaganda in the First Century", *NovT* 22 (1980), 316-323.

Bremmer Jan N. (ed.), *The Apocryphal Acts of Paul and Thecla* (Kampen: Kok Pharos, 1996), 36-59.

Bruce, F. F., *Jesus and Chrisitan Origins Outside the New Testament*. Grand Rapids: Eerdmans, 1974.

Bruce, F. F., *The Acts of the Apostles: The Greek Text with Introduction and Commentary*. Grand Rapids: Eerdmans/Leicester: Inter-Varsity Press, 1989.

Bullmore, M., *St. Paul's Theology of rhetorical Style: An Examination of I Corinthians 2.1-5 in Light of First Century Graeco-Roman Rhetorical Culture*. San Francisco: International Scholars Publications, 1995.

Burkett, Delbert Royce, *An introduction to the New Testament and the Origins of Christianity*. Cambridge: Cambridge University Press, 2002.

Clarke, Martin L., *Higher Education in the Ancient World*. London: Routledge and Kegan Paul, 1971.

Conzelmann, H., *Acts of the Apostles*. Herm; Philadephia: fortress, 1987.

Dahl, N. A., *Studies in Paul: Theology for the Early Christian Mission*. Minneapolis: Augsburg, 1977.

Davies, W. D., *The Gospel and the Land: Early Christianity and Jewish Territorial Doctrine*. Berkeley: University of California Press, 1974.

den Heyer, C. J., *Paul: A Man of Two Worlds*; trans. John Bowden. London: SCM Press, 2000.

Dibelius, M., *Studies in the Acts of the Apostles*, ed. H. Greeven. London: SCM, 1956.

Dunn, J. D. G., "The Incident at Antioch (Gal 2:11-18) ", *JSNT* 18 (1983), 3-57.

Dunn, J. D. G., *Jesus, Paul and the Law*. London: SPCK, 1990.

Dunn, J. D. G., " 'A Light to the Gentiles': The Significance of the Damascus Road Christophany for Paul", in *Jesus, Paul and the Law:*

Studies in Mark and Galatians (Louisville: Westminster/John Knox, 1990), 89-107.

Dunn, J. D. G., "The *Relationship between Paul and Jerusalem* according to Galatians 1 and 2", in *Jesus, Paul and the Law: Studied in Mark and Galatians* (Louisville, KY: Westminster John Knox Press, 1990), 108-128.

Dunn, J. D. G., *The Acts of the Apostles*. Peterborough: Epworth Press, 1996.

Dunn, J. D. G., *The Theology of Paul the Apostle*. Edinburgh: T & T Clark, 1998.

E. Haenchen, *The Acts of the Apostles: a Commentary*. Philadephia: wesminster, 1971.

Elliott, J. K., *The Apocryphal New Testament: A Collection of Apocryphal Christian Literature in an English Translation*. Oxford: Clarendon, 1993.

Fee, G. D., *The First Epistle to the Corinthians*. NICNT; Grand Rapids: Eerdmans, 1987.

Fee, G. D., *1 and 2 Timothy, Titus*. Peabody, MA: Hendrickson, 1988.

Forbes, C., "Comparison, Self-Praise and Irony: Paul's Boasting and the Conventions of Hellenistic Rhetoric", *NTS* 32 (1986), 1-30.

Funk, R. W., "*The Apostolic Parousia*: Form and Significance", in W. R. Farmer, C. F. D. Moule and R. R. Niebuhr (eds.), *Christian History and Interpretation: Studies Presented to John Knox* (Cambridge: Cambridge University Press, 1967), 249-268.

Georgi, D., *The Opponents of Paul in Second Corinthians*. Philadelphia: Fortress, 1986.

Grant, R. M., "The Description of Paul in the Acts of Paul and Thecla", *Vigiliae Christianae* 36 (1982), 1-4.

Gunderson, Erik, *Staging Masculinity: The Rhetoric of Performance in the Roman World*. Ann Arbor: University of Michigan Press, 2000.

Haenchen, E., The *Acts* of the *Apostles: A Commentary*. trans. B. Noble and G. Shinn; rev. R. M. Wilson; Oxford: Blackwell; Philadelphia:

Westminster, 1971.

Harrill, J. Albert, "Invective against Paul (2 Cor. 10.10), the Physiognomics of the Ancient Slave Body, and the Greco-Roman Rhetoric of Manhood", in Adela Yarbro Collins and Margaret M. Mitchell (eds.), *Antiquity and Humanity: Essays on Ancient Religion and Philosophy Presented to Hans Dieter Betz on His 70th Birthday* (Tübingen: Mohr-Siebeck, 2001), 189-213.

Hemer, C. J., *The Book of Acts in the Setting of Hellenistic History*, ed. C. H. Gempf. Tübingen: Mohr Siebeck, 1987.

Hengel, M., *Acts and the History of Earliest Christianity*. London, SCM Press, 1979.

Hengel, M., "Crucifixion and Roman Citizens", in *Crucifixion* (Philadephia: Fortress, 1982), 39-45.

Hengel, M., *The Pre-Christian Paul*. London: SCM Press, 1991.

Hock, R. F., *The Social Context of Paul's Ministry: Tentmaking and Apostleship*. Philadelphia: Fortress, 1980.

Horrell, D. G., *An Introduction to the Study of Paul An Introduction to the Study of Paul*. London & New York: T & T Clark, 2006.

Howatson M. C. (ed.), *Oxford Companion to Classical Literature*. Oxford: Oxford University Press, 1989.

Jewett, R., *A Chronology of Paul's Life*. Philadephia: Forttress, 1979.

Jewett, R., *The Thessalonian Correspondence: Pauline Rhetoric and Millenarian Piety*. FFNT; Philadelphia: Fortress, 1986.

Kennedy, G. A., *The Art of Rhetoric in the Roman World*. Princeton: Princeton University Press, 1972.

Kennedy, G. A., *New Testament Interpretation through Rhetorical Criticism*. Chapel Hill/London: University of North Carolina Press, 1984.

Kent, J. H., *Corinth, VIII/3: The Inscriptions, 1926-1950*. Princeton, N.J.: American School of Classical Studies at Athens, 1966.

Kim, S., *The Origin of Paul's Gospel*. Grand Rapids: Eerdmans, 1982.

Knox, J., "Romans 15:14-33 and Paul's Conception of His Apostolic Mission", *JBL* 83 (1964), 1-11.

Knox, J., *Chapters in a Life of Paul*. London: SCM Press, 1989.

Lester, R., "Galatians 2.1-10 and Acts: An Old Problem Revisited", in N. H. Keathley (ed.), *With Steadfast Purpose* (Waco, TX: Baylor University, 1990), 217-238.

Lightfoot, J. B., *Saint Paul's Epistle to the Galatians*. Grand Rapids: Zondervan, 1957.

Lim, T. H., "Not in Persuasive Words of Wisdom, but in the Demonstration of the Spirit and Power, "*NovT* 29 (1987) 137-149.

Longenecker, R. N., *Galatians* (WBC41; Dallas: Word, 1990) .

Lüdemann, G., *Paul, Apostle to the Gentitles: Studies in Chronology*. London: SCM Press, 1984.

Malina, B. J. and J. H. Neyrey, *Portraits of Paul: An Archaeology of Ancient Personality*. Louisville, KY: Westminster John Knox Press, 1996.

Malherbe, A. J., "A Physical Description of Paul", *Harvard Theological Review* 79 (1986), 170-175.

Malherbe, Abraham J. *The Letters to the Thessalonians*. The Anchor Bible, vol. 32B; New York and London: Doubleday, 2000.

Marshall, P., *Enmity in Corinth: Social Conventions in Paul's Relations with the Corinthians*. Tübingen: Mohr Siebeck, 1987.

Marshall, I. H., *Acts*. Tyndale NT Commentaries; Leicester: IVP, 1980.

Meeks, W. A., *The First Urban Christians: The Social World of the Apostle Paul*. New Haven: Yale University, 1983.

Mitchell, S., *Anatolia: Land, Men, and Gods in Asia Minor. vol. II: The Rise of Church*. Oxford: Clarendon Press, 1993.

Murphy-O'Connor, J., *Paul, A Critical Life*. Oxford: Oxford University Press, 1996.

Murphy-O'Connor, J., *Paul His Story*. Oxford: OUP, 2004.

Nadeau, R., "Delivery in Ancient Times: Homer to Quintilian", *Quarterly Journal of Speech* 50 (1964), 53-60.

Oke, C. C., "Paul's Method not a Demonstration but an Exhibition of the Spirit", *ExpTim* 67 (1955), 85-86.

Philip, F., *The Origins of Pauline Pneumatology: The Eschatological Bestowal of The Spirit upon Gentiles in Judaism and in the Early Development of Paul's Theology.* Tübingen: Mohr Siebeck, 2005.

Ramsay, W. M., *St. Paul the Traveller and the Roman Citizen.* London: Hodder and Stoughton, 1895.

Riesner, R., *Paul's Early Period: Chronology, Mission Strategy, Theology.* Grand Rapids/Cambridge: Eerdmans, 1998.

Robertson A. and A. Plummer, *A Critical and Exegetical Commentary on the First Epistle of St. Paul to the Corinthians.* ICC; Edinburgh: SCM, 1914.

Roetzel, C. J., *Paul: The Man and the Myth.* Columbia: University of South Carolina Press, 1998.

Sanders, E. P., *Paul: A Very Short Introduction.* Oxford: Oxford University Press, 1991.

Segal, A. F., *Paul the Convert.* New Haven and London: Yale University Press, 1990.

Stendahl, K., "The Apostle Paul and the Introspective Conscience of the West", *HTR* 56 (1963), 199-215.

Stendahl, K., *Paul among Jews and Gentiles.* Philadelphia: Fortress Press, 1976.

Smallwood, E. M., *The Jews Under Roman Rule.* Leiden: E. J. Brill, 1976.

Snyder, G. F., *First Corinthians: A Faith Community Commentary.* Atlanta: Mercer University, 1992.

Theissen, G., *The Social Setting of Pauline Christianity.* Philadelphia: T & T Clark, 1982.

Van Voorst, Robert E., *Jesus Outside the New Testament: An Introduction to the Ancient Evidence.* Grand Rapids: Eerdmans, 2000.

Watson, F., *Paul, Judaism and the Gentiles: A Sociological Approach* (Cambridge: Cambridge University Press, 1986), 28-38.

Shi, Wenhua, *Paul's Message of the Cross as Body Language.* WUNT II/254; Tübingen: Mohr Siebeck, 2008.

Wilhelm Schneemelcher (ed.), *New Testament Apocrypha*, trans. R. McL Wilson. Cambridge: James Clarke, 1991-1992.

Winter, B. W., "Gallio's Rulling on the Legal Status of Early Christianity（Acts 18:14-15）", *TynBul* 50（1999）, 213-224.

Witherington, B., *The Paul Quest: The Renewed Search for the Jew of Tarsus.* Downers Grove, Ill.; Leicester: InterVarsity Press, 1998.

第四部分

保罗书信与古代书信

第一章
古代书信简介

在古代世界，信函的形式展现了很大的灵活性。任何类型的书写文本几乎都可以采用信函的格式（epistolary format）发送给个人或群体。信函其实就是口头沟通的替代，其功能几乎如同演讲一样，有多种的方式。古代信函一般上是由被委托的使者传送的。希腊词 ἐπιστολη（epistle，信件）的本义其实就是指使者传达的口头信息。[1] 除了转交口信以外，使者的责任还包括书面信件的口头解释。无论人们是亲自见面还是传送口头或书面信息，习惯的礼貌都会包括写信人给收信者开始的问候和结尾的祝福。

古代书信和演讲的重叠显示了两个层面的文体。1）修辞

---

1. Thucydides 7.11.1："雅典人们，我们过去的行动你们已经从许多其他的信件得知；现在是让你们一样熟悉我们现状的时候，并相应地采取你们的措施。"（τὰ μὲν πρότερον πραχθέντα, ὦ Ἀθηναῖοι, ἐν ἄλλαις πολλαῖς ἐπιστολαῖς ἴστε: νῦν δὲ καιρὸς οὐχ ἧσσον μαθόντας ὑμᾶς ἐν ᾧ ἐσμὲν βουλεύσασθαι. ["Our past operations, Athenians, have been made known to you by many other letters; it is now time for you to become equally familiar with our present condition, and to take your measures accordingly."]）

学在希腊罗马世界中扮演着举足轻重的角色。修辞学对所有的文学体裁，包括书信，都产生了深远的影响。因此，对古代修辞学理论与实践的认识，也将有助于理解古代书信。2）希腊罗马世界一直都存在着高度的社会等级制度。因此，从社会的礼仪到适当的举止和说话方式，都会明显地反映出高层阶级和低层阶级非常不同的社会地位和处境。在信函中，作者与个人或群体收信者之间的沟通，作者和收件者的社会地位以及彼此的关系，都可以清楚地从书信的内容和风格中看出来。[2] 根据斯托尔斯（S. K. Stowers）的研究，作者与收件者之间的社会关系，其实是决定信件的内容、风格、结构和主题变异的最基本要素。[3] 修辞学家米南德（Menander Rhetor, 395.4-30）在讨论告别演说时，按照作者与收件者之间的社会关系分为三种形式：1）如果作者的社会地位优越于收件者，他就会在信的结尾给予收件者勉励或劝告（advice）；2）作者与收件者之间的地位假设是平等或是朋友的关系，他就会在结尾时对收信者表达友情（affection）；3）假设写信者是社会的下层人士，他就会在结尾时向收信的上层者表示赞美或赞赏（praise）。古代的文化要求演讲者或是写信者遵循当时社会的惯例（social code），而这些惯例往往是非常严格和繁杂的。[4]

信函是古代最常见和最具社会意义的书面文字之一。现存

---

2. D. E. Aune, *The New Testament in Its Literary Environment*（Philadelphia: Westminster, 1987），158.

3. S. K. Stowers, *Letter-Writing in Greco-Roman Antiquity*（Philadelphia: Westminster Press, 1989）.

4. Stowers, *Letter-Writing in Greco-Roman Antiquity*, 56.

的不少古代信函代表了希腊罗马社会从埃及的农民到罗马的皇帝的所有不同阶层。信函不但满足了日常沟通的最基本需要，也是高度发展的艺术和思想体系。更为重要的是古代信函肯定了在早期基督教中最普遍的文学类型。信函的三个重要特点是：偶尔性，个人临在的叙事，以及吸收其他文体的能力。信件比其他的文学类型更明显地反映了社会的背景和特定的历史时刻之间的互动。例如，一位濒临破产的店主发信给一位富有的熟人乞讨财经资助的时候，发送者和接收者的时间、地点、社会地位以及历史背景都成了那封信件的重要组成部分。发送者和接收者有时似乎是在生动的信函中"出现"或是在观众面前"说话"。信函往往是对话式的，有时作者在文本中几乎已经是预测到对方将会如何回应。由于信函本身的性质能够吸收属于其他类型的文本，它就因此能进入散文、叙事、诗歌的框架。现存的古代信函有各种不同的来源：通过文学著作所保存下来的信件；近现代才发现的信件；刻在碑文上，被保存下来的以及被纳入其他文学类型的信件。上述这些文献和资料都具有很高的文学价值。[5] 新约圣经中的基督徒书信以及早期基督教的文献也被归入这个范畴。不论它们是属于什么类别，希腊与拉丁修辞学的影响都是很明显的。

除了以文学的方式出现的信件以外，还有 19 世纪末到 20 世纪初在埃及发掘的大量蒲草纸（papyri）文本。这些文本包

---

5. 希腊信件：柏拉图（Plato），伊索克拉底（Isocrates），狄摩西尼（Demosthenes），和利班尼乌斯（Libanius）。拉丁信件：西塞罗（Cicero），普林尼（Pliny），塞涅卡（Seneca）。早期基督教文献：使徒教父，奥古斯丁和哲罗姆。

括数以千计，但残缺不全的信件。有些文献显示了修辞学和高度文学修养的影响。但更多的部分则涉及业务关系、法律上诉、友谊和家庭事务的简单记录和通信。文学传播保存的信件以及蒲草纸本的文献，提供了从希腊化时代到拜占庭时期书信写作的一个世界观。有一些出自希腊君主的信件还被复制到石块上去作为碑文。这些信件也往往是王室普及的宣传品。有些出自伊壁鸠鲁学派的信件也被刻在石块上。最终还成了经常出现在历史、传记以及虚构故事的文本里。[6]

多数古代信函都是为了一个特殊的场合而写的简短沟通媒介，用后不久便被丢弃。到了公元前 1 世纪，修辞学已经在书信的成文上发挥了强大的影响力，特别是在那些受过教育的人群中间。这些信件所行使的功能不仅是作为通信的方式，而且还清楚地显示出文学的劝说技巧和媒介的高超处。尽管早期希腊罗马的修辞手册很少提及信函书写的艺术，但是至少有两部重要的作品是关于书信的理论与处理方式的。第一部作品所关注的是"风格"。第二部则是"书信风格"。

一、《论风格》

《论风格》(Περὶ Ἑρμηνείας, *On Style*) 的作者被认为是公元前 4 世纪来自法勒伦的德米特里 (Demetrius of Phalerum)。[7] 德米特里是雅典的修辞学家，泰奥弗拉斯托斯

---

6. S. K. Stowers, "Greek and Latin Letters", in David Noel Freedman, Gary A. Herion, David F. Graf, and John David Pleins (eds.), *Anchor Yale Bible Dictionary* (Yale University Press), 4.290-293.
7. Demetrius of Phaleron, 约公元前 350 年—前 280 年。

（Theophrastus）的学生以及逍遥学派的成员之一。西塞罗和昆体良认为，德米特里演讲的特征是柔和、优美和典雅。[8] 德米特里的大多数著作可能是创作于他居留在埃及期间，所涉及的学科极其广泛。第欧根尼·拉尔修（Diogenes Laertius）还认为是德米特里收集了流行的传统文集《伊索寓言》(*Fables of Aesop*)。[9] 根据斯托贝斯（Stobaeus），德米特里曾经为七大哲人的传说建立了一个规范的形式。[10] "风格"属于传统文学作品的一部分，它有别于诗歌，是关于"散文式的风格"（the prose style），特别是散文中的"风格类型"（the types of style）。它包括四个重要成分：简洁（ἰσχνός, plain），华丽（μεγαλοπρεπής, grand），优美（γλαφυρός, elegant）和具有说服力（δεινός, forceful）。信函形式是简洁风格（the plain style）的一种特殊表达方式。德米特里在"简洁风格"的讨论中，包括了书写信函的一个附录（4.223-235）。[11]

---

8. Cicero, *Brut.* 9, 82; *de Orat.* 2.23; *Orat.* 27. Quintillian, *Orat.* 10.1.33.
9. Diogenes Laertius, *Vitae Philosophorum* 5.80: "ἀλλὰ μὴν καὶ λόγων Αἰσωπείων συναγωγαί."
10. Strabo, 3.79; 43.131. 参见 Diogenes Laertius 5.81。
11. Demetrius, *On Style* 4.223-235: "We will next treat of the epistolary style, since it too should be plain. Artemon, the editor of Aristotle's *Letters*, says that a letter ought to be written in the same manner as a dialogue, a letter being regarded by him as one of the two sides of a dialogue. There is perhaps some truth in what he says, but not the whole truth. The letter should be a little more studied than the dialogue, since the latter reproduces an extemporary utterance, while the former is committed to writing and is（in a way）sent as a gift. Who（one may ask）would, in conversation with a friend, so express himself as does Aristotle when writing to Antipater on the subject of the aged exile? 'If he is doomed to wander to the uttermost parts of the earth, an exile hopeless of return, it is clear that we cannot blame such men should they wish to descend to Hades' hall.' A man who conversed in that fashion would seem not to be talking but to be making a display. Frequent breaks in a sentence such as ... are not appropriate in letters. Such breaks（转下页）

德米特里在书写信函风格的附录中，对信函与对话的关系做了一个正面的比较，而这种风格也已经存在于逍遥派的传统中。但德米特里给了它进一步的发展。德米特里还解释说，信函

（接上页）cause obscurity in writing, and the gift of imitating conversation is a better aid to debate than to writing. Consider the opening of the *Euthydemus*: 'Who was it, Socrates, with whom you were conversing yesterday in the Lyceum? Quite a large crowd was surrounding your party.' And a little further on Plato adds: 'Nay, he seems to me to be some stranger, the man with whom you were conversing. Who was he, pray?' All such imitative style better suits an actor; it does not suit written letters. The letter, like the dialogue, should abound in glimpses of character. It may be said that everybody reveals his own soul in his letters. In every other form of composition it is possible to discern the writer's character, but in none so clearly as in the epistolary. The length of a letter, no less than its style, must be carefully regulated. Those that are too long, and further are rather stilted in expression, are not in sober truth letters but treatises with the heading 'My dear So-and-So'. This is true of many of Plato's, and of that of Thucydides. There should be a certain degree of freedom in the structure of a letter. It is absurd to build up periods, as if you were writing not a letter but a speech for the law-courts. And such laboured letter-writing is not merely absurd; it does not even obey the laws of friendship, which demand that we should 'call a spade a spade', as the proverb has it. We must also remember that there are epistolary topics, as well as an epistolary style. Aristotle, who is thought to have been exceptionally successful in attaining the epistolary manner, says: 'I have not written to you on this subject, since it was not fitted for a letter.' If anybody should write of logical subtleties or questions of natural history in a letter, he writes indeed, but not a letter. A letter is designed to express friendship in brief; it is the exposition of a simple subject in simple terms. Its beauty consists in the expressions of friendship and the many proverbs which it contains. This last is the only philosophy admissible in it, the proverb being common property and popular in character. But the man who utters sententious maxims and exhortations seems to be no longer talking familiarly in a letter but to be speaking 'ex cathedra'. Aristotle, however, sometimes uses certain forms of demonstration fitly in a letter. For instance, wishing to show that large towns and small have an equal claim to be well treated, he says: 'The gods are as great in one as in the other; and since the Graces are gods, they will be placed by you in one no less than in the other.' The point he wishes to prove is fitted for a letter, and so is the proof itself. Since occasionally we write to States or royal personages, such letters must be composed in a slightly heightened tone. It is right to have regard to the person to whom the letter is addressed. The heightening should not, however, be carried so far that we have a treatise in place of a letter, as is the case with those of Aristotle to Alexander and with that of Plato to Dion's friends. In general it may be remarked that, from the point of view of expression, the letter should be a compound of two styles, viz. the graceful and the plain.—So much with regard to letter-writing and the plain style." 参见 A. J. Malherbe, *Ancient Epistolary Theorists*（Atlanta: Scholars Press, 1988），16-19。

倾向于书写沟通的一面，而对话则倾向于口述那一面。此外，德米特里还提出了信函和演讲的区别，认为在法庭上的言说是属于法庭性的（judicial or Forensic）和褒贬性的（Epideictic）修辞类型。与此相比，信函在结构和表达上都会有更大的自由。不然的话，信函就可能变得不是信函而是法庭上的讲词了。当亚里士多德写信给安提帕特（Antipater）谈到关于"老人流亡"的问题，他所采取的方式似乎不是谈论而是褒贬性的修辞学（Epideictic Rhetoric, 4.225）。德米特里认为，在信函中应当避免引用负面的例子、哲学性的论说以及戏剧中演员的台词（4.228, 231）。信函若能注入一些比较轻松的聊天语气，可能会加增它的优雅和魅力。

德米特里特别重视信函在古代高层社会人士以及受高等教育者中的某些特征。此类信函必须考虑到收件人的社会地位和关系。因此写给政府高官和王室的信函，就必须采用适度的方式和高雅的言词（4.234）。此外，在信函"风格"的附录中，谚语也被列入了信函的形式，期望可以借此来提高信函的魅力。谚语在古代社会是很流行的智慧和公共的财富。谚语因此不仅是人际之间不可缺少的"共同语言"，它还能有助于促成人与人之间的共识。如果一个人在信中只是表达了简洁和严谨的语言和规劝，那就不再是亲切的交谈而是讲坛上的（*ex cathedra*）宣讲了（4.232）。德米特里还认为，信函的内容也可以反映写信者的性格与"灵魂的形象"。[12] 德米特里在信函风格的附录中，也很重视友谊（φιλοφρόνησις, friendship）以及友谊的表达方

---

12. 4.227："书信，就像对话一样，应当富有个性的一些点滴。可以说每一个人都会在他的书信中显出自己的灵魂。在其他的作品中，都可能认出作者的品格来，但不会像书信那么的清楚。"

式（φιλικαὶ φιλοφρονήσεις, expressions of friendship）。因为对他来说，在附录的开始，信函其实就是以书面的方式送给朋友的礼物（δῶρον, gift, 4.224）。

公元前 1 世纪的西塞罗与公元 1 世纪的塞涅卡在他们的作品中皆反映了希腊书信的理论知识甚至书信写作的手册。西塞罗在《致友人书信》(Letters to His Friends) 中，不但提到了书信的主题，信函书写的传统风格，[13] 而且还包括了好些书信的种类，其中包括家庭书信和有关公共事务的信件。[14] 塞涅卡在《道德书信集》(Moral Epistles) 中强调他喜欢自然简洁的对话书信

---

13. Cicero, *Epistulae ad Familiares* (Letters to His Friends) 4.13.1: "I have been asking myself for some time past what I had best write to you; but not only does no definite theme suggest itself, but even the conventional style of letter writing does not appeal to me. For one customary branch of correspondence in vogue among us when all was well, has been torn away from us by the harship of the times, and fortune has effectively debarred me from writing or even contemplating anything of the kind. There still remained a certain style of correspondence appropriate to these times of ours in its gloom and melancholy; but I cannot fall back even upon that. For even that should surely convey either the promise of some substantial help or some consolation for your grief. I have not promise to make; for humiliated as I am by a misfortune like your own, it is only by extraneous assistance that I bear the weight of my afflictions, and my heart is more inclined to deplore the conditions than to rejoice in the fact, of my being alive."

14. Cicero, *Epistulae ad Familiares* (Letters to His Friends) 2.4.1: "That there are many kinds of letters you are well aware: there is one kind, however, about which there can be no mistake, for indeed letter writing was invented just in order that we might inform those at a distance if there were anything which it was important for them or for ourselves that they should know. A letter of this kind you will of course not expect from me; for as regrds your own affairs you have correspondents and messengers at home, while as regards mine there is absolutely no news to tell you. There remain two kinds of letters which have a great charm for me, the one intimate and humorous, the other austere and serious. Which of the two it least beseems me to employ, I do not quite see. Am I to jest with you by letter? On my oath, I don't think there is a citizen in existence who can laugh in these days. Or am I to write something more serious? What is there that can possibly be written by Cicero to Curio, in the serious style, except on public affairs? Ah! But in this regard my case is just this, that I dare not write what I feel, and I am not inclined to write what I don't feel." 亦参见 Cicero, *Epistulae ad Familiares* 4.13.1; 12.30.1; 16.16.2; *Epistulae ad Atticum* (Letters to Atticus) 8.14.1; 9.4.1; 9.10.1; 12.53。

形式，而非人工刻意修辞的那一类。[15]

二、《书信风格》

《书信风格》(Ἐπιστολιμαῖοι Χαρακτῆρες, *Characteres epistolici*) 这部作品的日期大约是在公元 4 世纪至 6 世纪之间。[16] 作者可能是伪利班尼乌斯 (Pseudo-Libanius)。伪利班尼乌斯似乎完全继承了德米特里的传统，他认为 "信函是一个人与缺席者之间的 (ἀπόντος πρὸς ἀπόντα) 一种书面交谈 (ὁμιλία τις ἐγγράμματος)，它能满足一定的需要。一个人在信中的谈话就好像与缺席者在一起那样。"[17] 伪利班尼乌斯认为，书信风格可以是多种多样的，并可分成许多类型。伪利班尼乌斯在 "书信风格" 中讨论了 41 种书信的类型：1) 劝勉性的 (παραινετική, paraenetic)；2) 责怪的 (μεμπτική, blaming)；3) 请求的 (παρακλητική, requesting)；4) 推荐的 (συστατική, commending)；5) 讽刺的 (εἰρωνική, ironic)；6) 感谢的 (εὐχαριστική, thankful；7) 友谊的 (φιλική,

---

15. Seneca, *Epistulae Morales* (Moral Epistles) 75.1-2: "You have been complaining that my letters to you are rather carelessly written. Now who talks carefully unless he also desires to talk affectedly? I prefer that my letters should be just what my conversation would be if you and I were sitting in one another's company or taking walks together, spontaneous and easy; for my letters have nothing strained or artificial about them. If it were possible, I should prefer to show, rather than speak, my feelings. Even if I were arguing a point, I should not stamp my foot, or toss my arms about, or raise my voice; but I should leave that sort of thing to the orator, and should be content to have conveyed my feelings toward you without having either embellished them or lowered their dignity."

16. Malherbe, *Ancient Epistolary Theorists*, 5; Stowers, *Letter Writing in Greco-Roman Antiquity*, 323.

17. Pseudo-Libanius, *Epistolary Styles* 2.

friendly）；8）祈祷的（εὐκτική，praying）；9）恐吓的（ἀπειλητική，threatening）；10）否认的（ἀπαρνητική，denying）；11）命令的（παραγγελματική，commanding）；12）悔改的（μεταμελητική，repenting）；13）责备的（ὀνειδιστική，reproachful）；14）同情的（συμπαθητική，sympathetic）；15）和解的（θεραπευτική，conciliatory）；16）祝贺的（συγχαρητική，congratulatory）；17）轻视的（παραλογιστική，contemptuous）；18）反控告的（ἀντεγκληματική，counter-accusing）；19）答复的（ἀντεπισταλτική，replying）；20）挑衅的（παροξυντική，provoking）；21）安慰的（παραμυθητική，consoling）；22）侮辱的（ὑβριστική，insulting）；23）报告的（ἀπαγγελτική，reporting）；24）发怒的（σχετλιαστική，angry）；25）外交的（πρεσβευτική，diplomatic）；26）赞赏的（ἐπαινετική，praising）；27）教导的（διδασκαλική，didactic）；28）责备的（ἐλεγκτική，reproving）；29）恶意的（διαβλητική，maligning）；30）批评的（ἐπιτιμητική，censorious）；31）询问的（ἐρωτηματική，inquiring）；32）鼓励的（παραθαρρυντική，encouraging）；33）咨询的（ἀναθετική，consulting）；34）宣告的（ἀποφαντική，declaratory）；35）嘲讽的（σκωπτική，mocking）；36）服从的（μετριαστική，submissive）；37）谜一般的（αἰνιγματική，enigmatic）；38）建议的（ὑπομνηστική，suggestive）；39）悲伤的（λυπητική，grieving）；40）性欲的（ἐρωτική，erotic）；41）混合的（μικτή，mixed）。伪利班尼乌斯认为，书信的精确不仅在于使用适当处理问题的模式，而且还应

该以卓越的风格来修饰书信以及采用温和雅典风格（ἀττικίζειν μὲν μετρίως, the Attic style with moderation ）。[18]

对伪利班尼乌斯而言，过度高调和冗长的言论，以及雅典主义都是不可取的。伪利班尼乌斯总结了利姆诺斯的菲洛斯特拉托斯（Philostratus of Lemnos）在其《论书信》中讨论的书信风格：[19]"书信风格应当比日常用语更典雅，但它应该比雅典主义更通俗，它既不过分高调，也不卑下，而是介于两者之间。每个人都应该为自己的书信装饰，但更重要的是让它在风格上保

---

18. Pseudo-Libanius, *Epistolary Styles* 46: "These, then, are all the types into which the letter is divided. It is necessary that the person who wishes to write with precision not only use the proper mode of treating the subject matter, but that he also adorn the letter with excellence of style, and use the Attic style with moderation without, of course, falling into an unbecoming preciousness of speech."

19. 参见 Philostratus of Lemnos（3rd century A. D.）, *De Epistulis*（On Letters）2.257.29-258.28: "Those who, next to the ancients, seem to me to have used the epistolary style of discourse best are, of the philosophers（Apollonius）of Tyana and Dio, of military commanders Brutus or the person Brutus employed to write his letters, of the Emperors the divine Marcus when he himself wrote（for in addition to his distinction in speech, his firmness of character, too, had been imprinted in his letters）. Of the rhetoricians Herodes the Athenian was the best at writing letters although he does, through excessive Atticism and loquacity, in many places depart from the appropriate epistolary style. For the epistolary style must in appearance be more Attic than everyday speech, but more ordinary than Atticism, and it must be composed in accordance with common usage, yet not be at variance with a graceful style. It should be graceful without making covert allusions, for if we make covert allusions we shall appear to be ambitious, and ambition in a letter is puerility. I agree to rounding off a period in shorter letters in order that in this way, at least, their brevity, in all its conciseness, may assume the beauty of a different sort of resonance. But periods must be eliminated from letters that run to any length, for this is too rhetorically impressive for an epistle, with the exception that they may possibly be used, if there be need, at the end of what has been written, either to pull together what has been said or finally to conclude the thought. While clarity is a good guide for all discourse, it is especially so for a letter. Whether we grant something or make a petition, whether we agree or disagree, whether we attack someone or defend ourselves, or whether we state our love, we shall more easily prevail if we express ourselves with clarity of style. We shall express ourselves clearly and without vulgarity if we express some of our ordinary thoughts in a novel manner, and some novel thoughts in a familiar manner."

持清晰与适度的简洁和古风（κοσμεῖν δὲ δεῖ τὴν ἐπιστολὴν
σαφηνείᾳ τε μάλιστα καὶ συντομίᾳ μεμετρημένῃ
καὶ ἀρχαϊσμῷ λέξεων）。因为尽管清晰是所有演讲的良好指
导原则，对书信而言尤其如此。"[20] 正如那些聪明善于射箭的人那
样，写信者也同样的要以正确的测量方式瞄准目标。[21]

希腊文有一个词语 παραίνεσις（Paraenesis, exhortation,
advise）可译作劝勉或忠告。Paraenesis 有时是指传统的格言
和有智慧的训诫。它也可能是指道德修养与行为上的鼓励或
劝阻。[22] 公元前 4 世纪的古希腊修辞学家伊索克拉底为后来
的 "劝勉文学" 提供了重要的模型。伊索克拉底的《致尼科
莱斯》（Nicocles）具有信函的许多特点。它是写给一位年轻的
塞浦路斯（Cyprus）国王的劝告。通过实例与箴言，伊索克
拉底劝勉尼科莱斯遵循某些良好的统治者的典范。伊索克拉
底的模型是非常传统的，它的对象基本上是雅典观念中的好

---

20. Pseudo-Libanius, *Epistolary Styles* 47-48: "For excessive loftiness of speech, verbosity, and Atticism are foreign to epistolary style, as all of the ancients testify. Philostratus of Lemnos says it best: Epistolary style should be more Attic than everyday speech, but more ordinary than Atticism, and it should be neither excessively elevated nor mean, but somewhere between the two. One should adorn the letter, above all, with clarity, and with moderate conciseness and with archaism in style. For while clarity is a good guide for all discourse, it is especially so for a letter."

21. Pseudo-Libanius, *Epistolary Styles* 49: "In any case, one should not destroy clarity with conciseness nor chatter on immoderately while being attentive [to the need for] clarity, but should aim at moderation by imitating accurate archers. A man who is clever and skilled at hitting the target does not far overshot the target and so widely miss what is at hand. Only the man who takes aim at the target in a properly measured manner hits it. In the same way, an eloquent man does not chatter on unbecoming, nor does he cling to terseness in speech because he is at a loss (as to how to express himself) to the point that he obscures the clarity of his letters. Only the man who aims at due proportion while expressing himself eloquently articulates clearly what is being said."

22. Stowers, *Letter-Writing in Greco-Roman Antiquity*, 91-152.

公民与好领袖。[23] 塞涅卡指出了几种劝勉的类型，其中包括安慰（*consolatio*, consolation），警告（*dissuasio*, warning），鼓励（*adhortatio*, encouragement），指责（*objurgatio*, censure），赞美（*laudatio*, praise），劝告（*exhortatio*, protreptic exhortation）和训诫（*admonitio*, admonition）。[24]

朱利叶斯·维克多（Julius Victor）在《修辞艺术》（*Ars Rhetorica 27*, The Art of Rhetoric 27）中的一篇附录题为"信函书写"（*De Epistolis*, On Letter Writing）。[25] 从这篇附录中，可以发现它与德米特里的"书写信函的附录"有许多相似的地方。朱利叶斯·维克多是第一位将信函书写作为手册的一部分的修辞学家。朱利叶斯·维克多认为，许多关于口头演讲的指示也适用于书信。他把书信划分为两种类型：其一是官方的公函；其二是个人性质的信件。公函很自然是严谨的。它的特征是措辞清晰和简洁。朱利叶斯·维克多也就很准确地指出，公函的表现方式和规格应当是很有限的，而使用的风格也应当适宜。若有需要，可以在信件中恰当地引述些许的历史片段，以增加信函的魅力。

---

23. Isocrates, *Nicocles* 40-41: "More than that, I considered that men were guilty of great wickedness who, after taking a wife, and entering upon a life-long association, are not content with the arrangement they have made, but by their own indulgences pain those whom they expect never to cause them any pain, and while in other associations of life they behave fairly, do wrong in their dealings towards their wives, whom it was their greater duty to protect in proportion as they are nearer and dearer to them and of greater value than other people. Then again, such kings do not know that they are sowing the seeds of factions and quarrels within their palaces. Yet those who reign as they ought should endeavour not only to keep in harmony the state which they rule, but also their own house and the place in which they dwell; for all these things are the acts of temperance and justice."

24. Seneca, *Ep.* 94.39.

25. Malherbe, *Ancient Epistolary Theorists*, 63.

第二章
书信的文体类型

一、古代书信的类型

"书信"（希腊文 ἐπιστολη）是保罗时代一种极其常见和重要的文学表达形式。早期基督徒书信与在埃及发现的古代蒲草纸信函（papyrus letters）有许多形式上的相似之处。[1] 但是，几乎所有的蒲草纸信函都相当简短。希腊信函涉及范围广泛，除信件以外（尤其是私人之间的通信），还包括：官方公文、法律、业务合同、公务文件、政治和军事报告；匿名或虚构的信件（作者用另外一个人的名字代替或使用一个想象的处境）；散文书信（文章或学术论文采用信函的形式）。[2]

奥尼（Aune）将希腊罗马书信的类型划分为：私人或公文信函（private or documentary letters）；官方信函（official

---

1. 古代蒲草纸信函及文件的发现和出版，对新约圣经，尤其是书信方面的理解上有很大的帮助。在发现的蒲草纸文件中，除了大量的私人书信，还包括数以百计的结婚证书、契约、政府行文等。
2. W. G. Doty, *Letters in Primitive Christianity*（Philadelphia: Fortress, 1973），4-8.

letters）和文学信函（literary letters）。[3] 私人或公文信函构成了古代常见的信函传统，这个传统从托勒密时期一直稳定持续到罗马帝国时期（公元前 3 世纪—公元 3 世纪）。这些信件采用三个基本运作方式：1）保持与家人及朋友的联系；2）沟通信息；3）以及请求恩惠。故此，私人信函包括了六种决定性的功能：1）请求信函；2）信息信函；3）介绍信函；4）命令信函；5）家庭信函；6）生意信函。[4]

在罗马共和国期间，官方的罗马信函采取了罗马参议院的书信格式。与此同时，外交信函也很常见。帝王书信（imperials epistles）和诏书（*rescripta*）[5] 是皇帝设立法律以及向省级城市传达他旨意的主要手段。官方信函内容包括：1）赐予恩惠（the bestowal of various benefits）；2）土地恢复（the restoration of land）；3）决定和法令（decisions and edicts）；4）仲裁（arbitration）；5）参议院的决议（*senatus consulta*, resolutions of the senate）。[6]

信函的写作一般都会根据书信手册的原则。这些手册分为两种类型。第一种类型注重系统的论述，它们显示了作者们在理论方面的兴趣和修辞学方面的知识。现存书信类型的两个代表是伪德米特里（Pseudo-Demetrius）以及伪利班尼乌斯（Pseudo-Libanius）。前者的原始形式大概是来自基督教之前，后者的日期是在公元 4 世纪至 6 世纪之间。伪德米特里的手册

---

3. Aune, *The New Testament in Its Literary Environment*, 162.

4. Ibid., 163.

5. 诏书是皇帝以书面的形式答复官员的询问。

6. Aune, *The New Testament in Its Literary Environment*, 165.

似乎是为专业书信作家而写，并且已经被运用在政府官员的服务中。它讨论了二十一种书信的类型。伪利班尼乌斯的手册则涉及四十一种书信的类型。对于每一封书信，伪德米特里和伪利班尼乌斯都提供了一个简短的定义和非常简短的信件样本，并且还有该类型的逻辑和一个修辞三段论的形式。第二种类型的手册以双语为代表，即希腊文和拉丁文，其中有博洛尼亚蒲草纸（Bologna Papyrus，公元3或4世纪）以及学生复制的模型书信（公元前3世纪至公元5世纪）。它们反映了作者们对理论和修辞学方面不但毫无兴趣，而且其文化素养也很低微。新约圣经和使徒教父著作的书信，尽管没有显示高深的修辞学训练，却清楚地反映了较先进的手册知识水平。

书信的内容又再可以分为两类级别：第一类为社会较低阶层的信函，包括蒲草纸文献中那些由文盲口述他人代写的信函以及家庭通信等；第二类为社会较高阶层的信函，包括歌颂"友谊"以及以其为主题的文学信函。在埃及发现的数以千计蒲草纸书信主要是日常生活中的各种普通信件，这些信件反映了写信者较低的文化水准。那些没有受过教育的人不得不请朋友或写书信的专业人士代笔。最常见的是家信、请求、请愿以及介绍和推荐信。这些在希腊罗马社会中的格式历经几个世纪后仍旧变化不大。这种公式以蒲草纸信函最为清晰。它们应该是属于第一类的信函。相比之下，最早期的基督教书信，至少从文学的角度来看，似乎具有较高的创意。[7]

---

7. Stowers, "Greek and Latin Letters", in *Anchor Yale Bible Dictionary*, 4.290-292.

第二类的信函基本上是属于受教育者的。内容以希腊罗马的友谊观，高层次的习俗和社会思潮为特征。源自希腊的古典文化，非常重视特权阶级男性之间的友谊。书信理论家也因此认为，友谊信件既是书写文字最基本的一环，它也就应该以最高的文学形式来表达。因此，高层的社会风尚和希腊友谊的语言在希腊罗马的信函中结成为一体。友谊的精神主要是通过一系列标准的主题和普遍的表达方式来抒发的。最终几乎可说是"友谊万岁"。

友谊信件不但构成了古代希腊罗马书信的一个重要类型，有些希腊罗马思想家和教育家甚至还认为信件的基本和正常功能应该是维护友谊。[8] 亚里士多德在《尼各马可伦理学》中也提到友谊的重要性。根据古老的传统和谚语，友谊让那些社会地位平等的男子在各方面都可以自由地分享和交往。[9] 当朋友天各一方的时候，友谊信件实际上是扮演着"替身"的重要角色。朋友之间虽然身体是分离的，两个人在思想和心灵上却是紧紧相连的。[10] 尽管在新约书信中没有古代的所谓"友谊书信"，但

---

8. Demetrius, *On Style* 4.225，229，231-232.

9. Aristotle, *Ethica Nicomachea*（*Nicomachean Ethics*）1168b 1-2: "For we admit that one should love one's best friend most［φασὶ γὰρ δεῖν φιλεῖν μάλιστα τὸν μάλιστα φίλον］; but the best friend is he that, when he wishes a person's good, wishes it for that person's own sake, even though nobody will ever know of it. Now this condition is most fully realized in a man's regard for himself, as indeed are all the other attributes that make up the definition of a friend; for it has been said already that all the feelings that constitute friendship for others are an extension of regard for self. Moreover, all the proverbs agree with this; for example, 'Friends have one soul between them,' 'Friends' goods are common property,' 'Amity is equality,' 'The knee is nearer than the shin［καὶ αἱ παροιμίαι δὲ πᾶσαι ὁμογνωμονοῦσιν, οἷον τὸ "μία ψυχή" καὶ "κοινὰ τὰ φίλων" καὶ "ἰσότης φιλότης" καὶ "γόνυ κνήμης ἔγγιον"］.'"

10. "The friendly letter. Since I have many sterling letter carriers available, I am eager to address your intelligent mind. For it is a holy thing to honour genuine friends when they are present, and to speak to them when they are absent."

保罗在一些书信中似乎也采纳了友谊书信传统中的一些语言。更重要的是，保罗在一些信函中所流露的是真诚的友谊，而不是传统和表面的那一套。[11]

在古代社会中，荣誉和耻辱占主导地位。人在社会上的行为主要是根据事物的"恰当性"和个人的社会地位而定。一个高尚的男人展示慷慨大方是他的荣誉；而一个女人的权力若是在一个自由男人（a free man）之上则是她的耻辱。

伪德米特里认为赞赏是一个人的好行为，伪利班尼乌斯则相信它是一个人的美德。而行为和美德两者是互相关联的。伪德米特里声称赞赏其实是给人的一种"鼓励"。后来希腊词 παρακαλέω（to urge, encourage, exhort, beseech, comfort）作为一个劝告的术语，经常出现在新约圣经和早期基督教文献中。尽管新约书信中没有纯粹是为了赞赏而写的书信，保罗在他书信的部分也穿插了不少对同伴或会友的赞赏。他在感恩祈祷中也习惯地对收信人表示赞赏。[12] 在《哥林多前书》11 章中，保罗在提出忠告时，也以赞赏来平衡。[13]《哥林多前书》13 章对美德，尤其是对爱的赞赏，可与希腊罗马文学中一些类似的表达相媲美。

推荐信函（συστατικός, recommendation）是指书写人在

---

11. 例如：门 22；林前 10:15；林后 1:16；帖前 3:6-10。

12. 例如：罗 1:8；帖前 1:3；帖后 1:3-4；门 1-4。

13.《哥林多前书》11:2："我称赞（ἐπαινέω, praise）你们，因你们凡事纪念我，又坚守我所传给你们的。" 11:17："我现今吩咐你们的话，不是称赞（ἐπαινέω, praise）你们；因为你们聚会不是受益，乃是招损。" 11:22："你们要吃喝，难道没有家吗？ 还是藐视神的教会，叫那没有的羞愧（καταισχύνω, shame, dishonour）呢？ 我向你们可怎么说呢？ 可因此称赞（ἐπαινέω, praise）你们吗？ 我不称赞（ἐπαινέω, praise）!"

信件中代表第三方向收信者发出的请求。推荐信函也被称为介绍信函（letters of introduction）。此外，还有各类型的调解信函（intercessory letters）。推荐人往往会设想他是在与收信者面对面交谈一样。作者也会在推荐信中给收信者提供一些有关第三方的参考资料。由于旅行和招待在早期基督教会中极为重要，保罗偶尔在书信中使用推荐信函也不足为奇。[14]《腓利门书》就是一封涉及逃跑的奴隶阿尼西母的调解信函。保罗推荐阿尼西母是基于他与腓利门（奴隶的主人）的友情以及基督的爱。[15]保罗请求腓利门接受阿尼西母为主内的亲爱兄弟。[16]《腓利门书》可说是包括了介绍信函与调解信函的一些形式和特征。

二、保罗书信的类型

姆林斯（Terence Y. Mullins）认为新约文本的形式研究有两个不同的方向，那就是形式评鉴法（Form Criticism）和文学评鉴法（Literary Criticism）。早期基督教书信的核心部分既包含那些不属于古典书信的文学形式，也按其情况采纳了别的形式，

14.《哥林多后书》3:1-2："我们岂是又举荐自己吗？（Ἀρχόμεθα πάλιν ἑαυτοὺς συνιστάνειν）岂像别人用人的荐信给你们或用你们的荐信给人吗？（ἢ μὴ χρῄζομεν ὥς τινες συστατικῶν ἐπιστολῶν πρὸς ὑμᾶς ἢ ἐξ ὑμῶν）你们就是我们的荐信（ἡ ἐπιστολὴ ἡμῶν ὑμεῖς ἐστε），写在我们的心里，被众人所知道所念诵的。"《哥林多前书》16:3："及至我来到了，你们写信举荐谁，我就打发他们，把你们的捐资送到耶路撒冷去。"

15.《腓利门书》1:5-6："因听说你的爱心并你向主耶稣和众圣徒的信心（或作：因听说你向主耶稣和众圣徒有爱心有信心）[ἀκούων σου τὴν ἀγάπην καὶ τὴν πίστιν]。愿你与人所同有的信心显出功效，使人知道你们各样善事都是为基督做的。"

16.《腓利门书》1:16-17："不再是奴仆，乃是高过奴仆，是亲爱的兄弟（ἀδελφὸν ἀγαπητόν）。在我实在是如此，何况在你呢！这也不拘是按肉体说，是按主说，你若以我为同伴，就收纳他，如同收纳我一样（προσλαβοῦ αὐτὸν ὡς ἐμέ）。"

特别是古代的口述传统。事实上，部分的新约信件也是因为首先以口述作为沟通的方式最终才得以保存下来的。新约书信的另一个特色是它在格式方面的灵活性和包容性。虽然形式评鉴法主要是应用在符类福音上，但它也有助于对早期基督教书信口述形式的鉴定。相比之下，作为希腊和罗马书信构成部分的某些文学形式，却仍然是一个未完全开发的研究领域。现在比较为人所熟悉的希罗书信文学形式，主要还是在它的礼仪和劝勉形式这两方面。[17]

戴斯曼在其《来自古代东方的亮光》（*Light from the Ancient East*）一书中认为，福音书中所记载的耶稣教导是属于非文学性的。主要的原因是耶稣的门徒多数是来自当时社会底层的农民和文盲等。在某些程度上，保罗的信函也持续了初期基督教的这些特征。[18] 戴斯曼把古代文学性的书信（literary epistle）与个人信函（non-literary letter）作了明显的区分。个人信函只是当时人们日常生活的沟通媒介。[19] 具文学性的书信则是一种艺术的载体，如演讲和戏剧等。[20] 在戴斯曼看来，保罗信件严格地来

---

17. Terence Y. Mullins, "Petition as a Literary Form", *NovT* 5（1962）, 46.

18. "Jesus of Nazareth is altogether unliterary. He never wrote or dictated a line ... Side by side with Jesus there stands, equally non-literary, His apostle. Even from the hand of St. Paul we should posess not a line, probably, if he had remained, like his Master, in retirement ... Such sayings of the non-literary Jesus as have neen reported to us by others, and such non-literary letters as remain to us of St. Paul's, show us that Christianity in its earliest creative period was most closely bound up with the lower classes and had as yet no effective connexion with the small upper class possessed of power and culture. Jesus is more in company with the small peasants and townsmen of a rural civilisation—the people of the great city have rejected Him." Deissmann, *Light from the Ancient East*, 245-247.

19. Deissmann, *Light from the Ancient East*, 218-220.

20. Ibid., 220-221.

说，不是古典的文学作品，它们与书信本身的处境密不可分，按照当时的情况就事论事，应该属于一般的信函。保罗的信函也不是为社会公众和后人而写的，对象只是限于那些与他有密切关系的人。[21] 戴斯曼上述的观点在学术界并不缺乏争议。学者们对保罗信件是属于"个人"信函还是"文学"书信，至今仍旧争论不休。但现在大多数学者都会同意，保罗书信并非纯属个人性质，也具有古代希腊书信的模式。他们批评戴斯曼给保罗书信的分类不仅过于简单，甚至还有误导性。因为保罗书信不但包涵了希腊信函的书写形式，同时也融合了其他的文学传统。例如，当时盛行的修辞形式与说服方式（rhetorical forms and modes of persuasion），交叉的结构（chiastic structures），米德拉西的解经程序（midrashic exegetical procedures），对话教授法（Diatribe），早期基督徒的诗歌与宣信公式（early Christian hymns and confessional formulae），以及相当定型的劝勉传统和技巧。[22] 米理甘（G. Milligan）还指出，鉴于作者保罗在书信中所行使的权威性语气以及处理事物所采取的原则，保罗书信其实已经远远超越了个人感情的表达的范围。[23] 塞尔比（D. J. Selby）也非常清楚地提醒读者，保罗的书信主要是向教会信众宣读以求达到教导和劝勉的作用。保罗也就因此惯用第二人称复数（ὑμεῖς, you）。[24] 换言之，保罗的信件是针对不同教会的

21. Ibid., 225.

22. R. N. Longenecher, *Galatians*（WBC 41; Dallas: Word, 1990），ciii.

23. G. Milligan, *The New Testament Documents*: *Their Origin and Early History*（London: Macmillan, 1913），95.

24. D. J. Selby, *Toward the Understanding of St. Paul*（Englewood Cliffs, NJ: Prentice-Hall, 1962），239.

特定问题及处境而写的。书信的目的，除了是针对原收信的教会或是个人之外，也在各教会被公开诵读。就这个意义而言，这些书信可说是代表保罗自己的"出席"或"临在"（personal presence）。不但如此，对那些保罗亲自建立的教会以及那些与他有密切关系的信众而言，保罗的书信甚至可以被视为早期基督教的"官方代表"。学者也纠正了戴斯曼有关保罗书信缺少形式和结构的看法。[25] 因为学者们的研究结果显示，许多当时惯用的形式和结构特征，除了广泛地出现在希腊化的私人信函中，也可以在保罗的书信中发现。[26] 保罗书信中所显示的希腊信

25. 戴斯曼认为保罗书信在问候、感恩及结语这些传统的私人信函中，极少涉及书信的常规形式和结构。Deissmann, *Light from the Ancient East*. B. H. Brinsmead, *Galatians: Dialogical Response to Opponents*（SBLDS, 65; Chico, CA: Scholars Press, 1982），78.

26. Paul Schubert, *Form and Function of the Pauline Thanksgivings*（BZNW 20; Berlin: Töpelmann, 1939）; W. G. Doty, "The Classification of Epistolary Literature", *CBQ* 31（1969）, 183-99; idem, *Letters in Primitive Christianity*（Philadelphia: Fortress Press, 1973）; Francis X. J. Exler, *The Form of the Ancient Greek Letter: a Study in Greek Epistolography*（Washington, D.C.: Catholic University of America, 1923）; H. Koskenniemi, *Studien tur Idee und Phraseologie des griechischen Briefes bis 400 n. Chr.*（Helsinki: Akateeminen Kirjakauppa, 1956）; Mullins, "Petition as a Literary Form", *Novum Testamentum* 5（1962）: 46-54; J. L. White, "Introductory formulae in the body of the Pauline letter", *Journal of Biblical Literature* 90.1（1971）, 91-97; J. L. White, *The Form and Function of the Body of the Greek Letter: A Study of the Letter-Body in the Non-Literary Papyri and in Paul the Apostle*（SBLDS 2; Missoula: Scholars Press, 1972）; White, *The Form and Structure of the Official Petition: A Study in Greek Epistolography*（SBLDS 5; Missoula: Scholars Press, 1972）; White, "Epistolary Formulas and Cliches in Greek Papyrus Letters", *SBL Seminar Papers* 2（1978）, 289-319; White, "Saint Paul and the Apostolic Letter Tradition", *CBQ* 45（1983）, 433-44; White, "New Testament Epistolary Literature in the Framework of Ancient Epistolography", *ANRW* II.25.2（1984）, 1730-56; White, *Light from Ancient Letters*（Philadelphia: Fortress Press, 1986）. 另参见 J. L. White and K. Kensinger, "Categories of Greek Papyrus Letters", *SBLASP* 10（1976）, 79-91; Chan-Hie Kim, *Form and Structure of the Familiar Greek Letter of Recommendation*（SBLDS 4; Missoula: Scholars Press, 1972）。

函结构与模式包括：1）信首（发信人，收信人和问候）；2）感恩或祝福（经常伴随着一个代祷）；3）正文（正式的开始，连接和过渡的公式，偶尔还会出现的"末世高潮"［eschatological climax］，以及旅程计划）；4）劝勉（采用盛行的呼格）；5）信尾（问候，三一颂，祝福）。保罗在书信中充分地体现了他相当自由与灵活地采纳了当时的许多书信公式，却又不受其所局限。正如方柯（R. Funk）所观察的那样，保罗并没有严格地遵循既定的模式，而是创造了自己的一套书信形式。这当然是与书信作为一种文学的传统有关。如果保罗是基于使徒宣教的情况和神学的理解而塑造了一个属于自己的书信模式，他也似乎不介意采用和遵循当时一些流行的书信结构与原则。对保罗来说，这些书信也只是"形式"和载体而已，最重要的还是内容与目的。[27] 研究保罗书信的近现代新约学者，都会高度重视保罗书信的文体类型（Genre），还将他的书信称为"具希腊风格的书信"。[28] 事实上，保罗书信是已经混合了多种形式和风格的，超越了普通信函的定义和规范。

---

27. R. Funk, *Language, Hermeneutic and Word of God*（New York: Harper & Row, 1966），270; Doty, *Letters in Primitive Christianity*, 27-43.

28. 参见 Jack T. Sanders, "The Transition from Opening Epistolary Thanksgiving to Body in the Letters of the Pauline Corpus", *JBL* 81（1962），348-362; Terence Y. Mullins, "Disclosure: a Literary Form in the New Testament", *NovT* 7（1964），44-50; O'Brien, *Introductory Thanksgivings in the Letters of Paul*; Malherbe, *Ancient Epistolary Theorists*; Jeffrey A. D. Weima, *Neglected Endings: The Significance of Pauline Letter Closings*（JSNTSup 101; Sheffield: Sheffield Academic Press, 1994）; Weima, "The Pauline Letter Closings: Analysis and Hermeneutical Significance", *Bulletin for Biblical Research* 5（1995），177-198; Hans-Josef Klauck, *Ancient Letters and the New Testament: A Guide to Context and Exegesis*（Waco, Tex.: Baylor University Press, 2006）.

第三章
保罗书信的主题

希腊词 τόπος（place or position，意思是 "地方" 或 "位置"），在古代是指 "主题"（theme）或者 "论点"（argument）。古代书信的主题（τόποι, themes or commonplaces）和题材的组成几乎都是围绕着有关 "友谊" 的主题。根据库斯茨尼米（Heikki Koskenniemi）和斯瑞德（Klaus Thraede）的研究，"友谊" 的主题或许是希腊罗马文学书信中最重要的书信类型。[1] 库斯茨尼米以德米特里的《论风格》以及其有关的理论为基础，总结了希腊罗马书信的三个基本特征：1）φιλοφρόνησις, friendship（作者与收件人之间的友谊）；2）παρουσία, presence or reunion（作者与收件人在一段分离时期之后的预期重聚）；3）ὁμιλία, conversation（作者与收件人的交谈都是建立在友谊的基础与交往上）。这三个特征皆与希腊的友谊传统有关。斯瑞德的

1. Heikki Koskenniemi, *Studien zur Idee und Phraseologie des griechischen Briefes bis 400 n. Chr.* (Helsinki, Akateeminen Kirjakauppa, 1956). Klaus Thraede, *Grundzüge griechisch-römischer Brieftopik* (Munich: C. H. Beck, 1970).

文学书信又进一步分析了友谊书信的性质与具体内容：1）朋友之间的交谈；2）这交谈代替了朋友的光临；3）分别期间因为信件来往所带来的安慰；4）憧憬着将来的会面，5）收到信件的喜悦。

在希腊罗马时代，写信者借着书信"临在"（παρουσία，presence）的思想不仅出现于书信中，而且也体现在其他文学中。古罗马剧作家普劳图斯（Titus Maccius Plautus，约公元前254年—前184年）的喜剧是现存最早的完整拉丁文学作品。他的喜剧 *Pseudolus* 早就已经涉及这个藉着文字"临在"的思想。Pseudolus 是拉丁文的一个人名。这部喜剧可译为《撒谎者》，也可以翻译为《聪明的奴隶》。卡里岛如斯（Calidorus），希腊贵族西莫（Simo）的儿子，向他父亲的聪明奴隶修岛鲁斯（Pseudolus）悲叹他心爱的女友斐尼库姆（Phoenicium）已经被她的妓院老板百利欧（Ballio）卖给了马其顿大将柏利马凯欧派格德（Polymachaeroplagides）。卡里岛如斯让聪明奴隶修岛鲁斯阅读他收到的斐尼库姆的蜡版信函。修岛鲁斯告诉卡里岛如斯，他是可以在信中"看到"他的爱人斐尼库姆"在整个蜡版上，躺在蜡里"的。卡里岛如斯回答道，"是的，是的，因为蜡版信函让我感到自己正在和她说话。接着读！"换而言之，卡里岛如斯所表达的是"读信如见人"或"见字如晤"的动人感受。此外，公元前1世纪的罗马喜剧诗人特皮流斯（Turpilius）在论到交换信函的时候也曾感慨万千地说道："这是让缺席者光临的唯一途径。"（*res est, quae homines absentes praesentes faciat.*）[2]

---

2. St. Jerome, *Ep.* 8.1.

西塞罗熟悉希腊书信理论，这证明书信手册在公元前1世纪是流通的。西塞罗在书信中擅长使用盛行的散文形式。他也认为信函是与缺席的朋友沟通的好途径（amicorum colloquia absentium）。[3] 西塞罗在《致友人书信》中写道："当我写信给你的时候，不知何故，它使你仿佛就在眼前。这并非是'通过图像的幻影形式'，像你的新朋友们所表述的那样。"（fit enim nescio qui ut quasi coram adesse videare cum scribo aliquid ad te, neque id κατ' εἰδώλων φαντασίας, ut dicunt tui amici novi.）[4] 在《致友人书信》的另一处，西塞罗清晰地描述道："这是很难用言语来表达的，但我在想象中看见你，它就好像是我和你面对面说话一样。"（difficile est loqui; te autem contemplans absentem et quasi tecum coram loquerer.）[5] 西塞罗在这里所使用的拉丁用语 absentem 和 quasi tecum coram（as though I was talking to you）与希腊的用语 ἀπών（absent）和 ὡς παρών（as being present）相应。希腊文"缺席"（ἀπών）和"光临"（παρών）这对术语经常被引用在第三世纪的蒲草纸信函中。[6]

　　奥维德（Ovid）在《哀歌》（Lamentations）中抒发了被罗

---

3. Cicero, *Philippics* 2.4.7.
4. Cicero, *ad Familiares*（*Letters* to *Friends*）15.16.1.
5. Cicero, *ad Familiares* 2.9.2.
6. BGU IV 1080.1-10: "Herakleides to his son Heras: Greetings. Above all I greet you, rejoicing together（with you）about what has happened to you, i.e., a good, pious, and happy marriage, according to our common prayers and petitions, to which the gods, upon hearing them, granted fulfilment. And we by hearsay, being far away（ἀπό ντες）but as being present（ὡς παρόντες）at the occasion have rejoiced, wishing（you）well for the things to come and that we, having arrived at your home, may celebrate together a doubly luxuriant banquet."

马放逐之后的思乡之情。奥维德在诗歌中采用的书信形式抒发的是对流亡的感受以及他与远隔在罗马的朋友的情怀。诗人回答和解释了为何发送他的流亡诗歌，同时还表达了他渴望与罗马的朋友相见的心愿（*Cur scribam, docui. Cur mittam, quaeritis, isto? uobiscum cupio quolibet esse modo*）。[7] 此外，奥维德还表达了与友人"精神同在"的思想（*Quod licet, absentem qua possum mente uidebo; aspiciet uultus consulis illa sui*）。[8]

塞涅卡在《道德书信集》中写道，每当收到朋友的信件时，他就立刻感到朋友的"同在"（*Numquam epistulam tuam accipio, ut non protinus una simus*）。对塞涅卡而言，缺席朋友的信件所带来的喜悦比别的事物还更真实、具体和甜蜜（*Si imagines nobis amicorum absentium iucundae sunt, quae memoriam renovant et desiderium falso atque inani solacio levant, quanto iucundiores sunt litterae, quae vera amici absentis vestigia, veras notas adferunt? Nam quod in conspectu dulcissimum est, id amici manus epistulae inpressa praestat, agnoscere*）。[9]

"临在"（παρουσία, presence）的思想也经常出现在保罗的书信中，特别是在《哥林多前书》5:3-4："我身子虽不

---

7. Ovid, *Epistulae ex Ponto* 4.4.43-46.
8. Ovid, *Tristia*（"Sorrows" or "Lamentations"）5.1.79-80.
9. Seneca, *Epistulae Morales* 40.1: "I thank you for writing to me so often; for you are revealing your real self to me in the only way you can. I never receive a letter from you without being in your company forthwith. If the pictures of our absent friends are pleasing to us, though they only refresh the memory and lighten our longing by a solace that is unreal and unsubstantial, how much more pleasant is a letter, which brings us real trances, real evidences, of an absent friend! For that which is sweetest when we meet face to face is afforded by the impress of a friend's hand upon his letter-recognition."

在你们那里（ἀπών, absent），心却在你们那里（παρών, present），好像我亲自与你们同在，已经判断了行这事的人。就是你们聚会的时候，我的心也同在（ὡς παρών, as being present）。奉我们主耶稣的名，并用我们主耶稣的权能。"（ἐγὼ μὲν γάρ, ἀπὼν τῷ σώματι παρὼν δὲ τῷ πνεύματι, ἤδη κέκρικα ὡς παρὼν τὸν οὕτως τοῦτο κατεργασάμενον· ἐν τῷ ὀνόματι τοῦ κυρίου [ἡμῶν] Ἰησοῦ συναχθέντων ὑμῶν καὶ τοῦ ἐμοῦ πνεύματος σὺν τῇ δυνάμει τοῦ κυρίου ἡμῶν Ἰησοῦ.）

保罗在《哥林多后书》10:1-2 也表达了类似的思想："我保罗，就是与你们见面的时候是谦卑的，不在你们那里的时候（ἀπών, absent）向你们是勇敢的，如今亲自藉着基督的温柔、和平劝你们。有人以为我是凭着血气行事，我也以为必须用勇敢待这等人；求你们不要叫我在你们那里的时候（παρών, present），有这样的勇敢。"（Αὐτὸς δὲ ἐγὼ Παῦλος παρακαλῶ ὑμᾶς διὰ τῆς πραΰτητος καὶ ἐπιεικείας τοῦ Χριστοῦ, ὃς κατὰ πρόσωπον μὲν ταπεινὸς ἐν ὑμῖν, ἀπὼν δὲ θαρρῶ εἰς ὑμᾶς· δέομαι δὲ τὸ μὴ παρὼν θαρρῆσαι τῇ πεποιθήσει ᾗ λογίζομαι τολμῆσαι ἐπί τινας τοὺς λογιζομένους ἡμᾶς ὡς κατὰ σάρκα περιπατοῦντας.） [10]

此外，保罗书信还显示了信函的其他特征。信函不仅投射

10.《帖撒罗尼迦前书》2:17："弟兄们，我们暂时与你们离别，是面目离别，心里却不离别；我们极力地想法子，很愿意见你们的面。"《歌罗西书》2:5："我身子虽与你们相离，心却与你们同在，见你们循规蹈矩，信基督的心也坚固，我就欢喜了。"

了作者性格的一个形象，而且还成了作者与收信者离别期间的安慰。作者也同时表达了在接到信息时的喜悦，以及渴望与他们重聚的心愿。[11]

11.《哥林多后书》1:16："也要从你们那里经过，往马其顿去，再从马其顿回到你们那里，叫你们给我送行往犹太去。"《帖撒罗尼迦前书》3:6-10："但提摩太刚才从你们那里回来，将你们信心和爱心的好消息报给我们，又说你们常常纪念我们，切切的想见我们，如同我们想见你们一样。所以弟兄们，我们在一切困苦患难之中，因着你们的信心就得了安慰。你们若靠主站立得稳，我们就活了。我们在上帝面前，因着你们甚是喜乐，为这一切喜乐，可用何等的感谢为你们报答上帝呢？"《腓利门书》1:22："此外你还要给我预备住处；因为我盼望藉着你们的祷告，必蒙恩到你们那里去。"

第四章
书信格式

一、古代书信格式

古代信件中常见的基本成分包括以下八个方面。1）问候。作者对收件人的称呼形式可以表明寄信人与收信人的关系。例如，"最亲爱的"（φίλτατος, dearest）和"最尊敬的"（τιμιώτατος, most esteem），这些称呼没有在家信中出现。2）祝收信人身体健康（formula valetudinis, health wish）。3）向神祇感恩的惯例公式（The proskynema formula），[1] 表达发信人为收信人祈祷的保证，也是相互纪念的习惯公式。正文包括以下五个方面。4）表达收到信件和好消息的喜悦。5）机会到来的公式（The opportunity〔ἀφορμή〕formula），当发信人写信的时候，习惯上都会表明发送信件的机会已经到来。6）开诚布公的公式（The disclosure formula）的表达形式：例如，"我想让你知

---

1. 在罗马时期，作者在书信的开头经常引用惯例公式作为在神面前顺服的一个行为。

道"，"我不希望你不知道"，以及相应的信息请求。7）各种习以为常的词句包括："如果可能的话"，"你会做得很好"，"若神明许可"（θεῶν οὖν βουλομένων, if the gods will or the gods willing），[2] "但最重要的"（but above all）等。[3] 8）结束的问候通常都会祝愿收信人平安（Ἔρρωσθε, farewell）。

下面以阿皮翁写给父亲的一封信函（"A letter from Apion to his father"; BGU, II.423）为例：

1　Ἀπίων Ἐπιμάχ ωσαφάτῳ τῷι πατρὶ καὶ κυρίῳ πλεῖστα. Πρὸ μὲν πάντων εὔχομαί σε ὑγιαίνειν και δια παντὸς ἐρωμένον εὐτυχεῖν μετὰ τῆς ἀδελφῆς

5　μου και τῆς θυγατρὸς αὐτῆς καὶ τοῦ ἀδελφοῦ μου. Εὐχαριστῶ τῷ κυρίῳ Σεράπιδι, ὅτι μου κινδυεύσαντος εἰς θάλασσαν ἔσωσε εὐθέως. Ὅτε εἰσῆλθον εἰς Μησήνους, ἔλαβα βιατικὸν παρὰ Καίσαρος

10　χρυσοῦς τρεῖς καὶ καλῶς μοί ἐστιν. Ἐρωτῶ σε οὖν, κύριέ μου πατήρ, γράψον μοι ἐπιστόλιον πρῶτον μὲν περὶ τῆς σωτηρίας σου, δεύτερον περὶ τῆς τῶν ἀδελφῶν μου,

15　τρ[ί]τον, ἵνα σου προσκυνήσω τὴν χέραν, ὅτι με ἐπαίδευσας καλῶς καὶ ἐκ τούτου ἐλπίζω ταχὺ προκό（μι-）σαι τῶν θε[ῶ]ν θελόντων. Ἄσπασαι Καιπίτων[α πο］λλὰ καὶ το[ὺς]ἀδελφούς

---

2. POxy 1666:11.

3. J. L. White, "Epistolary Formulas and Cliches in Greek Papyrus Letters", *SBL Seminar Papers* 2（1978），289-319.

20 [μ] ου καὶ Σε [ρηνί] λλαν καὶ το [ὺς] φίλους

μο [υ] . Ἔπεμψά σο [ι εἰ] κόνιν μ [ου] διὰ Εὐκτήμονος.

Ἔσ [τ] ι [δέ] μου ὄνομα Ἀντῶνις Μάξιμος

Ἐρρῶσθαί σε εὔχομαι.

Κεντυρί (α) Ἀθηνονίκη.

对应英译 :

Apion to Epimachus, his father and lord, very many greetings.

Before all else I pray for your health and that you may always be well and prosperous, together with my sister [5] and her daughter and my brother.

I give thanks to the Lord Serapis that when I was in danger at sea he straightway saved me.

On arriving at Misenum, I received from Caesar [10] three gold pieces for travelling expenses. And it is well with me.

Now I ask you, my lord and father, write me a letter, telling me first of your welfare, secondly of my brother's and sister's, and enabling me [15] thirdly to make obeisance before your handwriting, because you educated me well and I hope thereby to have quick advancement, the gods willing.

Give many greetings to Capiton and my brother and sister and [20] Serenilla and my friends. I have sent you by Euctemon a portrait of myself. My name is Antonius Maximus [*military name*] .

I pray for your health.

Company Athenonica.[4]

中文翻译:

阿皮翁向他的父亲和他的主埃皮马克斯衷心问安。我祷告上苍,求他赐您,并我的妹妹和她女儿,以及我的兄弟,身体康健,万事如意。我感谢上主塞拉皮斯,在海上的惊险中搭救了我,保佑我平安。当我到达米塞努姆时,便从凯撒那里获得三块金元的旅费。我这里一切很好。现在我请求您,我的主与父亲,赐下您的手谕,第一,请告诉我您的身体如何,第二是我兄弟和妹妹的康健,第三是好让我可以亲吻您的手迹,以表达我的敬意。您给了我良好的教育,若[诸]神允许,我希望借此尽快获得擢升。请代我向卡彼顿,我的兄弟姐妹,塞莱尼拉和我的朋友们问候。我把欧克德门为我画的一幅肖像寄给您。我的军名是安多纽·麦克西摩斯。祝您身体健康。雅典娜连队。

根据古文字学,该信的写作日期是公元2世纪,是写在一片蒲草纸上的。它被发现于收信人所住的地方法尤姆(Fayum),属于埃及尼罗河下游以西地区的分支之一。这个地方也是该信作者的家乡,作者是一个名叫阿皮翁的年轻埃及

---

4. J. G. Winter, "In the Service of Rome: Letters from the Michigan Collection of Papyri", *CPh* 22 (1927), 237-256; J. L. White, *Light from Ancient Letters* (Philadelphia: Fortress Press, 1986), 159-161; Hans-Josef Klauck, *Ancient Letters and the New Testament: A Guide to Context and Exegesis*, trans. Daniel P. Bailey (Waco: Baylor University Press, 2006), 9-14.

人。1）问候在信首，作者阿皮翁向收信人他的父亲问候，他称呼自己的父亲为"主"（κύριος, lord, master），表明他对父亲的尊敬。2）传统的健康祝愿公式（formula valetudinis, health wish）：阿皮翁祝愿他的整个家庭健康和幸福。从信中可以得知，阿皮翁还有一个妹妹和一个哥哥，他的妹妹有一个女儿。3）向神祇感恩。在问候和祝愿之后，阿皮翁也采用了习惯的公式（The proskynema formula）。在跨越地中海时，他在海上陷入危险。阿皮翁向希腊—埃及之神塞拉匹斯（Σάραπις, Sarapis；拉丁拼写为 Serapis）[5]求助，并感谢塞拉匹斯的援救。正文内容：4）作者向收件人表达自己的良好境况，说他到达米塞努姆（Misenum）之后，从凯撒那里收到了三块金元的旅行和生活费用，显然他不是从罗马皇帝凯撒那里直接领取到，而是通过帝国团的财务处获得那笔费用的。三块金元等于当时七十五古希腊银币（δραχμές, drachmas），或是普通工人两三个月的工资。难怪阿皮翁对他的处境表示满足。5）熟悉的请愿方式（familiar petition），使用了 ἐρωτᾶν 这个词语。这样的请愿方式是早期希腊信函中四种请愿（petition）的类型之一。阿皮翁（Ἐρωτῶ σε οὖν, Now I ask you）现在要求他父亲回复一封关于他父亲以及兄弟姐妹的康健（σωτηρίας, welfare）的家信。此外，阿皮翁希望对他父亲的笔迹深表敬意（προσκυνέω, make obeisance），并以亲吻该信来表示。阿皮翁还不忘对父亲这么好的养育再次表示感激。6）阿皮翁在

---

5. 塞拉匹斯是古代希腊埃及之神（syncretic Hellenistic-Egyptian god in Antiquity），是海员的守护神。

结束信函之前使用了常见的词句："若上帝允许"（τῶν θε［ῶ］ν θελόντων, the gods willing）。"若上帝允许"这个词句也出现在《雅各书》4:15："你们只当说：'主若愿意，我们就可以活着，也可以做这事，或做那事。'"（ἀντὶ τοῦ λέγειν ὑμᾶς· ἐὰν ὁ κύριος θελήσῃ καὶ ζήσομεν καὶ ποιήσομεν τοῦτο ἢ ἐκεῖνο.）7）祝愿收信人平安健康，同时请求父亲转达阿皮翁对他人的问候（ἄσπασαι, "give greetings to"）："请代我向卡彼顿（Capiton），我的兄弟姐妹，塞莱尼拉（Serenilla）和我的朋友们问候。"在结束之前，阿皮翁还迅速地补充了两个信息。其一，他告诉父亲欧克德门所送交的是阿皮翁的一个肖像。这幅画像是由一个专业画家在草纸上刻画了身穿军服的阿皮翁的素描。其二，阿皮翁还采用了罗马军名，即安多纽·麦克西摩斯（Antonius Maximus）。这个军名是没有法律地位的。但对阿皮翁的父亲而言，知道儿子的新名非常有用，以便他能正确处理回信地址。为了达到这个目的，阿皮翁还包括了他的军事单位（Κεντυρί（α）Ἀθηνονίκη, Company Athenonica）。Company Athenonica 指一个连队或百人的军事单位。希腊词（κεντυρία）使用在这种情况下是指军舰。它承担希腊女神雅典娜的美名，"作为胜利者的雅典娜"或者"以雅典娜的名字得胜"。

二、保罗书信格式

保罗的书信基本上也是依照希腊信函的标准格式而写的，可以很简单地分为三个主要部分：1）信首（opening of the

letter）；2）正文（main body of the letter）；3）信尾（closing of the letter）。然而，在保罗的大多数书信中，保罗已经有了自己的风格，不受传统的约束了。[6]

1. 信首

保罗书信的信首公式由两个基本元素组成：（1）常规（发件人、收信人和问候）；（2）感恩。[7]

（1）**常规（发件人、收信人和问候）**。与常规基本上一样，保罗在信首部分一般上都是这样开始的："耶稣基督的仆人保罗，或是作使徒的保罗……愿恩惠，平安归于你们（问候）。"保罗通常以"使徒"（ἀπόστολος, apostle）和"仆人"（δοῦλος, servant）自称，只有在《帖撒罗尼迦前书》和《帖撒罗尼迦后书》中没有出现。保罗在一些书信中也会提到与他一起发信的人（co-senders）。[8] 除了四封书信以外（《腓立比书》，《帖撒罗尼迦前书》，《帖撒罗尼迦后书》和《腓利门书》），保罗在其他书信皆以"使徒"自称。在《腓利门书》中，保罗仅提到"囚犯"（δέσμιος, prisoner）一次。在七封无争议的保罗书信中，《加拉太书》和《罗马书》脱颖而出，保罗在此需要

---

6. Schubert, *Form and Function of the Pauline Thanksgivings*（BZNW 20; Berlin: Töpelmann, 1939）; James L. Bailey and Lyle D. Vander Broek（eds.）, *Literary Forms in the New Testament: A Handbook*（Louisville KY: Wesminster John Knox Press, 1992）; Aune, *The New Testament in Its Literary Environment*; Stanley E. Porter and Sean A. Adams（eds.）, *Paul and the Ancient Letter Form*（Pauline Studies 6; Boston/ Leiden: Brill, 2010）. 参见史瑞纳，《诠释保罗书信》（香港：天道书楼，2000）。李保罗，《结构式研经与释经》（香港：天道书楼，2000）。李志秋，《新约书信诠释》（香港：天道书楼，2016）。

7. 鲍维均，《凡事谢恩：使徒保罗的感谢观》（台北：友友文化，2017）。

8.《罗马书》《以弗所书》和教牧书信例外。

特别强调他的使徒身份与地位，因为加拉太人以及罗马教会中的那些不熟悉保罗的人，对他的身份提出质疑。在罗马的外交信件中，发信人通常都会非常正式地以自己适当的头衔和地位自称。由罗马皇帝派发出去的公函，则会少不了凯撒一连串的各种称号。同样地，保罗在书信中使用称号是为了发挥它们作为正式信函的功能。因此，理解保罗信件开始的方式和内容是非常关键的。例如，在《加拉太书》的开始，保罗还刻意地增加了一句直接关系到他在教会里的权威问题的话语："作使徒的保罗（不是由于人，也不是藉着人，乃是藉着耶稣基督，与叫他从死里复活的父神）。"[9] 在《哥林多后书》1:4-9，保罗实际上忽略了他习惯上的"感恩"。这也许是与他当时的情绪有关。

保罗以"为上帝所爱"（ἀγαπητοῖς θεοῦ, God's beloved），"蒙召作圣徒的"（κλητοῖς ἁγίοις, called to be saints），"给上帝的教会"（τῇ ἐκκλησίᾳ τοῦ θεοῦ, To the church of God）等用语称呼收信者。

除了教牧书信以外，保罗所有的书信都有相似的问候语。在保罗最早的书信中可以发现最简单的形式，"愿恩惠平安归于你们"（χάρις ὑμῖν καὶ εἰρήνη, Grece to you and peace）。保罗可

---

9. 参见《哥林多后书》1:1："奉上帝旨意作基督耶稣使徒的保罗和兄弟提摩太，写信给在哥林多的教会，并亚该亚遍处的众圣徒。"《罗马书》1:1-7a："耶稣基督的仆人保罗，奉召为使徒，特派传上帝的福音。这福音是上帝从前藉众先知在圣经上所应许的，论到他儿子——我主耶稣基督。按肉体说，是从大卫后裔生的；按圣善的灵说，因从死里复活，以大能显明是神的儿子。我们从他受了恩惠并使徒的职分，在万国之中叫人为他的名信服真道；其中也有你们这蒙召属耶稣基督的人。我写信给你们在罗马，为上帝所爱，奉召作圣徒的众人。"

能以"恩惠"和"平安"（χάρις καὶ εἰρήνη, grace and peace）来取代希腊信函的"问候"（χαίρειν, greetings）。在这一点上与保罗的比较接近的是"伪经"中的《巴录书》（Baruch），《巴录书》约写于公元 100 年："愿怜悯平安归于你们。"（Mercy and peace to you；2 Baruch 78.2）"怜悯平安"是犹太人一个比较常用的问候语。保罗使用"平安"可能反映了希伯来语（Hebrew）与亚兰语（Aramaic）的"平安"（שָׁלוֹם, shalom）的问候。类似的问候也出现在被视为拉比迦玛列的 3 封信中："愿你们大享平安！"（May your well-being [שְׁלוֹם] increase!）这可能是散居在东部的犹太人的书面问候。[10] 在《但以理书》中，也有两处类似的问候："愿你们一切富足！"（שְׁלָמְכוֹן יִשְׂגֵּא, May you have abundant prosperity!）[11]

（2）（祈祷）感恩。在希腊信函中，向收件人问好之后，发信者会简短地提到一个向诸神的祷告或者表达一个宗教或非宗教的感恩。希腊的敬拜铭文通常称为 proskynemata，希腊词 προσκύνημα 源于动词 προσκυνέω（fall down to worship, 跪拜，敬奉），不像名词"崇拜"（προσκύνησις, adoration）那样只用在埃及。在希腊蒲草纸信函中，问好之后便接着有一个敬拜公式（proskynema formula），始于公元 1 世纪。[12] 例如在蒲草纸信函中所出现的感恩祈祷如下："在一切之前，我为你的健

---

10. Gamaliel, J. *Sanh.* 18d; B. *Sanh.* 18d; Tos. *Sanh.* 2.6.
11.《但以理书》（亚兰语）3:31; 6:26。
12. 例如：《马加比二书》1:1-9; 1:10-2:18。

康和成功祈求，同时每天也在我们祖先的神明面前为你敬拜。"（πρὸ μὲν πάντων εὔχομέ σε ὑγειένειν και προκόπτειν, ἅμα δε και τὸ προσκύνημά σου ποιοῦμε ἡμερησίως παρὰ τοῖς πατρώες θεοῖς.）[13]

信首中的感恩不只是一种装饰或是客套。信中对收信人的赞赏，也可以作为一个序言（*exordium*），旨在表达善意。感恩的长度也可以反映作者与收信人之间的亲密程度。《腓利门书》和《帖撒罗尼迦前书》中较长篇的感恩也正是反映了这一点。相反地，感恩没有出现在《加拉太书》和《哥林多后书》中的也就表示保罗与这些教会之间的紧张关系。[14]

除了《加拉太书》和《哥林多后书》以外，其余的保罗书信在问安以后会立即插入一段感恩的祈祷。[15] 保罗的感恩祈祷皆以"我常为你们感谢我的上帝"（Εὐχαριστῶ τῷ θεῷ μου πάντοτε περὶ ὑμῶν）的短语开始。保罗书信包含了两种基本类型的感恩。其一，是复杂的七重结构，通常以"感恩"的动词（εὐχαριστέω, to give thanks）开始，以ἵνα（that）子句作为结束。[16] 其二，是简单的结构形式，同样以"感恩"的动词开

---

13. Pmich 209:3-6.

14. Aune, *The New Testament in Its Literary Environment*, 186.

15. 例如：罗 1:8-17；林前 1:4-9；腓 1:3-11。

16.《腓立比书》1:3-11："我每逢想念你们，就感谢我的上帝［Εὐχαριστῶ τῷ θεῷ μου ἐπὶ πάσῃ τῇ μνείᾳ ὑμῶν］；每逢为你们众人时候，常是欢欢喜喜的祈求。因为从头一天直到如今，你们是同心合意的兴旺福音。我深信那在你们心里动了善工的，必成全这工，直到耶稣基督的日子。我为你们众人有这样的意念，原是应当的；因你们常在我心里，无论我是在捆锁之中，是辩明证实福音的时候，你们都与我一同得恩。我体会基督耶稣的心肠，切切的想念你们众人；这是上帝可以给我作见证的。我所祷告的，就是要你们的爱心在知识和各样见识上多而又多，使你们能分别是非（或作：喜爱那美好的事），作诚实无过的人，直到基督的日子［...ἵνα ἡ ἀγάπη ὑμῶν ἔτι μᾶλλον καὶ μᾶλλον（转下页）

始，但以 ὅτι（for, because）子句作为结束。[17]

《腓利门书》是保罗写给一位朋友的私人信函。信首的感

（接上页）περισσεύῃ ἐν ἐπιγνώσει καὶ πάσῃ αἰσθήσει εἰς τὸ δοκιμάζειν ὑμᾶς τὰ διαφέροντα, ἵνα ἦτε εἰλικρινεῖς καὶ ἀπρόσκοποι εἰς ἡμέραν Χριστοῦ, πεπληρωμένοι καρπὸν δικαιοσύνης τὸν διὰ Ἰησοῦ Χριστοῦ εἰς δόξαν καὶ ἔπαινον θεοῦ］；并靠着耶稣基督结满了仁义的果子，叫荣耀称赞归与神。"《帖撒罗尼迦后书》1:3-12："弟兄们，我们该为你们常常感谢上帝，这本是合宜的；因你们的信心格外增长，并且你们众人彼此相爱的心也都充足 ［Εὐχαριστεῖν ὀφείλομεν τῷ θεῷ πάντοτε περὶ ὑμῶν, ἀδελφοί, καθὼς ἄξιόν ἐστιν, ὅτι ὑπεραυξάνει ἡ πίστις ὑμῶν καὶ πλεονάζει ἡ ἀγάπη ἑνὸς ἑκάστου πάντων ὑμῶν εἰς ἀλλήλους］……因此，我们常为你们祷告，愿我们的上帝看你们配得过所蒙的召，又用大能成就你们一切所羡慕的良善和一切因信心所做的工夫；叫我们主耶稣的名在你们身上得荣耀，你们也在他身上得荣耀，都照着我们的上帝并主耶稣基督的恩 ［....ἵνα ὑμᾶς ἀξιώσῃ τῆς κλήσεως ὁ θεὸς ἡμῶν καὶ πληρώσῃ πᾶσαν εὐδοκίαν ἀγαθωσύνης καὶ ἔργον πίστεως ἐν δυνάμει, ὅπως ἐνδοξασθῇ τὸ ὄνομα τοῦ κυρίου ἡμῶν Ἰησοῦ ἐν ὑμῖν, καὶ ὑμεῖς ἐν αὐτῷ, κατὰ τὴν χάριν τοῦ θεοῦ ἡμῶν καὶ κυρίου Ἰησοῦ Χριστοῦ］." 参见 P. Schubert, *Form and Function of the Pauline Thanksgivings*, 10-55. O'Brien, *Introductory Thanksgivings in the letters of Paul*, 62-104。

17. 《哥林多前书》1:4-9："我常为你们感谢我的上帝，因上帝在基督耶稣里所赐给你们的恩惠 ［Εὐχαριστῶ τῷ θεῷ μου πάντοτε περὶ ὑμῶν ἐπὶ τῇ χάριτι τοῦ θεοῦ τῇ δοθείσῃ ὑμῖν ἐν Χριστῷ Ἰησοῦ］；又因你们在他面前凡事富足、口才、知识都全备，正如我为基督作的见证，在你们心里得以坚固，以致你们在恩赐上没有一样不及人的，等候我们的主耶稣基督显现。他也必坚固你们到底，叫你们在我们主耶稣基督的日子无可责备。上帝是信实的，你们原是被他所召，好与他儿子——我们的主耶稣基督一同得分"［ὅτι ἐν παντὶ ἐπλουτίσθητε ἐν αὐτῷ, ἐν παντὶ λόγῳ καὶ πάσῃ γνώσει, καθὼς τὸ μαρτύριον τοῦ Χριστοῦ ἐβεβαιώθη ἐν ὑμῖν, ὥστε ὑμᾶς μὴ ὑστερεῖσθαι ἐν μηδενὶ χαρίσματι ἀπεκδεχομένους τὴν ἀποκάλυψιν τοῦ κυρίου ἡμῶν Ἰησοῦ Χριστοῦ· ὃς καὶ βεβαιώσει ὑμᾶς ἕως τέλους ἀνεγκλήτους ἐν τῇ ἡμέρᾳ τοῦ κυρίου ἡμῶν Ἰησοῦ ［Χριστοῦ］. πιστὸς ὁ θεός, δι' οὗ ἐκλήθητε εἰς κοινωνίαν τοῦ υἱοῦ αὐτοῦ Ἰησοῦ Χριστοῦ τοῦ κυρίου ἡμῶν］。参见《罗马书》1:8-10："第一，我靠着耶稣基督，为你们众人感谢我的上帝 ［Πρῶτον μέν εὐχαριστῶ τῷ θεῷ μου διὰ Ἰησοῦ Χριστοῦ περὶ πάντων ὑμῶν］，因你们的信德传遍了天下。我在他儿子福音上，用心灵所事奉的上帝，可以见证我怎样不住的提到你们；在祷告之间常常恳求，或者照上帝的旨意，终能得平坦的道路往你们那里去。"［ὅτι ἡ πίστις ὑμῶν καταγγέλλεται ἐν ὅλῳ τῷ κόσμῳ. μάρτυς γάρ μού ἐστιν ὁ θεός, ᾧ λατρεύω ἐν τῷ πνεύματί μου ἐν τῷ εὐαγγελίῳ τοῦ υἱοῦ αὐτοῦ, ὡς ἀδιαλείπτως μνείαν ὑμῶν ποιοῦμαι πάντοτε ἐπὶ τῶν προσευχῶν μου δεόμενος εἴ πως ἤδη ποτὲ εὐοδωθήσομαι ἐν τῷ θελήματι τοῦ θεοῦ ἐλθεῖν πρὸς ὑμᾶς. ］

恩片段非常简短："我祷告的时候提到你，常为你感谢我的上帝。"（Εὐχαριστῶ τῷ θεῷ μου πάντοτε μνείαν σου ποιού μενος ἐπὶ τῶν προσευχῶν μου. ）与其他的保罗书信相比，《腓利门书》更接近古代私人信件的感恩。《帖撒罗尼迦前书》《哥林多前书》《哥林多后书》和《腓立比书》都是写给十分熟悉保罗的教会。但在《腓立比书》1:3-11，出现了保罗最长的感恩。使徒保罗在此清楚地显示了他对收信者的深切感受。在《帖撒罗尼迦前书》，感恩几乎成了书信的主题。尽管《哥林多前书》是保罗写给他很熟悉的教会，信中却流露出他与教会之间不愉快的关系。在简短的感恩中，保罗没有提到请求的祈祷。而在《哥林多后书》1:3-7，保罗以祝福代替了感恩的祈祷。《罗马书》是保罗写给一个对他很不熟悉的教会。因此，该信的写作的内容与目的也有所不同。对保罗而言，《罗马书》是写给他自己宣教活动范围之外的一所教会。

保罗虽然沿用了一些希腊信函的感恩格式，但其书信的感恩内容却明显是受到了旧约犹太文化的影响。在《哥林多后书》1:3-4，保罗以颂赞和祝福（εὐλογητὸς, "praised, blessed"）作为感恩的开始："愿颂赞归与我们的主耶稣基督的父上帝，就是发慈悲的父，赐各样安慰的上帝。我们在一切患难中，他就安慰我们，叫我们能用上帝所赐的安慰去安慰那遭各样患难的人。"保罗在这里借用了旧约及犹太人的感恩方式，为自己所经历的祝福向上帝发出赞美。《诗篇》41:13："耶和华以色列的上帝是应当称颂的，从亘古直到永远。阿们！阿们！"（Εὐλογητὸς κύριος ὁ θεὸς Ισραηλ ἀπὸ τοῦ αἰῶνος καὶ εἰς τὸν αἰῶνα. γένοιτο γένοιτο.)《诗篇》72:18-19："独行奇事的耶和华以色列的上帝是应当称颂的！他荣耀的名也当称颂，直到永远。愿他的荣耀充满全地！阿们！阿们！"（Εὐλογητὸς κύριος ὁ θεὸς ὁ θεὸς Ισραηλ ὁ ποιῶν θαυμάσια μόνος, καὶ εὐλογητὸν τὸ ὄνομα τῆς δόξης αὐτοῦ εἰς τὸν αἰῶνα καὶ εἰς τὸν αἰῶνα τοῦ αἰῶνος, καὶ πληρωθήσεται τῆς δόξης αὐτοῦ πᾶσα ἡ γῆ. γένοιτο γένοιτο. ）此外，保罗书信的感恩也反映了当时基督徒的一些惯例。

　　奥柏仁（Peter O'Brien）总结了书信卷首中的感恩所富有的多种功能和目的。1）书信功能（epistolary function）——它们引进和展现信件的主题。例如：《帖撒罗尼迦前书》中的感恩替代了信件的正式介绍，并构成了信件的主体。《哥林多后书》中的祝福已经显示了书信的目的，预示了一至九章中的一些问题。2）教牧和使徒的关怀——保罗的感恩表明了保罗对收信者的教牧和使徒的深切关怀。《腓利门书》也是一样。《腓立比书》的感恩流露了保罗对教会温暖的感受和喜悦。在《哥林多前书》中，尽管保罗的感恩带着某些强烈和尖锐的词语，使徒保罗仍旧不忘感谢上帝在基督里所赐给哥林多教会的恩惠。保罗以极大的愿望结束了他在《帖撒罗尼迦前书》中的长篇感恩。[18]帖撒罗尼迦会众通过保罗的祈祷确信保罗一方面渴望见到他们，另一方面也是关心他们在灵性上的成长。3）教导性功能

18.《帖撒罗尼迦前书》3:11-13："愿上帝我们的父和我们的主耶稣一直引领我们到你们那里去。又愿主叫你们彼此相爱的心，并爱众人的心都能增长、充足，如同我们爱你们一样；好使你们当我们主耶稣同他众圣徒来的时候，在我们父上帝面前，心里坚固，成为圣洁，无可责备。"

（didactic function）——在《哥林多前书》和《帖撒罗尼迦前书》的感恩中，保罗也借此继续他给教会的教导。4）劝勉性的目的（paraenetic purpose）——这一点非常明显地出现在《腓立比书》中。

总而言之，上面的例子足以说明，在保罗的书信中，感恩祈祷不仅是信件不可分割的部分，甚至还为整本书信奠定了基调和主题，并且起着劝勉和忠告的作用。[19]

2. 正文

保罗的思路在一些书信中对普通读者来说是不太明确的，学者也因此在关于保罗信件中的主题部分常有争议。细察书信主题部分的文学和修辞学将有助于理解保罗的思想结构与线索。这些细察工作不仅包括文学和修辞学，也涉及书信的形式与风格。保罗在信中语气的转变也需要留意，因为他偶尔会突然从严肃的命令式语气转变为亲和的劝勉。当然，劝勉本身在保罗书信的主题中就是一个重要的结构特征。[20] 同样地，保罗的行程计划也是正文的重要部分。近年来，有更多的学者注意到修辞在保罗书信中的重要性，尤其是在一些富争议的地方。在保罗书信的对话中也是一样。当然，修辞的运用也会随着保罗信件当时的处境而定。

保罗书信的中心部分大概可以分成五类：1）内部过渡公式（Internal transitional formulas）；2）书信主题（epistolary *topoi*）；

---

19. O'Brien, *Introductory Thanksgivings in the letters of Paul*, 262.
20. 例如：帖前 4:1ff.；加 5:1ff. 。参见书信主题的劝勉部分。

3）自传性的声明（autobiographical statements）；4）旅行计划（travel plans）；5）最后的劝勉（concluding *paraenesis*）。[21]

（1）内部过渡公式

在现存的蒲草纸（papyri）信函的正文中，经常出现一种开诚布公的表达公式："我希望或愿意你知道（γινώσκειν σε θέλω）。"[22] 保罗在两封书信的中心部分也以这种开诚布公的表达公式开始。《加拉太书》1:11："弟兄们，我告诉你们"（Γνωρίζω γὰρ ὑμῖν, ἀδελφοί）。《腓立比书》1:12："弟兄们，我愿意你们知道（Γινώσκειν δὲ ὑμᾶς βούλομαι, ἀδελφοί）。"另外两封书信也以类似的形式开始。《罗马书》1:13："弟兄们，我不愿意你们不知道（οὐ θέλω δὲ ὑμᾶς ἀγνοεῖν, ἀδελφοί）。"《哥林多后书》1:8："弟兄们，我们不要你们不晓得（Οὐ γὰρ θέλομεν ὑμᾶς ἀγνοεῖν, ἀδελφοί）。"以上两种形式出现在书信之内，其实是在表明写信者保罗即将进入一个重要主题。[23]

在新约时代的前后，向政府官员请愿的蒲草纸书信构成了相当大的比例。它们的范围从冗长（Petition of Dionysia to the Praefect［P. Oxy 237］）到最简短都有（Petition of Alypius［P. Oxy 1491］）。请愿（petition）在早期希腊信函中展示了四种类型：1）第一种是例行请愿（routine petition），使用 ἀξιοῦν（例

---

21. Aune, *The New Testament in Its Literary Environment*, 188-189.

21. Aune, *The New Testament in Its Literary Environment*, 188-189.

22. BGU 816; Pgiess 11:4："我愿意你知道"（γινώσκειν σε θέλω ὅτι）; Pmich 28:16 "因此"（γνώριζε οὖν）; Poxy 1219:11 "但我知道"（ἀλλὰ οἶδα ὅτι）。

23. 林前 10:1; 12:1, 3; 15:1; 帖前 4:13。

如 P. Oxy 486）；2）第二种是正式请愿（formal petition），使用 δεῖσθαι（P. Oxy 1470）；3）普通请愿（familiar petition），使用 ἐρωτᾶν（P. Oxy 1466）；4）个人请愿（personal petition），使用 παρακαλεῖν（P. Oxy 158）。这些类型全部都出现在新约中。请愿一般包括背景、请愿的动词（petition verb）和所期望的行动（desired action）。[24] 保罗在《哥林多后书》2:8 的个人请愿是热情和友好的："所以我劝你们，要向他显出坚定不移的爱心来（διὸ παρακαλῶ ὑμᾶς κυρῶσαι εἰς αὐτὸν ἀγάπην）。"而保罗在《哥林多后书》5:20 所表达的请愿就不太一样了："所以，我们作基督的使者，就好像神藉我们劝你们一般。我们替基督求你们与神和好。"（Ὑπὲρ Χριστοῦ οὖν πρεσβεύομεν ὡς τοῦ θεοῦ παρακαλοῦντος δι᾽ ἡμῶν· δεόμεθα ὑπὲρ Χριστοῦ, καταλλάγητε τῷ θεῷ.）《使徒行传》28:22 的请愿却只是一个例行的，并没有显示什么紧迫感："但我们愿意听你的意见如何；因为这教门，我们晓得是到处被毁谤的。"（ἀξιοῦμεν δὲ παρὰ σοῦ ἀκοῦσαι ἃ φρονεῖς, περὶ μὲν γὰρ τῆς αἱρέσεως ταύτης γνωστὸν ἡμῖν ἐστιν ὅτι πανταχοῦ ἀντιλέγεται.）亲切的请愿没有出现在其他新约书信中，只出现在保罗的书信中。在所有现存蒲草纸的文献中，亲切的请愿一般都是使用在那些社会职务相同的人之间。[25]

在私人和正式的希腊信函中，有一个似乎是定型的个人

---

24. Mullins, "Petition as a Literary Form", *NovT 5*（1962），46-54.

25. Mullins, "Formulas in New Testament Epistles", *Journal of Biblical Literature* 91/3（1972），380-390, at 381.

请愿或劝勉公式，即"弟兄，我劝你"（Παρακαλῶ δὲ ὑμᾶς, ἀδελφοί）。这种希腊信函公式在保罗的书信中一共出现了十九次。例如：在《哥林多前书》1:10，保罗写道："弟兄们，我藉我们主耶稣基督的名劝你们都说一样的话。你们中间也不可分党，只要一心一意，彼此相合（Παρακαλῶ δὲ ὑμᾶς, ἀδελφοί, διὰ τοῦ ὀνόματος τοῦ κυρίου ἡμῶν Ἰησοῦ Χριστοῦ, ἵνα τὸ αὐτὸ λέγητε πάντες καὶ μὴ ᾖ ἐν ὑμῖν σχίσματα, ἦτε δὲ κατηρτισμένοι ἐν τῷ αὐτῷ νοῒ καὶ ἐν τῇ αὐτῇ γνώμῃ）。"《帖撒罗尼迦前书》4:1："弟兄们，我还有话说：我们靠着主耶稣求你们，劝你们，你们既然受了我们的教训，知道该怎样行可以讨神的喜悦，就要照你们现在所行的更加勉励（Λοιπὸν οὖν, ἀδελφοί, ἐρωτῶμεν ὑμᾶς καὶ παρακαλοῦμεν ἐν κυρίῳ Ἰησοῦ, ἵνα καθὼς παρελάβετε παρ' ἡμῶν τὸ πῶς δεῖ ὑμᾶς περιπατεῖν καὶ ἀρέσκειν θεῷ, καθὼς καὶ περιπατεῖτε, ἵνα περισσεύητε μᾶλλον）。" [26]

　　最明显的例子，应该是《腓利门书》1:8-10。然而，保罗却强调说，他在此是为阿尼西母的缘故请求腓利门，而不是命令他。保罗也因此采用了一种友好的而非使用权威的书写方式："我虽然靠着基督能放胆吩咐你合宜的事；然而像我这有年纪的保罗，现在又是为基督耶稣被囚的，宁可凭着爱心求你（διὰ τὴν ἀγάπην μᾶλλον παρακαλῶ），就是为我在捆锁中

---

26. 参罗 15:30; 16:17; 林前 4:16; 16:15。

所生的儿子阿尼西母（就是有益处的意思）求你（παρακαλῶ
σε περὶ τοῦ ἐμοῦ τέκνου, ὃν ἐγέννησα ἐν τοῖς δεσμοῖς,
Ὀνήσιμον）."这些字句也有一定的过渡功能。它在显示着

主题即将变化，最终把书信的内容和主旨表达了出来。[27] 希
腊信函中还有一些与上述很相似的 παρακαλῶ 字句。它经
常会出现在古希腊国王的信函中，并且特别注重国王与臣
民之间的友好关系。尽管那样的公式也可以引用到劝勉的
信函中（罗 12:1；帖前 5:12），但它的重点却不是在劝勉
本身。

威特（John White）曾经提出了四种字句的表达形式。
1）喜乐的表达（joy expression）。科斯肯涅米（Koskenniemi）
认为，喜乐的表达其实是含蓄地在期望与对方继续保持通信。[28]
2）惊奇的表达（expression of astonishment）往往是对收信者
没有回信的一种指责，也是希腊私人信函中开始的一个常用方
式。发信人有时还会进一步追述他已经发出去的信件的数目，
并以此来强调收信者没有回信的过错。抱怨收信者没有回信的
方式，往往是以动词"我惊奇"（I marvel）来表达，偶尔还会
附加一些感叹的词语。[29] 可是抱怨者也不是为抱怨而抱怨，因

---

27. 帖后 2:1; 林前 1:10; 帖前 4:1-2, 10b-12。

28. White, "Introductory Formulae in the Body of the Pauline Letter", 91-97, at 95; H.
Koskenniemi, *Studien zur Idee und Phraseologie des griechischen Briefes* bis 400
n. Chr.（Suomalaisen Tiedeakatemian Toimituk-sia/*Annales Academiae Scientiarum
Fennicae*, ser. B, vol.102.2, Helsinki: Suomalainen Tiedeakatemia, 1956），75-76.
例句（PGiess 21:3）："当我听到时，我非常高兴（λιάν ἐχάρην ἀκούσασα
ὅτι）。"

29. *POxy* 113:20："我惊奇你们怎么会（θαυμάζω πῶς）。"

为他的目是让收信人感到羞愧后而开始回信。[30] 3）要求承诺（statement of compliance）。有些希腊信函的正文部分在开始时会提及先前给发信者的训诲，其目的可能是要提醒发信者已经给了收信者某些指令，但他却仍然没有听从。那样的信件，通常是上级书写给下级的。因此，收信者在回复的时候，都会表示他已经遵守了写信者先前的指示。那样的信件，很明显是下级书写给上级的。4）收信者在得知某些事物后，在回信的公式中惯用的动词（formulaic use of verb of hearing or learning）一般是，"我听到" 和 "我得知"。发信者除了惯用第一人称之外，也往往会以悲伤或焦虑来表达他对所获得的消息的反应。[31]

保罗在书信中所使用的喜乐表达形式（χάρις, "joy"）也许可以以《腓利门书》1:7为例："兄弟啊，我为你的爱心，大有快乐，大得安慰，因众圣徒的心从你得了畅快（χαρὰν γὰρ πολλὴν ἔσχον καὶ παράκλησιν ἐπὶ τῇ ἀγάπῃ σου, ὅτι τὰ σπλάγχνα τῶν ἁγίων ἀναπέπαυται διὰ σοῦ, ἀδελφέ）。"《腓立比书》4:10也是一个很好的例子："我靠主大大的喜乐，因为你们思念我的心如今又发生；你们向来就思念我，只是没得机会（Ἐχάρην δὲ ἐν κυρίῳ μεγάλως ὅτι ἤδη ποτὲ ἀνεθάλετε τὸ ὑπὲρ ἐμοῦ φρονεῖν, ἐφ' ᾧ καὶ ἐφρονεῖτε,

---

30. White, "Introductory Formulae in the Body of the Pauline Letter", 96.
31. White, "Introductory Formulae in the Body of the Pauline Letter", 97. Ptebt 760:20 "我听到托勒玫斯的情况后深感悲痛"（ἀκούσας δὲ κατὰ τὸν Πτολεμαῖον ἐλυπήθην σφόδρα）; Poxy 930:4 "我悲痛地得知"（ἐλοιπήθην ἐπιγνοῦσα παρά）; BGU 449:4 "我很焦虑，因为我听说你生病了"（ἀκούσας ὅτι νωθρεύῃ ἀγωνιοῦμεν）。

ἠκαιρεῖσθε δέ)。"

保罗在《加拉太书》1:6 则利用了"惊奇"的表达形式
（θαυμάζω, marvel, wonder）："我希奇你们这么快离开那藉
着基督之恩召你们的，去从别的福音（Θαυμάζω ὅτι οὕτως
ταχέως μετατίθεσθε ἀπὸ τοῦ καλέσαντος ὑμᾶς ἐν χάριτι
[Χριστοῦ] εἰς ἕτερον εὐαγγέλιον)。"

保罗在《加拉太书》1:8-9 给收信者发出了一个非常慎重
的声明和警告："但无论是我们，是天上来的使者，若传福音
给你们，与我们所传给你们的不同，他就应当被咒诅。我们
已经说了，现在又说，若有人传福音给你们，与你们所领受
的不同，他就应当被咒诅（ἀλλὰ καὶ ἐὰν ἡμεῖς ἢ ἄγγελος
ἐξ οὐρανοῦ εὐαγγελίζηται [ὑμῖν] παρ᾽ ὃ εὐηγγελισάμεθα
ὑμῖν, ἀνάθεμα ἔστω. ὡς προειρήκαμεν καὶ ἄρτι πάλιν
λέγω εἴ τις ὑμᾶς εὐαγγελίζεται παρ᾽ ὃ παρελάβετε,
ἀνάθεμα ἔστω)。"保罗在 1:6 那个惊讶的表达，意味着加拉太
人并没有听从他先前给予他们的指示。这一点可以从保罗所用
的副词"正如"（ὡς, καθώς, "as"）以及动词"我命令"（ἐντέ
λλω, "I command"）的过去时态看出来。[32]

威特认为，有关动词"听到"或是"得知"（ἀκούω）的
使用公式，《加拉太书》1:13-14 是一个很好范例："你们听见
我从前在犹太教中所行的事，怎样极力逼迫残害神的教会。我
又在犹太教中，比我本国许多同岁的人更有长进，为我祖宗

---

32. White, "Introductory Formulae in the Body of the Pauline Letter", 96.

的遗传更加热心（Ἠκούσατε γὰρ τὴν ἐμὴν ἀναστροφήν ποτε ἐν τῷ Ἰουδαϊσμῷ, ὅτι καθ᾽ ὑπερβολὴν ἐδίωκον τὴν ἐκκλησίαν τοῦ θεοῦ καὶ ἐπόρθουν αὐτήν, καὶ προέκοπτον ἐν τῷ Ἰουδαϊσμῷ ὑπὲρ πολλοὺς συνηλικιώτας ἐν τῷ γένει μου, περισσοτέρως ζηλωτὴς ὑπάρχων τῶν πατρικῶν μου παραδόσεων ）。" [33] 威特也同时指出，《加拉太书》1:13 不太像是通常报告的形式，因为它既没有用第一人称来表示，也没有以悲伤或焦虑的方式来表达一般发信者获得报告后的反应特征。[34]

保罗的书信还出现一种"信任"（πείθω, "trust"）的表达方式。保罗在《罗马书》15:14 说，"弟兄们，我自己也深信你们是满有良善，充足了诸般的知识，也能彼此劝戒（Πέπεισμαι δέ, ἀδελφοί μου, καὶ αὐτὸς ἐγὼ περὶ ὑμῶν ὅτι καὶ αὐτοὶ μεστοί ἐστε ἀγαθωσύνης, πεπληρωμένοι πάσης [τῆς] γνώσεως, δυνάμενοι καὶ ἀλλήλους νουθετεῖν ）。"《哥林多后书》7:16 也是一个很好的例子："我如今欢喜，能在凡事上为你们放心（χαίρω ὅτι ἐν παντὶ θαρρῶ ἐν ὑμῖν ）。" [35] 保罗书信中那些表达信任的不同方式都可以在古代蒲草纸的书信里找到相似之处：1）信任收件人的承诺；[36] 2）基于信任所表达的请求；[37] 3）以信任作为借口提出请求；[38] 4）以信任来表达一个有礼貌的

---

33. White, "Introductory Formulae in the Body of the Pauline Letter", 91-97.
34. Ibid., 97.
35. 参见林后 7:4, 16; 9:1-2; 加 5:10; 帖后 3:4; 门 21。
36. 加 5:10; 帖后 3:4; 门 21。
37. 林后 9:2。
38. 林后 9:1-2; 罗 15:14。

请求（罗 15:24）。[39] 此外，保罗在书信的正文结尾处，有时还会提到一些旅行计划以及末世性的语句。[40]

（2）书信主题

在以往保罗书信的研究中，一个常被忽视的重要课题，是保罗书信的主题与古代信件主题的比较研究。在蒲草纸信函与保罗书信之间的比较中，可以发现，它们两者之间其实是有着一些共同的主题和组成要素的。最常见的主题包括：1）信函写作的动机；[41] 2）对健康的关注；[42] 3）业务的事；[43]

---

39. Aune, *The New Testament in Its Literary Environment*, 188-189.
40. 罗 15:14。
41.《哥林多前书》4:14："我写这话，不是叫你们羞愧，乃是警戒你们，好像我所亲爱的儿女一样。" 5:9："我先前写信给你们说，不可与淫乱的人相交。" 7:1："论到你们信上所提的事，我说男不近女倒好。"《罗马书》15:14："弟兄们，我自己也深信你们是满有良善，充足了诸般的知识，也能彼此劝戒。"
42.《腓立比书》2:25-30："然而，我想必须打发以巴弗提到你们那里去。他是我的兄弟，与我一同做工，一同当兵，是你们所差遣的，也是供给我需用的。他很想念你们众人，并且极其难过，因为你们听见他病了。他实在是病了，几乎要死；然而神怜恤他，不但怜恤他，也怜恤我，免得我忧上加忧。所以我越发急速打发他去，叫你们再见他，就可以喜乐，我也可以少些忧愁。故此，你们要在主里欢欢乐乐的接待他，而且要尊重这样的人；因他为做基督的工夫，几乎至死，不顾性命，要补足你们供给我的不及之处。"《哥林多后书》1:8-11："弟兄们，我们不要你们不晓得，我们从前在亚细亚遭遇苦难，被压太重，力不能胜，甚至连活命的指望都绝了；自己心里也断定是必死的，叫我们不靠自己，只靠叫死人复活的神。他曾救我们脱离那极大的死亡，现在仍要救我们，并且我们指望他将来还要救我们。你们以祈祷帮助我们，好叫许多人为我们谢恩，就是为我们因许多人所得的恩。"
43.《哥林多前书》16:1-4："论到为圣徒捐钱，我从前怎样吩咐加拉太的众教会，你们也当怎样行。每逢七日的第一日，各人要照自己的进项抽出来留着，免得我来的时候现凑。及至我来到了，你们写信举荐谁，我就打发他们，把你们的捐资送到耶路撒冷去。若我也该去，他们可以和我同去。"《哥林多后书》9:1-5："论到供给圣徒的事，我不必写信给你们；因为我知道你们乐意的心，常对马其顿人夸奖你们，说亚该亚人预备好了，已经有一年了；并且你们的热心激动了许多人。但我打发那几位弟兄去，要叫你们照我的话预备妥当；免得我们在这事上夸奖你们的话落了空。万一有马其顿人与我同去，见你们没有预备，就叫我们所确信的，反成了羞愧；你们羞愧，更不用说了。因此，（转下页）

4）家事；[44] 5）与收信人重聚的心愿；[45] 6）政府事务。[46] 这些主题的不同组合都经常出现在蒲草纸信件和保罗的书信中。在保罗书信中的一些劝勉的章节中，一般都会劝勉、乃至强调收信者要远离邪恶和追求良善的事。[47] 在保罗的书信中，主题是多样化的。例如：《罗马书》第13章有四个主题：权柄（1-5节），纳税（6-7节），爱心（8-10节），和末世论（11-14节）。同样地，在《帖撒罗尼迦前书》4:9—5:11，有三个独立的主题：弟兄相爱（4:9-12），基督徒死后的命运（4:13-18），和主耶稣基督的再来（5:1-11）。在《罗马书》11:25-26，保罗在主题的结束时，也有一个末世性的提醒："弟兄们，我不愿意你们不知道这奥秘（恐怕你们自以为聪明），就是以色列人有几分是硬心的，等到外邦人的数目添满了，于是以色列全家都要得救。如经上所记：必有一位救主从锡安出来，要消除雅各家的一切罪恶。"

劝勉（*paraenesis*）肯定是保罗书信中的重要主题（*topoi*）

（接上页）我想不得不求那几位弟兄先到你们那里去，把从前所应许的捐赀预备妥当，就显出你们所捐的是出于乐意，不是出于勉强。"《腓立比书》4:14-18："然而，你们和我同受患难原是美事。腓立比人哪，你们也知道我初传福音离了马其顿的时候，论到授受的事，除了你们以外，并没有别的教会供给我。就是我在帖撒罗尼迦，你们也一次两次的打发人供给我的需用。我并不求什么馈送，所求的就是你们的果子渐渐增多，归在你们的账上。但我样样都有，并且有余。我已经充足，因我从以巴弗提受了你们的馈送，当作极美的香气，为神所收纳、所喜悦的祭物。"

44.《腓立比书》4:2-4："我劝友阿爹和循都基，要在主里同心。我也求你这真实同负一轭的，帮助这两个女人，因为他们在福音上曾与我一同劳苦；还有克莱门，并其余和我一同做工的，他们的名字都在生命册上。你们要靠主常常喜乐。我再说，你们要喜乐。"

45. 罗 15:14-33；腓 2:19-24；帖前 2:17-3:12。

46. 罗 13:1-7；多 3:1-2。

47. 罗 12:1-15:13；加 5:13-6:10；帖前 4:1-5:22。

之一。不但如此，保罗在劝勉中有时还会包括邪恶与美德的目录（Vice and Virtue Lists）以及清楚的家庭规范（Household Codes）。[48] 劝勉一般是指在道德伦理上的规劝，教导信徒如何生活和避免不当的思想与行为。它的特征是命令式动词（the imperative mood）的语气和使用。劝勉不只是在保罗的传统中，甚至在整部新约中，都是一个重要的课题。它清楚地反映了基督徒群体和个人生活的实践，以及它源自希伯来文化的一些伦理。劝勉的课题不是贯穿于整体的书信，[49] 就是出现在书信的尾端。[50] 新约圣经劝勉的内容有一些很显然是来自箴言（proverbs）[51] 和希伯来文化传统的训诫（admonitions）[52]，并加以发展。保罗在《罗马书》13:1-7 有关基督徒对权柄的尊重和公民的义务是众所周知的劝勉。14:1-23 则是有关劝勉基督徒在饮食方面考虑和体谅他人。《帖撒罗尼迦前书》5:1-11 涉及末世以及信徒在这个问题上可能有的一些困扰。《哥林多前书》8:1-13 论及基督徒吃祭拜过偶像的食物的事。在当时这个问题对基督徒是非常敏感和具争议性的。上述的劝勉和教导，诸如公民对政府的态度，公民交税等义务，以及个人的性行为规范等，也是经常被提出来讨论的问题，并且也常见于当时的希腊罗马文学。在劝勉的内容和表达方式上，修辞也自然是很重要的。穆林斯（Terence

---

48. Bailey and Broek（eds.），*Literary Forms in the New Testament: A Handbook*, 62-71.

49. 林前 5, 7-8, 10；提前 2, 3:5。

50. 罗 12-14；帖前 4:1-5:22；弗 4:1-6:20。

51.《加拉太书》5:9：“一点面酵能使全团都发起来。”《哥林多前书》5:6：“你们这自夸是不好的，岂不知一点面酵能使全团发起来吗？”15:33：“你们不要自欺；滥交是败坏善行。”《罗马书》12:21：“你不可为恶所胜，反要以善胜恶。”

52. 帖前 5:12-22；罗 12:9-21。

Mullins）还特别指出，保罗在道德伦理方面采用了希腊修辞学中在论说伦理时的某些方式和结构。1）命令，injunction（所期望的道德规范和行为）；2）原因，reason（采取这种行动的理由）；3）讨论，discussion（通过展示行为的后果来说服）。这种通过修辞来表达的方式，偶尔还可能包括另外两点：相似的处境（analogous situation）和驳斥（refutation）。穆林斯以《罗马书》13:1-7 作为范例：

命令："在上有权柄的，人人当顺服他。"（13:1a）

原因："因为没有权柄不是出于神的。凡掌权的都是神所命的。"（13:1b）

驳斥："所以，抗拒掌权的就是抗拒神的命；抗拒的必自取刑罚。"（13:2）

讨论："作官的原不是叫行善的惧怕，乃是叫作恶的惧怕……"（13:3-7）[53]

这里值得注意的是，穆林斯提出的修辞学形式当然不能排除一个特定的听众或处境。例如，无论是原因还是讨论部分，

---

53. 穆林斯列举了另外两个范例。1）《罗马书》14:16-23——命令："不可叫你的善被人毁谤"（14:16）；原因："因为神的国不在乎吃喝，只在乎公义，和平，并圣灵中的喜乐"（14:17）；讨论："在这几样上服事基督的，就为神所喜悦，又为人所称许。所以……"（13:3-7）。2）《哥林多前书》10:25-30——命令："凡市上所卖的，你们只管吃，不要为良心的缘故问什么话……"（10:25）；原因："因为地和其中所充满的都属乎主"（10:26）；讨论："倘有一个不信的人请你们赴席，你们若愿意去，凡摆在你们面前的，只管吃，不要为良心的缘故问什么话……"（10:27-30）。与此相关的例句还有：林前 5：7; 10：14; 33; 11：1-26; 加 6：1-10; 帖前 4：1-12。参见 Mullins, "Topos as a New Testament Form", *Journal of Biblical Literature* 99（1980），541-547。

保罗所提到的不只是单纯的道德声明，而且还是试图在回应先前的一些问题或异议。修辞评鉴法肯定有助于对这个领域的认识与研究，包括学者对新约圣经和希腊罗马修辞之间的关系的理解。[54]

美德和邪恶目录的列出，是常见的保罗传统。它们主要是具备了一个基本的劝勉功能。美德和邪恶目录提供了信徒可以接受和不可以接受的道德行为例证。《罗马书》1:29–31 是个典型的例子："［他们］装满了各样不义、邪恶、贪婪、恶毒（或作：阴毒），满心是嫉妒、凶杀、争竞、诡诈、毒恨；又是谗毁的、背后说人的、怨恨神的（或作：被神所憎恶的）、侮慢人的、狂傲的、自夸的、捏造恶事的、违背父母的。无知的，背约的，无亲情的，不怜悯人的。"[55]《歌罗西书》3:12 列举了一系列的美德目录："所以，你们既是神的选民，圣洁蒙爱的人，就要存（原文作穿上）怜悯、恩慈、谦虚、温柔、忍耐的心。"[56] 有时邪恶和美德目录是紧密地并列在一起的，正如《加拉太书》5:19–23 所记载的那样："情欲的事都是显而易见的，就如奸淫、污秽、邪荡、拜偶像、邪术、仇恨、争竞、忌恨、恼怒、结党、纷争、异端、嫉妒（有古卷在此有凶杀二字）、醉酒、荒宴等类。我从前告诉你们，现在又告诉你们，行这样事的人必不能承受神的国。圣灵所结的果子，就是仁爱、喜乐、和平、忍耐、恩慈、良善、信实、温柔、节制。这样的事没有律法禁止。"[57]

---

54. Bailey and Broek（eds.），*Literary Forms in the New Testament: A Handbook*, 64.
55. 罗 13:13；林后 6:14；弗 5:3-4；西 3:5-8；提前 6:4-5。
56. 弗 6:14-17；腓 4:8；提前 3:2。
57. 参见弗 4:31-32；多 1:7-10。

诚然，在旧约中没有美德目录的记载，只提到一些简短的邪恶目录，因此没有发展为一种较明确的文学形式。[58] 有些学者认为，新约的邪恶与美德目录出现的形式可能与当时常见的希腊文学和修辞学有关。希腊化的犹太教（Hellenized Judaism）也欣然采纳了这种源自希腊文学和修辞学的形式，并用它来谴责外邦人的罪恶，特别是他们的偶像崇拜的行为和灵魂不灭的思想。[59]

邪恶与美德目录的力量往往在于它在词语中的重复。内容的强调则通过既定的韵律（cadence）。典型的重复变化经常会显示邪恶与美德目录是如何被听取以及所要达到的目的。虽然那些目录中因为有连接词[60] 或无连接词[61] 在意义上所造成的差

---

58. 例如：《耶利米书》7:9："你们偷盗，杀害，奸淫，起假誓，向巴力烧香，并随从素不认识别神。" 6:17-19："就是高傲的眼，撒谎的舌，流无辜人血的手，图谋恶计的心，飞跑行恶的脚，吐谎言的假见证，并弟兄中布散纷争的人。"《何西阿书》4:2："但起假誓，不践前言，杀害，偷盗，奸淫，行强暴，杀人流血，接连不断。"

59. 《所罗门智训》（Wisdom of solomon）14:22-31："再者，他们错误认识上帝还不以为足，他们活在大战中仍不觉悟，对着如此灾难还说是太平。因为不论杀戮儿童的仪式，或隐藏的神秘聚会，或荒唐怪诞的狂欢作乐，他们都不保全生命和婚姻的纯洁，又彼此奸诈谋杀对方，或行奸淫造成痛苦。人人波及：诸如流血，杀人，偷盗，欺诈，败坏，失信，暴乱，背约，误导善人，忘恩负义，污蔑灵魂，男女混乱，婚姻不当，淫乱和放荡。因为他们敬拜无名的偶像，就是万恶的开端，成因和结果。他们欢乐却是疯癫，预言都是虚假。因为他们信靠没有灵魂的偶像，所以发恶毒的誓，以为不致受罚。只是为这两个缘故，他们必受公正的处罚。因为他们恶意忽略了上帝，专注偶像，并诡诈立了不义的誓约，藐视圣洁。因为永远追讨那些犯过的不义之人的，不是那凭着起誓之物的能力，而是那要对付犯罪者的公义。"参见罗 1:29-31。

60. 《哥林多前书》5:9-10："我先前写信给你们说，不可与淫乱的人相交。此话不是指这世上一概行淫乱的，或贪婪的，勒索的，或拜偶像的；若是这样，你们除非离开世界方可。" 6:9-10："你们岂不知不义的人不能承受神的国吗？不要自欺！无论是淫乱的，拜偶像的，奸淫的，作娈童的，亲男色的，偷窃的，贪婪的，醉酒的，辱骂的，勒索的，都不能承受神的国。"

61. 《加拉太书》5:19-21："情欲的事都是显而易见的，就如奸淫，污秽，邪荡，拜偶像，邪术，仇恨，争竞，忌恨，恼怒，结党，纷争，异端，嫉妒（有古卷在此有凶杀二字），醉酒，荒宴等类。我从前告诉你们，现在又告诉你们，行这样事的人必不能承受神的国。"

别不大，但当作者减速并扩展某些项目时，它的影响力是不可忽视的。[62] 重复的力量经常可以通过它的一致性或和谐音而得到加强。[63] 尽管目录中的每个项目看起来似乎有同等的价值，但有时文字的安排或其他的联系会提供更大的力度。《加拉太书》5:22-23 所列举的九种美德，很明显是源自修辞学的平衡和优美的表达方式。这九种美德被分为三组，每组各含有三个项目：仁爱、喜乐、和平；忍耐、恩慈、良善；信实、温柔、节制。有学者认为，《提摩太前书》1:9-10 的邪恶目录是大致按照旧约的"十诫"来编排的。[64] 弗尼西（V. P. Furnish）指出，保罗的美德目录主要是围绕着仁爱、清洁和信实的主题。[65] 保罗的邪恶目录似乎是特别注重那些他认为是严重的罪行——通奸，偶

---

62. 《提摩太后书》3:2-5："因为那时人要专顾自己，贪爱钱财，自夸，狂傲，谤渎，违背父母，忘恩负义，心不圣洁，无亲情，不解怨，好说谗言，不能自约，性情凶暴，不爱良善，卖主卖友，任意妄为，自高自大。爱宴乐，不爱上帝，有敬虔的外貌，却背了敬虔的实意；这等人你要躲开。"《提摩太前书》3:2-7："作监督的，必须无可指责，只作一个妇人的丈夫，有节制，自守，端正，乐意接待远人，善于教导；不因酒滋事，不打人，只要温和，不争竞，不贪财；好好管理自己的家，使儿女凡事端庄顺服（或作：端端庄庄地使儿女顺服）。人若不知道管理自己的家，焉能照管上帝的教会呢？初入教的不可作监督，恐怕他自高自大，就落在魔鬼所受的刑罚里。监督也必须在教外有好名声，恐怕被人毁谤，落在魔鬼的网罗里。"

63. 这里值得强调的是，在希腊文圣经中可以明显发现音调的重复。例如在《提摩太前书》3:2-4（ἔσονται γὰρ οἱ ἄνθρωποι φίλαυτοι φιλάργυροι ἀλαζόνες ὑπερήφανοι βλάσφημοι, γονεῦσιν ἀπειθεῖς, ἀχάριστοι ἀνόσιοι ἄστοργοι ἄσπονδοι διάβολοι ἀκρατεῖς ἀνήμεροι ἀφιλάγαθοι προδόται προπετεῖς τετυφωμένοι, φιλήδονοι μᾶλλον ἢ φιλόθεοι）和《罗马书》1:29-31（πεπληρωμένους πάσῃ ἀδικίᾳ πονηρίᾳ πλεονεξίᾳ κακίᾳ, μεστοὺς φθόνου φόνου ἔριδος δόλου κακοηθείας, ψιθυριστὰς καταλάλους θεοστυγεῖς ὑβριστὰς ὑπερηφάνους ἀλαζόνας, ἐφευρετὰς κακῶν, γονεῦσιν ἀπειθεῖς, ἀσυνέτους ἀσυνθέτους ἀστόργους ἀνελεήμονας）。

64. N. J. McEleney, "The Vice Lists of the Pastoral Epistles", *Catholic Biblical Quarterly* 36（1974），203-219.

65. V. P. Furnish, *Theology and Ethics in Paul*（Nashville: Abingdon, 1968），87.

像崇拜，谋杀，酗酒。在这一点上，保罗是与当时希腊和犹太的道德家很类似的。当邪恶和美德目录出现在一起的时候，它们所形成的对比是非常鲜明的。然而，也不是所有的列举目录都有一定的"对立面"。[66]

新约圣经中所列出的邪恶与美德目录，反映了希腊文化在当时的普及与影响。另一方面，其中也有一些邪恶与美德目录，可说是被当前的社会情况塑造出来的。例如，《加拉太书》5:19-23 列举的邪恶目录（仇恨、争竞、忌恨、恼怒、结党、纷争、异端、嫉妒）和美德目录（仁爱、喜乐、和平、忍耐、恩慈，等等），基本上都直接或间接地针对教会当时正在出现的问题。[67] 保罗在《哥林多后书》12:20-21 提及的邪恶目录，似乎是特别对应哥林多教会当时所犯的错误。其中 12:21 中的污秽、奸淫和邪荡均涉及不道德的行为问题（5 章和 6 章）。12:20 的邪恶目录（纷争、嫉妒、恼怒、结党、毁谤、谗言、狂傲、混乱）直接与弥漫在整本哥林多书信中的纠纷与分歧的问题有关。[68]《提摩太前书》3:2-7 所涉及的，表面上看去好像是一个典型的希腊目录。但是，它那几句归纳性的陈述却清楚反映了当时社会和教会的情况和问题："人若不知道管理自己的家，焉能照管神的教会呢？初入教的不可作监督。"（3:5-6）保罗以及在保罗的传统中的后期的作者，一方面根据教会的情况和基督徒信仰的独特性，另一方面又自由地采纳了当时希腊文学和伦

---

66. 例如，加 5:19-23；弗 4:31-32。

67. B. S. Easton, "New Testament *Ethical Lists*", *Journal of Biblical Literature* 51（1932），1-12.

68. Furnish, *Theology and Ethics in Paul*, 84.

理中一些典型的邪恶和美德例子，来塑造基督徒自己的目录。

在劝勉（paraenesis）的主题之下，除了邪恶与美德目录以外，还有一些重要的家庭规范。保罗在书信中非常重视基督徒家庭成员中应有的关系和行为准则。[69] 这一类的教导在古代的社会其实早就具有某些固定的形式。它们普遍上被称为家庭规范。[70] 家庭规范的形式通常关乎三种最基本的关系。那就是，主人与仆人（master and slave），丈夫与妻子（husband and wife），以及父亲与儿女（father and children）的关系。妻子、儿女和仆人被认为是下属成员，因此必须服从相对应的一家之主，即丈夫以及父亲。成年的男性，无论是主人、丈夫或是父

---

69. 由于家庭在罗马社会中具有显著的地位，这无形中对保罗的教导产生重大的影响。保罗经常借用与家庭有关的用语及概念来形容教会及其中各种不同的关系。例如：教会被形容为上帝的家（οἶκος θεοῦ, "God's household"）。这里保罗并非指一座有形的建筑物，乃是采用家庭的概念：家庭有不同的成员组成，彼此担负义务，最终向家主负责；家主则为成员提供庇护、身份及归属感。

70. 它被路德首次用在他的教义问答中，表明那是指"家庭规范"（Haustafeln）。参见 J. E. Crouch, *The Origin and Intention of the Colossian Haustafel* (FRLANT 109; Göttingen: Vandenhoeck & Ruprecht, 1972), 9-31; Peter T. O'Brien, *Colossians-Philemon* (Word Biblical Commentary 44; Waco, TX: Word Books, 1982), 214-218; J. E. Stambaugh and D. L. Balch, *The New Testament in Its Social Environment* (Philadelphia: Fortress, 1986); Balch, "Household Codes", in David E. Aune (ed.), *Graeco-Roman Literature and the New Testament: Selected Forms and Genres* (Sources for Biblical Study 21; Atlanta: Scholars Press, 1988), 25-36; L. Hartman, "Some Unorthodox Thoughts on the Household-Code Form", in J. Neusner et al. (eds.), *The Social World of Formative Christianity and Judaism* (Philadelphia: Fortress, 1988), 219-234; Balch, "Household Codes", *ABD* (1992) 3:318-20; J. B. Lightfoot and J. R. Harmer (eds.), *The Apostolic Fathers: Greek Texts and English Translations of Their Writings* (2d ed.; ed. and rev. M. W. Holmes; Grand Rapids: Baker, 1992); Craig S. Keener, "Family and Household", in *DNTB*, 353-68; Philip H. Towner, "Households and Household Codes", in *DPL*, 417-19; James Dunn, "The Household Rules in the New Testament", in Stephen C. Barton (ed.), *The Family in Theological Perspective* (Edinburgh: T. & T. Clark, 1996), 43-63. 许多学者为了尝试找出家庭规范的原始出处，探讨范围从亚里士多德和斯多亚学派的责任规范到希腊化犹太主义的伦理教导（如斐洛），但尚未有正式的答案。

亲，都被视为是这些家庭关系中的行使权柄者。巴赫（Balch）的论文研究显示，这种形式源于古希腊。它基本的信念是，强大和有适宜规范的家庭将能建立一个强大的社会。[71]

《歌罗西书》3:18—4:1 和《以弗所书》5:22—6:9 两段经文被认为是新约基督徒群体中最完整的家庭规范："你们作妻子的，当顺服自己的丈夫，这在主里面是相宜的。你们作丈夫的，要爱你们的妻子，不可苦待他们。你们作儿女的，要凡事听从父母，因为这是主所喜悦的。你们作父亲的，不要惹儿女的气，恐怕他们失了志气。你们作仆人的，要凡事听从你们肉身的主人，不要只在眼前事奉，像是讨人喜欢的，总要存心诚实敬畏主。无论做什么，都要从心里做，像是给主做的，不是给人做的，因你们知道从主那里必得着基业为赏赐；你们所事奉的乃是主基督。那行不义的必受不义的报应；主并不偏待人。你们作主人的，要公公平平地待仆人，因为知道你们也有一位主在天上。"[72]

家庭规范的特征呈现出一种对等的互惠关系模式：丈夫—妻子；父母—儿女；主人—奴仆。在这个家庭规范中，各成员有着不同的地位、角色和义务：妻子被劝诫当顺服（ὑποτάσσω, subject, submit）她的丈夫，[73] 儿女应当听

---

71. Balch, *Let Wives Be Submissive: The Domestic Code in I Peter* (Chico, CA: Scholars Press, 1981), 21-62.

72. 西 3:18-4:1。参见彼前 2:11—3:12; 提前 2:8-15, 5:1-2, 6:1-2; 多 2:1-10, 3:1. *I Clem.* 1:3; 21:6-9; *Ign. Pol.* 4:1-6:1; *Phil.* 4:2-6:3; *Did.* 4:9-11; and *Barn.* 19:5-7。其中有些文本片段被称为教会规则表（*Gemeindetafeln*, "tables of church rules"），因为它们包括对教会群体（"上帝之家"）的教导。

73. 弗 5:22-24, 33; 西 3:18; 彼前 3:1, 5-6。

从（ὑπακούω, obey, hear, listen）他们的父母，[74] 奴仆必须服从（ὑπακούω, ὑποτάσσω, obey, subject）他们的主人。[75] 另一方面，丈夫，[76] 父母，[77] 和主人[78] 也被督促要体贴和公正，不滥用他们主导地位的权力。以上这些家庭规范在当时被视为基督徒合宜的行为举止。在诠释新约圣经中所提到的家庭规范时，应当注重两个问题：其一是意识到这种形式的社会政治处境；其二是如何理解已有的典型的形式，是如何被加添了某些基督教的色彩或是被"基督教化"了。正如罗马世界中的其他少数宗教一样，新约圣经中所提到的家庭规范，实际上也具有护教性的功能（apologetic function）。[79] 当时的基督徒社群有必要在家庭的规范中表明，他们的劝导是可以被广大的罗马社会所接受的，从而表明，基督教对罗马帝国、政府和社会是没有威胁的。这些时代背景和因素，部分解释了为何基督徒的家庭规范形式会出现在新约圣经中的后期书卷。这很明显地表示，到了新约圣经中后期书卷成文的时候，基督徒社群与个人所要面对和承担的政治与社会压力越来越大。面对这些压力与挑战，基督徒社群所关注的，既是宣教使命和见证，也是一个非常现实的生存问题。[80]

《歌罗西书》中的家庭规范和一些后期的基督教文献清楚

---

74. 弗 6:1-3；西 3:20。
75. 弗 6:5-8；西 3:22-25；彼前 2:18-25。
76. 弗 5:25-33；西 3:19；彼前 3:7。
77. 弗 6:4；西 3:21。
78. 弗 6:9；西 4:1。
79. Balch, *Let Wives Be Submissive: The Domestic Code in I Peter*, 63-116.
80. Bailey and Broek（eds.），*Literary Forms in the New Testament: A Handbook*, 69-70.

表明，早期基督徒日益意识到他们被怀疑为社会破坏分子的事实。在一个外来宗教被质疑的处境中，基督教尊重社会的弱者如女人和奴隶这一个事实，就很可能被视为是对罗马社会良好秩序的一个威胁，尤其是基督教关于性别和主仆之间的平等思想（加 3:28）。[81]

保罗用家庭概念来形容和比喻教会，可能是为了激励基督徒有合宜及负责任的行为，以及对人际关系的尊重。此外，保罗也借用家庭的语言来比喻基督徒社群为上帝的子民，是有生命和不断在成长的大家庭。基督徒虽然来自不同的社会文化背景和阶层，但是他们共同生活，互相服事关顾，遵守秩序规矩，按各人所能，承担不同的角色和责任。[82]

有些新约学者对保罗使用家庭规范的动机仍旧不能完全理解。保罗是否与世俗的伦理学家持同样的态度，即从家庭开始，扩展至整体教会，最终成为社会的基石？泰森总结当时的基督徒家庭观为"爱的家长制"（love patriachalism）是否完全正确？有人说，保罗是一个社会和宗教理论者，宣传妇女和奴隶的自由和平等的信息。相反地，也有其他学者持与此相反的立场，怀疑保罗不但是一位保守主义者，并且还需要对维持妇女和奴隶原有的低下社会地位负责。又有学者认为，保罗有意

---

81. 妇女被鼓励积极参与保罗教会的领导职位（罗 16:1-3, 6-7, 12），奴隶称他们的主人为兄弟（门 1:16），都可能被看作是对罗马社会秩序是一种威胁。Dunn, "The Household Rules in the New Testament", in S. C. Barton（ed.）, *The Family in Theological Perspective*, 43-63. Balch, *Let Wives Be Submissive The Domestic Code in 1 Peter*, chs.5-6.

82. 保罗借此强调教会中各种不同成员应有的关系——即基督徒与上帝之间以及彼此之间的关系。参见提前 3:15; 弗 2:19-22; 另参见提前 3:1-13, 20-21; 2:1-15。

在纠正当时部分基督徒过度要求社会自由和解放的倾向（加3:28）？女权主义学者修茨勒·费奥伦莎认为，最早期的基督教，包括"耶稣运动"（Jesus Movement）和保罗所建立的教会，曾试图阐明生命平等的观念以及所有信徒在基督里的平等。例如，保罗在《加拉太书》3:28的洗礼宣言："[信徒]并不分犹太人，希利尼人，自主的，为奴的，或男或女，因为你们在基督耶稣里都成为一了。"[83] 保罗在这里明确地指出基督徒在基督里的平等合一。

保罗在《加拉太书》3:6-29的焦点是，外邦信徒因信基督已经被接纳为神的子民并且也是与基督联合为一了。因此，在基督徒的团契里就不应该再有种族、阶级和性别的区分了。来自外邦背景的信徒与犹太基督徒都应该一样享有平等的地位，因为他们现在都已经是上帝的儿女和亚伯拉罕的后裔了。从今以后，没有人可以依靠割礼或遵守律法来宣称自己拥有优越的地位。

保罗所重视的家庭规范，似乎不仅是显示了早期教会对家庭伦理的关注，也同时表明保罗及教会清楚地认识到当时的罗马社会是无时不在观察基督徒群体与个人的一举一动，特别是在监视他们在生活与行为上是否是"反社会"（anti-social）。再者，教牧书信中所强调的那些得体合宜的行为，似乎也意味着保罗希望教会能够尽量满足当时社会对他们的正面期望，从而

---

83. 修茨勒·费奥伦莎（Elisabeth Schüssler Fiorenza）于1983年发表的代表作《纪念她：以女性神学重建的基督教起源》（*In Memory of Her: A Feminist Theological Reconstruction of Christian Origins*）。

得到教外人对基督徒的尊重。[84] 保罗也似乎是很清楚地意识到，持守当时罗马社会所公认的家庭伦理规范以及所带来的循规蹈矩生活方式，有助于基督徒在所处的环境中见证福音的社会功能。

（3）自传式的声明

在书信中，保罗经常使用一些自传式的声明。有比较长的两段出现在《帖撒罗尼迦前书》1:2—3:13 和《加拉太书》1:10—2:21。保罗的一些有关自身的事一般会出现在书信的开始，下面接着是感恩祈祷。[85] 有一部分的"自传"可说是保罗给其对手某些指控的回应和反驳，或为了捍卫所传的福音。奥尼认为，《帖撒罗尼迦前书》和《加拉太书》中的自传式声明则不一定全是为了对某些指控的反驳。[86] 根据里昂（Gregory Lyons）的研究，保罗在《加拉太书》1:10—2:21 的自传与其他有关他的传记非常一致，并且还有下列的特征：1）"开始"（προοίμιον, opening）是保罗神圣的福音（1:10-12）；2）是保罗自己的"生活方式"（ἀναστροφή, lifestyle）；3）是承认自己曾经是一个教会的逼迫者（1:13-14）；4）是他身为一个福音宣教士的身

---

84. 但有些学者认为，这些发展所显示的是教会世俗化的开始，应该是出自保罗的继承者并非他本人（提前 3:7; 6:1; 多 2:5, 8, 10; 3:10）。沃纳认为，并非所有在新约圣经中的家庭规范都是趋向基督教化的形式，从而挑战现状。在教牧书信中出现的一些章节，似乎是不加批判地接受了希腊化的世界观。教会被严格界定在性别和年龄差异的基础上，以保护原有的秩序（提前 2:8-15; 5:1-2; 6:2; 多 2:1-10; 3:1-7）。参见 D. C. Verner, *The Household of God: The Social World of the Pastoral Epistles*（Society of Biblical Literature Dissertation Series 71; Chico: Scholars Press, 1983）。

85. 罗 1:14-16; 林后 1:12-2:17; 7:5-16; 10:7-12:13; 加 1:10-2:21; 腓 1:12-26; 3:2-14; 帖前 2:1-12。保罗只有在《哥林多前书》和《腓利门书》没有自传式的声明。

86. Aune, *The New Testament in Its Literary Environment*, 190.

份（1:15-17）；5）是一些值得一提的事迹（πράξεις, events）与行为（conduct, 1:18—2:10）；6）是一些关键性的行程：耶路撒冷（1:18-20），叙利亚和基利家（1:21-24），以及耶路撒冷（2:1-10）；7）是保罗与彼得个人的比较（σύγκρισις, 2:11-20）；8）是安提阿事件；9）是保罗与犹太传教士；10）是结语（ἐπίλογος, conclusion），特别强调上帝的恩典（Οὐκ ἀθετῶ τὴν χάριν τοῦ θεοῦ, 2:21）。[87]

在希腊罗马的演讲学中，最重要的论据之一就是以演讲者所树立的品德和行为来说服听众。对亚里士多德而言，修辞学的最终目的也就是在于说服听众。因此他在自己所写的《修辞学》中，花费了较长的篇幅来解释说服听众的成功途径。亚里士多德把这演讲的途径分为两种：1）自然的论证（inartificial proofs）；2）人工的论证（artificial proofs）。演讲者凭借修辞学的技巧和手段来表述这两种论证，以期达到说服的效果。亚里士多德认为"论证"（proofs）是构成修辞学的核心。它包括三种有效的说服手段：性格（ἦθος, character）、情感（πάθος, emotion）和理性（λόγος, logical reasoning）。[88] 除了上述三种说服的手段以外，一个优秀的演讲家还应当具备其他的良好素质

---

87. George Lyons, *Pauline Autobiography: Towards a New Understanding*（Atlanta: Scholars Press, 1985）. 参见 Jerome H. Neyrey, "The Social Location of Paul: Education as the Key", in David B. Gowler, L. Gregory Bloomquist, and Duane F. Watson（eds.）, *Fabrics of Discourse: Essays in Honor of Vernon K. Robbins*（Harrisburg, PA: Trinity Press International, 2003）, 126-164。

88. Aristotle, *Rhet.* 1356A 3: "Now the proofs furnished by the speech are of three kinds. The first depends upon the moral character of the speaker（τῷ ἤθει τοῦ λέγοντος）, the second upon putting the hearer into a certain frame of mind, the third upon the speech itself, in so far as it prove or seems to prove."（另参见 *Rhet.* 1356a 7; *Eth. Nic.* 1094a-b）

来有效地说服听众。那就是，理智（φρόνησις, good sense）、美德（ἀρετη, virtue）和信誉（εὔνοια, goodwill）。[89] 品格在演讲中扮演非常重要的角色。它的内容和步骤是：1）演讲者企图为自己描绘一个可爱、值得信赖的形象；2）演讲者关注和尝试了解听众的处境，期望给他们留下一个正确与良好的印象；3）演讲者一方面承认和展现对手善辩的能力，但最终的目的是为了要展示自己的论证更具说服力。按照亚里士多德，修辞学必须要考虑的是听众最终的判断。演讲者不仅要考虑到如何展示他的修辞方法和说服手段，而且还得凭借自己的人格魅力、热情和智力去打动听众。[90]

（4）保罗的旅行计划

由于信函是分离者之间沟通的一个主要媒介，重聚也就经常成为信函的主题。保罗在信件中经常以书面形式表明他出行的心愿和计划。保罗的出行很自然是与他的宣教活动有直接的关系。有学者将保罗的一些出行看作是他对教会的"使徒亲临"（apostolic παρουσία）。"使徒亲临"具有三重相关形式：当保罗还未亲自到访之前，他似乎都会习惯性地先差派他的"使徒

---

89. Aristotle, *Rhet.* 1378a 5-7.
90. Aristotle, *Rhet.*1378a 2-3："But since the object of rhetoric is judgement—for judgements are pronounced in deliberative rhetoric and judicial proceedings are a judgement—it is not only necessary to consider how to make the speech itself demonstrative and convincing（ἀποδεικτικὸς καὶ πιστός），but also that the speaker should show himself to be of a certain character and should know how to put the judge into a certain frame of mind. For it makes a great difference with regard to producing conviction—especially in demonstrative, and, next to this, in forensic oratory—that the speaker should show himself to be possessed of certain qualities and that his hearers should think that he is disposed in a certain way towards them; and further, that they themselves should be disposed in a certain way towards him."

使者"（the apostolic emissary）去做一些安排，让他自己个人的亲临（his own personal presence）显得更慎重。这样一来，会众就会因为保罗的信件，使者的预早来临，以及保罗的亲自探访的计划，感觉到保罗似乎已经是在他们中间了。可以说，保罗通过这些媒介和渠道有效地建立和保持他在各教会中的使徒威望和权柄。从这个意义上来看，保罗的"使徒亲临"其实也就是使徒权柄和能力的临在。在《哥林多前书》4:17–20，保罗派遣使者提摩太作为他的代表，目的很明显是要提醒和劝勉哥林多会众。保罗也清楚表明，希望他自己可以亲自到访，以便考验那些抗拒他的人是否真的那么有权能："因此我已打发提摩太到你们那里去（Διὰ τοῦτο ἔπεμψα ὑμῖν Τιμόθεον）。他在主里面，是我所亲爱，有忠心的儿子。他必提醒你们（ὃς ὑμᾶς ἀναμνήσει），纪念我在基督里怎样行事，在各处各教会中怎样教导人。有些人自高自大，以为我不到你们那里去；然而，主若许我，我必快到你们那里去（ἐλεύσομαι δὲ ταχέως πρὸς ὑμᾶς），并且我所要知道的，不是那些自高自大之人的言语，乃是他们的权能（δύναμις）。因为上帝的国不在乎言语，乃在乎权能。"[91] 保罗的行程计划也出现在其他书信中。[92]

（5）最后的劝勉

保罗书信的鲜明特点之一，是他的最后劝勉。但也有一

---

91. 按方柯的阅读，保罗书信中与使徒亲临的主题有关的章节包括：罗 1:8-15；15:14-33；林后 12:14-13:13；加 4:12-20；腓 2:19-24；帖前 2:17-3:13；门 1:21-22。
92. 弗 6:21-22；提后 4:6-18；多 3:12-14。

些书信的劝勉不是集中在最后部分，而是被编织在整个书信的结构中。[93] 劝勉是一个复杂的课题，它已经成为新约圣经研究的主要课题之一。值得注意的，是"书信劝勉"（epistolary paraenesis）和"劝勉风格"（paraenetic styles）的区别。书信劝勉一般被界定在一些书信的结论部分，劝勉风格则是贯串于整本书信中，例如帖撒罗尼迦前书，加拉太书和歌罗西书。

劝勉或忠告（Παραίνεσις, advice or exhortation）是指一般在道德和宗教方面的训导。它介于劝告修辞学（symbouleutic or advisory rhetoric）和褒贬修辞学（epideictic rhetoric）之间。犹太教具有很丰富的源自一神教的伦理传统以及主要的希腊哲学派系所强调的伦理。道德规劝因此也就早已成为整个古代社会的一个普遍价值。劝勉（Paraenesis）实际上是解决人道德行为问题的一个方式。由于劝勉的内容普遍上都会被社会认可，它的功能与效果是很大的。劝勉有五个重要特征：1）它具有传统性，反映了它被社会普遍认可的传统智慧；[94] 2）它适用于多种情况（Seneca, *Ep.*94.32-35）；3）它是家喻户晓的，通常被看作是一个忠实可靠的"提醒"；[95] 4）它间中也会出现在一些作为美

93.《哥林多前书》《哥林多后书》《腓立比书》；另参见《雅各书》《希伯来书》。

94. Isocrates, *Nicocles* 40-41; Pseudo-Libanius, *Epistolary Styles* 5. 参见《腓立比书》4:8："弟兄们，我还有未尽的话：凡是真实的，可敬的，公义的，清洁的，可爱的，有美名的，若有什么德行，若有什么称赞，这些事你们都要思念。"

95. Seneca, *Epistulae Morales* 13.15; 94.21-25; Dio Chrysostom, *Oration* 17.2, 5. 参见《帖撒罗尼迦前书》4:1-2："弟兄们，我还有话说……你们原晓得我们凭主耶稣传给你们什么命令。"《帖撒罗尼迦后书》3:6："弟兄们，我们奉主耶稣基督的名吩咐你们，凡有弟兄不按规矩而行，不遵守从我们所受的教训，就当远离他。"《腓立比书》3:1："弟兄们，我还有话说，你们要靠主喜乐。我把这话再写给你们，于我并不为难，于你们却是妥当。"

德模范的伟人中；[96] 5）它也是那些在社会和道德上有声望的人士所关注的。[97]

塞涅卡有时以他自己的行为作为他人仿效的模型。塞涅卡在《道德书简》(*Epistulae Morales*）的第六封信函中的第一部分描述了自己的道德长进，作为一个模范；在第二部分他劝勉追求道德修养的路吉流（Lucilius）。[98] 正如塞涅卡所言，“人仿

---

96. Seneca, *Epistulae Morales* 6.5-6; 11.9-10; 95.72. 参见《帖撒罗尼迦后书》3:7：“你们自己原知道应当怎样效法我们。因为我们在你们中间，未尝不按规矩而行。”《腓立比书》3:17：“弟兄们，你们要一同效法我，也当留意看那些照我们榜样行的人。”《腓立比书》4:9：“你们在我身上所学习的，所领受的，所听见的，所看见的，这些事你们都要去行，赐平安的上帝就必与你们同在。”
97. Aune, *The New Testament in Its Literary Environment*, 191.
98. 塞涅卡在《道德书简》6.1-7：“亲爱的路吉流，我发现自己不仅在修正，而且更是在改变形象。然而，我不确保，甚至不期待，我自身所残余的东西已经没有不须改变的。当然，我还有许多的东西需要抑制，减弱，或提升？承认至此一直被忽视的缺陷。这本身已经证明心灵达到了更高的层次。对某些病人而言，承认自己有病，就已经值得祝贺了。所以，我希望与你分享突然发生在我身上的这一变化。于是我开始对我们的友谊——真正的友谊——产生更坚定的信任：无论希望，恐惧，还是自我利益都不能破坏的，那种人们为其愿意献出生命的友谊。尽管是朋友，却缺乏友谊的例子，我可以举出很多。唯有良好愿望的同心相连，就不会产生那种情况，因为他们知道朋友之间应该同甘苦，共患难。你不能想象，这对我每天是多么重要。当你说：‘同我分享你所经历的成，’我的回应是我只想向你传授我所有的经验；学习给我快乐，并促使我更好施教。任何事物，无论是如何高尚或有益，假使我必须保存知识只给我自己，都不会使我快乐。假使给予我智慧的先决条件是必须隐藏，而非分享。我宁愿拒绝它。拥有任何的好东西，只有与朋友分享，才能带来满足感。因此，我将把我用过的书寄个你；免得你浪费时间去寻找有益的主题，我会在书上作出标记，以便你能立即了解我赞同和欣赏的段落。然而，一场生动的谈话比书面的文字有益得多。你应该来我这里，看看事情是怎样的结果。首先，因为耳听为虚眼见为实；其次，人仿效箴言的道路是漫长的，但仿效模范的道路却是短暂和有益的。克林塞斯如果仅仅做为芝诺的听众，永远不会使他的学派复兴。他参与了他导师的生活，深入到密室之中，观察导师是否实践他自己的理论。柏拉图，亚里士多德，以及后来创立各派的哲学家，从苏格拉底的生活中比从他的言论上所学到的要多得多。迈特多鲁斯，赫尔马库斯，波立艾努斯，不是在伊壁鸠鲁的学校，而是在与大师的共同生活中，形成了伟大的人格。你来这里，并不是仅仅你来受益，我也会受益，我们能够相得益彰。与此同时，我还欠你每日的小礼物，今天令我愉快的是在赫卡忒那里找到的这句格言，就送给你吧：‘知道今天我的收获是什么？我开始成为自己的朋友！’这收获太大了，如此便不会孤独。你可以确定，这个朋友是每个人都有的。问安。”

效箴言的道路是漫长的，但仿效模范的道路却是短暂和有益的"
（ *quia longum iter est per praecepta, breve et efficax per exempla* ）。[99]
如同塞涅卡的劝勉信函一样，保罗在《哥林多前书》《加拉太
书》以及《帖撒罗尼迦前书》中也有类似的内容。

除了《腓利门书》以外，劝勉在所有的保罗书信中都扮演着
重要的角色。《帖撒罗尼迦前书》是劝勉书信的一个典型范例。保
罗在信中明确提醒帖撒罗尼迦会众在他最初传道活动中所领受的
教诲，并以此来劝勉他的会众要在已经悔改的事上继续成长。正
如许多复杂的书信一样，《帖撒罗尼迦前书》也包含了安慰的部
分（ 4:13-18 ）。《哥林多前书》是一封包含劝勉（ exhortation ）、[100]
忠告（ advice ）[101] 以及警戒（ admonish ）的书信。[102] 保罗以自己

---

99. 塞涅卡，《道德书简》6.5。

100. 例如：《哥林多前书》4:14："好像我所亲爱的儿女一样"（ ὡς τέκνα μου
ἀγαπητὰ ）; 4:16："所以，我求（ παρακαλῶ, "urge, exhort"）你们效法我"
（ μιμηταί μου γίνεσθε, "be imitators of me"）; 4:17："他必提醒你们（ ὃς ὑμᾶς
ἀναμνήσει ），纪念我在基督里怎样行事，在各处各教会中怎样教导人（ καθὼς
πανταχοῦ ἐν πάσῃ ἐκκλησίᾳ διδάσκω ）"（ 参见 3:5-4:21; 9 ）。古哲圣贤
在教导中，不但注重修辞的技巧运用，还很重视他们与门徒之间的关系，犹
如典型的父子关系。现身说法亦是圣哲们经常使用的重要教育方法，他们
以自己为门徒效法的道德楷模。同样地，保罗教导哥林多信众也如同自己
的儿女一般，并且他凡事都给信徒作榜样，以身作则，言传身教。保罗劝导
会众要效法他，如同效法基督一样（ 4:16; 11:1; 林后 6:13 ）。不但如此，保
罗为了彰显基督的大能，还常以自己的软弱夸口，以挑战希罗文化习俗。科
纳，《哥林多前书释义 》，74-80。B. Sanders, "Imitating Paul: 1 Cor. 4.16", *HTR*
74（ 1981 ），353-63; W. D. Spencer, *The power in Paul's teaching*（ 1 Cor 4:9-20 ），
JETS 32（ 1989 ），51-61. Elizabeth A. Castelli, *Imitating Paul: A Discourse of Power*
（ *Literary Currents in Biblical Interpretation Series*; Louisville, KY: Westminster/John
Knox Press, 1991 ），108-111. Fitzgerald, *Cracks in an Earthen Vessel: An Examination
of the Catalogues of Hardships in the Corinthian Correspondence*, 3, Welborn, "A
Conciliatory Principle in 1 Cor. 4:6", *NovT* 29（ 1987 ），320-346.

101.《哥林多前书》7—8 章和 10—14 章。

102. 在《哥林多前书》1:10-4:20 的 *Paraenesis* 中，警戒担任了重要的角色。保罗警戒
哥林多会众的纷争以及劝勉他们合一。《哥林多前书》4:14："乃是警戒你们。"
参见西 3:16; 帖前 5:12-14。

和亚波罗作为范例，明确地给会众劝勉，而并非自我辩护。劝勉和忠告也被很技巧地穿插在《加拉太书中》。[103]

3. 信尾

与古代书信的形式一样，除了在书信的信首问候以外，保罗总是以给收件人的"问候"和祝福来作结束。在保罗之前就已经有一些可供参考或仿效的信函公式，顺序如下：1）平安祝愿；2）请求祈祷；3）依次或再次问候；4）亲嘴问安；5）亲自签名问候。[104]

古代书信传统中会有健康祝愿（health wish）。这样的健康祝愿或是祈祷还可以根据收件人的具体情况加以扩展。类似的扩展形式也出现在保罗的书信中。然而，保罗通常比较习惯以颂赞或祝福来取代健康祝愿。古代的书信还有模仿希腊信函的信尾形式，愿收件人"刚强"（ἔρρωσο, be strong），或是表示"告别"（farewell）之意。保罗则以"恩惠"（χάρις, grace）替代了当时书信惯用的结语公式"刚强"，结果这成了保罗书信普遍的特征。保罗也常以"恩惠"作为整本书信的结尾祝福："愿我们主耶稣基督的恩惠常与你们众人同在（Ἡ χάρις τοῦ κυρίου

---

103. 保罗在信中对加拉太人使用责备的语言。例如 1:6："我希奇（θαυμάζω）你们这么快离开那藉着基督之恩召你们的，去从别的福音"；3:1："无知的加拉太人哪"（Ὦ ἀνόητοι Γαλάται）；3:3："你们是这样的无知吗"（οὕτως ἀνόητοί ἐστε）。参见加 1:6-10；3:1-5；4:8-10。林后 7:8-10："我先前写信叫你们忧愁（λύπη），我后来虽然懊悔，如今却不懊悔；因我知道，那信叫你们忧愁不过是暂时的。如今我欢喜，不是因你们忧愁（οὐχ ὅτι ἐλυπήθητε），是因你们从忧愁中生出懊悔来（εἰς μετάνοιαν [into repentance]）。你们依着上帝的意思忧愁，凡事就不至于因我们受亏损了。因为依着上帝的意思忧愁，就生出没有后悔的懊悔来。以致得救；但世俗的忧愁是叫人死。"

104. Aune, *The New Testament in Its Literary Environment*, 186.

ἡμῶν Ἰησοῦ Χριστοῦ μεθ᾽ ὑμῶν)。"[105] 这个祝福包含三个基本
要素：恩惠，恩惠的神圣来源，恩惠的受益者。保罗早期书信
中的祝福清楚展示了这些基本模式。[106]

保罗书信中一个典型的"平安祝愿"是在《腓立比书》
4:9："赐平安的上帝就必与你们同在（καὶ ὁ θεὸς τῆς εἰρήνης
ἔσται μεθ᾽ ὑμῶν)。"这个公式也同样出现在所有保罗书信的靠
近结尾部分。[107] 依次或是再次的问候是指作者向受信人转达其他
人对他或是他们的问候。公元前 1 世纪之后，希腊信函通常都
以"转达问候"的公式（ἀσπάζεσθαι ）作为结束。

结语问候有多种形式。例如：命令语气的问候——"请
代我向某人问候"。主动语态的问候——"B 问候 A"。若在结
尾转达第三者的问候，使用希腊动词（ἀσπάζεσθαι ）的形式
来表达。早期基督教信函经常使用这种转达问候的形式。例
如，在《腓利门书》1:23-24，保罗转达了以巴弗及其他同工
的问候："为基督耶稣与我同坐监的以巴弗问你安。与我同工
的马可、亚里达古、底马、路加、也都问你安（Ἀσπάζεταί
σε Ἐπαφρᾶς ὁ συναιχμάλωτός μου ἐν Χριστῷ Ἰησοῦ,
Μᾶρκος, Ἀρίσταρχος, Δημᾶς, Λουκᾶς, οἱ συνεργοί μου)。"
除了《加拉太书》和《帖撒罗尼迦后书》以外，保罗在多数
的书信中的结尾都有提到了"居次问候"。在《罗马书》16
章，保罗写下了最长篇幅的依次问候，共有二十六人被提名问

105.《哥林多前书》16:23 除外。
106. 例如：帖前 5:28；参见罗 16:20；林前 16:23；林后 13:14; 加 6:18; 腓 4:23；帖
　　后 3:18; 门 25。
107.《哥林多前书》和《腓利门书》除外。

候。在第 3 节至 16 节保罗使用的是命令语气（ἀσπάσασθε），例如 "问百基拉和亚居拉安"（Ἀσπάσασθε Πρίσκαν καὶ Ἀκύλαν）。在 21 节保罗转达了提摩太等人的问候："与我同工的提摩太，和我的亲属路求、耶孙、所西巴德，问你们安（Ἀσπάζεται ὑμᾶς Τιμόθεος ὁ συνεργός μου καὶ Λούκιος καὶ Ἰάσων καὶ Σωσίπατρος οἱ συγγενεῖς μου）。" 最短的问候出现在《哥林多后书》13:13："众圣徒都问你们安（Ἀσπάζονται ὑμᾶς οἱ ἅγιοι πάντες）。"保罗在书信中几次劝导收件人要彼此以亲嘴问候。例如，《罗马书》16:16："你们亲嘴问安，彼此务要圣洁（ἀσπάσασθε ἀλλήλους ἐν φιλήματι ἁγίῳ）。"[108] 这种独特的基督徒之间的问候，也许是出自保罗，[109] 也可能是早期基督徒礼拜仪式或是其他聚会的一部分。[110]

在保罗的书信中，有五封信函在结尾部分出现保罗个人的 "亲笔签名问候"。在《哥林多前书》16:21，保罗向会众亲笔问候（Ὁ ἀσπασμὸς τῇ ἐμῇ χειρὶ Παύλου）。[111] 在许多蒲草纸的信函中，最后的问候语是用手写的，因此不同于信函的其余部分。这表示它是由作者补充的（有别于文士）。某些文学信函也反映了这种习惯。[112] 保罗在《帖撒罗尼迦后书》3:17 中的声明，表示他一般是使用一位书记的："我保罗亲笔问你们安。凡我的信都以此为记，我的笔迹就是这样（Ὁ ἀσπασμὸς τῇ ἐμῇ

---

108. 林前 16:20；林后 13:12；帖前 5:26。
109. 只在《彼得前书》5:14 出现一次。
110. Justin, *1 Apology* 65; Tertullian, *On Prayer* 14.
111. 帖后 3:17；西 4:18；加 6:11；门 19。
112. Cicero, *To Atticus* 12.32；13.28；14.21.

χειρὶ Παύλου, ὅ ἐστιν σημεῖον ἐν πάσῃ ἐπιστολῇ· οὕτως γράφω)." [113]

奥尼指出，大部分的保罗书信，除了书信公式的开始和结尾以外，还包括三个因素：1）安抚；2）赞扬收件者们过去的表现；3）劝勉。[114]

推荐书目

中文参考书目

鲍维均，《凡事谢恩：使徒保罗的感谢观》，林秀娟译，台北：友友文化，2017。

李保罗，《结构式研经与释经》，香港：天道书楼，2000。

李志秋，《新约书信诠释》，香港：天道书楼，2016。

梁工，《圣经文学研究》，北京：人民文学出版社，2007。

史瑞纳，《诠释保罗书信》，石彩燕、麦启新译，香港：天道书楼，2000。

英文推荐书目

Aune, D. E., *The New Testament in Its Literary Environment*. Philadelphia: Westminster, 1987.

Bailey James L. and Lyle D. Vander Broek (eds.), *Literary Forms in the New Testament: A Handbook*. Louisville KY: Wesminster John Knox Press, 1992.

Balch, D. L., *Let Wives Be Submissive The Domestic Code in 1 Peter*. Chico, CA: Scholars Press, 1981.

Brinsmead, B. H., *Galatians: Dialogical Response to Opponents*. SBLDS, 65;

---

113. Aune, *The New Testament in Its Literary Environment*, 186-187.
114. Ibid., 199.

Chico, CA: Scholars Press, 1982.

Deissmann, A., *Light from the Ancient East*. London: Hodder & Stoughton, 1909.

Doty, W. G., *"The Classification of Epistolary Literature, " CBQ* 31 (1969), 183-199.

Doty, W. G., *Letters in Primitive Christianity*. Philadelphia: Fortress Press, 1973.

Dunn, J. D. G., "The Household Rules in the New Testament", in S. C. Barton (ed.), *The Family in Theological Perspective* (Edinburgh: T & T Clark, 1996), 43-63.

Easton, B. S., "New Testament *Ethical Lists*", *Journal of Biblical Literature* 51 (1932), 1-12.

Exler, Francis Xavier J., *The Form of the Ancient Greek Letter: A Study in Greek Epistolography*. Washington, D.C.: Catholic university of America, 1923.

Fiorenza, Elisabeth Schüssler, *In Memory of Her: A Feminist Theological Reconstruction of Christian Origins*. New York: Crossroad, 1983.

Funk, R. W., *Language, Hermeneutic and Word of God*. New York: Harper & Row, 1966.

Funk, R. W., *"The Apostolic Parousia: Form and Significance"*, in W. R. Farmer, C. F. D. Moule and R. R. Niebuhr (eds.), *Christian History and Interpretation: Studies Presented to John Knox* (Cambridge: Cambridge University Press, 1967), 249-268.

Furnish, V. P., *Theology and Ethics in Paul*. Nashville: Abingdon, 1968.

Kim, Chan-Hie, *Form and Structure of the Familiar Greek Letter of Recommendation*. SBLDS; Missoula, MT: Scholars, 1972.

Klauck, Hans-Josef, *Ancient Letters and the New Testament: A Guide to Context and Exegesis*. Waco, Tex.: Baylor University Press, 2006.

Koskenniemi, H., *Studien zur Idee und Phraseologie des griechischen Briefes* bis 400 n. Chr. (Suomalaisen Tiedeakatemian Toimituk-sia/ *Annales Academiae Scientiarum Fennicae*, ser. B, vol.102.2) . Helsinki: Suomalainen Tiedeakatemia, 1956.

Longenecher, R. N., *Galatians*. WBC 41; Dallas: Word, 1990.

Lyons, George, *Pauline Autobiography: Towards a New Understanding*. Atlanta: Scholars Press, 1985.

Malherbe, A. J., *Ancient Epistolary Theorists*. Atlanta: Scholars Press, 1988.

McEleney, N. J., "The Vice Lists of the Pastoral Epistles", *Catholic Biblical Quarterly* 36 (1974), 203-219.

Milligan, G., *The New Testament Documents: Their Origin and Early History*. London: Macmillan, 1913.

Mullins, Terence Y., "Petition as a Literary Form", *NovT* 5 (1962), 46-54.

Mullins, Terence Y., "Disclosure, a Literary Form in the New Testament", *NovT* 7 (1964), 44-50.

Mullins, Terence Y., "Formulas in New Testament Epistles", *Journal of Biblical Literature* 91 (1972), 380-390.

Mullins, Terence Y., "Topos as a New Testament Form", *Journal of Biblical Literature* 99 (1980), 541-547.

Neyrey, Jerome H., "The Social Location of Paul: Education as the Key", in David B. Gowler, L. Gregory Bloomquist, and Duane F. Watson (eds.), *Fabrics of Discourse. Essays in Honor of Vernon K. Robbins* (Harrisburg, PA: Trinity Press International, 2003), 126-164.

O'Brien, Peter T., *Introductory Thanksgivings in the letters of Paul*. Leiden: EJ Brill, 1977.

Porter, Stanley E. and Sean A. Adams (eds.), *Paul and the Ancient Letter Form*. Pauline Studies 6; Boston/Leiden: Brill, 2010.

Sanders, Jack T., "The Transition from Opening Epistolary Thanksgiving to Body in the Letters of the Pauline Corpus", *JBL* 81 (1962), 348-362.

Schubert, P., *Form and Function of the Pauline Thanksgivings*. Berlin: Topelmann, 1939.

Selby, D. J., *Toward the Understanding of St. Paul*. Englewood Cliffs, NJ: Prentice-Hall, 1962.

Stowers, S. K., *Letter-Writing in Greco-Roman Antiquity*. Philadelphia: Westminster Press, 1989.

Stowers, S. K., "Greek and Latin Letters", in *David Noel Freedman, Gary A. Herion, David F. Graf,* and *John David Pleins* (eds.), *Anchor Yale Bible Dictionary* (formerly *Anchor Bible Dictionary,* 6 vols; Yale University Press, 1992), 4.290-293.

Thraede, Klaus, *Grundzüge griechisch-römischer Brieftopik.* Munich: C. H. Beck, 1970.

Verner, D. C., *The Household of God: The Social World of the Pastoral Epistles.* Chico: Scholars, 1983.

Weima, Jeffrey A. D., *Neglected Endings: The Significance* of *Pauline Letter Closings.* JSNTSup 101; Sheffield: Sheffield Academic Press, 1994.

Weima, Jeffrey A. D., "The Pauline Letter Closings: Analysis and Hermeneutical Significance", *Bulletin for Biblical Research* 5 (1995), 177-198.

White, John L. "Introductory Formulae in the Body of the Pauline Letter", *JBL* 90 (1971), 91-97.

White, J. L., *The Form and Function of the Body of the Greek Letter: A Study of the Letter-Body in the Non-Literary Papyri and in Paul the Apostle.* SBLDS 2; Missoula: Scholars Press, 1972.

White, J. L., *The Form and Structure of the Official Petition: A Study in Greek Epistolography.* SBLDS 5; Missoula: Scholars Press, 1972.

White, J. L., *"Epistolary Formulas and Cliches in Greek Papyrus Letters",* SBL Seminar Papers 2 (1978), 289-319.

White, J. L., "Saint Paul and the Apostolic Letter Tradition", *CBQ* 45 (1983), 433-444.

White, J. L., "New Testament Epistolary Literature in the Framework of Ancient Epistolography", *ANRW* II.25.2 (1984), 1730-1756.

White, J. L., *Light from Ancient Letters.* Philadelphia: Fortress Press, 1986.

White, J. L. and K. Kensinger, "Categories of Greek Papyrus Letters", *SBLASP* 10 (1976), 79-91.

第五部分

保罗书信与修辞评鉴学

保罗书信不但采纳了希腊信函的格式，同时也融合了多种不同的其他文学传统，包括当时盛行的修辞学及演讲技巧，平行结构和交叉结构（Chiasm），[1] 对话教授法或对话议论法（Diatribe），[2] 以及早期传统的诗歌与信经。保罗在书信中自由灵活地运用和发挥了各种不同的文体和形式，却不受其局限，从而使得保罗书信更加丰富和更具特色。

在保罗所处的时代，修辞学早已经是家喻户晓了。即使是没有受过教育的人，也可以对演讲者的辩论技巧作出自己的评

1. 平行结构（ABA'B'）及交叉结构（ABCB'A'）均指在保罗书信中出现的一种重复形式。平行结构突出保罗论述的重点；交叉结构显示保罗以文学的手法来阐述中心主题。例如，保罗在《哥林多前书》15:55 所使用的是平行结构："死啊！你得胜的权势在哪里？死啊！你的毒钩在哪里？"而在《哥林多前书》15:12-14（ABA'）与《加拉太书》4:4-5（ABBA）保罗则采用了交叉结构。参见 J. B. Lightfoot, *Saint Paul's Epistle to the Galatians*（Tenth Edition; London: MacMillan and Co., 1890），168. S. Greidanus, *The Modern Preacher and the Ancient Text: Interpreting and preaching Biblical Literature*（Grand Rapids: Eerdams, 1988）。
2. 对话教授法属于苏格拉底教导的方法之一，指老师藉着对话、问答、责备以及劝服的形式，指出学生的错误并引其进入真理。对话教授法的使用在于作者或演说家的技巧及其处境。它的特点体现在修辞学中的对话，作者或演说家可以采用假想的对话辩论形式，指出对方的错误并同时给予答案。作者通常使用"断乎不是"（μὴ γένοιτο, by no means）来否定反对者的错误结论。对话教授法经常采用希腊罗马修辞学的特征，其中包括箴言、对比、讽刺、拟人、悖论、对照法、邪恶和美德目录、平行句以及历史范例等。因此，对话教授法与哲学对话及雄辩论文有许多相似之处。在保罗书信中出现了对话教授法的模式，《罗马书》最具代表性。参见 S. K. Stowers, *The Diatribe and Paul's Letter to the Romans*（Chico: Scholars, 1981）; "The Diatribe", in Aune（ed.）, *Greco-Roman Literature and the New Testament: Selected Forms and Genres*, 71-83. A. J. Malherbe, *Moral Exhortation: A Greco-Roman Sourcebook*（Philadelphia: Westminster, 1986），129-134。R. P. Martin, "Approaches to New Testament Exegesis", in I. H. Marshall（ed.）, *New Testament Interpretation: Essays on Principles and Methods*（Grand Rapids: Eerdams, 1977），220-251。

论和判断。修辞学不但在古希腊罗马社会盛行并得到崇尚，而且还在教育中扮演至关重要的角色。里特芬（D. Litfin）的研究显示，修辞学的地位在第一世纪的希腊罗马社会中的普及和强大。对大多数人来说，修辞学是一种必需品。而这种流行的古希腊罗马修辞传统对保罗和哥林多人的影响是毋庸置疑的。[3] 总而言之，修辞学早已成了希腊罗马政治、文化、教育以及社会意识形态的重要组成部分。

---

3. D. Litfin, *St Paul's Theology of Proclamation: 1 Cor 1-4 and Greco-Roman Rhetoric* （Cambridge: Cambridge University Press, 1994）, 132. 里特芬这本书是以保罗的宣告神学为主题。对里特芬而言，按照当时的希罗修辞背景，现在分词"宣告"（proclaiming）在公共领域占有很重要的地位。因为通过宣告，所有人都可以听到讲者要表达的内容。

第一章
古典希腊修辞学

修辞学起源于公元前 5/6 世纪那个动荡不安的希腊城邦社会。据说修辞学是驱逐暴君，并赋予希腊人民民主的力量。在处于寡头政治和民众聚集的议会中，辩论是自然和必要的，而修辞学的规则是通过试验、错误以及创新而形成的。由于当时没有所谓"律师"，公民个人不得不为公共政策、法律和诉讼的所有事项来为自己说话。有些希腊人注意到概念化的过程，并开始分析那些起作用性的语言。最早与修辞史相关的名字是考拉克斯（Corax）和提希厄斯（Tisias）。他们是锡拉库萨城（Syracuse）希腊殖民地的居民。[1] 希腊殖民地西西里岛于公元前

---

1. 考拉克斯与提希厄斯被视为古希腊修辞学的奠基人之一。有人声称他们只是传说中的人物。有些学者认为考拉克斯和提希厄斯是同一个人。因为在一片残卷上发现这样的描述："提希厄斯，乌鸦"（Tisias, the Crow）。考拉克斯（Corax）在古希腊语是乌鸦（crow）。其他学者认为考拉克斯的学生提希厄斯进一步发展了法律上的修辞学，他甚至可能是伊索克拉底的老师。考拉克斯的所有作品都来自后来的作家柏拉图、亚里士多德和西塞罗等对他的引用。据说考拉克斯于公元前 5 世纪居住在西西里岛。在此期间，锡拉库萨的暴君色拉西布罗斯（Thrasybulus）被雅典的民主力量推翻，一个民主制度于是就在雅典形成。希腊面对的直接后果之一是群众诉讼要求索赔财产。因为在专制君主统治期间，许多普通公民的土地和财产均被没收。这些公民现在涌入法庭企图（转下页）

467 年爆发的反暴政的民主斗争以及锡拉库萨城的公共财产使用所引起的重大纠纷，为这些修辞学家们起了主导作用并为修辞技术的发展提供了一个很好的背景。高尔基亚斯（Gorgias），[2] 来自希腊在西西里岛的领地莱昂蒂尼（Leontini），被认为是将修辞学引进雅典的有功人士。公元前 427 年，当锡拉库萨入侵莱昂蒂尼的时候，年近六十的高尔基亚斯以大使馆馆长的身份前往雅典请求支援。他的雄辩才能在雅典得到广泛注目。自此，高尔基亚斯在雅典到处演讲并开班授徒。高尔基亚斯提出了语言的力量和文体风格在修辞学中的重要性。他在修辞学方面的创新，涉及结构和装饰，并提出了吊诡或辩证的思考和命题（*paradoxologia*）。故此，他又被誉为"诡辩之父"（father of sophistry）。高尔基亚斯现存的修辞著作 *Technai*，是一本修辞教学手册，它可能包括需要背诵的模式以及修辞学在实践中那些已经被实证过的各项原则。在这本修辞手册中，仅有《海伦颂》（*Encomium of Helen*）和《帕拉墨德斯的辩护》（*Defense of Palamedes*）两卷被完整地保留了下来。亚里士多德在其著作中，也提到了高尔基亚斯的言论和观点。柏拉图在《高尔基亚

（接上页）恢复他们的财产，从而在社会上引发了大规模的官司风暴。法庭上的修辞艺术和演说论辩的能力成了大众的现实需要。考拉克斯曾在法庭观看和研究案件输赢的缘由，结果促使他设立了自己为案例辩论的学校。考拉克斯利用修辞的艺术来帮助普通公民在法庭立案。他的贡献在于创制了第一本修辞原则的手册（τέξνη），制定了法庭演讲的规则，把它分为五部分：绪论、叙事、论证、反驳以及总结。这种结构成为后来所有修辞理论的基础。考拉克斯和提希厄斯都强调"或然性"（εἰκός, probability）是说服陪审团的一种手段。他们认为辩论是建立在或然性的基础之上的。考拉克斯和提希厄斯对法庭正式演讲结构的阐述以及所提出的或然性辩学说，不仅为修辞学的发展奠定了理论基础，而且还为系统的演讲理论的形成铺平了道路。

2. 高尔基亚斯，约公元前 485 年—前 380 年，古希腊诡辩家、哲学家和修辞学家。

斯篇》中，对高尔基亚斯的修辞学论点提出了一些反对意见。高尔基亚斯那对立性的演讲风格与魅力激发了雅典人的想象力，并使得城邦对演讲所扮演的角色产生了极兴奋的探讨。至公元前5世纪末，修辞学的理论和实践已经奠定了三种不同的传统基础：诡辩的、哲学的和技术的。

诡辩派的代表人物为普罗泰格拉（Protagoras），[3] 高尔基亚斯（Gorgias），希皮亚斯（Hippias of Elis），[4] 和伊索克拉底。[5] 诡

---

3. 普罗泰格拉，约公元前490年—前420年，古希腊哲学家，被柏拉图视为诡辩派的一员。柏拉图在《普罗泰格拉篇》(*Protagoras*)中写到，普罗泰格拉早在苏格拉底、普罗迪克斯（Prodicus）和希皮亚斯的年代之前，他的年龄足以成为其中任何一位的父亲。这表明他的出生日期不迟于公元前490年。在《美诺篇》(*Meno*)中，柏拉图提到普罗泰格拉在做了四十年的智者（Sophist）之后，于七十岁左右死去。这被推测是发生于公元前420年。据说普罗泰格拉在雅典很有名气，并成为伯里克利（Pericles，约公元前495年—前429年，雅典黄金时期具有重要影响的政治家和演说家）的挚友。普罗泰格拉讨论了辩论的技巧，攻击任何命题的方法，以及通过质问对方来进行论辩的演说模式。他的哲学观点是："人是万物的尺度：是存在者存在的尺度，也是不存在者不存在的尺度。"（Plato, *Theaetetus*, 152a）普罗泰格拉著有《论辩艺术》(*The Art of Debating*)和《驳论》(*Contradictory Arguments*)。参见 Aulus Gellius, "Noctes Atticae", 5.3; Plutarch, *Lives*, "Pericles"。

4. 希皮亚斯（约公元前400年前后），与苏格拉底是同时代的人，出生于埃利斯（Elis）。古希腊诡辩派晚期的主要人物，哲学家和数学家，在修辞学、语法、诗歌、历史、政治、数学方面皆有成就。

5. 伊索克拉底（公元前436年—前338年），出身于雅典的一个富裕家庭，是高尔基亚斯的学生，并有可能师从苏格拉底。他是古希腊修辞学家和教育家，雅典十大演讲家之一。伊索克拉底是希腊具有影响力的修辞学家，他在修辞学和教育方面的巨大贡献在于其教学方法和著作。伊索克拉底的修辞学教育注重运用语言的能力去解决实际问题。他提倡公民教育，为国服务，并培养学生在各种课题上练习写作和发表演讲。伊索克拉底指出，自然能力和实践比修辞学的规则更为重要。伊索克拉底强调适应场合（καιρός, fitness for the occasion），即演讲家应具有适应不断变化的场合和状况的能力。因此，对伊索克拉底而言，好的演讲必备三种要素：言语场合相互匹配，文体风格凸显，表达方式独具匠心。伊索克拉底把修辞学定义为"劝说的巧匠"。在罗马时代以伊索克拉底的名字出现的有六十篇演说词，其中二十一篇演说词被流传了下来。最著名的演说词是他在奥林匹克运动会上发表的《泛希腊盛会辞》(*Panegyricus*)。以下著作反映了伊索克拉底有关修辞和教育方面的思想：《修辞学》(*The Art of Rhetoric*，已经流失)，《交换法》(*Antidosis*)，《驳诡辩派》(*Against the Sophists*)，《泛雅典娜节献词》(*Panathenaicus*)，《致腓力书》(*Philippus*)，《论和平》(*On the Peace*)。

辩派或智者派是凭借个人的技能在希腊城邦的竞争舞台上取得成功的私人教育企业家。诡辩派在有说服力的演讲的实践方法中为学生提供指导，同时也给他们推荐演讲模型、记忆技巧和策略以赢得公众论坛。诡辩派对个人自由的务实态度以及对成功的承诺，导致一个不考虑原则只顾追求自己名誉的人生哲学。至少当时的一些哲学学校是如此。不过，在诡辩派中间，有天赋的知识分子如希皮亚斯、普罗泰格拉和伊索克拉底，他们充分和有建设性地从事城邦的事务，并深切关注有关公共政策的问题。在希腊时代，诡辩派对希腊教育体系的扩展也发挥了重要作用，其中包括栽培导师，创建私立学校以及为地中海东部的公立学校提供教学。诡辩派的流动形象及其过分依赖聪明才智的修辞学一直持续到罗马时期，并经常受到其他有声望的哲学家的批判和谴责。亚历山大的斐洛就是其中的一位。

高尔基亚斯的学生伊索克拉底，对诡辩法的廉价商标不以为然，并通过综合技巧的研究和修辞的实践建立了一个专业学校。伊索克拉底的学校开始于公元前 390 年，它对以后的教育历史产生了深远的影响。它不仅提供了修辞学和公民课在高等教育的模式，还通过所设置的课程把焦点集中在以修辞学为主导的文学上。在有深度和具实力的学院和哲学传统中，诡辩派始终都是受到怀疑的。他们被批判和质疑是因为他们那自由、务实、创业的教育方法并不是扎根于一个事先承诺的正义（苏格拉底）、真理（柏拉图）或逻辑（亚里士多德）的哲学概念上的。可是，修辞学和哲学之间的冲突，结果却成了造就古代希腊罗马最优秀的人才的一股动力。它也引发了个人和群体之间利益冲突的基本伦理问题，以及在一个民主社会的建设中如何为权威定位等关键性的问题。哲学家们对法律和秩序的安排，是以城邦的理性和理想主义的模式为基础的。他们所担忧的，是修辞学很容易被无原则的人滥用的普遍现象，因此认为它是不可能成为一个公正和可持续发展的社会的坚实基础。然而，诡辩派确实有助于一个民主社会的建设。他们也影响了随后的哲学议程，并将语言的运用和演讲的技巧引进了人文学科。修辞学被建立起来之后，便没有任何哲学的讨论方式和思维的过程可以真正地回避它了。最好的例子也许是苏格拉底的对话（dialogue），包括一个人在追求真理中所面对的困惑（ἀπορία, perplexity）；柏拉图的辩证法（dialectic），包括从知识上升到抽象概念的过程；亚里士多德的分析方案，特别是思维和判断的逻辑制定。这些方法在很大的程度上，都受惠于修辞的一些主要概念、思维方式和辩论技巧。[6]

修辞学是第三个传统的实证。可是，这个传统所产生的技术手册在早期阶段并不丰富。对于技术手册传播的社会环境与对象也不是很清楚。但是，柏拉图却曾经提及在公元前5世纪的雅典有这类的手册。最具影响力的著作应当是亚里士多德的《修辞学》，[7]尤其是在有关逻辑论证这方面。亚里士多德的这部著作也参照和使用了一些较早期的文本。

亚里士多德在《修辞学》一书中，对修辞学的理论和思想

---

6. B. L. Mack, *Rhetoric and the New Testament* (Minneapolis: Fortress Press, 1990), 25-27.

7. 亚里士多德，公元前4世纪，希腊哲学家、思想家及教育家。

进行了全面而系统的阐述。他详细总结了著名的修辞学家们在演讲艺术方面的造诣和成就，诸如高吉亚斯、普罗泰格拉斯和柏拉图等。亚里士多德真不愧为古希腊修辞学思想的集大成者。他的贡献在于不但总结了古希腊修辞学的精华，而且还为后世修辞学的基本理论制定了框架。《修辞学》全书共有三册：第一册提供了一个概述，包括修辞学的目的和定义，以及修辞学的主要背景和类型的详细讨论；第二册着重讨论道德人格、情感以及论证方法；第三册介绍了文体风格与构思布局，以及演讲本身（delivery）。

亚里士多德的修辞思想体系的形成与其所处的希腊城邦社会有着密切的关系。古希腊人崇尚民主、秩序、智慧和雄辩。他们习惯以论辩的方式来处理和解决社会的问题和事物。演讲因此成了热门的学问与技巧。它被广泛地用于政治、财产、荣誉以及诉讼等课题和事物上。亚里士多德也在《修辞学》中探讨了各种演讲的基本原理、类型、手段、说服方式，以及文体风格、编排、题材及其所涉及的心理与伦理范畴。

亚里士多德修辞学思想体系的核心是修辞论证。他认为，修辞学的任务就是能在任何问题上找出可行的说服方式。对亚里士多德而言，修辞学的最终目的是如何成功地达到说服效果。修辞本身就是针对听众的一种说服艺术，使听众最终形成自己的判断、认同、接纳，甚至采取某种相应的行动。因此，他在《修辞学》的第一和第二册中，花费了较长的篇幅就成功的演讲这一环作了完整的诠释。亚里士多德认为，演讲的实证（πίστεων, proofs）方法有两种："非人工的"（ἄτεχνοί, inartificial）

和 "人工的" （ἔντεχνοι, artificial ）。前者属于非技术的范围，因为演讲家只需要对已经存在的证人、证据以及书面契约等适当地加以利用就可以达到效果。后者则属于技术范围的，它要求演讲家凭借修辞方法来提出具说服力的论证。[8] 亚里士多德再把 "人工的" 手段分为三种说服方式，即演说家的道德人格（ἦθος, character ），听众的情感和心理（πάθος, emotion ），和演说家的逻辑论证（λόγος, logical reasoning ）。[9] 道德人格是指演说家的道德品质、人格和威信。

亚里士多德在古典希腊修辞模式的奠基上起了非常重要的作用。他认为，创建、编排、文体风格、记忆和演讲技巧是通过信誉手段、情感手段以及逻辑手段确保演讲的说服力的必要因素。

亚里士多德的《修辞学》，影响和启发了直到公元第一世纪的希腊及拉丁文系列的修辞手册。现存最有用的修辞手册包括拉丁文的《献给希瑞纽斯的修辞学》（ *Rhetorica ad Herennium*, Rhetoric to Herennius ）, [10] 西塞罗的《论发明》（ *De inventione*, On Invention ）和《论演说家》（ *De Oratore*, On the Orator ），以及昆体良的《演讲教育学》（ *Institutio Oratoria*, Institutes of Oratory ）。

---

8. Aristotle, *Rhet.* 1356a 6: "As for proofs, some are artificial, others are not. By the latter I understand all those which have not been furnished by ourselves but were already in existence, such as witnesses, evidence given under torture, written contracts, and the like; by the former, all that can be constructed by system and by our own efforts. Thus we have only to make use of the latter, whereas we must invent the former."

9. Aristotle, *Rhet.* 1356a 7; *Eth. nic.* 1094a-b.

10. 公元前 1 世纪的一本匿名手册。西塞罗通常被认为是该手册的作者，主要是因为它与西塞罗的《论发明》有相似的一部分。

古典修辞手册的目的，是为了提供相关知识给高等教育家，也让他们能以艺术的眼光来看待和欣赏修辞学这门学问。如前所述，传统修辞学的理论和实践是由五个主要部分组成的：构建（εὕρεσις, *inventio*, invention），编排（τάξις, *dispositio*, arrangement），文体风格（λέξις, *elocutio*, style），记忆（μνήμη, *memoria*, memory）和演讲技巧（ὑπόκρισις, *actio*, delivery）。构建主要关注的是主题及其预备用于论证或辩驳的相关问题。编排所涉及的，是关乎一篇演讲所划分的各部分的谨慎和正式组织。文体风格主要是基于所谓的"四德"，即正确（correctness）、清晰（clarity）、装饰（ornamentation）和得体（propriety）。记忆所注重的则是增进记忆的方法。演讲技巧要处理的，是有关演讲家对语音和身体姿态操控的规则。[11]

---

11. Kennedy, *The Art of Persuasion in Greece*（Princeton: Princeton University Press, 1963），10-12.

第二章
修辞学在希腊罗马社会
作为口语文化

"演讲"（oratory）是指实际的演讲行为，而"修辞"
（rhetoric）则有关理论或演讲的技巧。[1] 综观历史，古希腊及
罗马哲学家就修辞学所提出的定义不尽相同。柏拉图在《高
尔吉亚篇》中，将修辞学定义为"劝说的技工"（πειθοῦς
δημιουργός, "the artificer of persuasion"）。[2] 在柏拉图的修辞学
讨论之中，修辞学家常被贬为某种"魔术师"（conjurers）。[3] 亚
里士多德在《修辞艺术》（De arte Rhetorica）中，则把修辞学
视为是可以在每一件事物中发现的现存说服方式（ἀλλὰ τὸ
ἰδεῖν τὰ ὑπάρχοντα πιθανὰ περὶ ἕκαστον）。[4] 伊索克拉底

1. Kennedy, *The Art of Persuasion in Greece*, 9.
2. Plato, *Gorg.* 453A.
3. Barton, "Physionomics: Voir, Savoir, Pouvoir", in *Power and Knowledge: Astrology, Physiognomics, and Medicine under the Roman Empire*, 95-131. Gorgias, *Hel.* 10. Plato, *Euthyd.* 288B-C; *Protag.* 315A. 根据巴顿（Tamsyn Barton）的研究，修辞学的神奇力量早在公元前 5 世纪就得到人们的赞赏了。
4. Aristotle, *Rhet.* 1355b 2.

（Isocrates）将"说服"（Πειθώ）描述为一位女神，而且每一位演讲家都可以通过口才来分享她的能力（δύναμις, power）。[5] 罗马修辞学家及教育家昆体良在《演讲教育学》（*Institutio Oratoria*）中，把修辞学定义为良好的演讲科学（*bene dicendi scientia*, the science of speaking well）。[6] 中文最大的综合性辞典《辞海》将修辞学定义为"语言学的一门科学。它研究如何依据题旨、情景运用各种语文材料各种表现手法来恰当地表达思想和感情"。

希腊修辞学的主要特点是口语的表达。古典的希腊传统特别重视口语表达的清晰、气魄和优雅（clarity, vigour and beauty）。古希腊社会主要是依赖于口语表达。虽然读写能力（literacy）于公元前 4/5 世纪在雅典已经广泛存在，但阅读和写作对于大多数人来说仍然是一种奢侈。这里涉及的不仅是教育和贫困的问题，而且还包括材料提供的问题，无论是石块、青铜、黏土、木材、蜡，还是蒲莎草，一般都很缺乏。因此，口语的表达仍然是当时人们沟通的主要方法。[7] 希腊人习惯于大声朗读或朗诵，甚至是当独自一个人的时候也是如此。[8] 众所周知，《荷马史诗》以及大量的古希腊戏剧在以书面形式出现以前，首先也是以口语的形式存在的。即使原来的口传文学已被书写了下来，它在口语表达的时候，也并没有失去其原有的特殊魅力。

---

5. Isocrates, *Antid.* 323.
6. Quintilian 2.15.34.
7. Kennedy, *The Art of Persuasion in Greece*, 3-4. 参见 C. Hezser, *Jewish Literacy in Roman Palestine*（TSAJ 81; Tübeingen: Mohr Siebeck, 2001）.
8. Kennedy, *The Art of Persuasion in Greece*, 4.

演说被大量地运用于古代哲学和逻辑方法的教学上，以及在对话的技巧中。[9] 在古代的希腊罗马社会中，许多信件通常听起来也好像是一篇演讲。同样的情况也出现在新约的书信中。[10]

除了信件和其他文字作品以外，希腊演说还采取了哲学著作、讲道、政治小册、教育论文、葬礼赞辞以及其他智力训练等多种形式。在希腊演说的形式中，它的实质内容是与书写的文字没有多大区别的。

由于演说在古代的文化中起了非常大的作用与影响，文学评鉴法也往往是针对它的修辞学。[11] 文学评鉴法所采用的不少术语，在很大的程度上也是源于口语的修辞。[12] 所有这些和其他相关的因素，促成了希腊罗马演说的发展以及它在古代希腊罗马世界精神生活和文明中所确立的牢固地位。

不言而喻，若没有听众，口才和演说的能力将是毫无意义的。希腊罗马的修辞也因此是以观众为中心的。从远古时代开始，希腊人就被人类天生的口才所吸引了。结果是完全沉迷在其中。他们一直都对演讲家的口才寄予厚望，他们也因此会突然对那些没有满足他们的演说者表达敌意。[13]

柏拉图认为，透过语言力量的劝说是很有果效的（διὰ

---

9. Kennedy, *The Art of Persuasion in Greece*, 4-6.

10. 西 4:16; 帖前 5:27。

11. 刘翼凌，《圣经与修辞学》（香港：宣道书局，1966）。麦子格，《新约经文鉴别学》（台北：中华福音神学院出版社，1981）。杨克勤，《跨文化修辞诠释学初探》（香港：建道神学院，1995）。黄锡木，《新约经文鉴别学概论》（香港：基道出版社，1997）。梁工，《新约修辞批评纵览》，《福建师范大学学报（哲学社会科学版）》2012 年第 5 期，37-44。

12. Kennedy, *The Art of Persuasion in Greece*, 6-8.

13. Cf. Plato, *Protag.* 319B-323A; Xenophon, *Mem.* 3.6.1.

ῥώμην λόγου)。[14] 柏拉图曾经使用"能力"这个术语来形容演说的功能（λόγου δύναμις ）。[15] 亚里士多德在所阐述的修辞学中，却以希腊词 ῥώμη 来替代 δύναμις。这个希腊词也通常被翻译为官能（faculty ）、能量（capacity ）以及力量（power ）。[16] 昆体良则经常采用拉丁术语 vis（相当于希腊文的 δύναμις ）来描述修辞学的说服力（ rhetoricen esse vim persuadendi ）。[17]

　　从历史来看，修辞学最初的出现，似乎主要是为民主服务的。西西里岛和雅典也许是很好的例子。亚里士多德把演讲分为三大要素：演讲、演讲者和听众。但由于演讲者和听众受到特别的重视，演讲本身，尤其是它的实质内容就往往被忽略了。[18]

---

14. Plato, *Phaedr.* 267A: "Shall we leave Gorgias and Tisias undisturbed, who saw that probabilities are more to be esteemed than truths, who make small things seem great, and great things small by the power of their words (διά ῥώμην λόγου)."

15. Plato, *Phaedr.* 271D: Socrates says, "since it is the function of speech (λόγου δύναμις) to lead souls by persuasion, he who is to be a rhetorician must know the various forms of soul."

16. Aristotle, *Rhet.* 1356a 2: "Rhetoric then may be defined as the faculty (δύναμις) of discovering the possible means of persuasion (πιθανόν) in reference to any subject whatever." 1362b 14: "Eloquence and capacity (δύναμις) for action; for all such faculties are productive of many advantages."

17. Quintilian 2.15.3-4: "So the commonest definition is that 'rhetoric is the power of persuading [*rhetoricen esse vim persuadendi*] .' (What I call 'power' many call 'capacity,' some 'faculty.' To avoid ambiguity, let me say that by 'power' I mean *dynamis*). This view originates with Isocrates (if the 'Art' passing under his name is really his)."

18. Aristotle, *Rhet.* 1358a 38.

第三章
保罗书信与修辞评鉴学

　　当前，不少新约学者倾向以修辞评鉴法来分析保罗书信的演说类型及其修辞演说的组成部分。按亚里士多德的理论，演说可分为三种主要类型：其一，法庭性的（judicial or Forensic），通常指法庭上的控诉与辩护，关乎过去的事物，论证是否公义；其二，审议性的（deliberative），通常用于政界，注重劝告、说服及劝阻，关乎将来的事物，辨析有何利弊；其三，褒贬性的（epideictic），针对价值观，给予它赞赏或批判，意在获得听众的认同，关乎现在的事物。[1] 在这三种演讲类型中，听众和处境均能制约具体类型的使用。亚里士多德修辞学理论体系的基本立意，是围绕着对社会事物的决策或决定展开的。希腊的城邦社会乃是透过演讲方式，并通过民主程序来决定社会的事物。演讲家凭借灵活的修辞技巧和说服方法来论证自己的观点，并借此与听众形成互动，最终通过民主程序来做出决

---

1. Aristotle, *Rhetoric* 1.3.

定。由此可见，希腊演讲家在社会中担当的角色是何等举足轻重。演讲的成功不但取决于演讲家本身的道德品质、人格修养，以及修辞手段、演讲风格和合理的逻辑推论，而且取决于听众的心理状态。

研究保罗书信的当代学者尝试为保罗的一些书信确定演说类型，例如，对于《加拉太书》学者就持有不同意见。贝兹（H. D. Betz）认为，该书具有护教（apologetic）性质，属庭辩性演说，保罗借其为自己和福音辩护，以回应控告者的攻击。[2]肯尼迪（Kennedy）主张它是审议性演说，保罗在书中勉励加拉太信徒持守福音，并劝阻他们不要重返犹太教。[3]汉森（G. W. Hanson）则提出，它是庭辩性和审议性演说的混合体。保罗在该书上半部偏重为自己辩护，在下半部则以劝告加拉太信徒为主。麦克（Mack）相信，《加拉太书》是多种演说类型的混合体。[4]对肯尼迪而言，《哥林多后书》8-9章以及《帖撒罗尼迦前书》属于审议性的演说。米切尔（M. M. Mitchell）则认为，《哥林多前书》应当是审议性的演说；而杰维特肯定《帖撒罗尼迦前书》是褒贬性的演说。[5]丘切尔（F. F. Church）则以褒贬性

2. H. D. Betz, *Galatians*（Philadelphia: Fortress, 1979）; Betz, "The Literary Composition and Function of Paul's Letter to the Galatians", *NTS*（1975）, 353-380.

3. Kennedy, *New Testament Interpretation Through Rhetorical Criticism*.

4. G. W. Hanson, *Abraham in Galatians: Epistolary and Rhetorical Contexts*（Sheffield: Sheffield Academic, 1989）. Mack, *Rhetoric and the New Testament*.

5. Kennedy, *New Testament Interpretation Through Rhetorical Criticism*, 142. M. M. Mitchell, *Paul and the Rhetoric of Reconciliation* M. Mitchell, *Paul and the Rhetoric of Reconciliation: An Exegetical Investigation of the Language and Composition of 1 Corinthians*（Tübingen: Mohr Siebeck, 1991）; Jewett, *The Thessalonian Correspondence*, 71-78.

的演说来阅读《腓利门书》。乌尔纳（W. Wuellner）却认为可以使用同样的演说类型来分析《罗马书》。[6] 根据沃特森（D. F. Watson）的看法，《腓立比书》明显是审议性的演说类型；肯尼迪则认为它属于褒贬性的演说类型；布莱克（Black）怀疑它可能是几种演说类型的混合体。[7]

如前所述，公元前 5 世纪的考拉克斯（Corax）被视为第一本修辞原则手册的作者，他把正式的法庭演说分为五部分：绪论（*exordium*, introduction）、叙事（*narratio*, narration）、论证（*confirmatio,* statement of arguments）、反驳（*refutatio,* refutation of opposing arguments），以及结论（*peroratio,* conclusion）。这种结构成为后来所有修辞理论的基础。西塞罗为了支持护民官该乌斯·曼尼流斯（Gaius Manilius）的提议，于公元前 66 年发表了一篇审议性的演说《论庞培之令》（*De Imperio Cn. Pompei*），在这篇首次对罗马人的致辞中，西塞罗提及了修辞演说的六个部分：1）绪论（*exordium*, introduction）；2）叙事（*narratio,* narration）；3）解释（*partitio, partition*）；4）论证（*confirmatio, confirmation*）；5）反驳（*refutatio,* refutation）；和 6）结论（*peroratio,* conclusion）。[8]

---

6. F. F. Church, "Rhetorical Structure and Design in Paul's Letter to Philemon", *HTR* 71（1978），17-33. W. Wuellner, "Paul's Rhetoric of Argumentation in Romans", *CBQ* 38（1976），330-351.

7. D. F. Watson, "A Rhetorical Analysis of Philippians and Its Implications for the Unity Question", *NovT* 39（1988），57-88。Kennedy, *New Testament Interpretation Through Rhetorical Criticism*, 77. C. C. Black, "Keeping Up with Recent Studies XVI: Rhetorical Criticism and Biblical Interpretation", *ExpT* 100（1989），252-258.

8.《论庞培之令》（*De Imperio Cn. Pompei, On the Command of Gnaeus Pompeius*）是西塞罗于公元前 66 年为了支持护民官该乌斯·曼尼流斯的提议所发表的一篇演说。该演说建议在与米沙里旦司的第三次战争中，只有庞培大帝可以发号施令。

至于保罗书信的修辞演说组成部分，学者们的观点也不尽相同。麦克认为，希腊演讲的标准形式包括四个部分：1）绪论（προοίμιον, *exordium*）——对情况的认知，向听众致词，并表述演讲家的思路；2）叙事（διήγησις, *narratio*）——说明事物的境况，对问题的澄清，并建立一个有理由的命题或是为预备最后的主题陈词；3）论证（πίστις, *confirmatio*）——根据主题决定的策略，列出证据以及为所提供的实例解释。在法庭上的演讲中，往往有必要预测对手可能提出的论证并预先为反驳做准备；4）结论（ἐπίλογος, *conclusio*）——总结论证并促使它被接受。它可能包括慷慨激昂的风格，劝勉，以及阐述一个具决定性的结果。[9] 演讲的序言和结论在于引起听众的兴趣并尝试获取他们的好感，最后藉着论证的总结陈词影响他们的观点和立场。

依据肯尼迪研究，以修辞评鉴法方法分析保罗书信应分为五个步骤。第一，确定修辞研究的范围。这可能涉及整封书信（如《加拉太书》），也可能只涉及一段经文（《哥林多后书》10—13 章；《罗马书》9:6-18）。修辞演说的组成部分须包括绪论、论证以及结论。第二，分析该书信或该经文之修辞演说的"生活处境"（*Sitz im Leben*），同时确定它属于何种演说类型：庭辩性的？审议性的？抑或褒贬性的？第三，分析该书信或经文的结构及编排，以便找出论证的脉络。第四，研究该段经文的文体风格及模式，并说明它在前后文中的作用。最后，评估

---

9. Mack, *Rhetoric and the New Testament*, 41.

修辞辩论的效果及功用。这种修辞研究方法有助于理解保罗书信中的某些修辞模式、用语和风格的使用及其意义。[10]

10. Kennedy, *New Testament Interpretation Through Rhetorical Criticism*, 33-38. G. R. Osborne, "Hermeneutics", in Gerald F. Hawthorne, Ralph P. Martin, and Daniel G. Reid (eds.), *Dictionary of Paul and His Letters* (Downers Grove, Ill.; Leicester: InterVarsity Press, 1993), 388-397.

第四章
杨克勤的《古修辞学》

　　杨克勤（Yeo Khiok Khng）在2002年出版了《古修辞学：希罗文化与圣经诠释》（香港：道风书社，2002），该著作后来亦在宗教文化出版社出版，书名为《圣经修辞学：希罗文化与新约诠释》（北京：宗教文化出版社，2007）。这部著作的特色和新颖之处在于作者把古修辞学与圣经诠释学结合起来。虽然以修辞学解读和诠释圣经已被视为西方学术界的传统方法，但对于汉语学术界来说它仍有待于深入探讨和发展，这特别是因为修辞学常被误以为是一门"搞文字游戏、卖弄文采"的学科，因此用之探究圣经会有损真理的神圣性。杨克勤著此书的主旨是为了提高和激发汉语读者对古修辞学的正确理解和欣赏，帮助汉语读者认识古修辞学对圣经诠释学的广泛影响。作者根据一些重要英文资料对西方修辞学的历史、文化背景和内容作了全面细致的介绍。同时，作者也非常详细地阐述了圣经修辞学的理论，尤其是新约与希罗文化之间的张力。再者，作者还特别用修辞学原理对保罗书信中的一些篇章进行解析和诠释。全书的宗旨是深入探讨"圣经修辞学与古希罗修辞文化的关系"（页3）。全书共分为三大部分：第一部分主要介绍古希罗修辞学的历史与文化背景；第二部分侧重古希罗修辞学文化与圣经修辞学的关系；最后一部分集中于诠释保罗书信中的修辞学。

自公元前 5 世纪起，古希腊智辩学家就已经开始探讨修辞的艺术，这是由于当时的政治因素和社会环境为修辞学的发展空间提供了有利的条件（页 16）。亚历山大大帝在位时极力推广希腊化式教育，希腊文化也就是修辞学的文化。至公元前 1 世纪，修辞学不但把教育普及化，而且渗透到公民的演讲方法中。

西方最为系统完善的是希罗修辞学（Greco-Roman Rhetoric）。亚里士多德的理论为古修辞学奠定了哲学基础，他把修辞学定义为"一种能发现说服力和透过不同形式的论证"（页 2）。论证是透过品德、情感和道理这三种方式来表达的。杨克勤认为，亚里士多德的思想深刻影响了新约圣经修辞学，尤其是保罗的修辞学。

自 18 世纪起，从修辞学角度来阐释圣经已经开始盛行，可是在 19 世纪末就逐渐走向衰弱，直至慕勒保（James Muilenburg）于 1968 年发表了《形式批判学之后》（Form Criticism and Beyond）一文之后，才重新唤起学者对修辞学的兴趣。至于"修辞批判"的定义，学者们则各持己见。作者赞同学者肯尼迪的看法："'修辞批判'可以帮助我们填补格式批判与文学批判之间的空白。"（页 155）

在圣经研究中，福音书是最早被用于圣经诠释学的。它主要是从修辞学的角度看福音书卷的"文、体、意"以至于发现作者独特的手法和表达方式。四福音是叙事文体，保罗书信则注重有说服力的辩解。通过对保罗书信中一些典型的章节进行诠释，作者指出保罗的修辞具有多种文化的特征，综合了犹太、希罗和基督教的色彩。杨克勤在这本书中以大量的篇幅和丰富的资料阐明和解析了修辞学与圣经诠释学的关系，为汉语读者在这方面的认识和了解做出了极大的贡献。

推荐书目

中文推荐书目

黄锡木，《新约经文鉴别学概论》，香港：基道出版社，1997。

李志秋，《新约书信诠释》，香港：天道书楼，2016。

梁工，《新约修辞批评纵览》，《福建师范大学学报（哲学社会科学版）》2012 年第 5 期，37—42。

刘翼凌，《圣经与修辞学》，香港：宣道书局，1966。

麦子格，《新约经文鉴别学》，康来昌译，台北：中华福音神学院出版社，1981。

杨克勤，《古修辞学：希罗文化与圣经诠释》，香港：道风书社，2002。

杨克勤，《跨文化修辞诠释学初探》，香港：建道神学院，1995。

杨克勤，《圣经修辞学：希罗文化与新约诠释》，北京：宗教文化出版社，2007。

英文推荐书目

Barton, T. S., "Physionomics: Voir, Savoir, Pouvoir", in *Power and Knowledge: Astrology, Physiognomics, and Medicine under the Roman*

Empire. Ann Arbor: University of Michigan Press, 1994.

Betz, H. D., *Galatians.* Philadelphia: Fortress, 1979.

Betz, H. D., "The Literary Composition and Function of Paul's Letter to the Galatians", *NTS* (1975), 353-380.

Black, C. C., "Keeping Up with Recent Studies XVI: Rhetorical Criticism and Biblical Interpretation", *ExpT* 100 (1989), 252-258.

Church, F. F., "Rhetorical Structure and Design in Paul's Letter to Philemon", *HTR* 71 (1978), 17-33.

Greidanus, S., *The Modern Preacher and the Ancient Text: Interpreting and preaching Biblical Literature.* Grand Rapids: Eerdams, 1988.

Hanson, G. W., *Abraham in Galatians: Epistolary and Rhetorical Contexts.* Sheffield: Sheffield Academic, 1989.

Hezser, C., *Jewish Literacy in Roman Palestine.* TSAJ 81; Tübeingen: Mohr Siebeck, 2001.

Jewett, R., *The Thessalonian Correspondence.* Philadelphia: Fortress, 1986.

Kennedy, G., *The Art of Persuasion in Greece.* Princeton: Princeton University Press, 1963.

Kennedy, G., *New Testament Interpretation Through Rhetorical Criticism.* Chapel Hill: University of North Carolina, 1984.

Lightfoot, J. B., *Saint Paul's Epistle to the Galatians.* Tenth Edition; London: MacMillan and Co., 1890.

Litfin, D., *St Paul's Theology of Proclamation: 1 Cor 1-4 and Greco-Roman Rhetoric.* Cambridge: Cambridge University Press, 1994.

Mack, B. L., *Rhetoric and the New Testament.* Minneapolis: Fortress Press, 1990.

Malherbe, A. J., *Moral Exhortation: A Greco-Roman Sourcebook.* Philadelphia: Westminster, 1986.

Martin, R. P., "Approaches to New Testament Exegesis", in I. H. Marshall (ed.), *New Testament Interpretation: Essays on Principles and Methods* (Grand Rapids: Eerdams, 1977), 220-251.

Mitchell, M. M., *Paul and the Rhetoric of Reconciliation.* Tübingen: Mohr Siebeck, 1991.

Osborne, G. R., "Hermeneutics", in Gerald F. Hawthorne, Ralph P. Martin, and Daniel G. Reid (eds.), *Dictionary of Paul and His Letters* (Downers Grove, Ill.; Leicester: InterVarsity Press, 1993), 388-397.

Stowers, S. K., *The Diatribe and Paul's Letter to the Romans*.Chico: Scholars, 1981.

Stowers, S. K., "The Diatribe", in D. E. Aune (ed.), *Greco-Roman Literature and the New Testament* (Atlanta: Scholars, 1988), 71-83.

Wuellner, W., "Paul's Rhetoric of Argumentation in Romans", *CBQ* 38 (1976), 330-351.

Watson, D. F., "A Rhetorical Analysis of Philippians and Its Implications for the Unity Question", *NovT* 39 (1988), 57-88.

第六部分

保罗书信个别介绍

第一章
《罗马书》

一、《罗马书》的地位

《罗马书》的重要意义是难以估量的。首先，在新约圣经中，《罗马书》属于作者方面无争议的七封书信之一。而前四封书信，即《罗马书》《哥林多前书》《哥林多后书》《加拉太书》，又被视为是最主要的书信（major letters）。学术界也一致认为这四封主要的书信是保罗的思想和神学的核心，也是对后世基督教的信仰和行为最有影响力的书信。

《罗马书》在圣经正典（New Testament Canon）中的地位似乎是从来没有受到质疑的。此外，《罗马书》在保罗的侍奉生涯中也占据了非常重要的地位，它不仅是保罗现存的最长书信，也是保罗的福音最全面的阐述，是基督教第一部非常有计划和有系统的神学著作。没有任何一部新约书卷在基督教思想史上能比保罗的《罗马书》更具影响力。[1] 在初期教会，《罗马书》

1.《罗马书》有力地带动了基督教教义的历史。几乎每一位伟大的基督教思想家都涉及了《罗马书》对神学的处理方式，不论是内容或是结构。例如：（转下页）

也是最常被引用的基督教文献之一。

　　保罗的《罗马书》对基督教的巨大影响不仅限于神学思想，也在于它对基督徒生命和生活的强大塑造力量。在公元 4 世纪末，《罗马书》成了圣奥古斯丁皈依基督教的媒介。圣奥古斯丁的著作，在很大的程度上是基于他对《罗马书》的理解，结果塑造了整个中世纪神学思想的基本架构，最终发展成为一道主流。在 16 世纪欧洲宗教改革期间，《罗马书》成了宗教改革派与天主教之间的辩论焦点。改革派的领军人物路德、梅兰顿（Philip Melanchton）以及加尔文都一致的把《罗马书》看作是基督教经典中最具代表性以及最权威的神学论著。当路德获得威登堡（Wittenberg）大学的神学博士后，他的第一篇新约演讲就是《罗马书》。路德在信仰与思想上经过了长期和痛苦的挣扎，理解了《罗马书》的要义之后，就开启了宗教改革的神学思想运动。《罗马书》的神学，结果不仅是对基督教，也是对世界文明产生了一个几乎是空前的巨大影响。瑞士的神学泰斗巴特（Karl Barth）于 1918 年出版的第一部主要著作就是《罗马书释义》(The *Epistle to the Romans*)。另一位神学家亚当斯（Karl Adams）把卡尔·巴特这部划时代的巨著看成是"投在神学家游戏园地的一枚炸弹"。巴特坚信上帝的话是整部圣经的核心，他的神学特别重视"基督中心论"。在《罗马书释义》中，

　　（接上页）古代基督教神学家和哲学家奥利金（Origen，约公元 185 年—254 年）；中世纪经院哲学家阿奎那（St. Thomas Aquinas, 1225 年—1274 年）；以及宗教改革时期的德国神学家梅兰顿（Philip Melanchton, 1497 年—1560 年）。再者，许多神学观念都源自《罗马书》：奥古斯丁的原罪论（5 章）；路德的因信称义（3-4 章）；加尔文的双重救赎预定论（double predestination, 9-11 章）；卫斯理的成圣观（sanctification, 6 章和 8 章）。

巴特指出，上帝已经藉着耶稣的十字架向世人启示了真理。这个完全是建立在上帝的"道"或"话语"的真理，一直在挑战着人类那堕落了的文化。巴特的《罗马书释义》，不仅标志着他自己与 19 世纪末和 20 世纪初主流欧洲神学思想的决裂，也开创了 20 世纪神学思潮的新时代。基督教本身的漫长历史见证了《罗马书》自成文以来，就一直是信仰灵感和神学革新的源泉与动力。不论是在早期教会、中世纪，或是直到近现代，《罗马书》都已经留下了不可磨灭的印记。故此，学者们对《罗马书》的研究和诠释都超过其他的保罗书信是不足为奇的。[2]

二、作　者

关于《罗马书》的作者问题及其文本的真实性，学者之间极少产生争议。借用窦德（C. H. Dodd）的评论来说，"《罗马书》的真实性已经是一个关闭了的议题。"[3] 学者们不仅一致认同保罗不仅是《罗马书》那位名副其实的作者，而且还以它作为衡量其他保罗书信的真实性的标准。按照希腊信函的格式，《罗马书》的开始，首先就提到了写信者的名字——保

---

2. 巴克莱，《罗马书注释》（香港：基督教文艺出版社，1981/2000）。克兰菲尔德，《罗马书注释》（上下册；台北：中华福音神学院，1997/2006）。朱伟特，《朱伟特论罗马书》（香港：基道出版社，2009）。穆尔，《会遇"罗马书"：一个神学的探索》（南京：江苏省基督教两会，2014）。冯荫坤，《罗马书注释》（台北：校园书房，2001）。林鸿信，《藉着信被上帝称义：罗马书》（台北：礼记出版社，2002）。周兆真，《罗马书》（香港：基督教文艺出版社，2007）。杨克勤，《经宴：罗马书论神意》（北京：宗教文化出版社，2009）。卢龙光主编，《笔战罗马：罗马书之研究》（香港：天道书楼，2010）。卢龙光，《保罗新观——"罗马书"的主题与目的》（南京：金陵协和神学院，2012）。郭汉成，《罗马书的句型分析和思路》（Malaysia, Sembilan: Seminari Theoloji Malaysia, 2013）。鲍会园，《罗马书》（香港：天道书楼，2016）。

3. C. H. Dodd, *The Epistle of Paul to the Romans* (London: Fontana Books, 1959), 9.

罗。作者也同时在《罗马书》1:1 开宗明义地介绍了自己的身份和使命:"耶稣基督的仆人保罗,奉召为使徒,特派传上帝的福音。"由于地理位置的缘故,保罗不能亲自向收信者"罗马人"(Romans)传达信息,也从来没有会见过他们,他因此在书信的开端就尝试与"罗马人"建立一个亲和的关系。又因为当时已存在的罗马教会不是保罗自己建立的,他在信首就开始提到了"使徒"(5 节)和"福音"(2-4 节)这两点,既明智也有必要。保罗在处理使徒问题上有三个要点:1)保罗是"基督耶稣的仆人"(δοῦλος Χριστοῦ Ἰησοῦ);2)保罗非常清楚自己"奉召"为使徒(κλητὸς ἀπόστολος);3)保罗完全是由上帝自己"特派"去传扬福音的(ἀφωρισμένος εἰς εὐαγγέλιον θεοῦ)。最终的目的,是为了使世人能信从基督并荣耀上帝的名。此外,使徒保罗的主题在 1:8-15 和 15:15-33 中得到进一步发展,它与保罗即将访问罗马的计划有关。福音的主题开始于 1:2 那个基于圣经的宣告,并于 3-4 节引述了一个明显是源自最早期基督教的信经公式(confessional formula)或信条(creed)。保罗的福音内容贯穿了《罗马书》的上半部分(1:16-8:39),它特别肯定这福音是完全与圣经的核心信仰一致性。《罗马书》在 13 章还特别涉及权柄的根源是上帝。[4]《罗马书》作为使徒保罗的原著的真实性的外在证据,很早便出现在初期基督教的文献中,它在使徒教父(apostolic fathers)著作中的使用是显而易见的。[5]总而言之,外在的有力证据以及《罗马书》本身

---

4. R. Jewett, *Romans: A Commentary* (Hermeneia; Minneapolis: Fortress, 2007), 97.

5. 罗马主教克莱门(Pope Clement I, or Bishop of Rome, 约公元 96 年), *1 Clement* 32.2; 35.5; 50.6f.伊格纳修(Ignatius, 约公元 35 年—107/8 年), *Eph.* 19.3; *Magn.* 6.2; 9.1; *Trall.* 9.2; *Smyrn.* 1.1.士每拿主教波利卡普(Polycarp, Bishop of(转下页)

的内证，包括语言、文体风格、文学、历史和神学等，完全可充分地证实保罗身为作者的身份以及他奉差遣为外邦人的使徒和委身于基督的福音的历史事实。[6]

三、写作日期与地点

本书的第二章已经详细研讨了保罗宣教事业的年代表。根据保罗书信以及路加在《使徒行传》中所提供的资料，可以推算出《罗马书》的写作日期。保罗在《罗马书》15:19 为结束爱琴海事工之后作了一个总结："我从耶路撒冷，直转到以利哩古，到处传了基督的福音。"这一点不但与《使徒行传》的作者路加的记载基本相符，还可以从中得知保罗计划先去耶路撒冷，然后再拜访罗马（徒 19:21）。保罗进一步的宣教计划，是往西行直到西班牙（15:23-24）。因此，《罗马书》可能是写于保罗携带赈灾捐款去耶路撒冷的路途中，或是即将启程往耶路撒冷的时候（罗 15:25-26）。[7]因为保罗这时感到他在罗马帝国东部各省的宣教工作已经完成。保罗在《罗马书》中表达了他最后一次到访耶路撒冷的心愿；希望藉着此项捐款促进外邦人

（接上页）Smyrna, 公元 69 年—135 年），*Polycarp To the Philippians* 3.3; 4.1; 6.2; 10.1。伊格纳修是使徒后期的教会领袖之一，在被押往罗马的殉道途中写了七封书信给小亚细亚和罗马的教会。这七封书信，除了一封给士每拿主教波利卡普的个人信函之外（To Polycarp, Bishop of Smyrna），其他六封均是给教会的，即《以弗所书》(To the Ephesians)，《马内夏书》(To the Magnesians)，《他拉勒书》(Letter to the Trallians)，《罗马书》(To the Romans)，《非拉铁非书》(To the Philadephians)，和《士每拿书》(To the Smyrnaeans)。

6. C. E. B. Cranfield, *The Epistle to the Romans* (International Critical Commentary Series, 2 vols.; Edinburgh & New York: T & T Clark, 1975), 1.1-2.

7. 马其顿和亚该亚捐给耶路撒冷信徒的赈灾款项（林前 16:1-4; 林后 8-9; 罗 15:25-26）。

与犹太人之间的美好关系。故此，保罗请罗马信徒为他的耶路撒冷之行代祷。由此可见，《罗马书》的写作时间可能是在公元56年至57年之间。[8] 有些学者尝试用保罗时代的罗马政治背景来推算罗马书的成书日期。根据苏多纽斯（Suetonius）的记述，在罗马皇帝革老丢当政期间，曾下令驱逐所有的犹太人离开罗马城。罗马历史家塔西佗（Tacitus）也有记录关于尼禄皇帝的残暴统治，结果引发了民众的抗税行动。

保罗在《罗马书》16章暗示了一些关于写作地点的线索：保罗向罗马信徒推荐了坚革哩教会的女执事"非比"（1-2节），而坚革哩则是哥林多东南部的航运港口，距离哥林多城约十一公里，濒临萨罗尼克湾（Saronic gulf）。在罗马时期，坚革哩是相当发达的港口和毗邻哥林多的城市。[9] 菲兹米尔（J. A. Fitzmyer）列举了一些有关坚革哩作为哥林多的附近港口的古代参考文献。[10] 按照路加的记载，保罗在希腊逗留了三个月（徒 20:2-3）。由于哥林多教会为保罗自己所创建，也是他在希腊宣教的福音据点。故此，《罗马书》也很有可能是保罗在哥林多逗留的三个月期间写成的。[11]

再者，保罗在《罗马书》16章的信尾中列举了最长篇幅的

8. 参见第三部分第三章中的保罗年代表及书信形成的次序。

9. Jewett, *Romans: A Commentary*, 943.

10. 参见 J. A. Fitzmyer, *Romans: A New Translation with Introduction and Commentary* (AB33; New York: Doubleday, 1993), 730; Strabo, *Geogr.* 8.6.4; 8.6.22; Pausanias, *Graec. Descr.* 2.1.5; 2.2.3; 7.6.7; Apuleius, *Metam.* 10.35; Polybius, *Hist.* 2.60.8.3; 4.19.7.6; 5.101.4.2; 18.16.4.1; Phylarchus, *Frag.* 2a, 81, F.54.4; Diodorus Siculus, *Hist.* 19.63.4.3; 19.64.5.1; Plutarch, *Demetr.* 23.3.2; *Arat.* 23.5.4; 29.2.2; 44.6.1; Philo, *Flacc.* 155.3 ("哥林多港口"；τὸ Κορίνθιον ἐπίνεον).

11. Cranfield, *The Epistle to the Romans*, 1.12. 克兰菲尔德认为，保罗在希腊的三个月期间书写了《罗马书》。

问候名单（共二十六位）。其中保罗提及了善于接待人的该犹和管银库的以拉都向罗马信徒问安（23-24 节）。在保罗书写《罗马书》时，该犹和以拉都可能也住在哥林多。路加在《使徒行传》18:7 称他为提多犹士都，并提到他的家靠近会堂。保罗在《哥林多前书》1:14 还记载他曾在哥林多给该犹施洗。该犹或许就是该犹·提多·犹士都（Gaius Titius Justus）。[12] 在罗马人的名字里，那三个紧接在一起的名字（triple name）往往是作为罗马公民的一个标记。克兰菲尔德（C. E. B. Cranfield）认为，尽管该犹是一个常见的罗马名字，提多（Titius）却是罗马社会上层家族的姓氏（nomen, the gens）。保罗说该犹是接待整个教会的信徒（ὅλης τῆς ἐκκλησίας）。这一点引发了学者们作出不同的解释。[13] 不过，他们都一致认同该犹是一位富有的罗马公民。当保罗提到该犹接待他本人这点的时候（ὁ ξένος μου），一个很自然的结论是，保罗在写《罗马书》的时候实际上就住在该犹的家。[14] 保罗还提到的另一个重要人物是以拉都。以拉都是一个拉丁名字，它与罗马共和国的一个"市政官"的官职有

---

12. W. M. Ramsay, *Picture of the Apostolic Church: Its Life and Teaching*（London: Hodder and Stoughton, 1910），205; Edgar J. Goodspeed, 'Gaius Titius Justus', *JBL* 69（1950），382-383; John Gillman, 'Gaius', *ABD* 2（1992），869; F. F. Bruce, *Biblical Exegesis in the Qumran Texts*（London: The Tyndale Press, 1960），280.

13. Dunn, *Romans*（WBC 38, 2 vols.; Dallas: Word, 1988），2. 910-911; T. R. Schreiner, *Romans*（BECNT 6; Grand Rapids: Baker, 1998），808. 吉维特认为，该犹享有接待来自罗马各地基督徒客人的声誉（Jewett, *Romans: A Commentary*, 980-981）；持有同样观点的学者包括：E. Käsemann, *Commentary on Romans*, trans. G. W. Bromiley（Grand Rapids: Eerdmans, 1980）; P. Stuhlmacher, *Paul's Letter to the Romans: A Commentary*, trans. S. J. Hafemann（Louisville: Westminster/John Knox, 1994），255; D. J. Moo, *The Epistle to the Romans*（NICNT; Grand Rapids: Eerdmans, 1996），935。

14. Cranfield, *The Epistle to the Romans*, 2.807.

关（Aedile, *Aedilis*）。泰森的研究表明，以拉都在哥林多享有一个崇高的职位，他主要是负责城市的物质资源管理。[15] 在哥林多发现的一块铭文中记载有"以拉都为回报市政府，自费铺设了道路"（*Erastus pro aedilit [at] e s (ua) p (ecunia) stravit*）。[16] 因此，以拉都不仅是一位拥有罗马公民身份的自由人，而且还兼任社会地位很高的官职。[17]

四、收信人

正如保罗所有的其他书信一样，这篇作品的名字在正典中是用收信人的名字"罗马人"而不是用作者自己的名字。使徒保罗致信给"*你们在罗马、为上帝所爱、奉召作圣徒的众人*"（πᾶσιν τοῖς οὖσιν ἐν Ῥώμῃ ἀγαπητοῖς θεοῦ, κλητοῖς ἁγίοις, 1:7a）。收信人包括所有在罗马的犹太和外邦信徒；其中外邦信徒人数的比例明显多于犹太基督徒。[18] 正如保罗所提出的福音的救恩顺序一样，"*先是犹太人，后是外邦人*"（1:16b）。保罗意识到收信人的特定背景和人事处境；他们是居住在罗马

---

15. Theissen, *The Social Setting of Pauline Christianity: Essays on Corinth*, 76-83.

16. J. H. Kent, *Corinth VIII/3: The Inscriptions 1926-1950*（Princeton: American School of Classical Studies at Athens, 1966），99-100; Theissen, *The Social Setting of Pauline Christianity: Essays on Corinth*, 80. Fitzmyer, *Romans: A New Translation with Introduction and Commentary*, 750; Murphy-O'Connor, *St. Paul's Corinth: Texts and Archeology*（Wilmington: Glazier, 1983），37.

17. Jewett, *Romans: A Commentary*, 981-983.

18. 包尔认为《罗马书》的收信人是"犹太基督徒"，参见 Baur, *Historische-kritische Untersuchungen zum Neuen Testament*（Stuttgart: Friedrich Fromman, 1963），1.147-266. 有学者则认为"外邦基督徒"才是罗马书的主要对象，参见 Munck, *Paul and the Salvation of Mankind*, 200-209; Stowers, *A Rereading of Romans: Justice, Jews, and Gentiles*（New Haven: yale University Press, 1994），29-33。

的信徒 , 属于不同的家庭教会。[19] 在 "所有在罗马的" 这个句子之后，保罗还加上了 "为上帝所爱，奉召作圣徒" 一系列复杂的称呼，以确定罗马信徒的地位及使命。保罗在 6-7 节重复提及了收信人的蒙召（calling）——"蒙召属耶稣基督的" 和 "奉召作圣徒的" ——包含了保罗在第 1 节所提到的蒙召。尽管有些古抄本省略了 "在罗马"（ἐν Ῥώμῃ）一词，但是，在原有的文本中包含了 "罗马" 这个地名是比较合理的。较后的一些手抄本把 "在罗马" 一词除掉，也许是为了要将《罗马书》变成一封更为广传的书信。前言中的 1-7 节关于保罗作为一个外邦使徒的使命和职责的声明，肯定会吸引以外邦人居多的罗马教会。

保罗在 1:7 下部分的 "问候" 所采用的，是典型的并且也是出现在其他保罗书信的问候方式，包括：同等的末世救恩、恩惠和平安；依赖与父上帝的亲密关系；主耶稣基督的统治等。[20] 保罗在 1-7 节的前言，可以被读者理解为 "发信人的凭证声明"，目的是要建立保罗在罗马人那里的身份和威望。[21] 古代的官方信函，尤其是罗马帝国的公函，皇帝通常都会在信首使用一个正式的宣布方式。例如，"罗马帝国皇帝提比略・革老丢・凯撒・奥古斯都・日耳曼尼库斯，最高祭司，持有任命行政和执政官的权力，向亚历山大城问候。"[22] 同样重要的，是

19.《罗马书》16 章。

20. Jewett, *Romans*: *A Commentary*, 96.

21. Samuel Bryskog, "Epistolography, Rhetoric and Letter Prescript: Romans 1.1-7 as a Test Case", *JSNT* 65（1997），27-46.

22. "Tiberius Claudius Caesar Augustus Germanicus Imperator, Pontifex Maximus, holder of the tribunician power, counsul designate, to the city of Alexandria, greetings." 参见 Vincent Parkin, "Some Comments on the Pauline Prescript", *IBS* 8（1986），92-99, at 96。

考虑到外交辞令中的得体。因此，外交大使授权的也按照惯例被放在绪言中。例如，"帕波留斯·瓦勒里乌斯·拉比尼乌斯，罗马执政官，向皮洛士国王问安。"[23] 斐洛在《晋见盖乌斯》（*Legatio ad Gaium*）中引用了来自行政官员诺巴努斯·弗拉库斯的外交信函。[24] 吉维特（Jewett）甚至还把《罗马书》誉为"一封大使级的信函"（an Ambassadorial Letter）。[25]

五、写作目的

关于罗马书的写作目的，学者之间持有不同的观点：吉维特认为应当研究从第一章一节到六节的扩展，以便理解保罗与其会众的关系以及他的写作目的。[26] 克林恩（G. Klein）以 15:20 为依据，认为保罗深感罗马教会缺乏一个使徒的根基，因此想在罗马本地传福音。[27] 卢慈尔（Roetzel）认为，保罗渴望建立他福音的正统性和身为使徒的合法性，以反击那些怀疑他

---

23. Dionysius Halicarnassus, *Roman Antiquities* 19.10.1: "Publius Valerius Labinius, Roman Consul, greetings to King Pyrrhus." 参见 Plutarch, *Life of Pyrrhus*, 6.7.4; 21.3.3。

24. Philo, *Legatio ad Gaium,* 315.2: "Norbanus Flaccus, governor, greetings to the magistrats of the Ephesians." 参见 Josephus, *Antiquities* of the Jews 14.225, 235。

25. Jewett, "Romans as an Ambassadorial Letter", *Int* 36（1982），5-20.

26. Jewett, *Romans: A Commentary*, 96.

27. G. Klein, "Paul's Purpose in Writing the Epistle to the Romans", in Donfried（ed.），*The Romans Debate*, 32-49. 邓恩则持不同的见解（*Romans* 1-8, lv-lvi），指出：1）保罗希望与罗马信徒分享他对福音的领受是完全可以理解的（1:11-15），无需作任何解释。2）由于保罗从未参与罗马教会的创建（15:20），他因此在书信中对罗马信徒使用了谨慎的语言（15:24"盼望从你那里经过"，15:28"路过你们那里"）应被视为理所当然的。3）保罗在 12:5 用第一人称复数"我们"来描述所有信徒都在基督里成为一身体的事实（οὕτως οἱ πολλοὶ ἓν σῶμά ἐσμεν ἐν Χριστῷ），"我们"在这里明显是包括罗马的收信人在内。4）按照保罗的使徒神学（9:1-2; 12:28），罗马的基督教团体的存在本身就是一个"使徒基础"（apostolic foundation）的证据了。

是在罗马教会中一个"神学的异议分子"和"闯入者"。[28] 鲍尔斯（Bowers）坚信《罗马书》的宣教目的，因为保罗最终的宣教使命就是为了要建立信徒与巩固教会。[29] 墨瑞斯（L. Morris）则相信《罗马书》是保罗为了赢取罗马信徒的经济资助而撰写的一封自我推荐信。[30] 也有学者认为，保罗是为了要解决罗马教会出现的一些神学争端，而重点地阐述了犹太教的律法以及割礼等关键性的问题。[31]

首先，《罗马书》的独特性不容忽视，它是唯一现存、由保罗写给一个他从来没有创建和拜访过的教会的一封信。[32] 因此，保罗撰写《罗马书》的动机不只是单一的，而是多重目的的。其一：保罗在《罗马书》中已经显示，他写信给罗马教会的动机之一是要通知他们，他先拜访罗马然后还要去西班牙的计划，[33] 并请他们为他的耶路撒冷捐款之行代祷（1:10-13; 15:23-32）。[34] 其二：《罗马书》14—15 章并非是一般性的劝勉，而是针

---

28. Calvin Roetzel, *Letters,* 20.

29. 1:5-15; 15:14-21. 参见 W. P. Bowers, "Fulfilling the Gospel: The Scope of the Pauline Mission", *JETS* 30（197），185-198; Bowers, "Church and Mission in Paul", *JSNT* 44（1991），89-111; Bowers, "Paul and Religious Propaganda in the First Century", *NovT* 22（1980），316-323。

30. L. Morris, *The Epistle to the Romans*（Grand Rapids: Eerdmans, 1988），7-17.

31. J. Munck, *Paul and the Salvation of Mankind*（Richmond: John Knox, 1959），199; G. Bornkamm, "The Letter to the Romans as Paul's Last Will and Testament", in K. Donfried（ed.），*The Romans Debate,* 16-28.

32. 1:10, 13; 15:22. 参见 B. D. Ehrman, *The New Testament: A Historical Introduction to the Early Christian Writings*（New York & Oxford: Oxford University Press, 2000），319。

33. 邓恩认为，保罗相信自己的"外邦使徒"身份将为"外邦人的数目添满"（τὸ πλήρωμα τῶν ἐθνῶν εἰσέλθῃ）发挥一个重要的作用。参见 Dunn, *Romans* 1-8, lv。

34. 保罗相信祈祷的重要性和有效性；保罗呼吁罗马教会尽心竭力以祷告来支持他（συναγωνίσασθαί μοι ἐν ταῖς προσευχαῖς ὑπὲρ ἐμοῦ πρὸς τὸν θεόν）。参见 Dunn, *Romans* 1-8, lvi。

对罗马教会的特殊处境而写的。那就是，犹太人与外邦人信徒之间产生的严重纠纷。外邦基督徒视那些在食物及节期上较保守的犹太基督徒为信心软弱，反之，信心软弱的人，则论断那些所谓信心刚强的外邦基督徒（15:1-6, 10）。[35] 本书作者认为，第 16 章是罗马书信原本形式的结尾。[36] 尽管保罗没有到过罗马，他似乎是很熟悉罗马教会的处境，[37] 并且还有许多熟悉的朋友。[38] 再者，《罗马书》具有一定的护教目的。保罗运用非常精巧的对话教授法的方式为福音以及自己辩护。《罗马书》中所总结的福音，表明保罗已经非常清楚地意识到罗马帝国的首都作为福音宣教基地的重要性。他希望罗马教会能尽力支持他进一步前

35. W. S. Campbell, "Why Did Paul Write Romans?" *ExpTim* 85（1974）, 264-269. A. J. M. Wedderburn, *The Reasons for Romans*（Edinburgh: T & T Clark, 1988）. Donfried（ed.）, *The Romans Debate*（Peabody, MA: Hendrickson, 1991）, 44-52; 亦参见 "False Presuppositions in the Study of Romans", *CBQ* 36（1974）, 332-355. Fitzmyer, *Romans: A New Translation with Introduction and Commentary*, 68-84。参见 Watson, *Paul, Judaism, and the Gentiles: A Sociological Approach*。

36. 学者之间就《罗马书》的连贯性及完整性有争议。鉴于早期教会所保存的一些《罗马书》文本没有第 15 和 16 两章经文，有些学者就认为《罗马书》的原始文本只有十四章而已。菲兹米尔为此提供的可能解释是，马吉安（Marcion）删除了《罗马书》的最后两章（Fitzmyer, *Romans: A New Translation with Introduction and Commentary*, 55-67）。然而，另有一些学者则相信《罗马书》只有十五章，主要是以保罗书信最早的蒲草纸（papyrus）文本 𝔓[46]（约公元 200 年）作为依据。因为在这个重要文本中，《罗马书》15 章是以 16:25-27 的 "三一颂"（doxology）作为结尾的。有些学者建议三一颂可能是早期教会在校订时添加的。总之，上述这些猜测都缺乏说服力和证据。

37. 有些学者认为，保罗在罗马书中显示了他的牧者胸怀。按照邓恩的解释，保罗向罗马教会推荐非比，并尽可能地为非比列出问候的所有个人名单，目的是确保该信在不同的教会中得到良好的回音（Dunn, *Romans 1-8*, lvi-lvii）。

38. Donfried（ed.）, "A Short Note on Romans 16", *The Romans Debate*, 44-52; P. S. Minear, *The Obedience of Faith: The Purposes of Paul in the Epistle to the Romans*（SBT 18; Naperville: Allenson, 1971）; J. C. Beker, *Paul the Apostle: The Triumph of God in Life and Thought*（2d ed.; Philadelphia: Fortress Press, 1984）; Jewett, "Following the Argument of Romans", *Word and World: Theology for Christian Ministry* 6（1986）, 382-389.

往西班牙的宣教计划。[39] 因此,《罗马书》也显示保罗要为即将临到的耶路撒冷捐款之行做好完善的预备。[40] 最后, 保罗在此刻也正面临自己多年来宣教使命的转捩点。他因此必须对过去的福音事工以及将来的宣教计划作一个完整的总结和交代。故此, 保罗整理了以往在教会中处理各种问题所积累的经验, 并进行深入的思考与反省, 以致形成了篇幅最长并且在结构和内容上都非常有条理的《罗马书》。[41]

六、关键议题

16 世纪宗教改革家马丁·路德所提出的《罗马书》中的"因信称义"的主题和神学, 一直在传统的解经观点上占据了主导地位。[42] 路德认为, 保罗经历了犹太教的律法挣扎之后, 最终摆脱了犹太教的束缚而皈依了基督教。路德称犹太教是律法行为主义的宗教。保罗在《罗马书》中显示了福音与律法对立的观点。桑德斯首次对这种传统的诠释提出了批判, 并指出保罗时代在巴勒斯坦的犹太教是"恩约守法主义"而不是律法主义。上帝无条件地拣选了以色列人, 并赐予他们律法, 选民通过遵守律法和顺服的态度来回应上帝。上帝同时为选民提供了

---

39. Dunn, *Romans* 1-8, lvi; Helmut Koester, *Introduction to the New Testament Testament: History and Literature of Early Christianity* (2 vols.; Philadelphia: Fortress, 1982), 2:140.

40. F. F. Bruce, "The Romans Debate Continued", *BJRL* 64 (1981-1982), 334-359; A. J. M. Wedderburn, "the Purpose and Occasion of Romans Again", *ExpT* 90 (1978-1979), 137-141.

41. Cranfield, *The Epistle to the Romans*, 2.814-823; Dunn, *Romans* 1-8, lviii.

42. 路德及其追随者以第 1 至 5 章为《罗马书》的中心。参见 Moo, *The Epistle to the Romans*, 22-23。

赎罪的途径：藉着悔改、赦罪和上帝的怜悯被重新建立在恩约内。犹太教始于恩典的观点，可说是打破了传统基督教以及学术界普遍上对犹太教的负面看法。桑德斯强调了"参与者"（participationist）在《罗马书》中的重要性。[43] 他以崭新的观点来诠释保罗，并在学术界中引起了极大的反响。而这个给保罗的新释，结果发展成为《罗马书》传统神学释经的分水岭。邓恩接受了桑德斯的基本论点，认为保罗时代的犹太教在一定的程度上的确是以恩典为主的宗教，因为是上帝无条件地拣选了以色列民族并与其立约。选民则通过顺服律法和为过犯悔改来回应上帝。不过，邓恩对桑德斯的理论也加以批评和做了一些很重要的补充。虽然邓恩也认为保罗的思想及犹太教均属于恩约守法主义，但他认为保罗持有与当时的犹太教非常不同的基督论。因为归信基督的保罗，相信拿撒勒人耶稣就是犹太人自旧约以来所盼望到来的弥赛亚（11:26）。邓恩成为保罗新观最具影响力的主要代表学者之一。邓恩也同时指出，桑德斯在有关保罗与犹太教的关系方面处理的不太恰当，以致淡化了保罗在《罗马书》中对犹太人的至深关怀。特别是《罗马书》9—11章，保罗倾吐了自己的心声和感受，公开的宣告说，他常为自己那众多不信的犹太同胞痛心以致在肺腑的至深处常存着沉重的欠债感。[44] 邓恩对桑德斯的批判也因此让邓恩自己更慎重

---

43. 桑德斯赞同史怀哲的观点，将第 5 至 8 章视为《罗马书》的中心。参见 Sanders, *Paul and Palestinian Judaism*, 434-442; A. Schweitzer, *The Mysticism of Paul the Apostle*（London: A. C. Black, 1931），205-226。

44. 斯坦达（Stendahl）认为，《罗马书》主要论及的是第 9-11 章的关乎犹太人和外邦人的救恩历史。参见 Stendahl, "The Apostle Paul and the Introspective Conscience of the West", 199-215。

地以保罗的犹太根源为切入点，更全面和深入地阐释了《罗马书》。邓恩认为，《罗马书》与保罗的特殊宣教背景相关，全书的主旨在于说明福音是给予世上所有人的。既然是这样，福音的对象也就很自然地包括了所有的犹太人和外邦人了。[45] 保罗不仅在绪论中突出了这个主题宣言（1:16），而且还在结论中强化了这个主题，使它成为全书所期待要达到的高潮（15:7-12）。保罗在论说中费了极大的心思。他尝试说明，尽管福音源于犹太人并具有犹太特色，但在上帝永恒的计划中，福音的对象绝对不只限于以色列民族，而是包括所有的外邦人在内。换言之，《罗马书》既体现了福音的犹太背景与色彩（Jewishness），也突显了它的普世性，这是缺一不可的双重特征。[46] 如此看来，《罗马书》既涉及了一个广义的神学问题：即世人都犯了罪，[47] 基督为世人预备了救恩。它也同时引发了一个历史性的关键问题。那就是，源自犹太人的福音，一旦传给了外邦人之后，必然会造成的张力。[48]

保罗新观对律法的诠释也与传统的看法不太相同。传统的释经一般上似乎都把焦点放在律法的负面上，并且强调它与信心及恩典的对立性。邓恩尝试从保罗新观的角度来解决这个至

---

45. 例如："一切相信的"（1:16; 3:22; 10:4, 11），"一切不虔不义的人"（1:18），"一切作恶的人"（2:9），"一切行善的人"（2:10），"一切未受割礼而信之人"（4:11），"一切后裔"（4:16），"一切受造之物"（8:22），"一切求告他的人"（10:12, 13），"以色列全家"（11:26）。

46. Dunn, *Romans*（2 vols.; Word Biblical *Commentary* 38; Dallas: Word, 1988）.

47. 例如：3:9, 12, 19-20, 23; 5:12。

48. Dunn, "Romans", in Gerald F. Hawthorne, Ralph P. Martin, and Daniel G. Reid（eds.）, *Dictionary of Paul and His Letters*（Downers Grove, IL; Leicester: InterVarsity Press, 1993）, 838-851.

关重要和极富争议的问题，并且提出了一个与桑德斯很不相同的解释。邓恩首先反对把犹太教看作是律法主义的宗教，因此是靠行为得救的。他置疑这样的传统解释。邓恩慎重地指出，保罗在《罗马书》和《加拉太书》中其实是在为上帝所赐给犹太人的律法辩护。律法不是罪，律法只是有一定的弱点，很容易被利用成为罪恶的工具。[49] 可是，真正与信心对立的并非律法，而是犹太人作为选民常在遵守律法这件事上的自满与夸口。[50] 律法要求于人的，是爱人如己，[51] 而不是让犹太人因为遵守律法（例如：割礼及食物条例）显得比外邦人更圣洁，[52] 以及因为拥有律法而带来的民族和宗教优越感。

故此，保罗在《罗马书》中所驳斥的，是犹太人因律法拥有的优越感，而不是靠行为得救的律法观。邓恩认为律法的行为（ἔργα νόμου, works of the law），[53] 即割礼、守安息日和饮食条例等，对当时的犹太人而言，已经不只是作为他们的身份记号及以色列民族的象征，同时也意味着一个国民和宗教的优越地位。律法的行为以及它的社会功用，最终导致了犹太人与外邦人之间的隔离，其问题实际上并不是出于犹太人的所谓律法主义或行动主义，乃是犹太人的民族主义（nationalism）及自恃的特殊主义（particularism）。邓恩因此相信，保罗极力反对的律法行为，不是指犹太人企图依赖好的行为得救，而是指那

---

49. 7:7-8:4。

50. 3:27-4:25.

51. 13:8-10; 14:13-15:6.

52. 2:25-29; 4:9-12; 9:10-13; 14:1-12.

53. "律法的行为" 这个用语在保罗书信中总共出现八次：加 2:16（3 次）; 3:2, 5, 10; 罗 3:20, 28。

些坚持必须归属犹太民族才能得救的规定和立场，并以遵守律法作为外邦人归化的标志。保罗对律法的负面理论，并不是针对律法本身，乃是针对民族主义者对律法的误解和误用。[54] 邓恩因此相信保罗和犹太人之间的关系，并不是非此即彼或对立的。其实，正好相反，保罗是将犹太教的启示因素刻意地纳入到基督教的教导中。

《罗马书》还有另一个重要的议题是"上帝的义"（δικαιοσύνη θεοῦ）。保罗在《罗马书》中对这个议题的多次提及与引用，很清楚地反映了它的关键性。[55] 邓恩认为，保罗接纳了旧约《诗篇》和《以赛亚书》中有关"上帝的义"的基本犹太观念。其一，上帝的救恩一贯都是凭借信心的；上帝的旨意在基督的事工里进入了最崭新与最高潮的阶段。其二，保罗在《罗马书》15:8 总结了上帝对以色列的应许的论说："基督是为上帝的信实（ἀληθείας θεοῦ）作了受割礼人的执事，要证实所应许列祖的话。"[56]

此外，《罗马书》的文学形式一直是学术上探讨的课题。近年来学者们特别关注《罗马书》所运用的文学传统以及修辞类型。其中比较突出的学者是斯托尔斯。他指出了保罗在《罗马书》中所采用的对话教授法（diatribe），即通过对话、议论和教导以及劝勉的方式来阐明福音。[57] 布尔特曼（R. Bultmann）

---

54. Dunn, *Jesus, Paul, and the Law: Studies in Mark and Galatians*, 190-200.
55. 1:17; 3:5, 21-26; 4:1-25; 9:30-10:13.
56. 邓恩认为，保罗使用两个不同的希腊词来阐述犹太观念中上帝的信实：1）τὴν πίστιν τοῦ θεοῦ（"the faithfulness of God", 3:3）；2）τὴν ἀλήθειαν τοῦ θεοῦ（"the truth of God", 1:25, 3:7, 15:8）。参见 Dunn, "Romans", in *DPHL*, 843。
57. R. Bultmann, *Der Stil der paulinischen Predigt und die kynisch-stoische Diatribe*（FRLANT 13; Gottingen, Vandenhoeck und Ruprecht, 1910）.

是很早就指出了《罗马书》中的对话教授法的学者，但他所强调的是它的辩论文体。布尔特曼于 1908 年出版了他的博士论文《保罗与犬儒—斯多亚的对话教授法之间的相似风格》（Similarities of Style between Paul and the Cynic-Stoic Diatribe）。布尔特曼在《罗马书》中发现了典型的对话教授法的风格：修辞设问（rhetorical question），对比（antitheses），悖论（paradoxes），模仿（parodies），以及与希腊罗马作家的相似之处的例子。[58] 斯托尔斯于 1981 年出版了其著作《对话教授法与保罗致罗马人书》（The Diatribe and Paul's Letter to the Romans）。他对布尔特曼所提出的《罗马书》中的保罗风格的议案进行了重大修改。斯托尔斯并且指出，保罗在《罗马书》中使用对话教授法的目的是向罗马信徒论述福音。[59]

　　然而，斯托尔斯也同时强调，保罗使用对话教授法的目的是为了要与犹太基督徒进行议论性的对话，并非是要与对手论战。[60] 此外，斯托尔斯也对基督教传统解释《罗马书》的方式

---

58. Bultmann, *Der Stil der paulinischen Predigt und die kynisch-stoische Diatribe.*
59. Stowers, *The Diatribe and Paul's Letter to the Romans.*
60. 《罗马书》中出现了典型的对话教授法。保罗也采用的这个具特色的方式，包括责备和劝说，来处理罗马教会中的具体情况，其中还穿插了修辞式的设问（rhetorical question；罗 3:31: νόμον οὖν καταργοῦμεν διὰ τῆς πίστεως；"我们因信废了律法吗？"参见 3:19, 21），对比（antitheses；罗 12:9："恶要厌恶，善要亲近"），拟人法（anthropomorphism），以及邪恶和美德相对照的项目。斯托尔斯认为《罗马书》存在着两种对话教授法的方式。其一，保罗先引入一位想象中的对话者。"这样，你必对我说：他为什么还指责人呢？有谁抗拒他的旨意呢？你这个人哪，你是谁，竟敢向上帝强嘴呢？受造之物岂能对造他的说：你为什么这样造我呢？窑匠难道没有权柄从一团泥里拿一块做成贵重的器皿，又拿一块做成卑贱的器皿吗？"（罗 9:19-21; 2:1-5, 17-24; 11:17-24; 14:4, 10）。其二，保罗以"断乎不是"（μὴ γένοιτο）来否定对话者的错误结论。例如："既是这样，那里能夸口呢？没有可夸的了。用何法没有的呢？是用立功之法吗？不是，乃用信主之法。所以（有古卷：因为）我们看定了：人称义是因着信，不在乎遵行律法。难道上帝只作犹太人的上帝吗？不也是作（转下页）

提出了异议，认为它根本就不符合保罗时代的读者，而必须将《罗马书》置于保罗世界的社会文化、历史和修辞背景中，并给予它一个新的阅读方式。保罗是深受希腊文化熏陶的犹太人，外邦信徒是《罗马书》的主要收信对象。与此同时，保罗也完全忠于他作为外邦使徒的使命和上帝的应许。一直以耶稣为效法榜样的保罗，绝对相信耶稣是为了忠于自己的使命以及上帝的应许，因而约束了自己身为弥赛亚的能力，给予外邦人一个被救赎的机会。因此，上帝彰显了自己的公义，并且藉着耶稣的复活以及圣灵，引导外邦人在道德和心理上获得自主的能力。[61] 另外一部近期的重要著作是艾斯勒（P. F. Esler）的《〈罗马书〉中的冲突与认同：保罗书信的社会处境》。他采用了社会科学的研究方法来分析《罗马书》，所作出的结论是，使徒保罗尝试帮助解决罗马的犹太与外邦信徒之间在宗教生活上和种族之间的冲突，并且以团契的理念和实践来教导信众，让他们成为一个新的群体，从而为他们确立了一个崭新的身份。[62]

不但如此，近年来还有不少释经学者把《罗马书》看作是一部"基督教修辞学的著作，以说服为其宗旨"。[63] 根据吉

（接上页）外邦人的上帝吗？是的，也作外邦人的上帝。上帝既是一位，他就要因信称那受割礼的为义，也要因信称那未受割礼的为义。这样，我们因信废了律法吗？断乎不是！更是坚固律法。"（罗 3:27-31, 1-9; 6:1-3, 15-16; 7:7, 13; 9:14, 19-20; 11:1, 11, 19-20）。参见 Stowers, *The Diatribe and Paul's Letter to the Romans*。

61. Stowers, A *Rereading of Romans: Justice, Jews and Gentiles*.

62. P. F. Esler, *Conflict and Identity in Romans: The Social Setting of Paul's Letter*（Minneapolis: Fortress Press, 2003）.

63. B. Byrne, *Romans*（Collegeville: Liturgical Press, 1996）, 4; T. H. Tobin, *Paul's Rhetoric in Its Context: The Argument of Romans*（Peabody: Hendrickson, 2004）, 1-15.

维特最新的《罗马书》注释，古典修辞学中的五种说服方法在《罗马书》中是显而易见的。这五种说服方法分别为：建构（εὔρεσις, invention），编排（τάξις, arrangement），文体风格（λέξις, style），记忆（μνήμη, memory）和演讲技巧（ὑπόκρισις, delivery）。但是，最终当然还必须考虑到第六个因素：听众（audience）。[64]

七、内容纲要

传统的解经家通常都把《罗马书》视为一部神学宝库。[65] 这个普遍的观点当然也有一定的道理。可是，除了它的神学内容和价值之外，学者和一般的读者都不能忘记，《罗马书》毕竟还是一封为了当时宣教和教牧的实际需要而写的书信。与此同时，它的书信格式也显而易见。使徒保罗当时显然是依照希腊信函的基本格式成文的，这包括信首、正文和信尾三个基本部分。在信首的公式中，保罗涉及了两个要素：常规（发信人、收件人及问候；1:1-7）和感恩（1:8-12）。发信人（sender）：保罗（1:1）；收件人（recipient）：所有在罗马的信徒（1:7a）；问候（greeting）——愿恩惠、平安从我们的父上帝并主耶稣基督归与你们（1:7b）。《罗马书》的正文包括了叙事、命题以及论证的修辞结构。《罗马书》的结论以一个典型的"通过称赞赢取听众"（*captatio benevolentiae*, winning an audience through praise）

---

64. Jewett, "The Rhetoric of Romans: Evangelical Persuasion", in *Romans*: *A Commentary*, 23-46.
65. 宗教改革代表人之一梅兰顿（Philip Melanchton）声称，《罗马书》是一部"基督教教义概论"（compendium of Christian doctrine）。

的书信形式开始（15.14）。蒲草纸信函通常都会包含：发信人提出的请求，礼貌的道歉，写信的理由，以及收件人本来就已经具备了的那个履行义务的优秀品格。[66] 例如，在已经发现的蒲草纸信函中，就记载了一位请愿者写给埃及官员的一封道歉信，以便请求他帮助，并声称这位官员本身已经知道他应有的职责。像这样的明智的做法，在古代的书信中是常见的。[67] 保罗也在这里是采用了典型的所谓"信任公式"（confedience formula）来称赞罗马教会。[68] 概而言之，由于《罗马书》的多重写作目的及其特殊处境，它一方面依照当时写信的某些习惯，同时又展示了它本身的特色。结果它独具一格，超越了普通信函及修辞风格所衍生的意义。[69]

按照希腊修辞演说的结构，罗马书可以分为五个部分：（1）绪论（exordium）；（2）叙事（narratio）；（3）陈述命题（propositio）；（4）论证（probatio）；（5）结论（peroratio）。[70]

（1）绪论 (1:1-12)

题名，使徒凭据，信条，收信人与问候（1:1-7）

保罗即将到访的预告及原因（1:8-12）

---

66. Stanley N. Olson, "Pauline Expressions of Confidence in his Addressees", *CBQ* 47（1985），282-295, at 291.

67. *Papyrus Berlin* 2753=*SB* 7656: "I know well that without any letter from me, your Excellence can rely upon himself and has no need to be reminded of my affairs, but ... I consider it necessary ... to urge you ... to look after my affairs."

68. 克兰菲尔德（Cranfield）则认为这里指的是基督徒的礼节（Christian courtesy），而非奉承（not flattery）。保罗意识到如此的礼节可以鼓励自己的基督徒同胞尽量无愧于他的信任。参见 Cranfield, *The Epistle to the Romans,* 2.752。

69. Dunn, *Romans* 1-8《罗马书注释1-8》，lix。

70. Jewett, *Romans: A Commentary.*

（2）叙事：保罗宣教工作的背景 (1:13-15)

（3）陈述命题：主题宣言—福音是体现上帝公义的大能
（1:16-17）

（4）论证：共有四个（1:18—15:13）

1）第一论证：福音表达了神公正的义，倒置了文化的
优越感，并宣告犹太人与外邦人一样，都只能靠恩
典得救（1:18—4:25）

A. 上帝对人类的不义的愤怒（1:18—3:20）

a. 上帝对人类的忿怒的启示（1:18-32）

揭露人类一直在抑制上帝的真理（1:18-23）

人类的歪曲导致了上帝当前的忿怒（1:24-32）

b. 上帝对外邦人和犹太人的公义审判（2:1—3:8）

靠行为的公义审判（2:1-16）

犹太人难免的公义审判（2:17-29）

驳斥反对上帝公义的审判（3:1-8）

c. 小结：上帝对世人的审判毫无例外（3:9-20）

B. 因信称义的阐述（3:21—4:25）

a. 上帝的义及唯独因信的解决方案（3:21-31）[71]

关于在基督里的义的胜利（3:21-26）

---

71. 克兰菲尔德在《罗马书释义》（*The Epistle to the Romans*）中给予此段的标题是：
A. 3:21-26 上帝的义表明在基督耶稣的救赎中；B. 3:27-31 排除所有的自夸。邓
恩在《罗马书释义》（*Romans*）中给 3:21-31 的标题是"相信基督耶稣"（A.
3:21-26：上帝的义决定性地表明在耶稣的受死中。B. 3:27-31 犹太人自我理解
的后果）。

关于犹太人和外邦人同属一位上帝的肯定
（3:27-31）

b. 亚伯拉罕与因信而得的义（4:1-25）

在受割礼之前，亚伯拉罕就已经得到因信称义的印证（4:1-12）

亚伯拉罕的应许关乎所有因信称义的人（4.13-25）

2）第二论证：在基督里的新生命取代了通过遵守法律所追求的地位（5:1—8:39）[72]

A. 藉着基督与上帝和好（5:1-21）

在基督里的义让人没有"夸口"的余地（5:1-11）

基督里的丰富战胜了源自亚当的死亡权势（5:12-21）

B. 基督里的新生命（6:1-23）

---

72. 克兰菲尔德在《罗马书释义》中将 5:1-8:39 的标题命为"对那些因信称义之人的生命应许"。
A. 5:1-21 与上帝和好的生命特征。
  5:1-11 藉着基督得与上帝和好。
  5:12-21 基督与亚当。
B. 6:1-23 成圣的生命特征。
  6:1-14 向罪死，向上帝活：罪恶的旧人的死亡与在基督里的新生命。
  6:15-23 在主人之间的选择：在基督的恩典和主导下的生活。
C. 7:1-25 一个完全脱离律法定罪的生命。
  7:1-6 脱离了律法定罪的自由。
  7:7-25 关于律法的一个必要澄清。
D. 8:1-39 上帝的灵居住在人心里的生命特征。
  8:1-11 住在人心中的圣灵。
  8:12-17 圣灵的居住——确立了上帝的律法。
  8:17-30 圣灵的居住——赐予盼望。
E. 8:31-39 整段的总结。

罪恶的旧人的死亡与在基督里的新生命（6:1-14）

在基督的恩典和主导下的生活（6:15-23）

C. 脱离律法谴责的自由（7:1-25）

律法在道德行为中的地位（7:7-12）

在基督里的生命与不受律法牵制的自由（7:1-6）

律法的果效（7:13-25）

D. 在人心中的圣灵与盼望（8:1-39）[73]

肉体和圣灵之间的全面争战（8:1-17）

上帝的儿女那充满了盼望的受苦（8:18-30）

小结：基于上帝的爱的选召地位（8:31-39）

3）第三论证：上帝的义的胜利体现在以色列和外邦人的福音使命中（9:1—11:36）[74]

---

[73]. 邓恩的《罗马书释义》在 8:1-30 的标题为"末世的张力以及藉着圣灵实现上帝的目标"。

　　A. 8:1-11 生命的灵。

　　B. 8:12-17 上帝儿女的灵。

　　C. 8:17-30 圣灵作为初结的果子。

　　D. 8:31-39 小结：上帝的胜利——他的信实和信心的保证。

[74]. 克兰菲尔德的《罗马书释义》中的 9:1-11:36 的标题为"人类的不信与上帝的信实"。

　　A. 9:1-5 介绍书信重要分类的主题。

　　B. 9:6-29 人的不信和不顺服显示在上帝的怜悯中。

　　C. 9:30-10.21 以色列的罪恶彰显了上帝的慈爱。

　　D. 11:1-36 上帝并没有弃绝他的子民。

　　　　11:1-10 余数是根据拣选的恩典。

　　　　11:11-24 上帝对大部分以色列的拒绝不是永远的。

　　　　11:25-32 上帝的怜悯计划的奥秘。

　　　　11:33-36 分类的总结。

邓恩的《罗马书释义》中的 9:1-11:36 的标题为"上帝的义——源于上帝的信实：福音的结果和以色列"。

a. 9:1-5 那么，以色列又将如何呢？保罗对其同胞的关心。

（转下页）

a. 以色列不信的悲剧之谜（9:1-5）

b. 以色列和上帝选召的公义（9:6-18）

c. 驳斥反对者（9:19-29）

d. 被热心所误，导致在顺服上帝的义上的失败（9:30-10.4）

e. 因信称义的确认（10:5-13）

f. 福音的宣告遭到拒绝（10:14-21）

g. 以色列的地位（11:1-10）

h. 处理以色列的过犯所导致的宣教计划（11:12-24）

i. 普世救赎的奥秘（11:25-32）

j. 小结：为全能的上帝在普世救赎的奥秘计划中的启示而颂赞（11:33-36）

4）第四论证：按照福音生活及其带来的盼望（12:1—15:13）[75]

（接上页）

b. 9:6-29 上帝的选召。
　　9:6-13 上帝自由选择的本质。
　　9:14-23 那些没被拣选的仍在上帝的旨意内。
　　9:24-29 那些被选召的包括犹太人和外邦人，正如所预言的一样。

c. 9:30-10:21 信心的言语。
　　9:30-10:4 以色列误解了上帝的义。
　　10:5-13 律法的义与信心的义。
　　10:14-21 以色列在回应福音上的失败。

d. 11:1-32 上帝的信实的奥秘。
　　11:1-10 余数仍旧是依靠恩典。
　　11:11-24 以色列回归的盼望。
　　11:25-32 启示最后的奥秘。
　　11:33-36 以崇拜的颂赞结束。

75. 克兰菲尔德的《罗马书释义》中的 12:1-15:13 的标题为："那些因信称义的人的顺服"。

　　a. 12.1-2 阐述书信的重要分类的主题。 （转下页）

a. 值得赞赏的行为动机和评估（12:1-2）

b. 以身体各部的功能比喻圣灵恩赐的应用（12:3-8）

c. 爱的准则和实践（12:9-21）

d. 权柄的根源和公民义务的履行（13:1-7）

e. 以爱成全律法的训诫（13:8-10）

f. 末日道德警觉的训诫（13:11-14）

g. 软弱者和刚强者的行为准则与态度（14:1-12）

h. 在多元化的信众中彼此建立的模范准则（14:13-23）

i. 彼此训诲以及效法基督的榜样的义务（15:1-6）

j. 普世的拯救和盼望（15:7-13）

（5）结论：耶路撒冷和罗马之行，西班牙的宣教计划以及给各方的问候（15:14—16:27）

（接上页）

b. 12.3-8 作为一个信众的成员与其他成员之间的关系。

c. 12.9-21 一系列的规劝项目。

d. 13.1-7 信徒对国家的义务。

e. 13.8-10 爱的职责。

f. 13.11-14 基督徒顺服的末世动机。

g. 14.1-15.13 信心强壮的与信心软弱的。

邓恩的《罗马书释义》中的 12:1-15:13 的标题为："因福音而被重新定义了的上帝子民的日常生活。"

a. 12:1-2 有责任感的生活基础——基督徒的崇拜。

b. 12:3-8 基督的身体作为信仰的社会处境。

c. 12:9-21 爱作为社会关系的准则。

d. 13:1-7 像好公民那样生活。

e. 13:8-10 爱邻舍就是完成律法。

f. 13:11-14 以末世的紧迫感为鞭策。

g. 14:1-15:6 饮食条例和守安息日的特殊问题。

    14:1-12 所引起的问题：对"软弱者"的挑战。

    14:13-23 "强壮者"的责任。

    15:1-6 以基督为榜样。

h. 15.7-13 小结：上帝的怜悯和信实——先是犹太人，但也包括外邦人。

A. 保罗的宣教和行程计划（15:14-33）

　　a. 重述保罗的呼召和宣教策略（15:14-21）

　　b. 行程计划，心愿与代求（15:22-33）

B. 结尾的问候（16:1-23）

　　a. 推荐非比为宣教的女赞助人（16:1-2）

　　b. 教牧领袖之间的问安与赞扬（16:3-23）

　　　　向罗马教会的领导问安 (16:3-16a)

　　　　防备异端者和败类 (16:17-20a)

　　　　来自哥林多和其他教会领导的问安 (16:16b,

　　　　21-23)

　　c. 祝福 (24，20b)

　　d. 三一颂 (16:25-27)[76]

推荐书目

中文推荐书目

巴克莱，《罗马书注释》，香港：基督教文艺出版社，1981/2000。

鲍会园，《罗马书》，香港：天道书楼，2016。

冯荫坤，《罗马书注释》，台北：校园书房，2001。

郭汉成，《罗马书的句型分析和思路》，Malaysia, Sembilan: Seminari Theoloji Malaysia, 2013。

克兰菲尔德，《罗马书注释》，台北：中华福音神学院出版社，1997/2006。

---

76. 亦被视为第二插段（the second interpolation）。

林鸿信,《藉着信被上帝称义：罗马书》, 台北：礼记出版社, 2002。

卢龙光,《保罗新观——"罗马书"的主题与目的》, 南京：金陵协和神学院, 2012。

卢龙光主编,《笔战罗马：罗马书之研究》, 香港：天道书楼, 2010。

穆尔,《会遇"罗马书"：一个神学的探索》, 南京：江苏省基督教两会, 2014。

穆尔,《会遇"罗马书"：一个神学的探索》, 南京：江苏省基督教两会, 2014。

杨克勤,《经宴：罗马书论神意》, 北京：宗教文化出版社, 2009。

周兆真,《罗马书》, 香港：基督教文艺出版社, 2007。

朱伟特,《朱伟特论罗马书》, 香港：基道出版社, 2009。

英文推荐书目

Bryskog, S., "Epistolography, Rhetoric and Letter Prescript: Romans 1.1-7 as a Test Case", *JSNT* 65（1997）, 27-46.

Byrne, B., *Romans*. Collegeville: Liturgical Press, 1996.

Campbell, W. S., "Why Did Paul Write Romans?" *ExpTim* 85（1974）, 264-269.

Cranfield, C. E. B., *The Epistle to the Romans*. International Critical Commentary Series, 2 vols.; Edinburgh & New York: T & T Clark, 1975.

Dodd, C. H., *The Epistle of Paul to the Romans*. London: Fontana Books, 1959.

Donfried, K. P.（ed.）, *The Romans Debate*. Peabody, MA: Hendrickson, 1991.

Dunn, J. D. G., *Romans*. WBC 38, 2 vols.; Dallas: Word, 1988.

Dunn, J. D. G., *Jesus, Paul, and the Law: Studies in Mark and Galatians*. Louisville: Westminster/John Knox, 1990.

Esler, P. F., *Conflict and Identity in Romans: The Social Setting of Paul's Letter*. Minneapolis: Fortress Press, 2003.

Fitzmyer, J. A., *Romans: A New Translation with Introduction and*

Commentary. AB33; New York: Doubleday, 1993.

Goodspeed, E. J., "aius Titius Justus", *JBL* 69（1950）, 382-383.

Jewett, R.,*Romans: A Commentary.* Hermeneia; Minneapolis: Fortress, 2007.

Käsemann, E., *Commentary on Romans.* Trans. G. W. Bromiley.Grand Rapids: Eerdmans, 1980.

Moo, D. J., *The Epistle to the Romans.* NICNT; Grand Rapids: Eerdmans, 1996.

Munck, J., *Paul and the Salvation of Mankind.* Atlanta: John Knox, 1959.

Olson, S. N., "Pauline Expressions of Confidence in his Addressees", *CBQ* 47（1985）, 282-295.

Parkin, V., "Some Comments on the Pauline Prescript", *IBS* 8（1986）, 92-99.

Ramsay, W. M., *Picture of the Apostolic Church: Its Life and Teaching.* London: Hodder and Stoughton, 1910.

Sanders, E. P., *Paul and Palestinian Judaism.* London: SCM, 1977.

Schreiner, T. R., *Romans.* BECNT 6; Grand Rapids: Baker, 1998.

Stendahl, K., "The Apostle Paul and the Introspective Conscience of the West", *HTR* 56（1963）, 199-215.

Stowers, S. K., *A Reading of Romans: Justice, Jews and Gentitles.*New Haven: Yale University Press, 1994.

Stowers, S. K., *A Rereading of Romans: Justice, Jews and Gentiles.*New Haven: Yale University, 1994.

Stuhlmacher, P., *Paul's Letter to the Romans: A Commentary.* Trans. S. J. Hafemann. Louisville: Westminster/John Knox, 1994.

Tobin, Y. H., *Paul's Rhetoric in Its Context: The Argument of Romans.* Peabody: Hendrickson, 2004.

Wedderburn, A. J. M., *The Reasons for Romans.* Edinburgh: T & T Clark, 1988.

第二章
《哥林多前后书》

I《哥林多前书》

在本书中，关于《哥林多前书》的论述将会远远超过保罗的其他书信，因为《哥林多前书》是笔者近年来学术研究和学习的主要领域。

一、哥林多城

哥林多（Corinth）是古希腊的一座历史名城，位于连接大陆和伯罗奔尼撒半岛（Peloponnese）的哥林多地峡上（Corinthian Isthmus）。[1] 哥林多之所以被称为"富裕"之城，是由于它的商业贸易以及它作为莱凯乌姆（Lechaeum）和坚革哩（Cenchreae）这两个主要港口之间的策略性位置。这两个港

---

1. Appian, *Roman History: Macedonian Affairs* 9.8: "[Corinth] closed the door of the Peloponnese." 参见 Polybius, *The Histories* 30.10.3: "he [Aemilius Paulus] admired its situation and the favourable position of its acropolis as regards the command of both districts, that inside the Isthmus and that outside. "

口分别位于哥林多湾和萨罗尼克湾，是地中海的西方和东方交通往来的商路要道。[2] 因此，无论是在军事上还是贸易上，哥林多都处于优越的地理位置。尽管哥林多有其杰出的起源，但它还是免不了要经历一个间断的历史。根据第二世纪罗马时代的希腊地理学家及旅行家保萨尼亚斯（Pausanias）在《希腊志》中的记载，罗马将军马缪斯（Lucius Mummius）曾统帅罗马军队于公元前 146 年攻陷了哥林多城，对希腊人进行了全面裁军，并拆除了所有城墙。本地居民中的男性大多遭屠杀，而妇女和儿童则被卖为奴。结果整个旧城被完全销毁，成为废墟达百年之久。凯撒大帝（Julius Caesar）于公元前 44 年重建这座城市，[3] 称它为"荣耀的犹利亚哥林多殖民地"（*Colonia Laus Julia Corinthiensis*）。此后，哥林多城又迅速恢复其重要的历史地位。[4] 公元前 27 年，凯撒屋大维（Gaius Julius Caesar

---

2. Strabo, *Geographica* VIII. 6.20: "Corinth is called 'wealthy' because of its commerce, since it is situated on the Isthmus and is master of two harbours, of which the one leads straight to Asia, and the other to Italy; and it makes easy the exchange of merchandise from both countries that are so far distant from each other." Pausanias, *Description of Greece*, II.1.5: "The Corinthian Isthmus streches on the one hand to the sea at Cenchreae, and on the other to the sea at Lechaeum."

3. Pausanias, *Description of Greece*, 2.1.2: "Corinth is no longer inhabited by any of the old Corinthians, but by colonists sent out by the Romans. This change is due to the Achaean League. The Corinthians, being members of it, joined in the war against the Romans, which Critolaus, when appointed general of the Achaeans, brought about by persuading to revolt both the Achaeans and the majority of the Greeks outside the Peloponnesus. When the Romans won the war, they carried out a general disarmament of the Greeks and dismantled the walls of such cities as were fortified. Corinth was laid waste by Mummius, who at that time commanded the Romans in the field, and it is said that it was afterwards refounded by Caesar, who was the author of the present constitution of Rome. Carthage, too, they say, was refounded in his reign." (trans. by W. H. S. Jones)

4. Cassius Dio, *Roman History* XLIII.50. 参见 J. H. Kent, *Corinth VIII/3: The Inscriptions 1926-1950* (Princeton, NJ: American School of Classical Studies at Athens, 1966), 60, 70.

Octavianus）当政后，哥林多城已经成为亚该亚省（Achaia）的首府，使它成了一个重要的文化与行政中心，隶属于罗马总督的管辖。

公元前 1 世纪的希腊历史学家、地理学家斯特拉波（Strabo），在他的《地理学》中记述说，被凯撒遣送到哥林多定居的，大部分是自由人。[5] 定居者以来自罗马帝国各地的自由公民居多。殖民者之中，也包括许多退伍的军人。不论在任何情况下，多数移民都是罗马公民。由此可见，罗马的因素在哥林多是占主导地位的。哥林多的结构和管理也因此都是属于罗马式的。

在保罗的时代，拉丁文是官方语文。在现存的 104 个碑文中（哈德良在位之前，公元 117 年—138 年），有 101 个是拉丁文，仅有 3 个是希腊文。[6] 因此，幸存的哥林多基督徒的名字半数以上是拉丁文并不意外：亚居拉（Aquila），[7] 福徒

---

5. Strabo, *Geographica* VIII. 6.23: "Now after Corinth had remained deserted for a long time, it was restored again, because of its favorable position, by the deified Caesar, who colonized it with people that belonged for the most part to the freedmen class." 参见 Appian（约公元 95 年—165 年）, *Roman History: The Punic Wars* 8.136: "At a still later time it is said that Caesar, who afterwards became dictator for life, when he had pursued Pompey to Egypt, and Pompey's friends from thence into Africa, and was encamped near the site of Carthage, was troubled by a dream in which he saw a whole army weeping, and that he immediately made a memorandum in writing that Carthage should be colonized. Returning to Rome not long after, and while making a distribution of lands to the poor, he arranged to send some of them to Carthage and some to Corinth. But he was assassinated shortly afterward by his enemies in the Roman Senate, and his son Augustus, finding this memorandum, built the present Carthage, not on the site of the old one, but very near it, in order to avoid the ancient curse. I have ascertained that he sent some 3, 000 colonists from Rome and that the rest came from the neighboring country. And thus the Romans took Africa away from the Carthaginians, destroyed Carthage, and repeopled it again 102 years after its destruction. "

6. Kent, *Corinth VIII/3: The Inscriptions 1926—1950*, 9.

7. 徒 18:2, 18; 26; 罗 16:3; 林前 16:19; 提后 4:19。

拿都（Fortunatus），[8] 该犹（Gaius），[9] 路求（Lucius），[10] 白基拉（Priscilla），[11] 以拉都（Quartus），[12] 提多犹士都（Titius Justus），[13] 和德丢（Tertius）。[14] 从哥林多发掘的铭文中可以证实，一些富裕的希腊家庭迁居到哥林多，他们不但有学识和地位，而且还热心于社会的慈善事业。与罗马人和希腊人一起，犹太人构成了第三个族群。[15] 斐洛看自己为散居在哥林多的犹太人。在考古发掘的一块门楣上，镶嵌着"希伯来会堂"（Synagogue of the Hebrews）的字样。[16] 尽管这块门楣的日期无法完全确定，它可能是属于哥林多最古老的犹太会堂。[17]

根据考古学的发现，哥林多城的社会人口曾一度迅速增加，全城也经历了经济的快速回升。该城的经济复苏也与哥林多地峡运动会的恢复直接有关。[18] 地峡运动会（Isthmian Games）

---

8. 林前 16:17。

9. 徒 19:29; 20:4; 罗 16:23; 林前 1:14; 约叁 1。

10. 徒 13:1; 罗 16:21。

11. 徒 18:2, 18; 26。

12. 罗 16:23。

13. 徒 18:7。

14. 罗 16:22。

15. Barrett, "Christianity at Corinth", 271. 简言之，哥林多城居民来自四面八方，其中包括罗马人、希腊人、犹太人、叙利亚人、腓尼基人、埃及人等等。《哥林多前书》12:13 的内容也反映出当地居民的复杂性（"我们不拘是犹太人，是希利尼人，是为奴的，是自主的，都从一位圣灵受洗，成了一个身体，饮于一位圣灵"）。周天和，《哥林多前书》（香港：基督教文艺出版社，2001），2。

16. Philo, *De Legatione ad Gaium* 281-2; 徒 18:1ff. 参见 Murphy-O'Connor, *St. Paul's Corinth: Text and Archaeology*, 80-81; Theissen, *The Social Setting of Pauline Christianity: Essays on Corinth*, 99。

17. 本书作者有幸在数年前与一小群牛津和剑桥大学的学者到希腊去考古，曾亲眼见证过这座古老犹太会堂的遗址。

18. Donald Engels, *Roman Corinth: An Alternative Model for the Classical City* (Chicago, IL: The University of Chicago Press, 1990); J. R. Wiseman, "Corinth and Rome I: 228 B C-267 A D", *ANRW* II.7.1 (1979), 438-548.

是古代四大泛希腊节日之一。[19] 它的排名只低于为祭献天神宙斯而举行的奥林匹克运动会（Olympic Games），但高于那些为祭献德尔斐的阿波罗的皮西安运动会（Pythian Games）和尼米安运动会（Nemean games）[20] 的庆祝。除了这四大运动会以外，各个城邦还举行自己的运动会。每个城邦都拥有自己的体育训练场所。希腊公民非常注重在体育训练上的投资。他们热爱体育竞赛，因为运动可以充分体现希腊人的竞争精神。与此同时，体育竞赛又与希腊人的宗教生活息息相关。希腊人希望通过竞技的形式表达对诸神的祭拜。在竞赛之前，首先是由祭司主持崇拜仪式，包括点燃圣火、祈祷和献祭等程序。运动会的获奖者不仅享受到个人极大的荣誉，而且还会获得城邦的奖励。

哥林多分别于公元前7世纪与公元3世纪恢复了地峡运动会的管理，每两年举办一次。旧哥林多城于公元前146年被毁以后，这项运动仍在距离哥林多十公里以外的西北邻镇西科扬（Sicyon）继续举行。公元前44年，新成立的罗马殖民地恢复了地峡运动会。[21] 地峡运动会为哥林多在经济方面所带来的优势也是不可轻视的。[22] 因为碑文不仅显示了把运动会带回

---

19. 地峡运动会是为祭献给希腊的海神波塞顿（Ποσειδών, Poseidon）而举办。
20. 尼米安运动会是为祭献给希腊的英雄赫拉克勒斯（Ἡρακλῆς, Heracles）。据说希腊四大运动会每年轮流在不同的地点举行。两年轮到一次。
21. Pausanias, *Description of Greece*, II.2.2: "The Isthmian games were not interrupted even when Corinth had been laid waste by Mummius, but so long as it lay deserted the celebration of the games was entrusted to the Sicyonians, and when it was rebuilt the honor was restored to the present inhabitants."
22. Strabo, *Geographica* VIII. 6.20: "But to the Corinthians of later times still greater advantages were added, for also the Isthmian games, which were celebrated there, were wont to draw crowds of people."

地峡的个人姓名，而且还包括了他在此项运动上的消费。肯特（Kent）提到了第一位主持地峡运动会的哥林多人卢修斯·卡斯瑞修斯·列古路斯（Lucius Castricius Regulus），以及犹利亚哥林多殖民地赞助了这次运动会活动的事。[23]

肯特也提及了地峡运动会的主席（ἀγωνοθέτης, president）。[24]他除了从个人的财产中支付这些费用以外，还为所有公民举办宴会，并提供免费的食物和饮料。根据普鲁塔克（Plutarch）的记载，地峡运动员的得胜奖品只是由一束芹菜（σελίνοις, parsley or celery）或松树（πίτυς, pine）枝编成的花环（στέμμα, garland）。[25] 布罗尼尔（Broneer）的研究结论显明，地峡运动会赠给赢得冠军的芹枝冠冕是萎缩枯干的，而相比之下，尼米安运动会的冠军所获得的冠冕是由新鲜的芹菜植物制成的。[26] 由

---

23. "[To Lucius Castricius Regulus, son of ____, of the tribe ____, aedile, prefect *iure dicundo*], duovir, quinquennial duovir, agonothete of the Isthmian and the Caesarean games, who was [the first] to preside over the Isthmian games at the under the sponsorship of Colonia Laus Julia Corinthiensis. He introduced [poetry contests in honor of] the divine Julia Augusta, and [a contest for] girls, and after all the buildings of the Caesarea were renovated, he [quickly (?)] completed [the construction of a stoa (?)], and gave a banquet for all the inhabitants of the colony. His son [Lucius] Castricius Regulus (erected this monument) to his father in accordance with a decree of the city council." (Kent, *Corinth VIII/3: The Inscriptions 1926—1950*, 70)

24. 或称 "监督"，"裁判" 是负责整个比赛的主持人。

25. Plutarch, *Quaestiones Conviviales* 723a: "The Isthmian games being celebrated, when Sospis was the second time director of the solemnity, we avoided other entertainments, —he treating a great many strangers, and often all his fellow-citizens." 675d-676c: "This question was started, why the Isthmian garland was made of pine. We were then at supper in Corinth, in the time of the Isthmian games, with Lucanius the chief priest ...When I had said thus much, a rhetorician in the company, a man well read in all sorts of polite learning, cried out: Good Gods! Was it not but the other day that the Isthmian garland began to be made of pine? And was not the crown anciently of twined parsley? "

26. O. Broneer, "Paul and the Pagan Cults at Isthmia*", HTR* 64 (1971), 169-187.

于地峡运动会在哥林多举行，保罗也可能熟悉这项活动。因此，他在《哥林多前书》的第一个以及以后还继续提及的，就是在运动场上赛跑的这个主题。这也并非是偶然的（9:24-25），因为保罗将"能朽坏的冠冕"（φθαρτὸν στέφανον）与"不能朽坏的冠冕"（ἄφθαρτον）作对比。"能朽坏的冠冕"是运动会冠军的奖品；而"不能朽坏的冠冕"是基督徒美德的奖赏（βραβεῖον）。[27]

旧哥林多城素以淫荡的行为及神庙祭拜著称于世。公元前第四世纪的希腊喜剧作家阿里斯多芬（Aristophanes）以希腊文动词"像哥林多人"（κορινθιαζεσθαι, to act like a Corinthian）来形容哥林多人的淫乱行为。阿泰纳奥斯（Athenaeus）在《欢宴的智者》中提到，斐莱泰如斯（Philetaerus）和波留库斯（Poliochus）的剧本以"嫖客"（Κορινθιαστες, the whoremonger）命名。阿泰纳奥斯还列出每个希腊城市的特殊产品目录：床上用品源于哥林多（ἐκ Κορίνθου στρώματα, bedspreads, mattress, bedding）。[28] 柏拉图在《理想国》中，以"哥林多女佣"（Κορινθίαν, Corinthian maid）作为"妓女"的代称。[29] 斐洛则将妓女缺乏贞洁与庄重联系在一起。[30] 斯特拉波曾经描述旧哥林多的阿

27. Murphy-O'Connor, *St. Paul's Corinth: Text and Archaeology*, 16-17. 此外，众所周知的是，希腊罗马人普遍以具备口才和知识为荣耀。哥林多的地峡运动会就设有演讲比赛。

28. Athenaeus（约公元 2 世纪至 3 世纪初），*Deipnosophistae*（"dinner-table philosophers" or "authorities on banquets"），7:313c, 13:559a, 1:27d。

29. Plato, *Republic* 404d: ψέγεις ἄρα καὶ Κορινθίαν κόρην φίλην εἶναι ἀνδράσιν μέλλουσιν εὖ σώματος ἕξειν（"You would frown, then, on a little Corinthian maid as the chère amie of men who were to keep themselves fit?"）。

30. 斐洛在《论特殊律令》（*De Specialibus Legibus*）1.102 明言："即使妓女放弃了原有的职业，重新过得体贞洁之生活，但其身心完全被俗气（转下页）

佛洛狄忒神庙（τῆς Ἀφροδίτης ἱερὸν）拥有上千名的男女庙妓。[31] 尽管有些新约学者对此记录持有保留观点，它却反映了哥林多存在的一些社会问题和现象。[32]

由于哥林多得天独厚的地理位置，它在宗教方面不仅深受希腊的影响，也同时把亚细亚和埃及人不同的神秘宗教带进此城。根据罗马作家阿普列尤斯在《变形记》中的描述，第二世纪就在哥林多发现了艾西斯崇拜（Isis cult），[33] 因此，亚历山大人亚波罗在那里碰见埃及的同伴也是很自然的事。[34] 费尔将哥林多比作"在新约中最彻底被希腊化的城市"。[35] 保萨尼亚斯

（接上页）玷污，男人不许靠近她，因其过去的生活毫不检点圣洁。只有她彻底地根除身体上之污秽，那就让这种人保留公民权，因悔改不再沾染恶事值得称许。别阻止任何人将她娶过来，但切勿让她靠近祭司。"斐洛，*De Specialibus Legibus* 3.51："此外，尊崇摩西律法的以色列国，是不允许妓女的存在，她们对端庄得体，朴实，忍耐以及其他美德都一无所知。这等人举止淫荡，侵蚀男女之身心，又使永恒的心灵之美蒙羞，宁愿享受短暂肉体的欢愉。她全力扑向脂粉客，任他们鱼肉，又变卖青春，像市集出售的商品一样。她一言一行，掠夺青年人的心灵，又在钟爱她的情人面前，不知羞耻地抬高身价，叫人相互竞争，最后价高者得。她是社群的害虫，灾祸，是瘟疫污点，用石头打死她吧！她扭曲了自然界给她的恩惠，没有将之转化为高贵的德行。"

31. Strabo, *Geographica* VIII. 6.20c: "And the temple of Aphrodite was so rich that it owned more than a thousand temple slaves, courtesans, whom both men and women had dedicated to the goddess." Athenaeus, *Deipnosophistae* 13:574bc: "But that the prostitutes also celebrate their own festival of Aphrodite at Corinth is shown by Alexis in *The Girl in Love:* The city celebrated a festival of Aphrodite for the prostitutes, but it is a different one from that held separately for freeborn women. On these days it is customary for the prostitutes to revel, and it is quite in the mode for them to get drunk here in our company."

32. 许多新约注释强调斯特拉波有关上千名庙妓的记录。当时的流行语："情妇是为享乐而有，姜氏是为照顾日常生活的需要。妻子是为生育合法后代。"保罗在《哥林多前书》5—7章中，也给性的问题作一些解释。墨菲-奥康纳（Murphy-O'Connor）则认为，斯特拉波在此指的是旧哥林多城（公元前 146 年之前），参见 Murphy-O'Connor, *St. Paul's Corinth: Text and Archaeology*, 57。

33. 埃及语称为"阿赛特"（Aset），是古埃及的母性与生育之神，她被视为一位反复重生的神。

34. 鲁齐乌斯·阿普列尤斯（Lucius Apuleius，约 124 年—189 年），著有拉丁小说《金驴记》（*Metamorphoses*，又译作《变形记》）。

35. Fee, *The First Epistle to the Corinthians*, 4.

（Pausanias）在《希腊志》第二卷中就提到了至少二十六处希腊神庙及神秘宗教地点。考古学证实了在保罗时代就已经存在的各种神庙。例如：阿佛洛狄忒神庙——祭献爱神，阿波罗神庙（the temple of Apollo）——太阳神，波赛顿神庙（the temple of Poseidon）——海神，底米特（the temple of Demeter）——谷物女神，艾西斯神庙（the temple of Isis）——埃及女神，命运女神神庙（the temple of Fortuna），欧克塔维亚神庙（the temple of Octavia），埃斯库拉庇乌斯神庙（the temple of Asclepius）——医神。[36]

此外，在文化方面，哥林多人也崇尚希腊的哲学思想与修辞技巧。他们热衷于世俗的哲理及华丽的辞藻。在保罗时代，哥林多不仅已经成为一个富裕繁华的商业城市，而且也是多元文化、宗教、哲学思潮汇集的所在。[37]

二、作者、书信的完整性以及一致的主题

关于保罗是《哥林多前后书》的作者这件事，一般在学术上并无争议。无论是圣经内证还是外证，都可以证明保罗是书信的作者。《哥林多前后书》的信首的惯例问候，也显示了保

---

36. 参见 Pausanias, *Description of Greece*, II；Murphy-O'Connor, *St. Paul's Corinth: Text and Archaeology*, 3-41; J. Wiseman, *The Land of the Ancient Corinthians*（Göteburg: Aström, 1978）; idem, "Corinth and Rome I: 228 B. C. -A. D. 267", in H. Temporini（ed.）, *Aufstieg und Niedergang der römischen Welt*（Berlin: de Gruyter）VII/1: 438-548。

37. 典型的哥林多人的理想是："肆无忌惮，为所欲为。作商卖的不择手段求取利润，寻欢者任意放纵，运动员拼命地操练身体，他们皆以自己为荣。" *R. St. John Parry, The first Epistle of Paul the Apostle to the Corinthians*（Cambridge: Cambridge University Press, 1926）, X. 参见张永信,《哥林多前书：教会时弊的良方——爱》（香港：明道社，2005）, 6。

罗的作者身份和特征："奉神旨意，蒙召作基督耶稣使徒的保罗（Παῦλος κλητὸς ἀπόστολος Χριστοῦ Ἰησοῦ διὰ θελήματος θεοῦ）。"[38]《哥林多前书》在其他的保罗书信中得到呼应，尤其是在所谓的"第二保罗书信"（或"后保罗书信"）和教牧书信中。[39] 公元95年左右，罗马的克莱门已经在其著作《克莱门一书》中多处引用了《哥林多前书》，尽管语言的表达不完全相同。[40] 公元2世纪初，安提阿的伊格纳修在七封致小亚细亚和

38.《哥林多后书》1:1 省略了"蒙召"二字："奉上帝旨意作基督耶稣使徒的保罗。"

39.《歌罗西书》2:5（εἰ γὰρ καὶ τῇ σαρκὶ ἄπειμι, ἀλλὰ τῷ πνεύματι σὺν ὑμῖν εἰμι，"我身子虽与你们相离，心却与你们同在"）呼应了《哥林多前书》5:3："我身子虽不在你们那里，心却在你们那里（ἐγὼ μὲν γάρ, ἀπὼν τῷ σώματι παρὼν δὲ τῷ πνεύματι）。"《以弗所书》3:8（"我本来比众圣徒中最小的还小，然而他还赐我这恩典"）和《哥林多前书》15:9-10（"我原是使徒中最小的……然而，我今日成了何等人，是蒙上帝的恩才成的。"）。《提摩太前书》1:20（"把他们交给撒但"）和《哥林多前书》5:5（"要把这样的人交给撒但"）。《提摩太前书》2:11-12（"女人要沉静学道，一味的顺服。我不许女人讲道，也不许他辖管男人，只要沉静。"）和《哥林多前书》14:34-35（"妇女在会中要闭口不言，像在圣徒的众教会一样，因为不准他们说话。他们总要顺服，正如律法所说的。他们若要学什么，可以在家里问自己的丈夫，因为妇女在会中说话原是可耻的"）。

40. 1 *Clement* 24.1（林前 15:20）："Let us understand, dearly beloved, how the Master continually showeth unto us the resurrection that shall be hereafter; where of He made the Lord Jesus Christ the firstfruit, when He raised Him from the dead." 37.5（林前 12:21）："Let us take our body as an example. The head without the feet is nothing; so likewise the feet without the head are nothing: even the smallest limbs of our body are necessary and useful for the whole body: but all the members conspire and unite in subjection, that the whole body maybe saved." 47.1-3（林前 1:12）："Take up the epistle of the blessed Paul the Apostle. What wrote he first unto you in the beginning of the Gospel? Of a truth he charged you in the Spirit concerning himself and Cephas and Apollos, because that even then you had made parties." 49.5（林前 13:4-7）："Love joineth us unto God; love covereth a multitude of sins; love endureth all things, is long-suffering in all things. There is nothing coarse, nothing arrogant in love. Love hath no divisions, love maketh no seditions, love doeth all things in concord. In love were all the elect of God made perfect; without love nothing is well pleasing to God ." 参见 Stanley E. Porter（ed.），*The Pauline Canon*（Leiden: Brill, 2004），178。

罗马教会的书信中也同样提到《哥林多前书》。[41] 此外，还有士每拿主教波利卡普[42]，里昂的主教爱任纽（Irenaeus），[43] 以及迦太基的主教特尔图良（Tertullian）[44] 在其著作中皆提到《哥林多前书》。

　　但是，学者之间对保罗写给哥林多信件的数目及其文本的完整性却有些争议。原因可概括为以下几点。1）保罗书信比他同时代的信函篇幅较长，而《哥林多前书》特别明显。它可能是由超过一封以上的较早期的书信组成的。2）根据《哥林多前书》5:9 的记载，保罗显然是写了至少另外一封关于处理淫乱（sexual immorality）的问题的信件。3）保罗在哥林多书信中也处理了许多不同的主题；并且在论证中还存在着一定的张力以及话题的突然转换。4）此外，两封幸存的书信之间被写成的时间差距也不是很明确。5）保罗在《哥林多后书》2:1，还提到了"另外一次痛苦的访问"。[45] 自从荷兰学者海格（H. Hagge）于 1876 年首次对《哥林多前书》的完整性提出质疑之后，[46] 一些学者便开始认为《哥林多前书》可能是一封综合的书

---

41. 伊格纳修，*To the Romans* 5.1（林前 15:32）；9.2（林前 15:8-9）；*To the Philadephians* 3.3（林前 1:23）；*To the Ephesians* 16.1（林前 6:9-10）；18.1（林前 1:20）。

42. 波利卡普（公元 69 年—155 年），《致腓立比教会书》（*To the Philippians*）11.2（林前 6:2）。

43. 爱任纽（约公元 140 年—200 年），《驳异端》（*Adversus Haereses*）3.22。

44. 特尔图良（约公元 160 年—220 年）是早期基督教著名的神学家和哲学家。《反马吉安论》（*Carmen adversus Marcionem*）3.5.4。

45. 这里似乎暗示保罗在写完《哥林多前书》之后，对哥林多进行了一次访问。不知何故，此次访问给保罗带来一些烦恼。值得注意的是，保罗在《哥林多前书》4:19 的承诺，表明他计划访问的主要目的之一是处理教会中那些傲慢的人。保罗的语气相当尖刻。如果保罗实现了这个许诺的话，保罗在《哥林多后书》中的"痛苦的访问"的声明与《哥林多前书》4:19 所表达的意图和情况便是一致。

46. 海格在重新编排和划分哥林多前、后书的资料中，把《哥林多后书》第 8 章从整封书信中隔离出来作为一封独立的书信。海格的理论被瓦斯（Weiss）所接受。H. Hagge, 'Die beiden überlieferten Sendschreiben des Apostels（转下页）

信。[47] 这些认为哥林多书信可能是由几封信件组成的学者包括：瓦斯（J. Weiss），[48] 希密塔尔斯（Schmithals），[49] 塞林（Gerhard Sellin），[50] 杨克勤（Yeo Khiok-Khng），[51] 以及吉维特。[52] 这些倡导

（接上页）Paulus an die Gemeinde zu Korinth', *Jahrbuch für protestantische Theologie* 2（1876），481-531。参见 Margaret E. Thrall, *A Critical and Exegetical commentary on the Second Epistle to the Corinthians*（2 vols; International *Critical* Commentary; Edinburgh: T & T *Clark*, 1994），1:36。

47. Thiselton, *The First Epsitle to the Corinthians: A Commentary on the Greek Text*, 36; Raymond F. *Collins, First Corinthians*（Sacra Pagina Series Volume 7; Collegeville, Minnesota, 1999），11.

48. 瓦斯、海瑞英（J. Héring）以及廷克勒（Dinkler）认为《哥林多前书》由两封信件组成。参见 J. Weiss, *Der erste Korintherbrief*（Göttingen: Vandenhoeck & Ruprecht, 1910），xxxix-xliii; J. Héring, *The First Epistle of Saint Paul to the Corinthians*, trans. A. W. Heathcote and P. J. Allcock（London: Epworth, 1962）; E. Dinkler, "Korintherbriefe", *RGG*[3] 4（1960），17-23. 瓦斯于1914年在"早期基督教的历史"中又提出《哥林多前书》由三封书信组成，科纳弗（Knopf）完成此书的编辑并于1917在瓦斯死后出版。Weiss, *Das Urchristentum*, ed. R. Knopf, *The History of Primitive Christianity*（Göttingen: Vandenhoeck & Ruprecht, 1917）. Weiss, *Earliest Christianity: A History of the Period A.D. 30-150*; trans. F. C. Grant, et al. Harper（2 vols.; New York: Wilson-Erickson 1937; Reissued in New York, NY: Harper, 1959），1:323-341.

49. 希密塔尔斯发展了瓦斯的书信划分理论（partition theory），在1956年发表的《哥林多教会中的诺斯替主义》（Gnosticism in Corinth）中，同样提出《哥林多前书》由三封书信组成。但希密塔尔斯于1973年出版的一篇题为《哥林多书信作为信函的一个汇集》的论文中，试图确定《哥林多前后书》由九封信件构成；而在1984年出版的《保罗书信在其原始的形式中》（The Letters of Paul in Its Original Form），认为《哥林多前后书》由十三封信件组成。参见 Schmithals, *Gnosticism in Corinth: An Investigation of the Letters to the Corinthians*, 87-96; 224-229; 同上，"Die Korintherbriefe als Briefsammlung", *ZNW* 64（1973），263-288; idem, *Die Briefe des Paulus in ursprünglicher Gestalt*（Zürich: Theologischer Verlag, 1984）。

50. 塞林认为《哥林多前书》由三封信件构成。参见 Gerhard Sellin, "Hauptprobleme des ersten Korintherbriefes", *ANRW* 2.25.4（1987），2964-2986; 1 Korinther 5-6 und der "Vorbrief" nach Korinth。*New Testament Studies* 37（1991），535-558。

51. 杨克勤认为《哥林多前书》包括四封信件。参见 Yeo Kuiok-Khng, *Rhetorical Interaction in 1 Corinthians 8 and 10: A Formal Analysis with Preliminary*（Leiden: Brill, 1995），75-83。此外，西安克（Schenk）和盛福特（Senft）也认为《哥林多前书》由四封书信组成。参见 W. Schenk, "Der l. *Korintherbrief* als Briefsammlung", *ZNW* 60（1969），219-243; C. Senft, *La première épître de Saint-Paul aux Corinthiens*（CNT 2/7; Neuchâtel/ Paris: *Delachaux* &. Niestlé, 1979）。

52. 吉维特认为《哥林多前书》由五封信件组成，加上《哥林多后书》，一共六封信件。R. Jewett, "The Redaction of 1 Corinthians and the Trajectory of the Pauline School", *JAAR Sup*. 46（1978），398-444.

多重书信组成的理论家却没有在书信的具体划分上取得一致的见解。[53] 克兰菲尔德认为，保罗为哥林多曾先后写了四封书信：第一封已经丧失，除非它的一部分已经被保存在《哥林多后书》6:14—7:1。第二封就是被通称的"哥林多前书"。第三封书信的一部分被保存在《哥林多后书》5—8 章中。第四封被包含在《哥林多后书》1—4 章。[54] 克兰菲尔德并且指出，《哥林多前后书》还提供了有关早期保罗基督教社群以外一些很有价值的资料。[55]

《哥林多前书》的希腊文抄本是新约书信中现存的最早和最完整的蒲草纸文本𝔓[46] 抄本（Papyrus Chester Beatty II，约抄于公元 200 年之间）。[56] 许多学者也坚定的支持《哥林多前书》的完整性，例如，贺德（J. C. Hurd），[57] 巴瑞特（Barrett），[58] 布鲁斯（F. F. Bruce），[59] 康慈曼（Conzelmann），[60] 库迈尔（W. G. Kümmel），[61] 墨克林（H. Merklein），[62] 费尔（Fee），[63] 贝尔

---

53. Collins, *First Corinthians*, 10-14; 参见 Schrage, *Der Erste Brief*, 1:63-71; M. C. de Boer, "The Composition of 1 Corinthians", *NTS* 40（1994），229-245。

54. Barrett, "Christianity at Corinth", 270.

55. Barrett, "Christianity at Corinth", 269-297.

56. 此抄本只缺少 9:3, 14:15 和 5:16 三处经文。

57. J. C. Hurd, *The Origin of 1 Corinthians*（London: SPCK, 1965）.

58. Barrett, *A Commentary on the First Epistle to the Corinthians*.

59. F. F. Bruce, *I & II Corinthians*（New Century Bible Commentary; Grand Rapids: Eerdmans, 1981）.

60. H. Conzelmann, *1 Corinthians: A Commentary on the First Epistle to the Corinthians*（Hermeneia; Philadelphia: Fortress Press, 1975）.

61. W. G. Kümmel, *Introduction to the New Testament*, trans. H. C. Kee（17th ed.; Nashville: Abingdon, 1975），269-279.

62. H. Merklein, "Die Einheitlichkeit des ersten Korintherbriefes", *ZNW* 75（1984），153-183.

63. Fee, *The First Epistle to the Corinthians*.

维尔（L. L. Belleville），⁶⁴ 米歇尔（Mitchell），⁶⁵ 墨菲-奥康纳，⁶⁶ 伽兰德（Garland），⁶⁷ 以及张永信。⁶⁸ 至于哥林多书信中存在的张力与间中某些话题的突然转换，菲兹米尔的解释是，造成此原因的可能性，是保罗口述给一位抄写的书记的结果。例如：保罗在 16:21 的结尾问安中，提到他"亲笔"问安，暗示他是在向一位书记口述此信的（τῇ ἐμῇ χειρὶ, with my own hand）。⁶⁹ 墨菲-奥康纳则认为《哥林多前书》中所有的所谓"内部矛盾"可以用一个更精确的注释来解决。⁷⁰

提瑟顿（Thiselton）认为，《哥林多前书》的一致性主要是在"过早实现了的末世论"（over-realized eschatology）。许多哥林多信徒受到"过早实现了的末世论"的影响和误导，以致曲解了何谓"属灵的人"等问题（4:8）。⁷¹ 这些在神学上的严重误

---

64. L. L. Belleville, "Continuity or Discontinuity: A Fresh Look at 1 Corinthians in the Light of First Century Epistolary Forms and Conventions", *EvQ* 59（1987），15-37.

65. Mitchell, *Paul and the Rhetoric of Reconciliation: An Exegetical Investigation of the Language and Composition of 1 Corinthians*, 186-192.

66. Murphy-O'Connor, *Paul: A Critical Life*, 253.

67. Garland, *1 Corinthians*.

68. 张永信，《哥林多前书：教会时弊的良方——爱》（香港：明道社，2005），3。《哥林多前书》是新约圣经中篇幅第二长的书信（共计 2889 个希腊字），仅次于最长的《罗马书》（2947 个希腊字）。《腓利门书》属于最短的书信（仅有 292 个希腊字）。

69. Fitzmyer, *1 Corinthians*（New Haven: Yale University Press, 2008），50.

70. Murphy-O'Connor, *Paul: A Critical Life*, 254.

71. 保罗形容哥林多信徒为"属肉体的"（σαρκίνοις）而非"属灵的"（πνευματικοῖς）。因为他们如同婴孩（νηπίοις），缺乏理解真理的能力。Νήπιος 指在属灵的真理上仍然相当幼稚，处在初级阶段，如同婴孩一样，需要吃奶（彼前 2:1-12；来 5:12-14）。"饭"原文是食物（βρῶμα），指口粮或固体的食物，代表成人的食物，与奶成为对比（*TDNT* 1:642-5）。古哲圣贤也常把那些他们认为不能领会真正的智慧的人描绘为婴孩（νήπιος），与"成熟的人"作对比（τέλειος）。并且，他们告诫说，这样的婴孩不能吃坚硬的饭食（即更深奥的教训），而只能消受他们的母亲或奶妈的奶（Epictetus, *Diatr* 2.16.39; Philo, *Husbandry* 9）。此外，警告婴孩式的不成熟也很常见（Homer, *Od* （转下页）

解与那些已经渗透了哥林多教会的世俗思想和诱惑结果结合了在一起。[72] 巴克莱认为，在保罗看来，是哥林多信徒所享受的自由、知识、灵里的狂喜，导致了他们对救赎所带来的末世荣耀有了一个不成熟和错误的妄想。[73] 哥林多信徒非常重视和渴望获得属灵的恩赐，因为这是提升他们在教会和社会上地位的标志。马丁的研究显示，社会地位的追求和建立与修辞学、讲"方言"、举行主的晚餐的地点和供应、禁欲主义和守独身的思想等都是有关联的。[74] 包格勒弗（Pogoloff）特别强调在哥林多教会中社会因素的重要性。在哥林多那样的城市，社会地位和身份不但重要，而且还必须通过不断的激烈竞争和自我夸大的方式来维持。[75] 布朗（A. R. Brown）、马丁和其他学者认为，《哥林多前书》处理信仰和社会问题的一致性，基本上是以保罗的十字

（接上页）1.296-7）。参见《哥林多前书》中"婴孩"（νήπιος）与 2:6 "成熟"（τέλειος）的对比；2:14-15 "属血气的"（ψυχικὸς δὲ ἄνθρωπος）与"属灵的"（πνευματικός）对比。保罗在 3:1-2 两次强调"不能"："弟兄们，我从前对你们说话，不能把你们当做属灵的，只得把你们当做属肉体、在基督里为婴孩的。我是用奶喂你们，没有用饭喂你们。那时你们不能吃，就是如今还是不能。"保罗使用了两个希腊字：σάρκινός（fleshly, worldly, mortal, weak）指血肉的本性（nature of flesh），σαρκικός（material, worldly）指按照肉体的欲望而活。参见 J. Francis, "'As Babes in Christ'—Some proposals regarding 1 Corinthians 3:1-3", *JSNT* 7（1980），41-60; Fee, 126）。Fee, *The First Epsitle to the Corinthians*, 121, fn. 1。Thiselton, The First Epsitle to the Corinthians: A Commentary on the Greek Text, 288。Conzelmann, *1 Corinthians*, 71。张永信，《哥林多前书：教会时弊的良方——爱》，73。周天和，《哥林多前书》，97-98。科纳，《哥林多前书释义》，68-69。

72. Thiselton, "Realized Eschatology at Corinth", *NTS* 24（1978），510-526; idem, *The First Epsitle to the Corinthians: A Commentary on the Greek Text*, 40.

73. Barclay, "Thessalonica and Corinth: Social Contrasts in Pauline Christianity", *Journal for the Study of the New Testament* 47（1992），49-74, at 64.

74. Dale R. Martin, "Tongues of Angels and Other Status Indicators", *Journal of the Academy of Religion* 59（1991），547-589; Martin, *The Corinthian Body*（New Haven: Yale University press, 1995），86.

75. S. M. Pogoloff, *Logos and Sophia: The Rhetorical Situation of 1 Corinthians*（Atlanta: Scholars Press, 1992），1-3.

架神学为指导思想的（1:30-31）。[76]

三、写作地点、日期及其缘由

保罗在《哥林多前书》16:8 清楚提出了两个相关的线索：1）本书信的写作地点是在以弗所（参见 16:19）；2）时间是这一年的春天（五旬节）。该书的写作日期主要是依据保罗的年代表来推算。而保罗的年代表主要是围绕在戴费发现的罗马皇帝革老丢的信函，其中涉及当时亚该亚省的最高长官，方伯迦流（Lucius Junius Gallio）。学者以戴费碑文来推算迦流作方伯的时间（参见本书第二章：重建保罗年代表所提到的亚该亚方伯迦流）。根据迪欧·卡西乌斯（Dio Cassius）在《罗马史》中的记载，罗马任职的官员规定在七月一日上任。[77] 学者普遍同意迦流作方伯的时间是在公元 51 年至 52 年之间。[78] 依据塞涅卡对其兄弟迦流任期短暂并以健康欠佳为由离职的记载，[79] 墨菲–奥康纳作出判断，迦流在公堂听到犹太人对保罗的指控必定发生在公元 51 年七月至九月之间。迦流于七月抵达哥林多，九月离

76. A. R. Brown, *The Cross and Human Transformation: Paul's Apocalyptic Word in 1 Corinthians*（Minneapolis: Fortress Press, 1995）; R. Pickett, *The Cross in Corinth: The Social Significance of the Death of Jesus*（Sheffield: Sheffield Academic Press, 1997）.

77. Dio Cassius, *History* 57.14.5.

78. Jewett, *A Chronology of Paul's Life*, 38-40; G. Lüdemann, *Paul, Apostle to the Gentiles: Studies in Chronology*（London: SCM *Press*, 1984）, 163-164; Wolfgang Schrage, *Der Erste Brief an die Korinther*（Evangelish-katholischer Kommentar zum Neuen Testament 7; Zürich: Benziger Verlag, 1991）, 1.34; Collins, *First Corinthians*, 23-24.

79. Seneca, *Epistulae Morales*（Moral Epistles）, 104.1: "When, in Achaia, he began to feel feverish, he immediately took ship, claiming that it was not a malady of the body but of the place."

开此地。[80] 公元 53 年至 55 年之间因而被普遍接受为《哥林多前书》成书的日期。[81]

保罗书写《哥林多前书》的缘由可以概括为历史和神学两个方面。[82] 1）历史方面。保罗回应四个不同的问题是他写作的原因：a）革来氏家里的人带给保罗有关哥林多教会中结党纷争的口头报告；[83] b）哥林多信徒曾写信向保罗询问一些事："论到你们信上所提的事"（Περὶ δὲ ὧν ἐγράψατε, 7:1）；c）一部分哥林多信徒希望接待亚波罗再次访问，但是遭到他的拒绝（16:12）。[84] 保罗因此计划亲自拜访哥林多。然而，保罗意识到他不能立即实现此行，需要先派提摩太前去作为他的代表（16:10-11）；d）司提反、福徒拿都和亚该古带来了喜讯（16:17-18）。[85] 2）神学方面。学者们经常假设保罗在 1:10-12 所暗示的纷争结党，明显地成了他必须要处理的主要问题。罗

---

80. Murphy-O'Connor, *Paul: A Critical Life*, 21.

81. 费尔（Fee, *The First Epsitle to the Corinthians*, 4-5）认为写作时间是在公元 53 年—55 年之间；巴瑞特（Barrett, *A commentary on the First Epsitle to the Corinthians*, 5），克林斯（*First Corinthians*, 24），以及威瑟林顿（Witherington）认为，53 年—54 年之间的可能性较大。参见 Ben Witherington III, *Conflict and Community in Corinth: A Socio-Rhetorical Commentary on 1 and 2 Corinthians*（Grand Rapids, MI, W. B. Eerdmans-Carlisle The Patemoster Press, 1995），73。西拉格（Schrage, *Der Erste Brief*, 1.36）建议 54 或 55 年的春季；墨菲-奥康纳（Murphy-O'Connor, *Paul: A Critical Life*, 184）认为是 54 年的春夏季节；康慈曼（Conzelmann, *1 Corinthians*, 4-31）认为是 55 年的春季。

82. Thiselton, *The First Epsitle to the Corinthians: A Commentary on the Greek Text*, 32-36.

83. 林前 1:10-11（σχίσματα, "dicision" and ἔριδες, "strife"）。参见 L. Welborn, "On the Discord in Corinth: 1 Corinthians 1-4 and Ancient Politics", *Journal of Biblical Literature* 106（1987），85-111; Mitchell, *Paul and the Rhetoric of Reconciliation: An Exegetical Investigation of the Language and Composition of 1 Corinthians*, 65-99.

84. 有些学者认为，亚波罗的态度和作风可能是纷争的一个起因。

85. 他们可能带来了一些有关哥林多教会的问题和丑闻的信息，是革来氏家的人所带来的报告中没有的（参见 3:4-5; 5:1; 6:1-11; 8:1; 11:18-19;12:1）。参见 Fitzmyer, *1 Corinthians*, 51.

马的克莱门在他自己致哥林多教会的书信中，也暗示了保罗在这里所使用的语言："你已经给自己造成党派之争了（προσκλίσεις ὑμᾶς πεποιῆσθαι）。"[86] 克莱门提供了信实、爱心等矫正方案来避免教会中的不稳定或混乱无序。[87] 公元 2 世纪初，安提阿的伊格纳修（Ignatius）和特尔图良（Tertullian）也处理过类似的问题。[88] 现代新约学者米歇尔（Mitchell）指出，党派之争是遍及了书信所有十六章的问题。[89] 维尔本（Welborn）认为，个人追随者对某些领导人的效忠，是一个根本性的问题，因为它导致了权力的斗争。[90]

菲兹米尔认为，保罗已经听到许多有关哥林多教会不满现状的报告。《哥林多前书》的写作目的，是为了使该教会成为合一而有秩序的基督徒群体。作为哥林多教会的创始人（3:10），保罗写信给整个教会群体，强调他们之间需要团结和恢复正常的秩序（14:40）。保罗谴责他们对自由的傲慢态度以及对淫乱和诉讼的宽容性，设法消除关于婚姻、独身、吃祭过偶像的食物的疑虑，并劝诫他们有关智慧、属灵的恩赐与说方言的事。保罗希望通过书信来教导哥林多基督徒如何正确地去理解圣灵的恩赐，主的晚餐，基督徒的共同聚餐，以及死里复活的重要意义。哥林多教会所出现的问题是复杂而多样的。保罗处理它们的方式，首先是重新树立他的使徒权威和恢复他们对福音的

86.《克莱门一书》（1 Clement）47.3。

87.《克莱门一书》（1 Clement）48:4-5; cf. 49:1-6。

88. Ignatius, *To the Philadelphians* 3.3; 4.1; *To the Ephesians* 4.1-2; *To the Trallians* 12.2; Tertullian, *Against Heresies* 26（林前 1:10）; Cyprian, *Treatises* 1.8（林前 1:10）。

89. Mitchell, *Paul and the Rhetoric of Reconciliation: An Exegetical Investigation of the Language and Composition of 1 Corinthians*, 67.

90. Welborn, *Politics and Rhetoric in the Corinthian Epistles*, 7-11.

尊重。而保罗先前已将这个福音传给了哥林多会众，并且他们也领受了。当其他传教士如亚波罗或矶法来到哥林多的时候，原有的哥林多基督徒可能误以为是听到了一些其他不同的福音以及传讲的方式。这可能使他们逐渐偏离了保罗所传的福音信息的核心。因此，保罗提醒他们十字架和复活的基督的基本信息，以及在他们生活中基督的圣灵所扮演的关键角色。[91]

提瑟顿指出，尽管书信涉及不合一的问题，以教会内部的团结作为今天"教会学"的主题却是错误的。哥林多基督徒在一定程度上确实是吸取了世俗的哥林多文化和社会价值观。今天的教会也确实是被卷入了"后现代"实用主义的市场，其真理、传统、理性等也因此受到巨大的影响。然而，今天教会价值体系的纠正，不是依赖重新拟订的一个教会对策，而是像保罗一样，以基督的十字架以及信徒在基督里的身份作为整个基督徒群体的依据。当时哥林多的教会和今天的教会都要面对一个社会价值体系的倒置（1:26-31）。所有的基督徒都是通过十字架领受了神圣的恩典，因此都是站在同一个基础上的（4:7）。[92] 从这个角度来看，今天教会的核心问题不是"教会学"和与此相关的问题，而是对十字架的恩典和信息的重新肯定以及基督徒身份的再次确认与持守。[93] 提瑟顿认为，对《哥林多前书》主题的严重误解，让这封书信与《罗马书》相比显得黯然

---

91. Fitzmyer, *1 Corinthians*, 52.

92. Thiselton, *The First Epsitle to the Corinthians: A Commentary on the Greek Text*, 33. 参见 J. Shanor, "Paul as Master Builder. Construction Terms in 1 Corinthians", *NTS* 34（1988），461-471。

93. Thiselton, *The First Epsitle to the Corinthians: A Commentary on the Greek Text*, 33-34.

失色，而《罗马书》的主题却不比《哥林多前书》逊色。这是对《哥林多前书》的地位和重要性很不公平的。

《哥林多前书》的读者在阅读后，很自然会清楚觉察到当时哥林多教会所出现的广泛而复杂的问题，并且需要保罗采取紧急的措施去回应和处理。这样的理解和印象是正确的。可是，这也不应该让读者忽略了书信本身的连贯性和统一性，因为信中所涉及的广泛而复杂的问题以及保罗处理的方式和教导并不是杂乱无章的。不但如此，保罗在处理和诠释这些问题的时候，由始至终都离不了他的十字架神学和全面的教会观。

四、《哥林多前书》的文学形式

由于哥林多书信的篇幅较长和其中所涉及的问题多而复杂，就让学者不太容易确认它的文学形式。[94] 戴斯曼将个人信函（personal letter）与古代书信（ancient epistle）作了强烈的对比，认为保罗的书信属于非文学性的信函（non-literary letter），[95] 古代的书信才富有真正的文学形式（real literary form），其对象是相对广大的读者群。[96] 因此，戴斯曼作出了结论，认为保罗

---

94. Fitzmyer, *1 Corinthians*, 55.
95. 戴斯曼给"信函"下的定义："What is a letter? A letter is something non-literary, a means of communication between persons who are separated from each other. Confidential and personal in nature, it is intended only for the person or persons to whom it is addressed, and not at all for the public or any kind of publicity. A letter is non-literary, just as much as a lease or a will." Deissmann, *Light from the Ancient East*, 218。
96. 戴斯曼再给"书信"所下的定义："What is an epistle? An epistle is an artistic literary form, just like the dialogue, the oration, or the drama. It has nothing in common with the letter except its form: apart from that one might venture the paradox that the epistle is the opposite of a real letter. The contents of an epistle are intended for publicity, they aim at 'the public' ...the more readers it obtains, the better its purpose will be fulfilled." Deissmann, *Light from the Ancient East*, 220.

书信体现了普通希腊私人信函的特征，并且所涉及的也只是日常生活的一些事物而已。[97] 尽管戴斯曼的观点曾经在学术界有一定的影响，多数学者如今却认为戴斯曼的区分过于刻板和独断。[98] 菲兹米尔（Fitzmyer）的看法是，尽管保罗的作品已经形成了现在的一本文集，并经常被称为"书信"，它的文本性质仍旧是不太容易确定的。菲兹米尔以《哥林多前书》中的一些章节为例，认为其内容其实是已经超越了保罗当时急于要处理的那些问题。例如，所谓的"爱的篇章"（13章），以及有关宣教（kerygma）、福音、死人复活（15章）等教导。这些教导和论说让保罗的作品呈现出公文信函的一些特征。[99]

再者，《哥林多前书》也可说是保罗"个人临在"（personal presence）的一个媒介，尽管保罗已经有计划在未来亲自到哥林多教会进行探访。如前所述，在古希腊罗马时代，通过某种媒介"临在"（παρουσία, presence）的思想不仅出现在书信中，而且也体现在文学作品中。例如，古罗马剧作家普劳图斯（Titus Maccius Plautus），罗马哲学家西塞罗和塞涅卡，以及罗马诗人奥维德都曾经在他们的作品中，表达了以信函来代替朋友临在的思想。像古代希腊罗马信函一样，保罗在《哥林多前书》也清楚表达了"临在"（παρουσία, presence）的思想。这一点在《哥林多前书》5:3尤其明显："我身子虽不在（ἀπών, absent）你们那里，心却在你们那里（παρών, present）。"希腊

---

97. Deissmann, *Light from the Ancient East*, 218-225.

98. Doty, *Letters in Primitive Christianity*, 4-8; Fitzmyer, *Romans: A New Translation with Introduction and Commentary*, 68-69.

99. Fitzmyer, *1 Corinthians*, 54.

用语 ἀπών（缺席）和 παρών（临在）也经常出现在埃及发现的蒲草纸信函中。按照古代信函书写的方式，保罗通过书信来表达"临在"的方式，其实已经是在与受信者展开"对话"了。德米特里在《论风格》中，提到古代文法家阿泰蒙（Artemon）有关信函书写（letter-writing）的论说："信函的书写与对话采用相同的方式。信函被视为双方对话的其中一方。"[100] 方柯（R. W. Funk）认为，保罗书信中"使徒亲临"（apostolic παρουσία）的主题其实是涉及了三个相关的事：1）信件本身；2）使徒的使者；3）和个人亲临。保罗的信件在基督徒群体中的高声朗读，他的使者的到来，以及保罗亲身探访的预告，肯定会让哥林多的信众深深地感到保罗本人其实已经是在他们中间了！保罗通过这些媒介让他的使徒权柄在教会生效。当保罗的使徒身份和权柄正在教会中受到质疑的时候，这样的做法既明智也必要。[101]

柯林斯（Collins）继承了方柯的观点，把书信看作是保罗"临在教会"的一种延伸方式。[102] 因此，当哥林多人收到保罗所写的《哥林多前书》时，保罗的权柄和能力就如同他自己"临在"他们中间一样。

菲兹米尔认为，《哥林多前书》是保罗以一个权威者的身份

---

100. Demetrius, *On Style* 4.223: "We will next treat of the epistolary style, since it too should be plain. Artemon, the editor of Aristotle's *Letters,* says that a letter ought to be written in the same manner as a dialogue, a letter being regarded by him as one of the two sides of a dialogue."

101. R. W. Funk, "The Apostolic Parousia: Form and Significance", in W. R. Farmer, C. F. D. Moule and R. R. Niebuhr（eds.）, *Christian History and Interpretation*: *Studies Presented to John Knox*（Cambridge: Cambridge University Press, 1967）, 249-268.

102. Collins, *First Corinthians*.

与他自己创立的教会通信的一个方式，也是他身为一位使徒对教会当时的情况的回应。尽管保罗在《哥林多前书》1:1 提到一个共同作者所提尼（Sosthenes），保罗其实是作为一个很特殊的个体写信给哥林多教会的。甚至他在信中给哥林多教会成员的问候，也显示了他作为使徒和教会创建者的身份。[103]

鉴于《哥林多前书》中的修辞组织形式，吕尔曼认为它是属于古代一种友谊信函的类型。例如，保罗在《哥林多前书》中使用的感恩形式（I give thanks, 1:4）以及劝勉公式（I appeal, 1:10; 4:16）。[104] 菲兹米尔肯定了《哥林多前书》含有很多类似于来自一个朋友的劝勉，但他认为吕尔曼的观点忽视了《哥林多前书》中出现的那些严厉的忠告。[105]

贝兹（Betz）和米歇尔采用修辞评鉴法来分析《哥林多前书》。他们相信《哥林多前书》是一封完整的书信，并认为《哥林多前书》作为审议性的书信充分显示了它的主题与修辞的合一，目的是要哥林多人彼此和解并解除派系之争。[106] 按照修辞学的结构，贝兹（Betz）和米歇尔（Mitchell）将《哥林多前书》分为以下几个部分：

1）书信前言（epistolary prescript, 1:1-3）。

2）以感恩为主的绪言（*Exordium*, Thanksgiving, 1:4-9）。

103. Fitzmyer, *1 Corinthians*, 55.

104. D. Lührmann, "Freundschaftsbrief trotz Spannungen: Zu Gattung und Aufbau des Ersten Korintherbriefs", in W. Schrage（ed.）, *Studien zum Text und zur Ethik des Neuen Testaments*（Berlin: de Gruyter, 1986）, 298-314.

105. Fitzmyer, *1 Corinthians*, 55.

106. Hans D. Betz and Margaret M. Mitchell, "Corinthians, First Epistle to the", *ABD* 1:1143. 同时参见 Mitchell, *Paul and the Rhetoric of Reconciliation: An Exegetical Investigation of the Language and Composition of 1 Corinthians*。

3）叙事（*Narratio*, 1:10-17）和主题的陈述（*prothesis*, 1:10）。

4）论证（*Probatio*, 1:18-15:57），分为四部分。

第一论证部分（1:18-4:21）。这部分以三种方式为其余的论证奠定了基础：1）保罗拟定了明确的目标，并且期盼基督徒作出积极的回应。这是审议修辞学的一个策略；2）保罗表明哥林多人在合一方面需要他的指示，并藉此谴责他们（3—4章中包含褒贬性的因素）；3）保罗通过对自己使徒事工和责任的陈述，来劝告和比较哥林多人，认为自己是最佳的仿效对象。

第二论证部分（5:1-11:1）。保罗在第二论证中处理那些分裂哥林多社群的具体问题，并尝试藉此来说服哥林多人要合一。

第三论证部分（11:2-14:40）。保罗在这第三论证部分把焦点放在哥林多会众在崇拜和圣灵恩赐的使用上的分化（divisiveness），以呼吁合一作结束。

第四论证部分（15:1-57）。第四论证部分主要是关于信众在复活这个问题上的不同理解与严重的误解。保罗将死人复活这个问题放在最后的十五章来处理是非常恰当的。因为哥林多教会内的分裂和党争化，让一些人对复活也产生了怀疑，甚至否认（15:13）。保罗以基督复活的事实和证据以及教会的一致见证来回应这个问题（15:1-11, 12-28; 15:35-57）。保罗的末世论在此也是非常关键的。其实，保罗在书信的开始就以末世论来提醒哥林多会众（1:7-8）。因为末世论可以主导信徒的世界观和价值观。

5）结论（*Peroratio*, Conclusion, 15:58）

6）书信结尾（Epistolary Closing, 16:1-24）[107]

贝兹和米歇尔为《哥林多前书》所作出的总结是：整封书信的论证是在呼吁哥林多人解除派系之争。菲兹米尔也认为，这的确是《哥林多前书》1—4章的用意，但对整封书信的论证而言，菲兹米尔却表示，贝兹和米歇尔的观点似乎是过于简单和片面了，因为保罗还有不少的论证是涉及其他问题的，因此不是像贝兹和米歇尔所假设的那么简单。

菲兹米尔认为，就书信的修辞学而论，它需要达到所要求的一致标准，因此把整封书信作为审议的修辞模式是不正确的。《哥林多前书》中的某些特征明显是与古希腊书信的形式相似的。例如：书信的前言，感恩，结语的劝勉，问候，给收件人平安的祝愿与告别等。菲兹米尔把《哥林多前书》的大纲分为五大部分：

I. 导论（1:1-9）

　　问安（1:1-3）

　　感恩（1:4-9）

II. 保罗收到有关哥林多教会一些负面的口头报告（1:10—6:20）

　　A. 传道领袖者之间派别之争的丑闻：它的真相与根源（1:10—4:21）

---

107. Hans D. Betz and Margaret M. Mitchell, "Corinthians, First Epistle to the", *ABD* 1:1139-1148.

B. 乱伦以及教会与不道德者继续保持联系的丑闻（5:1-13）

C. 基督徒彼此上告到外邦法庭的丑闻（6:1-11）

D. 卖淫的丑闻（6:12-20）

III. 解答有关道德和礼仪问题的询问（7:1—14:40）

A. 有关短暂的人生与婚姻和守独身的事（7:1-9）

B. 基督徒的自由与吃祭过偶像的肉类所引发的问题（8:1-11:1）

C. 关于神圣聚会的秩序问题（11:2-34）

D. 在基督的群体中由灵恩派人士所造成的问题（12:1—14:20）

IV. 有关宣教、福音和死人复活等方面的教导（15:1-58）

A. 有关宣教中所宣扬的福音与基督的复活（15:1-11）

B. 死人复活的信念植根于基督的复活（15:12-34）

C. 死人的复活将会怎样发生?（15:35-49）

D. 基督的复活战胜了死亡（15:50-58）

V. 结论（16:1-24）[108]

提瑟顿认为，去分化保罗作为一名书信作者所使用的体裁以期达到修辞的目的的做法是错误的。保罗口授的任何信函毫无疑问是与当代书信作者所通用的方式基本上是一致的。[109]

书信的惯例通常会显示在它的信首和信尾部分，这也是古

---

108. Fitzmyer, *1 Corinthians*, 57-78.

109. Thiselton, *The First Epsitle to the Corinthians: A Commentary on the Greek Text*, 44.

老信函一个很广泛的标准。但不少学者们认为古代书信的格式极少显示在《哥林多前书》的主题中，他们因而会比较侧重《哥林多前书》的修辞结构与论证。埃瑞生（Anders Eriksson）在《作为修辞论证的传统：保罗在哥林多前书中的论证》一书中，主要是使用了修辞评鉴法来分析保罗论证中的修辞功能。[110] 埃瑞生特别关注保罗论证中的创建（inventio），即主题及其预备用于论证或辩驳的相关问题。埃瑞生认为，保罗受过的修辞学训练，与新约圣经研究的结果基本上是一致的。若是把保罗的修辞与当代的修辞实践具体地作比较的时候，上述的观点还可以得到进一步的支持。保罗使用的格言阐述模式（chreia-elaboration pattern），[111] 就是当时作为修辞学教育初步练习的一个基础（progymnasmata）。公元 4 世纪米拉城的主教圣尼古拉（Saint Nicholas, 或 Nikolaos of Myra）就把格言归类为审议性的修辞学（deliberative rhetoric）。[112] 格言主要是敦促好的生活行为和阻止邪恶的事。把格言（chreias）变成审议性的论证（delieratibe arguments），本来是为了配合那些在修辞学校较低水平的学生练习的需要。但这些论证技能的练习对修辞职业者却是非常重要的。总的来说，修辞学与文学的组成是互

110. Anders Eriksson, *Traditions as Rhetorical Proof: Pauline Argumentation in 1 Corinthians* (CBNTS 29; Stockholm: Almqvist & Wiksell International, 1998).

111. Chreia 源于希腊词（χρεία, use），是希罗文化中的修辞类型之一。它用于表达一个简短而有用的轶事，出自历史人物的格言（gnomic saying），例如，某某人说或曾说。

112. Nikolaos of Myra 142-151; cf. Robbins, "Chreia and Pronouncement Story in Synoptic Studies", in B. L. Mack & V. K. Robbins (eds.), *Patterns of Persuasion in the Gospels* (Foundations & Facets; Literary Facets; Sonoma, CA: Polebridge Press, 1989), 1-29.

动的。

因此，埃瑞生认为，保罗在《哥林多前书》中所使用的修辞论证的神学含义是，对关键人物传统的研究，也同时是对保罗的神学中心及其应用到一个特定的教会的问题之间的相互作用的研究。[113]

姆尔斯（J. D. Moores）在《与理性不断交战的保罗》一书中进一步指出，保罗使用论证的方式和技巧，说明了经文和理性是可以一起来处理问题的。[114]

有关修辞在保罗书信中的功能，早在 19 世纪末就已经被瓦斯注意到了。瓦斯不仅指出修辞在保罗书信中的某些特点，还特别强调它在公众朗读中所发挥的作用。瓦斯认为，研究保罗文本的途径首先是要把它看作是口语的材料。瓦斯突出了保罗作为一位作家的独创性，也同时强调他的艺术性、多功能性以及他在对话教授风格上的有效使用。[115] 修辞学和书信写作最终在保罗的书信中被巧妙地结合了在一起。埃瑞生和墨菲-奥康纳将书信写作（epistolography）与修辞学（rhetoric）结合

---

113. 参见 B. L. Mack, "Elaboration of the Chreia in the Hellenistic School", in B. L. Mack & V. K. Robbins（eds.）, *Patterns of Persuasion in the Gospels*（Foundations & Facets; Literary Facets; Sonoma, CA: Polebridge Press, 1989）, 45. Mack, *Rhetoric and the New Testament*, 43-44. Ronald F. Hock and Edward N. O'Neil, *The Chreia in Ancient Rhetoric, Volume 1: The Progymnasmata*（SBLTT 27; Atlanta: Scholars Press, 1986）, 15-35, 137。

114. John D. Moores, *Wrestling with Rationality in Paul: Romans 1-8 in a New Perspective*（Cambridge University Press, 1995）, 10-11.

115. Weiss, "Beiträge zur *paulinischen* Rhetorik", *Theologische Studien: Bemhard Weiss zu seine m 70 Geburtslage*（Göttingen: Vandenhoeck & Ruprecht, 1897）, 165-247；同上, *Die Aufgaben der neutestamentlichen Wissenschaft in der Gegenwart*（Göttingen: Vandenhoeck & Ruprecht, 1908）；同上, *Earliest Christianity: A History of the Period A. D. 30-150*, 2:399-419。

在一起，作为整体沟通互补的两方面。[116] 埃瑞生清楚阐明了 Maranatha[117] 部分的意义，既是修辞性质的结论（peroratio），也是书信正文有关"造就"教会的主题，也是对审议性修辞学未来的关注。[118]

斯丹姆斯（D. L. Stamps）在他的著作《〈哥林多前书〉中在书信的格式上对修辞的运用：富有力量的修辞学》中，保持了修辞学和书信写作艺术之间的平衡。[119] 提瑟顿在他的《〈哥林多前书〉：希腊文本注释》中，也尝试将修辞学和书信写作的艺术（rhetoric and epistolography）这两个领域结合起来研究。提瑟顿在《哥林多前书》1:1-9 和 16:13-24 的诠释以及参考书目上，认真处理了标准规格和书信写作的公式，以及保罗书写的目的。他认为保罗满有创意地运用了常规，而又没有以反文化的心态去破坏一贯的礼节和风俗。[120]

常见的格言，不是给对方提问的回应或是智者自己对所观察到的事物的领悟，就是一个给人的警句。[121] 在某些混合的格

---

116. Eriksson, *Traditions as Rhetorical Proof: Pauline Argumentation in 1 Corinthians*; Murphy-O'Connor, *Paul the Letter—Writer: His World, His Options, His Skills* (Collegeville, MN: The Liturgical Press, 1995).

117. μαράνα θά（marana tha）：亚兰文，在新约圣经中仅出现两次：林前 16:22 "主必要来"（μαράνα θά, "Our Lord, come"）；启 22:20 "阿们！主耶稣啊，我愿你来！"（Ἀμήν, ἔρχου κύριε Ἰησοῦ, "Amen, come, Lord Jesus"）

118. Eriksson, *Traditions as Rhetorical Proof: Pauline Argumentation in 1 Corinthians*.

119. D. L. Stamps, *The Rhetorical Use* of the *Epistolary Form in 1 Corinthians: The Rhetoric of Power* (Sheffield: JSOT Press, revised Durham Ph.D. thesis, 1992).

120. Thiselton, *The First Epistle to the Corinthians: A Commentary on the Greek Text* (New International Greek Testament Commentary).

121. Hermogenes, *Progymnasmta* 19-29; *Theon* 1-8; Quintilian 1.1.1-6. Cf. George Wesley Buchanan, "Chreias in the New Testament", in Jöel Delobel (ed.), *Logia: Les paroles de Jesus—The Sayings of Jesus: Memorial Joseph Coppens* (BETL 59; Leuven: Leuven University, 1982), 501-505; James R. Butts, "The *Chreia* in the Synoptic Gospels", *BTB* 16 (1986), 132-138.

言中，智者的回应不仅是一个明智和风趣的警句，也往往是对具体行动的要求。[122] 含有双重意义的格言经常是给对方的一个巧妙反驳。[123] 格言很自然是具有教导的味道，因此在教学上也常被使用为一种"有指向的结论"的方式，目的是要给听者灌输并让其遵守某一个特定的，甚至是反时尚文化的生活模式，结果是挑战了某些传统观念和陈规陋习。对赫莫杰尼斯（Hermogenes）而言，格言是非常"有用的东西"。[124] 由于格言在教学上的亲和力，它也就很自然地被扩展为有力的论证。[125]

五、内容简介

《哥林多前书》明显体现了古代书信的基本格式：包括信首、正文和信尾三部分。在信首中（1:1-3），保罗使用了希腊信函的固定常规。正文主要是针对哥林多教会所出现的各种问题所作出的回应，并以圣徒捐款、行程计划和最后的劝勉作为结束。信尾再次给信众问安。

1. 信首部分（1:1-9）

保罗书信的信首公式由两个基本部分组成：a）书信常规

---

122. Butts, "The Chreia in the Synoptic Gospels", 132. Hermogenes, *Theon* 78-79.

123. Hock and O'Neil, *The Chreia in Ancient Rhetoric*, 32; Hermogenes, *Theon*, 84-93.

124. Hermogenes, *Progymnasmta*, 1-3.

125. Robbins, "The Chreia", in Aune（ed.）, *Greco-Roman Literature and the New Testament: Selected Forms and Genres*, 1-23; R. C. Douglas, " 'Love Your Enemies' : Rhetoric, Tradents, and Ethos", in John S. Kloppenborg（ed.）, *Conflict and Invention: Literary, Rhetorical, and Social Studies on the Sayings Gospel Q*（Valley Forge, PA: Trinity Press International, 1995）, 116-131; Hermogenes, *Theon*, 115-123, 127-132.

（prescript）：发信人，收件人，和问候；b）感恩（thanksgiving）。《哥林多前书》中的发信人："奉神旨意，蒙召作耶稣基督使徒的保罗"（1:1）。[126] 收件人："在哥林多神的教会，就是在基督耶稣里成圣、蒙召作圣徒的，以及所有在各处求告我主耶稣基督之名的人。基督是他们的主，也是我们的主。"（1:2）[127] 问候："愿恩惠、平安从神我们的父并主耶稣基督归与你们。"（1:3）

在希腊信函中，作了开始的问候和祝愿之后，接着便是一个简短的祷告或是表达一个宗教或非宗教的感恩形式（*Proskynema* formula）。这种的感恩形式，可以以下面的一封信为例。这是公元 2 世纪一封名为 "阿皮翁写给他父亲埃皮马克思" 的蒲草纸信函。这封信一开始的时候就写道，"我感谢上主塞拉皮斯"（Εὐχαριστῶ τῷ κυρίῳ Σεράπιδι）。[128] 舒伯特（Paul Schubert）指出，这封信函的感恩形式，很明确表示它是要献给希腊—埃及之神塞尔皮斯的。[129] 保罗沿用了这种感恩的形式并且还把它扩展为自己的风格。在结束了信首的问安之后，保罗紧接着便开始了一段冗长的感恩祈祷。关于《哥林多前书》中的感恩部分（1:4-9），学者们持守两种不同的见解。其一：它显示了保罗的感恩，是与希腊罗马修辞结构中的绪论

---

126. 保罗在这里介绍了自己作为使徒的职分，并提及了合作发件人（co-senders），所提尼（Sosthenes）。

127. "蒙召" 的概念不仅是指 "使徒"，而且也包括收件人，"蒙召作圣徒" 的。哥林多人有一个共同信念，一种生活方式，和一个传统（"所有在各处求告我主耶稣基督之名的人"）。参见 Thiselton, *The First Epsitle to the Corinthians: A Commentary on the Greek Text*, 56。

128. BGU, II.423.6；参第三部分第四章 "古代书信格式"。

129. Schubert, *Form and Function of the Pauline Thanksgivings*, 167.

（*Exordium*）部分相似的，目的是要向收件者表示一个有利的良好的态度（favourable attitude）。[130] 根据奥尼的研究，信首中的感恩形式在此肯定不只是一个装饰和点缀。因为发信者对收件者的赞赏，作为绪言（*exordium*）的部分，是要表达发信者的善意（goodwill）。不但如此，感恩的长度也可以反映作者与收件者之间的亲密程度。[131]

其二：书信开始部分的感恩，是古代书信的一个定型形式（stereotypical form）。怀尔斯（G. P. Wiles）把 1:8-9 归类为一个"愿望式的祈祷"（a wish-prayer）。[132] 尽管收件人有明显的缺点，包括他们之中有些人对保罗的不满和批评，保罗仍旧为他们以及他们的恩赐感谢上帝。舒伯特（Schubert）在《保罗的感恩形式和功能》一书中，对保罗使用的词语和语法与希腊书信作了一个详尽的分析和比较。他所得出的结论是，希腊的"蒲草纸书信有力地证明了书信那个宗教或非宗教的前言感恩的一个普遍的传统使用"。[133] 因此这些感恩在希腊世界中的出现是不足为奇的。保罗依照那样的传统和习惯来使用，也是很自然的。舒伯特认为，保罗书信其实是包括了两种基本类型的感恩：1）复杂的七重结构，通常以"感恩"的希腊动词（εὐχαριστέω）

---

130. Mitchell, *Paul and the Rhetoric of Reconciliation: An Exegetical Investigation of the Language and Composition of 1 Corinthians*, 194-197; R. D. Anderson, *Ancient Rhetorical Theory and Paul*（Kampen: Kok Pharos, 1996）; Eriksson, *Traditions as Rhetorical Proof: Pauline Argumentation in 1 Corinthians*, 51-60.

131. Aune, *The New Testament in Its Literary Environment*, 186.

132. Gordon P. Wiles, *Paul's Intercessory Prayers: the Significance of the Intercessory Prayer Passages in the Letters of St Paul*（SNTSMS 24; Cambridge: Cambridge University Press, 1974）, 97-103.

133. Schubert, *Form and Function of the Pauline Thanksgivings*, 180.

开始，以 ἵνα（that）子句作为结束，为的是要显示他为收件人代祷的内容；[134] 2）简单的结构形式，同样以"感恩"的动词开始，但以 ὅτι（for, because）子句作为结束，用于说明他为收件人感恩的原因。[135]《哥林多前书》中的感恩属于第二种类型。[136]

奥柏仁在《保罗书信前言中的感恩》中指出，保罗虽然沿用了希腊信函的正式结构与感恩形式，但其书信的感恩内容却明显是受到旧约犹太文化的影响以及他自己独特的背景与神学。[137] 奥柏仁还认为，保罗书信卷首中的感恩富有多种的功能和目的。1）书信功能。2）对教会那个教牧和使徒的深切关注。《哥林多前书》中，尽管保罗在回应和处理教会中的严重问题上用了一些强烈和尖刻的词语，在信件一开始的时候，仍旧感谢上帝在基督里赐给哥林多教会的丰厚恩惠。3）教导性功能。在《哥林多前书》的感恩中，保罗进一步地尝试达到他的教导目的。这就说明了教导的途径和目的，不仅可以通过劝勉、训导、请求和祈祷来达到，也可以借助于感恩的力量。4）劝勉性的目的。感恩的祈祷不仅是信件不可分割的部分，还可以为整封书

---

134. 腓 1:3-11。
135. 参见 Schubert, *Form and Function of the Pauline Thanksgivings*, 10-55。O'Brien, *Introductory Thanksgivings in the letters of Paul*, 62-104.
136.《哥林多前书》1:4-5："我常为你们感谢我的上帝，因上帝在基督耶稣里所赐给你们的恩惠（Εὐχαριστῶ）；又因你们在他里面凡事富足，口才、知识都全备（ὅτι）。"
137. 诺宾森（J. M. Robinson）只偏重保罗书信中犹太文化的影响，从而低估了古代希腊书信形式的重要性。他认为，与刻板的、几乎无内容的希腊书信形式相比较，犹太的"祝福形式"（Die Hodajot-Formel）为保罗的感恩提供了更丰富的内容。参见 J. M. Robinson, "Die Hodajot-Formel", in W. Eltester and F. H. Kettler（eds.）, *Apophoreta: Festschrift für Ernest Haenchen*（BZNW 30; Berlin: Töpelmann1964）, 194-235。

信奠定基调和主题并为劝勉和忠告起一定的作用。[138]

　　与传统的感恩形式作一个比较，保罗的感恩有五个特点。1）与那些以自我为中心的收件者哥林多人相比，保罗的感恩没有关注到自己的情况和个人的福利。2）强调上帝，特别是强调上帝丰盛的恩典。3）保罗的末世观以及他对各种问题的理解和处理的方案，都是基于他对上帝的信赖和十字架的神学。4）与希腊的书信形式相同，保罗的感恩提供一个与读者重新接触的机会。它就像是一首序曲，为后来诸多要处理的事物开辟了一条道路。5）保罗在感恩的结尾部分，充分显示了他身为一位牧者的情怀。[139]无论如何，保罗对上帝的感恩在整封信中始终都是居首位的。

2．正文部分（1:10—16:13）

（1）回应哥林多教会出现的各种问题（1:10—4:21）

　　在正文的开始部分，保罗主要是给哥林多教会出现的各种问题作出回应（1:10—4:21）。哥林多教会是保罗在罗马帝国好几个重要的城市亲自创立的一个相当大型和具有影响力的教会。保罗在那里住了一年半，当他离开了哥林多以后，该教会便出现了各种复杂的问题。保罗尝试以书信的方式来处理这些问题，其中涉及了教义、社会伦理、民事诉讼、圣餐、婚姻、方言、

---

138. O'Brien, *Introductory Thanksgivings in the letters of Paul*, 262.

139. Thiselton, *The First Epsitle to the Corinthians: A Commentary on the Greek Text*, 85.

恩赐、复活等。[140] 学者一致同意，1:10—4:21 构成一个可以清楚辨认的单元。[141] 米歇尔认为，1:10—4:21 展现了整个书信持续的主题。[142] 保罗结束了感恩之后，在正文的开始就很快转换了语气："你们中间也不可分党，只要一心一意，彼此相合。"（1:10）保罗面对教会的分裂，很自然是要训勉和请求他们合一。[143] 学者们特别强调 "分党"（σχίσματα, divisions or splits）这个词汇的 "政治性质" 以及它作为 "权力斗争" 的性质。[144]

保罗有关哥林多教会党争的消息，来自革来氏家里的人的口头报告。有关 "革来氏家里的人" 的身份，提瑟顿认为比较合理的解释是：革来氏是一位富有的小亚细亚女子；革来氏家里的人很可能是指商业伙伴；商业代理人；或者是代表着革来氏的奴隶。这些人也许是代表这位富有的小亚细亚女子的商业利益，为她往来于以弗所和哥林多之间。不论革来氏本人是否与教会有关，她的代理人很可能是属于以弗所的教会，并且与哥林多的教会有定期的联系。[145]

革来氏家里的人所传达有关哥林多教会存在的结党纷争，

---

140. 例如："淫乱"（Sexual Immorality, 5—6 章）；"民事诉讼的使用"（Use of Civil Courts，6 章）；"婚姻"（Marriage，7 章）；"吃祭偶像之物"（Eating Meat Sacrifice to Idols，8 章）；"蒙头"（Wearing One's Hair and Head Coverings，11 章）；"领圣餐"（Eating the Lord's Supper，11 章）；"属灵恩赐的应用"（Practice of Spiritual Gifts，12 章）；"复活"（Resurrection，15 章）等。

141. Thiselton, *The First Epistle to the Corinthians: A Commentary on the Greek Text*, 107.

142. Mitchell, *Paul and the Rhetoric of Reconciliation: An Exegetical Investigation of the Language and Composition of 1 Corinthians*, 65-111.

143. Thiselton, *The First Epistle to the Corinthians: A Commentary on the Greek Text*, 107.

144. Welborn, "On the Discord in Corinth: 1 Corinthians 1—4 and Ancient Politics", 85-111. 参见 Mitchell, *Paul and the Rhetoric of Reconciliation: An Exegetical Investigation of the Language and Composition of 1 Corinthians*, 65-111。

145. Thiselton, *The First Epistle to the Corinthians: A Commentary on the Greek Text*, 121.

似乎与 1:12 所提到的四个人物有关，学者也就认为哥林多当时已经出现了"四个派系"。[146] 因此，学者间的许多讨论都围绕着以四个标语式的口号为基础的哥林多结党纷争的性质。德国学者包尔最早把哥林多教会分为保罗和富犹太教色彩的彼得两大派系。结果就形成了"保罗派"所倡导的那个从律法解放出来的彻底自由"与彼得派所坚持的犹太保守主义之间的冲突。[147]但包尔向来都是以"想象有余，证据不足"在学术界见称。他对"保罗派"和"彼得派"斗争的假设，也同样因为证据明显不足而遭到了现代学者的批判和反对。罗伯逊（Robertson）和普拉默（Plummer）在《哥林多前书注释》中，也提到了哥林多可能存在的四个派别。那就是，所谓"保罗派"就是指保罗以及他所宣告的福音；所谓"亚波罗派"的"希腊化知识主义"；所谓"彼得派"，是指彼得和他的那一套"亲和犹太教的保守主义"或"守割礼的福音"；以及意思根本就模糊不清的所谓"基督派"。[148] 柯林斯则认为，上面所提及的充其量也只是一些口号而已，保罗的书信其实根本就没有任何清楚的证据显示在当时的哥林多教会真有三个或四个有组织的派系在积极地活动。[149] 克拉克正确地指出，保罗在这里所关心的，并不是不同派系个别的"神学"，而是哥林多人对某些领袖的"个人崇拜"

---

146. 1）保罗派（Paul Group）；2）亚波罗派（Apollos Group）；3）彼得派（Peter Group）；4）基督派（Christ Group）。

147. Baur, *Paul, The Apostle of Jesus Christ, His Life and Work, His Epistles and His Doctrine: A Contribution to a Critical History of Primitive Christianity*, 1.267-320.

148. Robertson and Plummer, *A Critical and Exegetical Commentary: First Epistle of St Paul to the Corinthians*, 12. 参见 Deissmann, *Light from the Ancient East*, 382。

149. Collins, *First Corinthians*, 73.

（personality-cult），并且在这些特别的领导人物名下结党。[150]

在 12 节中，四个名字都使用了同样的属格（genitive case）单数形式（ἐγὼ μέν εἰμι Παύλου, ἐγὼ δὲ Ἀπολλῶ, ἐγὼ δὲ Κηφᾶ, ἐγὼ δὲ Χριστοῦ）。[151] 米歇尔认为，"属于保罗的"（of Paul），这里其实还不能表达其中所含有的社会政治意味。[152] 维尔本（Welborn）相信，"属于保罗的"这一句在这里明显表达了政党之争以及各派系对领袖的个人效忠。"我是属于保罗的"这一句的意思其实就是，"我是为保罗的"（I am *for* Paul）。[153] 柯林斯（Collins）比较了那些在信中被提及的人名以及某一个特殊人物的名字之后，认为那些被提及者是为这个特殊人物的政治利益服务的。[154] 克拉克在《哥林多的世俗与基督教的领袖：〈哥林多前书〉1—6 章的社会历史与诠释的研究》一书中，特别强调哥林多教会有着对领袖的世俗观念。"教会内以领袖为中心的政治思想，是希腊罗马社会环境的特征。"对哥林多人而言，认识那些"使徒"人物——保罗、矶法、亚波罗的排名和地位的先后次序以及与这些人物的关系，会获得政治上的优势。[155] 提瑟顿认为，按希腊原文，助词（μέν...δε）在这里可以

---

150. Clarke, *Secular and Christian Leadership in Corinth: A Socio-Historical and Exegetical Study of 1 Corinthians 1-6*, 91-92.

151. AV, KJV.

152. Mitchell, *Paul and the Rhetoric of Reconciliation: An Exegetical Investigation of the Language and Composition of 1 Corinthians*, 84-86.

153. Welborn, "On the Discord in Corinth: 1 Corinthians 1-4 and Ancient Politics", 7.

154. Collins, *First Corinthians*, 79.

155. Clarke, *Secular and Christian Leadership in Corinth: A Socio-Historical and Exegetical Study of 1 Corinthians 1-6*, 93-95. 参见卡森，《十架与事奉：哥林多前书论领导》（美国：麦种传道会，2005）；何启明，《问题多多哥林多：哥林多前书一至六章》（香港：明道社，2014）。

适当地翻译为"就我个人来说……我自己"。因此，整个句子可翻译是："就我个人来说，我是保罗的人，我自己是支持亚波罗的"（I, for one, am one of Paul's people; I, for my part, am for Apollos）。[156]

a）"保罗派"

有些学者将保罗派与诺斯替（gnostic）或"灵性的热忱主义"（spiritual enthusiasm）作比较。[157] 多数学者同意，那些追随保罗的人，是保罗自己在哥林多第一批带领归信基督的信徒。也许当亚波罗和其他领袖访问了哥林多之后，该教会便逐渐地增长和扩大起来，整个教会的意识形态也因此开始转变。按照考古学的证据，早期教会的聚会场所一般可以容纳三十至四十人。[158] 教会的扩大，意味着需要更多的聚会场所或团体，而每一个团体可能会发展出一些独特的社会和礼仪等意识形态以及运作方式，并最终产生一个相应的对某个团体及其领袖的效忠。根据社会心理学家的研究，团体的大小不但可以反映出成员之间亲密的程度和忠诚的关系，也会对权威有不同程度的要求和期盼。领袖的形象也就因此被塑造了出来。保罗派可能是属于比较年长的，他们也许仍旧忠于保罗以往的教导。而较年轻的一代，可能是在亚波罗和其他领袖访问之后才加入教会的。两

---

156. Thiselton, *The First Epsitle to the Corinthians: A Commentary on the Greek Text*, 122.

157. Weiss, *Der erste Korintherbrief*, 73-75; *Schmithals, Gnosticism in Corinth: An Investigation of the Letters to the Corinthians*, 199-206; 参见, Conzelmann, *1 Corinthians*, 33-34。

158. Murphy-O'Connor, *St. Paul's Corinth: Text and Archaeology*, 155-161.

个派系也就因此形成了一个鲜明的对比。[159]

　　保罗和他在哥林多教会的批评者之间存在的问题，显然也包括保罗拒绝他们在物质上给他的支持，特别是因为他似乎愿意接受来自其他教会的支持（例如，腓立比教会）。基于当时的社会风气和政治氛围，赞助构成了希腊罗马社会生活的一个重要特征。保罗时代的基督教被看作是当地赞助者对他们的社会隶属者提供赞助的一个社群。通过这种赞助者和隶属者之间所建立的关系，在第一世纪哥林多的社会是一个普遍的现象。[160]

　　哥林多书信也很清楚显示，哥林多人非常崇尚社会地位，渴慕权力和利益。哥林多教会中也有一些有社会地位和权力的赞助者，并且对他们的教会成员有很大的影响力。为了阻止赞助者在福音事工上造成的负面影响，保罗宁可亲自工作为生，而不愿接受哥林多教会在经济上的支持。因为一些赞助者可能会藉着经济上的支持操纵保罗。明智和敏锐的保罗不愿意因为接受他们的资助而感到有欠于他们或受到限制。

　　保罗不接受哥林多教会支持的行为，很可能被看作是"违反友谊或惠顾的传统"。[161] 马歇尔根据希腊罗马社会的习俗来分析保罗和他的批评者之间的冲突。他认为，希腊罗马的友谊传统，是基于给予、接受和回馈的模式。不遵守这些友谊的行

159. Thiselton, *The First Epsitle to the Corinthians: A Commentary on the Greek Text*, 126-127.

160. Judge, "Cultural Conformity and Innovation in Paul: Some Clues from Contemporary Documents", 23；Chow, *Patronage and Power: A Study of Social Networks in Corinth*, 188.

161. Chow, *Patronage and Power: A Study of Social Networks in Corinth*, 188.

为规则很自然会引起敌意。[162] 拒绝赞助将会被视为是拒绝"友谊"的不友善之举。保罗拒绝接受哥林多人的资助，也就是等于拒绝他们的友谊。这不仅是会被看作是无礼的和违反当时的友谊习俗的行动，还会招来敌人。保罗应该是非常熟悉这样的社会习俗，但却准备承担一切的后果。结果是让自己不断面临饥饿等困境，目的是为了保持自己作为传道者的自由。

不但如此，保罗所选择的体力劳动，在哥林多人眼里，也自然被看作是一个奴隶或是社会地位很低的卑贱工作。与此相比，那些受到尊重的演讲家和教师，因为接受他人的赞助和支持，却可以有保障地获得"中产阶级专业人士"的地位和舒适的生活。[163] 可是，在更深层次的意义上，保罗的生活方式却可以具体地让他认同被钉十字架的基督，有力地诠释和展现他的十字架神学，并以此作为基督徒"社群和使徒的根基和标准"。[164]

b）"亚波罗派"

保罗在第二次旅行布道期间，先经过雅典，然后来到哥林多。保罗在那里与亚居拉、百基拉夫妇一起同住、同工约有十八个月之久。此行收效很大，福音以哥林多为中心，传遍了亚该亚省以及周边的地区。[165] 保罗离开哥林多往以弗所去的时

---

162. Marshall, *Enmity in Corinth: Social Conventions in Paul's Relations with the Corinthians*, 1-21.

163. Meeks, *The First Urban Christians: The Social World of the Apostle Paul*, 117-119; Clarke, *Secular and Christian Leadership in Corinth: A Socio-Historical and Exegetical Study of 1 Corinthians 1-6*, 89-107; Theissen, *The Social Setting of Pauline Christianity: Essays on Corinth*, 54-68.

164. Thiselton, *The First Epsitle to the Corinthians: A Commentary on the Greek Text*, 128.

165. 林前 1:1; 9:2; 徒 18:1-4.

候，百基拉和亚居拉也和他同去。保罗离开以弗所后，便托付百基拉和亚居拉继续留在那里工作。亚居拉和百基拉在以弗所也以他们的家为聚会和服事的场所（林前 16:19）。当亚波罗初到以弗所时，他非常热心讲道，但却似乎混淆了基督教的洗礼与施洗约翰的洁净洗礼，并且也还不太明白与基督教洗礼相关的神学。[166] 亚居拉和百基拉把亚波罗接到自己家中，帮助他更加明白福音的真理（徒 18:24-26）。

亚波罗是个犹太人，来自著名的亚历山大城（Alexandria）。亚历山大是当时三大学术中心之一，与雅典和大数齐名。《使徒行传》和保罗书信都一致表明，亚波罗拥有熟练的修辞技巧和丰富的知识。[167]《使徒行传》的作者形容亚波罗在公众场合（δημοσίᾳ）的演讲是"放胆"（παρρησιάζεσθαι）而"有能力"的（εὐτόνως）。这就与保罗自称是"恐惧"（ἐν φόβῳ）和"甚战兢"（ἐν τρόμῳ πολλῷ）的演讲形成了一个非常鲜明的对照。[168] 有学者认为，亚波罗在哥林多因此便不知不觉地让自己

166.《使徒行传》18:25："这人已经在主的道上受了教训，心里火热，将耶稣的事，详细讲论教训人。只是他单晓得约翰的洗礼。"

167. 徒 18:24，"有学问或口才"（λόγιος, learned or eloquent）；参见 Barrett, *The First Epistle to the Corinthians*, 43. Cf 18:18-28; 19:1-7。林前 1:12; 3:4, 5, 6, 22; 4:6; 16:12。

168. 但迈克尔·布尔默（Michael Bullmore）认为，保罗阐明了他自己的修辞风格，以反对当时盛行的希腊罗马修辞文化。他特别针对和否认自己的风格是与第二智者运动（the Second Sophistic movement）的公共展示演讲（public display oratory）方式有关联。保罗有意选择"简单而无装饰的风格"（simple and unaffected style）。参见 Bullmore, *St. Paul's Theology of rhetorical Style: An Examination of I Corinthians 2.1-5 in Light of First Century Graeco-Roman Rhetorical Culture*; Pogoloff, *Logos and Sophia: The Rhetorical Situation of 1 Corinthians* Winter, *Philo and Paul Among the Sophists*; Witherington, *Conflict and Community in Corinth: A Socio-Rhetorical Commentary on 1 and 2 Corinthians*。此外，Hartmanr 提出，保罗自称软弱（weakness）指《耶利米书》（9:22-23 vs 林前 1:31）的反修辞／智慧（anti-rhetor），软弱中彰显主的（转下页）

的名声与修辞和智慧结合在一起了。赫德（Hurd）相信，那些声称是亚波罗派的人，很可能是迷上了保罗所质疑的"智慧神学"。[169] 施拉格（Wolfgang Schrage）的结论是，纵使亚波罗本人并没有偏离了保罗的神学，有些哥林多人却发现他的修辞学和个人风格，比起保罗来，是"特别有吸引力的"。[170] 简而言之，多数新约学者都一致赞同，保罗在 1—4 章中，是非常重视亚波罗的，共 6 次提到了他的名字。保罗对亚波罗从未显示丝毫保留，也从未认为亚波罗和他之间有什么差异。保罗一直都把亚波罗视为同工和朋友。[171]

c）彼得派

巴瑞特认为，彼得有可能访问过哥林多教会。[172] 唐弗瑞德（K. P. Donfried）和菲兹米尔也持类似的观点。[173] 保罗在《哥林多前书》中通常以亚兰文"矶法"（Κηφᾶς, Cephas）来称呼

（接上页）大能（2:4-5）。《耶利米书》9:23："耶和华如此说：智慧人不要因他的智慧夸口，勇士不要因他的勇力夸口，财主不要因他的财物夸口。"参见 L. Hartman, "Some Remarks on 1 Cor. 2:1-5", *SEÅ* 39（1974）, 109-120。对张永信来说，保罗用"软弱，惧怕，战兢"来描述他在哥林多传福音的三种心情。保罗如此表现的重要原因是深感责任在身，丝毫不敢急慢神所托付的使命。因此，与当时充满自信，善用修辞的演说家和辩士有天壤之别。张永信，《哥林多前书：教会时弊的良方——爱》, 55。

169. 林前 1:12; 3:4, 5, 6, 22; 4:6。参见 Hurd, *The Origin of I Corinthians*, 96-107。

170. Wolfgang Schrage, *Der Erste Brief an die Korinther*（Evangelish-katholischer Kommentar zum Neuen Testament 7; Zürich: Benziger Verlag, vol. 1, 1991）, 1:144.

171. 林前 3:6-9。Barrett, *A Commentary on the First Epistle to the Corinthians*, 43; Schrage, *Der Erste Brief an die Korinther*, 1:143-4; Collins, *First Corinthians*, 73；Fee, *The First Epistle to the Corinthians*, 56-57.

172. Barrett, *Essays on Paul*（Philadelphia: Westminster, 1982）, 28-39; Barrett, *A Commentary on the First Epistle to the Corinthians*, 44.

173. R. Brown, K. P. Donfried, and J. Reumann（eds.）, *Peter in the New Testament*（Minneapolis, MN: Augsburg, 1973; London: Chapman, 1974）, 32-36.

"彼得"（Πέτρος, Peter）。[174] "彼得"是希腊名字。但在《哥林多后书》，保罗却没有提及彼得。3:22 所列出的名单（"或保罗，或亚波罗，或矶法"）很有可能代表了哥林多人直接受益的教师们。9:5 很自然暗示彼得接受社群提供的食宿。彼得和他的妻子也接受过哥林多人的热情接待。巴瑞特认为，15:5 已经是保罗之前的传统（pre-Pauline tradition）的一部分。[175]

罗伯逊和普拉默认为，彼得对保罗的友好是毫无疑问的（加 2:7-9）。但是，没有任何确实的证据显示彼得曾经访问过哥林多，包括 9:5 在内。[176] 此外，彼得派的成员也可能要显示彼得是 "年长的使徒"。[177]

d）基督派

关于所谓"属基督的"一群，学者之间有不同的见解。1）包尔认为"基督派"是指犹太化的一群，他们坚持要成为一个真正的使徒，就必须曾经是耶稣自己在世时亲自选召的门徒。由于保罗没有跟随过在世的耶稣，并且持守脱离律法的反犹太神学，保罗派与基督派是有区别的。在哥林多，"基督派"所辩论的焦点已经从割礼上转移到有关保罗的使徒身份这件事上。[178] 1:12 暗示"基督派"和"彼得派"是犹太基督徒

---

174. 除了《加拉太书》2:7-8 提到彼得之外，保罗总是称他为矶法。矶法的意思是 "磐石"。

175. Barrett, *Essays on Paul*, 28-39.

176. Robertson and Plummer, *A Critical and Exegetical Commentary on the First Epistle of St Paul to the Corinthians*, 11-12.

177. Collins, *First Corinthians*, 73.

178. Baur, "Die Christuspartei in er korinthischen Gemeinde", The Christ Party in the Corinthian Church（1831）, 61-206.

所支持的，而保罗派则代表外邦基督徒。罗伯逊和普拉默赞同包尔的观点，认为声称"属基督的"似乎已经是与所谓"真正的使徒标准"紧接在一起了。这标准就是，真正的使徒必须认识在世的基督。那些特别强调"我是属基督的"，实际上是在说，基督是属于我的，而不是你的。[179] 2）有学者认为，"属基督的"是指"极端的圣灵论者"（ultraspiritual pneumatics）。吕格特（Wilhelm Lütgert）首次指出这一派很可能是与"灵智派"（gnostics）有关。墨法特（James Moffat）相信，对这一个派系的人来说，除了荣耀的基督的灵以外，没有其他权柄或启示是他们可以接受的。[180] 3）瓦斯有一个很不寻常的观点，认为（ἐγὼ δὲ Χριστοῦ）这个短语可能是一个抄写者自己的补充。[181] 4）有学者甚至假设，这里的所谓"基督"可能是一个误读或是误抄的结果。它最初也许是指"管会堂的"基利司布（Crispus，林前 1:14；徒 18:8）。[182] 5）一些研究修辞学的学者认为，"我是属基督的"这个短语，其实可能是保罗自己的修辞。赫德的观点是，保罗这个修辞的技巧的目的可能是："保罗，亚波罗和矶法"这些属于个人崇拜的名称和口号，应该由"我是属基督的"这个正确的思想来取代。[183] 6）施拉格认为，保罗确实使

179. Robertson and Plummer, *A Critical and Exegetical Commentary on the First Epistle of St Paul to the Corinthians*, 12-13.

180. Wilhelm Lütgert, *Freiheitspredigt und Schwarmgeister in Korinth: ein Beitrag zur Charakteristik der Christuspartei* (Gütersloh: C. Bertelsmann, 1908). James Moffatt, *The First Epistle of Paul to the Corinthians* (MNTC; London: Hodder and Stoughton/New York: Harper, 1938), 10.

181. Weiss, *Der erste Korintherbrief*, 15-16.

182. R. Perdlwitz, "*Die sogenannte* Christuspartei in Korinth", *TSK* 84 (1911), 180-204.

183. Hurd, *Origins of 1 Corinthians*, 105.

用了"我是属基督的"这个短语。它是保罗所用的一种讽刺性的修辞（rhetoric of irony）。尽管这里没有足够的证据来给上述的议论作一个明确的结论，有些学者却认为观点2）和6）也许是比较可以被接受的。[184]

e）十字架的信息

保罗时代的哥林多教会无论是在信仰问题上还是在行为上，都是处于非常严重的危机中。其中最严重的危机，很明显是教会内部的"纷争"（林前1:1；3:3）。否则，保罗也不会在《哥林多前书》的开始就强调这个问题。后来问题变为更加严重和复杂，以至保罗本人也陷入了这个争议中。在哥林多教会中，非常明显的是有一股有组织和强大的势力在反对保罗，以致保罗两封书信中的大量内容都穿插着使徒和他的批评者之间的激烈论战。十字架的信息一直是保罗在论战中坚定的立场。这立场最终彻底地倒置了当时希腊罗马社会的意识形态和伦理价值观。

保罗的"十字架的信息"在现代人的耳中似乎是太古老了。可是，这古老的信息，从保罗那个时代开始直到今日，这两千年来却始终没有中断过。它一直都是每个时代的信息。它在神圣的教堂中如此，它在所谓"世俗"的文化，乃至流行的娱乐圈中也往往如此。可说是圣俗不分。

美国的《新闻周刊》曾经在首要的一篇文章中，提出了这样一个耐人寻味的历史问题："谁真正杀害了耶稣？"这个问题

---

184. Thiselton, *The First Epsitle to the Corinthians: A Commentary on the Greek Text*, 129-133.

是由美国电影演员兼导演梅尔·吉普森（Mel Gibson）的新作
《基督的受难》（The Passion of the Christ）所引起的。这部电影
放映后，便引起了全球性的广泛争论。因为福音书清楚记载是
犹太人的领袖向当时的罗马巡抚施压，将耶稣钉死在十字架上
的。世界各地的犹太人组织因此非常担心这部新影片可能会激
起反犹太人的情绪以及对犹太人的仇恨。除了犹太人的担心之
外，看过这部影片的人也认为，耶稣被钉死在十字架上的场面
太血腥和暴力了。犹太人的担忧以及观众对暴力场景的不安是
可以理解的。可是，研究保罗十字架神学的学者，却不得不问
这样一个最基本的历史性问题：作为古代的一种极刑，十字架的
酷暴是如何展现出来的？使徒保罗为什么认为十字架的信息对希
腊人（或外邦人）是"愚拙的"，对犹太人又是极大的"绊脚石"
（σκάνδαλον, 1:23）？另一个相关的问题是，在保罗那个时代的
哥林多信徒是否过分关注人的"智慧"和"口才"，而没有真正
理解十字架的信息以及它所要求的生活见证？为什么保罗的十字
架神学是对当时强势的希腊罗马文化一个空前的挑战？[185]

　　在古代，十字架是一个早已广泛被承认是人类最卑贱和
耻辱的象征。因为钉十字架确实是古代最残忍，远远超越人
类文字所能描述的一种酷刑。德国的宗教史学家亨格尔[186]
在古代钉十字架刑罚的社会历史研究方面作出了显著的贡

---

185. 对这个课题有兴趣深入探讨的读者，也许可以参考本书作者 2008 年完成于
　　　英国杜伦大学的博士论文。论文已经在德国出版成书：Shi Wenhua, *Paul's
　　　Message of the Cross as Body Language*, WUNT II/254（Tübingen: Mohr Siebeck,
　　　2008）。中文译作《从身体语言看保罗的十字架信息》。
186. 亨格尔的研究重点是早期基督教和犹太教的"第二圣殿时期"或"希腊化时
　　　期"（Second Temple Period or Hellenistic Period）。

献。[187] 他的研究证实，古代社会曾普遍地采用了十字架的刑罚作为一种极刑。他因此还特别强调说，"是十字架的刑罚使其新的信息从所有其他的神话中区分出来。"他还补充说，"耶稣在十字架上的死亡也成为人们拒绝他是上帝儿子的一个主要原因"。[188] 亨格尔也因此认为，这就是保罗在哥林多教会的论战中，首先论及十字架的原因。因为保罗有意要挑战那些企图淡化十字架所造成的冒犯的人。最终，十字架也就成了保罗信息的矛头。在一些古代的文献中"疯狂"（μανία, madness）一词也被用来形容十字架。除了用"愚拙"（μωρία, folly）一词以外，殉道者游斯丁（Justin Martyr）[189] 和一些异教徒作者也用"疯狂"这个极端的贬义词来描述基督教的十字架信息。本书有关十字架信息的诠释在很大的程度上也取决于古代有关十字架刑罚的原始文献。要理解保罗为何用耶稣被钉死在十字架上的历史事件，去挑战当时社会的意识形态，就必须知道十字架是一个早已广泛被承认是人类最卑贱和耻辱的象征。

耶稣被钉死在十字架上的历史事实，虽然都已经清楚地记载在四部福音书中，但却很少人从圣经之外去寻找它具体的实施情况，尤其是这酷刑在古希腊和罗马人的心目中以及社会上所具有的深刻意义。众所周知，罗马人对社会和平与秩

---

187. M. Hengel, *Crucifixion in the Ancient World and the Folly of the Message of the Cross.* 参见 H.W. Kuhn, "Die Kreuzesstrafe während der frühen Kaiserzeit. Ihre Wirklichkeit und Wertung in der Umwelt des Urchristentums", in H. Temporini and W. Haase（eds.）, *Aufstieg und Niedergang der römischen Welt: Geschichte und Kultur Roms im Spiegel der neueren Forschung*（Berlin: Walter De Gruyter, 1982）, vol. 25.648-793。

188. Hengel, *Crucifixion in the Ancient World and the Folly of the Message of the Cross*, 1.

189. Justin, *Apol.*1.13.4.

序的关注已经几乎成为病态。[190] 因此，罗马人和热衷于捍卫罗马法律者无形中把十字架刑罚作为维护当时社会秩序和安全的一个必要和有效的工具。对于暴徒和叛逆者来说，罗马大众对十字架刑罚的回应自然会造成他们对十字架刑罚的恐惧和仇恨感。尽管古代世界的人们认识到十字架刑罚是极端残忍和不人道的，但他们似乎并未有意愿取消这种酷刑的执行方式。不但如此，为了维护罗马法律与罗马和平，甚至连开明的哲学家也认为：严惩罪犯是势在必行的，尤其是对不法分子身体的酷刑，致使法律能够得到有效地实施。[191] 罗马共和国晚期的哲学家与雄辩家西塞罗直接地将十字架刑罚称为"最残酷的刑罚"（*summum supplicium*）和"那瘟疫"（*istam pestem*），但没有提出任何的建议废止它。[192] 同样地，与保罗同时代的斯多亚学派的哲学家与政治家塞涅卡将十字架形容为"诅咒之树"（*infelix lignum*），[193] 并且用"高潮"（*et novissime acutam crucem*, climax）一词来描述十字架刑罚的痛苦。[194] 十字架受难的极端残忍与痛苦程度致使塞涅卡在《道德书简》中问了这样一个最令人不安的问题："但是，什么样的生命是一种迟延的

190. Barton, *The Sorrows of the Ancient Romans: The Gladiator and The Monster*, 180.

191. K. M. Coleman, "Fatal Charades: Roman Executions Staged as Mythological Enactments", *JRS* 80（1990）, 44-73, at 47. Plato, *Gorgias* 525B: "And it is fitting that every one under punishment rightly inflicted on him by another should either be made better and profit thereby, or serve as an example to the rest, that others seeing the sufferings he endures may in fear amend themselves."

192. Cicero, *In Verrem* V.168, 162.

193. Philo in *De Posteritate Caini* 24-26 quotes from Deut. 21.23 "Hanging on a tree is cursed of God"（κεκατηραμένον ὑπὸ θεοῦ τὸν κρεμάμενον ἐπὶ ξύλου）but does not identifies it explicitly with crucifixion.

194. Seneca, *Epistulae morales* 101. 14f.

死亡? " [195]

　　故此，钉十字架在古代已经被普遍视为一种最残酷的刑罚。第一世纪的著名的犹太历史学家约瑟夫在他的早期著作《犹太战记》中，[196] 也将钉十字架描述为 "最悲惨的死亡"（θανάτων τὸν οἴκτιστον）。[197] 同世纪的犹太哲学家斐洛称之为 "最极端的处罚"（τὰς ἀνωτάτω τιμωρίας）。[198] 现代德国学者亨格尔将十字架刑罚形容为一种最残酷的 "野蛮" 的处死方式。[199]

　　有关十字架刑罚的记载，可以追溯到公元前 4 世纪的古希腊哲学家柏拉图的作品。从柏拉图的著作中就可以发现，他对十字架刑罚的施行已经非常了解。在《高尔吉亚篇》中，柏拉图清楚地指出，被钉之人在受十字架刑罚之前经常会遭到各种鞭打和刑罚，例如焚烧罪犯的眼睛，并鞭答其身体。有些刑罚，甚至影响到罪犯的家庭成员。[200] 西塞罗在其作品中多次提及了十字架的刑罚，并宣称它是 "奴隶的刑法"（servile

---

195. Seneca, *Epistulae morales* 101. 14: "But what sort of life is a lingering death? Can anyone be found who would prefer wasting away in pain, dying limb by limb, or letting out his life drop by drop, rather than expiring once for all? Can any man be found willing to be fastened to the accursed tree [*infelix lignum* (or *arbor*) is the cross], long sickly, already deformed, swelling with ugly tumors on chest and shoulders, and draw the breath of life amid long-drawn-out agony? I think he would have many excuses for dying even before mounting the cross!"

196. 该著作约于公元 75 年完成，一般缩写为 *BJ, JW* 或 War。

197. Josephus, *BJ* 7.202.

198. Philo, *Flaccum* 126.

199. Hengel, *Crucifixion in the Ancient World and the Folly of the Message of the Cross*, 22.

200. Plato, *Gorg.* 473C: "If a man be caught criminally plotting to make himself a despot, and he be straightway put to the rack and castrated and have his eyes burnt out, and after suffering himself, and seeing inflicted on his wife and children, a number of grievous torments of every kind, he be finally *crucified*(ἔσχατον ἀνασταυρωθῇ) or burned in a coat of pitch, will he be happier than if he escaped and make himself despot, and pass his life as a ruler in his city, doing whatever he likes, and envied and congratulated by the citizens and the foreigners besides?"

supplicium）。[201] 根据普鲁塔克的记载，约公元前 75 年，当时年轻的凯撒在帕加马（Pergamum）对劫匪也曾实施过十字架的极刑。[202] 普鲁塔克还记载，"每个罪犯去受死刑的时候都必须背负自己的十字架"，这是十字架酷刑实施的一种方式。[203]

在奉行奴隶制度的希腊罗马时代，奴隶在现实生活中一般很少得到或根本就没有保障。他们的命运在很大程度上是取决于他们的主人和罗马家庭的其他成员。因此，奴隶的生命往往会面对"奴隶的刑罚"（即钉十字架）的威胁。因此，"奴隶的刑罚"也成了在十字架上受难的代名词。所以十字架刑罚又被通称为"奴隶的刑罚"。根据甘塞（Garnsey）对罗马帝国的社会地位和法律特权的研究，十字架刑罚是对奴隶实施的一种标准形式。[204] 十字架刑罚作为奴隶的刑罚，在古代作品中也有充分的证据。[205] 此外，斐洛、[206] 西塞罗、[207] 塞涅卡、[208] 普鲁塔克、[209]

---

201. Cicero, *In Verrem* V.169.

202. Plutarch, *Caesar,* 2.2-4: "Caesar went to Pergamum, took the robbers out of prison, and crucified them all（ἅπαντας ἀνεσταύρωσεν）, just is he had often warned them on the island that he would do, when they thought he was joking."

203. Plutarch, *Moralia* 554 A/B: "Every criminal who goes to execution must carry his own cross on his back（ἕκαστος κακούργων ἐκφέρει τὸν αὐτοῦ σταυρόν）."（Cf. John 19.17）

204. Garnsey, *Social Status and Legal Privilege in the Roman Empire*, 127.

205. Cicero, *In Verrem* V.169; Valerius Maximus, 2.7.12; Tacitus, *Histories* 4.11; Livy, 29.18.14; Plautus, *Miles gloriosus* 539f.; *Mostellaria* 1133, 359f.; *Persa* 855f.

206. Philo, *De Specialibus Legibus* 3.160.

207. Cicero, *In Verrem* V.158.

208. Seneca, *Epistulae morales* 14.5: "Picture to yourself under this head the prison, the cross, the rack, the hook, and the stake which they drive straight through a man until it protrudes from his throat."

209. Plutarch, *Pericles* 28.3.

苏多纽斯[210]和忒密多鲁斯（Artemidorus）[211]等的著作中还强调十字架酷刑对罪犯身体的公开羞辱。

对罗马人来说，钉十字架所承受的精神和身体上的痛苦以及羞耻不但是无法容忍的，它也是对罗马身份的一种"降级"。这种对奴隶所产生的消极态度也明显地反映在西塞罗的作品中。在面对一个逃跑的奴隶指责他的主人丢塔如斯（Deiotarus）的不当行为时，西塞罗考虑到的仅是捍卫国王丢塔如斯的优越地位和权利。西塞罗的观点是，"根据我们祖先的做法，从一位指控他主人的逃奴那里寻求证据是非法的"。西塞罗甚至认为，十字架酷刑也不足以处罚指控主人的逃奴。[212]另一方面，西塞罗明显是在维护罗马人与奴隶的社会等级之分。那就是说，罗马人属于上层人士，持有优越的社会地位与特权，从而不应当遭受奴隶之刑罚（即钉十字架）。因此，当罗马贵族及参议员拉比留斯（Rabirius）受到钉十字架死刑的威胁时，西塞罗就为他极力辩护。对西塞罗而言，"十字架"这个字眼不但应该从罗马公民中完全消失，而且还要远离罗马人的思想、视线与听觉。[213]像西塞罗一样，约瑟夫、苏埃托尼乌斯和李维也为罗马人受十

---

210. Suetonius, *Galba* 9.2. *Claudius* 25.3.

211. Artemidorus, *Oneirocritica* 2.53.

212. Cicero, *Pro rege Deiotaro* 26: "According to the practice of our ancestors, it is illegal to seek evidence from a slave against his master....Can the cross inflict adequate torture upon this runaway？"

213. Cicero, *Pro Rabirio* 9-17: "'Veil his head, hang him to the tree of shame.' Such phrases, I say, have long since disappeared from our state, overwhelmed not only by the shadows of antiquity but by the light of Liberty...Even if we are threatened with death, we may die free men. But the executioner, the veiling of the head, and the very word 'cross' should be far removed not only from the person of a Roman citizen but from his thoughts, his eyes and his ears (*Mors denique si proponitur, in libertate moriamur, carnifex vero et obductio capitis et nomen ipsum crucis absit non modo a corpore civium Romanorum sed etiam a cogitatione, oculis, auribus*)."

字架的刑罚而感到震撼。[214]

　　总而言之，以上提及的古代作品都对十字架酷刑有非常生动和富有启发性的描述。他们的描述，可以藉着以下几方面来表达。首先，受刑者要经历的极端痛苦不只是肉体的，也是心理和精神上的。施刑前的各种折磨方式也是非常残忍的，如焚烧、鞭挞等。其次，钉刑的公开执行，也常演变成一种娱乐和消遣以及具戏剧性的场面，以充分满足观众的虐待狂心理。在这种场合之下，受刑者就会深感被整个社会所抛弃，因为他是完全身处于无助和无力的悲惨境况中。再者，这酷刑对犯人身体的公开羞辱（往往是全身或是几乎赤裸，暴露无遗）也是非常不人道的。死者也常是死无葬身之地。整个尸体或部分肢体被留下来喂猛禽野兽也是常有的事。最后，受刑的犯人最常见的是奴隶、叛乱者、强盗、犹太人以及较后的基督徒。偶而才会有贵族和罗马公民被钉在十字架上的例子。因为罗马人一般上是不会容忍和接受被钉十字架那样的羞耻。柯蒙（Coleman）形容钉十字架是一种给人"降级的刑罚"（penalties of degradation）。[215]

---

214. Josephus, *BJ* 2.308: "For Florus ventured that day to do what none had ever done before, namely, to scourge before his tribunal and nail to the cross（σταυρῷ προσηλῶσαι）men of equestrian rank, men who, if Jews by birth, were at least invested with that Roman dignity." Suetonius, *Caligula* 27.3-4: "Many men of honourable rank were first disfigured with the marks of branding-irons and then condemned to the mines, to wild beasts; or else he shut them up in cages on all fours, like animals, or had them sawn asunder." *Caligula* 12.2 "...or even strangled the old man with his own hand, immediately ordering the crucifixion（*crucem*）of a freedman［Roman citizen］who cried out at the awful deed." *Galba* 9.1. Livy, 30.43.13; 29.9.10; 29.18.14.

215. Coleman, "Fatal Charades: Roman Executions Staged as Mythological Enactments", 45.

罗马政权执行钉十字架的酷刑是公开的。它似乎是刻意用来疏离受刑者与整个社会的距离。那些进行嘲笑和讥讽的围观群众，似乎都会感觉到他们在道德上的优越感和满足感。在罗马社会，为了要达到嘲弄受刑者的目的，执行的罗马长官往往会在法律之外随心所欲。耶稣被钉十字架那一幕便是很好的一个例子。因此，保罗"十字架的信息"和它的"愚拙"，就必须从上述的历史背景去思索。如上所述，在古罗马社会中，十字架的执行是与社会阶层的区别分不开的。柯蒙认为，罗马刑罚制度的一个关键因素，是对不同阶层的罪犯采取区别性的惩罚。罗马社会对下层阶级（*humiliores*）和上层阶级（*honestiores*）之间的区别是非常严谨和刻意的。这个现象的特点具有强烈的社会阶层分化目的和意义。因此，当上层阶级被等同于所谓"真正的人类"时，下层则是次人类或在人类之下了，因而常"合法地"被迫接受残酷的待遇。[216] 正是出于这个原因，罗马公民特别恐惧自己或任何成员被钉十字架。这不仅是因为受刑者不得不忍受身体的痛苦，而且还得通过刑罚不由自主地去展示这酷刑所象征的一切。

上面的概述应当足以说明十字架是一个表现人类极端耻辱和痛苦的标志。它还不仅代表着上述的特点和象征，也是绝无仅有的"身体语言"。在罗马社会，任何不以人的身体为依托的"语言"都是毫无意义的。对罗马人来说，"身体语言"与他们理念中的男子气概，包括刚毅、权力、权威、社会名誉和地位

---

216. Coleman, "Fatal Charades: Roman Executions Staged as Mythological Enactments", 55.

等价值观，是密不可分的。

十字架的刑罚，在一个公共场所施行，也使得它的"身体语言"显得特别强大而有效。古代的社会非常重视一个人死亡的"方式"。希腊罗马传统和犹太人的马加比传统（Maccabean tradition）都有所谓"崇高的死亡"。在希腊罗马的传统中，崇高的死亡当首推苏格拉底之死为最古典的模范。因为他被公认是一位出类拔萃的哲学家，毕生在追求"真理"，最终以处之泰然的态度面对死亡。对犹太人而言，崇高的死亡最典型的例子也许就是马加比的殉道精神了。《马加比二书》（2 Maccabees）有三个关于崇高的死亡的故事。第一个，九十三岁高龄的文士以利亚沙（Eleazar）。第二个，一位无名的母亲。第三个，那位无名的母亲的七个儿子（6.18-31; 7）。上述这些马加比人士崇高的殉道，必须要放在上帝与犹太人所立的圣约的背景下来理解。在这个背景下，文士以利亚沙崇高的殉道对犹太人来说是极大的鼓励和力量（6.31）。他的殉道凸显了四点：那就是1）顺服；2）斗争的精神；3）身体所承受的极端痛苦；4）以利亚沙殉道的"代罪"意义。这个"代罪"意义对犹太人而言，特别崇高和伟大。马加比文士上述这四点殉道的意义与耶稣在十字架上的死亡是有比较价值的。1）耶稣在十字架上的死，是对上帝顺服的结果。2）耶稣的死也是一种斗争的精神，特别是与罪和死亡的斗争。3）耶稣在十字架上所承受的身体痛苦，与马加比文士以利亚沙，也完全可以相比。4）耶稣在十字架上的"代罪"意义，比起马加比文士以利亚沙，可说是有过而无不及。因为后者的代罪，只是为了自己的犹太民族，而耶稣的代罪却是为全人类的。

另一方面，马加比殉道者的死亡也与耶稣有很大的不同。根据《马加比二书》的记载，文士、无名的母亲和她七个儿子在面对死亡的时候所展现的，是勇气和无畏的伟大精神，完全有男人的气概（14.11; cf.15.23, 28-30; 16.14, 2）。这些德行（virtues）既可以成为犹太人的楷模，也是外邦人可以学习的榜样（7.12; 4 Macc. 17.16－24）。在犹太人的眼中，马加比的殉道者不仅是他们的"英雄"，也是他们的"哲学家"，因为他们的思想和德行，不但可以指引人们的道路和生活，还加强了犹太人的身份认同（Jewish identity）。

与马加比的殉道者面对死亡的时候所展现的勇气和无畏的精神相比，耶稣在面对十字架的时候，似乎就显得"软弱"了。耶稣在客西马尼祷告的时候，还一度要求上帝把苦杯撤去，虽然他最终选择了顺服（可 14:35，36）。不但如此，在十字架最后那一刻，耶稣也曾大声在喊叫（可 15:34）。可是，保罗的"十字架神学"却是非常"吊诡"的。因为对保罗而言，耶稣最"软弱"的时候，也正是他最刚强有力的时候，因为罪和死亡的权势，就是在他最"软弱"的时候被瓦解的。当然，这只是保罗"十字架神学"的视角和诠释。对希腊罗马人来说，十字架的信息永远是"愚拙"的；对犹太人而言，则是一个最大的"绊脚石"（林前 1:23）。

总而言之，十字架的神学，在保罗书信中不仅是指使徒福音的内容，而且还包括他的宣讲或传达的方式，以及他的整个使徒生活（*modus operandi*）。这是因为，对于保罗而言，他的神学与他呈现的方式以及他作为基督使徒的整个生活和操作方式是难以分隔的。使徒保罗早就"决定在你们［哥林多人］中间不知道别的，只知道耶稣基督，并他钉在十字架"（林前2:2）。这个决定，主要是基于使徒保罗福音的内容。与这福音的内容密不可分的，是保罗宣讲的方式。那就是，"不用智慧和委婉的言语"（2:4）。最终，保罗的整个生命是以他个人的"软弱"以及苦难经历为标志（林后 11:30）。[217]

保罗在《哥林多前书》1:18-31 显然是在处理一些最关键和最复杂的问题，以便回应"十字架的信息"的"愚拙"。这些问题包括希腊罗马社会崇尚的智慧、权力和地位。[218] 保罗在回应这些问题的时候，非常巧妙地运用了对立和吊诡的论说方式。他首先以被鄙视为"愚拙"的"十字架的信息"来废黜"智慧人的聪明"，以上帝的力量和智慧来取而代之，最终通过基督的十字架，强有力地将它启示和显明出来。然而，上帝的力量和智慧没有被使徒保罗设想在抽象的真空中，而是在基督十字架受难的身体上，以一种非常有力的"身体语言"为载体表达出来的。这样的十字架信息要求听者作出不可回避的回应。听者必须为自己的救赎而接受，或是为自己的沉沦而拒绝它（林前1:18）。

---

217. D. A. 卡森，《十架与事奉：哥林多前书论领导》（美国：麦种传道会，2005）。R. B. 海斯，《基督教新约伦理学：活出群体、十架与新造的伦理意境》（台北：校园书房，2011）。

218. 智慧—愚蠢（wisdom-folly）的对比在希腊罗马世界中发挥了重要作用。愚蠢也代表了哥林多的神学口号（theological slogans or catchwords）。参见Wilckens, *Weisheit und Torheit*, 5-41; Thiselton, *The First Epsitle to the Corinthians: A Commentary on the Greek Text*, 154。

哥林多信徒主要的问题显然是自夸，这也是促成他们之间分歧的主要原因。但保罗所使用的对立和吊诡方法，却让他们绝对没有任何理由向任何人吹嘘，因为即使是按照世俗的标准，或根据他们非常珍惜的社会价值观，他们中间实际上"没有多少"人是有"智慧的"、有"能力的"和"尊贵的"（1:26）。使徒保罗在此所呈现的，是伟大而神圣的吊诡或悖论。那就是，上帝选择了世上"愚拙"的，叫"有智慧的羞愧"，又选择了世上"软弱的"，叫那"强壮的"羞愧。上帝也选择了世上"卑贱"的，"被人厌恶"的，以及那些"无有"的，为要废黜"那有的"（1:27-28）。保罗在废黜了世界的智慧以及向信徒重申上帝的智慧和能力之后，便以意义深长的语调提醒哥林多信徒，那位曾经被钉在十字架上的基督，已经成了他们的智慧、公义、圣洁和救赎。哥林多信徒只能在这个基础上，充分去理解和确认他们的蒙召和身份。因此，如果有人胆敢夸口，就只能在"主里夸口"了（1:31）。

哥林多人存在着社会和神学两方面的问题。他们因为深受当时社会风气的影响和约束，没有清楚理解保罗的十字架信息。[219] 哥林多人属世的智慧和自我的炫耀与保罗十字架式的使徒生活方式形成了鲜明的对照。正如伽兰德所言，作为使徒，

---

219. 世人的智慧与十字架的大能之间的对照：1）传福音的性质；不邀请竞争性的修辞来评估；不以说服的技巧或以消费为导向来达到目标；2）是给教牧和使徒的角色和性质的一个重新评估。提瑟顿（Thiselton）认为，《哥林多前书》的整合问题，主要是关系到那被认为是过早实现了的末世论（an over-realized eschatology）。许多哥林多信徒也因为这个错误的末世观，以致曲解了所谓"属灵的人"的本质（4:8）。这种神学误解与那个已经渗入教会的世俗主义结合了起来。参见 Thiselton, "Realized Eschatology at Corinth", *NTS* 24（1978），510-526; *Idem, The First Epsitle to the Corinthians: A Commentary on the Greek Text*, 40。

保罗以十字架的智慧为生活的指导原则；但哥林多人却以这个世代的智慧和价值观为自己的人生哲学和生活方式。[220] 保罗在4:9-13 描述了作为基督的使徒所经历的苦难。马丁·路德认为，"荣耀神学和十字架神学"之间的区别可以追溯到保罗在这方面的教导。相信和推崇"荣耀神学"者只期望上帝显示力量、荣耀和祝福，因此不会理解和接受那位"被遗弃在十字架现场的上帝"的奥妙启示。[221] 克林赫德（Kleinknecht）把 4:8-13 视为1—4 章的高潮。[222] 提瑟顿则认为，4:8-13 的连续性不只限于1—4 章，而且还包括 8-11:1 和 12—14 章，并且借此让第 15 章成为"整本书信的冠冕"。[223] 施拉格的观点是，保罗在 4:8-13 所述说的苦难其实是涉及了十字架和末世论的神学。[224]

普兰克（Plank）把保罗受苦的自述看成是具讽刺性的修辞（rhetoric of irony）。[225] 菲兹吉拉德（J. T. Fitzgerald）认为，保罗所列出的"苦难目录"（*peristasis*）非常类似古代圣人的真正标志。[226]*Peristasis*（Περίστασις）基本上是指好、坏或两

220. Garland, *1 Corinthians*, 137.

221. Alister E. McGrath, *Luther's Theology of the Cross*（Oxford and Cambridge: Blackwell, 1990）, 167.

222. K. T. Kleinknecht, *Der leidende* Gerechtfertigte: Die *alttestamentliche-jüdische Tradition vom "leidende Gerechten" und ihre Rezeption bei Paulus*（WUNT 2/13; Tübingen: Mohr Siebeck, 1984）, 208-304.

223. Thiselton, *The First Epsitle to the Corinthians: A Commentary on the Greek Text*, 345.

224. Schrage, "Leid, Kreuz und Eschaton: Die Peristasenkalaloge als Merkmale paulinischer theologia crucis *und* Eschatologie", *EvT* 34（1974）, 141-175.

225. Plank, *Paul and the Irony of Affliction*（SBLSS; Atlanta: Scholars Press, 1987）, 33-70.

226. John T. Fitzgerald*, Cracks in an Earthen Vessel: An Examination of the Catalogues of Hardships in the Corinthian Correspondence*（SBLDS 99; Atlanta: Scholars Press, 1988）, 117-148.

者兼有的"境遇实录"（a catalogue of circumstances）。苦难目录不仅经常出现在古代的文献中，如斯多亚哲学，犹太天启（Jewish apocalyptic）文学，历史学家约瑟夫的著作以及犹太早期的口头传统《密西拿》，而且也常见于保罗书信中。然而，在哥林多书信中，保罗的"境遇实录"只是提及他自己那些痛苦与困难的境遇。[227]

在希腊罗马传统中，苏格拉底面对死亡时泰然自若和视死如归的态度，常被普遍地看成是一位真正的哲学家应有的态度。[228] 亚里士多德写道，"有美德的人用耐心忍受重复和严重的厄运。"[229] 对塞涅卡而言，"智者和有美德的人应该庆幸地欢迎苦难为上帝的偏爱。"[230]

希腊罗马的"圣贤"们列举苦难目录的目的，是为了展现他们的美德、刚毅、勇气和耐力。但与此相反，保罗却用切身的苦难经历来显示自己的"软弱"（林后 11:30）。[231]4:9-13 的苦难目录反映了十字架的主题，而不是英雄的自主能力（heroic autonomy）。[232] 保罗的痛苦经历也因此是与耶稣在十字架上的苦难与死亡有密切关联的。保罗把这些痛苦经历不仅看作是上帝给他力量的具体见证，也看作是为了确定他身为使徒的真实

227. 林前 4:9-13; 林后 4:8-9; 6:4-10; 11:23-28; 12:10. 参见罗 8:35-39; 腓 4:11-12; 提后 3:11。Fitzgerald, *Cracks in an Earthen Vessel: An Examination of the Catalogues of Hardships in the Corinthian Correspondence*。

228. Plato, *Phaedo* 67E-68B, *Respublica* 387DE; Diogenes Laertius 3.78.

229. Aristotle, *Eth. nic.* 1.10.11: "virtuous man endures repeated and severe misfortune with patience."

230. Seneca, *Prov.* 4.5, 7-8: "the wise and virtuous should thankfully welcome hardships as a divine favour."

231. 柯林斯认为，自嘲（self-deprecation）可能是修辞诉求的一部分，但也可能反映了保罗的真实情况（林后 11:16-29; 林前 2:3），参见 Collins, *First Corinthians*, 116。

232. Schrage, *Der Erste Brief an die Korinther*, 1:342.

标志。因为它们表明他是与基督一起受苦的。[233] 哈弗曼（S. J. Hafemann）将 4:9-13 与《哥林多后书》1:9 和 2:14—3:3 联系在一起，因为它们都强调与基督同死的思想。[234] 如此看来，保罗在 4:9-13 记载个人苦难经历的最终目的，是要以十字架的神学和心态来解决哥林多教会纷争结党和信徒自夸的严重问题。[235]

（2）伦理道德问题要求一个明确的裁决（5:1—6:20）

尽管第 5—6 章进入了书信的一个新阶段，在一定的程度上，它仍然是持续着 1—4 章党派之争的主题。因为哥林多教会中出现的乱伦行为（πορνεία）[236] 已经加剧了群体的分

---

233. Richard B. Hays, *First Corinthians: Interpretation, a Bible Commentary for Teaching and Preaching*（Louisville, Ky.: John Knox Press, 1997），72.

234. Scott J. Hafemann, *Suffering and the Spirit: An Exegetical Study of II Corinthians 2:14-3:3 within the Context of the Corinthian Correspondence*（WUNT 2/19; Mohr Siebeck, 1986），58.

235. Roy E. Ciampa and Brian S. Rosner, *The First Letter to the Corinthians*（Pillar New Testament Commentary; Grand Rapids: Eerdmans, 2010），181. 参见 Thiselton, *The First Epsitle to the Corinthians: A Commentary on the Greek Text*, 365-371。

236. 保罗共 6 次使用了希腊文 πορνεία，其中 5 次出现在《哥林多前书》5—7 章。Πορνεί α（sexual immorality, or an illicit sexual relationship）指 "淫乱" 或 "不合法的性交"。参见 Walter Bauer, F. Wilbur Gingrich, William F. Arndt, F. Wilbur Gingrich, Frederick W. Danker, *A Greek-English Lexicon of the New Testament and Other Early Christian Literature*（*BAGD*; 2nd ed., Chicago; London: University of Chicago Press, 1957），693; Thiselton, *The First Epsitle to the Corinthians: A Commentary on the Greek Text*, 385。张永信，《哥林多前书：教会时弊的良方——爱》，107，注脚 3。Pornography 源于该字。乱伦在古代社会是被视作伤风败俗的。参见 Euipides, *Alc.* 305-9; Callimachus, *Epig.* 8; Hermogenes, *Issues.* 56.16-18, 58.20-22; Suzanne Dixon, *The Roman Mother*（Norman: University of Oklahoma Press, 1988）155-159。希罗人的一个典型习俗是倾向娶非常年轻的女子为妻，导致妻子的年龄与丈夫的年长儿子年龄接近相仿的现象。参见 Euripides, *Hipp*; Appian, *Hist. rom.* 11.10.59; Heliodorus, *Teth.* 1.9-14; Philostratus, *Vit. soph.* 1.21.516-517。希罗社会禁止乱伦。希腊人惧怕被指控与继母同居，以招致惩罚（Euripides, *Hipp.* 885-890; Giaus, *Inst.* 1.63）。罗马法律惩罚乱伦者，把他们流放到海岛上。Keener, "Adultery, Divorce", in *The Dictionary of New Testament Background*, eds. Craig A. Evans and Stanley E. Porter: 6-16. 科纳，《哥林多前后书释义》（上海：华东师范大学出版社，2009），81-82. 所以，保罗指控哥林多教会出现的这种极为恶劣的淫乱（乱伦）行为，连外邦人也无法接纳。

化。[237] 费尔（Fee）给 5:1-6:20 的标题是："淫乱与诉讼：考验权威与福音危机的案例。"[238] 权威的危机把 1—6 章连接在一起。费尔认为，1—4 章给 5—6 章所涉及的权威危机提供了重要的背景与原因，它也凸显了保罗与那些"自高自大"的人在神学方面的巨大差异（5:2; 6; 4:18-19）。不但如此，"自高自大"的人也必须对教会的严重危机负责。[239] 这也是哥林多教会中发生淫乱以及信徒到公共的法庭去互相诉讼的祸根。

a）淫乱之事（5:1-13）

关于哥林多教会中有人与继母同居的丑闻，保罗认为不仅是不道德的，而且是特别离谱的性关系。[240] 新约学者尝试以许多不同的方式来处理这个问题：从关于"逐出教会"（excommunication）和"败坏肉体"（ὄλεθρον τῆς σαρκός）的各种研究论文，到以群体的自满，滥用"自由"，和自高自大（πεφυσιωμένοι）等原因来诠释这件事。

在《哥林多前书》5:1-8 这段经文中，最令人费解和困惑

---

237. Mitchell, *Paul and the Rhetoric of Reconciliation: An Exegetical Investigation of the Language and Composition of 1 Corinthians*, 112.

238. 1）乱伦男子的案例（5:1-13）；2）诉讼案例（6:1-11）；3）持续淫乱（6:12-20）。参见 Fee, *The First Epistle to the Corinthians*, 194-266; James T. South, *Disciplinary Practices in Pauline Texts*（Lewiston, NY: Mellen, 1992），25-26。

239. Fee, *The First Epistle to the Corinthians*, 195.

240. 5:1 的希腊文 ακουεται（"风闻"）指 "到处传闻"，可能来自哥来氏家中的人，或司提反和福徒拿都等人（16:17）。"风闻"之前的希腊字 Ὅλως（at all, wholly, actually）意为 "全面地""实际地"（6:7; 15:29）。所以并非道听途说，而是确实是有人向保罗报导。"继母"（γυνh, woman, wife）可译作"女人，或妻子"。保罗没有指责那个女人，也许是表明她不是信徒（5:12-13）。Barrett, *A Commentary on the First Epistle to the Corinthians*, 120. Thiselton, *The First Epstile to the Corinthians: A Commentary on the Greek Text*, 385-407. 张永信，《哥林多前书：教会时弊的良方——爱》，106。周天和，《哥林多前书》，163-164。

的，也许是保罗在 5:5 那句非常严重的话："要把这样的人交给撒但，败坏他的肉体，使他的灵魂在主耶稣的日子可以得救。"有些学者给"交给撒但"这一句解释为：一个被赶出教会的人，是已经失去了基督在教会里给他的保护，他从此就处在撒旦的权势之下。[241] 绍斯（J. T. South）在《对〈哥林多前书〉5:1-8 诅咒 / 死亡的解释的批判》一文中，特别重视发生在这些人物身上的事。他认为，肉体在此是指这个男人的身体。[242] 康慈曼在他的注释中写道，"败坏肉体"在此只能意味着死亡。[243]也有学者认为，"败坏肉体"在这里简直是给犯罪者宣判了死刑。[244]

奥利金则认为它是指思想或肉体的败坏。[245] 对罪犯的惩罚可能会、也可能不会包括在他肉体上的痛苦及其结果，但最终被消灭的，肯定是罪犯本人或包括哥林多群体在内的自我荣耀

---

241. Barrett, *A Commentary on the First Epistle to the Corinthians*, 126. "交给撒但"涉及关系上的断绝，意味着这人丧失了在教会中所享有的一切权利，包括事奉、圣餐、援助等。A.Y. Collins, "The Function of 'Excommunication' in Paul", *HTR* 73（1980），251-263. "败坏他的肉体"是交给撒但的结果，却使他的灵魂可以得救。例如，约伯肉体受到撒但的攻击，却因而更认识神。保罗也提及其肉体受到撒但的攻击（林后 12:7）。由此可见，这种攻击包括了患病，甚至死亡。犹如初期教会亚那尼亚和他的妻子撒非喇欺哄圣灵，结果被神击杀（徒 5:1-6）。论到混乱圣餐的人中间"有好些软弱的与患病的，死的也不少"（林前 11:30）。参见黄浩仪，《哥林多前书》（卷上；香港：天道书楼，2002），290-292。张永信，《哥林多前书：教会时弊的良方——爱》，110。

242. James T. South, "A Critique of the 'Curse/Death' Interpretation of 1 Corinthians 5.1-8", *NTS* 39（1993）: 539-61；South, *Disciplinary Practices in Pauline Texts*, 44-47.

243. Conzelmann, *1 Corinthians*, 97.

244. Ernst Käsemann, *New Testament Questions of Today*（London: SCM, 1969），71；Schneider, "σάρξ", *TDNT* 5.169; C. T. Craig, *The First Epistle to the Corinthians*（IB 10; New York and Nashville: Abingdon, *1953*），10.62.

245. C. Jenkins, "Origen on I Corinthians", *Journal of Theological Studies*, 9（1908），353-372.

或自我满足。[246] 对保罗来说，最不能接受的，是哥林多群体和那个罪犯对肉体犯罪的容忍和妥协态度。也有人认为，败坏肉体是指毁坏那位淫乱者在肉体上的情欲。无论如何，保罗虽然非常严厉地要求教会对那位淫乱者进行处罚，他的最深切的关怀还是犯罪者灵魂最终的"得救"，清楚显示了他作为一位"牧者"对信徒的关爱。[247] 哥林多教会所发生的淫乱行为，在当时的罗马社会，也是会受到谴责的。[248] 可是，那样的淫乱行为，竟然会发生在哥林多教会，的确是让保罗特别感到痛心和悲愤的。哥林多信众不但没有为这位犯罪的会友的罪行表示哀痛，而且还继续自高自大。[249] 保罗最终只有下令将这位犯罪者从教

---

246. Thiselton, "The Meaning of Σάρξ in 1 Corinthians 5:5: A Fresh Approach in the Light of Logical and Semantic Factors", *Scottish Journal of Theology* 26（1973），204-228.

247. 雅典法庭将罪犯判处死刑时，还会叫他们的男女祭司咒诅这个罪犯（Plutarch Alc. 22.3-4）。早期基督徒被逐出教门也就意味着这些人已经被交给代理灭命之责的撒但手上（提前 1:20）。但是，保罗作为牧者，他的关怀是犯罪者身体遭受痛苦，如重病、甚至死亡的同时，可以导致他们产生悔罪之心。教会执行纪律的果效是使犯罪者知罪回转，并再一次得到接纳挽回的目的，在主耶稣的日子，使他的灵魂可以得救。而非要置他于死地。J. Gundry Volf, Paul and Perseverance, 113-120. Thiselton, *The First Epsitle to the Corinthians: A Commentary on the Greek Text*, 395-399. M. D. Goulder, "Libertines?［1 Cor. 5-6］", *NovT* 41（1999），334-348. M. Newton, *The Concept of Purity at Qumran and in the Letters of Paul*（Cambridge, Cambridge University Press 1985），86-97. 张永信，《哥林多前书：教会时弊的良方——爱》，110-111.

248. Cicero, *Pro Cluentio* 15. 西塞罗严厉指责一位与自己的女婿结婚的妇人的行为。

249. Brian S. Rosner, "'Oyxi ΜΑΛΛΟΝ ΕΠΕΝΘΗΣΑΤΕ': Corporate Responsibility in 1 Corinthians 5", *NTS* 38（1992），470-473. "哀痛"（πενθέω, to mourn），常用作为死人的哀伤，在此是指带有愧悔的哀痛。哥林多人"并不哀痛"，表示他们丝毫没有悔意，不仅容忍此事，还引以为荣。造成这种态度的原因可能有几种。首先，由于淫乱风气盛行，男女发生性关系被视为习以为常的事，有些哥林多信徒还持有此旧习（5:9; 6:12-20; 7:2; 10:8）。保罗时常告诫信徒谨防淫乱行为之因（帖前 4:1-8；西 3:5-7；弗 5:3-13）。其次，希腊哲学二元思想的影响，身体可随心所欲，而不会干涉到灵魂的清洁。哥林多人误解了在基督里的自由。再者，有人自以为可以用自己的"智慧"来处理此事，并以此自夸。那就是以所谓"爱心"来宽容此举，以免造成教会分裂。最后，哥林多人的错误思想也可能与"过早实现了的末世论"（转下页）

会驱逐出去。

有些学者则从社会赞助、地位和财产的角度来分析这段经文，认为保罗在这里提到的那个与继母同居之人，可能是在社会上有特殊地位的一个人物。这位"继母"也许年纪很轻，与丈夫的儿子同居可能是为了经济利益。[250]

b）诉讼之事（6:1-11）

哈瑞斯（Harris）指出，《哥林多前书》第 5 章可说是教会纪律的开端。[251] 一个非常值得思考的问题是：教会秩序的主题在第 6 章是否得到进一步的发展？在 6:1-11，保罗论述了哥林

（接上页）有关，有些信徒自认已达致属灵的最高境界（1:7；4:8），甚至"淫乱的事"也不会影响他们。参见张永信，《哥林多前书：教会时弊的良方——爱》，164-165。

250. Chow, *Patronage and Power: A Study of Social Networks in Corinth*, 130-141. Clarke, *Secular and Christian Leadership in Corinth: A Socio-Historical and Exegetical Study of 1 Corinthians 1-6*, 74-85.

251. G. Harris, "The Beginnings of Church Discipline: 1 Cor. 5", *NTS* 37（1991），1-21. Cf. Rosner, *Paul, Scripture and Ethics: A study of 1 Corinthians 5—7*（Grand Rapids: Baker Book House［orig. *Arbeiten zur Geschichte des Antiken Judentums und des Urchristentums*, XXII; Leiden: Brill, 1994］），61-93. 保罗在《哥林多前书》5—6 章中，谴责哥林多教会出现诸多的不道德和败坏行为，包括对同性恋者的包容以及有关性爱的问题。同性恋问题："你们岂不知不义的人不能承受神的国吗？不要自欺，无论是淫乱的、拜偶像的、奸淫的、**做变童的、亲男色的**。"（林前 6:9）参见罗 1:24-27；提前 1:10；徒 15:28-29（创 19:1-29； 利 18:22；20:13）。Daniel Boyarin, "Are There Any Jews in 'The History of Sexuality'"? *Journal of the History of Sexuality* 5（1994-1995），333-355. Dale Martin, "Heterosexism and the Interpretation of Romans 1.18-32", *Biblical Interpretation* 3（1995）: 332-355; idem, *Sex and the Single Savior: Gender and Sexuality in Biblical Interpretation*（Louisville/London: Westminster John Knox Press, 2006）。海斯，《基督教新约伦理学：活出群体、十架与新造的伦理意境》，16 章。陆静梅，《由早期教会对基督论的争议看今天教会对同性恋的争议》（Thesis［M.Phil.］; Chinese University of Hong Kong, 2008）。

多人之间彼此告状的世俗现象。[252] 罗马地方法庭是受到当地有权势之人控制的。他们把自己在社会上的地位和影响力使用在法律的运作上，结果明显是权力的滥用。米歇尔在《哥林多法庭的富人和穷人：〈哥林多前书〉6:1-11 中的诉讼和地位》一文中指出，在哥林多教会中，地位较高的信徒把地位较低的信徒告上世俗法庭，后者显然处于劣势。[253] 若真是那样，哥林多教会的问题就不只是崇尚智慧和修辞（1:10-4:21），而且还受到当代世俗文化在价值观和道德行为的巨大影响，包括有权势者对法庭的操纵。保罗严厉地警戒他们要坚守蒙恩得救为信徒的身份，因此绝对不能把其他信徒告上世俗和不能持守公正的法庭。

c）在身体上荣耀上帝（6:12-20）

保罗在 5—6 章主要是在回应和处理哥林多教会在道德伦理上出现的严重问题。那些伤风败俗的性行为明显地反映了当时哥林多社会存在的社会问题和现象。保罗特别举出了那位与继母同居的犯罪者以及哥林多人信徒彼此在世俗法庭上告状的不恰当行动。性的放纵表示信徒几乎忘了自己是已经与基督联

---

252. 赞助（patronage）构成了希腊罗马社会生活的一个重要特征。初期基督教被看作是当地赞助者（patrons）对他们的社会隶属者（clients）提供赞助的一个社群。罗马社会的上流人士素以好打官司闻名，哥林多兴起的新贵阶层（nouveau riche）在这方面有过之而无不及。罗马法律制度本身庇护社会上层人士，诉讼涉及庞大的费用。起诉者可能属于富人阶层，并在社会和教会具有一定地位和权力及影响力。起诉者的胜诉率高。穷人则常属于败诉这方。尽管事情最终得到解决，公开上法庭诉讼造成教会肢体关系上的破裂却无法弥补，不堪设想。科纳，《哥林多前后书释义》，87-88。

253. Mitchell, "Rich and Poor in the Courts of Corinth: Litigiousness and Status in 1 Cor 6:1-11", *NTS* 39（1993），562-586. Gaius, *Institutes* 4.183; Suetonius, *Claudius* 15.4. Cicero, *Verr.* 1.1.1; 1.3.8; 1.5.13; Libanius, *Declamation* 36.8-9; *Valerius Maximus* 7.2. ext.14 .

合的，因此要在身体上保持圣洁。保罗要回应的严重错误是哥林多信徒当时所喊的三个口号。第一个口号是"凡事都可行"（6:12）。这口号与哥林多人源自某些有关"自由"的哲学有关。他们以自由的美名来为自己不守纪律与原则的行为辩护。[254] 保罗在 6:12 中将有关"自由"和"什么是可行的"辩论，转移到"什么是有益处的"这个问题上。[255] 信徒与基督的联合，要求他们学习基督对他人的关怀，并为他人的益处而放弃自己的自由。[256] 保罗在 6:13 引用的第二个口号是"食物为肚腹，肚腹为食物"。[257] 提瑟顿认为，这种基督教传统的对应部分的表达也出现在《马可福音》7:14。[258]

哥林多人似乎已经形成了这样的观念：正如食物是为肚

254. Schrage, *Der Erste Brief an die Korinther*, 2:17；Collins, *First Corinthians*, 243. Cf. Hurd, *The Origin of 1* Corinthians, 68；Barrett, *A Commentary on the First Epistle to the Corinthians*, 144；Fee, *The First Epistle to the Corinthians*, 251；Murphy-O'Connor, "Corinthian Slogans in 1 Cor 6:12-20", *CBQ* 40（1978），391-396. 窦德（Dodd）特别强调在修辞学方面保罗所使用的第一人称"我"（I）。保罗在 12 节中采用的，很明显是修辞中的首尾呼应（rhetorical *inclusio*）方式，为了要显示自由和责任之间是平衡的。Brian J. Dodd, "Paul's Paradigmatic 'I' and 1 Corinthians 6:12", *JSNT* 59（1995），39-58.

255. Timothy Radcliffe, "'Glorify God in Your Bodies': 1 Corinthians 6:12-20 as a Sexual Ethic", *NBI* 67（1986），306-314. Cf. Stanley K. Stowers, "1 Corinthians 6:12-20", in Everett Furguson（ed.）, *Christian Teaching: Studies in Honor of LeMoine G. Lewis*（Abilene: ACU Bookstore, 1981），59-71.

256. Thiselton, *The First Epsitle to the Corinthians: A Commentary on the Greek Text*, 462.

257. Hurd, *The Origin of 1 Corinthians*, 68；Barrett, *A Commentary on the First Epistle to the Corinthians*, 146-147；Schrage, *Der Erste Brief an die Korinther*, 2:20；Conzelmann, *1 Corinthians*, 110；J. B. Hurley, *Man and Woman in Biblical Perspective*（Grand Rapids, MI: Zondervan, 1981）；Fee, *The First Epistle to the Corinthians*, 255；Collins, *First Corinthians*, 244-245. Murphy-O'Connor, "Corinthian Slogans in 1 Cor 6:12-20", 391-396.

258. Thiselton, *The First Epsitle to the Corinthians: A Commentary on the Greek Text*, 462-463. Cf. Murphy-O'Connor, "Corinthian Slogans in 1 Cor 6:12-20", 391-396；Collins, *First Corinthians*, 239.

腹，肚腹是为食物一样，身体也同样是为性行为，性行为为身体。保罗警告哥林多人，上帝有一天将会废掉人的肚腹和身体。[259] 6:12 与 6:13 这两节的两个口号的结合，成为信徒满足其肉体的借口。[260] 这种有关性和饮食的自由，反映了当时社会的道德衰落和淫乱风气对哥林多教会的严重影响。

第三个口号是"无论何罪，皆在身体以外"（6:18）。这个口号与第一个口号非常相似。哥林多人深受希腊哲学二元思想的影响，认为他们在身体上可以随心所欲，而不会干涉到灵魂的清洁。保罗在这里所说的"身体"是指"全人"。[261]

保罗在 6:18 以明确的命令式语气要求哥林多要远避淫行，因为这会让人与那行淫乱者成为一体，从而影响了信徒与基督的关系，因为信徒是已经与基督联合在一起的。[262] 基督所救赎的，不仅是人的灵魂，也包括人的整体。基督徒的身体也是圣灵的殿，应该是圣洁的，信徒也因此可以借着身体来荣耀上帝。马丁在《哥林多教会作为基督徒的身体》一书中，特别强调基督徒身体的健康和纯洁。[263] 这段经文再次表明基督徒的身份和基督徒的生活方式，是与神学和道德密不可分的。[264]

---

259. Rosner, *Paul, Scripture and Ethics: A Study of 1 Corinthians 5—7*, 129.

260. David E. Garland, *1 Corinthians* (Baker Exegetical Commentary on the New Testament; Grand Rapids: Baker Academic, 2003), 230.

261. 周天和，《哥林多前书》（香港：基督教文艺出版社，2001），204-219。

262. B. Byrne, "Sinning Against One's Own Body: Paul's Understanding of the Sexual Relationship in 1 Corinthians 6:18", *CBQ* (1983), 608-616.

263. D. Martin, *The Corinthian Body*, 168-179. 犹太律法师用酵来象征邪恶（Philo, *Spec.* 1.293）；若不制止它就会蔓延到全身。截除身体的一部分总比它影响整个肢体要好（Cicero *Phil.*8.5.15）。同样地，教会若不执行纪律严处犯罪者，罪行就很快会影响到教会群体的健康和圣洁。

264. Thiselton, *The First Epsitle to the Corinthians: A Commentary on the Greek Text*, 458.

（3）针对婚姻与祭偶像之物的回应（7:1—11:1）

保罗在 5 至 6 章中反复使用了一个希腊修辞问句 οὐκ οἴδατε（"岂不知……"）。意思其实就是，"你们是应该知道的"。[265] 与 5—6 章相比，保罗在 7:1—11:1 这部分的语调已经有所转变。提瑟顿认为，7:1—11:1 的关键是：保罗对困难问题的所谓"灰色地带"所显示的教牧敏感度。[266]

a）论婚姻与守独身（7:1-40）

哥林多城道德的败坏和社会风气，对当时的教会无疑是造成了严重的影响。[267] 保罗在第 7 章所论及的婚姻与守独身的问题，也反映了在教会中存在的问题。[268] 学者们一般都认为，保罗在 1—6 章针对哥林多教会出现的各种问题（如：纷争结党、智慧、属灵、淫乱和诉讼等）作出回应之后，便在第 7 章开始了书信的第二部分。它主要是回答哥林多人在信中向保罗咨询的问题。希腊文的词语 περί δέ（now concerning，"论到"）在哥林多书信中多次出现，保罗使用 περί δέ 来引述某个特别的

---

265. 这种希腊修辞问句在《哥林多前书》中共出现 10 次，属于《哥林多前书》的特色之一（3:16；5:6；6:2，3，9，15，16，19；9:13，24）。保罗书信中仅出现 1 次（罗 6:16）。周天和，《哥林多前书》，118-119。

266. Thiselton, *The First Epsitle to the Corinthians: A Commentary on the Greek Text*, 483.

267. Susan Treggiari, *Roman Marriage: Iusti Coniuges from the Time of Cicero to the Time of Ulpian*（Oxford University Press, 1991）.

268. 参见刘文明，"从保罗书信看早期基督教婚姻伦理"，《湘潭师范学院学报（社会科学版）》2001 年第 23 期，21-24。聂晶晶、唐巍，"哥林多前书中的婚姻伦理思想及其当代国内意义"，《青年文学家》2015 年第 30 期，183-186。

题目，作为讨论的开始。在此是表示保罗即将按照哥林多会众所提出的问题来逐一解答。[269] 保罗在这之前已经尝试处理了哥林多教会所发生的三大问题：分门结党、淫乱和诉讼的事。他在第 7 章回应了哥林多人在信里所提出的疑难问题。

第 7 章与前面两章明显有直接的联系。[270] 保罗在处理了哥林多教会出现的淫乱行为之后，在第 7 章论到信徒的婚姻与独身的问题是很自然的。哥林多教会信徒之间，明显是在婚姻与守独身这些事上有分歧。一些信仰保守的信徒很自然是反对那些放纵肉体的哥林多人，并且还走向另一个极端。他们企图要过一种禁欲的生活。这就导致了一些实际问题：已婚的人要求离开配偶或选择没有性行为的夫妻生活；也有些未婚者自命"属灵"，坚持要守独身才算是真正的"敬虔"。保罗在处理这些问题的基本原则，是劝导哥林多人最好维持现状。那就是，已婚者应当维持他们正常的婚姻关系；单身者也不必强求嫁娶。保罗在 7:1 中的"男不近女倒好"这句话，引起了一些争议。新约和合本圣经添加了希腊原文没有的"我说"一词，尝试表明这是保罗的观点。有人认为，面对哥林多城的道德腐败现象，保罗在此对待婚姻的态度似乎不是很积极的。若在保罗时代或是其前后的犹太社群中，比较有影响力的，也许是"艾赛尼派"所主张的严格禁欲。根据约瑟夫的记载，犹太人中有些人没有

---

269. 林前 7:1; 8:1, 4; 12:1; 16:1, 12。参见 Hurd, *The Origin of 1 Corinthians*, 61-71; M. Mitchell, "Concerning περί δέ in 1 Cor", *NovT* 31（1989），229-256。参见张永信，《哥林多前书：教会时弊的良方——爱》，141。

270. 论婚姻的主题与 5—6 章所处理的性道德有关；7:2（"但要免淫乱的事，男子当各有自己的妻子；女子也当各有自己的丈夫"）明显是回应了已经在 6:12-20 讨论过的问题。

选择结婚的缘由，是因为顾虑到家庭的责任和义务以及对女性的歧视，并非是轻视性生活。[271] 然而，多数学者认为，保罗在这里所说的"男不近女倒好"这句话，也许只是引自哥林多人自己的话。[272] 由于 7:1b 与 8:1 的结构非常相似，学者们都一致认为 8:1 的"论到祭偶像之物，我们晓得我们都有知识"这句话，也是源自哥林多人的口号。[273] 赫德还进一步说，哥林多人对祭偶像之物和夫妻性行为的态度是完全一致的。[274] 那么，究竟又应当如何理解和诠释这节经文呢？希腊词 καλός（good or beautiful）可以理解为道德上的美善，并且是可以接纳的。[275] 按照犹太人的传统，婚姻是被高度重视的。[276] 有些学者强调保罗在本章中与旧约传统的连续性。[277] 希腊原文 γυναικὸς μὴ ἅπτεσθαι 含有不触摸或抱住女人之义。费尔不同意英文新国

---

271. Josephus, *The Complete Works of Josephus*, trans. William Whiston (Grand Rapids, MI: Kregel Publications, 1981), 376-377.

272. Bruce, *1 & 2 Corinthians*, 66; Schrage, *Der Erste Brief an die Korinther*, 2:59; Hurd, *The Origin of 1 Corinthians*, 120-123, 163; Barrett, *A Commentary on the First Epistle to the Corinthians*, 154-155; Fee, *The First Epistle to the Corinthians*, 272-277; Moffat, *First Epistle*, 75; Collins, *First Corinthians*, 252. Cf. G. Greenfield, "Paul and the Eschatological Marriage", *Southwestern Journal of Theology* 26 (1983), 32-48; Martin, *The Corinthian Body*, 205; Rosner, *Paul, Scripture and Ethics: A Study of 1 Corinthians 5—7*, 151; Wire, *Corinthian Women Prophets: A Reconstruction Through Paul's Rhetoric*, 87; Deming, *Paul on Marriage and Celibacy: The Hellenistic Background of 1 Corinthians*, 110-114.

273. Hurd, *The Origin of 1 Corinthians*, 68; Collins, *First Corinthians*, 252-253.

274. Ibid., 164-165.

275. 希腊词 καλός 在保罗书信中出现近 20 次。J. Moiser, "A Reassessment of Paul's view of Marriage with Reference to 1 Cor 7", *JSNT* 18 (1983), 103-122.

276. 例如，《创世记》2:24："因此，人要离开父母，与妻子连合，二人成为一体。"参见 1:28 "要生养众多"。

277. 创 2:18。O. Larry Yarbrough, *Not Like the Gentiles: Marriage Rules in the Letters of Paul* (SBLDS 80; Atlanta, Ga: Scholars Press, 1986), 93-96; J. Kistemaker, *1 Corinthians* (Grand Rapids: Baker, 1993), 209.

际版圣经（NIV）对这节的英文翻译："It is good for a man not to marry."（"男人不结婚是好的。"）

面对哥林多社会的现状，哥林多人对婚姻的态度以及负面影响，特别是那些强调唯有守独身的人才是属灵人的极端思想，以及已婚的信徒想离弃不信的配偶的意图，保罗的基本原则和大前提是：无论如何都要避免淫乱的行为。1）保罗原则上拥护基督徒的婚姻制度，以避免他们陷入在性方面不必要的试探和引诱（"男子当各有自己的妻子；女子也当各有自己的丈夫"；7:2，9）。[278] 2）夫妻应当彼此尽本分，不可亏待对方（7:3-6）。[279] 3）守独身是一种上帝给予个人的恩赐，不是对人普遍的要求（7:7）。按照犹太拉比的传统，男人是必须要结婚的。[280] 不但如此，有根据犹太人的规定，男人的结婚年龄应在十八至二十岁之间。由此可见，大多数的犹太男人在相对年轻的时候就结婚了，这可能也包括保罗在内。这也是那些要授命为拉比的犹太男人的必要条件。因此，有学者就认为保罗是已经结过婚的，但是后来却丧失了妻子而成了一位鳏夫。[281] 保罗在写《哥林多前书》的时候，极可能就是一位鳏夫。但有些比较保守

---

278. 希腊文 ἔχειν（"有了"，7:2；"收了"，5:1）是性交的婉辞。动词的现在时态——表示持续的状态（同居）。张永信，《哥林多前书：教会时弊的良方——爱》，142。

279. 古代婚约都规定有配偶双方的权利与义务（7:3）。保罗提及相互的权利在此是指夫妻之间性交的权利。犹太人把婚姻视为一个神圣的契约。依照犹太教的规定，在双方订婚时，要签订《婚姻契约书》（כְּתֻבָּה, Ketubah）。它是一份特殊类型关于订婚双方的权利和责任的婚前法律协议。在《婚姻契约书》5:6-7中，法利赛人争论一至二周的禁欲时间是否太长，忽视妻子应享有的性权利问题（LXX 申 213.2.1）。参见科纳，《哥林多前后书释义》，104-105。

280. 参见林前 9:5。Fee, *The First Epistle to the Corinthians*, 288。

281. 墨菲-奥康纳猜测，保罗的妻子与家人可能是在一次悲惨的海难事故中丧生（Murphy O'Connor, *Paul: A Critical Life*, 62）。

的解经家，却坚持上帝给使徒保罗守独身的"恩赐"（gift）。[282]
4）"没有嫁娶的"（7:8-9）这一句，应该是包括鳏夫、寡妇，单身的、分居的，以及离婚的男女。[283] 倘若这些人不能在性欲方面控制自己，那就嫁娶为佳。5）不主张离异（7:10-16）。在当时的罗马社会，离婚是合法的。妻子可以向丈夫提出离婚的要求，并且离婚的程序也非常简单。[284] 哥林多教会中有些敬虔的妇女与不信的丈夫结婚，她们其中可能考虑到离婚问题，期望过一种清心寡欲的生活。她们认为性生活会影响其灵性。保罗针对这种情况作出劝导。在古代世界，通常以家庭团结与男性掌管为主，宗教混合的婚姻是一个严重的社会问题。根据普鲁塔克（Plutarch）在《对新娘和新郎的忠告》中，提到妻子不应该结交自己的朋友，而应接受和享受丈夫的朋友。丈夫最首要的朋友就是他所祭拜的神祇。所以妻子理当敬拜和认识丈夫的神祇，妇女结了婚之后，就不可暗自再敬拜自己原先的神祇，因为偷偷摸摸的祭拜是不蒙神明悦纳的。[285]

琼斯（O. R. Jones）认为，犹太人对圣洁普遍都非常敬畏，也相信圣洁所带来的能力。[286] 库柏尔（L. J. Kuyper）和墨

---

282. 例如：Robertson and Plummer, *A Critical and Exegetical Commentary on the First Epistle of St Paul to the Corinthians*, 138. Witherington, *The Paul Quest: The Renewed Search for the Jew of Tarsus*, 28。

283. Kistemaker, *1 Corinthians*, 217.

284. Bruce, *1 & 2 Corinthians*, 69. Cf. Suzanne Dixon, "From Ceremonial to Sexualities: A Survey of Scholarship on Roman Marriage", in B. Rawson（ed）, *A Companion to Families in the Greek and Roman Worlds*（Malden, Mass.: Wiley-Blackwell, 2011）, 248. 早在公元前 449 年的"十二铜表法"（Twelve Tables）就提到了离婚。

285. Meeks, "The Image of the Androgyne: Some Uses of a Symbol in Earliest Christianity", *History of Religions* 13（1974）, 165-208. 参见 Plutarch, *Moralia* 140D。

286. O. R. Jones, *The Concept of Holiness*（London: Allen & Unwin, 1961）.

菲-奥康纳继续发展了琼斯的观点。库柏尔在《利未记》和有关崇拜文本中，发现"圣洁"这个术语基本上是用以表示为上帝侍奉者必须要自洁和分别为圣。可是，神学成熟和思想开明的保罗，并不认为一位信徒与非信徒在婚姻和性生活上结合，会使信徒变得不圣洁。不但如此，保罗还相信，决定使一个不信的丈夫或妻子"成为圣洁"的关键，是继续和不信的伴侣保持关系。信徒对自己那位不信的伴侣的影响是决定性的。[287]

6）蒙召还是身份的改进（7:17-24）。[288] 7）论未婚者（7:25-38）。

8）论寡妇与再婚（7:39-40）。[289]

　　学者们对保罗在第 7 章中所论到的婚姻和独身问题，提供了不同的看法和诠释。[290]

---

287. L. J. Kuyper, "Exegetical Study on 1 Cor 7:14", *RefRev* 31（1977），62-64; Murphy-O'Connor, "Works without Faith in 1 Cor VII:14", *RB* 84（1977），349-369. 参见 M. Y. MacDonald, "Early Christian Women Married to Unbelievers, " *SR* 19（1990）:221-234。

288. 奴隶的自由完全由主人掌控，但奴隶若得到主人的认可和欢心，也可能早日获得自由。参见 G. W. Dawes, "'But If You Can Gain Your Freedom'（1 Corinthians 7:17-24）", *CBQ* 52（1990），681-691。另参见 Finley, *Ancient Slavery and Modern Ideology*。Martin, *Slavery as Salvation: The Metaphor of Slavery in Pauline Christianity*（New Haven/London: Yale University Press, 1990）. Harrill, "Slavery", in Ralph P. Martin and Daniel G. Reid（eds.）, *The Dictionary of Paul and His Letters*, 1124-1127; idem, "Paul and Slavery: The Problem of 1 Cor 7:21", *BR* 39（1994），5-28; idem, *The Manumission of Slaves in Early Christianity*; idem, "Slavery and Society at Corinth", *BibTod* 35（1997），287-293. Peter Garnsey, *Ideas of Slavery from Aristotle to Augustine*（Cambridge: Cambridge University Press, 1996）. Rupprecht, "Slave, Slavery", in *The Dictionary of New Testament Background,* eds. Craig A. Evans and Stanley E. Porter: 881-883. Jennifer A. Glancy, *Slavery in Early Christianity*（Oxford: Oxford University Press, 2002）。保罗在 7:15 和 7:27 中采用的希腊语"结婚"与"离婚"都含有奴隶"被捆锁"或"被解放"之意。科纳，《哥林多前后书释义》，111。

289. 罗马上层社会中的离婚频率是很高的。

290. D. E. Garland, "The Christian's Posture toward Marriage and Celibacy: 1 Corinthians 7", *RevExp* 80（1983），351-362.

1）婚姻问题：黛林（Delling）在《保罗在妇女和婚姻问题上的立场》一书中，指出保罗对性行为的消极态度是基于他"灵魂和肉体"（spirit and flesh）的二元论。[291] 艾柯赫夫（Eickhoff）曾经在 1960 年代以心理分析的方法研究圣保罗的性神学。[292] 菲兹米尔（Fitzmyer）则认为，保罗在第 7 章所处理的，是公元 1 世纪那个时代罗马社会的婚姻、独身以及人的性行为问题，并不适合用现代心理学或社会学的方法和假设去研究。菲兹米尔因此认为，艾柯赫夫以这一章来进行一个心理分析的研究是个误导。菲兹米尔的评论是有道理的。[293]

沃德（R. Ward）的论文《莫索尼乌斯和保罗的婚姻观》（*Musonius and Paul on Marriage*）以 7:1-9 为基础，大胆假设传统的婚姻的目的主要是为了生育合法的继承人以及为后代持续姓名、财产和神圣的家庭仪式。保罗的婚姻观则与这种传统的思想有很大的不同，他给了婚姻一些新的定义，特别强调夫妻之间的神圣结合，包括满足对方在性方面的自然欲望与合理的要求。[294]

瓦勒（Wire）采用女权主义的诠释方法来解读保罗对妇女与婚姻的态度。瓦勒在《哥林多的女先知》一书中，提出保罗的婚姻论与合一有关的建议。哥林多的女先知发现了自己的新

---

291. G. Delling, *Paulus' Stellung zu Frau und Ehe*（Stuttgart: Kolhammer, 1931）, 65. 参见 T. Deidum, "Beyond Dualism: Paul on Sex, Sarx and Sōma", *The Way* 28（1988）, 195-205。

292. A. R. Eickhoff, "A Psychoanalytical Study of St. Paul's Theology of Sex", *Pastoral Psychology* 18（1967）, 35-42.

293. Fitzmyer, *First Corinthians*, 274.

294. R. Ward, "Musonius and Paul on Marriage", *NTS* 36（1990）, 281-289.

地位之后，便开始在教会公开地声称"凡事我都可行"。这些女先知虽然给教会带来了一些新的思想，也被认为是给教会的稳定、团结和秩序带来了不少破坏。尽管瓦勒有关罗马社会父权结构对妇女所造成的不利因素的看法得到威瑟林顿的理解，威芸顿却反对瓦勒有关保罗的妇女和婚姻观的评价。威瑟林顿认为，保罗在《哥林多前书》中所用的"相互关系"语言，并不是一种修辞策略，而是要给妇女在婚姻上更多的安全及自由。此外，保罗强调的夫妻平等关系也是非常正确和开明的。保罗在 7:17-24 中有关奴隶和割礼的见解，可说是出从《加拉太书》3:28 的原则中发展出来的。因为男与女、自主与为奴、犹太人与外邦人之间的关系，都在末世论的框架内起了关键性以及非常富有创意的变化。[295]

戴明（Deming）认为，保罗对婚姻的论证与斯多亚的思想有关。他在《保罗有关婚姻和单身的教导：〈哥林多前书〉的希腊文化背景》一书中，主要是以"斯多亚派与犬儒派关乎婚姻的辩论"为背景。戴明认为，整个辩论的重点其实是关乎婚姻与男人在社会上的地位和责任的问题。那就是说，已婚的男人不仅要求自己在社会、政治和经济生活中继续保持活跃，还要确保作为父亲、一家之主和公民的责任。[296] 戴明指出，斯多亚传统对婚姻是持积极的态度的，婚姻被视为是对社会的福利和

---

295. Witherington, *Women in the Earliest Churches* (Cambridge: Cambridge University Press, 1988), 170-181; 26.

296. *Epistetus* 3:22.70-71：家庭义务包括对岳父，妻子的亲属，妻子本人，并提供整个家庭所需。W. Deming, *Paul on Marriage and Celibacy: The Hellenistic Background of 1 Corinthians* (Cambridge: Cambridge University Press, 1995), 6-53.

稳定有一定贡献的。犬儒派的传统基本上也认同这一点，但与传统的斯多亚派相反，犬儒派否定城邦的重要性。他们因此认为，婚姻、家庭和城邦的社会结构在人类的社会上有其合理的起源，但这些都没有神圣的目的。[297]

卫布希（V. L. Wimbush）在《保罗乃是世俗的禁欲主义者：〈哥林多前书〉第7章对世界和自我认识的回应》一书中，也认为保罗在婚姻方面的论证受到斯多亚派的影响。但卫布希却相信，保罗在《哥林多前书》第7章所提出的是一个中庸之道。保罗对哥林多人的劝导是：他们不需要过一个完全属于禁欲主义的生活方式。哥林多信徒应该接受世界为他们的生活领域，并且还要采取一个新的生活方式以及有一个新的自我认识。结果是一个吊诡性的基督徒人生哲学：既生活在一个具体的世界，又将这个世界看作"好像是没有"（ὡς μή, as if not）那样。也只有那样，这个世界才不能把它的价值观和结构强加给教会和信徒。[298]

在7:29-31中，保罗使用了这个短语"要像没有"（ὡς μή）这个短语不少于五次。"要像没有"连同"不触摸"（μή ἅπτεσθαι, touch, hold）一起，作为教父时代教会的立场，曾被解读为是反当代文化或至少是对当代文化的批判。[299] 卫布希和

---

297. Deming, *Paul on Marriage and Celibacy: The Hellenistic Background of 1 Corinthians*, 60. 参见 Balch, "1 Cor 7:32-35 and Stoic Debates about Marriage, Anxiety, and Distraction", *JBL* 102（1983），428-439。

298. V. L. Wimbush, *Paul the Worldly Ascetic: Response to the World and Self-Understanding according to 1 Cor 7*（Macon, GA: Mercer University Press, 1987），90.

299. Wimbush, "The Ascetic Impulse in Ancient Christianity", *Theology Today* 50 （1993），417-428. 有些学者将7:29-31中的婚姻状况与末世论相结合。在后来的早期基督教思想中，物质世界经常成为性自由的借口。

戴明都认为保罗的教导明显与当时希腊罗马文化传统的看法不一致。戴明的结论是，保罗熟悉当时所流行的婚姻和守独身的价值观。对他来说，这不是基督徒要选择更低或更高的标准或道德的问题，而是有必要以一个中庸的办法来回应和处理这个敏感而富争议的问题。这是不可与教父的那个基于二元论的思想相提并论的，因为有些教父是要求信徒在"性"和"灵性"之间做个选择。这肯定不是保罗当时对哥林多信徒的要求。[300]

亚伯洛夫（O. Yarbrough）在《保罗书信中的婚姻规则》一书中，也注意到保罗与斯多亚派以及当时社会因素的关系。但他不赞同那些学者将第 7 章诠释为只是对哥林多境况的一个临时性回应。亚伯洛夫认为，保罗早就在《帖撒罗尼迦前书》4:2-8 中，就已经以"圣洁的生活"作为一个重要的基本原则。这个原则后来在《哥林多前书》第 7 章获得进一步阐述。帖撒罗尼迦书信解释了信徒应该如何在一个外邦人主导的社会环境中，重新调整自己的生活方式。[301] 此外，亚伯洛夫也赞同戴明关于斯多亚的婚姻观，那就是，婚姻是促进群体的团结和稳定的一个制度。[302]

多数学者赞成施拉格的观点，认为《哥林多前书》第 7 章不能作为保罗有关结婚或守独身神学的系统阐述。对施拉格而言，将第 7 章视为"保罗关于婚姻的完整教导"不仅是个错误，

---

300. Deming, *Paul on Marriage and Celibacy: The Hellenistic Background of 1 Corinthians*, 224.

301. O. Yarbrough, *Not like Gentiles: Marriage Rules in the Letters of Paul*（SBLDS 80; Atlanta: Scholars Press, 1985）, 65-87.

302. Yarbrough, *Not like Gentiles: Marriage Rules in the Letters of Paul*, 107-110.

也严重地忽略了一个具体的历史事实。那就是，保罗当时其实是在回应和答复哥林多教会较早前在信上向他所提到的事。施拉格坚持认为，7:2才是保罗的"中心观点"。施拉格也认为，许多解经家严重地误解或是忽略了保罗对婚姻的正面看法。[303]

论到保罗在哥林多书信中论说的婚姻原则，布朗赞同多数新约学者的观点，认为保罗视婚姻为一位已婚者的终身纽带。婚姻也明确是基于《创世记》2:24的创造典章。[304] 布朗将第7章的性偏离与5至6章的"身体"紧密地联系起来，并且强调正常的夫妻生活是上帝为人所提供的自然需求。

2）独身问题：早期教父亚历山大的克莱门和奥利金在他们的著作中，也表达了他们对婚姻的正面看法。直到3—4世纪，教会才开始从《哥林多前书》第7章等经文去寻找支持守独身和童贞的神学依据。弗德（J. M. Ford）认为，希腊词 παρθένων 可能指丧夫和丧妻的或是再婚的年轻寡妇和鳏夫。[305] 基伯林（C. H. Giblin）在《婚姻与独身的一个否定神学》一

---

303. Wolfgang, "*Zur Frontstellung der* paulinischen Ehebewertung in 1 Kor 7:1-7", *ZNW* 67（1976），214-234; idem, *The Ethics of the New Testament*, trans. David E. Green（Edinburgh, T & T Clark, 1988），226; idem, *Der Erste Brief an die Korinther*, 2:50-74, 154-160.

304. 林前 7:1-11、39；参见罗 7:1-3；弗 5:31; C. Brown, "Separate: Divorce, Separation and Remarriage", in C. Brown（ed.），*New International Dictionary of New Testament Theology*（vol.3; Grand Rapids: Zondervan, 1978），3:535-543。参见 H. Reisser and W. Gnther, "Marriage", *New International Dictionary of New Testament Theology*, 2:579-584. Raymond F. Collins, *Divorce in the New Testament*（GNS 38; Collegeville, Minn. Liturgical Press, 1992）. K. T. Kelly, "Divorce and Remarriage", in B. House（ed.）. *Christian Ethics*（London: Cassell, 1998）. 248-265. Kelly, *Divorce and Second Marriage: Facing the Challenge*（Kansas City: Sheed & Ward, 1996）。

305. J. M. Ford, "Levirate Marriage in St. Paul", *NTS* 10（1964），361-365. 参见 Barrett, *A Commentary on the First Epistle to the Corinthians*, 183-184。

文中，怀疑在哥林多教会中有些独身者以为自己是"属灵的精英"（spiritual elite），因此比已婚的信徒更"清高"。保罗在 12:12-31 中清楚表明每位信徒灵、魂、体的完整性。因此，已婚的基督徒并不是次等的。不但如此，保罗还鼓励独身者应该有他那样的先知和使徒远象，而不只是关注这个世界的事物而已。[306]

邦德（J. F. Bound）承接了布莱克（M. Black）的观点，认为 7:25-28 中的 παρθένος 是指男童或未婚的男子。[307] 但是，希腊原文 παρθένος（virgin）明显是指童女或是未婚的年轻女子。这里的希腊原文是个复数（παρθένων），是指已经订了婚的女子们。不过，埃利奥特（J. K. Elliott）并不排除 7:25-38 这一段是指已经订了婚的男女的可能性。[308] 费尔则特别强调，这里所最关注的是那些已经订了婚的女子的艰难处境，因为他们受到"属灵派者"（pneumatics）的压力，现在不知道自己是否要履行婚姻。[309] 但多数的学者认为，保罗在这里论及的，是已经订了婚那些年轻男女的情况。[310]

希腊词 ἀνάγκη（necessity, crisis）表达了某种不可避免的

---

306. C. H. Giblin, "1 Cor. 7: A negative Theology of Marriage and Celibacy?" *The Bible Today* 41（1969），2839-2855. 参见 D. E. Garland, "The Christian's Posture toward Marriage and Celibacy: 1 Corinthians 7", *RevExp* 80（1983），351-362。

307. M. Black, *The Scrolls and Christian Origins*（New York: Charles Scribner's Sons, 1961），84-85; J. F. Bound, "Who Are the 'Virgins' Discussed in 1 Corinthians 7:25-38?" *Evangelical Journal* 2（1984），3-15.

308. J. K. Elliott, "Paul's Teaching on Marriage in 1 Cor: Some Problems Considered", *NTS* 19（1973），219-225. 埃利奥特（Elliott）将第七章划分为: 1）离婚（divorce, 7:1-24）; 2）订婚（engagement, 7:25-38）; 3）再婚（remarriage, 7:39-40）。

309. Fee, *The First Epistle to the Corinthians*, 327.

310. Schrage, *Der Erste Brief an die Korinther*, 2:155-156; Wimbish, *Paul, the Worldly Ascetic*, 14, 20, 23-24.

情况或危机，尤其是外在环境所带来的重大制约或是巨大的压
力。[311] 它也含有灾难之意。[312] 柯林斯（Collins）认为，7:26 中
的"现今的艰难"，是指信徒在今世面对和经历各种压力的状
况。[313] 温特和布鲁（B. B. Blue）指出，"艰难"（ἀνάγκη）在
此表示信徒的困境，就犹如人面临饥荒或对其他即将发生的危
机所产生的恐惧。[314] 本节"因现今的艰难"这一句与下半节的
"守素安常才好"是相呼应的。一些学者认定希腊词语 ὅτι 在
此的"吟诵风格"（recitative style）反映了哥林多的宣传口号：
"人不如守素安常才好"与 7:1 的"男不近女倒好"一致。[315] 泰
柏特（C. H. Talbert）则将 26 节的下半节解释为，男人当维持
单身的现状。[316] 费尔则认为，保罗对已婚者的劝告是很清楚的，
那就是，他们不应该解除婚约中的责任（7:27a）。[317]

　　总结以上各种不同的学术观点，学者们还是有一个普遍的
共识：不应当把《哥林多前书》第 7 章视为"保罗关于婚姻的

---

311. Josephsu, *Antiquities* 16.290. 林前 9:16。

312. *1 Clement* 56:8. 参见 Thiselton, *The First Epsitle to the Corinthians: A Commentary on the Greek Text*, 573。

313. Collins, *First Corinthians*, 293.

314. B. Winter, "Secular and Christian Response to Corinthian Famines", *TynBul* 40（1989）; B. B. Blue, "The House Church at Corinth and the Lord's Supper: Famine, Food Supply, and the Present Stress", *Crisswell Theological Review*（1991）, 221-239. 基于当时的社会处境，独身生活似乎是更为单纯。原因有两个。1）现今生活的艰难（7:37）。婚姻加剧人对危难的敏感（7:28）。这种危难与末世的不幸联系起来，使人联想到"怀孕和奶孩子"的危险（可 13:17）或失去所爱者的悲伤（耶 16:2-4）。2）末世的忧患和磨难；给婚姻带来的压力和责任。科纳，《哥林多前后书释义》，114-115。

315. Robertson and Plummer, *A Critical and Exegetical Commentary on the First Epistle of St Paul to the Corinthians*, 152; Barrett, *A Commentary on the First Epistle to the Corinthians*, 174; Hurd, *The Origin of 1 Corinthians*, 178-179.

316. Charles H. Talbert, *Reading Corinthians: A Literary and Theological Commentary on 1 and 2 Corinthians*（New York: Crossroad, 1987）, 50.

317. Fee, *The First Epistle to the Corinthians*, 331-332.

完整教导"。可是，有一点是应该在此强调的。保罗清楚有别于当时社会的传统思想。那就是，保罗提出的婚姻观是建立在夫妻相互平等的责任基础上的，其核心思想是互补、互爱、互助和互惠。[318] 至于守独身和相关的问题，保罗似乎是比较鼓励哥林多人维持他们蒙召时的现状。

解经家经常忽略了 8:1—11:1 与 11:2—14:40 之间的根本连续性。保罗在 8—14 章中以合一、爱、尊重他人为主题。在与偶像相关的食物问题上，保罗倡导爱应该优先于信徒个人的"权利"与"自由"。根据提瑟顿的观点，8—14 章明显出现了合一和秩序分别的一个神学辩证（a theological dialectic of oneness and ordered differentiation）：1）保罗的合一神学与身体各部的区分（12:12-31a）；2）关于圣灵恩赐的分配问题（12:1—14:40）；3）爱"他人"作为真正成熟和末世论的最终路径（13 章）；4）"造就"他人的原则以及如何辨别差异（14 章）；5）哥林多的社会和日常宗教生活的实际问题同异教的文化以及祭拜的背景之间的关系（8—10 章）。[319]

b）论祭偶像之物（8:1—11:1）

第一世纪的希腊罗马世界的偶像崇拜之风盛行，到处都是神庙，向诸神献祭的祭坛和五花八门的偶像无所不在。[320] 这

---

318. Thiselton, *The First Epsitle to the Corinthians: A Commentary on the Greek Text*, 495.

319. Ibid., 607-799. 参见林中泽，"早期基督教习俗中的异教因素"，《世界宗教研究》2011 年第 6 期，85-94。

320. P. L. Garber, "Idolatry", in Geoffrey W. Bromiley（ed.）, *The International Standard Bible* Encyclopedia（Grand Rapids, MI: William B. Eerdmans, 1979）, 2:799-800. P. D. Gooch, *Dangerous Food: 1 Corinthians 8—10 in its Context*（SCJ, 5; Waterloo, ON: Wilfred Laurier University Press, 1993）. G. W. Dawes, "The Danger of Idolatry: First Corinthians 8.7-13", *CBQ* 58（1996）, 82-98.

种宗教现象也很自然会影响哥林多城的教会的信仰和生活。不但如此，哥林多教会那些富有的信徒还经常被邀请参与各种外邦人的社交活动以及筵席，包括那些在异教的庙宇内举行的筵席（8:4-13）。这些信徒不但有许多社会的交往和应酬活动，还往往会摆设筵席来回敬。这些礼尚往来的活动，很自然会涉及如何对待和处理祭拜过偶像的食物问题。因为市场上所卖的食物，一般上都已经是祭拜过偶像的（10:25-29）。希腊人把祭物作为献给诸神的礼物。[321] 祭物通常也会摆设在一个神台或是神龛（shrine）上，相信神明会在那里出现并收纳所献上的祭物。这种形式的奉献在术语上称为"委托物或寄托物"，并且与其他方式的供奉有别。例如，焚祭是把祭物烧掉以及一些献祭在仪式完后就把祭物扔掉或抛弃掉。"委托"祭物一般都是带血的牲畜。带血的献物与不带血的祭物不相同。带血的祭物往往是神人共享的食物。一头牲畜被屠宰之后，归于神明的部分在祭坛上被焚烧，其余的部分归献祭者自己享有。[322]

"知识"（γνῶσις）在第 8 章出现了五次（1:5; 8:1, 7, 10-11）。哥林多教会中的一些信徒自以为拥有知识、权力和自由。

321. Plato, *Euthyphro* 14c: "οὐκοῦν τὸ θύειν δωρεῖσθαί ἐστι τοῖς θεοῖς."

322. David Gill, "Trapezomata: A Neglected Aspect of Greek Sacrifice", *HTR* 67（1974），117-137. 另外参见 S. Dow and D. Gill, "The Greek Cult Table", *AJA*（1964），103-114. D. E. Smith, *From Symposium to Eucharist: the Banquet in the Early Christian World*（Minneapolis: Fortress, 2003）。Katherine M. D. Dunbabin, *The Roman Banquet: Images of Conviviality*（Cambridge: Cambridge University Press, 2003）. H. Taussig, *In the Beginning Was the Meal: Social Experimentation and Early Christian Identity*（Minneapolis: Fortress Press, 2009）. Dennis E. Smith and H. Taussig（eds），*Meals in the Early Christian World: Social Formation, Experimentation, and Conflict at the Table*（New York: Palgrave MacMillian, 2012）. Susan Marks and Hal Taussig,（eds），*Meals in Early Judaism: Social Formation at the Table*（New York: Palgrave Macmillan, 2014）.

他们不但自由自在地享用祭拜过偶像的食物，而且认为"凡事都可行"（参见 1:5, 10:12）。可是，这等人的行为却成了那些没有这些所谓"知识"的人（亦被称为"信心软弱的"）的绊脚石（πρόσκομμα）。[323] 那些拥有所谓"知识"的人，被称为或自以为是"有信心"和"强壮的"。学者们对"软弱的"（ἀσθενὴς）究竟是谁这个问题，持有不同的观点。有部分学者强调这里的"偶像之物"（εἰδωλόθυτος）应该是与犹太基督徒的背景有关，因为他们一向是比较注重食物和节期等条例。多数学者都认为，保罗在这里所论到的问题，很明显是与当时异教的文化与祭拜与关。费尔认为，保罗所涉及的论点与信徒的处境，不是针对犹太基督徒，而是针对那些外邦信徒在归信基督之后的信仰与生活方式问题，因为他们把那些食用祭过偶像之物的事，看作是偶像崇拜的行为。魏里斯（W. L. Willis）在《哥林多的偶像食物：保罗在〈哥林多前书〉8—10 章中的论点》一书中，把重点放在崇拜者之间的社会关系上。威瑟林顿则比较强调在偶像面前食用祭物的宗教和社会背景。[324] 泰森认为，所谓"软

---

323. 林前 8:9, 13, 10:32; 参见罗 14:13, 20-21。

324. Fee, "II Cor vi:14-vii:l and Food Offered to Idols", *NTS* 23（1977），140-161; idem, "Εἰδωλόθυτα Once Again: An Interpretation of 1 Cor 8—10", *Bib* 61（1980），172-197; idem, *The First Epistle to the Corinthians*, 358-367. Barrett, "Things Sacrificed to Idols", in *Essays on Paul*（London: SPCK, 1982），40-59. W. L. Willis, *Idol Meat in Corinth: The Pauline Argument in 1 Corinthians 8 and 10*（SBLDS 68; Chico: Scholars, 1985）. J. C. Brunt, "Rejected, Ignored, or Misunderstood? The Fate of Paul's Approach to the Problem of Food Offered to Idols in Early Christianity", *NTS* 31（1985），113-124. B. N. Fisk, "Eating Meat Offered to Idols: Corinthian Behavior and Pauline Response in 1 Corinthians 8—10", in *Trinity Journal* 10（1989），49-70. Ben Witherington, "Not So Idle Thoughts about Eidolothuton", *TynBul* 44（1993），237-254; idem, "Why Not Idol Meat？", *BRev*（1994），38-43; idem, *Conflict and Community in Corinth: A Socio-Rhetorical Commentary on 1 and 2 Corinthians*, 186-230.

弱的",是指那些在经济上贫穷的、根本买不起肉类的大多数底层阶级信徒。他们只有在被邀请参与筵席的时候,才会有机会接触到祭拜过偶像的肉食,而这些筵席很可能是在异教徒所在的寺庙范围内举行的。所谓"强壮的",就可能是指那些少数在社会上占优越地位的上层人士(1:26)。"强壮的"与"软弱的"两者,因此是在完全不同的生活方式上所造成的争议和冲突。[325]

有些哥林多信徒可能在同事、赞助人或公民义务的压力下,被迫参与异教的崇拜祭祀筵席或其他相关的仪式。若是那样,他们就很可能在参与主的圣餐或在基督徒的聚会时,联想到那些祭礼而感到良心的责备。另外可能出现的一种情况是,"信心软弱的"和"信心强壮的",同样被邀请到异教徒的家庭吃饭(10:27-33)。那些"信心强壮的"或是在这方面"有知识的",因为他们相信真神只有一位,否定其他神明和偶像的存在,因此就只管食用祭过偶像的食物,并宣称他们在灵性上并没有受到什么影响[326]。但是,这些所谓信心强壮者的行为,却有意无意中绊倒了那些信心软弱的信徒。[327] 保罗对哥林多人的劝导和回应是:"凡事不都有益处"。信徒之间应当彼此尊重、接纳,

---

325. Theissen, *The Social Setting of Pauline Christianity: Essays on Corinth*, 125-129. G. H. R. Horsley(ed.), *New Documents Illustrating Early Christianity: A Review of Greek Inscriptions and Papyri*(Macquarie University: Ancient History Documentary Research Centre, 1979), 1:36-37. 塞涅卡在《道德书简》中提及社会精英阶层视"软弱的人"为"无知的人"(94.50)。

326. 林前 8:4-6。参见申 6:4。

327. B. Winter, "Theological and Ethical Response to Religious Pluralism-1 Corinthians 8—10", *TynB* 41(1990), 209-226.

凭爱心行事。[328] 因此，那些"信心强壮"并拥有"知识"的，应当考虑到那些信心上软弱者的感受。[329] 保罗对"强者"的劝导是：为了他人的好处，宁可放弃自己的自由或权利。保罗在第 9 章使用的希腊词（εξουσια）"权利"（9:4-6，12，18）和 8:9 出现的"自由"（8:9）是同一个词。他以自身为榜样，宁可放弃被信徒奉养的权利。[330]

（4）论自由、地位、公共崇拜秩序和"属灵恩赐"（11:2—14:40）

哥林多教会贫富悬殊和两极分化的现象是导致教会分裂的原因之一。早期教会中一些富有的基督徒家庭也是聚集敬拜的场所。[331] 可是，有些富有的信徒却滥用了他们的自由和权利，甚至造成在举行圣餐时场面的混乱。[332] 富人将世俗的做法带入了通常在圣餐前或圣餐后举行的聚餐会里，藉此大吃大喝，使得贫富之间的分歧激化。保罗因此在《哥林多前书》第 11 章中特别提醒会众，"主的圣餐"（Lord's Supper）的真意是纪念主

---

328. 8:11 "因此，基督为他死的那软弱弟兄，也就因你的知识沉沦了"；10:24 "无论何人，不要求自己的益处，乃要求别人的益处"。N.T. Wright, "One God, One Lord, One People: Incarnational Christology for a Church in a Pagan Environment", *Ex Auditu* 7（1991），45-58.

329. 保罗在《罗马书》14:3-4;10 警告"信心软弱的"（不吃的人）不应当论断（κρίνω, judge）"信心强壮的"（吃的人）。

330. 科纳，《哥林多前后书释义》，120-121；张永信，《哥林多前书：教会时弊的良方——爱》，174.

331. 家主可能是教会领袖，具有很大影响力（Meeks, *The First Urban Christians*, 76）。哥林多教会以家庭为中心的聚集方式所引发的问题是分门结党（1:10-12）。张永信，《哥林多前书：教会时弊的良方——爱》，8.

332. 少数强壮的或富有的（The strong or wealthy）将主的圣餐变成节日筵席；而贫穷的，处于社会底层的信徒则遭受饥饿、劣待、羞辱。因此完全破坏了领圣餐的真实意义（11:17-32）。

耶稣献身舍己的大爱以及分享和参与他的生命。保罗因此劝勉信众们应当彼此相顾合一，排除社会等级的区分。哥林多教会存在的最基本问题是互助和彼此尊重，无论是公共崇拜中的男女，还是在主的圣餐中富人和贫人之间的关系（11:2-34）都应彼此尊重。[333] 保罗在 11:2-14:40 主要是处理会众在崇拜时出现的问题。

a）论妇女蒙头的事（11:2-16）

这段经文在学术上引起不少争议。[334] 大多数学者认为，这一段话涉及女性的服装或发型，而不是指男性和女性的问题，正如 11:4 所表达的一样。[335] 沃柯尔（W. Walker）对《哥林多前书》11:2-16 这段文本的可靠性提出质疑。他认为，这段经文是"非源自保罗的穿插文字"（A Non-Pauline interpolation）。[336] 乔弗（G. W. Trompf）也相信，比起早期那些真实的保罗作品，

---

333. Thiselton, *The First Epsitle to the Corinthians: A Commentary on the Greek Text*, 799.

334. 参见刘淑平，《神学与文化：林前 11:2-16 对妇女事奉的教导》（新加坡：新加坡福音证主协会，2018）。张永信，《哥林多前书：教会时弊的良方——爱》，239-253。科纳，《哥林多前书释义》，149-156。Fee, *The First Epistle to the Corinthians*, 506-520; Collins, *First Corinthians*, 411-412; A. G. Padgett, "Paul on Women in the Church: The Contradictions of Coiffure in 1 Corinthians 11.2-16", *JSNT* 20（1984），69-86. Ellingworth and Hatton, *A Translator's Handbook on Paul's First Letter to the Corinthians*, 215. D. K. Lowery, "The Head Covering and the Lord's Supper in 1 Corinthians 11:2-34", *BibSac* 143（1986），155-163. David W. J. Gill, "The Importance of Roman Portraiture for Head-coverings in 1 Corinthians 11:2-16", *Tyndale Bulletin* 41.2（1990），246-260. Thiselton, *The First Epsitle to the Corinthians: A Commentary on the Greek Text*, 800-847.

335. 11:4："凡男人祷告或是讲道（或作：说预言），若蒙着头，就羞辱自己的头。"

336. W. Walker, "The Vocabulary *of* 1 Corinthians 11:3-16: Pauline or Non-Pauline?" *JSNT* 35（1989），75-88; idem, "1 Corinthians 11:2-16 and Paul's Views Regarding Women", *JBL* 94（1975），94-110.

11:2-16 这段经文与《提摩太前书》2:13-15 更加吻合。[337] 但是，多数学者认为 11:2-16 作为保罗文本的真实性是毫无疑问的，[338] 虽然他们在诠释上持不同的见解。

新约学者在诠释这段经文的时候，特别重视罗马文化和社会规范对第一世纪中叶的哥林多教会的重要性。因为只能通过这些社会背景的研究才能理解第一世纪妇女在罗马社会上的地位和处境。在古代的文化中，普遍蕴含着贤德妇女的形象和思想，[339] 尤其是在妇女的穿戴装饰方面，应当庄重得体。普鲁塔克在给妻子的安慰信中，特别赞美了她端庄朴素的服饰，勤俭的生活方式，以及敬虔安静、单纯朴实的美德。《色克图斯语录》（Sentences of Sextus）也描述了有关敬虔妇女穿戴的格言：让有信仰的妻子以朴素为装饰。[340] 在公元前 18 年至公元 9 年之间，奥古斯都曾经对家庭法（family law）进行了三次改革，在一定的程度上影响了妇女的地位。[341] 公元前 1 世纪的罗马诗人和讽

---

337. G. W. Trompf, "On Attitudes toward Women in Paul and Paulinist Literature: 1 Cor 11:3-16 and Its Context", *CBQ* 42（1980），196-215.

338. 墨菲-奥康纳在《〈哥林多前书〉11:2-16 显示了非保罗的特征吗?》的论文中有力地反驳了沃柯尔（Walker）的观点。Murphy-O'Connor, "The Non-Pauline Character of 1 Cor 11:2-16?" *JBL* 95（1976），615-621; idem; "1 Cor 11:2-16 Once again", *CBQ* 50（1988），265-274; Schrage, *Der Erste Brief an die Korinther*, 2:496-497; Collins, *First Corinthians*, 394; Mitchell, *Paul and the Rhetoric of Reconciliation: An Exegetical Investigation of the Language and Composition of 1 Corinthians*, 261-262.

339. Xenephon, *Oeconomicus* 3.10-15; 7.16-41; Plutarch, *Moralia* 140D.

340. Plutarch, *Moralia* 609C; Sentences of Sextus 235; Philo, *De Specialibus Legibus* 1.102; 3.51. Achtemeier, *Introducing the New Testament: Its Literature and Theology*, 451.

341. A. Rousselle, "Body Politics in Ancient Rome", in Pauline Schmitt Pantel, Georges Duby and Michelle Perot（eds.），*A History of Women in the West, volume 1: From Ancient Goddesses to Christian Saints*（Cambridge, MA: Harvard University Press, 1994），296-337, at 313.

刺家贺拉斯曾经这样写道，某些男性的服装或发型被视为女性化和过分的性感，而尊敬的罗马女人所戴的适当头巾是为了保护她们的尊严和地位，因为女人不宜让男人向她们求欢。尊敬的女人不但没有引起别人对自己的注意，而且也不应该用化妆、香水或假发等去勾引她们自己的丈夫。在罗马共和国期间，男人可以与外出没有戴面纱的妻子离婚。普林尼很喜欢他的妻子来听他阅读："窗帘背后隐藏着一个渴望聆听的耳朵。"据说，被尊为谦虚和性美德的罗马女神（Pudicitia）的雕像是蒙着面纱的。[342]

卢塞勒（A. Rousselle）在以《古代罗马的肢体政治》为题的一篇文章中指出，罗马社会高度重视头巾、面纱和头罩的事。因为面纱或头罩构成了一个警告：它标志着佩戴者是一个可敬的女人，没有男人胆敢接近她而不冒刑罚的风险。一个女人如果穿着仆人的衣服出去，不戴头巾就是放弃罗马法给她的保护，而可能攻击她的人也因此有权恳求从轻处罚。因此，卢塞勒的结论是，面纱构成了一种荣誉以及对性的保留，因此也是一个人能掌握自己的象征。[343] 卢塞勒和马丁一致认为，对那些自重和受尊敬的女人来说，"人只能看到她们的脸"。[344]

巴特（R. Barthes）在《符号学的元素》一书中强调，衣服通常在人类的文化中可以发挥一个强大的符号作用，也就是说，

---

342. Rousselle, "Body Politics in Ancient Rome", 315.
343. Ibid.
344. Ibid., 296-337. Martin, *The Corinthian Body*, 229-249.

它们可以随时带出某些符号，发出阶级的信号，展示风格，表达谦虚，自我推销，表明态度或任何其他的东西。[345] 同样地，艾柯（U. Eco）在《作为一个符号系统的社会生活》的论文中也写道："我是通过我的衣服发言的。如果我身穿'毛装'，如果我没有结领带，我讲话的思想内涵也将随之而改变。"[346] 帕摩洛伊（S. B. Pomeroy）在《女神、妓女、妻子和奴隶：古典时代的妇女》中指出，妇女的服装在一个以男人为主的社会，将会在很大的程度上影响她的身份和地位。帕摩洛伊（Pomeroy）认为，在早期的罗马帝国，女人的服装是在男人身上而不是在女人自己的身上体现出来的，因此，就有男人企图借用他们的妻子的服装为手段，来提高自己在社会上的地位或是参与那些对自己有利的活动。一般表彰妇女的目的，其实是为了要赞扬男人以及他的母亲、妻子或姐妹。在这个背景下，有荣耀和互惠的语言就变得很重要了。[347] 郝帕柯（C. R. Hallpike）认为 11:2-16 与头发直接有关。他的文章以《社会性的头发》为题，主要是探讨发型与性和性别的关系。这个研究的结果显示：长发与散漫和性行为有关；剃发则与守独身或"性冷淡"有关；短发或蒙头与"限制性行为"有关。[348] 刘淑平指出，《哥林多前书》11：2-16 这段经文中的头（κεφαλή）字含有多层意

345. R. Barthes, *Elements of Semiology*, trans. A. Lavers and C. Smith（London: Cape, 1967）, 13-28; idem, *Mythologies*, trans. Annette Lavers（New York: Hill & Wang, 1972）.

346. U. Eco, "Social Life as a Sign System", in David Robey（ed.）, *Structuralism: An Introduction*（Oxford: Clarendon Press, 1973）, 57-72, at 59.

347. Sarah B. Pomeroy, *Goddesses, Whores, Wives and Slaves: Women in Classical Antiquity*（New York: Schocken, 1975）, 182-183.

348. C. R. Hallpike, "Social Hair", *Man New Series* 4（1969）, 256-264.

义：头，来源，头作为肢体（教会）的一部分，以及头发。[349]
她建议应当将 11：2-16 涵盖在 8—14 章所讨论的更广的主题之
下，即基督徒在爱的优先范围之内运用自由的"权利"。[350] 因
此，妇女可以运用权力决定自己的头饰，使它不会因暴露而
不体面。蒙头是保护妇女的绝招，而非把她们降级到从属的
地位。[351]

黛韦斯（G. W. Dawes）特别注重保罗那个时代的社会文化
背景，尤其是性别的差异。他在《有关身体的问题：〈以弗所
书〉5:21-33 释义中的隐喻和意义》一书中提到，《哥林多前书》
11:3-7, 10 这段经文中的 κεφαλή（头）字，含有领袖之意；它
也可以指源头（source）或是头与身体的对比。保罗和他的读
者应该明白这些隐喻中的意义。[352] 墨菲–奥康纳赞同黛韦斯的
观点。他在《〈哥林多前书〉11:2-16 中的性与逻辑》一文中，
也认为，头（κεφαλή）在此是表示"源头"。但是，他也同时
指出，保罗在这里所关心的并不是从属（subordination）的问
题，而是性别的差异。因此，男人的服饰如果女性化，就可能
暗示这个男人有同性恋的倾向。[353] 冈瑞沃弗（Judith Gundry-
Volf）的观点是，《哥林多前书》11:2-16 对人的性别富有创见。
不论是平等主义或只是对阶级制度的解释，都不能对保罗的神
学问题的复杂性作出公正的评论。因为保罗是从创造的秩序、

---

349. 刘淑平，《神学与文化：林前 11:2-16 对妇女事奉的教导》，103。
350. 同上，37-39。
351. 参见刘淑平，《神学与文化：林前 11:2-16 对妇女事奉的教导》，41-101。
352. G. W. Dawes, *The body in Question: Metaphor and Meaning in the Interpretation of Ephesians 5:21-33*（BIS 30; Leiden: Brill, 1998），122-149。
353. Murphy-O'Connor, "Sex and Logic in 1 Cor 11:2-16", *CBQ* 92（1980），482-500。

社会、文化以及福音的末世观来议论和处理整个问题的。[354]

提瑟顿认为，解经学一直存在的最严重错误，就是非常机械化地来诠释经文的每一节或每一个词语。自律、克制和尊重他人的思想和教导早就已经出现在 8:1—11:1 这段经文中，并且仍旧是 11:2—14:40 所关注的课题。[355] 提瑟顿给 11:2-16 的主题是："互助和互惠，在公众崇拜中自重和对他人的尊重以及其性别和身份的区分。"面纱、衣服、头发等，在社会上都代表作一个符号，扮演着一个角色，也在显示着一个人的身份、阶级和对所处场合的敏感度，以及对他人的尊重与关怀。在公共场合中，基督徒妇女的服饰应该是他人尊重她的信号，而不是吸引或诱惑人的一个性的标志。

b）论圣餐（11:17-34）

与 1:10—4:21 和 5:1-13 一起，这是保罗第三次提到有关哥林多教会内结党纷争的口头报告和信息（ἀκούω σχίσματα ἐν ὑμῖν ὑπάρχειν）。[356] 保罗在 11:17-34 的描述以及议论的方式，表明他不是在回应收件者先前提出的问题，而是通过领受圣餐这个神圣的礼仪来处理问题和教诲信众。换言之，保罗认为有必要再次向哥林多人提醒基督受死的深层意义，因为当时在哥

354. Judith Gundry-Volf, "Gender and Creation in 1 Cor 11:2-16: A Study in Paul's Theological Method", in Jostein Adna, Scott J. Hafemann and Otfried Hofius (eds.), *Evangelium, Schriftauslegung, Kirche: Festschrift für Peter Stuhlmacher zum 65* (Göttingen: Vandenhoeck & Ruprecht, 1997), 151-171.

355. Thiselton, *The First Epsitle to the Corinthians: A Commentary on the Greek Text*, 803.

356. 11:18; cf. 6. Hurd, *The Origin of 1 Corinthians*, 78-79; Fee, *The First Epistle to the Corinthians*, 531; Hays, *First Corinthians*, 193.

林多教会的崇拜中所发生的混乱情况的背后是一个严重的神学以及信徒生活方式的问题。

"聚会"（συνέρχεσθε, come together）一词在第 11 章中出现了五次（11:17, 18, 20, 33, 34）。早期教会的聚会场所通常是基督徒的家。[357] 信徒也常在一起聚餐和领受主的圣餐。聚餐无论是在希腊宗教还是在犹太教中都是受到重视的。因为聚餐具有一定的社会功能，它可以把持守共同信仰的人凝结在一起。泰森认为，哥林多教会出现的圣餐问题与教会成员贫富之间的悬殊有直接的关系。所谓"爱筵"（ἀγάπη, love-feast）却暴露出两种不同社会等级的人：富人把主的晚餐变成筵席，大吃大喝；穷人则必须忍受饥饿和蒙受羞辱。麦杰特（Meggitt）对这段经文的理解是，保罗在此主要是指责那些富有的少数信徒滥用了主的圣餐。[358] 温特指出，在举行主的晚餐时，哥林多教会中那些在社会上有权势的少数人，早就已经准备好到时尽情地享受只有"特权"者才有机会享受的聚餐。结果使得那些无人保护和没有社会保障的信徒成了"二等公民"，而完全被冷落在一边。这些有产阶级，本来是应当以爱心和关怀邀请那些无产阶级来分享他们丰富的宴席才算是合乎基督的精神。[359] 不但如此，基本的温饱在那个时候也是一个很大的民生问题。[360]《使

---

357. 例如，提多犹士都，司提反，亚居拉和百基拉，以及腓利门的家（林前 1:14-16，16:15, 19；罗 16:5, 23；徒 18:7；门 2；西 4:15）。

358. Meggitt, *Paul, Poverty and Survival*.

359. Winter, "The Lord's Supper at Corinth: An Alternative Reconstruction", *RTR* 37 （1978），81.

360. Winter, "The Lord's Supper at Corinth: An Alternative Reconstruction", 73-82; idem, "Secular and Christian Responses to Corinthian Famines", *TynB* 40 （1989），86-106; Clarke, *Secular and Christian Leadership in Corinth: A*（转下页）

徒行传》的作者就曾记载了在罗马皇帝革老丢在位年间出现了大饥荒的事（11:28）。罗马史学家苏多纽斯（Suetonius）也提到在罗马皇帝革老丢统治期间（Claudius，公元10年—54年）曾出现过好几次的饥荒，造成食物的严重短缺。[361] 犹太历史学家约瑟夫也提及了这期间食物的高价上涨。[362] 把主的晚餐放在这样一个背景下去解读，哥林多教会的一等信徒和二等信徒的处境差别就更加显著了。

"有者"（The haves）和"无者"（The have nots）在主的晚餐中那全然不同的社会地位和生活处境，可说是完全否认了基督群体遵守这个神圣礼仪的神学意义以及它宣告主的死的相关使命。信徒在基督里获得的"自由"和"权利"最终也完全被滥用和糟蹋了。明智的使徒保罗也因此必须向信众重述圣餐的意义。那就是，宣告主的死（11:26），特别是主为罪人的死以及纪念主的死，并且还要在信徒的生活方式与行为中，把这两个重大的意义彰显出来。[363] 来自不同社会地位和背景的信徒共同领受基督所赐的饼（基督的身体）和杯（基督的血），这非常具体和有力地见证了信众在基督里的团契（fellowship）与合一（unity）。[364]

（接上页）*Socio-Historical and Exegetical Study of 1 Corinthians 1—6*, 18-21；B. B. Blue, "The House Church at Corinth and the Lord's Supper: Famine, Food Supply, and the Present Distress", *Criswell Theological Review* 5（1991），221-239.

361. Suetonius, *Life of Claudius* 18:2.

362. Josephus, *Antiquities* 3:320-321.

363. Thiselton, *The First Epsitle to the Corinthians: A Commentary on the Greek Text*, 848-851.

364. Cf. O. Hofius, "The Lord's Supper and the Lord's Supper Tradition: Reflections on 1 Corinthians 1:23b-25", in B. Meyer（ed.）, *One Loaf, One Cup: Ecumenical Studies of 1 Cor 11 and Other Eucharistic Texts*（Macon, GA: Mercer University（转下页）

c）论属灵恩赐（12:1—14:40）

保罗在 12:1—14:40 这段经文中继续处理哥林多信徒在崇拜中所出现的问题；特别阐明有关圣灵的恩赐及其在教会中的功用。[365]

12—14 章的诠释是非常复杂的，任何关于它的看法，都可能会引起学者之间的争议。有些学者把 12—14 章仅仅看作是保罗对属灵恩赐的一个临时回应。有学者将属灵恩赐的主题放在 11:2—14:40 更广泛的神学框架内来研究，并且还认为这个主题与 8:1—11:1，乃至 1—4 章的内容皆有关联。提瑟顿以"圣灵恩赐为爱心服务"作为整段的标题；并进一步指出 11:2—14:40 涉及"尊重他人"的主题，同时也是保罗在 8:1—11:1 中对那些所谓"软弱"的关怀的引申。教会的标志应该是包容与互助互惠。[366]

艾润生（Eriksson）在《传统作为修辞论证》一书中，相信保罗在 12—14 章的修辞论证，采纳了某些保罗之前的传统（pre-Pauline tradition）。[367] 米歇尔强调，保罗在《哥林多前书》

（接上页）Press, 1993），75-115; Peter Lampe, "The Eucharist: Identifying with Christ on the Cross", *Int* 48（1994），36-49; Dunn, "The Lord's Supper", in J. D. G. Dunn, *The Theology of Paul the Apostle*（Grand Rapids, MI: Eerdmans, 1998），599-624. 另参见 J. Jeremias, *The Eucharistic Words of Jesus*, trans. Norman Perrin（3rd ed.; London：S.C.M. Press, 1966）。Günther Bornkamm, "Lord's Supper and Church in Paul", in *Early Christian Experience* trans. Paul Hammer（London: S.C.M., 1969），123-160. Wiseman, "Corinth and Rome I: 228B.C.—A.D.267", 438-548. Murphy-O'Connor, "House Churches and the Eucharist", *BibTod* 22.（1984），32-38. Murphy-O'Connor, "Eucharist and Community in First Corinthians", *Worship* 51（1977），56-69. Murphy-O'Connor, *St. Paul's Corinth: Text and Archaeology*, 154-155。

365. 林前 12:1："弟兄们，论到属灵的恩赐，我不愿意你们不明白。"

366. Thiselton, *The First Epsitle to the Corinthians: A Commentary on the Greek Text*, 900-902.

367. Eriksson, *Traditions as Rhetorical Proof: Pauline Argumentation in 1 Corinthians*（CBNTS 29; Stockholm: Amqvist & Wiksell, 1998），197-231.

所采用的是审议性的修辞策略；并指出它与 12—14 章的修辞论证的连贯性。[368] 施米特（J. Schmit）也同样肯定了保罗在 12—14 章中所使用的修辞论证和体裁，尤其是在 14:1-33。"方言"（γλῶσσα, tongue）在 12—14 章中频繁地出现了二十一次，却没有出现在《哥林多前书》的其他章节中。[369] 有些哥林多人对方言恩赐的误用，显然已经造成崇拜秩序的混乱。学者对希腊术语 τῶν πνευματικῶν 的翻译有争议。有些认为，保罗在这里所关注的是，什么是属灵的人与圣灵的恩赐。[370] 有些学者根据希腊原文的阳性和中性的复数所有格，把它翻译为"属灵的人"。[371] 其他一些学者则认为原文所指的，是"属灵的恩赐"（spiritual gifts），而不是指"属灵的人"。[372] 更多的学者认为，这个术语可能含有两方面的意思，因为属灵的人是指那些拥有属灵恩赐的人。[373] 哥林多人存在的问题是把属灵的恩赐作为优

368. Mitchell, *Paul and the Rhetoric of Reconciliation: An Exegetical Investigation of the Language and Composition of 1 Corinthians*, 267-283.

369. J. Schmit, "Argument and genre of 1 Corinthians 12-14", in Stanley E. Porter and Thomas H. Olbricht（eds）, *Rhetoric and the New Testament: Essays from the 1992 Heidelberg Conference*（JSNTSup 90; Sheffield: Sheffield Academic Press, 1993）, 211-230.

370. Thiselton, *The First Epsitle to the Corinthians: A Commentary on the Greek Text*, 910; Merer, *First Epistle*, 1:355.

371. Weiss, *Der erste Korintherbrief*, 294; Hurd, *The Origin of 1 Corinthians*, 194; Pearson, *The Pneumatikos-Psychikos Terminology in 1 Corinthians: A Study in the Theology of the Corinthian Opponents of Paul and its Relation to Gnosticism*; Craig L. Blomberg, *1 Corinthins*（NIVAC; Grand Rapids: *Zondervan, 1994*）, 243; Bruce, *1 and 2 Corinthians*, 116-117; Wire, *Corinthian Women Prophets: A Reconstruction Through Paul's Rhetoric*, 135.

372. Cf. 14:1; Conzelmann, *1 Corinthians*, 204; Collins, *First Corinthians*, 447.

373. Barrett, *A Commentary on the First Epistle to the Corinthians*, 278; Roy A. Harrisvlle, *1 Corinthians*（ACNT; Minneapolis: Augsburg, 1987）, 205; idem, "Speaking in Tongues: A Lexicographical Study", *CBQ* 38（1976）, 35-48. 参见 Best, "The Interpretation of Tongues", *SJT* 28（1975）, 45-62。

越地位的提升。在保罗的眼中，所有的基督徒都应当是"属灵的"（12:1-3）。保罗在此强调的，不仅是恩赐的多样性，也是恩赐都同出一源和有一个共同目的。[374] 多样性的恩赐也因此必须建立在合一的基础上（12:4-7）以期达到圣灵的恩赐叫人获益的目的。[375] 保罗还以人的身体为例，来说明恩赐的多元化以及它们的个别功能。同样地，拥有不同恩赐的信徒应该各尽其职来共同建立教会，也即基督的身体。[376] 保罗坚定地反对哥林多信徒利用恩赐来提高自己的地位，因为这不但是一个非常错误的思想，也是与恩赐的目的背道而驰的。就保罗而言，最大的恩赐肯定不是服侍自己或是提升个人的地位，而是以无私的爱来侍奉他人和建立合一的基督群体。[377]

---

374. B. C. Lategan, "... Met die oog op wat nuttig is（I Kor 12:7）", *NGTT 16*（1975），314-322; Daniel J. Harrington, "Charism and Ministry: The Case of the Apostle Paul", *CS* 24（1985），245-257; Martin, *The Corinthian Body*, 87.

375. 12:8，"智慧的言语"（utterance of wisdom）；12:9，医病的恩赐（gifts of healing）；12:10，行异能（working of miracles）；作先知（prophecy）；辨别诸灵（Distinguishing between spirits）；说方言与翻方言（Speaking in tongues and interpreting tongues）。

376. 参见 Fee, "Gifts of the Spirit", *DPL* 339-47; Dunn, *Jesus and the Spirit*（London: SCM Press, 1975）; J. Koenig, *Charismata: God's Gifts for Gods People*（Philadelphia: Westminster, Peabody, MA: Hendrickson, 1978）; E. E. Ellis, "Spiritual Gifts in the Pauline Community", in Ellis, *Prophecy and Hermeneutic in Early Christianity: New Testament Essays*（Tübingen: Mohr-Siebeck, 1978），23-44; R. Kydd, *Charismatic Gifts in the Early Church*（1984）; R. P. Martin, *The Spirit and the Congregation*（Grand Rapids: Eerdmans, 1984）; Terrance Callan, "Prophecy and Ecstasy in Greco-Roman Religion and in 1 Corinthians", *NovT* 27（1985）: 125-140. H. Conzelmann, "Charisma", *TDNT* 9:402-406; S. Schatzmann, *A Pauline Theology of Charismata*（Peabody. MA: Hendrickson, 1987）; Kenneth S. Hemphill, *Spiritual Gifts*: *Empowering the New Testament Church*（Nashville: Broadman & Holman, 1988）; Martin, "Tongues of Angels and Other Status Indicators", 547-589; C. Forbes, *Prophecy and Inspired Speech in Early Christianity and Its Hellenistic Environment*（WUNT 2.75; Tübingen: Mohr-Siebeck, 1995）。

377. J. F. M. Smit, "Two Puzzles: 1 Corinthians 12.31 and 13.3: A Rhetorical Solution", *NTS* 39（1993），246-264; Collins, *First Corinthians,* 467-468. 参见 C. R.（转下页）

第 13 章通常被称为"爱的诗篇"（The Hymn of Love）。保罗在第 13 章共九次提到了"爱"（ἀγάπη）。[378] 瓦斯对这一章的可靠性提出质疑，认为它可能与诺斯替主义有关联。[379] 但谷夏德（F. W. Grosheide）却非常正确地指出，第 13 章不能被看作是外来的一个插曲，或是保罗有关恩赐的论述的突然中断。相反地，它是保罗论证的一个自然延续，其目的是要将方言还原到它应有的地位上去，因为当时那些特别崇尚方言的哥林多人刻意地把它高举起来。[380]

关于希腊原文在 13 章所出现的不同风格，包括它那类似于"抒情的音调"（lyric tone），克拉格（C. T. Craig）认为这是保罗在《哥林多前书》13 章回应特殊情况的一个美妙选择，让自己的语气变成抒情诗那样，充满了启发和旋律性。[381]

14 章论到恩赐在教会中的功用，也即是，为了造就教会。在理解和诠释 14 章的时候，有一点是不可忽视的，那就是，14:1-

---

（接上页）Holladay, "1 Corinthians 13: Paulas Apostolic Paradigm", in D. L. Balch, E. Ferguson, and W. A. Meeks（eds.）, *Greeks, Romans, and Christians: Essays in honor of Abraham J. Malherbe*（Minneapolis: Fortress Press, 1990）, 80-98。

378. C. Spicq, *Agapē in the New Testament*（Eng. trans. 3 vols.; St Louis and London: Herder, 1965）, 2:139. Victor Paul Furnish, *The Love Command in the New Testament*（London: S.C.M. Press, 1973）. G. Bornkamm, "The More Excellent Way（1 Corinthians 13）", in *Early Christian Experience*, 180-193。J. Barr, "Words for Love in Biblical Greek", in N.T. Wright and L. D. Hurst（eds）, *The Glory of Christ in the New Testament. Studies in Christology in Memory of George Bradford Caird*（Oxford: OUP, 1990）, 3-18.

379. Johannes Weiss, *Der erste Korintherbrief*, 309-316.

380. F. W. Grosheide, *Commentary on the First Epistles to the Corinthians*（NICNT; Grand Rapids: Eerdmans, 1953）, 303. 参见 H. J. Blair, "First Corinthians 13 and the Disunity at Corinth", *Theological Educator* 14（1983）, 69-77。

381. C. T. Craig, "The First Epistle to the Corinthians", *The Interpreter's Bible*（New York & Nashville: Abingdon Press, 1953）, 10:165. J. Smit, "The Genre of 1 Corinthians 13 in the Light of Classical Rhetoric", *NovT* 33（1991）, 193-216.

25 与保罗在 13 章讨论的爱是完全有关联的。在 14:1-25 中，保罗劝勉哥林多人要用易懂的话语来建立整个群体，每个恩赐都要以造就他人为目标。保罗在 14:26-40 特别强调圣灵所带给教会的，是秩序而非混乱。一个人控制自己的言语，也是为了他人。[382] 保罗非常关注的，是某些信徒以自我为中心的所谓"灵性"，包括方言的公开使用，特别是以它作为地位标志的一个错误思想。[383]

总而言之，保罗一直都是以十字架神学作为基督徒身份和生活方式的"根基和标准"。保罗在 15 章特别论说有关复活的神学。[384]

（5）论死人复活（15:1-58）[385]

尽管第 15 章的主题及境况的转换让一些学者对它在《哥林

382. Dunn, "The Responsible Congregation（1 Cor. 14.26-40）", in L. de Lorenzi（ed.），*Charisma und Agape*（1 Kor 12—14）（Rome: Abbey of St. Paul, 1983），201-236.

383. Thiselton, *The First Epistle to the Corinthians: A Commentary on the Greek Text*, 1074-1168. Cf. David E. *Aune, Prophecy in Early Christianity and the Ancient Mediterranean World*（Grand Rapids: Eerdmans, 1983）; J. F. M. Smit, "Tongues and Prophecy: Deciphering 1 Cor 14:22", *Bib* 75（1994），175-190.

384. J. Moltmann, *The Crucified God*（London: SCM, 1974）; Schrage, *Der erste Brief*, 1:165.

385. 莫里斯，《哥林多前书》（台北：校园书房，1996）；周天和，《哥林多前书》；黄浩仪，《哥林多前书》；邓溥年，《问题与突破：哥林多前书》（香港：天道书楼，2002）；张永信，《哥林多前书：教会时弊的良方——爱》；科纳，《哥林多前书释义》。R. A. Horsley, "'How can some of you say there is no resurrection of the dead?' Spiritual Elitism in Corinth", *NovT* 20（1978）203-231. Murray J. Harris, *Raised Immortal: Resurrection and Immortality in the. New Testament*（Grand Rapids, Mich.: William B. Eerdmans Pub-lishing Co., 1985）. D. F. Watson, "Paul's Rhetorical Strategy in 1 Corinthians 15", in S. E Porter and T. H. Olbricht（eds.），*Rhetoric and the New Testament: Essays from the 1992 Heidelberg Conference*, 231-249. S. T. Davis, *Risen Indeed: Making Sense of the Resurrection*（London: SPCK, 1993）. Stephen T. Davis, Daniel Kendall, and Gerald O'Collins（eds.），*The Resurrection: An Interdisciplinary Symposium*（Oxford: Oxford University Press, 1997）.

多前书》中的完整性产生质疑，但大多数的学者都接受第 15 章与整卷书信的连贯性。[386] 哈瑞尔（R. A. Harrisville）甚至还认为，第 15 章其实是整卷书信的心脏或枢纽，结果一切都被它照亮了。在基督教的信仰中，复活一开始就是耶稣被钉十字架的一个快乐结局。宣告主的死和他的复活，是必须紧紧地联系在一起的。[387]

　　对保罗针对死人复活的论说，提瑟顿作了如下三点的观察。[388] 第一，在哥林多教会中，有一群人显然发现自己很难相信任何人在死后还会存在的事。[389] 第二，有些哥林多人因为受到错误神学思想的影响，声称复活的事已经过去，不会再来了（提后 2:18）。[390] 第三，众多当代学者只专注哥林多人在相信身体复活这件事的困难上，而忽略了其他相关的问题。[391]

---

386. Fee, *The First Epistle to the Corinthians*; Barrett, *A Commentary on the First Epistle to the Corinthians*; Mitchell, *Paul and the Rhetoric of Reconciliation: An Exegetical Investigation of the Language and Composition of 1 Corinthians*; Garland, *1 Corinthians*; Thiselton, "Luther and Barth on 1 Cor 15", in W. P. Stephens（ed.）, *The Bible, The Reformation and the Church*（JSNTSS 105; Sheffield: Sheffield Academic Press, 1995），258-289. C. K. Barrett, "Immortality and Resurrection", in C. S. Duthie（ed.）, *Resurrection and Immortality*（London: Bagster. 1979），68-88. Peter Carnley, *The Structure of Resurrection Belief*（Oxford, Clarendon Press, 1987）.

387. Roy A. Harrisville, *I Corinthians*（ACNT; Minneapolis: Augsburg, 1987），247. 参见梁工，《受难与复活：耶稣的故事》（哈尔滨：北方文艺出版社，2010）。

388. Thiselton, *The First Epsitle to the Corinthians: A Commentary on the Greek Text*, 1172-1178。

389. Schmithals, *Gnosticism in Corinth: An Investigation of the Letters to the Corinthians*, 156; Bultmann, *Theology of the New Testament*, 1:169; R. MacMullen, *Paganism in the Roman Empire*（New Haven:Yale University Press, 1981）.

390. Luther's Work, vol. 28, 59; Munck, *Paul and the Salvation of Mankind,* 165; Barrett, *A Commentary on the First Epistle to the Corinthians*, 109; Bruce, *1 & 2 Corinthians*, 49-50; J. H. Wilson, "The Corinthians Who Say There Is No Resurrection of the Dead", *ZAW* 59（1968），90-107; Martin, *The Spirit and the Congregation*, 109-110.

391. Weiss, *Der erste Korintherbrief*, 344; Murphy-O'Connor, *1 Corinthians*（转下页）

六、内容纲要

（1）序言：信首的问安与感恩（1:1-9）

　　问安（1:1-3）

　　感恩（1:4-9）

（2）正文：针对哥林多教会出现的各种问题作出回应

（1:10—4:21）

　　1）情况的汇报及其涉及的问题（1:10-17）

　　2）世人的智慧与十字架的大能之间的对照（1:18—

　　2:5）

　　3）智慧，成熟和属灵的重新定义（2:6—3:4）

　　4）这些问题对教会，传道者以及事工的含义（3:5—

　　4:21）

（3）要求一个明确的裁决的伦理道德问题（5:1—6:20）

　　1）淫乱之事（5:1-13）

　　2）诉讼之事（6:1-11）

　　3）在身体上荣耀上帝（6:12-20）

（4）针对婚姻及其相关的问题以及对祭偶像之物的回应

（7:1-11:1）

　　1）论婚姻与守独身（7:1-40）

　　2）论祭偶像之物（8:1—11:1）

（接上页）(reprinted Eugene, OR: Wipf and Stock, 2001), 137; Pheme Perkins, *Resurrection*: *New Testament Witness and Contemporary Reflection*（London: Chapman, 1984), 221-227; Martin, *The Corinthian Body*, 104-136.

（5）论自由，地位，互惠，以及在公共崇拜和对"属灵恩赐"的态度上对他人的尊重（11:2—14:40）

　　1）论妇女蒙头（11:2-16）

　　2）论圣餐（11:17-34）

　　3）论属灵的恩赐（12:1—14:40）

（6）论死人复活（15:1-58）

（7）关注事项与结语（16:1-24）

　　1）论圣徒捐款（16:1-4）

　　2）行程计划（16:5-12）

　　3）最后的劝勉和问候（16:13-24）

II《哥林多后书》[392]

保罗每封书信的出现，在很大的程度上是基于教牧的需要。但在现存的保罗书信中，没有一封书信是比《哥林多后书》与它的历史处境更加紧密地联系在一起的。因此，仔细研究造成这封书信的文学和历史处境自然是非常重要的。哥林多书信之所以那么吸引人，也是因为它让读者可以在一段既定的时间和空间内，细察早期教会和使徒保罗。如前所说，学者们普遍接受保罗为《哥林多前后书》的作者。《罗马书》《哥林多前书》《哥林多后书》《加拉太书》是七封无争议的保罗书信中的前四封"主要书信"。[393]《哥林多后书》几乎包含了所有典型的保罗文体和文风。例如，对比（antitheses），悖论或吊诡（paradoxes），平行结构（parallelism），交叉结构（Chiasm），省略法（ellipsis），错格法（anacolutha），间接肯定法或反语法（litotes）。只有典型的保罗在向他灵里的儿女们说话、表达心

---

392. 参见巴克莱，《哥林多前后书注释》(香港：基督教文艺出版社，1983)。巴克莱，《哥林多前后书注释》(香港：人光出版社，1985)。杨牧谷，《作祂的仆人：哥林多后书研读》(台北：校园书房，1992)。马丁，《疑难待解之教会：哥林多前后书专题选读》(El Monte, CA：天道书楼，2002)。周天和，《哥林多后书》(香港：基督教文艺出版社，2002)。陈济民，《哥林多后书》(香港：天道书楼，2003)。邓溥年，《荣辱苦乐：哥林多后书》(香港：浸信会出版社，2005)。卡森，《成功或成熟：哥林多后书第十至十三章》(美国：麦种传道会，2005)。张永信，《哥林多后书：软弱的神仆，荣耀的职事》(香港：明道社，2008)。Ernest Best,《哥林多后书》(台南：台湾教会公社报，2010)。

393. Murray J. Harris, *The Second Epistle to the Corinthians: A Commentary on the Greek Text* (New International Greek Testament Commentary; Grand Rapids MI: William B. Eerdmans, 2005), 1. 参见 Baur, *Paul, The Apostle of Jesus Christ, His Life and Work, His Epistles and His Doctrine: A Contribution to a Critical History of Primitive Christianity* (1st ed. 1845, 2nd ed, by E. Zeller, trans. A. Menzies; 2 vols.; Edinburgh/London: Williams & Norgate, 1875), 1.246, 2.18-21、35-42。

意、劝勉和训诲的时候，才会使用了那么多的文体和文风。它们不仅反映了保罗慷慨的鼓励，温柔的劝告，和严厉训斥的微妙结合；而且还体现了保罗许多伟大和独特的教义。[394] 此外，《哥林多后书》中的一些片段，也足以显示保罗是一位优秀的管理者，一位有牧者心怀的顾问和辅导，一位有远见的普世教会领袖。从《哥林多后书》中可以发现：1）有关哥林多教会以及其他地方的历史发展等有价值的资料；2）关于保罗的生平与个性的履历；3）不少没有出现在其他书信中的保罗以及其对手的神学观点；4）保罗的具体活动与思路。[395]

但是，在不少学者的眼中，《哥林多后书》文本的完整性，[396] 就显然没有它的真实性（authenticity）那么具说服力。学者们因为面对着文本中的一些复杂资料，就提出了五花八门的假设。他们的"假设"也往往缺乏令人信服的论证。不但如此，《哥林多后书》中的一些篇章引发出来的难题，至今仍旧是研究者无法回避的挑战。要理解和诠释这些问题，不仅需要倚赖《哥林多后书》的文本，也必须依靠其他的资料和信息。[397]

---

394. 例如：因信称义；基督徒的生活是靠着圣灵在基督里的；基督徒的苦难作为分享基督的苦难。Harris, *The Second Epistle to the Corinthians: A Commentary on the Greek Text*, 1-2。

395. Hans D. Betz, "Corinthians, Second Epistle to the", *ABD* 5.1149.

396. 全面讨论《哥林多后书》的完整性的参考书目不少，例如：Victor. P. Furnish, *II Corinthians*（AB; Garden City, NY: Doubleday, 1984），30-48; Linda L. Belleville, *Reflections of Glory: Paul's Polemical Use of the Moses-Doxa Tradition in 2 Corinthians 3.1-18*（JSNTSup 52; Sheffield: Sheffield Academic Press, 1991）; Harris, *The Second Epistle to the Corinthians: A Commentary on the Greek Text*, 8-51。

397. Barrett, "Christianity at Corinth", 269-297.

一、《哥林多后书》的背景及完整性

当保罗写《哥林多后书》的时候，整个哥林多教会的处境已经有了极大的变化。保罗与哥林多人之间的关系似乎变得更加恶化。一方面，教会内部有人可能是受了某领袖的影响，开始起来公开反对保罗及其所传的福音；[398] 另一方面，极可能还有一群信徒强烈地攻击保罗的演讲方式和内容，甚至保罗的外貌与人格也受到攻击。这一切很自然会大大贬低保罗在哥林多教会的威信、声望和地位。这群人中还有一些特别气势凌人、傲慢不逊，在标榜他们自己认为是更优越的文化和属灵的经验。这些敌对保罗的势力在哥林多教会日益壮大，严重地影响和破坏着保罗在教会的使徒权威和地位。因此，保罗就不得不要在此为他身为使徒的合法性辩护，同时还得再确定他所宣讲的福音，包括在他的敌对者看来是非常关键的宣讲方式和演讲技巧。

《哥林多后书》文本的完整性，一直是学者们广泛争论的重要课题，包括《哥林多后书》一些被学者认为是"突然转换"的主题以及语调的差别。[399] 克兰菲尔德（Cranfield）认为，保罗曾先后为他自己所创立的哥林多教会写了四封书信：第一封已经丧失，其中一部分的内容已经被保存在《哥林多后书》6:14—7:1。第二封就是众所周知的《哥林多前书》。第三封书

---

398. 从 2:1-4 以及 7:5-12（11:4）中可以得到一些信息：1）教会中有人（或许是领袖之一）在公开反对保罗；2）保罗对这一个事件感到悲愤；3）保罗离开哥林多之后，曾给教会写了一封严厉的信；4）保罗为先前所写的信后悔不安，因为他在信中对会众使用了过分严厉的谴责；5）提多带回好消息：哥林多人悔改并处罚了那个羞辱他的人。

399. 2:13-14; 6:13-14; 7:1-2; 7:4-5; 7:16-8:1; 8:24-9:1; 9:15-10:1.

信的一部分被保存在《哥林多后书》5—8 章中。第四封则出现在《哥林多后书》1—4 章。[400]

首次对《哥林多后书》的完整性提出质疑的是德国学者塞姆勒（J. S. Semler）。塞姆勒在 1776 年出版的《释义 II：哥林多书信》一书中认为，保罗在信中的和解态度（特别是在 7:5-16 中的描述）和 10:1-13:10 那尖酸刻薄的语调似乎是对立的。他因此怀疑 10:1-13:10 可能是一封单独的信件。此外，塞姆勒还把第 8 和 9 章中保罗为耶路撒冷信徒募捐这件事看作是不同收件者的重复。8—9 章因此是不太可能和 10:1-13:10 这一段连接在一起的。他相信 8 章和 9 章原本是独立存在的一段文本（separate compositions）。10:1-13:10 则可能是比 8—9 章更迟的一封信件。塞姆勒把 13:11-13 和《罗马书》16 章看作是 1—8 章的结尾。他的推理结果是，《哥林多后书》是由三封信件组成的。第一封包括《哥林多后书》1—8 章，13:11-13，和《罗马书》16 章。第二封为《哥林多后书》的第 9 章。第三封是《哥林多后书》10:1—13:10。[401] 自从塞姆勒的论点发表之后，关于《哥林多后书》的信件文本"归类"和"还原"的学术辩论就从未间断。

仍旧存在和困扰一些学者的问题是：原有的信件是否应当被划分？如果去划分？书信究竟是由有多少文本组成的？又当如何给它们分段？

---

400. Barrett, "Christianity at Corinth", 270.

401. J. S. Semler, *Paraphrases II: Epistulae ad Corinthos* (Vetus Latina; Halae: Hammerdiani, 1776), 235-310.

哈麦尔（A. Halmel）假设《哥林多后书》是由三封书信组成的。[402] 瓦斯则认为，《哥林多后书》包含了四封不同的信件。[403] 瓦斯对《哥林多后书》的划分和重建影响了以后的许多德国学者，例如，布尔特曼、丁克尔（E. Dinkler）和威郝尔（P. Vielhauer）等。[404] 柏卡姆（G. Bornkamm）相信《哥林多后书》是由五封书信组成的。[405]

校订者在第三封信件中增加了 6:14—7:1，这个片段被一些

---

402. 第一封信件（1:1-2; 1:-2:13; 7:5-8:24; 13:13）；第二封信件（10:1-13:10）；第三封信件（1:3-7; 2:14-7:4; 9:1-15; 13:11-12）。第三封信件还包括了几个插曲（3:12-18; 4:3-4, 6; 6:14-7:1）。参见 A. Halmel, *Der zweite Korintherbrief des Apostels Paulus. geschichtliche und literarkritische Untersuchungen*（Halle: Niemeyer, 1904）。

403. 第一封信，此信已经丧失（林前 5:9 中的 "先前的信"，其中包括 6:14-7:1）；第二封信，由提多和两位弟兄（8:1-24）发送的一封推荐信；它写于第二封书信 B¹ 和 B² 之间；第三封信（2:12-6:13; 7:2-4; 10:1-13:13）；第四封信（1:1-2:13; 7:5-16; 9:1-15）。有学者相信《哥林多前书》中的一些资料可以在第一封信和第二封信 B¹ 和 B² 中找到。参见 Weiss, *Der erste Korintherbrief*, 同上，*Das Urchristentum*, ed. R. Knopf, *The History of Primitive Christianity*（Göttingen: Vandenhoeck & Ruprecht, 1917）。Weiss, *Earliest Christianity: A History of the Period A.D. 30-150*；trans. F. C. Grant, et al. Harper, 1:323-357.

404. J. T. Dean, *Saint Paul and Corinth*（London: Lutterworth, 1947）；R. Bultmann, *The Second Letter to the* Corinthians, trans. R. A. Harrisville（Minneapolis: Augsburg, 1985），17-18, 52, 179-80, 256；E. Dinkler, 'Korintherbriefe', *RGG*³ 4（1960），17-23；P. Vielhauer, *Geschichte der urchristlichen Literatur*（New York: de Gruyter, 1975），150-155. 丁克尔和威郝尔将 2:14—7:4（省略 6:14-7:1）与 10—13 章连接在一起构成 "流泪的书信"（tearful letter）。

405. 柏卡姆认为，哥林多书信共由六封书信组成：《哥林多前书》（两封书信）和《哥林多后书》（五封书信）。第三封信：辩护的信（letter of defense; 2:14-6:13; 7:2-4）；第四封信：流泪的信（letter of tears; 10:1-13:10）；第五封信：和解的信（letter of reconciliation; 1:1-2:13; 7:5-16）；第六封信：为提多和两位弟兄所写的一封推荐信（8:1-24）。虽然这封书信可能是和解信的一个附录，但提多和两位弟兄与保罗其余的哥林多书信的关系最终还是很难确定。参见 G. Bornkamm, "The History of the Origin of the So-Called Second Letter to the Corinthians", *NTS* 8（1962），258-264; also in K. Aland, *et al.*（eds.），*The Authorship and Integrity of the New Testament*（London: SPCK, 1965），73-81；Bornkamm, *Gesammelte Aufsätze Band IV*（BEvTh 53; München: Kaiser, 1971），162-194; Bornkamm, *The New Testament: A Guide to* Its Writings（London: SPCK, 1974）。

学者认为不是出自保罗；以及在第五封信中增加了 13:11-13 中的劝勉、问候和祝福。[406] 柏卡姆的《哥林多后书》"五封书信"的假设广泛地影响了学术界。他的"五封书信"学说主要是重构哥林多教会当时的情况以及保罗处理问题的方式。柏卡姆也尝试追查原有的那五个信件被组合起来形成《哥林多后书》正典的各阶段。[407] 那些接纳柏卡姆的"五封书信"理论的新约学者，只在一些细节上作了一些变动。这些学者当中比较有影响力的包括贝兹[408] 以及他的学生米歇尔（Mitchell），[409] 奥尔基（Georgi）和柏克（J. Becker）。[410]

406. Harris, *The Second Epistle to the Corinthians: A Commentary on the Greek Text*, 9.

407. Ibid., 10.

408. Hans D. Betz, "Corinthians, Second Epistle to the", *ABD* 5.1148-1154; Betz, *2 Corinthians 8 and 9: A Commentary on Two Administrative Letters of the Apostle Paul* (Philadelphia: Fortress Press, 1985), 142-143; idem, "The Problem of Rhetoric and Theology according to the Apostle Paul", in A. Vanhoye (ed.), *L'Apotre Paul: personnalité, style et conception du ministère* (BETL 73; Leuven: Leuven University, 1986), 16-48. 贝慈也以修辞评鉴学的方法来分析"和解书信"的重构（1:1-2:13; 7:5-16; 13:11-13）：1）书信前言（epistolary prescript, 1:1-2）；2）绪论（*exordium*, 1:3-7）；3）叙事（*narratio*, 1:8-11, 4）；论证（*probatio*, 1:12-2:13; 7:5-16）；5）书信结尾（epistolary postscript, 13:11-13）。

409. Mitchell, *Paul and the Rhetoric of Reconciliation: An Exegetical Investigation of the Language and Composition of 1 Corinthians*, 75-76.

410. Georgi, *The Opponents of Paul in Second Corinthians*, 9—18; idem, "Corinthians, Second Letter to the", *IDB* 5:183-186; idem, *Remembering the Poor: The History of Paul's Collection for Jerusalem* (Nashville: Abingdon, 1992); J. Becker, *Paul: Apostle to the Gentiles* (Louisville: Westminster, 1993), 216-221. Cf. R. H. Fuller, *A Critical Introduction to the New Testament* (London: Duckworth, 1966), 48-49; H. D. Wendland, *Die Briefe an die Korinther* (NT Deutsch 712; Göttingen: Vandenhoeck. & Ruprecht, 1968), 7-11; W. Marxsen, *Introduction to the New Testament: An Approach to Its Problems* (Philadelphia/Oxford: Fortress Press/Basil Blackwell, 1968), 77-82; F. T. Fallon, *II Corinthians* (Wilmington: Glazier, 1980), 6-7; E. Lohse, *The Formation of the New Testament*, trans. M. Eugene Boring (Nashville: Abingdon, 1981), 72-73; N. Perrin, *The New Testament: An Introduction* (New York: Harcourt Brace Jovanovich, 1982), 104-105; Koester, *Introduction to the New Testament: History and Literature of Early Christianity*, 1.53-54; 2.126-130.

施密塔尔斯（G. Schmithals）于 1973 年出版的一篇题为
"哥林多书信作为信函的一个汇集"的论文中，试图确定《哥林
多前后书》是由九封信件构成的。[411] 1984 年，希密塔尔斯在
所出版的《保罗书信在其原始的形式中》，认为九封信件还不
够，结果又建议《哥林多前后书》是由十三封信件组成的。[412]
希密塔尔斯亦声称，他在《哥林多后书》中发现了保罗写给哥
林多教会的十三封信件中的七封信件。[413]

学者在《哥林多后书》划分的理论上所提出的各种假设，主
要基于《哥林多后书》中的四段文本：2:14—7:4；[414] 6:14—7:1；[415]

411. W. Schmithals, "Die Korintherbriefe als Briefsammlung", *ZNW* 64（1973），
263-288.

412. 1）林前 11:2, 17-34；2）林前 9:24-10:22；6:12-20；3）林前 6:1-11；林后 6:14-7:1；4）
林前 15:1-58；16:13-24；5）回应信件：林前 11:3-16；7:1—8:13；9:10-22；10:23—
11:1；12:1-31a；14:1b-40；12:31b—13:13；16:1-12；6）林前 1:1—3:23；4:14-21；7）
林前 5:1-13；8）林前 4:1-5；9:1b-18；林后 6:3-13；7:2-4a；9）林后 4:2-14；10）林
前 4:7-13；林后 2:14—3:18；4:16—6:2；罗 13:12b-14；11）流泪的信：林后 10:1-
13:13；12）捐款的信：林后 8:1-24a；13）喜乐的信：林后 1:1-2:13；7:5-7, 4b,
8-16；9:1-15；罗 5:1b-10。

413. 1）林前 6:1-11；林后 6:14—7:1；2）林前 4:1-5；9:1b-18；林后 6:3-13；7:2-4a；
3）林后 4:2-14；4）林前 4:7-13；林后 2:14—3:18；4:16—6:2；罗 13:12b-14；5）流
泪的信件：林后 10:1—13:13，6）捐款信件：林后 8:1-24a；7）喜乐的信件：林
后 1:1—2:13；7:5-7, 4b, 8-16；9:1-15；罗 5:1b-10。Schmithals, *Die Briefe des Paulus
in ursprünglicher Gestalt*（Zürich: Theologischer Verlag, 1984）; idem, *Gnosticism in
Corinth: An Investigation of the Letters to the Corinthians*, 87-96; 224-229.

414. 2:14-7:4 被质疑为一个插段。1）可能属于严厉的书信（10—13 章）的一
部分；参见 Weiss, *Earliest Christianity: A History of the Period A.D. 30-150*,
1.349。Bultmann, *The Second Letter* to *the Corinthians*, 18。2）或写于严厉的
书信之前的另一封信件。参见 Bornkamm, "The History of the Origin of the So-
Called Second Letter to the Corinthians", 259-260; Wendland, *Die Briefe an die
Korinther*, 9; Schmithals, *Gnosticism in Corinth: An Investigation of the Letters to
the Corinthians*, 98-100。

415. 1）此段被视为非保罗书信的一部分（J. Gnika, "2 Cor 6:14-7:1 in Light of the
Qumran Texts and the Testaments of the Twelve Patriarchs", in J. Murphy-O'Connor
（ed.）, *Paul and Qumran*［London: Chapman, 1968］, 48-68; Bultmann, *The Second
Letter* to *the Corinthians*, 180）; 2）或 2:14—7:4 中的另外一个插段（Wendland,
Die Briefe an die Korinther, 212; Schmithals, *Gnosticism in Corinth*, 94-95）。

8—9;[416] 10—13。[417]

有些学者注意到《哥林多后书》中的鲜明特征，是它所采用的修辞评鉴法，特别是保罗在10—13章所运用的夸张和讽刺方式。[418] 肯尼迪（Kennedy）按照修辞演说的结构将《哥林多后书》化为三封信件：1—7章，8—9章，和10—13章。1—7章和10—13章为庭辩性的（judicial）；8—9章是审议性的（deliberative）。[419] 施拉尔（Thrall）认为，《哥林多后书》由三封独立的信件组成：1—8章，9章，和10—13章。[420] 游杰斯（F. W. Hughes）从修辞演说的一些风格来分析《哥林多后书》中的一些段落：绪论（exordium，1:1-11），陈述命题（propositio, 1:12-14），叙事（narratio，1:15—2:13），论证（probatio, 7:5-13a），结论（peroratio, 7:13b-16），劝勉（exhortatio, 8:1-24）。[421] 论及2:14–

---

416. 8—9章被分别各自怀疑为插段。8章为插段：Weiss, *Earliest Christianity: A History of the Period A.D. 30-150*, 1.353。9章为插段：Bornkamm, "The History of the Origin of the So-Called Second Letter to the Corinthians", 260; Schmithals, *Gnosticism in Corinth: An Investigation of the Letters to the Corinthians*, 97-98；或 两 封 独 立 的 信 件（Semler, *Paraphrases II*, 235-310; Windisch, *Der zweite Korintherbrief*, 242-244; 287-288; Betz, *2 Corinthians 8 and 9: A Commentary on Two Administrative Letters of the Apostle Paul*, 3-36; 参见 Martin, *2 Corinthians* [WBC 40; Dallas: Word, 1986], 250; Thrall, *II Corinthians 1-7*, 1.44）。

417. 1—9章和10—13章的先后位置次序问题受到极大争议：1）10—13章是"流泪的书信"（2:4）的一部分；2）1—9章先于10—13章；3）10—13章先于1—9章（参以下的讨论）。

418. 库拉顿（Crafton）的修辞结构分段：1）2:14-7:4; 2）10-13; 3）1:3-2:13+7:5-16. J. A. Crafton, *The Agency of the Apostle: A Dramatic Analysis of Paul's Responses to Conflict in 2 Corinthians*（JSNTSup 51; Sheffield: JSOT Press, 1991），49-53, 59-162。

419. Kennedy, *New Testament Interpretation Through Rhetorical Criticism*, 87-92.

420. Thrall, *II Corinthians 1-7*（ICC; Edinburgh: Clark, 1994），1.3-49.

421. 游杰斯（Hughes）将1:1—2:13以及7:5-16和8章联系在一起分析，并把这些片段看成是审议性的（deliberative）和褒贬性的（Epideictic）演说类型的组合。F. W. Hughes, "The Rhetoric of the Reconciliation: 2 Corinthians 1.1-2.13 and 7.5-8.24", in Duane F. Watson, *Persuasive Artistry: Studies in New Testament Rhetoric in Honor of George A. Kennedy*（Sheffield: Sheffield Academic Press, 1991），246-261。

6:13 与 7:2-4 这两段经文，游杰斯（Hughes）的观点是：除了那已经失掉的后记以外，这两个片段原本可能是一封完整而有说服力的书信。[422]

基于上述那些有关《哥林多后书》现存的文本的复杂性，学者只能暂定它是由两封或两封以上的信件拼接在一起的结果。《哥林多后书》信件划分最常用的方法是把 1—9 章和 10—13 章看成为原本独立的书信。[423] 那些相信《哥林多后书》是由两封独立的信件组成的学者，又在 1—9 章和 10—13 章两封信件先后发送的次序上持不同的看法。[424] 关于《哥林多后书》的 1—9 章和 10—13 章的先后位置问题，学者之间的争议原因在于：保罗在 1—9 章中的语气和态度是比较委婉友好和喜乐的；[425] 但在 10—13 章中，保罗的主题和语调却"突然转换"，变得既悲伤又严厉。[426] 那些认为 10—13 章是发送于 1—9 章之前的学者，

---

422. Hughes, "Rhetorical Criticism and the Corinthian Correspondence", in Stanley E. Porter and Thomas H. Olbricht（eds.）, *The Rhetorical Analysis of Scripture*: *Essays from the 1995 London Conference*（JSNT Supplement Series 146; Sheffield: Sheffield Academic Press, 1997）, 336-350.

423. V. Furnish, *II Corinthians*（Garden City: Doubleday, 1984）, 35-48; Martin, *2 Corinthians*, xl.

424. Furnish, *II Corinthians*, 35-41; Jerry Sumney, *Identifying Paul's Opponents: The Question of Method in 2 Corinthians*（Sheffield: JSOT Press, 1990）.

425. 即使在过去有些困难的时刻，保罗与哥林多教会的关系总体上来说还是不错的（1—9 章）。例如，2:14-15："感谢上帝！常帅领我们在基督里夸胜，并藉着我们在各处显扬那因认识基督而有的香气。因为我们在上帝面前，无论在得救的人身上或灭亡的人身上，都有基督馨香之气。"5:12-13："我们不是向你们再举荐自己，乃是叫你们因我们有可夸之处，好对那凭外貌不凭内心夸口的人，有言可答。我们若果癫狂，是为神；若果谨守，是为你们。"

426. 18 世纪的德国学者塞姆勒假设这封遗失的"流泪信件"（2:4："我先前心里难过痛苦，多多的流泪，写信给你们"）已经被发现是 10—13 章。这封信件让保罗非常难过，因为有人对他的权威发出质疑并且还诋毁他。

还形容 10—13 章是一封 "流泪的书信"。[427] 相反地，那些坚持
10—13 章是发送于 1—9 章之后的学者所得出的结论是：严厉
的章节（10—13 章）代表了保罗与哥林多之间通信的最后一部
分，而流泪的信件已经流失了。[428]

有些学者尝试解释他们相信 10—13 章是发送在 1—9 章之
前的原因：保罗在发出 10—13 章之后，又从提多那里获悉哥
林多人悔改的好消息（7:5-7; 2:13）。保罗因此感到很安慰和喜
乐，便随即写了另一份书信（也即是现有的 1—9 章）给哥林多
教会。[429] 有些学者则认为，保罗一收到提多的口信之后，就立即
写了 1—9 章发送给哥林多教会。但时隔不久，保罗又收到提多从
哥林多带来的坏消息。那就是，有一群敌人在挑战保罗的使徒权

427. J. H. Kennedy, *The Second and Third Epistles of St. Paul to the Corinthians* (London:
    Methuen, 1900), 135-139; F. Watson, "2 Cor. x-xiii and Paul's Painful Letter to the
    Corinthians", *JTS* 35 (1984), 324-346; H. J. Klauck, *2 Korintherbrief* (Neue *Echter
    Bible*, NT 8; Würzburg: Echter, 1986), 9; L. Aeimeleus, *Streit und Versoehnung:
    Das Problem der Zusammensetzung des 2 Korintherbriefes* (Hersinki: Kirjapaino
    Raamattulo, 1987), 321-322; Charles H. Talbert, *Reading Corinthians:
    A Literary and Theological Commentary on 1 and 2 Corinthians* (New York:
    Crossroad, 1987), xix-xxi; Horrell, *The Social Ethos of the Corinthian Correspondence:
    Interests and Ideology from 1 Corinthians to 1 Clement*, 296-312; Brian K. Peterson,
    Eloquence and the Proclamation of the Gospel in Corinth (SBLDS 163; Atlanta:
    Scholars Press, 1998), 39-57.
428. H. Windisch, *Der zweite Korintherbrief* (Goettingen: Vandenhoeck & Ruprecht,
    1924), 26-28; Barrett, *A Commentary on the Second Epistle to the Corinthians*
    (London: Adam & Charles Black, 1973), 243-245; Furnish, *II Corinthians*, 37-
    38; Sumney, *Identifying Paul's Opponents*, 123-126; Murphy-O'Connor, *The Theology
    of the Second Letter to the Corinthians* (Cambridge: Cambridge University Press,
    1991), 10-12; *Sini Hulmi, Paulus und Mose: Argumentation und Polemik in 2
    Kor 3* (PFES 77; Helsinki/Göttingen: Finnish Exegetical Society/ Vandenhoeck &
    Ruprecht, 1999), 33-35.
429. A. Plummer, *A Critical and Exegetical Commentary on the Second Epistle of St.
    Paul to the Corinthians* (ICC; Edinburgh: T&T Clark, 1915), xxvii-xxxvi; R. H.
    Strachan, *The Second Epistle of Paul to the Corinthians* (MNTC; London: Hodder
    and Stoughton, 1935), xix; Schmithals, *Gnosticism in Corinth: An Investigation of the
    Letters to the Corinthians*, 96; Bultmann, *The Second Letter* to *the Corinthians*, 18.

威以及他所传的福音，让不少哥林多人也开始对保罗表示怀疑。针对那样的危机，保罗又给哥林多写了另一封信（也即是现有的10—13章）。[430]

那些维护《哥林多后书》的完整性的学者们根据强有力的论证坚持《哥林多后书》文本组成和内容的合一性，并且还认为整封书信是在同一个时期内写成的。[431] 他们觉得一些学者们其实完全没必要去夸大 1—9 章和 10—13 章之间的差异。[432] 1—7 章中的一些章节并没有显示哥林多人已经解决了冲突的问题。[433] 10—13 章似乎也没有流露出保罗一向对教会深切的感情[434] 以及对哥林多教会克服问题的信心。[435] 再者，《哥林多后

430. Bruce, *1 & 2 Corinthians*, 166-170; Furnish, *II Corinthians*, 30-41; Martin, *2 Corinthians*, xl; Colin G. Kruse, *The Second Epistle of Paul to the Corinthians* (TNTC; Grand Rapids: Eerdmans, 1987), 29-35.

431. H. Lietzmann, *An die Korinther I-II* (4th ed.; suppl. by W.G. Kümmel; HNT 9; Tübingen: Mohr Siebeck, 1949), 139-140; R. V. G. Tasker, *The Second Epistle to the Corinthians* (TNTC; Grand Rapids: Eerdmans, 1958), 30-35; P. E. Hughes, *Paul's Second Letter to the Corinthians* (Grand Rapids: Eerdmans, 1962), xxiii-xxxv W. H. Bates, "The Integrity of 2 Corinthians", *NTS* 12 (1965-66), 56-69; N. Hyldahl, "Die Frage nach der literarischen Einheit des Zweiten Korintherbriefes", *ZNW* 64 (1973), 289-306; Kümmel, *Introduction to the New Testament*, 287-293; F. Young and D. F. Ford, *Meaning and Truth in 2 Corinthians* (London: SPCK, 1987), 27-44. Witherington, *Conflict and Community in Corinth: A Socio-Rhetorical Commentary on 1 and 2 Corinthians*, 328-339; P. Barnett, *The Second Epistle to the Corinthians* (NICNT; Grand Rapids: Eerdmans, 1997), 17-25; J. Lambrecht, *2 Corinthians* (Collegeville, MN: Liturgical, 1999), 7-9; David E. Garland, *2 Corinthians* (NAC; Nashville: Broadman and Holman, 1999), 33-44; J. D. H. Amador, "The Unity of 2 Corinthians: A Test Case for a Re-discovered and Re-invented rhetoric", *Neot* 33 (1999), 411-432; idem, "Revisiting 2 Corinthians: Rhetoric and the Case for Unity", *NTS* 46 (2000), 92-111; Sze-kar Wan, *Power in Weakness: The Second Letter of Paul to the Corinthians* (Harrisburg: Trinity Press International, 2000), 10-12.

432. Hughes, *Paul's Second Letter to the Corinthians*, xxxi-xxxv.

433. 1:7, 12-14, 15-23; 2:17; 3:1; 4:2; 5:11-12; 6;11-13; 7:2-3.

434. 10:1; 11:2; 12:14-15; 13:7-9.

435. 10:6, 15; 13:6, 9-10, 11. Bates, "The Integrity of 2 Corinthians", 63-67.

书》的希腊原文抄本并没有任何迹象显明第 9 章是书信原稿的结尾，也同样不能证明 10—13 章为原稿的开始。它非常明显地缺乏保罗典型的信首公式和秩序：发信人，收件人，问候，及感恩。

巴奈特（Barnett）以三个理由来阐明《哥林多后书》是一封完整的书信。第一，修辞评鉴法清楚显示《哥林多后书》与其他保罗书信的格式非常相似。第二，书信表明保罗将访问哥林多教会的心愿，而这次的访问计划也贯彻了整封《哥林多后书》。[436] 第三，整封书信中还出现了一些独特的词汇，说明它们是有独立起源的。例如：1—9 章保罗所提到的"仁义的职事"，"上帝的仆人"；10—13 章的"假装仁义的差役"，"基督的仆人"。因为保罗没有在任何其他书信中将职事与仁义对比起来，这些词汇的使用支持了书信的两个主要部分的统一性。[437] 巴奈特根据修辞结构，把《哥林多后书》分为：绪论（*exordium*，1:1-11），叙事（*narratio*，1:8-11; 2:3-13; 7:5-16; 8:1-6, 16-23; 9:2-5; 11:22-12:10），和结论（*peroratio*, 10-13）。[438]

艾曼德（Amador）采用动态论证的修辞理论为《哥林多后书》的合一作辩护。他从区分书信的六个修辞单元开始：1）绪论 1:1-14; 2）1:15—2:13; 3）2:14—7:4; 4）7:5—9:15; 5）10:1—13:9, 6）结论 13:10-14。艾曼德强调复杂的语气与论证的单元连接在一起所达到的一致性。"一致性和合一"（coherence and

---

436. 2:1, 3; 9:4; 10:2, 6; 11;9; 12:14; 20, 21; 13:1, 2, 10.
437. Barnett, *The Second Epistle to the Corinthians,* 17-19.
438. Ibid., 18.

unity）是艾曼德所使用的关键概念。[439] 有些释经者指出《哥林多后书》中的一个特定结构来表明书信的合一。例如，同心结构（ABA′）：1—7 章（自我辩护）；8—9 章（捐款）；10—13（道歉与论战）。[440] 交叉结构这个术语也被松散地描述为"同心结构"或"同心对称"。[441] 论到《哥林多后书》的完整性，马歇尔指出，只凭着保罗的修辞技巧所显示的所谓"苛刻"和"柔和"的语调来断定《哥林多后书》是由两封或两封以上的信件组成的一个综合文本，这是不能令人信服的。[442]

二、保罗的对手

保罗在书信中涉及了敌对者对他的批评和攻击。这些人似乎不只是反对保罗的教导和言论，甚至还严重地质疑他的人格和使徒身份。《哥林多后书》清楚显示，那是一股强大的敌对势力，让保罗不得不用不少的篇幅为自己的使徒身份与权柄作辩护。不但如此，保罗在《哥林多后书》所论及的对手的身份与神学也是非常复杂的。保罗在《哥林多后书》中所提到的竞争对手，显然也是为自己谋求利益的一群。[443] 这些人甚至还带

439. Amador, "The Unity of 2 Corinthians: A Test Case for a Re-discovered and Re-invented rhetoric", 411-432.

440. P. F. Ellis, *Seven Pauline Letters* (Collegeville, MN: Liturgical Press, 1982), 139.

441. Harris, *The Second Epistle to the Corinthians: A Commentary on the Greek Text*, 110-114. Cf. J. W. Welch, "Chiasmus in the New Testament", in J. W. Welch (ed.), *Chiasmus in Antiquity: Structures, Analyses, Exegesis* (Hildesheim: Gerstenberg, 1981), 213-290.

442. Marshall, *Enmity in Corinth: Social Conventions in Paul's Relations with the Corinthians*, 404.

443. 2:17: "我们不像那许多人，为利混乱上帝的道。"

着推荐信[444]来哥林多"另传一个耶稣"（11:4），而哥林多也似乎有人接受了他们的信息（11:4, 20）。更严重的是，这些人伪装为基督的使徒或仆人的模样，寻找机会来取代保罗的领导角色（11:12），并且还自称是"仁义的差役"。保罗则称这些人为"假使徒"和"撒但的差役"（11:13-15）。令学者更加困惑的是，保罗还提到了一些"最大的使徒"（11:5; 12:11）。保罗描述的这些人究竟是谁呢？他们的背景又是怎样的？这就让辨别保罗对手身份的问题，在哥林多书信研究中，成为最棘手的一个历史和社会课题之一。[445]巴奈特指出，了解《哥林多后书》中的保罗对手的身份是明白新约与基督教的起源的最关键问题之一。[446]苏姆尼（Sumney）因此认为，掌握更多有关保罗的对手的资料肯定有助于学者对书信的理解和诠释。[447]

正如上述问题那样，学者们在辨认保罗的对手这方面的探讨，也有不同的观点。第一，是犹太基督徒（Judaizers）。早在 19 世纪，包尔就已经假定早期基督教的冲突主要是保罗所领导的外邦基督徒与彼得所领导的犹太基督徒（Judaizers）两大阵营之间的根本对立。包尔认为，保罗在《哥林多后书》

---

444. 3:1："我们岂是又举荐自己吗？岂像别人用人的荐信给你们或用你们的荐信给人吗？"

445. 参见 Ellis, "Paul and his Opponents", in J. Neusner（Ed.）, *Christianity, Judaism and Other Greco-Roman Cults*（Leiden: EJ Brill, 1975）, 264-298; J. J. Gunther, *St. Paul's Opponents and Their Background: A Study of Apocalyptic and Jewish Sectarian Teachings*（Novum Testamentum Supplement; Leiden: Brill, 1973）; P. Barnett, "Opposition in Corinth", *JSNT* 22（1984）, 3-17; Thrall, *II Corinthians*, 2.926-945.

446. Barrett, "Paul's Opponents in II Corinthians", *NTS* 17（1971）, 233-254; Barrett, *Essays on Paul*, 60-86.

447. Sumney, *Identifying Paul's Opponents: The Question of Method in 2 Corinthians*, 189.

中提到的对手是属于彼得那一派的人。他们自称是"属基督的"（Χριστοῦ εἶναι）。在 11 章，保罗又把这些人称为"假使徒"（ψευδαπόστολοι），"仁义的差役"（διάκονοι δικαιοσύνης）。这些人是奉耶路撒冷的"超级的使徒"或"最大的使徒"（ὑπερλίαν ἀποστόλων）的差遣来到哥林多教会。对包尔而言，保罗自始至终的对手都是保守的犹太派的基督徒。[448] 欧藤道（D. W. Oostendorp）原则上赞同包尔的观点，认为保罗的主要对手是犹太基督徒。[449] 按欧藤道自己的看法，保罗的对手指责他的原因，是因为他不但没有向哥林多人教导摩西的律法，自己也没拥有属灵恩赐的凭证。欧藤道认为，《哥林多后书》3:7-18 是犹太基督徒的理论核心，也是保罗对摩西与旧约圣经的基要诠释。欧藤道还将这段经文与《加拉太书》放在一起处理；因为在《加拉太书》那几段提到犹太基督徒的经文中，圣灵与遵守律法是有关联的。[450] 与包尔不同的是，欧藤道既没有尝试重建保罗对手的历史，也没有进入《哥林多后书》有关合一的辩论。[451]

第二，"最大的使徒"应该是指耶路撒冷的使徒。凯瑟曼（Käsemann）和巴瑞德都一致认为，《哥林多后书》11:5 和 12:11 提到的"最大的使徒"（ὑπερλίαν ἀποστόλων, super-

---

448. Baur, *Paul, The Apostle of Jesus Christ, His Life and Work, His Epistles and His Doctrine: A Contribution to a Critical History of Primitive Christianity*, 1.105-145, 250-257; Baur, *Die Christuspartei in der korinthischen Gemeinde*", *Tübinger Zeitschrift für Theologie* 5（1831），61-206.

449. Derk W. Oostendorp, *Another Jesus*（Kampen, J. H. Kok, 1967），4.

450. Oostendorp, *Another Jesus*, 36.

451. Ibid., 5.

apostles）与 11:13 和 11:15 中的那等"*假使徒*"和"*撒但的差役*"是完全有区别的。所谓"*最大的使徒*"，明显是指耶路撒冷的那些使徒们，也就是保罗在《加拉太书》2:9 中提到的那些作为"教会柱石"的雅各、矶法和约翰。而"*假使徒*"（ψευδαπό στολοι, false apostles）则是由耶路撒冷教会差派出的一个代表团或是来自耶路撒冷的巡回代理人。这些人没有按照雅各、矶法和约翰这些"*最大的使徒*"委托他们的使命来行事。[452] 结果给哥林多教会带来严重的混乱。保罗也因此在回应中强烈地指责了这些巡回的代理人。巴瑞德的结论是，保罗在《哥林多后书》中的对手是来自耶路撒冷的犹太人。[453]

第三，诺斯替派。另有些学者则认为保罗的对手是指那些在哥林多教会倡导诺斯替主义的人士。[454] 诺斯替主义主要强调宇宙二元论的思想：灵界是善的，物质世界（包括身体）是恶的，这两者因此是完全对立的。诺斯替派很自然是反对基督道成肉身之说，而提倡基督幻影论。他们相信只有那些"属灵的人"才可以得到更高的智慧。[455] 基督的救恩也就只能藉着一种奥秘的"知识"（γνῶσις, knowledge）才可以获取。哥林多人中有些自称是已经拥有了这种奥秘的知识；他们主要是来自自由

---

452. Käsemann, "Die Legitimat des Apostels: Eine Untersuchung zu II Korinther 10-13", *ZNW* 41（1942），33-71, at 46; Barrett, "Paul's Opponents in II Corinthians", 233-254; Cf. Barrett, "Christianity at Corinth", in *Essays on Paul*, 1-27; idem, *The Second Epistle to the Corinthians,* 278-292.

453. Barrett, "Paul's Opponents in II Corinthians", 251.

454. W. Lütgert, *Gesetz und Geist. Eine Untersuchung zur Vorgeschichte* des Galater-briefes（Gutersloh: Bertelsmann, 1919）; Schmithals, *Gnosticism in Corinth: An Investigation of the Letters to the Corinthians.*

455. 林前 2:6—3:1。

派的犹太基督徒。施密塔尔斯断言，保罗在哥林多书信中处理的每个问题，都与诺斯替主义的根源有关。[456] 他在《哥林多中的诺斯替主义》一书中强调，哥林多前后书的诠释必须要重视诺斯替派在哥林多群体中的渗透。[457] 他把保罗的对手称为犹太基督徒的诺斯替主义者（Jewish-Christian Gnostics）。

第四，希腊犹太的"神人"（θεῖοι ἄνδρες，Hellenistic-Jewish divine men）。奥尔基在《〈哥林多后书〉中的对手》一书中提到希腊犹太的神人（θεῖοι ἄνδρες）。[458] 奥尔基（Georgi）相信，保罗的对手在哥林多所宣传的是一种"神人基督论"（θεῖος ανήρ，"divine men Christology"），它是与当时部分犹太的神秘主义和诺斯替主义有关联的。

奥尔基以《哥林多后书》11:13 和 11:22-23 中那些对手的自称作为起点来探讨问题。这些对手的"自称"应在希腊犹太人的护教和宣教的背景下去理解。奥尔基认为，保罗在 2:14—7:4 中所用的策略并不太成功。保罗最终是在 10—13 章中，冒着使徒的生存与风险才突破僵局的。[459] 对奥尔基而言，保罗在《哥林多前书》中的对手主要是社区的居民。他在《哥林多后书》中的对手则是诺斯替派。广义的来说，这些人都相信基督。《哥林多后书》中的对手是由希腊犹太人的护教（Hellenistic-Jewish Apologetics）形成的。但这些入侵者是怎样获得保罗

456. Schmithals, *Paul and the Gnostics*（Nashville: Abingdon, 1972）.

457. Schmithals, *Gnosticism in Corinth: An Investigation of the Letters to the Corinthians*, 286.

458. Georgi, *The Opponents of Paul in Second Corinthians*, 27-60.

459. Ibid., 318-319.

会众支持的？希腊犹太人的护教和犹太思辨神秘主义（Jewish seculative mysticism），后来都转向了诺斯替主义。哥林多的诺斯替主义不是源于犹太的诺斯替主义，就是与一些异教徒相关的。无论如何，希腊犹太人的护教与诺斯替主义之间是有关联的。它们共同的特点被希腊混杂性（Hellenistic syncretism）的语言所加强。哥林多的入侵者特别倾向的偏激圣灵观和重视圣灵的能力，让他们的教导在哥林多教会特别有吸引力，也带给他们优越感。[460]

第五，"属灵人"（pneumatics）。苏姆尼认为，保罗在《哥林多后书》中提到的对手中，有些肯定是所谓"属灵人"（pneumatics）。[461] 这点在 10—13 章中比较明显。这些人强调自己的言行举止都是圣灵的体现，他们不但认为自己有"圣灵的同在"，并且还具有使徒的身份。苏姆尼将 11:23 中"基督的仆人"与那些夸耀自己以及要求薪酬的那群人连接在一起来谈论。尽管保罗在这里没有指明这些"基督的仆人"是谁，他们几乎可以肯定是 11:22 所提到的"希伯来人"和"以色列人"，包括其他反对保罗的人。苏姆尼的结论是，保罗在《哥林多后书》1—9 章和 10—13 章中面对的是同样的对手，也即是那些所谓"属灵人"（pneumatics）。[462] 汉森（Hanson）进一步指出，保罗的对手是受到希腊哲学和属灵派影响的犹太基督徒，他们代表了早期诺斯替主义的一种形式，他们相信灵性的复活已经

---

460. Ibid., 317.
461. Sumney, *Identifying Paul's Opponents: The Question of Method in 2 Corinthians*.
462. Sumney, *Identifying Paul's Opponents: The Question of Method in 2 Corinthians*, 189-190.

发生了。[463] 哥林多人同时也受到古希腊宗教思想的影响，他们似乎也特别重视奇迹、启示和预言（miracles, revelations and prophecies）。

第六，傲慢者（hybrists）。马歇尔认为，保罗有些对手可以被称为傲慢者，而不是诺斯替主义者（林前 4:6-13；林后 10:12-13）。[464] 马歇尔的看法是，这些傲慢的人可能是受过正规修辞学训练的，他们也就因此看不起保罗在修辞等方面的素养。他们也自认拥有传统的美德和行为。与那些共享这些价值观的哥林多人一起，这些傲慢的人设想使徒也应当是一个文化人以及毫无顾忌的自我展示者。他们也因此认为像保罗那样的"使徒"在社会上是不可能被接受的。他们也就自然怀疑保罗作为一个使徒的资格。连保罗的演讲的方式，甚至外貌，都成了他们讥讽的话题。[465] 马歇尔还将傲慢者与当时社会的冲突问题相结合来谈论。这些傲慢者的社会概念与那些有权势和富有的人，自然是有关联的。这样的背景肯定有助于理解《哥林多前书》4:6-13 以及《哥林多后书》10:12—12:10 中的术语、思想和行为。[466] 傲慢者（hybrists）这个词语代表了希腊人的生活和思想中长期存在的一个熟悉的现象。它与原始的诺斯替和属灵运动无关。傲慢者提供了一个更全面的背景去解释那些出现在

---

463. Anthony T. Hanson, *The Paradox of the Cross in the Thought of St. Paul*（JSNTSup 17; Sheffield: JSOT, 1987），87-88.

464. 新约圣经中只有两处经文提到 ὑβριστής（insolent，"侮慢人的"）：罗 1:30 和提前 1:13。参见 Marshall, *Enmity in Corinth: Social Conventions in Paul's Relations with the Corinthians,* 258。

465. Marshall, *Enmity in Corinth: Social Conventions in Paul's Relations with the Corinthians*, 339-340.

466. Ibid., 403.

经文中的问题，如地位、标准、适度、优势、羞耻、自由、知识等。[467]

小结：正如《哥林多后书》的信件划分理论（partition theories）一样，有关保罗在哥林多的对手及其神学的各种观点，可说是令人眼花缭乱的。弗尼西（Furnish）指出了问题的关键所在："从有限的证据可以得出不同的结论。"[468] 以上学者的论点也许可以这样综合起来：保罗所论及的这些人是基督徒，并且还有犹太人的背景。他们不但对希腊化的世界非常熟悉，而且深受希腊文化的影响。他们也就因此采纳了许多的希腊价值观和雄辩技巧，认为保罗只是一个公众演讲中的业余者，并且也缺乏有深度的"属灵洞察力"。但保罗的对手的背景却是受过严格修辞训练的希腊化犹太人（Hellenistic-Jewish）。[469] 再者，这些希腊化的犹太基督徒与耶路撒冷的教会领袖也有密切的联系。不少哥林多人被他们说服的理由之一，是因为他们有来自耶路撒冷教会领袖的推荐信。此外，他们还会卖弄一些吸引人的才学智慧，鄙视保罗的言语粗俗、其貌不扬。[470] 这就与保罗的十字架神学以及他的人生哲学和价值观截然不同了。

三、内容纲要

（1）信首：问安与感恩（1:1-11）

---

467. Ibid., 404.
468. Furnish, *II Corinthians*, 49.
469. Ibid., 505.
470. Hengel, *The "Hellenization" of Judaea in the First Century after Christ* （Philadelphia: Trinity, 1989）.

（2）保罗为其言行和使徒的权柄辩护，肯定他对哥林多的感情（1:12—7:16）

   1）为变更行程辩护（1:12—2:13）

   2）为使徒权柄辩护（2:14—4:6）

   3）苦难目录（4:7—6:13）

   4）论信徒与非信徒之间的关系（6:14—7:1）

   5）喜闻哥林多教会近况的报告（7:2-16）

  （3）为信徒募捐（8:1—9:15）

  （4）最后的辩护与反击（10:1—13:10）

  （5）书信结语问候与祝福（13:11-14）

推荐书目

中文推荐书目

巴克莱，《哥林多前后书注释》，香港：基督教文艺出版社，1983。

邓溥年，《问题与突破：哥林多前书》，香港：天道书楼，2002。

海斯，《基督教新约伦理学：活出群体、十架与新造的伦理意境》，台湾：校园书房，2011。

何启明，《问题多多哥林多：哥林多前书一至六章》，香港：明道社，2014。

黄浩仪，《哥林多前书》（卷上），香港：天道书楼，2002。

卡森，《十架与事奉：哥林多前书论领导》，美国：麦种传道会，2005。

科纳，《〈哥林多前后书〉释义》，上海：华东师范大学出版社，2009。

林中泽，《早期基督教习俗中的异教因素》，《世界宗教研究》2011年第6期，85-94。

马丁，《疑难待解之教会：哥林多前后书专题选读》，香港：天道书楼，

2002。

莫里斯,《哥林多前书》, 台北: 校园书房, 1996。

莫里斯,《新约中的十字架》, 北京: 宗教文化出版社, 2013。

亚德迈耶等,《新约文学与神学: 保罗及其书信》, 香港: 天道书楼,
2005。

张永信,《哥林多前书: 教会时弊的良方——爱》, 香港: 明道社, 2005。

周天和,《中文圣经注释——哥林多前书》, 香港: 基督教文艺出版社,
2001。

英文推荐书目

Barrett, C. K., *The First Epistle to the Corinthians*. Black's New Testament
Commentaries; London: Adam & Charles Black, 1968.

Barrett, C. K., *The Second Epistle to the Corinthians*. Black's New Testament
Commentaries; London: Adam & Charles Black, 1973.

Balz, Horst and Gerhard Schneider, *Exegetical Dictionary of the New
Testament*. Grand Rapids MI: William B. Eerdmans, 1990.

Best, Ernest, *Second Corinthians*. Interpretation; Atlanta: John Knox, 1987.

Collins, R. F., *First Corinthians*. Sacra Pagina Series 7; Collegeville, Minn:
Glazier/Liturgical Press, 1999.

Conzelmann, H., *1 Corinthians: A Commentary on the First Epistle to the
Corinthians*. Hermeneia; Philadelphia: Fortress Press, 1975.

Dunn, J. D. G., *1 Corinthians*. Sheffield: Sheffield Academic Press, 1995.

Dunn, J. D. G., *The New Perspective on Paul: Collected Essays*. WUNT 185;
Tübingen: Mohr Siebeck, 2005.

Ellingworth, P. and H. A. Hatton, *Paul's First Letter to the Corinthians*.
New York: United Bible Societies, 1994.

Elliott, J. H., *What is Social-Scientific Criticism?*. Minneapolis: Fortress
Press, 1993.

Fee, G. D., *The First Epistle to the Corinthians*. New International
Commentary on the New Testament; Grand Rapids MI: William B.
Eerdmans, 1987.

Furnish, V. P., *II Corinthians*. Anchor Bible 32A; New York: Doubleday, 1984.

Garland, David E., *1 Corinthians*. Baker Exegetical Commentary on the New Testament; Grand Rapids: Baker Academic, 2003.

Harris, Murray J., *The Second Epistle to the Corinthians: A Commentary on the Greek Text*. New International Greek Testament Commentary; Grand Rapids MI: William B. Eerdmans, 2005.

Hays, R. B., *First Corinthians*. Interpretation: A Bible Commentary for Teaching and Preaching; Louisville KY: Wesminster John Knox Press, 1997.

Hock, R. F., *The Social Context of Paul's Ministry: Tentmaking and Apostleship*. Philadelphia: Fortress, 1980.

Horsley, R. A., *1 Corinthians*. Abingdon New Testament Commentaries; Nashville: Abingdon Press, 1998.

Lightfoot, J. B., *Notes on the Epistles of St Paul from Unpublished Commentaries*. London: Macmillan, 1895.

Martin, Ralph P., *2 Corinthians*. Word Biblical Commentary 40; Waco: Word Books, 1986.

Murphy-O'Connor, Jerome, *The Theology of the Second Letter to the Corinthians*. New Testament Theology; Cambridge: Cambridge University Press, 1991.

Murphy-O'Connor, Jerome, *St. Paul's Corinth: Texts and Archaeology*. Wilmington: Glazier, 1983.

Plummer, A., *A Critical and Exegetical Commentary on the Second Epistle of St. Paul to the Corinthians*. International Critical Commentary; Edinburgh: T & T Clark, 1915.

Robertson A. and Alfred Plummer, A *Critical and Exegetical Commentary on the First Epistle of St Paul to the Corinthians*. Edinburgh: T & T Clark, 1999.

Theissen, G., *The Social Setting of Pauline Christianity: Essays on Corinth*. Philadelphia: Fortress Press, 1982.

Thiselton, A. C., *The First Epistle to the Corinthians: A Commentary on*

保罗与保罗书信

the Greek Text. New International Greek Testament Commentary; Carlisle: Paternoster Press, 2000.

Thrall, Margaret E., *A Critical and Exegetical Commentary on the Second Epistle to the Corinthians.* International Critical Commentary; Edinburgh: T & T Clark, 1994–2000.

Wan Sze-kar, *Power in Weakness: The Second Letter of Paul to the Corinthians.* Harrisburg: Trinity Press International, 2000.

第三章
《加拉太书》

一、作者

　　《加拉太书》被普遍接受为七封纯正和无争议的保罗书信之一，并被列在前四封主要书信之中。[1] 在书信的前言中，作者就已经开门见山地表明自己的身份：使徒保罗（1:1）。该书的作者身份也从来没有被怀疑过。这一点是《加拉太书》的文学形式、风格、论证方法、神学内容，对经文的独特使用，以及传统可以证实的。[2] 换言之，在所有的保罗书信中，《加拉太书》

---

1. 四封主要书信（Four major letters）：《加拉太书》《哥林多前书》《哥林多后书》《罗马书》。Baur, *Paul, The Apostle of Jesus Christ, His Life and Work, His Epistles and His Doctrine*, 1.246。

2. H. D. Betz, "Galatians", *ABD*, 872; Kümmel, *Introduction to the New Testament*, 304; R. N. Longenecher, *Galatians*（WBC 41; Dallas: Word, 1990），lvii. 参见巴克莱，《加拉太书、以弗所书注释》（台南：人光出版社，1983）。Mark J. Edwards,《加拉太书，以弗所书，腓立比书》（台北：校园书房，2005）。穆尔，《加拉太书》（美国：麦种传道会，2014）。Archibald Thomas Robertson,《加拉太书，以弗所书，腓立比书，歌罗西书》（美国：活泉出版社，1991）。John R. W. Stott,《加拉太书》（台北：校园书房，2000）。周联华，《加拉太书·以弗所书》（香港：基督教文艺出版社，1979）。郭汉成，《加拉太书导论》（香港：基道出版社，2003）。冯荫坤，《加拉太书注释》（台北：校园书房，2008）。游斌，《圣书与圣民》（北京：宗教文化出版社，2011）。

最具资格被称为保罗的作品。[3]《加拉太书》的价值与魅力，也是在于它提供了关于保罗生平一些少见的资料，而这些信息的细节是在其他的保罗书信中没有的。这些内容的细节也提供了保罗书写此信的动机和目的。[4] 再者，整本《加拉太书》还充满了多层次的张力：保罗过去作为一个热心逼迫基督徒的法利赛成员和现在作为外邦人的使徒之间的张力；持守以色列先知传统的使命和向外邦人传福音的使命之间的张力；保罗和耶路撒冷领袖之间的张力。保罗作为一个犹太基督徒，如今却身负传福音给外邦人的重任。作为一个犹太人，保罗是上帝给亚伯拉罕的祝福的继承者，但他现在也将上帝给亚伯拉罕的祝福，看作是外邦信徒的祝福和基业。上述的张力以及作为外邦人和犹太信徒之间的桥梁这一艰巨任务，构成了《加拉太书》的核心内容。[5]

二、收信人、写作日期与地点

《加拉太书》的"收信人"，在过去两个世纪以来一直是学术界广泛探讨的问题，学者们对保罗所指的"加拉太"的地理位置以及种族背景，至今也仍旧争论不已，没有出现明确的共识。1:2 明说保罗这封信是写给"加拉太的各教会"（ταῖς ἐκκλησίαις τῆς Γαλατίας）或是加拉太人的（Γαλάται, 3:1）。"加拉太"（Γαλατίας）或"加拉太人"（Γαλάται）这个名称

3. E. de W. Burton, *The Epistle to the Galatians*（ICC; Edinburgh: T & T Clark, 1921）, lxv.

4. Dunn, *The Epistle to the Galatians*（London: A & C Black, 1993）, 2-3.

5. Dunn, *The Epistle to the Galatians*, 5. 参见 Kim Huat Tan, A Guide to Galatians and Philippians（London：SPCK, 2009）。

源自原始的高卢部落（Gallic tribes）或凯尔特人（the Gauls, or Celts）。他们于公元前 2 世纪迁移到小亚细亚并在其中心地带定居。[6] "加拉太" 或 "加拉太人" 既可以指一个种族，即那些居住在小亚细亚北部地区的高卢人的后裔，也可以理解为公元前 25 年被纳入罗马帝国的一个省份。这个名称的不明确性给历代学者带来了一些问题，虽然这个问题并没有影响收信人的身份。因为只凭着 "加拉太人" 这个称号就似乎意味着他们不是犹太人。4:8 也有助于这样的确认："从前你们不认识上帝的时候，是给那些本来不是上帝的作奴仆。"保罗第一次传福音给加拉太人的时候，是非常成功的。他们不但接受了福音，领受了圣灵，而且还热情地接待和照顾当时身体带有疾病的保罗。[7]

---

6. 亦称为高卢人（the Gauls），或凯尔特人（Celts）。参见 E. de W. Burton, *The Epistle to the Galatians*（ICC; Edinburgh: T & T Clark, 1921），xvii-xxi; Bruce, *The Epistle to the Galatians*, 3-5.

7. 4:13-15; 3:2-5; 4:6; 5:25. Schweizer 赞同 Debelius 以及 Kümmel 的假设，认为疾病可能对保罗的软弱感产生影响。Schweizer 对《加拉太书》4:13-14 作了如此诠释：当保罗在加拉太传福音时，身体带着疾病，但加拉太人没有轻看他，也没有厌弃他，反倒接待他。一般而言，人们厌弃患有神秘疾病者是为了保护自己。因此，最自然的假设是保罗患有某种癫痫病（It was usual to spit out in the presence of men who had mysterious illnesses in order to protect oneself...The most natural hypothesis is therefore that Paul suffered from some kind of epileptiform attacks）。Schweizer, Debelius 以及 Kümmel 进一步将保罗在《哥林多后书》12:7-11 提及的 "他身上的一根刺" 与《加拉太书》4:15 加拉太信徒 "情愿把自己的眼睛挖出" 献给保罗这两处经文联系起来。他们提出了保罗的视力问题与急性和慢性偏头痛之间有联系的可能性（a possible connection between problems of sight at intervals and acute and chronic migraines）。Collins 指出，保罗对软弱的表述（self-deprecation）可能是修辞所需的一部分，也可能是反映了他的真实情况（林后 11:16-29）。但 Bruce 认为《加拉太书》4:15 完全是隐喻。参见 Albert Schweitzer, *The Mysticism of Paul the Apostle*, trans. William Montgomery（London: A & C Black, 1931），152-155, 210-211. Martin Dibelius and Werner Georg Kümmel, *Paul*, trans. Frank Clarke（London: Longmans, Green, 1953），42-43. Collins, *First Corinthians*, 116. F. F. Bruce, *The Epistle to the Galatians*（New International Greek（转下页）

确定加拉太的地理位置问题，在很大程度上也取决于《加拉太书》和《使徒行传》之间的关系。《使徒行传》提到保罗在旅行宣教中，曾经到过"弗吕家、加拉太一带地方"。可是，Χώρα（country, place, land；徒 16:6; 18:23）在这里是指地理区域还是罗马的行政省份？这个历史性与地理性的问题导致了两个学说。那就是所谓"南加拉太的假设"（South Galatian hypothesis）[8] 和 "北加拉太的假设"（North Galatian hypothesis）。[9] 而这两个假设的决定，也影响了《加拉太书》的成书日期，写作地点与事件的历史重建。主张南加拉太假设的学者认为，保罗是写给罗马行政省份加拉太的南部教会，因为保罗在第一次宣教期间，曾在小亚细亚南部的一带地方建立了教会。这个行程还包括彼西底的安提阿，以哥念与吕高尼的路司得和特庇。[10] 这一带的信徒主要是源自不同种族的外邦人。但《使徒行传》的作者并未提及保罗曾经到过北部的地区。保罗后来又再访问了小亚细亚南部的教会，并经过"弗吕家、加拉太一带地方"。"弗吕家"（Φρυγία）在这里肯定是指一个特定的"地

（接上页）Testament Commentary; Grand Rapids, MI: Eerdmans, 1982），210-211. Thiselton, *The First Epsitle to the Corinthians: A Commentary on the Greek Text*, 213-215。

8. 主要学者包括：拉姆塞（Ramsay），柏藤（Burton），布鲁斯（Bruce），朗哥乃克（Longenecker）。

9. 代表人物包括：莱特福（Lightfoot），墨法特（Moffatt），贝慈（Betz），库麦尔（Kümmel）。

10. 徒 13:14, 51；14:6。参见 Bruce, *The Epistle to the Galatians*, 3-8; idem, *Paul: Apostle of the Free Spirit*（Exeter: Paternoster, 1977）=USA title: *Paul, Apostle of the Heart Set Free*（Grand Rapids, MI: Eerdmans, 1977）; idem, *Commentary on the Book of the Acts: The English Text with Introduction, Exposition, and Notes*（NICNT; Grand Rapids, MI: Eerdmans, 1987）; idem, *The Acts of the Apostles: The Greek Text with Introduction and Commentary*（Grand Rapids, 1990）; idem, "Galatian Problems. 1. Autobiographical Data", *BJRL* 51（1969），292-309. R. N. Longenecker, *Galatians*（WBC 41; Dallas: Word, 1990），lxii-lxxii。

区"。《使徒行传》16 章和 18 章有保罗经过弗吕家和加拉太那
个地区的记载（16:6; 18:23）。[11] 再者，支持南加拉太理论的学
者们还强调加拉太北部区域当时尚未开发，交通不便。因此，
所有重要的交通要道主要是在加拉太南部。[12] 不但如此，保罗
在《加拉太书》中曾三次提到了巴拿巴（2:1, 9, 13）。这似乎是
在表明收信人对他很熟悉。[13] 提出北加拉太假设的学者们，则
强调加拉太北部的地理位置而未涉及任何政治意义。他们相信
保罗的收信对象是小亚细亚北部的安哥拉（Ancyra）、佩西努
斯（Pessinus）、塔维姆（Tavium）一带的信徒，他们是高卢人
或凯尔特人的后裔。[14] 保罗第二次宣教期间曾在此建立教会，并
再次探访过这些教会。《使徒行传》的作者路加之所以特别提
及 "彼西底的安提阿"（13:14）以及 "吕高尼的路司得、特庇两
个城"（14:6），是为了要指明具体的地理位置。因此，当路加
提到保罗在旅行宣教中曾经过 "弗吕家、加拉太一带地方" 的
时候，他是有意在指地理位置上的加拉太北部地区。[15] 而路加
使用的希腊动词 διέρχεσθαι（pass through）也是指保罗在此

11. Bruce, "Galatian Problems. 2. North or South *Galatians*?" *BJRL* 52（1970），243-266,
    at 258; C. J. Hemer, "The Adjective 'Phrygia'", *JTS* 27（1976），122-126; idem,
    "Phrygia: A Further Note", *JTS* 28（1977），99-101; Riesner, *Paul's Early Period:
    Chronology, Mission Strategy, Theology*, 281-288.

12. Ramsay, *The Church in the Roman Empire*（London: Hodder & Stoughton, 1893），
    10-11. Cf. Ramsay, *A Historical Commentary on St. Paul's Epistle to the Galatians*
    （Grand Rapids, Michigan: Baker Book House, 1965）; idem, *St. Paul the Traveller
    and the Roman Citizen*; idem, *Cities and Bishoprics of Phrygia*（Oxford, Clarendon,
    1895—1897）.

13. B. Longenecker III, *Grace in Galatia: A Commentary on Paul's Letter to the
    Galatians*（Grand Rapids: Eerdmans, 1998），10-13.

14. J. B. Lightfoot, *St. Paul's Epistle to the Galatians*,（Tenth Edition; London:
    MacMillan and Co., 1890），18-56; Betz, *Galatians*, 5-12.

15. E. Haenchen, *The Acts of Apostles: A Commentary*（Oxford: Blackwell, 1971），483.

地（即加拉太北部地区）的宣教工作，并非只是经过这一带而已。[16] 再者，坚持北加拉太立场的学者也认为，保罗不太可能称呼彼西底或吕高尼人为"无知或愚蠢的加拉太人哪"（Ὦ ἀνό ητοι Γαλάται）。[17] 不但如此，当时高卢人的特征是易变和迷信，这就与保罗在《加拉太书》中所形容的加拉太人的性格非常相似。[18]

主张南加拉太理论的学者，一般上都会接受《加拉太书》较早的成书日期，也即是公元 48 或 49 年左右。最具有代表性的新约学者布鲁斯一直都坚持《加拉太书》是保罗书信中成书最早的一封书信。[19] 相比之下，拥护北加拉太理论的学者，则接受较晚的成书日期，也即是公元 55 年前后。坚持较早成书的南加拉太理论的学者们也相信，保罗在《加拉太书》中之所以没有提及《使徒行传》15 章里那至关重要的耶路撒冷会议和使徒们的决议，是因为《加拉太书》写于耶路撒冷大会之前。[20] 并且按这些学者们的看法，保罗在《加拉太书》2:1-10 所提到的第二次耶路撒冷之行，其实也就等同于《使徒行传》11:29-30 中的记载。[21] 根据那样的推理，彼得和巴拿巴在安提阿避开

16. J. Moffatt, *An Introduction to the Literature of the New Testament*（Edinburgh: T. and T. Clark, 1918），95；参见 83-107。

17. Kümmel, *Introduction to the New Testament*, 298.

18. 布鲁斯认为，易变和迷信的特征不只表现在加拉太人身上，而且也包括哥林多人。Bruce, *The Epistle to the Galatians*（Grand Rapids: Eerdmans, 1982），8.

19. Bruce, *The Epistle to the Galatians,* 45-55; Ramsay, *A Historical Commentary on St. Paul's Epistle to the Galatians*, 285-301.

20. Bruce, *The Acts of the Apostles: Greek Text with Introduction and Commentary*, 29-32. Longenecker, *Galatians*, 72-83.

21. Witherington, *The Paul Quest: The Renewed Search for the Jew of Tarsus*, 314-318; I. H. Marshall, *Acts*（Tyndale NT Commentaries; Leicester: IVP, 1980），204-205.

与外邦基督徒同桌用餐的事件，也比较容易解释。又如前所述，亚哩达事件不可能早于公元 37 年。若按照同时性的方式来推算保罗所提及那十四年的时间，耶路撒冷会议的日期大概是在公元 48—49 年之间，也即是公元 37 年之后十一年左右。这也就是说，保罗在第一次宣教旅行之后不久，耶路撒冷大会之前，大约是在公元 48 年和 49 年之间，便写成了《加拉太书》。与此非常接近的可能是，保罗在第二次宣教旅行的早期便写成了《加拉太书》，时间是在公元 49—50 年之间。[22] 写作地点是在安提阿。[23]

持两派不同立场的学者们对《加拉太书》的成书时间也有不同的见解。不是所有"南加拉太"派的学者都接受较早的写作日期。其中有些学者认为，《加拉太书》较晚的写作日期应该是在公元 53—56 年之间。[24] 而在支持"北加拉太"派的学者中，也有接受《加拉太书》较早成书的时间，约在公元 50—55 年之间。[25]

---

22. Longenecker, *Galatians*, lxxiii.
23. 拉姆塞（Ramsay）认为，保罗是在第二次宣教旅程开始之前写于叙利亚的安提阿（Antioch of Syria）；Ramsay, *A Historical Commentary on St. Paul's Epistle to the Galatians*, 241-243。
24. 吉维特建议该书写于公元 53 年（*A Chronology of Paul's Life*, 103）。富勒（Fuller）和柏顿（Burton）提议公元 53—54 年：R. H. Fuller, *A Critical Introduction to the New Testament*（London: Duckworth, 1974），23-26; Burton, *The Epistle to the Galatians*, xliv-liii. 提森（Thiessen）认为，此书写于保罗第三次宣道旅程期间公元 55 年至 56 年之间。H. C. Thiessen, *Introduction to the New Testament*（Eerdmans, Grand Rapids, 1973）。诺宾森（Robinson）推算为公元 56 年：参见 John A. T. Robinson, *Redating the New Testament*（London: SCM Press, 1976），55-57. Cf. M. Silva, *Interpreting Galatians: Explorations in Exegetical Method*（2nd ed., Grand Rapids: Baker Academic, 2001），129-139。
25. 保罗写于第二次宣教旅行之后。Betz, *Galatians*, 9-12; Kümmel, *Introduction to the New Testament*, 309.

总体而言，主张北加拉太理论的学者们认为，保罗是在第三次宣教旅行期间才到访北加拉太的。他们坚持《使徒行传》15 章的耶路撒冷会议与保罗在《加拉太书》2:1-10 所指的是同一个会议。[26] 理由如下：1）同样的地点（加 2:1；徒 15:2—4）；2）同样的主题——外邦信徒守割礼的问题；3）同样的对手——犹太派基督徒（加 2:4-5；徒 15:1）；4）同样的人物——保罗，巴拿巴与彼得和雅各等人会谈（加 2:1, 9；徒 15:2）；5）同样的决议——不将割礼强加于外邦信徒（加 2:6-7；徒 15:19）。[27] 赞同此说的学者们也认为，两位作者虽然在细节的记载上不尽相同，但都是在记述同一事件。保罗自传的重点在于记录他与耶路撒冷使徒之间的关系。《使徒行传》未提及保罗上次的耶路撒冷之行有见过使徒的事。[28] 学者根据 4:13 中的保罗 "头一次"（τò πρóτερον）[29] 传福音给加拉太人的记载，来推测这是保罗两次访问加拉太的头一次。[30] 此外，还有释经家认为《加拉太书》显然与哥林多书信以及《罗马书》有关。因为它们在内容和写作风格非常相似。《罗马书》和《加拉太书》更明显是有一致的神学思路、主题和论说。而哥林多书信（特别是《哥林多后书》10—13 章）与《加拉太书》拥有同样的情感上的联系；或许因为两者都处理保罗的个人关系——无论是他的

---

26. Lightfoot, *Saint Paul's Epistle to the Galatians*, 18-56; Moffatt, *An Introduction to the Literature of the New Testament*, 100.

27. Finny Philip, *The Origins of Pauline Pneumatology: The Eschatological Bestowal of The Spirit upon Gentiles in Judaism and in the Early Development of Paul's Theology*（Tübingen: Mohr Siebeck, 2005）, 206.

28. Lightfoot, *Saint Paul's Epistle to the Galatians*, 18-56.

29. 希腊文指 "先前" 之意。

30. Moffatt, *An Introduction to the Literature of the New Testament*, 84.

会众，还是耶路撒冷。根据这些内在的证据，有些学者推理出这几封书信的次序:《哥林多前书》《加拉太书》《罗马书》。[31] 另有学者还主张，应该在次序的安排上把《加拉太书》置于哥林多书信和《罗马书》之前。[32] 玛丁（Martyn）认为，《加拉太书》成书于哥林多书信之前，《罗马书》之后。莱特福（Lightfoot）根据《加拉太书》的风格和教义，认为《加拉太书》在《哥林多后书》与《罗马书》之间起了一个承上启下的作用。因此其次序为:《哥林多前后书》《加拉太书》和《罗马书》。[33] 莱特福相信，《加拉太书》是保罗于公元 57—58 年之间写于马其顿（Macedonia）或亚该亚（Achaia）的。[34] 有些学者认为是哥林多，[35] 多数学者则赞成以弗所。[36]

但最难确定的，是《加拉太书》的写作地点，因为保罗在写此信时，完全没有提及或透露他当时的所在地点。《加拉太书》的写作地点，因此至今仍旧是一个悬而未决的问题。[37]

综上所论，"北加拉太"理论似乎比"南加拉太"理论更有说服力。它可以概括为以下几点。1）若《加拉太书》2:1-10 就

31. Dieter Lührmann, *Galatians: A Continental Commentary* (Minneapolis: Fortress Press, 1992), 3.

32. Jewett, *A Chronology of Paul's Life*, 161ff (diagram after 160); J. L. Martyn, *Galatians* (AB 33A; New York: Doubleday, 1997), 20.

33. Lightfoot, *Saint Paul's Epistle to the Galatians*, 42-55.

34. Ibid., 36-56.

35. Longenecker, *Galatians*, lxxii-lxxxviii.

36. Burton, *The Epistle to the Galatians*, lv; T. W. Manson, *Studies in the Gospels and Epistles* (Manchester: Manchester University Press, 1962), 168-189; Murphy-O'Connor, *Paul, A Critical Life*, 180-2; Fitzmyer, *The Acts of the Apostles* (AB 31; New York: Doubleday, 1998), 636; Koester, *Introduction to the New Testament: History and Literature of Early Christianity* (Berlin: Walter de Walter de Gruyter & Co., 2000), 122.

37. Betz, *Galatians*, 12.

是《使徒行传》11:27-30 这个观点可以成立的话，保罗为何没有提到《使徒行传》15 章的耶路撒冷会议？反而言之，《使徒行传》11:27-30 并没有提及任何有关耶路撒冷会议的记载，也没有任何地方暗示保罗与巴拿巴会见过任何使徒。因此很难证实《加拉太书》2:1-10 就是指《使徒行传》11:27-30 的耶路撒冷之行。2）保罗在《加拉太书》2:1-10 所描述的与路加在《使徒行传》15 章的所记载的，是指同一个耶路撒冷会议。不过，两位作者采用了不同的角度及写作目的。3）在"安提阿事件"中，彼得，甚至连巴拿巴在内，都因为害怕从耶路撒冷下来的割礼派犹太基督徒，就随伙装假，以至于避开与外邦基督徒同桌吃饭和相交（加 2:11-14）。按照一些学者的假设，彼得所犯的错误发生在耶路撒冷大会之前似乎会比在使徒决议之后更容易令人理解。然而，根据《使徒行传》的记载，耶路撒冷大会已经建立了犹太人与外邦人相交的大原则，彼得的行为依然很难解释。但是，若将该书看成是写于耶路撒冷大会之后：从保罗的角度来看，指责彼得是完全合理的，因为他的行径与耶路撒冷会议的决议不一致（参本书的第三部分的最后一章：综合年代表）。4）根据保罗年代表的推算，《加拉太书》的成书时间不太可能是公元 48 年（即耶路撒冷会议之前），保罗第一次宣教旅程之后不久，并排在保罗最早的书信《帖撒罗尼迦前书》（公元 52 年）之前。5）《加拉太书》与哥林多书信和《罗马书》的写作风格和内容非常相似。因此，《加拉太书》的成书时间也与它们比较贴近，约在公元 53 年—57 年之间。

三、书信与修辞结构

近年来《加拉太书》出现的古代书信形式与修辞学传统方面的研究，广泛地受到了学者们的高度重视。[38] 保罗书信的形式与修辞的结构清楚体现了当代的传统。这就使得保罗的读者或听众中那些受过良好教育的，都有能力理解《加拉太书》的文本和内容。[39] 与此同时，他们也同样会觉察到书信有任何背离文体常规的部分。[40] 邓恩在肯定书信形式与修辞结构研究的重要性的同时，也强调任何把《加拉太书》锁定在一个特定的书信结构或传统中的尝试，都是值得怀疑的，因为《加拉太书》没有必要去迎合任何学者们所期望和想象的任何类型和模式。书信的分析若是过多依赖和取决于人为的研究假设和方式，这是非常危险的。[41]

1．修辞结构

不少学者惯于用修辞评鉴法来分析《加拉太书》的演说类型以及修辞演说的组成部分。关于《加拉太书》的修辞演说类型，学者们一向都持有不同的意见。保罗书信修辞评鉴法的重新引入，应当归功于贝兹（Betz）所出版的《加拉太书注释》

---

38. G. W. Hansen, *Abraham in Galatians: Epistolary and Rhetorical Contexts*（JSNTSup, 29; Sheffield: JSOT Press, 1989），21-93; Betz, *Galatians*, 14-25; Longenecker, *Galatians*, c-cxix.

39. 通过叙事（*narratio*）导向的"安提阿事件"（Antioch incident）。

40. 在介绍部分并没有一个开始的感恩。

41. Dunn, *The Epistle to the Galatians*, 20.

及相关文章。[42] 贝兹认为,《加拉太书》具有护教的性质,是庭辩式的演说。保罗借此方式为自己和福音辩护,以回应控告者的攻击。[43] 宾斯德（Brinsmead）继承了贝兹的研究方法,以古典修辞手册中庭辩式演说的常规来分析《加拉太书》,结果作出了这样的结论:《加拉太书》的书信结构,其实对其内容的影响甚微。同样地,蒲草纸信函的一般规范和格式,也对保罗书信的深层理解没有什么帮助。[44] 尽管贝兹对《加拉太书》的庭辩型修辞分类有新的创意,[45] 他的分析却未能说服多数新约学者。他没有提供一个可以进行比较和体裁分析的护教信函的例子,而且还忽略了书信形式的分析。[46]

　　肯尼迪是第一个开始挑战贝兹对《加拉太书》的分类的

42. Betz, "The Literary Composition and Function of Paul's Letter to the Galatians", 353-379; repr.in M. D. Nanos (ed.), *The Galatians Debate*: *Contemporary Issues in Rhetorical and Historical Interpretation* (Peabody, Mass.: Hendrickson, 2002), 3-28; idem, "In Defense of the Spirit: Paul's Letter to the Galatians as a Document of Early Christian Apologetics", in Elisabeth Schüssler Fiorenza (ed.), *Aspects of Religious Propaganda in Judaism and Early Christianity* (Notre Dame, Ind.: University of Notre Dame Press, 1976), 99-114; idem, *Galatians* (Philadelphia: Fortress, 1979), 14-25.

43. Betz, "The Literary Composition and Function of Paul's Letter to the Galatians", 353-379; idem, *Galatians*, 14-25.

44. Brinsmead, *Galatians-Dialogical Response to Opponents*, 37-55.

45. James D. Hester, "*The Rhetorical* Structure of Galatians 1:11-2:14", *Journal of Biblical Literature* 103 (1984), 223-33; idem, "The Use and Influence of Rhetoric in Galatians 2:1-14", *TZ* 42 (1986), 386-408; T. Martin, "Apostasy to Paganism: The Rhetorical Stasis of the Galatians Controversy", *JBL* 114(1995), 437–461.

46. Cicero, *Brutus*, trans. G. L. Hendrickson (London: William Heinemann/Loeb Classical Library, 1962), 5:5; Plato, *Letters*, trans. R. G. Bury (LCL; London: Heinemann, 1966), 9:474; Arnaldo Dante Momigliano, *The Development of Greek Biography: Four Lectures* (Harvard University Press, 1971), 59-60; White, *The Form and Function of the Body of the Greek Letter: A Study of the Letter-Body in the Non-Literary Papyri and in Paul the Apostle*, xii; Meeks, "Review of H. D. Betz, Galatians", *JBL* 100(1981), 304-307; Kennedy, *New Testament Interpretation Through Rhetorical Criticism*; Longenecker, *Galatians*, cv.

新约学者。肯尼迪认为它是审议性的修辞类型（deliberative rhetoric）。保罗并非是针对对手的控告为自己辩护，而是在勉励加拉太信徒坚守福音，并劝阻他们不要重返犹太教。[47] 同样地，郝尔（R. G. Hall）也赞同将《加拉太书》定为审议性演说。郝尔认为，审议性修辞可以更好地解释 5:1—6:10 中的劝勉（exhortation）；它并不适合庭辩性修辞的类别。[48]

汉森（Hansen）提出，《加拉太书》是庭辩性和审议性演说的混合体。[49] 麦克（Mack）却相信《加拉太书》是多种演说类型的混合体。[50] 赫斯特（Hester）则将《加拉太书》重新定为褒贬性修辞（Epideictic rhetoric），改变了他早期视之为庭辩性修辞的结论。赫斯特把 1:13—2:21 的叙事看作是保罗自己的赞辞（self-referent encomium）。在这段叙事中，保罗希望他人把自己看作是效法基督的一个模范，并希望加拉太人也能够持续效法他。[51] 南欧斯（M. D. Nanos）认为，《加拉太书》其实并没有呈现三种古典演说修辞类型的任何一类。[52]《加拉太书》的明显特

47. Kennedy, *New Testament Interpretation Through Rhetorical Criticism*, 144-152.

48. R. G. Hall, "The Rhetorical Outline for Galatians: A Reconsideration", *JBL* 106（1987），277-287. 另参见 Joop F. M. Smit, "The Letter of Paul to the Galatians: A Deliberative Speech", In M. D. Nanos（ed.），*The Galatians Debate*: *Contemporary Issues in Rhetorical and Historical Interpretation*, 39-59。

49. Hansen, *Abraham in Galatians: Epistolary and Rhetorical Contexts*, 21-71.

50. Mack, *Rhetoric and the New Testament*.

51. Hester, "Placing the Blame: The Presence of Epideictic in Galatians 1 and 2", in D. F. Watson（ed.），*Persuasive Artistry: Studies in New Testament Rhetoric in Honor of George A. Kennedy*, 281-307; idem, "Epideictic Rhetoric and Persona in Galatians 1 and 2", in M. D. Nanos（ed.），*The Galatians Debate*: *Contemporary Issues in Rhetorical and Historical Interpretation*, 181-196. 另参见 D. Sullivan and C. Anilbe, "The *Epideictic* Dimension of Galatians as Formative Rhetoric: The Inscription of Early Christian Community", *Rhetorica* 18（2000），117-145。

52. M. D. Nanos, *The Irony of Galatians: Paul's Letter in First-Century Context*（Minneapolis: Fortress, 2002），16, 323-331.

点，是它那具讽刺性的指责（ironic rebuke）和教诲。其策略是要加拉太人坚持他们已经接受了的福音和价值观。只有在这个意义上，这封书信才具有类似于褒贬性的修辞。[53] 科恩（P. H. Kern）还进一步地强调，《加拉太书》不符合三类古典演说修辞类型的任何一类。学者因此应当以新修辞学（New Rhetoric）的概念来分析和评论它。[54] 古典修辞学的三种演说类型的划分是有它的局限性的。任何勉强将保罗的书信界定为一个特定的修辞演说类型不但论据不足，也是有误导性的。这主要是因为保罗在《加拉太书》所处理的问题非常复杂，并不是根据古代的修辞演说类型就可以来充分理解和诠释的。[55]

2. 书信的形式分析 [56]

古代信函的书写形式主要是体现在现存的两本书信手册里。那就是，所谓"伪德米特里"（Pseudo-Demetrius）的"书信的类型"（Τύποι Ἐπιστολικοί, Epistolary Types）以及"伪利班尼乌斯"（Pseudo-Libanius）的"书信风格"（Ἐπιστολιμαῖοι Χαρακτῆρες, Epistolary Styles）。这两本书信手册显示了作者在理论方面的兴趣和修辞学方面的知识。"书信的类型"的成书日期大约在公元前1世纪至公元3世纪之间。伪德米特里的手册似乎是为专业书信作家而写，并且已经被运用在政府官员的

---

53. Nanos, *The Irony of Galatians: Paul's Letter in First-Century Context*, 30-31.
54. Philip H. Kern, *Rhetoric and Galatians: Assessing an Approach to Paul's Epistle* (SNTSMS 101; Cambridge: Cambridge University Press, 1998), 120-166.
55. J. Paul Sampley & Peter Lampe (eds.), *Paul and Rhetoric* (New York/London: T & T Clark/The Continuum International Publishing Group, 2010), 42.
56. 参见本书的第四部分：保罗书信及古代的书信形式。

服务中。它讨论了二十一种书信的类型。伪利班尼乌斯的手册的成书日期是在公元 4 至 6 世纪之间。它涉及四十一种书信的类型。对于每一封书信，伪德米特里和伪利班尼乌斯都提供了一个简要的定义和一封简短的信件样本，包括该类型的逻辑和一个修辞三段论的形式。

古代的一些书信一般都会显示它们的混合性。[57] 当然，没有一封保罗书信是完全可以符合这些手册或是蒲草纸范例所呈现的类型的。然而，现有的各类希腊书信，都可以为研究保罗书信的目的、语气、风格及结构提供一些有价值的参考资料和范例。[58]

比较正规的书信具有艺术的文学形式以及文学的种类，如对话和演讲等。与个人信函不同，公开性的书信可说是对众人的论说和宣传。[59] 保罗书信具有希腊书信风格的特征。一些学者们的研究结果也显示，大量的文学风格、书信传统以及公式不仅广泛地出现在希腊化期间的私人信函，也体现在保罗的书信中。[60]

保罗在《加拉太书》也显然沿用了希腊信函的风格。信首出现了古代信函的常规公式的上半部分：发件人"作使徒的保罗"，收信人"加拉太的各教会"，和问安，"愿恩惠、平安从父

---

57. Doty, *Letters in Primitive Christianity*, 10；Mullins, "Petition as a Literary Form", *NovT 5*（1962），46-54；Kim, "The Papyrus Invitation," *JBL 94*（1975）391-402; J. L. White and K. Kensinger, "Categories of Greek Papyrus Letters", *SBLASP* 10（1976），79-91.

58. Longenecker, *Galatians*, ciii.

59. Deissmann, *Light from the Ancient East*, 220-221.

60. Longenecker, *Galatians*, cii.

神与我们的主耶稣基督归与你们"（1:1-3）。保罗通常在结束信首的问安之后，紧接着便是感恩的祷告。古代信首中的感恩不只是为了装饰和点缀，也是一个序言以及表达对收信者的善意。

　　保罗的感恩祈祷形式上惯常以希腊动词"感恩"（εὐχαριστῶ, to give thanks）构成的短语"我常为你们感谢我的神"开始。保罗书信中出现了两种感恩的类型。一种是复杂的七重结构，通常是以希腊动词感恩为开始，以 ἵνα 子句作为结束，用以显示作者为收件人代祷的内容。另一种是比较简单的结构形式：即以希腊动词感恩作为开始，以 ὅτι 子句作为结束，表明为收件人感恩的原因。保罗的感恩通常贯穿整封书信的主题。感恩的长度也反映了保罗与收件人之间的亲密关系。《加拉太书》明显的特征，是在信首中没有感恩的惯例。这就已经表明保罗与加拉太人之间当时的紧张关系。[61] 朗格乃柯认为，《加拉太书》的书信格式比较特别：突出了作者的使徒身份；[62] 致信于加拉太的各教会；富有权威性的语气以及教导的风格。这些都表明，这是作者写给基督徒群体的一封公开信，而不是一封私人信函。[63]

　　学者们根据《加拉太书》在正文中所出现的一些公式语句 [64] 以及书信的形式与主题来解读书信的结构。[65] 在正文的过渡句子（加 1:11）里，保罗使用了一种蒲草纸信函常见的开诚

61. Aune, *The New Testament in Its Literary Environment*, 186.
62. 例如：1:1, 11-12; 2:8; 6:17。
63. Longenecker, *Galatians*, cii.
64. Mullins, "Formulas in New Testament Epistles", *JBL* 91（1972），380-390, at 387; Longenecker, *Galatians*, cvi-cix.
65. Aune, *The New Testament in Its Literary Environment*, 183-198. White, "Introductory Formulae in the Body of the Pauline Letter", 91-97; Mullins, "Topos as a New Testament Form", 541-547.

布公的表达公式："我告诉你们"（Γνωρίζω γὰρ ὑμῖν）。威特（John White）在《保罗书信正文前言中的公式》（Introductory Formulae in the Body of the Pauline Letter）一文中观察到，保罗在书信中共采用了四种句型的表达形式：喜乐的表达（joy expression），惊奇的表达（expression of astonishment），承诺的声明（statement of compliance），以及听取和得知的动词使用公式（formulaic use of verb of hearing or learning）。[66] 在《加拉太书》1:6，保罗明显地表达了他的惊奇（θαυμάζω），并以这个方式开始指责加拉太人严重的过错："我希奇你们这么快离开那藉着基督之恩召你们的，去从别的福音。"保罗在指责加拉太人的过错的时候，除了使用动词"我惊奇"的表达方式之外，还使用了呼格和其他一些感叹的词语，例如，"无知的加拉太人哪"（ὦ ἀνόητοι Γαλάται）。威特还观察到有趣的一点。那就是，《加拉太书》1:13 与一般的报告形式很不相同。因为它既没有用第一人称来表达，也没有像一般的收信者那样，表示对所得到的坏消息感到悲伤或焦虑。[67]

《加拉太书》1:10—2:21 出现了保罗相对长的"自传式"表述。那样的表述通常都会出现在保罗书信的开始，也是比较简短的，并且是紧接着感恩祈祷。[68] 有不少学者也就因此把保罗书写《加拉太书》的意图，限制在他对敌对者的反驳以及对福音的捍卫上。奥尼（D. E. Aune）则认为，保罗在《加拉太书》

---

66. White, "Introductory Formulae in the Body of the Pauline Letter", 95-97.
67. Ibid., 97.
68. 罗 1:14-16a；林后 1:12-2:17; 7:5-16; 10:7-12:13; 加 1:10-2:21；腓 1:12-26; 3:2-14; 帖前 2:1-12。保罗只有在《哥林多前书》和《腓利门书》没有自传的声明。

中那些自传式的声明所体现的修辞对立，并不一定反映他对假设性的对手的指控反驳。

根据里昂（Gregory Lyons）的研究，保罗在《加拉太书》1:10—2:21 的"自传"其实是与当时的传统一致的。[69] 方柯（Funk）认为，保罗在《加拉太书》4:12-20，其实是使用了"使徒亲临"（apostolic presence，$\pi\alpha\rho\sigma\nu\sigma\iota\alpha$）的表达形式。[70] 而在 5:10，保罗的行文则与蒲草纸书信相似：信任收件人的承诺。[71]

劝勉是保罗书信中的重要部分。它也有一些表达的规范或形式。它可以包含两个部分：邪恶与美德项目（Vice and Virtue Lists），以及家庭规范。[72] 劝勉在当时是一个重要的课题，还有"书信劝勉"（epistolary paraenesis）和"劝勉风格"（paraenetic styles）之分：书信劝勉被界定在一些基督教书信的结尾部分，劝勉风格则贯穿了整封书信。[73] 劝勉一般是指在道德伦理上的规劝，教导收信者应该如何生活和避免不当的思想与行为。它的特征是命令式动词的使用。不只是在保罗的传统中，甚至在整部新约，劝勉都是一个主要的课题。它反映了基督教伦理的神学与实践。劝勉的主题不是贯彻于整封书信，[74] 就是大篇幅出现在结尾中。[75] 在劝勉（paraenesis）的主题下，保罗也引用了

69. Lyons, *Pauline Autobiography: Towards a New Understanding*.
70. 即使徒权柄和能力的临在："……我巴不得现今在你们那里。"（4:20）Funk, "The Apostolic Parousia: Form and Significance", 249-268.
71. Aune, *The New Testament in Its Literary Environment*.
72. Bailey and Lyle D. Vander Broek（eds.），*Literary Forms in the New Testament: A Handbook*, 62-71.
73. 例如：《帖撒罗尼迦前书》《加拉太书》和《歌罗西书》。
74. 林前 5, 7-8, 10; 提前 2, 3:5。
75. 罗 12-14; 帖前 4:1-5:22; 弗 4:1-6:20。

一些箴言（proverbs）的智慧。[76]

邪恶和美德目录也是很典型的希腊道德伦理劝勉的重要形式之一。有时邪恶和美德目录是连接在一起的，正如在《加拉太书》5:19–23 一样。这些目录的劝勉力量往往在于它在词语中的重复。内容的强调也通过既定的韵律。尽管目录中的每个项目看起来似乎都有同等的价值，但有时文字的表达与安排会让某些项目凸显出来。《加拉太书》5:22–23 中所列举的九种美德，基于修辞学的平衡，可分为三组，每组各含有三个项目（仁爱、喜乐、和平；忍耐、恩慈、良善；信实、温柔、节制）。

保罗的美德目录明显是围绕着仁爱、清洁和信实的主题。[77] 他的邪恶项目就比较关注某些较严重的罪行，如通奸、偶像崇拜、谋杀、酗酒等。当邪恶和美德目录出现在一起的时候，两者之间的对比就非常明显了。保罗所列出的邪恶不但反映了当时的社会情况，也说明了这些也是出现在教会中的严重问题，例如《加拉太书》5:19–23 所列举的：仇恨、争竞、忌恨、恼怒、结党、纷争、异端、嫉妒。面对那样的情况，保罗很自然会以仁爱、喜乐、和平、忍耐、恩慈等美德来劝导。

最后，在《加拉太书》的信尾部分（6:11-18），保罗特别强调这封信是他“亲笔签名”（autographic subscription）的：“请看我亲手写给你们的字是何等的大呢！”（Ἴδετε πηλίκοις ὑμῖν γράμμασιν ἔγραψα τῇ ἐμῇ χειρί.）6:16 是很有意思的，因为保罗在此祝愿的平安只是赐予“那些按照原则遵行的人”。

76.《加拉太书》5:9：“一点面酵能使全团都发起来。”

77. Furnish, *Theology and Ethics in Paul*, 87.

最后，保罗以恩惠祝愿（grace wish）作为整封书信的结尾。[78]

四、关键议题

贝兹对《加拉太书》的修辞分析，在一定的程度上已经成了新约学术界的一个里程碑。他于 1975 年所出版的《保罗致加拉太书的文学组成与功能》一文，对《加拉太书》的研究产生了深远的影响。贝兹将《加拉太书》信置于庭辩性演说的修辞策略范围内来划分：1）书信前言（epistolary prescript, 1:1-5）；2）绪 论（*exordium, 1:6-11*）；3）叙 事（*narratio, 1:12-2:14*）；4）陈述命题（*propositio, 2:15-21*）；5）论证（*probatio, 3:1-4:31*）；6）劝 勉（*exhortatio, 5:1-6:10*）；7）结 论（epistolary postscript; *Peroratio, 6:11-18*）。对贝兹而言，保罗写作的主要原因是在陈述命题（2:15-21）。这很明显是为福音的辩护。[79]在《加拉太书》中，也许只有 1—2 章是最符合庭辩性的修辞模式的。[80]但贝兹却试图将整本《加拉太书》置于庭辩性的修辞模式中。故此，奥尼在书评中就指出贝兹用古典的庭辩修辞方式来处理 3—4 章是非常牵强的。[81]连贝兹自己也承认，3—4 章很难采用修辞的术语来分析。[82]尽管贝兹的研究方法没有得到多数新约学者的赞同，他毕竟还是首先提出了《加拉太书》中那古典庭辩修辞

78. Hans-Josef Klauck, *Ancient Letters and the New Testament: A Guide to Context and Exegesis, trans.* and Daniel P. Bailey, 314.

79. Betz, "The Literary Composition and Function of Paul's Letter to the Galatians", 353-379; idem, *Galatians*, 14-25.

80. Longenecker，*Galatians*, cxi.

81. D. E. Aune, "Review of H. D. Betz, Galatians", *RSR* 7（1981），323-328.

82. Betz, *Galatians*, 129.

类型的特征。学者们也自此开始侧重《加拉太书》中的修辞体裁及结构方面的研究。

有些学者关注《加拉太书》的交叉结构或交叉模式的研究。在修辞学中，交错法（chiasmus, χιάζω）[83] 是常见的。它通常由两个或两个相互关联的子句通过结构的倒置来阐释一个更大的论点。那就是说，子句呈现了倒置平行：第一子句与第四子句为平行思想；第二子句与第三子句亦为平行思想（ABB'A'）。这种交叉结构频繁地出现在新旧约圣经中，包括保罗的书信。[84] 赖特福认为，保罗在《加拉太书》4:4-5 采用了修辞学中的交错法。[85] 布莱（J. Bligh）在赖特福所倡导的理论基础上，进一步将《加拉太书》4:1-10 扩展为所谓"中心交叉结构"（Central Chiasm），并以此建立了《加拉太书》的"对称结构"（Symmetrical structure）的案例：即所有在 4:1-10 以前的段落都可以交叉的方式匹配 4:1-10 以后的段落。[86] 尽管保罗书信中出

---

83. 形状像字母"X"。

84. 例如：《诗篇》137:5-6（ABB'A'）："耶路撒冷啊，我若忘记你"（A）；"情愿我的右手忘记技巧"（B）！"情愿我的舌头贴于上膛"（B'）！"我若不纪念你"（A'）。《马太福音》7:6（ABB'A'）："不要把圣物给狗"（A）；"也不要把你们的珍珠丢在猪前"（B）；"恐怕它践踏了珍珠"（B'）；"转过来咬你们"（A'）。林前 15:12-14（ABA'）；加 4:4-5（ABB'A'），25-26。

85.《加拉太书》4:4-5（ABBA）："及至时候满足，神就差遣他的儿子，为女子所生"（A）；"且生在律法以下"（B）；"要把律法以下的人赎出来"（B'）；"叫我们得着儿子的名分"（A'）。参见 Lightfoot, *Saint Paul's Epistle to the Galatians*, 168. S. Greidanus, *The Modern Preacher and the Ancient Text: Interpreting and preaching Biblical Literature*（Grand Rapids: Eerdams, 1988）。

86. 因此布莱（Bligh）编排《加拉太书》的结构如下：

A 序言（Prologue, 1:1-12）

B 自传部分（Autobiographical Section, 1:13-2:10）

C 因信称义（Justification by Faith, 2:11-3:4）

D 根据圣经来论证（Arguments from Scripture, 3:5-29）

E 中心交叉结构（Central Chiasm, 4:1-10）

（转下页）

现了一些交叉结构，交错法只是众多修辞工具中的一种而已。由于布莱过于僵硬地将整本《加拉太书》局限于交叉法的模式，以致忽略了《加拉太书》的书信形式的分析以及其他修辞类型的分析，包括历史的修辞分析与不考虑历史的修辞分析。[87]

汉森（Hansen）综合了修辞类型与书信形式的研究方法来分析《加拉太书》。他的研究结论是，保罗在《加拉太书》中使用了"指责—请求"（rebuke-request）的书信形式。a）指责部分（1:6-4:11）：保罗在《加拉太书》的上半部偏重为自己辩护；使用的是法庭式修辞。b）请求部分（4:12—6:10）：保罗在这部分是以劝告加拉太信徒为主；所采纳的是审议式修辞。汉森注意到，法庭式修辞与审议式性修辞是可以在同一封书信中同时出现的，并且书信的分析也可以为一封信件的修辞类型以及整体的修辞种类提供线索。[88] 朗格乃柯赞同汉森的观点，认为《加拉太书》所采用的，确实是一种"指责—请求"（rebuke-request）的书信形式。[89]

（接上页）
D 根据圣经来论证（Argument from Scriture, 4:11-31）
C 因信称义（Justification by Faith, 5:1-10）
B 道德伦理部分（Moral Section, 5:11-6:11）
A 结语（Epilogue, 6:12-18）。
参见 J. Bligh, *Galatians: A Discussion of St Paul's Epistle*（London: St. Paul Publishing, 1969, 37-42。
87. Diachronic rhetorical analysis and synchronic rhetorical analysis.
88. Hansen, *Abraham in Galatians: Epistolary and Rhetorical Contexts*, 21-71.
89. 朗格乃柯按照这个结构将本书划分为四部分：
  1）1:1-5 问候（Salutation）；
  2）1:6-4:11 指责部分，包括自传细节和神学论证（Rebuke Section: the inclusion of autobiographical details and theological arguments）；
  3）4:12-6:10 请求部分，包括个人的、经文的和伦理方面的呼吁（Request Section: the inclusion of personal, scriptural, and ethical appeals）；
  4）6:11-18 签署（Subscription）。
  参见 Longenecker, *Galatians*, cix。

在保罗时代，古典修辞学是相当普及的。即使是一个没有受过正式修辞训练的人也会懂得如何使用它。修辞学家对它也没有专有的权利。因此，学者们也不必太刻意，甚至太勉强地把《加拉太书》或保罗其他的书信与当时的修辞学紧紧地联系在一起。保罗很可能是无意识或是自然地用了一些修辞的结构和表达方式，因为这些本来都是他的文化和教育背景的一部分。这些技巧，再加上保罗原有的犹太释经学背景与他自己从基督所得的启示，以及教牧的关怀和教会的信仰和生活问题，使保罗书信的内容丰富而复杂。这就让学者很难、甚至不太可能把保罗的书信放在他们自己设定的小框架内，去按照自己的"假设"来"研究"和"分析"。

学者们也为保罗在《加拉太书》中提及的对手感到困惑。保罗在 1:7（参见 5:10）提到了一些"搅扰者"（οἱ ἀναστατοῦντες），这些人在加拉太人中宣传"别的福音"（ἕτερον εὐαγγέλιον）。这些搅扰者也似乎很成功地达到目的，因为他们得到不少加拉太人的接受和支持。可是，这些"搅扰者"究竟是谁呢？

尽管保罗对手们的身份和他们反对的性质以及他们教导的内容遍及于《加拉太书》，书信本身却从来没有明确地阐明这些事物的实质内容。因此，学者们只能从"镜读"（mirror reading）书信本身的一些类型来谈论对手和有关他们的资料，以重建保罗论说的处境。[90] 值得提醒的是，"镜读"始终存在着一定的困

---

90. Barclay, "Mirror-Reading a Polemical Letter: Galatians as a Test Case", *JSNT* 31（1987），73-93.

难和误导性，特别是要避免把《加拉太书》中的所有内容都解读为保罗回应对手的假设。[91]《加拉太书》是对话的文本，它的对话对象是加拉太的基督徒，并非是直接针对保罗的对手的。正如贝兹所言，"保罗从来没有直接针对他的对手，他所针对的，是他们已经带来的问题。"[92]

在教父时代和马丁·路德宗教改革时期，保罗在加拉太的对手，一般都被认为是"犹太基督徒中的犹太主义者"（Jewish Christian Judaizers）。但是，这个观点在过去的一个半世纪是被质疑的。"犹太主义者"（Judaizers）源自希腊动词 ἰουδαΐζω（live according to Jewish customs），意思是"按照犹太人的风俗习惯生活"。[93] 这个术语只在新约的《加拉太书》中出现过一次。[94] 另外两个希腊术语 ἐθνικῶς（like a Gentile，"随外邦人行事"）和 Ἰουδαϊκῶς（like a Jew，"随犹太人行事"）在新约中也仅是各出现一次而已。保罗在《加拉太书》2:14 中运用的这三个术语有其特定的背景。当彼得因为害怕从耶路撒冷下来的割礼派犹太基督徒，就随伙装假避开与外邦基督徒同桌吃饭和行相交礼。保罗当众揭示和谴责了彼得的错误行为。保罗在这里对彼得的谴责，是因为后者违背了福音的基本原则。那就是，犹太和外邦信徒都因福音的缘故，在基督里的合一。这个单独的事件，不表示那是保罗和彼得之间的"派系之争"。这是德国

---

91. Brinsmead, *Galatians—Dialogical Response to Opponents*.
92. Betz, *Galatians*, 5.
93. Plutarch, Cicero 7.6.5; Josephus, *B. J.* 2.17.10 §454; 2.28.2 §462-3; Ignatius, Magn. 10.3. 约瑟夫在犹太人（οἱ Ἰουδαῖοι）和犹太主义者（οἱ ἰουδαΐζοντες）这两个术语之间作了区分（*B. J.* 2.18.2 §463）。
94. 2:14："怎么还勉强外邦人随犹太人呢？"

杜宾根等学派常犯的大错误。

以下是一些有代表性的学术争议。德国杜宾根派的创始人包尔认为，早期基督教是由两派竞争对手组成的。那就是，彼得所代表的绝大多数的耶路撒冷教会以及他所创立的罗马基督徒社群，对立于保罗在哥林多和加拉太的教会。前者后来被称为以便尼派（Ebionites）。[95] 保罗的对手明显是那些来自耶路撒冷的热心犹太基督徒（zealous Jewish Christians）。他们渗入了保罗所建立的一些教会，并试图将犹太教的律法强加在外邦基督徒的身上。[96] 英国的新约学者莱特福对杜宾根学派的观点提出批评。他坚持，虽然保罗和耶路撒冷的使徒们的使命不同，他们之间的关系仍旧是相互尊重和彼此接受的。因此，那些来自耶路撒冷"母会"的热心犹太基督徒带给加拉太那个"别的福音"（1:6），并非是源自彼得和约翰等使徒。这些"搅扰"加拉太教会的人所走的路线，只能说是他们自己的。[97] 郝特（F. J. A. Hort）在这一点上的观察值得参考的。他认为，保罗在安提阿和加拉太的一些对手，虽然可能是源自使徒雅各，但他们被差遣出去后的言行，却是与雅各的初衷不一致的。因为雅各一向都非常关注那些在巴勒斯坦以外的基督徒社群中的犹太信徒和

95. Baur, "Die Christuspartei in der korinthischen Gemeinde", *Tübinger Zeitschrift für Theologie* 5（1831），61-206.

96. Baur, *Paul, The Apostle of Jesus Christ, His Life and Work, His Epistles and His Doctrine: A Contribution to a Critical History of Primitive Christianity*, 1.105-145, 250-257.

97.《使徒行传》15:24："我们听说，有几个人从我们这里出去，用言语搅扰你们，惑乱你们的心。（有古卷在此有：你们必须受割礼，守摩西的律法。）其实我们并没有吩咐他们。" Lightfoot, "St. Paul and the Three", in *St. Paul's Epistle to the Galatians*, 292-374.

外邦信徒之间的关系。雅各从耶路撒冷派出去的代表团，最终可能是把雅各原有的教牧关怀变成了向外邦基督徒的不合理要求，例如接受犹太人的割礼和遵行犹太人的生活方式等。按照郝特的看法：这些犹太使者们的要求，都是误读了雅各原意了的结果，因此是得不到耶路撒冷使徒们的支持的。[98]

吕格特别出心裁地提出了"两个前线的理论"（Two Front Theory），认为《加拉太书》针对的对手不只是一个，而是两个不同类型的集团：一类是犹太主义集团，他们夸大保罗信息中的犹太特征；另一类是激进派的属灵集团，他们夸大保罗关于自由的教导。但这两个集团之间却是有矛盾的。茹坡斯（J.H. Ropes）把自己的观点建立在吕格特的论文基础上。他相信从保罗处理这两个集团的方式来看，他们似乎都不是犹太人。[99]

蒙克批判了杜宾根学派对使徒的历史过程的理解。他指出，耶路撒冷的使徒和保罗之间的区别其实不是在于福音的信息内容（即基督完整的拯救工作，律法的徒劳，外邦人的加入），而是与"救恩史"（Heilsgeschichte）有关。那就是，外邦人是否要在以色列全部回转之后才能获得拯救的问题。蒙克认为，耶路撒冷的使徒们所预计的，是外邦人只有在犹太人得救之后才会获救，或是像保罗所相信的那样，部分的外邦人必须先得救。随之来的，便是整体犹太人的得救；然后基督才会再来。蒙克反对"犹太主义者"（Jewish Judaizers）是保罗在加拉太的对手

98. F. J. A. Hort, *Judaistic Christianity* (London: Macmillan, 1894), 61-83.
99. Wilhelm Lütgert, *Gesetz und Geist: Eine Untersuchung zur Vorgeschichte des Galaterbriefes* (BFCT 22.6; Gütersloh: Bertelsmann, 1919). J. H. Ropes, *The Singular Problem of the Epistle to the Galatians* (Cambridge: Harvard University Press; London: H. Milford, Oxford University Press, 1929).

的看法。他不相信在公元 70 年以前，会有这样的一群人存在。蒙克相信，保罗的对手是外邦基督徒。这些外邦基督徒不但误解了保罗有关耶路撒冷的教导，而且还过分受到旧约圣经的影响，以致得出必须严守律法的结论。[100] 施密塔尔斯认为，保罗的对手是"诺斯替派犹太基督徒"（Jewish-Christian Gnostics）。这些人虽然实行割礼，却以自己不依赖耶路撒冷的使徒们和反对保罗为自豪。[101]

吉维特认为，保罗在加拉太的对手与在巴勒斯坦的奋锐党运动有关，特别是在文提丢斯·库玛努斯（Ventidius Cumanus）行政期间。[102] 根据吉维特的研究，这些搅扰者在此期间正首次出现在安提阿（2:11-14），后来也到了加拉太。这些来自奋锐党犹太主义者的策略不是反对保罗，而是要给保罗的信息提供一些补充。[103] 郝沃特（G. Howard）继承了吉维特的观点，并且还补充说，他们其实是把保罗看作是一位盟友。但保罗自己却把他们的活动看作是与福音对抗的。郝沃特（Howard）的结论是：这些对手是与耶路撒冷连接的犹太基督徒中的犹太主义者；《加拉太书》中出现的对立是来自保罗的观点。[104]

简而言之，多数学者基本上同意保罗在加拉太的对手是犹太基督徒，他们从耶路撒冷教会来到加拉太教会。犹太基督徒坚持，外邦基督徒只有按照犹太人的条例生活（行割礼、遵守

---

100. Munck, *Paul and the Salvation of Mankind* (Richmond: John Knox, 1959), 87.

101. Walter Schmithals, "The Heretics in Galatia", in *Paul and the Gnostics* (Nashville: Abingdon, 1972), 13-64.

102. 在公元 48—52 年间为犹大省的罗马行政长官。

103. Jewett, "The Agitators and the Galatian Congregation", *NTS* 17 (1971), 198-212.

104. G. Howard, *Paul: Crisis in Galatia* (2nd ed.; SNTSMS 35; Cambridge: Cambridge University Press, 1979), 9-11.

摩西的律法、安息日、节期等），才能被上帝完全接纳。这些对手声称，只有当外邦人完全被融入以色列选民的时候，才能获得上帝通过亚伯拉罕所带来的祝福。学者们广泛达成的一致意见结果是反对吕格特、蒙克以及施密塔尔斯所提出的观点。[105]

另一个重要议题是《加拉太书》中的道德伦理部分（5:13—6:10）。施密塔尔斯试图在这段经文中找到诺斯替派的证据。他把 5:19 中的"肉体的行为"或"情欲的事"[106]（τὰ ἔργα τῆς σαρκός）视为典型的诺斯替派的行为举止。施密塔尔斯肯定 5:26 是对诺斯替属灵派特性的描述。[107] 吉维特也持同样的观点。他认为 5:25—6:10 是加拉太人"有关圣灵的一个典型的希腊式误解"。错误的热心导致他们在道德上认知和理解的模糊。不但如此，甚至他们中间的教师们，也藐视未来的审判。

穆林斯（Terence Mullins）相信，保罗在道德伦理的议论上，可能采用了希腊修辞学中论述伦理的一种方式：1）命令（injunction，所期望的道德行为）；2）原因（reason，采取这种行为的理由）；3）讨论（discussion，以不恰当行为的后果为说服力）。这个方式有时还包括另外两个因素：描述相似的处境（analogous situation）以及驳斥（refutation）。[108]

---

105. Longenecker, *Galatians*, xcv.
106. 和合本圣经。
107. Schmithals, "The Heretics in Galatia", in *Paul and the Gnostics*, 13-64.
108. 加 6:1-10：1. 命令："你们各人的重担要互相担当，如此，就完全了基督的律法"（6:2）；原因："因为各人必担当自己的担子"（6:5）；驳议："所以，有了机会就当向众人行善，向信徒家的人更当这样"（6:10）；讨论："在道理上受教的，当把一切需用的供给施教的人"（6:6-9）。参见 Mullins, "Topos as a New Testament Form", 541-547。

有些研究《加拉太书》的学者认为，保罗的道德劝诫部分与其主要的神学内容缺少紧密的关联。但巴克莱（Barclay）不同意这观点。他在《服从真理：研究保罗在〈加拉太书〉中的伦理道德》一书中提出，《加拉太书》的劝告部分与其主要内容和主题是息息相关的。在书信中，保罗全面地回应加拉太教会当时所面临的神学与道德伦理问题。保罗的劝告部分（exhortation section）很明显是他先前有关律法和信心这些主题的延伸。[109] 巴克莱在探究了保罗写信给加拉太的社会背景之后，确定了保罗给收信人的道德伦理教导的性质和目的。

巴克莱认为，加拉太纠纷的主要问题是上帝的子民应当如何生活。这就涉及外邦信徒的身份和行为的问题。保罗是以信心、爱心和对圣灵的顺服为基础，来论说这个问题和教导会众。这些都是完全与保罗的"因信称义"神学分不开的。信徒的生活因此是顺服圣灵引导的自然结果。巴克莱不赞同欧乃尔（O'Neil）对《加拉太书》道德伦理那部分的处理。巴克莱认为，过分夸大 5:13 节的所谓"中断"是有误导性的；以为这就是保罗在书信中论及道德行为的第一点也是错误的。[110]

巴克莱还特别指出，《加拉太书》中的道德伦理部分（5:13—6:10）是专门针对加拉太教会的特殊处境和危机，并非一般的劝勉或是广义的基督教伦理。因为保罗在这部分教导中涵盖了主题和细节。保罗阐述道德伦理的目的是：1）呼

---

109. J. M. G. Barclay, *Obeying the Truth: A Study of Paul's Ethics in Galatians* (Edinburgh: T & T Clark, 1988).

110. Barclay, *Obeying the Truth: A Study of Paul's Ethics in Galatians*, 216-217. 参见 J. C. O'Neil, *The Recovery of Paul's Letter to the Galatians* (London: SPCK, 1972)。

吁加拉太人顺从圣灵的引导；2）确保圣灵可以提供足够的道德约束和方向；3）特别警告"情欲"被加拉太人自由滥用的危险。5:25—6:10 结果是包含了整封书信完整的解释和原理（maxims）。[111]

有些学者把研究重点放在《加拉太书》中所涉及的律法和圣灵方面。科斯格雷夫（C. H. Cosgrove）在《十字架与圣灵：加拉太书中的论证与神学》[112] 一书中认为，时下关于《加拉太书》所研究的那些问题以及对这些问题的典型理解，其实已经偏离了书信的焦点。科斯格雷夫相信，理解整本《加拉太书》的"切入点"应该是加拉太信徒在圣灵中生活的基础，包括信徒是否可以通过守律法来促进圣灵的工作的具体问题。对保罗来说，"参与基督的十字架"（participation in Christ's cross）是生活在圣灵里的唯一条件。[113] 对科斯格雷夫而言，《加拉太书》不是关于是否可以因行为称义或因信称义，而是关于信徒是否可以通过遵守律法来促进他们在圣灵里持续的经验。[114] 但是，科斯格雷夫却犯了一个非常严重的错误。他似乎是刻意地忽略了《加拉太书》有关因信称义的关键教导。那就是，人唯有藉着对基督的信靠，才能得到救恩。保罗在《加拉太书》5:5-6 使用第一人称"我们"（ἡμεῖς），以强调那些靠着律法称义和那些

111. Barclay, *Obeying the Truth: A Study of Paul's Ethics in Galatians*, 219-220.
112. 这本书是作者于 1985 年在普林斯顿神学院提呈的博士论文的修订版。原博士论文的题目为《律法与圣灵：探究〈加拉太书〉的神学》（The Law and the Spirit: An Investigation into the Theology of Galatians）。
113. C. H. Cosgrove, *The Cross and the Spirit: A Study in the Argument and Theology of Galatians*（Macon, Mercer University Press, 1989），iii.
114. Cosgrove, *The Cross and the Spirit: A Study in the Argument and Theology of Galatians*, 2.

凭借圣灵在基督里称义两者之间的对照。5:5 的一些特征涉及保罗先前的论点。《加拉太书》第 3 章的三个关键术语重新出现在 5:5 这一节经文里：圣灵，[115] 信心和称义。[116] 因此，一些释经家认为《加拉太书》5:5-6 其实就是 2:15—4:7 的总结。[117]

还有一个引起学者争论的议题是有关希腊片语 πίστις Χριστοῦ 的诠释。Πίστις Χριστοῦ 所有格结构的传统理解是客体所有格（objective genitive）；可翻译为"在基督里的信心"（faith in Christ）。[118] 也有一些学者把这个片语理解为主体所有格（subjective genitive），因此把它理解为"基督的信心"（faith of Christ）。[119] 但是，海斯首次在《耶稣基督的信心：〈加拉太书〉3:1—4:11 叙事的下层结构》一书中，敞开了这扇诠释的大

---

115. Gordon D. Fee,《保罗神学：圣灵论》，思语译（美国：麦种传道会，2017）。

116. 曾思瀚，《加拉太书：接受救恩，活出自由》（香港：明道出版社，2007）。

117. Betz, *Galatians*, 262-264; Hays, "The Letter to the Galatians", 314; Longenecker, *Galatians*, 229; J. L. Martyn, *Galatians: A New Translation with Introduction and Commentary*（AB 33A; New York: Doubleday, 1997），472.

118. J. D. G. Dunn, "Once More, PISTIS CRISTOU", in E. E. Johnson and D. M. Hay（eds.）, *Pauline Theology. IV. Looking Back, Pressing On*（Atlanta: Scholars Press, 1997），61-81; R.B. Matlock, "Detheologizing the PISTIS CRISTOU Debate: Cautionary Remarks from a Lexical Semantic Perspective", *NovT* 42（2000），1-23; idem, "PISTIS in Galatians 3.26: Neglected Evidence for Faith in Christ?", *NTS* 49（2003），433-439; M. Silva, "Faith Versus Works of the Law in Galatians", in D. A. Carson, Peter T. O'Brien and Mark A. Seifrid（eds）, *Justification and Variegated Nomism*（Tübingen: Mohr Siebeck, 2004），2.217-248.

119. G. Kittel, 'Pistis Iēsu Christou bei Paulus', *TSK* 79（1906），419-439; K. Barth, *The Epistle to the Romans*（London: Oxford, 1933），96; G. Hebert, 'Faithfulness and "Faith" ', *Interpretation* 58（1955），373-379; T. F. Torrance, "One Aspect of the Biblical Conception of Faith", *ExpTim* 68（1957），111-114; R. N. Longenecker, *Paul, Apostle of Liberty*（New York: Harper & Row, 1964），149-152; G. Howard, "On the 'Faith of Christ' ", *HTR* 60（1967），459-465; idem, "The 'Faith of Christ' ", *ExpTim* 85（1973-74），212-215; G.M. Taylor, "The Function of πίστις Χριστοῦ in Galatians", *JBL* 85（1966），58-76; D.W. Robinson, "Faith of Jesus Christ—A New Testament Debate", *RTR* 29（1970），71-81; L.T. Johnson, "Romans 3:21-26 and the Faith of Jesus", *CBQ* 44（1982），77-90.

门。[120] 这部著作出版的结果，导致 πίστις Χριστοῦ 成为保罗书信研究的一个争论平台。[121]

海斯在书中给保罗的思想和论点，作了这样的评述："关于耶稣基督的故事，早就在保罗《加拉太书》中的议论中，而他的神学反思只是在阐明这个故事的意义而已。"[122] 海斯将保罗在文本中的论述部分与它的叙事结构部分加以区别。对海斯而言，要真正理解保罗的论说，就必须"探寻有关这个故事的根源"。[123]

海斯（Hays）的结论是：[124] 1）保罗的神学语言是建立在叙事结构的基础上的；2）保罗神学的故事性本质，是围绕着耶

---

120. 自 1980 年代以来，有些学者已经开始提议 πίστις Χριστοῦ 应该被理解为"基督的信心"。

121. Hays, "PISTIS and Pauline Christology: What Is at Stake?", in E. E. Johnson and D. M. Hay（eds.）, *Pauline Theology. IV. Looking Back, Pressing On*, 35-60; Dunn, "Once More, PISTIS CRISTOU", in E. E. Johnson and D. M. Hay（eds.）, *Pauline Theology. IV. Looking Back, Pressing On*（Atlanta: Scholars Press, 1997）, 61-81. P. Pollard, "The 'Faith of Christ' in Current Discussion", *Concordia Journal* 23（1997）, 213-228; J. Dunnill, "Saved by whose Faith? The Function of πίστις Χριστοῦ in Pauline Theology", *Colloquium* 30（1998）, 3-25.

122. R. B. Hays, *The Faith of Jesus Christ: Narrative Substructure of Galatians 3:1-4:11*, xxiii-xxiv.

123. Hays, *The Faith of Jesus Christ: Narrative Substructure of Galatians 3:1-4:11*, 28; 另参见 Hays, "The Letter to the Galatians: Introduction, Commentary, and Reflections", *The New Interpreter's Bible* 11（2000）, 183-348。

124. 海斯在《耶稣基督的信心》一书中的论点，是基于他对《加拉太书》4:3-6, 3:21-22, 和 3:13-14, 特别是 3:21-22 的结构分析所发现的叙事结构。海斯通过上述结构的分析，绘制出保罗福音故事的一个宏伟画面。根据海斯的看法，保罗是非常熟悉这个画面的，并假设加拉太人也很熟悉它。在这幅画面中，耶稣作为主体出现，通过他的信心行动，带来了上帝救赎人类的原意。因此，对于海斯来说，并不是人类的信心行为，而是耶稣的角色和信心的本质，才是理解保罗在《加拉太书》中论证的关键所在。"基督的信心"必须要放在保罗书信的背景中（in the context of the gospel story）去理解。基督的信心，使得保罗也必须顺服去实行他的宣教使命（Hays, *The Faith of Jesus Christ*, 103-116, 158）。

稣基督的顺服和信实及其救赎意义上；3）保罗故事的叙述模式，可能是打开研究保罗神学中那些关键要素的新方法。值得注意的，是海斯特别强调"在基督里的参与"（participation in Christ）和"因信称义"（justification）之间的紧密关系。基督徒之所以被称为义，正是因为他们参与了那位被钉在十字架上，最终被称为义的弥赛亚。[125]

五、内容纲要

（1）书信前言：信首的问安（1:1-5）

（2）绪论：指责（1:6-10）

（3）叙事：保罗为自己的福音辩护（1:11—2:14）

　　1）概要声明（1:11-12）

　　2）保罗从前在犹太教中的生活（1:13-14）

　　3）保罗的呼召（1:15-17）

　　4）保罗首次访问耶路撒冷（1:18-24）

　　5）在耶路撒冷的咨询（2:1-10）

　　6）安提阿事件（2:11-14）

（4）陈述命题：加拉太人的命题（2:15-21）

（5）论证：经验与经文的论证（3:1—4:31）

　　1）加拉太人已经有的经验（3:1-5）

　　2）亚伯拉罕因信得福（3:6-18）

　　3）律法的功用（3:19-25）

---

125. Hays, *The Faith of Jesus Christ*, 210-230.

4）基督与律法（3:26—4:7）

5）保罗为加拉太人的担忧（4:8-11）

6）个人呼吁（4:12-20）

7）两约［撒拉—夏甲］的比喻（4:21-31）

8）不可放弃在基督里的自由（5:1-12）

（6）劝勉：在圣灵里的自由与责任（5:13—6:10）

1）用爱心互相服事的自由（5:13-15）

2）顺从圣灵的引导（5:16-24）

3）向众人行善（5:25—6:10）

（7）书信结尾（6:11-18）

推荐书目

中文推荐书目

爱德华兹，《加拉太书，以弗所书，腓立比书》，黄锡木、林梓凤译，台北：校园书房，2005。

巴克莱，《加拉太书，以弗所书注释》，周郁晞译，台南：人光出版社，1983。

邓溥年，《奥秘与教会：以弗所书》，香港：天道书楼，2000。

费尔，《保罗神学：圣灵论》，思语译，美国：麦种传道会，2017。

冯荫坤，《加拉太书注释》，台北：校园书房，2008。

郭汉成，《加拉太书导论》，香港：基道出版社，2003。

罗伯森，《加拉太书，以弗所书，腓立比书，歌罗西书》，陈一萍译，美国：活泉出版社，1991。

穆尔，《加拉太书》，思语、潘秋松译，美国：麦种传道会，2014。

斯托特，《加拉太书》，陈恩明译，台北：校园书房，2000。

曾思瀚，《加拉太书：接受救恩，活出自由》，香港：明道出版社，2007。

周联华，《加拉太书·以弗所书》，香港：基督教文艺出版社，1979。

英文推荐书目

Barclay, J. M. G., *Obeying the Truth: A Study of Paul's Ethics in Galatians*. Edinburgh: T & T Clark, 1988.

Betz, H. D., "The Literary Composition and Function of Paul's Letter to the Galatians", *NTS* 21（1975），353-379.

Betz, H. D., "In Defense of the Spirit: Paul's Letter to the *Galatians* as a Document of Early Christian Apologetics", in Elisabeth Schüssler Fiorenza（ed.），*Aspects of Religious Propaganda in Judaism and Early Christianity*（Notre Dame, Ind.: University of Notre Dame Press, 1976），99-114.

Betz, *Galatians*. Philadelphia: Fortress, 1979.

Bruce, F. F., "Galatian Problems. 2.North or South Galatians?" *BJRL* 52（1970），243-266.

Bruce, *The Epistle to the Galatians*. NIGTC; Grand Rapids, MI: Eerdmans, 1982.

Bruce, *Commentary on the Book of the Acts: The English Text with Introduction, Exposition, and Notes*. NICNT; Grand Rapids, MI: Eerdmans, 1987.

Bruce, *The Acts of the Apostles: Greek Text with Introduction and Commentary*. Grand Rapids: Eerdmans, 1990.

Deissmann, A, *Light from the Ancient East*. London: Hodder & Stoughton, 1910.

Dunn, J. D. G., *The Epistle to the Galatians*. London: A & C Black, 1993.

Hansen, G. W., *Abraham in Galatians: Epistolary and Rhetorical Contexts*. JSNTSup, 29; Sheffield: JSOT Press, 1989.

Jewett, R., *A Chronology of Paul's Life*. Philadelphia: Fortress, 1979.

Kennedy, G. A., *New Testament Interpretation Through Rhetorical Criticism*. Chapel Hill: University of North Carolina, 1984.

Kern, Philip H., *Rhetoric and Galatians: Assessing an Approach to Paul's Epistle.* SNTSMS 101; Cambridge: Cambridge University Press, 1998.

Lightfoot, J. B., *St. Paul's Epistle to the Galatians.* London: Macmillan & Co., 1910.

Longenecher, R. N., *Galatians.* WBC 41; Dallas: Word, 1990.

Martyn, J. L., *Galatians.* AB 33A; New York: Doubleday, 1997.

Meeks, W. A., "Review of H. D. Betz, Galatians", *JBL* 100 (1981), 304-307.

Mullins, T. Y., "Formulas in New Testament Epistles", *JBL 91* (*1972*), 380-390.

Nanos M. D. (ed.), *The Galatians Debate: Contemporary Issues in Rhetorical and Historical Interpretation.* Peabody, Mass.: Hendrickson, 2002.

Ramsay, W. M., *The Church in the Roman Empire.* London: Hodder & Stoughton, 1893.

Ramsay, *A Historical Commentary on St. Paul's Epistle to the Galatians.* Grand Rapids, Michigan: Baker Book House, 1965.

Schubert, P., *Form and Function of the Pauline Thanksgivings.* BZNW 20; Berlin: Töpelmann, 1939.

Tan, Kim Huat, *A Guide to Galatians and Philippians.* London: SPCK, 2009.

White, J. L., *The Form and Function of the Body of the Greek Letter: A Study of the Letter-Body in the Non-Literary Papyri and in Paul the Apostle.* SBLDS 2; Missoula: Scholars Press, 1972.

第四章
《以弗所书》

一、作 者

　　《以弗所书》在教会传统上被确定为保罗的四封"监狱书信"[1]之一。这封书信处处都显示了保罗书信的基本文学风格。[2]现代学者如巴特（M. Barth）、贺奈尔（Hoehner）和阿诺德（C. E. Arnold）等认为《以弗所书》的作者是不必受到质疑的。[3]但有些学者却质疑它的真实性，[4]把它视为非保罗书信。[5]因此，《以

1.《以弗所书》《腓立比书》《歌罗西书》及《腓利门书》。除了传统的四封监狱书信之外，尼森格（Niswonger）把《提摩太后书》也列入保罗的监狱书信中。Richard L. Niswonger, *New Testament*（Grand Rapids, Michigan: Zondervan Publishing Company, 1992），246。

2. E. J. Goodspeed, *The Meaning of Ephesians,*（Chicago, Illinois: The University of Chicago Press, 1933），9.

3. M. Barth, *Ephesians*（Anchor Bible Commentary; 2 vols.; New York: Doubleday, 1974），1.36-41; C. E. Arnold, *Exegetical Commentary on the New Testament: Ephesians*（vol. 10; Grand Rapids, MI: Zondervan, 2010），46-50.

4. 但这种怀疑态度无法识别作者目的的变化也可以导致风格的变化。参见 Geoffrey B. Wilson, *Ephesians,*（Pennsylvania: The Banner of Truth, 1978），11。

5. A. T. Lincoln, *Ephesians*（Word Biblical Commentary Vol. 42; Dallas, Texas: Word Books, 1990），lxv-lxvi.

弗所书》的作者问题在学术界仍是有争议的。[6]

18世纪的启蒙运动，将圣经研究带入科学和理性主义为主流意识形态的学术领域中。一些学者开始采纳这种意识形态来考证圣经。英国学者埃文森（E. Evanson）在1792年首次对保罗作为《以弗所书》的作者提出质疑。[7]大约三十年以后，瑞士学者俞斯太瑞（Leonhard Usteri）怀疑《以弗所书》源自使徒保罗，主要是因为它与《歌罗西书》非常相似，而《歌罗西书》早就被确认是一封可靠的保罗书信。[8]此后不久，德国圣经学者德威特（W. M. L. de Wette）就声称，《以弗所书》不是保罗的作品，因为它的句子冗长，充满了许多附加说明和次要的子句，并缺乏新思路。德威特因此认为，《以弗所书》是保罗致信给《歌罗西书》的一部不是很高明的模仿本，[9]也就是说，《以弗所书》是部伪造的作品。德威特的观点得到包尔的赞同和接纳。

6. Arnold, *Exegetical Commentary on the New Testament: Ephesians*, 46.

7. 埃文森怀疑《以弗所书》作者的声称（1:15-16）与《使徒行传》的记载也许有矛盾。Edward Evanson, *The Dissonance of the Four Generally Received Evangelists, and the Evidence of Their Respective Authenticity Examined* (Gloucester, England: Printed by D. Walker for J. Johnson, 1805), 261-262; idem, *A New Testament; Or, The New Covenant according to Luke, Paul, and John*, trans. W. Newcome, ed. T. Brown (London: Richard Philips, 1807); F. E. Gaebelein, *The Expositor's Bible Commentary* (Grand Rapids, MI: Zondervan Publishing House, 1978), 3. J. Gnilka, *Der Epheserbrief* (Freiburg: Herder, 1971), 13.

8. Leonhard Usteri, *Entwickelung des Paulinischen Lehrbegriffes mit Hinsicht auf die übrigen Schriften des Neuen Testament* (Zürich: Orell, Fufsli und Compagnie, 1824).

9. W. M. L. de Wette, *Kurze Erklärung der Briefe an die Colosser, an Philemon, an die Ephesier und Philipper* (2nd rev. ed. Kurzgefasstes exegetisches Handbuch, vol. 2, pt. 4; Leipzig: Weidmann'sche Buchhandlung, 1847), 88-92. Cf. de Wette, *Lehrbuch der historisch-kritischen Einleitung in die kanonischen Bächer des Neuen Testaments* (Berlin: G. Reimer, 1826), 2.254-256; 英译: *An Historico-Critical Introduction to the Canonical Books of the New Testament*, trans. F. Frothingham (Boston: Crosby & Nichols, 1858), 274-285。

包尔同时提出,《以弗所书》应当被确定为后使徒时代（the post-apostolic era）的作品，写于第二世纪初。[10] 近代新约学者古德斯皮德（E. J. Goodspeed）和米顿（C. L. Mitton）在他们的《以弗所书》研究中，也否认保罗为《以弗所书》的作者。[11] 现代新约学者至今仍旧对《以弗所书》的作者问题争论不休。[12]

学者们的争论可以概括为以下几点。1）作者与以弗所教会之间的关系。根据《使徒行传》的记载，使徒保罗在第二次旅行宣教后期创建了以弗所教会，并在那里深入展开了犹太人和外邦人之间的宣教事工。保罗在以弗所三年之久，不但使福音得以广传，而且还有许多朋友和同工。保罗与他们之间也因此是已经建立了深厚的友情。[13] 但奇怪的是，该信件中却没有保罗对教会一些个人的问候，也未涉及保罗在以弗所教会三年期间曾经历过的任何重要事件。[14] 作者给读者的印象是，他对以弗所教会的情况似乎一无所知。[15] 2）语言与风格。《以弗所

---

10. Baur, *Paul, The Apostle of Jesus Christ, His Life and Work, His Epistles and His Doctrine: A Contribution to a Critical History of Primitive Christianity*, 2.22-44.

11. E. J. Goodspeed, *New Solutions of New Testament Problems* (Chicago: University of Chicago Press, 1927), 11–20, 29-64; idem, "The Place of Ephesians in the First Pauline Collection", *ATR* 12 (1930), 189-212; idem, *The Meaning of Ephesians* (Chicago, Illinois: The University of Chicago Press, 1933), 3-17. C. L. Mitton, *The Epistle to the Ephesians: Its Authorship, Origin and Purpose* (Oxford: Clarendon Press, 1951).

12. R. Schnackenburg, *The Epistle to the Ephesians*, trans. Helen Heron (Edinburgh: T & T Clark, 1991), 24.

13. 徒 18:18-21；19:1-20:1；20:16-38；林前 16:8。

14. 然而，保罗致信给他从未创建和拜访过的罗马教会，却在书信的最后一章写了最长篇幅的问候。

15. 例如：作者说他"听见"（ἀκούσας, heard）收信人的信心和爱心（1:15）；问及收信人曾否听见上帝已经将传福音给外邦人的职分托付于他（3:2）；问及收信人是否已经接受了教导（4:21）；最后以一个简短和非个人的告别作为信件的结尾。

书》所采用的语言和写作风格似乎与其他的保罗书信不太相同。在语言方面，有学者认为《以弗所书》有不少独特的词汇。[16] 在写作风格方面，作者在希腊原文中多次采纳了冗言风格。[17]

3)《以弗所书》与《歌罗西书》之间的关系。在文体上，《以弗所书》与《歌罗西书》明显有许多相似之处。这两封书信的相似处，类似于符类福音之间或是《彼得后书》与《犹大书》的关系。[18] 林康（Lincoln）的观点是，"反对保罗为《以弗所书》的作者的最决定性理由，是它对《歌罗西书》的依赖以及它对其他保罗书信的使用，特别是《罗马书》。"[19] 主张《以弗所书》托名的学者一致认为，《以弗所书》因此可能是以《歌罗西书》为文学基础修订而成的。[20] 贺敕曼（Holtzmann）的研究却有力

---

16. Mitton, *The Epistle to the Ephesians: Its Authorship, Origin and Purpose*, 8-9; Kümmel, *Introduction to the New Testament*, 358. 摩根泰勒（Morgenthaler）的统计数据显示，《以弗所书》的词汇总量共有 2429，其中有 530 个是独特的词汇。此外，在这些数据中还发现 41 个词汇只运用在《以弗所书》；《以弗所书》的 84 个词汇没有出现在其他的保罗书信中，但却出现在新约的一些书卷中。R. Morgenthaler, *Statistik des neutestamentlichen Worschatzes* (Zürich: Gotthelf-Verlag, 1958), 164. Cf. R. F. Collins, *Letters That Paul Did Not Write: The Epistle to the Hebrews and the Pauline Pseudepigrapha* (Good News Studies 28; Wilmington, DE: Michael Glazier, 1988), 142.

17. 林康列举了 8 个冗长的句子作为例证（ 1:3-14; 15-23; 2:1-7; 3:2-13, 14-19; 4:1-6, 11-16; 6:14-20)。参见 Lincoln, *Ephesians*, lxvi。

18. Lincoln, *Ephesians*, xlvii. 米顿的结论是：《以弗所书》的 26.5% 在字句上出现于《歌罗西书》。较短的《歌罗西书》有 34% 与《以弗所书》类似（ Mitton, *The Epistle to the Ephesians, 57*)。

19. A. T. Lincoln & A. J. M. Wedderburn, "The Background of the Theology of Ephesians", *The Theology of the Later Pauline Letters* (New Testament Theology; Cambridge: Cambridge University Press, 1993), 78–86, at 84. Cf. C. L. Mitton, "Unsolved New Testament Problems: E. J. Goodspeed's Theory Regarding the Origin of Ephesians", *ExpTim* 59 (1948), 324-327; idem, *The Epistle to the Ephesians: Its Authorship, Origin and Purpose*, 55-158; J. K. B. Maclean, *Ephesians and the Problem of Colossians*: Interpretation of Texts and Traditions in Eph 1:1-2:10 (Ph.D. diss., Harvard University, 1995), 14-18, 23-105.

20. 林康的《以弗所书》依赖于优先的《歌罗西书》之假设，主要是基于它（转下页）

地挑战了《以弗所书》依赖《歌罗西书》的流行学说。他结果提出了《歌罗西书》依赖《以弗所书》之说。[21] 范茹恩（A. van Roon）的研究结果则显示，除了《以弗所书》在时间上优先于《歌罗西书》以外，[22] 两封书信之间并无文学上的优先次序。[23]

那些维护使徒保罗是《以弗所书》的原作者的学者们，其实是提出了更加充分的理由和证据来支持他们的观点：[24]

1）内证：《以弗所书》包含了作者不少自传性的资料。作者在信首就开门见山地自称是保罗（1:1）。他也表明自己深知福音的奥秘并受托作为外邦使徒的职分（3:2-13）。为了福音的缘故，作者自愿成为"耶稣基督的囚犯"（3:1），"带锁链的使者"（6:20）。此外，作者还多次采用第一人称的表达形式。他不但为收件人祈祷并劝勉他们，[25] 同时也请他们为自己的囚禁代祷，

（接上页）的整体建构、次序、主题以及措辞（Lincoln, *Ephesians*, lv）; cf. Mitton, *The Epistle to the Ephesians: Its Authorship, Origin and Purpose*, 230; A. Lindemann, *Der Epheserbrief*（ZBK 8; Zurich: Theologischer Verlag, 1985）, 9-12; Schnackenburg, *Ephesians*, 30-3。

21. H. J. Holtzmann, *Kritik der Epheser-und Kolosserbriefe: auf Grund einer Analyse ihres Verwandtschaftsverbdltnisses*（Leipzig: Wilhelm Engelmann, 1872）.

22. 库慈（Coutts）倡导以弗所书优先于歌罗西书之说。J. Coutts, "The Relationship of Ephesians and Colossians", *NTS* 4（1958）, 201-207.

23. 范茹恩同时又提出了另外一个假设：两封书信都可能共同依赖于一个更早期文本。A. van Roon, *The Authenticity of Ephesians*, trans. S. Prescod-Jokel（Leiden: Brill, 1974）, 413-437.

24. 参见周联华，《加拉太书・以弗所书》（香港：基督教文艺出版社，1979）。邓溥年，《奥秘与教会：以弗所书》（香港：天道书楼，2000）。曾思瀚，《以弗所书：得胜有余》（香港：明道社，2010）。郭汉成，《同归于一得基业：以弗所书析读》（香港：基道出版社，2014）。冯荫坤，《以弗所书注释》（上下卷；香港：明道社，2016）。巴克莱，《加拉太书，以弗所书注释》（台南：人光出版社，1983）。爱德华兹，《加拉太书，以弗所书，腓立比书》（台北：校园书房，2005）。奥柏仁，《以弗所书注释》（美国：麦种传道会，2009）。斯托特，《以弗所书：信徒与教会》（台北：校园书房，2000）。赖特，《神约与神的子民》（台湾：校园书房，2013）。

25. "我保罗为你们外邦人作了基督耶稣被囚的，替你们祈祷"（3:1; cf.1:16）; "我在父面前屈膝"（3:14）; "我为主被囚的劝你们"（4:1）。

使他可以继续放胆传扬福音。[26] 因此，只有保罗本人才可以解释这些重要的自传性资料。

外证：《以弗所书》有新约书卷中最早的确认地位。它作为使徒保罗原著的真实性的外在证据，很早便出现在初期基督教的文献中。它在使徒教父（apostolic fathers）著作中的使用是显而易见的。[27] 例如：罗马主教克莱门于公元 96 年就已经开始提到《以弗所书》。[28] 安提阿的主教伊格那修的信件显示了作者非常熟悉《以弗所书》。[29] 士每拿的主教波利卡普，[30] 里昂的主教爱任纽，[31] 以及其他教父也是如此。[32] 此外，声称《以弗所书》为保罗书信的另外一些早期资料来源，是诺斯替派的作品和纳格哈马地文献（Nag Hammadi documents）。[33]

---

26. 6:19-22.

27. Kümmel, *Introduction to the New Testament*, 357; H. W. Hoehner, *Ephesians: An Exegetical Commentary*（Grand Rapids, MI: Baker Academic, 2002）, 2-5.

28. Clement of Rome, *Epistola 1 ad Corinthios* 46.6（弗 4:4-6）; 59:3（弗 1:17-18）; 36:2（弗 4:18）; 38:1（弗 5:21）; Oxford Society of Historical Theology, *The New Testament in the Apostolic Fathers*（Oxford: Clarendon, 1905）, 53。

29. Ignatius, *Ad Ephesios* 1:1-2（弗 5:1-2）; *Ad Polycarpum 6:2*（弗 6:11-17）。

30. Polycarp, *Ad Philippenses* 1:3（弗 2:5, 8-9）; 4:1（弗 6:11-17）。

31. Irenaeus（Bishop of Lyon, 公元 130 年—200 年）, *Adversus Haereses* 5.2.3（弗 5:30）; 5.8.1（弗 1:13-14a）; 5.14.3（弗 2:15）; 5.24.4（弗 2:2）。

32. 亚历山大的克莱门（Celement of Alexsandria, 公元 150 年—215 年）, *Stromatum* 4:8（弗 5:21-29）; *Paedagogus* 1:5（弗 4:13-15）。迦太基的主教特尔图良（Tertullian of Carthage, 公元 160 年—220 年）, *De Monogamia*（弗 1:9-10）; *Adversus Marcionem* 4.5.1（弗 4:13-15）。罗马的马吉安（Marcion d.160）确认以弗所书为纯正的保罗书信，但把它命名为 "致老底嘉书"（Epistle to the Laodiceans）; 参见 Tertullian, *Adversus Marcionem* 5.17.1.《巴拿巴书信》（The Epistle of Barnabas）6:11（弗 2:10 和 4:22-24）; 6:14; 16:8-10（弗 3:17）; 6:15; 16:8-10（弗 2:21-22）。《黑马牧人书》（The Shepherd of Hermas）是第二世纪使徒教父著作中最长的一卷。

33. 《对灵魂的诠释》（Exegesis on the Soul, 约公元 200 年）引用弗 6:12（源自 "大使徒"[great apostle] 2.6.131）;《执政者的本质》（*Hypostasis of the Archons*, 约公元 2—3 世纪）2.86.20-25（源自 "大使徒" 2.6.131）. 参见 C. E. Arnold, "Ephesians, Letter to the", in *DPL*, 241。

2）《以弗所书》所显示的非个人（impersonal）性质，并不能说明它就不是出于保罗或是与其余的保罗书信不一致。[34] 此外，缺少个人问候的例子也同样出现在几封保罗的书信中。[35] 保罗比较熟悉的教会，信中的个人问候也就可能会更少。在保罗从未到访过的城市教会，个人的问候反而是更多。《罗马书》就是一个很好的例子。这其实也是可以理解的。因为对那些保罗非常熟悉的教会来说，问候反而是不太需要的。[36]

保罗在 6:21-22 预测了收件人对他个人的关怀。他先差遣推基古作为使者到访以弗所。为了鼓励信徒，推基古将告诉他们有关保罗的个人情况。在此之前，以弗所的信徒已经知道保罗遭受的患难和监禁。[37] 保罗也就很自然地请求他们为他代祷。[38]

3）语言与风格。希奈肯伯（Schnackenburg）在详细地考查了新约圣经中所出现的单词之后，相信保罗应该最可能是《以弗所书》的作者。[39] 哈里森（P. N. Harrison）也指出，在《以弗所书》出现过一次的词汇数量与其他保罗书信中所使用的数

---

34. D. A. Black, "The Peculiarities of Ephesians and the Ephesian Address", *Grace Theological Journal* 2（1981），59–73; J. Rendel, "Epaphroditus, Scribe and Courier", *Expositor* 8（1898），101-110.

35. 《哥林多后书》《加拉太书》《帖撒罗尼迦前后书》和《腓利比书》都没有提及保罗个人的问候。保罗在哥林多逗留了 18 月之久（徒 18:11），他对哥林多信徒的熟识程度是不言而喻的；但该书却没有保罗个人的问候。尽管这些书信缺少保罗个人的问候，很少有学者会因此否定保罗为作者的身份。

36. Hoehner, *Ephesians: An Exegetical Commentary*, 23.

37. 3:1, 13; 4:1; 6:20.

38. 在写以弗所书信的时候，保罗可能就已经认识以弗所和周边地区的一些信徒。保罗也相信那些信徒知道他是谁。若是那样，笔者和这些收件人之间可说是已经有联系了。Hoehner, *Ephesians: An Exegetical Commentary*, 24.

39. 根据希奈肯伯的研究，以弗所书信有 49 个单词是在新约圣经仅出现过一次的词语（*hapax legomena*），以及 51 个单词未出现在公认是保罗的作品中。Schnackenburg, *The Epistle to the Ephesians*, 25-26.

量是大致相同的。按照哈里森的看法,《以弗所书》与其他九封无可争议的保罗书信是同类型的作品。[40]

　　文化背景深厚的保罗,在书信中也经常会因不同的个别情况使用一些不同的词汇来表达他的思想。例如在《以弗所书》中,他以 "魔鬼"（διάβολος, devil）[41] 这个术语替代了在其他书信中惯用的 "撒但"（σατανᾶς, Satan）一词。[42] 而 "魔鬼" 这个术语又是个常用词,在新约圣经中共出现了三十七次。[43] 再者,保罗在每封书信中都会使用一些独特的词汇。例如:保罗只在《哥林多前书》9:13 中采用了 "圣殿"（ἱερόν, temple）这个词语,而其他八处皆用 ναός。[44] 因此,保罗没有任何理由不能在他的信件中使用独特的词汇,以表明他在词汇使用方面的灵活性。正如米顿所观察的一样, "几封无争议的保罗书信甚至有［比《以弗所书》］更高的独特词汇比例。这些独特的词汇是在其他的保罗著作中都没有发现的。"[45] 林康列出了《以弗所书》独特的十五个单词及短句。[46] 尽管《以弗所书》中这些词语没有出现在

40. P. N. Harrison, *Paulines and Pastorals*（London: Villiers, 1964）, 48; idem, *The Problem of the Pastoral Epistles*（London: Oxford University Press, 1921）, 21-25, 34-35, 44, 63-72. 参见 G. Johnston, "Ephesians, Letter to the", in George Buttrick, *et al.,*（eds.）, *The Interpreter's Dictionary of the Bible*（4 vols.; Nashville: Abingdon, 1962）, 2.108-111。

41. 弗 4:27; 6:11。

42. 罗 16:20; 林前 5:5; 7:5; 林后 2:11; 11:14; 12:7; 帖前 2:18; 帖后 2:9; 提前 1:20。

43. Hoehner, *Ephesians: An Exegetical Commentary*, 25. F. J. A. Hort, *Prolegomena to St Paul's Epistles to the Romans and the Ephesians*（London: Macmillan, 1895）, 158。

44. 希腊词 ναός 共 6 次出现在哥林多书信中, 2 次在其他书信中: 林前 3:16; 3:17（2 次）; 6:19; 林后 6:16（2 次）弗 2:21; 提后 2:4。该词 ναος 只指圣殿本身, ιερον 指整个属于圣殿的地方,包括至圣所、圣所、内院和外院。Thiselton, *The First Epsitle to the Corinthians: A Commentary on the Greek Text*, 315。

45. Mitton, *The Epistle to the Ephesians: Its Authorship, Origin and Purpose*, 29.

46. Lincoln, *Ephesians*, lxv. 例如: 在《以弗所书》中,保罗 5 次使用了 "在天上"（ἐν τοῖς ἐπουρανίοις, in the heavenlies）这个片语,而不是他常用的词语 "天上"（οἱ οὐρανοί, the heaven［s］）。另外一个明显的例子是: 基督被独特地称为 "爱子"（ὁ ἠγαπημένος, the Beloved）。

其他的保罗书信中，却在新约中可以找到类似的语言。[47]

范茹恩指出，与其他的保罗书信文学比较，《以弗所书》其实并非不寻常。例如：按照比例来说，较短的书信《帖撒罗尼迦后书》的长句子比《以弗所书》还多。不但如此，保罗通常在三一颂和祷告，[48]教义，[49]以及其他一些资料中，[50]也惯用较长的句子。[51]鉴于以弗所会众没有特定的问题需要处理，保罗可能在更多反思的情绪中，采用了许多长句。罗宾森（Robinson）认为，保罗书写《以弗所书》时，是在罗马被囚期间，他因此可能会更集中精力来阐释上帝在基督里的伟大救世计划。[52]此外，保罗这个时候的年龄也较大，他的句子也可能相对较长。[53]

按特诺（N. Turner）的看法，《以弗所书》的一些文体特征相似于其他的保罗书信文学。[54]因此，在风格上《以弗所书》与

---

47. Mitton, *The Epistle to the Ephesians: Its Authorship, Origin and Purpose*, 176-197. 根据耶鲁大学提供的研究方针：现有的保罗文献太有限了，从而不能最终确定保罗著作的显著特点。有鉴于此，许多有关保罗语言的辩论必须谨慎对待（参见 Hoehner, *Ephesians: An Exegetical Commentary*, 27）。参见 A. Q. Morton and J. McLeman, *Paul, the Man and the Myth: A Study in the Authorship of Greek Prose*（London: Hodder & Stoughton, 1966），89-97; S. Michaelson and A.Q. Morton, "Last Words: A Test of Authorship for Greek Writers", *NTS* 18（1971-1972），192-208; P. F. Johnson, "The Use of Statistics in the Analysis of the Characteristics of Pauline Writing", *NTS* 20（1973），92-100。

48. 弗 1:3-14, 15–23; 3:14-19; 罗 8:38-39; 11:33-39; 林前 1:4-8; 腓 1:3-8; 帖前 1:2-5; 帖后 1:3-10。

49. 弗 2:1-7, 3:2-13; 罗 3:21-26; 林前 1:26-29; 2:6-9。

50. 弗 4:1-6, 11-16; 6:14-20; 林前 12:8-11; 腓 1:27-2:11。

51. van Roon, *The Authenticity of Ephesians*, 105-11.

52. J. A. Robinson, *St. Paul's Epistle to the Ephesians*（London: Macmillan, 1907），10-11.

53. A. Kenny, *A Stylometric Study of the New Testament*（Oxford: Clarendon Press, 1986），110.

54. 例如：μεv...δε 结构（罗 2:25; 6:11; 弗 4:11）；ἄρα...οὖν 结构（罗 5:18; 7:3, 25; 8:12; 9:16, 18; 14:12, 19; 加 6:10; 帖前 5:6; 帖后 2:15; 弗 2:19）。参见 N. Turner, *A Grammar of New Testament Greek: Style*（vol. 4; Edinburgh: T & T Clark, 1976），84-85。

其他保罗书信是相称的。当然，《以弗所书》也有一些词汇和风格是与其他被确定是保罗的著作有差异的，但没有足够的证据怀疑它的真实性。戴斯曼认为，当我们谈论风格的时候，必须考虑到保罗不同的风格。[55] 凯德伯瑞（H. J. Cadbury）提出了一个很有意义的观点。那就是，假使人们今天发现了一封第一世纪的书信，信中有 90％或 95％的内容与保罗的写作风格一致。一个很自然与合理的假定应该是：它是出自保罗而不是一位模仿者（imitator）的。[56] 研究《以弗所书》对称和韵律的句子的结果，几乎可以证实《以弗所书》是保罗写的。[57] 一位模仿者是不太可能写出像《以弗所书》这样的一部作品。[58] 就算是不接受保罗为《以弗所书》的作者的诺克斯也不得不承认，这封书信是"非常具保罗风格的"。[59]

总而言之，以语言和风格来决定《以弗所书》的作者很困难。以弗所教会并不像其他保罗所建立的教会那样，并没有紧迫的问题要他处理。因此，书信中若是出现一些与别的书信不太同的词汇和风格也完全可以理解。[60]

4）至于《以弗所书》与《歌罗西书》之间的文学关系，最明确的联系是在作者对推基古的表扬上。在《歌罗西书》4:7-8

55. Adolf Deissmann, *The New Testament in the Light of Modem Research* (Garden City, N.Y.: Doubleday, Doran, 1929), 98.

56. H. J. Cadbury, "The Dilemma of Ephesians", *NTS* 5 (1958-59), 95-101, at 101. R. M. Grant, *A Historical Introduction the New Testament* (London: Collins, 1971), 202.

57. G. K. Barr, "Scale and the Pauline Epistles", *IBS* 17.1 (1995), 22-41; idem, "Contrasts in Scale and Genre in the Letters of Paul and Seneca", *IBS* 18.1 (1996), 16-25.

58. E. F. Scott, *The Literature* of the *New Testament* (New York: Columbia University Press, 1932), 180; P. T. O'Brien, *The Letter to the Ephesians* (The Pillar New Testament Commentary; Grand Rapids: Eerdmans, 1999), 7-8.

59. Knox, *Chapters In A Life Of Paul*, 19.

60. Hoehner, *Ephesians: An Exegetical Commentary*, 26.

和《以弗所书》6:21-22 这两短经文中，除了《以弗所书》省去 "和一位同工的仆人"（καὶ σύνδουλος）之外，[61] 其余的连续 29 个字之间都是逐字相符的。此外，两封书信中还出现了其他两组类似的情况：一组是 3 处经文中有 7 个字是相符的；[62] 另一组是 2 处经文中有 5 个字是相同的。事实上，共用的单词出现在《以弗所书》25 次或以上的有 13 个（即 2429 个字中的 1109 个）；出现在《歌罗西书》25 次或以上的有 9 个（即 1574 个字中的 676 个）。那就是，它们分别占《以弗所书》的 46% 和《歌罗西书》的 43%。[63] 尽管两封书信的确存有一些相同的词汇和主题，但这些相同处却常被夸大。阿诺德（Arnold）认为，以这些情况来解释两封书信之间的文学依存关系是很不明智和脆弱的。阿诺德（Arnold）反问，若是《以弗所书》的作者有意仿照《歌罗西书》，为何最长的经文是有关保罗派遣同工推基古的事，而不是《歌罗西书》的神学论证或劝勉？[64] 此外，若《以弗所书》的模仿者是在复制《歌罗西书》，为何需要省略《歌罗西书》在信首中所提及的另一位作者提摩太以及信尾的问候名单？为何两封书信都只提到受保罗之托的送信使者推基古？[65] 模仿者又为何删去《歌罗西书》中的 "爱子颂歌" 以

---

61. 圣经和合本译为 "和我一同作仆人"。

62. 弗 1:1-2 & 西 1:1-2; 弗 1:7 & 西 1:14; 弗 2:5 & 西 2:13; 弗 3:2 & 西 1:25; 弗 3:9 & 西 1:26。参见 Lincoln, *Ephesians*, xlix; K. Snodgrass, *Ephesians*（NIV Application Commentary; Grand Rapids: Zondervan, 1996），25。

63. Hoehner, *Ephesians: An Exegetical Commentary*, 31.

64. Arnold, "Ephesians, Letter to the", in *DPL*, 242.

65. B. Reicke, *Re-Examining Paul's Letters: The History of the Pauline Correspondence*（eds., David P. Moessner and Ingalisa Reicke; Harrisburg, PA: Trinity Press International, 2001），79.

及针对"异端教导"的驳斥？[66] 倘若《以弗所书》是模仿《歌罗西书》的一封信，则这两封书信应该会有更多相似的文字，因为这两封书信之间有许多类似的内容。[67] 因此，研究的学者应当更注重同一个作者的创作差异，而不是去猜测一位想象中"模仿者"。一位见识广博和经历丰富的创作者如使徒保罗，在不同书信中的文字和表达差异，主要是源自他在书写每封信时不同的目的、内容、时间、地点、情绪和对象。[68] 阿诺德经过非常周详地研究得出的结论是，《以弗所书》是由《歌罗西书》的原始文献构成之说是没有说服力的。[69] 拜斯特（E. Best）的观察是，同一位作者其实是可以两次或更多次使用同样的词语或表达方式的。[70] 作者也可以借着同一个概念来强调它不同层面的重点；但这并不意味着就是不同的神学。[71]《以弗所书》和《歌罗西书》虽然有极相同的主题，但作者却可以采用类似或是不同的表达方式。在仔细阅读之下，就不难发现，《以弗所书》和《歌罗西书》其实也是有明确不相同的重点。例如：《歌罗西书》注重基督在宇宙中的主导地位，《以弗所书》则论及教会作为

---

66. 1:15-20, 2:8-23. Arnold, "Ephesians, Letter to the", in *DPL*, 243.
67. O'Brien, *The Letter to the Ephesians*, 9.
68. Hoehner, *Ephesians: An Exegetical Commentary*, 38.
69. Arnold, *Exegetical Commentary on the New Testament: Ephesians*, 49.
70. E. Best, "Who Used Whom? The Relationship of Ephesians and Colossians", *NTS* 43（1997），72-96.
71. 例如：在《以弗所书》3:2-9 和《歌罗西书》1:25—2:3 中的"奥秘"（μυστήριον, mystery），虽然作者侧重了奥秘不同的层面，但它皆是指同一个奥秘——即神在基督里的奥秘。C. C. Caragounis, *The Ephesian Mysterion: Meaning and Content*（Lund: Gleerup, 1977），143; M. Bockmuehl, *Revelation and Mystery in Ancient Judaism and Pauline Christianity*（WUNT 2.36; Tübingen: Mohr Siebeck, 1990），202。

基督的身体的重大意义。[72] 有些学者接受包尔的假设，认为《以
弗所书》与诺斯替主义的文学很相似。[73] 但阿诺德在《权力与邪
术：〈以弗所书〉中权力的概念》一书中的研究结果，却显示没
有任何足够的证据说明《以弗所书》及其读者曾受到了诺斯替
思想的影响。阿诺德的建议是，真正认识第一世纪罗马帝国的
宗教情况，将有利于理解保罗当时书写《以弗所书》的处境和
内容。[74]

《以弗所书》和《歌罗西书》之间的文学关系问题远远比
米顿、林康和其他人所声称的更加复杂。[75] 因此，只凭借《以
弗所书》和《歌罗西书》之间的关系来断定书信的作者是不适
宜的。

总而言之，贺奈尔（Hoehner）将学者们对《以弗所书》作

---

72. F. F. Bruce, The *Epistles to the Colossians, to Philemon, and to the Ephesians*
（NICNT; Grand Rapids: Eerdmans, 1984），231.

73. 例如：头和身体的比喻相似于 "诺斯替的救世主神话"（the Gnostic Redeemer
myth）。对这些学者来说，《以弗所书》的成书日期太晚（第二世纪），保罗因此
不可能是该书的作者。Ernst Käsemann, *Leib und Leib Christi. Eine Untersuchung
zur paulinischen Begrifflickkeit*（BHT, vol. 9; Tübingen: Mohr Siebeck, 1933），
56-96, 138-159; idem, "Epheserbrief", *RGG* 2:519-520. H. Schlier, *Der Brief
an* die *Epheser*（Dusseldorf: Patmos-Verlag, 1957），19-21, 272-278. P. Pokorný,
Der Epheserbrief und die Gnosis（Berlin: Evangelische Verlagsanstalt, 1965）.
Epheserbrief. H. Conzelmann, "Der Brief an die Epheser", in Gerhard Friedrich and
Peter Stuhlmacher（eds.）, *Die Briefe an die Galater, Epheser, Philipper, Kolosser,
Thessalonicher* und Philemon（15th ed. NTD; vol.8; Göttingen: Vandenhoeck a
& Ruprecht, 1981），87-88; 109-111. A. Lindemann, *Der Epheserbrief*（Zurich:
Theologischer Verlag, 1985）.

74. Arnold, *Power and Magic: The Concept of Power in Ephesians*（Eugene, OR:
Wipf and Stock, 2001），5-40. Cf. O'Brien, "Principalities and Powers: Opponents
of the Church", in D.A. Carson（ed.）, *Biblical Interpretation and the Church:
An International Study*（Exeter: Paternoster, 1984），110-150; C. Forbes, "Pauline
Demonology and/or Cosmology? Principalities, Powers and the Elements of the World
in their Hellenistic Context", *JSNT 85*（2002），51-73.

75. O'Brien, *The Letter to the Ephesians*, 20.

者的态度分为三类：1）接受保罗为该书作者的；2）改变观点或不确定的；3）反对保罗为该书的作者的。[76] 贺奈尔反对布朗的假设。后者说："目前在比较具批评性的学术界中，约有 80%认为保罗自己并没有书写《以弗所书》。"[77] 贺奈尔的结论是：从研究《以弗所书》的历史来看，一直到 1960 年代，多数学者接受保罗为《以弗所书》的作者，并非否认它。[78] 自从 1971 年以来，半数以上的学者否认保罗的著作权。[79] 此外，否认保罗为《以弗所书》的作者的比例从来就没有超过 58%。因此，接受保罗为《以弗所书》的作者仍具有悠久的历史和传统。[80]

二、写作日期与地点

学者中不接受保罗为《以弗所书》的作者，提出了两个不同的成书时间。其一，自包尔起，就开始提出《以弗所书》受到了诺斯替思想的影响；因而将它归于第二世纪的作品。若是这样保罗当然也就不可能是该书的作者了。其二，由于一些早期教父们在其著作中引用了以弗所书中的一些词汇和句子，以致有些学者将《以弗所书》的写作日期往后推。林康赞同米德（D. Meade）的观点，认为《以弗所书》的作者是一位保罗的追随者，是在保罗死后托用他的名字写的。此外，以弗所之所以

---

76. Hoehner, *Ephesians: An Exegetical Commentary*, 7-20.
77. Raymond E. Brown, *The Churches the Apostles Left Behind* (New York: Paulist; London: Geoffrey Chapman, 1984), 47; idem, *An Introduction to the New Testament* (Anchor Bible Reference Library; New York *and: Doubleday*, 1997), 620.
78. 直到 20 世纪 60 年代，63%学者们接受保罗为《以弗所书》的作者；9%的学者不确定；28%的学者否定作者是保罗。
79. 只有两个阶段：1971 年—2001 年（51%）和 1981 年—2001 年（51%）。
80. Hoehner, *Ephesians: An Exegetical Commentary*, 19-20.

存在的一些问题，都是因为教会缺乏了保罗当年在世的威望。[81]

基于《以弗所书》中所出现的非保罗词汇，古德斯皮德和米顿断定保罗不是《以弗所书》的作者，便将它的写作年代放到公元 90 年左右。[82] 巴克（G. W. Barker）认为上述这些观点都是有缺陷的。《以弗所书》的非保罗词汇并不能表示保罗不是该书的作者。[83]《以弗所书》的作者显然是以一个囚犯的身份书写此信的。[84] 为数不少的学者都认为《以弗所书》的写作日期是保罗第一次在罗马被囚禁期间（公元 60 年—62 年）。最可能的成书时间是在公元 61 年。[85] 保罗在此期间还写了《腓立比书》《歌罗西书》和《腓利门书》，统称为"监狱书信"。

三、目的地

如前所论，学者对《以弗所书》1:1 中提及的发信人和收信人，即书信前言惯例中的每项声称都发出了质疑：1）保罗不是《以弗所书》的作者（参见第一部分的论述）；2）《以弗所书》不是一封信件（参见以下的第四点：风格与特征）；3）以弗所教会不是它的目的地。奥尼（Aune）认为，《以弗所书》的收

---

81. Lincoln, *Ephesians*, lxxxvii; D. *Meade, Pseudonymity and Canon*（WUNT 39; Tübingen: Mohr-Siebeck, 1986），139-161.

82. 希奈肯伯（Schnackenburg）持同样的观点，认为《以弗所书》是由托名的作者于公元 90 年所写，目的是为了解决教会内部的合一以及信徒在异教处境中的生活方式。Schnackenburg, *The Epistle to the Ephesians*, 22-35。

83. G. W. Barker, "A Critical Evaluation of the Lexical and Linguistic Data Advanced by E. J. Goodspeed and Supported by C. L. Mitton in a Proposed Solution to the Problem of the Authorship and Date of Ephesians"（unpublished Harvard University thesis, 1962），13-53.

84. 弗 3:3, 4:1, 6:20。

85. Arnold, *Exegetical Commentary on the New Testament: Ephesians*, 52.

信人是独特的，因为它缺乏一个特定的目的地。"在以弗所"这个片语可能是在公元 2 世纪期间被添加在文本上的。[86]

在整个教会历史中，《以弗所书》作为该信件的目的地在很大程度上是不容置疑的。因为每封信件的抄本都有"致以弗所人"（Προς Εφεσιους）的标题以及信首中指定收信人为"在以弗所的圣徒"（τοῖς ἁγίοις τοῖς οὖσιν ἐν Ἐφέσῳ）。[87] 到了 19 世纪中叶，学者们就开始发现一些古希腊手抄本中没有"在以弗所"这个地名。例如，古希腊蒲草纸抄本（𝔓[46]），[88] 西乃

86. D. E. Aune, "Ephesians, Paul's Letter to the", in *The Westminster Dictionary of New Testament and Early Christian Literature and Rhetoric*（Louisville: Westminster John Knox Press, 2003）, 158-162, at 158.

87. Arnold, *Exegetical Commentary on the New Testament: Ephesians*, 23.

88. 蒲草纸抄本（Papyrus Manuscripts）是写在蒲草纸上的手抄本。这些蒲草纸抄本于 1895 年发现在埃及的中部。蒲草纸抄本的断简残片以𝔓为编号再加上数字（如 papyrus 52=𝔓[52]）。现存最古老的新约手抄本是代号为 𝔓[52] 的约翰赖兰兹蒲草纸残篇（John Rylands Papyrus Fragment, 公元 125 年）。遗憾的是它只含有《约翰福音》18:31-34, 37-38 的经文。该抄本现收藏在英国曼彻斯特的约翰·赖兰兹大学图书馆（John Rylands University library in Manchester, England）。另外两份著名的新约蒲草纸抄本是：a)《伯德谟蒲草纸抄本 II》（Bodmer Papyrus II, 约公元 150 年—200 年）于 1952 年发现于埃及。这些抄本以购买商马丁伯德谟（Martin Bodmer）的名字命名，现存于伯德谟（Bodmer）世界文学图书馆。其中最早的蒲草纸抄本𝔓[66] 包含《约翰福音》的大部分内容（约 1:1-6:11; 6:35-14:26; 以及 14-21 章）。这些抄本现收藏在瑞士日内瓦附近的科洛尼伯德谟图书馆（the Bodmer Library in Cologny, Switzerland）。另外两份抄本 𝔓[72]（包含《犹大书》和《彼得前后书》的最早抄本）和 𝔓[75]（包括《路加福音》和《约翰福音》，是《路加福音》的最早抄本）。这两份抄本收藏在梵蒂冈图书馆（Vatican Library）。b)"贝蒂蒲草纸抄本集"或"比提蒲草纸抄本"（Chester Beatty Papyrus, 公元 200 年）现收藏于爱尔兰共和国的首都都柏林（Dublin）的切斯特·贝蒂图书馆（Chester Beatty Library）。该图书馆以收藏家艾佛德·切斯特·比替爵士（Sir Alfred Chester Beatty, 1875 年—1968 年）的名字命名。最早的贝蒂蒲草纸抄本是代号 𝔓[46]（又名 Chester Beatty *Papyrus* II），包括了保罗的大部分书信：《罗马书》《哥林多前后书》《以弗所书》《加拉太书》《腓立比书》《歌罗西书》《帖撒罗尼迦前书》以及《希伯来书》。但是，《帖撒罗尼迦后书》《腓利门书》和教牧书信没有包括在内。由于《希伯来书》抄本与其他的保罗书信被放在一起，少数学者试图争辩《希伯来书》的作者是保罗。此外，《以弗所书》的信首没有"在以弗所"这个片语。

山抄本（א），⁸⁹ 和梵蒂冈抄本（B）。⁹⁰ 此外，有几位早期的教父也在其著作中省略了"在以弗所"这个地名。⁹¹ 有些学者强调 𝔓⁴⁶，א，B 是原始的抄本，因此《以弗所书》的原著没有"在以弗所"这个片语。自此，学者们对这个片语的原著性便产生争议。

英国学者威斯特格（B. F. Westcott）和贺特（Hort）于 1881 年出版了希腊文的新约圣经。他们将"在以弗所"这几个字用黑体字打印，并加上括弧以表明"在以弗所"这几个字希腊文可能是最早的手稿没有的。此后，威斯特格和贺特（Hort）在《新约的希腊原文》一书中进一步阐明，所谓"以弗所书"，本来是为一些教会所写的。保罗当时可能作了多份抄本，并在 1:1 中的（οὖσιν）⁹² 后面留出一个空间。这样，保罗的信使推基古便可以在所留的空间里个别填上不同教会的名称。⁹³ 圣经的英

---

89. 西乃山抄本，亦称西奈抄本（Codex Sinaiticus，以希伯来文字母 א 为代号）是由德国圣经学者替申道夫（Constantin Von Tischendorf, 1815-1874）于 1844 年和 1859 年在西乃山的圣凯瑟琳修道院（the monastery of St. Catherine）发现的。该抄本的成书日期约于公元 4 世纪，是用希腊文大楷的字体手抄在牛皮（vellum）和羊皮（parchment）纸上。西乃山抄本是世界上现存最古老和最完整的圣经希腊文抄本。它现被收藏在大英博物馆。

90. 梵蒂冈抄本（Codex Vaticanus，以字母 B 为代号）与西乃山抄本一起，并称为世界上现存最古老完整的圣经希腊文抄本之一。它以存放地梵蒂冈图书馆命名。该抄本的成书日期约于公元 350 年，与西乃山抄本一样，同属大楷体抄本。梵蒂冈抄本包括了除《马加比一书》1—4 章和玛拿西祷言以外（Maccabees 1-4 and the Prayer of Manasseh）完整的七十士译本（Septuagint, LXX）。

91. Origen, *De Princ* 2.3.5; 2.11.5; *Contra Cels* 72; Basil the Great, *Contra Eunom.* 2.19.

92. 分词 οὖσιν 后面经常会跟随着一个地名。

93. B. F. Westcott & F. J. A. Hort, *The Greek New Testament in the Original Greek* (Cambridge: *Macmillan, 1881*), 123-124. 布鲁斯和马丁接受这种观点。参见 Bruce, *The Epistles to the Colossians, Philemon, and the Ephesians*, 240; R. P. Martin, *Ephesians, Colossians and Philemon* (IntC; Louisville: John Knox, 1992), 3-5。

文版本受到了威斯特格和贺特希腊文新约圣经的深刻影响。[94]

三份早期的希腊手抄本（$\mathfrak{P}^{46}$，א，B）的存在，以及《以弗所书》表面上看来似乎是缺少个人性（impersonal）的问候和语调以及教会特殊的处境等因素，让当代的众多学者同意，所谓"以弗所书"可能原来就是有意传送到多个城市去阅读的一封信。[95]

就算是上述的假设可以接受。那就是，这封信不只是为以弗所的教会写的，"以弗所"在收信的诸教会中，仍旧应该是占优先地位的。原始性的证据也很充足。1）有许多古希腊手抄本都一致以以弗所为目的地；其中包括被誉为世界四大手抄本之一的亚历山大抄本（Alexandrinus, A）。[96] 整个西方和拜占庭的传统一致的见证。2）各种古圣经译本，例如拉丁、科普特、叙利亚、衣索比亚、斯拉夫、格鲁吉亚等，在信首皆写上了"在以弗所"

---

94. 例如：英文标准版／新国际版本（English Standard Version；NIV, 1881）；美国标准版（American Standard Version; ASV, 1901）；修订标准版（Revised Standard Version; RSV, 1952）；新美国标准版（New American Standard Version; NASV, 1971）。这些圣经版本都对"在以弗所"这个片语有疑问。

95. Arnold, *Exegetical Commentary on the New Testament: Ephesians*《新约的解经注释：以弗所书》，25。

96. 亚历山大抄本（Codex Alexandrinus, 以字母 A 为代号）是公元 5 世纪［公元 400 年—440 年］写于埃及的圣经希腊手抄本。它包括了几乎所有的七十士译本和新约（部分马太福音除外）。亚历山大抄本是四个伟大的安色尔字体的抄本（four Great uncial codices）之一。它与西乃山抄本和梵蒂冈抄本一起，并称为世界上现存最古老完整的圣经希腊文抄本之一。瑞士神学家维特斯坦（Wettstein）于 1751 年以字母 A 为其代号。这是第一份以大字母作为编号的手抄本。亚历山大手抄本源自于埃及的亚历山大城。该抄本于 1708 年首先送给了希腊东正教的主教西里尔·卢卡里斯（Cyril Lucaris）。此人后来为成了亚历山大希腊牧首西里尔三世以及君士坦丁堡普世牧首西里尔一世（the Greek Patriarch of Alexandria as Cyril III and Ecumenical Patriarch of Constantinople as Cyril I）。这手抄本留在亚历山大城数年后被亚历山大希腊东正教的大主教西里尔三世从亚历山大城带到君士坦丁堡。1757 年亚历山太抄本被送往英国博物馆。该抄本至今仍收藏在大英博物馆。

的字样。3）早期教父引用的经文，早期教父文献及教会传统都一致以以弗所为目的地。公元第一世纪晚期的罗马主教克莱门与安提阿的主教伊格纳修那，是以弗所为保罗书写该信目的地的最早见证人。第二世纪的爱任纽曾四次提及保罗致以弗所的书信。[97] 第三世纪的迦太基主教居普良，[98] 以及奥利金后来也在其著作中以《以弗所书》为标题。[99] 4）在保罗离开以弗所之后，有不少新信徒加入了该教会。[100] 保罗从推基古那里"听见"他们继续长进的好消息（1:15），就非常高兴，只是在信中，没有个人性的问候而已。但这种缺少个人问候的现象在保罗书信也并不完全陌生。5）麦兹格（Metzger）是非常权威的新约希腊文圣经专家。在他看来，"在以弗所"这个片语，在原件中应该是故意删除的，目的是为了显示这封信件适合教会的普遍阅读和使用，因此故意不限定任何一个地方。[101] 一个非常有意义的事实是，1:1 中的以弗所原始地名的省略，很类似于《罗马书》的情况。《罗马书》的内容也是针对一个广大读者群的。此因，有些古抄本也同样就省略了 1:7 中的罗马地名。[102] 6）《以弗所书》是保罗写给以弗所信徒的信件是毋容置疑的。[103] 多数学者如今都一致同意，尽管这封书

---

97. Irenaeus, *Adversus Haereses* 5.2.3; 5.8.1; 5.14.3; 5.24.4.

98. Cyprian, *To Quirinius*: *Testimonies against the Jews* 7, 8, 11, 13, 41, 70, 72, 117.

99. Origen, *De Princ* 3.5.4.

100. Barth, *Ephesians*, 1.3-4.

101. Bruce M. Metzger, *A Textual Commentary on the Greek New Testament*（2nd ed.; New York: United Bible Societies, 1994）, 505.

102. N. A. Dahl, "The Letter to the Ephesians: Its Fictional and Real Setting", in *Studies in Ephesians*（WUNT 131; Tübingen: Mohr Siebeck, 2000）, 441-459, at 452. J. Eadie, *A Commentary on Greek Text of the Epistle of Paul to the Ephesians*（Grand Rapids: Baker, 1979）, xxx.

103. C. J. Ellicott, A *Critical and Grammatical Commentary on St. Paul's Epistle to the Ephesians: with a Revised Translation*（London: John W. Parker & Son, 1859）, 1.

信是特别写给那些在以弗所的信徒的，它也非常可能有意包括这个地区的其他教会。[104] 因为以弗所不仅是小亚细亚西部的一个贸易和政治中心，而且也是保罗在那个区域的宣教基地。因此，学者们认为《以弗所书》可能是一封"流通性的信件"，[105] 有意在一个广泛的地区传阅，因而缺乏个人性的亲切感。这诚然是一个很合理的假设。[106]

四、风格与特征

《以弗所书》显示了作者崇高典雅的写作风格。它的一些句子也比较冗长。[107] 学者们将保罗这个不太寻常的写作特色称为"冗言风格"（pleonastic style），意思为"丰满的"或"丰富的"。[108] 在一个长句中遍及了分词[109] 或不定式的结构，[110] 关系从句，[111] 介词片语，[112] 复合所有格结构，[113] 以及重复的同义词。[114]《以弗所书》那些冗长的句子特征，蕴涵着文体上的特

104. 歌罗西教会和老底嘉教会相互交换阅读保罗的书信（西 4:16）。
105. Ellicott, *A Critical and Grammatical Commentary on St. Paul's Epistle to the Ephesians: with a Revised Translation,* xi-xii; Hoehner, *Ephesians: An Exegetical Commentary,* 22; Arnold, *Exegetical Commentary on the New Testament: Ephesians,* 28-29; Bruce, *The Epistles to the Colossians, Philemon, and the Ephesians,* 245-246. 布莱克（Black）则认为不应该把它看作是一封流通性的信件（"The Peculiarities of Ephesians and the Ephesian Address", 59-73）。
106.《加拉太书》可说是一封流通性的信件，因为它是写给"加拉太的各教会"的。
107. E. Percy, *Die Probleme der Kolosser-und* Epheserbriefe（Lund: Gleerup, 1946），185-191.
108. 1:17-18; 2:3. Lincoln, *Ephesians,* lxv-lxvi.
109. 2:14-16; 4:18-19.
110. 4:22-24.
111. 1:6, 7, 8; 2:2, 3.
112. 4:12-16.
113. 1:11, 19; 2:15; 4:23; 6:10.
114. 1:17-18; 2:3. Lincoln, *Ephesians,* lxv-lxvi.

别含义。有些学者相信，这个特征也许有一部分是基于出现在《以弗所书》的某些礼仪和认信传统，[115] 以及在信中所采纳的一些早期教会的资料和语言。[116] 例如，传统的圣诗、[117] 信经、颂词、祈祷、[118] 家庭规范等。此外，《以弗所书》涵盖的主题也很广泛和丰富，它涉及教会、基督、合一、末世论、道德伦理等。作者不只是继承和传递教会已有的信仰，而且还进一步让信徒明白上帝在基督里的救恩计划和奥秘。[119]

以弗所教会在当时是以外邦信徒居多，其中有些是在保罗离开以弗所之后才加入教会的信徒。这些新信徒出于异教的背景，保罗更觉得有需要向他们阐明上帝在宇宙中特别给人类预备的救恩计划以及信徒在基督里应有的新生活方式。教会作为基督的身体的比喻，[120] 在《以弗所书》已经扩展为基督是教会的头的思想。《以弗所书》一个伟大的主题是教会在整个宇宙中的地位和角色。《以弗所书》中的"教会"（ἐκκλησία）一词，从来没有用在当地的会众上，它只是指普世的教会。[121] 这

---

115. 5:14; 1:20-23; 2:14-16. Cf. J. T. Sanders, "Hymnic Elements in Ephesians 1-3", *ZNW 56*（1965），214-232, at 216-218.

116. 1:3-14; 2:4-10; 4:5-6. G. Schille, *Frühchristliche Hymnen*（Berlin: Evangelische Verlagsanstalt, 1965），53-73. K. M. Fischer, *Tendenz und Absicht des Epheserbriefes*（Berlin-Gottingen: Vandcn-hoeck & Ruprecht, 1973），137-138. M. Barth, "Traditions in Ephesians", *NTS*（1984），3-25.

117. 多数学者同意 2:14-18 和 5:4 为早期教会的圣诗，但对 1:3-14 则有争议。有些称 1:3-14 为早期教会的圣诗；其他则视之为作者自己有创意性的诗体般的散文。它富有犹太人的独特风格，与库姆兰死海古卷中发现的一些圣诗比较接近。虽然作者在《以弗所书》中引用的旧约不多，但一些段落中出现的语言、风格、措辞及观念都显示了作者深受旧约的影响。

118. P. T. O'Brien, "Ephesians 1: An Unusual Introduction to a New Testament Letter", *NTS* 25（1979），504-516.

119. 弗 1:22-23; 4:15-16;5:23. 参见西 1:18; 2:19。

120. 罗 12:4-5; 林前 12:12-27。

121. 弗 1:22; 3:10, 21; 5:23–32; 参见西 1:18, 24。

个教会结果被理解为在基督的主权统治下"万有"或"所有一切"的一个组成部分，并且是与至高无上的宇宙主宰完全合一的（1:22-23）。上帝是通过教会，让外邦和犹太信徒在基督里"同为后嗣，同为一体，同蒙应许"（3:6），又使他们已经一起与上帝和好，就必然会在基督里合一（2:11-22）。不但如此，在上帝的奇妙"安排"（οἰκονομία）下，不但教会，甚至"天上、地上、一切所有的都在基督里面同归于一"（1:10）。它因此是"福音的奥秘"（6:19）内容，是源自"他［上帝］旨意的奥秘"（τὸ μυστήριον τοῦ θελήματος αὐτοῦ, 1:9），也是出于"基督的奥秘"（τῷ μυστηρίῳ τοῦ Χριστοῦ, 3:4）。[122] 这个"奥秘的计划"（ἡ οἰκονομία τοῦ μυστηρίου）在以前的世代是隐藏的，但如今却藉着圣灵启示给教会的"圣使徒和先知"（3:1-6）。然而，在《以弗所书》中，教会不仅是这个伟大启示的承受者和中介，也是一个关键的组成部分。因为教会是基督所"充满"的，它也因此分享基督在宇宙中的地位。[123]

学者们采用修辞评鉴法来分析《以弗所书》，结果得出不同的结论。泰勒（W. F. Taylor）将《以弗所书》定为褒贬修辞（epideictic rhetoric）。[124] 林康则认为《以弗所书》的作者使用的

---

122. 参见 3:8 "基督那测不透的丰富"（τὸ ἀνεξιχνίαστον πλοῦτος τοῦ Χριστοῦ）。

123. Furnish, "Ephesians, Epistle to the", 538. 参见 Tet-Lim N. Yee, *Jews, Gentiles, and Ethnic reconciliation: Paul's Jewish Identity and Ephesians*（Cambridge: Cambridge University Press, 2005）。

124. W. F. Taylor and J. Reumann, *Ephesians, Colossians*（Augsburg Commentary on the New Testament; Minneapolis: Augsburg, 1985），22-24. 参见 Dahl, *Studies in Paul: Theology for the Early Christian Mission*, 314; A.T. Lincoln, "The Use of OT in Ephesians", *JSNT 14*（1982），16-57, at 46。

是审议性修辞和褒贬修辞。[125] 按古代修辞学的惯例，褒贬的部分通常都会明显的包含赞赏和责备两部分。以价值观为基础的赞赏或责备，都是为了取得听众的认同。可是，在《以弗所书》中，赞赏和责备并不明确，向信众发出的呼吁和给予的教导却非常突显。[126] 再者，褒贬书信的作者通常都认为自己是低于或是同等于他所致信的人。但这绝不是在《以弗所书》的情况，因为《以弗所书》的作者非常清楚自己身为一位领导的地位和角色。[127]

由于《以弗所书》采纳了多种文学形式及传统资料，学者们因而把它的特征看着是为多样化的：训诫式的（homily）；[128] 以"基督和教会"为主题的神学短文，[129] 宣言（manifesto）；[130] 甚至是一封以"基督在他的教会里"为主题的高尚的散文诗。[131] 信中还包含了礼仪写作（liturgical writing），[132] 默想（meditation），[133] 智慧之言（wisdom speech）。[134]《以弗所书》其实

125. Lincoln, *Ephesians*, xli-xlii.

126. Stowers, *Letter Writing in Greco-Roman Antiquity*, 77-85.

127. Stowers, *Letter Writing in Greco-Roman Antiquity*, 79.

128. J. Gnilka, *Der Epheserbrief* (Freiburg: Herder, 1971), 33; E. Best, *Ephesians* (Edinburgh: T & T Clark, 1998), 61-63; Lincoln, *Ephesians*, xxxix.

129. E. Käsemann, "Epheserbrief", in H. F. von Campenhausen (ed.), *RGG* (vol. 2; Tübingen: Mohr Siebeck, 1958), 2.517-520.

130. Moffatt, *An Introduction to the Literature of the New Testament*, 388; Lindemann, *Der Epheserbrief*, 14, 127; Fischer, *Tendenz und Absicht des Epheserbriefes*, 104; Schnackenburg, *Der Brief an die Epheser* (EKK, Zürich: Benzinger Verlag, 1982), 19.

131. Martin, *Ephesians, Colossians and Philemon*, 6.

132. J. C. Kirby, *Ephesians, Baptism and Pentecost* (London: SPCK, 1968), 145.

133. R. P. Martin, "An Epistle in Search of a Life-Setting", *ExT* 79 (1967-1968), 296-302, at 302; W. *Marxsen, Einleitung in das Neue Testament* (4th ed.; Gütersloh: Gerd Mohn, 1978), 194; Barth, *Ephesians*, 1.5.

134. H. Schlier, *Der Brief an die Epheser: Ein Kommentar* (Dusseldorf: Patmos, 1957), 21; H. *Conzelmann*, "Paulus und die Weisheit", *NTS* 12 (1966), 231-244, at 234; W. Marxsen, *Introduction to the New Testament: An Approach to Its Problems* (Philadelphia: Westminster, 1968), 192; Bruce, *The Epistles to the Colossians, Philemon, and the Ephesians*, 246.

是不能被归类到当时任何标准的文学体裁，或是勉强将它放进某个框架内的。比较合理的做法，是把它看作是一篇比较松散，但以书信的形式呈现的作品。它将启发式的承诺（1—3章）和劝勉（4—6章）相结合。[135]

达尔（N. A. Dahl）认为《以弗所书》是属于希腊书信的一种类型。它以私人的谈话方式替代了公开的演讲。书信的目的是要克服教会的分裂可能造成的问题，并尝试建立发件人和收件人之间的联系，结果构成了"一封提醒和祝贺的信"。[136] 正如奥尼所言，《以弗所书》具有保罗书信的典型形式与一些鲜明的特征。它以信首常规（题名、收信人和问候）为开始。[137]《以弗所书》所表达的语言、写作风格和特征，与其他的保罗书信的确有些不同之处，但总的来说它应该被接纳为一封属于保罗的书信。保罗具有书写不同风格的书信及展示自己文学天赋的能力。[138]

五、内容纲要

（1）信首：问安，祝福，与感恩（1:1-23）

    1）问安（1:1-2）

135. Furnish, *"Ephesians, Epistle to the"*, in *ABD*, 537.
136.《以弗所书》是给那些为福音的缘故离开他们外邦的生活方式的信徒，因此包含了提醒和祝贺信的一部分。该信没有那么多有关教会的抽象教义，而是简单地提醒：信徒确实属于教会——基督的身体，并要求他们生活在其中。N. A. Dahl, *Studies in Paul: Theology for the Early Christian Mission*, 314; idem, "Ephesians, Letter to the", in Keith Crim（ed.）, *Interpreter's Dictionary of the Bible: Supplementary Volume*（Nashville: Abingdon, 1976）, 268-269.
137. Aune, "Ephesians, Paul's Letter to the", 158.
138. Arnold, *Exegetical Commentary on the New Testament: Ephesians*, 48.

2）祝福（1:3-14）

3）感恩（1:15-23）

（2）正文：基督的奥秘（2:1—3:21）

　　1）信徒在基督里的新生活（2:1-10）

　　2）外邦与犹太信徒的合一（2:11-22）

　　3）保罗在奥秘事上的受托职分（3:1-13）

　　4）保罗为信徒的力量，爱心，和灵里的成熟代祷

　　　（3:14-21）

（3）给信徒生活的劝勉（4:1—6:20）

　　1）保持教会的合一（4:1-16）

　　2）在基督里的新身份（4:17—5:2）

　　3）作光明的子女（5:3-14）

　　4）生活在智慧和圣灵中（5:15-21）

　　5）家庭规范内的行为（5:22—6:9）

　　6）属灵的争战（6:10-20）

（4）结语：问候与祝福（6:21-24）

　　1）推基古的推荐（6:21-22）

　　2）祝福（6:23-24）

推荐书目

中文推荐书目

爱德华兹，《加拉太书，以弗所书，腓立比书》，黄锡木、林梓凤译，台

北：校园书房，2005。

奥柏仁，《以弗所书注释》，陈志文、潘秋松译，美国：麦种传道会，2009。

巴克莱，《加拉太书，以弗所书注释》，周郁晞译，台南：人光出版社，1983。

邓溥年，《奥秘与教会：以弗所书》，香港：天道书楼，2000。

冯荫坤，《以弗所书注释》，香港：明道社，2016。

郭汉成，《同归于一得基业：以弗所书析读》，香港：基道出版社，2014。

赖特，《神约与神的子民》，左心泰译，台湾：校园书房，2013。

斯托特，《以弗所书：信徒与教会》，台北：校园书房，2000。

曾思瀚，《以弗所书：得胜有余》，香港：明道社，2010。

周联华，《加拉太书·以弗所书》，香港：基督教文艺出版社，1979。

英文推荐书目

Arnold, C. E., *Exegetical Commentary on the New Testament: Ephesians.* vol. 10; Grand Rapids, MI: Zondervan, 2010.

Arnold, C. E., *Power and Magic: The Concept of Power in Ephesians.* Eugene, OR: Wipf and Stock, 2001.

Barr, G. K., "Scale and the Pauline Epistles", *IBS* 17.1（1995），22-41.

Barth, M. *Ephesians.* Anchor Bible Commentary; 2 vols.; New York: Doubleday, 1974.

Best, E., "Who Used Whom? The Relationship of Ephesians and Colossians", *NTS* 43（1997），72-96.

Best, E., *Ephesians.* Edinburgh: T & T Clark, *1998.*

Black, D. A., "The Peculiarities of Ephesians and the Ephesian Address, " *Grace Theological Journal* 2（1981），59–73.

Bruce, F. F., The *Epistles to the Colossians, to Philemon, and to the Ephesians.* NICNT; Grand Rapids: Eerdmans, *1984.*

Cadbury, H. J., "The Dilemma of Ephesians, " *NTS* 5（1958-1959），95-101.

Collins, R. F., *Letters That Paul Did Not Write: The Epistle to the Hebrews and the Pauline Pseudepigrapha*. Good News Studies 28; Wilmington, DE: Michael Glazier, 1988.

Coutts, J., "The Relationship of Ephesians and Colossians", *NTS* 4 (1958), 201-207.

Dahl, N. A., *"The Letter to the Ephesians: Its Fictional and Real Setting"*, in *Studies in Ephesians* (WUNT 131; Tübingen: Mohr Siebeck, 2000), 441-459.

Deissmann, A., *The New Testament in the Light of Modern Research*. Garden City, N.Y.: Doubleday, Doran, 1929.

De Wette, W. M. L., *An Historico-Critical Introduction* to the *Canonical Books* of *the New Testament*, trans. F. Frothingham. Boston: Crosby & Nichols, 1858.

Ellicott, C. J., *A Critical and Grammatical Commentary on St. Paul's Epistle to the Ephesians: with a Revised Translation*. London: John W. Parker & Son, 1859.

Furnish, V. P., *"Ephesians, Epistle to the"*, in *ABD*, 2.535–542.

Gnilka, J., *Der Epheserbrief*. Freiburg: Herder, 1971.

Harrison, P. N., *Paulines and Pastorals*. London: Villiers, 1964.

Hoehner, H. W., *Ephesians: An Exegetical Commentary*. Grand Rapids, MI: Baker Academic, 2002.

Johnson, P. F., *"The Use of Statistics in the Analysis of the Characteristics of Pauline Writing"*, *NTS* 20 (1973), 92–100.

Lincoln, A. T., *Ephesians*. Word Biblical Commentary, vol. 42; Dallas, Texas: Word Books, 1990.

Lincoln, A. T. & A. J. M. Wedderburn, *The Theology of the Later Pauline Letters*. Cambridge: Cambridge University Press, 1993.

Goodspeed, E. J., *New Solutions of New Testament Problems*. Chicago: University of Chicago Press, 1927.

Goodspeed, E. J., "The Place of Ephesians in the First Pauline Collection", *ATR* 12 (1930), 189-212.

Martin, R. P., *Ephesians, Colossians and Philemon*. IntC; Louisville: John Knox, 1992.

Metzger, B. M., *Textual Commentary on the Greek New Testament*. New York: United Bible Societies, 1994.

Mitton, C. L., *The Epistle to the Ephesians: Its Authorship, Origin and Purpose*. Oxford: Clarendon Press, 1951.

Mitton, C. L., "Unsolved New Testament Problems: E. J. Goodspeed's Theory Regarding the Origin of Ephesians", *ExpTim* 59 (1948), 324-327.

O'Brien, P. T., *The Letter to the Ephesians*. The Pillar New Testament Commentary; Grand Rapids: Eerdmans, 1999.

Reicke, B., *Re-Examing Paul's Letters: The History of the Pauline Correspondence*. Harrisburg, PA: Trinity Press International, 2001.

Schnackenburg, R., *The Epistle to the Ephesians*, trans. Helen Heron. Edinburgh: T & T Clark, 1991.

Scott, E. F., *The Literature* of the *New Testament*. New York: Columbia University Press, 1932.

Snodgrass, K., *Ephesians*. NIV Application Commentary; Grand Rapids: Zondervan, 1996.

Turner, N., *A Grammar of New Testament Greek: Style*. vol. 4; Edinburgh: T & T Clark, 1976.

Van Roon, A., *The Authenticity of Ephesians*, trans. S. Prescod-Jokel. Leiden: Brill, 1974.

Yee, Tet-Lim N., *Jews, Gentiles, and Ethnic reconciliation: Paul's Jewish Identity and Ephesians*. Cambridge: Cambridge University Press, 2005.

第五章
《腓立比书》

一、作者

《腓立比书》被认为是保罗纯正和无争议的（genuine and undisputed）七封书信[1]之一。因此，《腓立比书》的作者问题及其正典的地位几乎无人质疑。内证方面：保罗在信首就明确地以使徒的身份介绍自己，并且声明提摩太是合作的写信人（1:1）。在这封较短的书信中，保罗频繁地使用了单数的第一人称[2]来表达和阐述其思想，致使该信的语调显得很个人性（personal）。[3]外证方面：早期教会的传统及教父文献中都一致证实保罗为《腓立比书》的作者。[4]例如：第一世纪末的罗

1. 即《罗马书》《哥林多前书》《哥林多后书》《加拉太书》《腓立比书》《帖撒罗尼迦前书》和《腓利门书》。
2. "我"，"我的"，"与我"，共使用了51次。
3. G. F. Hawthorne, "Philippians, Letter to the", in *DPL*, 708.
4. A. E. Barnett, *Paul Becomes a Literary Influence*（Chicago: University of Chicago Press, 1941）; J. Moffatt, *Introduction to the Literature of the New Testament*（Edinburgh: T & T Clark, 1981）, 176.

马主教克莱门与安提阿的主教伊格那修，士每拿的主教波利卡普，里昂的主教爱任纽，亚历山大的克莱门，以及迦太基的主教特尔图良等。然而，到了 19 世纪中叶，《腓立比书》的作者却第一次受到德国学者包尔的挑战。这一点也完全不奇怪，因为包尔的见解在学界中，都被普遍认为是非常武断的。他也只接受《罗马书》《哥林多前后书》与《加拉太书》的作者是保罗，因而否认其他书信是保罗写的。杜宾根学派的几位学者尾随包尔的观点也不足为奇。文森特（Vincent）在其经典的希腊文诠释中，对此作了详细讨论之后，得出了一个很有说服力的结论，认为包尔与他的追随者反对《腓立比书》的真实性的理论"主要是想象的"（mainly imaginary）多过于事实。[5] 当代的新约学界普遍上都以保罗为《腓立比书》的作者作为研究的基础。[6]

二、写作地点和日期

《腓立比书》的写作地点和日期的确定是比较复杂的。《腓立比书》早就已经被学界和普世归纳为保罗的四封"监狱书信"

---

5. M. R. Vincent, *The Epistle to the Philippians and to Philemon*（ICC; New York: Charles Scribner's Sons, 1906 ），xxvi; 参见 xxvi-xxx。

6. 黄浩仪，《腓利门书》（香港：天道书楼，1992）。冯荫坤，《腓立比书》（香港：天道书楼，1997）。周天和，《腓立比书，歌罗西书》（香港：基督教文艺出版社，1997）。麦启新，《新约文学释经：马可福音、腓立比书、雅各书》（香港：汉语圣经协会，2006）。黄朱伦，《腓立比书：仆友的生命与事奉》（香港：明道社，2006）。吴道宗，《腓立比书：在患难中成长的生命》（香港：天道书楼，2011）。巴克莱，《腓立比书，歌罗西书，帖撒罗尼迦前后书注释》（香港：基督教文艺出版社，1992）。费尔，《腓立比书注释》（美国：麦种传道会，2004）。马丁，《腓立比书》（丁道尔新约圣经注释；台北：校园书房，2000）。

之一。因为在《腓立比书》《以弗所书》《歌罗西书》《腓利门书》中，作者都表明或暗示他是在被监禁期间书写这几封书信的。[7]

布莱文斯（Blevins）称《腓立比书》是"来自监牢的一个呼吁，由一位面临死亡的使徒写给一个正在面对迫害和苦难的教会"。[8]《腓立比书》所提及的监禁（δεσμός, imprisonment）[9] 为该信的写作地点和日期提供了最好的线索。但是，保罗是在哪个地方被关押起来的呢？《使徒行传》有保罗三次被监禁的记载：第一次是在腓立比（16:23-40）；第二次是保罗在耶路撒冷被捕后，接着在该撒利亚两年的拘留；第三次保罗是作为一个囚犯被带到罗马后，在那里被软禁两年之久（28:30; 26:1—28:16）。在多方的比较之下，学者们一般都认为，保罗是不太可能在第一次访问腓立比期间书写此信。该撒利亚作为一个书写的地点也有一些困难。因此，罗马就被看作是保罗写《腓立比书》最有可能的地点。[10]

在处理写作地点这个问题的同时，也必须要考虑到《腓立比书》记载的一些重要信息。例如，保罗在书写此信时，不仅是身在狱中，而且还可能即将面临处决。然而，保罗却希望能够获释，有机会与腓立比信徒再度欢聚（1:24-25; 2:25）。此外，保罗还提及了一些很有意义，甚至令人惊讶的好消息：在保罗捆锁之处，有罗马的御营全军以及凯撒皇帝家里的人同在

---

7. 弗 3:3; 4:1; 6:20; 腓 1:7, 13-14, 17; 西 4:3, 10, 18; 门 1, 9。

8. J. L. Blevins, "Introduction to Philippians", *RevExp* 77（1980）, 311-324, at 322.

9. 1:7, 13-14, 17.

10. Peter T. O'Brien, *The Epistle to the Philippians: A Commentary on the Greek Text*（Grand Rapids: Eerdmans, 1991）, 20.

（1:13; 4:22）；年轻的同工提摩太也在陪同着保罗，并待他如父亲一样（2:19-23; 1:1）。保罗甚至还有足够的时间和自由接待往返于腓立比与罗马之间的不同客人（2:25-30）；保罗能让福音的事工继续展开（1:15-18）。[11]

1）罗马（Rome）。作为保罗书写《腓立比书》的地点，是有一定依据的。[12] 根据《使徒行传》的记载，保罗在罗马被软禁[13] 有两年之久，并由一名士兵看守。他当时正在罗马等候罗马皇帝凯撒的最终判决。在软禁期间，保罗还能自由地发送信件，接待犹太领袖以及其他的访问者，接受馈赠，甚至放胆宣讲福音。[14] 保罗并没有比罗马更高的法庭可以上诉。他因此就只能等待在凯撒面前受审和申辩。以上这些都非常符合《腓立比书》所提供的资料和线索。1:13 的御营全军[15] 和 4:22 的"该撒家里的人"[16] 表明在罗马的基督徒群体是庞大而多派系的，包括那些支持保罗以及反对他的人。腓立比教会很显然不是保罗自己创

---

11. 1:19-20; 2:17, 24. Hawthorne, "Philippians, Letter to the", 709.
12. 不过，赖特福却倡议，《腓立比书》是在监狱书信中最早写成的。他认为，无论是在用语还是在内容方面，《腓立比书》都比较接近《罗马书》，却不同于较后期成书的《以弗所书》与《歌罗西书》。Lightfoot, *St. Paul's Epistle to the Philippians: A Revised Text with Introduction, Notes and Dissertations*（London & Cambridge: Macmillan, 1869），30-46; Weiss, *Earliest Christianity: A History of the Period A.D. 30-150*; Moffatt, *Introduction to the Literature of the New Testament*; T. W. Manson, "St. Paul in Ephesus: The Date of the Epistle to the Philippians", *BJRL* 23（1939），182-200; William Barclay, *The Daily Study Bible: The Letters* to *Philippians, Colossians and Thessalonians*（Edinburgh: The Saint Andrew Press, 1959），35; G. D. Fee, *Paul's Letter to the Philippians*（NICNT; Grand Rapids: Eerdmans, 1995），37.
13. "House arrest".
14. 28:16-17, 30-31.
15. "Praetorium" or "army headquarters"（πραιτώριον）在这里最好理解为驻守在罗马的皇帝贴身保镖。
16. "Those of the emperor's household"（οἱ ἐκ τῆς Καίσαρος οἰκίας）保罗在信尾转达了来自"该撒家里的人"的问安。比较合理的假设是，这是指那些在罗马服务的基督徒成员。而他们有可能与那些在罗马殖民地腓立比城的公民有特殊的联系。

建的。[17]

此外，公元2世纪马吉安的"序言"早就证实了罗马是《腓立比书》的写作地点。然而，那些怀疑罗马是《腓立比书》写作地点的学者，却认为罗马与腓立比两个城市之间的距离是个问题。这个问题涉及了作者在书信中提到的那些访问者。戴斯曼是对这个疑点正式提出挑战的第一位学者。[18] 有些学者认为不容易肯定提摩太曾经与保罗一起在罗马。按《腓立比书》2:24，保罗获释的计划是访问腓立比，而根据罗15:24-28的记载，保罗有计划前往西班牙。但是，那些比较全面和深入研究《腓立比书》的学者则强调，地理位置在此无需放在考虑范围之中。[19] 费尔（Fee）指出，那些以距离作为重要因素的说法，更多是想象多于事实。[20]

2）以弗所。由于罗马与腓立比之间的距离很远，有学者也就因此考虑以弗所为《腓立比书》的写作地点。不过，那些相信保罗在以弗所被囚的学者们自己也承认这只是一个假设而已。[21] 持此立场的学者假定，保罗在以弗所宣教期间至

17. O'Brien, *The Epistle to the Philippians: A Commentary on the Greek Text*, 20-21.
18. 戴斯曼提出，《腓立比书》其实有提供保罗多次接待往返客人的线索，而保罗被监禁的地方与腓立比之间也相隔不远。再者，保罗在《腓立比书》中所表达那个面临死亡的危机，与《使徒行传》结尾所描述的保罗处于相对自由缓和的处境似乎不太吻合。A. Deissmann, "Zur ephesinischen Gefangenschaft des Apostles Paulus", in W.H. Buckler & W.M. Calder（eds.）, *Anatolian Studies Presented to Sir William Mitchell Ramsay*（Manchester: Manchester University Press, 1923）, 121-127.
19. 因为在腓立比成书之前，往返罗马与腓立比之间的行程不超过三次。而每次行程大约需要两个月的时间。M. Silva, *Philippians*（WEC; Chicago: Moody, 1988）, 5-8.
20. Fee, *Paul's Letter to the Philippians*, 37.
21. W. *Michaelis, Einleitung in das Neue Testament*（2. Aufl.; Bern: Berchthold Haller Verlag, 1954）, 207; J. P. Collange, *The Epistle of Saint Paul to the Philippians*（London: Epworth, 1979）, 18.

少有一次可能被关在狱中（公元 52 年—55 年）。[22] 根据格尼卡（Gnilka）的看法，如果教会的成立与书信写作之间的时间是简短的，那么保罗所提及的"初传福音"与"从头一天"就更符合公元 52 年—55 年，保罗在以弗所监禁的时间。[23] 马丁（Martin）认为，"御营全军"可以从一些碑文的资料来说明它曾驻扎在以弗所；"该撒家里的人"也可能是指在小亚细亚负责帝国银行的财政人员。[24] 保罗曾提及他在小亚细亚几次患难降临在他身上的事（徒 20:18-19），以及在哥林多书信中暗示自己曾多次下监与多次遭到的生命危险（林后 11:23-26）。保罗也在《哥林多前书》15:32 提及他在以弗所与野兽搏斗的不同寻常的经历；如果不从字面上去理解，就可能是他被监禁的比喻。[25] 提摩太与保罗一起在罗马，应该是不成问题的（徒 19:22; 腓 1:1）。保罗在以弗所有较长的宣教期间，使得以弗所周围的福音事工非常兴旺。[26] 当时反对保罗及其信息的势力也非常激烈，特别是来自犹太人的（徒 19:8-9）。此外，还有学者认为，《腓立比书》的语言、风格和思想比较接近早期在以弗所写成的书

---

22. 戴斯曼认为五次旅程不超过六周时间。Deissmann, "Zur ephesinischen Gefangenschaft des Apostles Paulus", 121-127; G. S. Duncan, "A New Setting for Paul's Epistle to the Philippians", *ExpT* 43（1931-1932），7-11; Duncan, *St. Paul's Ephesian Ministry*（London: Hodder & Stoughton, 1929），211-218; Michaelis, *Einleitung in das Neue Testament*, 207; J. Gnilka, *Der Philipperbrief*（Freiburg: Herder, 1976），101; R. P. Martin, *Philippians*（NCB; London: Marshall, Morgan & Scott; Grand Rapids: Eerdmans, 1976），48-57; Collange, *The Epistle of Saint Paul to the Philippians*, 155; G. F. Hawthorne, *Philippians*（WBC 43; Nashville, TN: Nelson, 2004），xxxviii-xl.

23. Gnilka, *Der Philipperbrief*, 101; Martin, *Philippians*, 51-52.

24. Martin, *Philippians*, 51.

25. Marxsen, *Introduction to the New Testament: An Approach to its Problems*, 65. C. R. Bowen, "Are Paul's Prison Letters from Ephesus?", *AJT* 24（1920），112-135, at 116.

26. 徒 19:10, 25-26; 参见腓 1:12-14。

信，例如《哥林多前后书》和《加拉太书》，而不是较后时期写成的监狱书信，即《以弗所书》《歌罗西书》和《腓利门书》。[27]

现在的问题是，似乎没有什么明确的证据说明保罗曾经在以弗所被监禁过。有些学者对"御营全军"的解释也不合理。因为以弗所只是参议院省（即小亚细亚）的首都，并非是罗马帝国的首都。因此，并没有任何已知的证据将这样一个省份的参议院总部称为"御营全军"（praetorium）。罗马帝国的军队通常也不会驻扎在参议院省内，因为参议院省的军队是由内部的政权统管的。[28]

此外，以碑文来证明以弗所所在地的禁卫军（praetorianus）成员的存在已被怀疑是与此无关的。[29] 不但如此，如果保罗当时是在以弗所的监狱（参见 1:23; 2:17），并且还担心很快就会被处决，他又为何不行使自己作为一个罗马公民的权利向凯撒上诉？为耶路撒冷圣徒捐款是保罗在以弗所宣教期间重要的任务之一；保罗又为何在信中没有提及这件大事呢？

既然罗马和以弗所是保罗书写的《腓立比书》地点的假设都受到不同的挑战，学者们结果提出了另外两个可能性：该撒

---

27. F. S. Thielman, "Ephesus and the Literary Setting of Philippians", in Amy M. Donaldson and Timothy B. Sailors (eds.), *New Testament Greek and Exegesis: Essays in Honour of Gerald F. Hawthorne* (Grand Rapids: Eerdmans, 2003), 205-223.

28. Fee, *Paul's Letter to the Philippians*, 35, n. 87; F. F. Bruce, *New International Biblical Commentary: Philippians* (Peabody, MA: Hendrickson Publishers, Inc., 1989), 11.

29. Bruce, *Philippians*, xxii; B. Reicke, "Caesarea, Rome, and the Captivity Epistles", in W. Ward Gasque & Ralph P. Martin (eds.), *Apostolic History and the Gospel: Biblical and Historical Essays presented to F.F. Bruce on his 60th Birthday* (Exeter: Paternoster/Grand Rapids, MI: William B. Eerdmans, 1970), 277-286, at 283.

利亚（Caesarea）和哥林多（Corinth）。

3）该撒利亚（Caesarea）。早期教会的传统都一致相信监狱书信是保罗在罗马被囚期间所写，直到 18 世纪此说仍然是无可争议。然而，保卢斯（Paulus）却于 1799 年首次提出凯撒利亚起源之说，它后来得到近代一些学者的支持。[30] 若该撒利亚是书写的地点，则《腓立比书》的成书日期就应该在公元59 年—60 年之间。可是，这个假设并没有解决腓立比与该撒利亚两个地方的距离问题。因为该撒利亚并不比罗马更接近腓立比。主张该撒利亚是保罗书写《腓立比书》的地点的，主要的依据是《使徒行传》23—26 章。其一，23:35 有提到“在希律的御营全军里”（ἐν τῷ πραιτωρίῳ τοῦ Ἡρῴδου, in Herod's praetorium）。根据布鲁斯（Bruce）的研究，这是由大希律在公元前 22 年—前 12 年之间为构建他在该撒利亚新城所设立的一座雄伟人工卫城（the artificial acropolis）。[31] 其二，保罗在该撒利亚坐监两年，其实是受到相当宽厚的待遇，包括自由接待给他供应的亲友（24:27, 23）。其三，保罗在《腓立比书》暗示，他曾在该撒利亚为自己辩护过一次，并正在等待其结果（腓1:7, 16；徒 24-26）。但是，该撒利亚的假设的难题是，该撒利亚与腓立比两地之间距离遥远，让保罗不太可能接待许多往返

---

30. E. Lohemeyer, *Kyrios Jesus: Eine Untersuchung Zu Phil.* 2, 5-11（2nd ed; Sitzungsberichte der Heidelberger Akademie der Wissenschaften 4; Heidelberg: Winter, 1961），3-4, 15-16, 40-41; L. Johnson, "The Pauline Letters from Caesarea", *ExpTim* 68（1956-1957），24-26; J. J. Gunther, *Paul: Messenger and Exile: A Study in the Chronology of His Life and Letters*（Valley Forge: Judson, 1972），98-120; Kümmel, *Introduction to the New Testament*, 324-332; J. A. T. Robinson, *Redating the New Testament*, 60-61; Martin, *Philippians*, 45-48; Hawthorne, *Philippians*, xli-xliv.

31. Bruce, *Philippians*, xxii.

的客人。此外，作为一个罗马公民，保罗是可以受到免除死刑的保护，并有权向凯撒上诉。可是，作为巴勒斯坦的犹太人，保罗仍旧可能免除不了犹太律法所规定的死亡，因为保罗曾经带了外邦人进入了圣殿。[32]

4）最后一个可能性是哥林多。哥林多比较靠近腓立比，并拥有一位罗马帝国的执政官，亦称"总督"或"方伯"（ἀνθύ-πατος, proconsul）。[33] 这意味着哥林多有"御营全军"和"该撒家里的人"。保罗因此可能是在哥林多写了《腓立比书》。若是那样，《腓立比书》的写作日期就必须提前到公元 50 年左右。许多学者也因此认为这是一个大有问题的假设：它类似于以弗所理论，缺少任何明确的证据而完全凭借于推论。[34] 再者，保罗在《腓立比书》2:19-21 已经表明，他在监禁中并没有其他信徒与他同心。如果保罗当时真是在哥林多的话，他至少也会有百基拉和亚居拉夫妇与他同工（徒 18:1-2, 18）。[35]

总的来说，罗马是保罗书写《腓立比书》地点的观点，确实是比其他三个可能性，提供了更令人满意的论证。它是写于保罗在罗马被囚禁（或软禁）期间，也即是接近判决的尾声，大约是在公元 61 年左右。[36]

---

32. 21:23-36; 22:22; 23:30; 25:11. 参见 Josephus, *B. J.* 5.193-194; *Ant.* 15:417。

33. 亚细亚是罗马行省。参观徒 18:12。

34. B. B. Thurston and Judith M. Ryan, *Philippians and Philemon*（SP 10; Collegeville, MN: Liturgical Press, 2005），30.

35. Hawthorne, "Philippians, Letter to the", 710.

36. B. Witherington III, *Paul's Letter to the Philippians: A Socio-Rhetorical Commentary*（Grand Rapids, MI: Eerdmans, 2011），11.

三、《腓立比书》的完整性

所有的古希腊抄本都一致显示，《腓立比书》是一封完整的书信。直到近代，有些学者才开始讨论这封书信一致性的问题。[37]第二世纪的士每拿主教波利卡普，在他自己所写的"致腓立比书"中，提到使徒保罗"曾写信（ἐπιστολαì）给你们［腓立比教会］"。[38]波利卡普文中的"书信"是一个复数，暗示保罗写给腓立比人的信可能不止一封。[39]此外，《腓立比书》也出现一些比较难以理解的形式和句子，导致一些学者假定，《腓立比书》可能是由两或三封不同的信件组合在一起的。[40]但提出这个主张的学者们，自己又在确定段落的开始和结尾上，持守

---

37. 从 19 世纪末到 20 世纪初，一些学者曾经对《腓立比书》文学的完整性提出了质疑。现在有关《腓立比书》的完整性的辩论源自几位学者于 1957 年—1960 年发表的论文：W. Schmithals, "Die Irrlehrer des Philipperbriefes", *ZTK* 54（1957），297-341; revised for Paulus und die Gnostiker（TF 35; Hamburg-Bergstedt: Herbert Reich, 1965），47-87; Eng. trans., "The False Teachers of the Epistle to the Philippians", in *Paul and the Gnostics*（Nashville: Abingdon, 1972），65-122; J. Müller-Bardorf, "Zur Frage der literarischen Einheit des Philipperbriefes", *WZJena* 7（1957-58），591-604; B. D. Rahtjen, "The Three Letters of Paul to the Philippians"《保罗给腓立比的三封信》, *NTS*（1959-60），167-173; and F. W. Beare, *A Commentary on the Epistle to the Philippians*（London: A. & C. Black, 1959），4, 149-57. 参见另外两篇论文：David Cook, "Stephanus Le Moyne and the Dissection of Philippians", *JTS* 32（1981），138-142; V. Koperski, "The Early History of the Dissection of Philippians", *JTS* 44（1993），599-603。

38. Polycarp, *Ad Philippenses* 3:2.

39. 莱特福（Lightfoot）诠释波利卡普所使用的书信（ἐπιστολαι）的复数形式是为了强调"一封重要的信"（a letter of importance; Latin: *litterae*）；如在 Eusebius, *H. E. VI. II. 3.43.3*。参见 Ralph P. Martin, *The Epistle of Paul to the Philippians: An Introduction and Commentary*（Tyndale New Testament Commentaries; Grand Rapids: Eerdmans, 1987），39, n. 1。

40. 具体详细的讨论，参见：D. E. Garland, "The Composition and Unity of Philippians: Some Neglected Literary Factors", *NovT* 27（1985），141-173。

不同的见解。[41]

支持这个见解的学者提出了以下的理由：1）自第 3 章开始，在语调、内容以及风格方面都出现了明显的转变。3:1 开

---

41. A）两封信件理论（two-letter hypotheses）：E. J. Goodspeed, *An Introduction to the New Testament*（Chicago: University of Chicago Press, 1937），90-92（第一封信是在以巴弗提生病之后回腓立比的期间写的——Letter A 1:1-3:1a; 4:10-23；第二封信则写于以巴弗提抵达腓立比之后，并从教会带来了礼物——Letter B 3:1b-4:9）。J. Gnilka, *Der Philipperbrief*（HTKNT 10/3; Freiburg: Herder, 1968），7-10（Letter A 1:1-3:1a; 4:2-7, 10-23; Letter B 3:1b-4:1, 8-9）。G. Friedrich, *Der Briefan die Philipper*（NTD 8; Göttingen: Vandenhoeck & Ruprecht, 1962），126-128（Letter A 1:1-3:1a; 4:10-23; Letter B 3:1b-4:9）。G. Bornkamm, "Der Philipperbrief als Paulinische Briefsammlung", *Neotestamentica et Patristica: Eine Freundesgabe, Herrn Professor Dr. Oscar Cullmann*（NovTSup 6; Leiden: Brill, 1962），197. L. E. Keck, "On the Ethos of Early Christians", *JAAR* 42（1974），435-452. F. F. Bruce, "St. Paul in Macedonia: 3. The Philippian Correspondence", *Bulletin of the John Rylands Library*, LXIII（1981），260-284（Letter A 3:2-9; Letter B 1:1-3:1; 4:10-23）。B）三封信件理论：Schmithals, "Die Irrlehrer des Philipperbriefes", *ZTK* 54（1957），297-341（Letter A 4:10-23; Letter B 1:1-3:1; 4:4-7; Letter C 3:2-21; 4:8-9）。J. Müller-Bardoff, "Zur Frage der literarischen Einheit des Philipperbriefes", *WZJena*, VII（1957-1958），591-604（Letter A 4:10-20; Letter B 1:1-26; 2:17-18; 1:27-2:16; 4:1-3; 2:19-30; Letter C 3:2-4:3; 4:8-9）。F. W. Beare, *A Commentary on the Epistle to the Philippians*（London: A & C Black, 1959），4, 149-157（Letter A 4:10-20; Letter B 3:2-4:1; Letter C 1:1-3:1; 4:2-9, 21-23）。Rahtjen, "The Three Letters of Paul to the Philippians", *NTS*（1959-1960），167-173（Letter A 4:10-20; Letter B 1:1-2:30; 4:21-23; Letter C 3:1-4:9）。Marxsen, *Introduction to the New Testament: An Approach to its Problems*, trans. G. Buswell, 61-62（Letter A 4:10-20; Letter B 1:1-3:1; 4:4-7; 21-23; Letter C 3:2-4:3; 4:8-9）。J. Fitzmyer, "The Letter to the Philippians", *The Jerome Biblical Commentary*, eds. Raymond E. Brown, Joseph Fitzmyer, and Roland E. Murphy（New Jersey, 1968），248（Letter A 1:1-2; 4:10-20; Letter B 1:1-3:1; 4:4-9; 21-23; Letter C 3:2-4:3）。Koester, *Introduction the New Testament: History and Literature of Early Christianity*; idem, "The Purpose of the Polemic of a Pauline Fragment", *NTS* 8（1961-62），317-332. E. Lohse, *Die Entstehung des Neuen Testaments*（Berlin: Köln Mainz, 1975）。J. P. Collange, *The Epistle of Saint Paul to the Philippians*（London: Epworth, 1979）；L. Bormann, *Philippi: Stadt und Christgemeinde zur Zeit des Paulus*（NovTSup 78; Leiden: Brill, 1995），110（按照时间顺序的排列：Letter A: 4:10-20; Letter B: 1:1-3:1; Letter C 3:2-4:3）；Murphy-O'Connor, *Paul: A Critical Life*（Letter A: 4:10-20; Letter B: 1:1-3:1; 4:2-9; Letter C 3:2-4:1）；参见 P. A. Holloway, *Consolation in Philippians: Philosophical Sources and Rhetorical Strategy*（Cambridge: Cambridge University Press, 2001），7-8。

头所采用的希腊用语 τὸ λοιπόν[42] 是书信结语的一种表达；而随后的 3:2 却展开了书信的一个新的论辩部分。2）3:1 和 4:4 在思想上非常连贯而没有中断，暗示 3:2—4:3 这一段可能是一个穿插进来的文件（interpolation），源自保罗的另一封书信。[43]3）如果《腓立比书》写作的部分原因是为了感谢由以巴弗提带来的教会馈送和资助，保罗为何要到信尾的时候（4:10-20）才提及它呢？墨菲-奥康纳（Murphy-O'Connor）却认为，这是保罗一贯的做法，书信一般都以他思想中最重要的事作为开始。[44]

然而，有关《腓立比书》组合的理论（composite theory），也是受到质疑的。支持《腓立比书》完整性的学者们认为，这种组合理论无法解释修订者的工作方式，因为它既不能充分说明第 3 章开头的突然转变，也不能阐明置于信尾的谢函。[45]《腓立比书》3:2 的思路突然转变的现象，其实在保罗书信中并非罕见，《罗马书》和《帖撒罗尼迦前书》也曾出现过类似的情况（罗 16:16-19; 帖前 2:13-16）。

维护《腓立比书》的文学完整和统一性立场的学者仍然很

---

42. 最后；从现在开始；今后。

43. 至于"插入"的具体经文细节，学者们则持不同的见解。莱克（Lake）的看法是，3:1b-4:3 应该是插入的经节（Kirsopp *Lake, The Expositor* 8th *Series* 7［1914］，481-493）。马克奈和威廉姆（McNeile & Williams）则认为是 3:2-4:1。参见 A. H. McNeile and C. S. C. Williams, *An Introduction to the Study of the New Testament*（Oxford: at the Clarendon Press, 1953）。布鲁斯（Bruce）则相信是 3:2—4:9；参见 Bruce, "St. Paul in Macedonia: 3. The Philippian Correspondence", 260-284。

44. Murphy-O'Connor, *Paul: A Critical Life*, 216.

45. O'Brien, "The Fellowship Theme in Philippians", *RTR* 37（1978），9-18, at 13.

多。[46] 他们都一致认为，第 3 章与书信其余部分的用语和结构之间的关系是主题的一致性。

舒伯特有影响力的著作《保罗书信感恩的形式与功能》，在阐释腓立比书的完整性方面作出了很大的贡献。[47] 舒伯特认为，《腓立比书》的信首感恩部分（1:3-11）充分体现了该书主题的合一（thematic unity）。吉维特、道尔顿（Dalton）和盖兰德（Garland）等学者继承和发展了舒伯特的观点，认为保罗书

---

46. B. S. Mackay, "Further Thoughts on Philippians", *New Testament Studies* 7（1960-1961），161-170; T. E. Pollard, "The Integrity of Philippians", *New Testament Studies* 13（1966-1967），57-66; Robert Jewett, "The Epistolary Thanksgiving and the Integrity of Philippians", *NovT* 12（1970），40-53; Kümmel, *Introduction to the New Testament*, 333-335; O'Brien, "The Fellowship Theme in Philippians", 9-18; William J. Dalton, "The Integrity of Philippians", *Bib* 60（1979），97-102; David E. Garland, "The Composition and Unity of Philippians: Some Neglected Literary Factors", *NovT* 27（1985），141-173; Duane F. Watson, "A Rhetorical Analysis of Philippians and Its Implications for the Unity Question", *Novum Testamentum* 30（1988），57-88; L. Gregory Bloomquist, *The Function of Suffering in Philippians*（JSNT Supplement Series 78; Sheffield: Sheffield Academic Press, 1993），97-103; Fee, *Paul's Letter to the Philippians*, 21-23; George H. Guthrie, "Cohesion Shifts and Stitches in Philippians", in Stanley E. Porter and D. A. Carson（eds.）, *Discourse Analysis and Other Topics in Biblical Greek*（JSNTSup 113; Sheffield: Sheffield Academic Press, 1995），36-59; Veronica Koperski, *The Knowledge of Christ Jesus My Lord: The High Christology of Philippians 3:8-11*（CBET 16; Kampen: Kok Pharos, 1996），69-72; Jeffrey T. Reed, *A Discourse Analysis of Philippians: Method and Rhetoric in the Debate Over Literary Integrity*（JSNTSup 136; Sheffield: Sheffield Academic Press, 1997）; Markus Bockmuehl, *The Epistle to the Philippians*（Black's New Testament Commentary; London: A & C Black Limited, 1998），20-25; Holloway, *Consolation in Philippians: Philosophical Sources and Rhetorical Strategy*, 7-33; Demetrius K. Williams, *Enemies of the Cross of Christ: The Terminology of the Cross and Conflict in Philippians*（Sheffield: Sheffield Academic Press, 2002），42-54; Moisés Silva, *Philippians*（Baker Exegetical Commentary on the New Testament; Grand Rapids: Baker Academic, 2005），12-14; Bonnie B. Thurston & Judith M. Ryan, *Philippians and Philemon*（SP 10; Collegeville, MI: Liturgical Press, 2005），30-34; Stephen E. Fowl, *Philippians*（Two Horizons New Testament Commentary; Grand Rapids: Eerdmans, 2005），8-9.

47. Schubert, *Form and Function of the Pauline Thanksgiving*, 10-55.

信的前言感恩所展现的，其实是与书信的主题分不开的。[48] 学者们还进一步肯定，感恩的部分也明显具有教导和劝勉的功能，显示了使徒保罗一向对读者们的教牧关怀。[49] 保罗在前言所提及的主题，较后也在书信的正文中得到处理。由此推论，《腓立比书》前言的感恩部分（1:3-11）其实是已经预告了第 3 章的内容。[50] 从主题、语言以及文学的结构，威科（Peter Wick）进一步仔细地分析了《腓立比书》的内部平行结构。他得出的结论是，认识《腓立比书》的文学和主题结构，是理解该书完整性的关键。[51] 此外，《腓立比书》的完整性基于它的统一主题。这些重要的主题是信徒在基督里的喜乐（χάρις, joy），[52] 团契（κοινωνία, fellowship），[53] 以及拯救了他们的福音（εὐαγγέλιον, gospel; good news）。[54] 保罗有意识地在加强自己

---

48. Jewett, "The Epistolary Thanksgiving and the Integrity of Philippians", 40-53; Dalton, "The Integrity of Philippians", 97-102; Garland, "The Composition and Unity of Philippians: Some Neglected Literary Factors", 141-173.

49. Garland, "The Composition and Unity of Philippians", 157-159; Jewett, "The Epistolary Thanksgiving and the Integrity of Philippians", 40-53.

50. Williams, *Enemies of the Cross of Christ: The Terminology of the Cross and Conflict in Philippians*, 51.

51. Peter Wick, *Der Philipperbrief: Der formale Aufbau des Briefs als Schlussel zon Verstandnis seines Inhalts*（BWANT 135; Stuttgart: Kohlhammer, 1994）.

52. "喜乐" 一词以名词（χαρά, joy）和动词（χαίρω, to rejoice）的形式在保罗书信中共出现 50 次，而《腓立比书》就占用了 14 次: 1:4, 18, 25; 2:2, 17-18, 28-29; 3:1; 4:1, 4, 10。

53. B. M. Ahern, "The Fellowship of His Sufferings（Phil 3:10）", *CBQ 22*（1960）, 1-32; O'Brien, "The Fellowship Theme in Philippians", *Reformed Theological Revivew* 37（1978）, 9-18; G. Panikulam, *Koinonia in the New Testament*（Rome: Pontifical Biblical Institute Press, 1979）; J. Hainz, *Koinonia:" Kirche" als Gemeinschaft bei Paulus*（Biblische Untersuchungen 16; Regensburg: Pustet, 1982）.

54. G. N. Stanton, *Jesus of Nazareth in New Testament Preaching*（SNTSMS 27; Cambridge: Cambridge University Press, 1967）; Fitzmyer, *The Gospel in the Theology of Paul*, in J. L. Mays（ed.）, *Interpreting the Gospels*（Philadelphia: Fortress Press, 1981）, 1-13. 其他的主题还有: 合一, 成圣, 安慰, 友谊,（转下页）

与那些蒙召的腓立比信众的联系。[55] 罗梅尔（Ernst Lohmeyer）认为，《腓立比书》所围绕的主题，也可说是一个"殉道神学"（Märtyrertheologie）。[56] 保罗也因此在书信中借题发挥，以一位即将殉道者的身份来劝勉和鼓励正在遭受迫害的腓立比信徒。罗梅尔还建议说，腓立比书中的"喜乐"，应该被看作是一位信徒"殉道时的喜乐"。不过，罗梅尔的这种观点遭到许多学者的反对。[57]

到了 20 世纪 80 年代和 90 年代，《腓立比书》的完整和统一性已经在书信、修辞、交叉结构的诠释基础上被积极地肯定了下来。[58] 另一方面，那些试图证明《腓立比书》是由两三封书信合并而成的理论也不能真正地建立起来。《腓立比书》是由使徒保罗所写的一封完整书信也基本上被学界被认可。它明显是因牧养教会的需要而写的，结果成了基督教重要教义的一部分。腓立比位于马其顿省的最东部。根据《使徒行传》第 16 章，腓立比教会是保罗在第二次宣教旅程期间建立的。陪同他的同伴有西拉、提摩太，可能还有第三位匿名者，《使徒行传》使用

（接上页）等等。不过，学者之间尚未达成一个共识。参见 Silva, *Philippians*, 18-21; Holloway, *Consolation in Philippians: Philosophical Sources and Rhetorical Strategy*, 1-2; Stephen E. Fowl, *Philippians*（Two Horizons New Testament Commentary; Grand Rapids: Eerdmans, 2005）。

55. 1:29-30; 3:10-11; 4:14. Jewett, "The Epistolary Thanksgiving and the Integrity of Philippians", 51.

56. Ernst Lohmeyer, *Der Brief an die Philipper*（Göttingen: Vandenhoeck & Ruprecht, 1956）, 16.

57. W. K. Lowther Clarke, *New Testament Problems*（New York: Macmillan, 1929）, 142-143; Martin, *The Epistle of Paul to the Philippians: An Introduction and Commentary*, 44.

58. Reed, *A Discourse Analysis of Philippians: Method and Rhetoric in the Debate Over Literary Integrity*, 288.

"我们"的叙事暗示他的存在。[59]

四、保罗在腓立比的对手 [60]

保罗在腓立比的对手的议题，在书信的现代诠释中一直是受到高度争议的问题之一。19 世纪包尔在保罗的研究中，就肯定了研究保罗对手的重要性，它对了解保罗书信的背景是至关重要的。[61] 尽管自包尔以来，学者们对这个课题已经提出了各种意见和看法，他们对保罗对手的真正身份至今却仍然没有达到一个共识，包括对手们的宗教传统和神学思想。这当然也就涉及了保罗在腓立比的对手问题。[62]

学者在探讨保罗在腓立比的对手的时候，有些困难是与保罗的修辞有关。因为保罗只是采用描述的语言来形容他的对手，并没有给他们一个特定的识别标签。保罗也许已经假设他的读者已经知道对手是谁。当代学者就不得不按照文本的提示去寻找保罗对手的身份，结果导致了许多的猜测。同样难以确定的是：保罗在 3:2 以及 3:18-19 所提及的是否是同样的对手？[63]

又如马丁所提问的，保罗在 3:2 和 6-8 所处理的是犹太守法主义（Jewish nomism）还是诺斯替派的思想？保罗在 3:12-16

---

59. 16:10-17; 参见 20:5-15; 21:1-18; 27:1-28:16。
60. 参见《哥林多后书》中"保罗的对手"。
61. Baur, "Die Christuspartei in der korinthischen Gemeinde, der Gegensatz des petrinischen und paulinischen Christenthums in der ältesten Kirche, der Apostel Petrus in Rom", *TZT* 4（1831），61-206.
62. Gunther, *St. Paul's Opponents and Their Background: A Study of Apocalyptic and Jewish Sectarian Teachings*, 2-4.
63. Williams, *Enemies of the Cross of Christ: The Terminology of the Cross and Conflict in Philippians*, 55.

和 3:18-19 是否是在分别处理完美主义者以及那些生活放荡的人？正如本章较早前所描述的那样，保罗已经从回应犹太基督徒所了解的福音转移到外邦信徒败坏的生活那里去了。[64] 无论如何，保罗在第 3 章所针对的问题，似乎已经是在腓立比教会辩论不休的。[65]

保罗在狱中提到的敌对者，显然有来自教会内部的以及外界的人士（1:28-30）。这些人也许可以归纳为以下几类：

1）基督徒同胞（fellow Christians），也即是 1:15-18 所提到的。这些人不可能是犹太基督徒，因为它们不是因为传扬"另一个福音"而受咒诅（参见加 1:6-9）。《腓立比书》1:15-18 更关注的问题是他们的动机，多过于福音信息的内容。保罗称这些人为"弟兄"因为他们也传扬福音。但他们传基督的动机是出于嫉妒纷争（φθόνος καί ἔρις）以及结党（ἐριθεία），并希望借此增加保罗的痛苦（θλῖψις）。尽管这些人的动机不良，保罗依然为基督毕竟被传开的事实而感到欣慰（1:18）。[66]

2）来自异教的敌对人士（pagan opponents）。这似乎是 1:28 的含义。2:15 所暗示的是来自外界的异教外邦对手。[67]

3）崇尚"神人神学"（a divine-man theology）的基督徒宣教士。他们错误地认为，卑微、顺从、囚禁与苦难证明保罗不是使徒或神人。这一派人士错误地以为，保罗所经历的"软

---

64. Martin, *Philippians*, 23.

65. E. F. Scott, "The Epistle to the Philippians", in G.A. Buttrick and others（eds.）, *The Interpreter's Bible*（vol. 11; New York: Abingdon, 1955）, 11.

66. Hartog, "Philippians", 484.

67. Silva, *Philippians*, 9.

弱"说明他不知道"基督的得胜大能"（the triumphant power of Christ）。[68] 按照吉维特的观点，在当时希腊世界的"神人"概念中，一位宣教士与他所侍奉的上帝或神明是有密切沟通的。[69] 这种神人神学也可能出现在一些巡回传教士的神学中。[70]

4）犹太基督徒（Christian Judaizers）。当时犹太基督徒中，有些是坚持除了相信基督之外，还必须遵守犹太律法，包括饮食条例和割礼的仪式。[71]

5）非基督徒的犹太宣教士（non-Christian Jewish missionaries）。保罗在 3:2 中，很不寻常地称这些人为"犬类"（κύων, dogs），"作恶的工人"（κακοὶ ἐργάται, the evil workers）和"妄自行割"（κατατομή, mutilation）者。他们可能是来自帖撒罗尼迦（Thessalonica）的。[72] 保罗认为，这些人是以肚腹为他们的神的。这些词语类似于保罗在《罗马书》16:18 所说的那些不服

68. Hawthorne, *Philippians*, li.

69. Jewett, "Conflicting Movements in the Early Church as Reflected in Philippians", *NovT 12*（1970）362-90, at 368. 参见 Georgi, *The Opponents of Paul in Second Corinthians*, 7; R. P. Martin, "The Opponents of Paul in 2 Corinthians", in G. F. Hawthorne and O. Betz（eds,）, *Tradition and Interpretation in the New Testament*（FS E. E. Ellis; Grand Rapids: Eerdmans, 1987）, 279-289。

70. G. Baumbach, "Die Frage nach den Irrlehrern in Philippi", *Kairos* 13（1971）, 252-66; idem, "Die von Paulus im Philipperbrief bekampten Irrlehrer", in K. W. Troger（ed.）, *Gnosis und Neues Testament*（Gütersloh: Gerd Mohn, 1973）, 293-310; D. L. *Tiede, The Charismatic Figure as Miracle Worker*（SBLDS 1; Missoula: Scholars Press, 1972）. Jewett, "Conflicting Movements in the Early Church as Reflected in Philippians", 364. Hawthorne, *Philippians*, lii.

71. J. B. Lighttoot, *St. Paul's Epistle to the Philippians*, 142. J. J. Müller, *The Epistle of Paul to the Philippians*（NICNT; Grand Rapids: Eerdmans, 1991）, 106; Fee, *Paul's Letter to the Philippians*, 294.

72. P. Richardson, *Israel in the Apostolic Church*（SNTSMS 10; Cambridge: University Press, 1969）, 111-17; A. F. J. Klijn, "Paul's Opponents in Philippians 3", *NovT* 7（1964-65）, 278-284.

事基督只服事自己肚腹的人。早期教会诠释者以及一些现代学者认为，3:19 的 κοιλία 可能是指那些专门注重食物条例的犹太人。[73] 但有些学者则相信他们是生活放荡的一群；[74] 是沉迷于"身体欲望"（bodily desires），包括暴饮暴食的享乐主义者。[75] 也有学者相信这里的词语 κοιλία，很类似于保罗所使用的 σάρξ 一词。它可以用来形容地上的"旧人"。基督的信徒则是已经被拯救的"新人"。[76] 那些只为自己的肉体和情欲服务的，[77] 最终的结局只能是沉沦。

针对那些坚持要信徒施行割礼的犹太人，保罗在 3:5-9 明确地以自己个人的经历来回应："我第八天受割礼；我是以色列

---

73. 例如：4 世纪的拉丁教父安波罗夏斯特（Ambrosiaster）。Koester, "The Purpose of the Polemic of a Pauline Fragment", 326; A. T. Lincoln, *Paradise Now and Not Yet: Studies in the Role of the Heavenly Dimension in Paul's Thought with Special Reference to his Eschatology* (SNTS Monograph Series 43; Cambridge: Cambridge University Press, 1981), 96; Hawthorne, *Philippians*, 224.

74. 彼尔（Beare）按照这个片语的字面意思，认为这是指他们的兴趣只在饭桌上的享乐，不是贪食就是醉酒，在生活中没有考虑到别的事物（*A Commentary on the Epistle to the Philippians*, 136）。

75. Lightfoot, *St. Paul's Epistle to the Philippians: A Revised Text with Introduction, Notes and Dissertations, 155;* H. A. A. Kennedy, "The Epistle to the Philippians", in W. R. Nicoll (ed.), *Expositor's Greek Testament,* (vol. 3; Grand Rapids, MI: Eerdmans, 1903; reprint 1976), 3.462; A. Plummer, *A Commentary on St. Paul's Epistle to the Philippians* (London: R.S. Roxburghe House, 1919), 83; J. H. Michael, *The Epistle of Paul to the Philippians* (London: Hoddcr & Stoughton, 1928), 175; Friedrich, *Der Briefan die Philipper*, 120; Jewett, "The Epistolary Thanksgiving and the Integrity of Philippians", 380; I. J. Loh and E. A. Nida, *A Translator's Handbook on Paul's Letter to the Philippians* (London: United Bible Societies, 1977), 117; J. B. Polhill, "Twin Obstacles in the Christian Faith: Philippians 3", *RevExp* 77 (1980), 359-72, at 369; Bruce, *Philippians, 105.*

76. Klijn, "Paul's Opponents in Philippians 3", 283; Gnilka, *Der Philipperbrief*, 205-6; G. B. Caird, *Paul's Letters from Prison* (*Ephesians, Philippians, Colossians, Philemon*)(NCB; Oxford: Oxford University Press, 1976), 147; Lincoln, *Paradise Now and Not Yet*, 96; W. Schenk, *Die Philipperbriefe des Paulus* (Stuttgart: W. Kohlhammer, 1984), 288.

77. O'Brien, *The Epistle to the Philippians: A Commentary on the Greek Text*, 456.

族、便雅悯支派的人……只是我先前以为与我有益的，我现在因基督都当作有损的。不但如此，我也将万事当作有损的，因我以认识我主基督耶稣为至宝。我为他已经丢弃万事，看作粪土，为要得着基督。"

6）诺斯替派。有学者根据 3:12-16 来推论，认为保罗在腓立比教会的敌对者，还包括诺斯替派者。[78] 考斯特（Koester）在第 3 章有关保罗对手身份的辩论方面，作出了特别有影响力的贡献。他认为，第三章是一封原始的独立书信，而且第三章的开始和结尾部分的这群人是有连接的（3:2-6 和 3:18-19）。他们就是"犹太诺斯替的完美主义者"（Jewish Gnostic perfectionists）。他们的神学特征是"激进化了的属灵末世论"（radicalized spiritualized eschatology），类似于早期的基督教诺斯替主义。[79]他们也是犹太基督徒宣教士（Jewish-Christian missionaries）。这些犹太基督徒宣教士夸耀他们自己的属灵素质，声称自己已经完全履行了律法所要求的一切，因此也比他人优越。对他们来说，割礼就是作为上帝选民的最特殊标志。[80] "终末"也被误解是已经在"今世"实现了。保罗因此清楚认定这些人是"基督

---

78. Hawthorne, *Philippians*, iii. 诺斯替派的热忱（"Gnostic enthusiasm" or *"gnostische Schwärmerei"*），参见 Friedrich, *Der Briefan die Philipper*, 120; idem, "Die Gegner des Paulus im 2. Korintherbrief", in O. Betz, M. Hengel, and P. Schinidt（eds.）, *Abraham unser Vater*（Festschrift for O. Michel; Leiden: Brill, 1963）, 181-215. 热忱（"enthusiasm", Schwärmerei）在德文的路德学术研究中，是含贬义的。参见 A. G. Dickens, *Reformation and Society in Sixteenth Century Europe*（London: Thames and Hudson, 1966）, 69-73。

79. Koester, "The Purpose of the Polemic of a Pauline Fragment", 317-332; C. R. Holladay, "Paul's Opponents in Philippians 3", *ResQ* 12（1969）, 77-90.

80. Hawthorne, *Philippians*, lv.

十字架的敌人"（3:18-19）。[81]

这些人在腓立比信徒中间教导他们不必在等待什么"末世"和"复活"了，因为这一切都可以在地上完成（τέλειος）。这些人对完全主义（perfectionist）的信念，让他们自以为在灵性上已经达到了至高无上的境界（3:15）。保罗明确地提醒腓立比信徒说，他们离开"完全"（perfect）的目标还很遥远，包括他本人在内，乃要竭力追求（3:12-13）。简而言之，腓立比教会当时出现的那种现象，也可能就是另一个类型的"实现了的末世论"（realized eschatology）。他们误以为信徒已经在基督的复活里得着了新生命，是已经获得了最终的救赎。他们因此在地上已经完全了，不再有痛苦，也无需等待将来的复活。这些思想的特征后来就形成了诺斯替主义。这个主义相信，一个人可以藉着一种神秘的"知识"（γνῶσις, knowledge）而获得救恩。[82]

尽管学者们尝试提出了各种不同的可能性理论，始终不能肯定地辨别《腓立比书》中的保罗的对手身份。值得注意的是，保罗自己个人并不在意为福音的缘故受苦。可是，当上述这些异端邪说对腓立比信徒的信仰构成威胁的时候，保罗必然要作出强烈的回应。[83]

---

81. 奥柏仁（O'Brien）认为，3:2-21 的语言描述了一组对手既不是犹太人，也不是不道德的基督徒，而是被误导的基督徒对信仰经验的一个错误理解。保罗的语言是直接针对他们傲慢的属灵声称和可耻的行为。参见 O'Brien, *The Epistle to the Philippians: A Commentary on the Greek Text*, 29。

82. Martin, *The Epistle of Paul to the Philippians: An Introduction and Commentary*, 44.

83. Hawthorne, *Philippians*, lii.

五、基督颂（Christ-hymn）

与保罗其他的书信类似，各类的书信文学形式也出现在《腓立比书》中，包括感恩祈祷（1:3-11），对提摩太和以巴弗提的赞赏（2:19-30），颂歌（4:20）和祝福（4:23）。对大部分学者来说，最值得关注和研究的，也许是信中的"基督颂"（2:6-11）。[84] 学者们尝试通过原始语言、形式、结构、功能、作者，来探讨神学内容非常丰富的"基督颂"的思想环境（conceptual milieu）。[85] 由于2:6-11中所出现的一些在保罗书信中非常罕见的术语，一些学者猜测这首颂歌的原作者可能是比保罗更原始的。例如，"形象"（μορφή, form, appearance）、"强夺"（ἁρπαγμός, something to be grasped）和"升为至高"（ὑπερυψόω, to highly exalt）这些词语等。泰勒（Taylor）认为，2:7中基督取了奴仆（δοῦλος）的形象这个思想，几乎可以证实它是属于保罗之前的作品。[86] 支持这种观点的学者还提出，除了2:6-11中这些罕见的词汇以外，它还缺少一些保罗书信中常见的主题：如十字架、复活、教会，等等。罗梅尔（Lohmeyer）认为，这

84. 参见 John Harvey, "A New Look at the Christ Hymn in Philippians 2:6-11", *ExpT* 76（1964-1965），337-339; Charles H. Talbert, "The Problem of Pre-existence in Philippians 2: 6-11", *JBL* 86（1967），141-53; Norman K. Bakken, "The New Humanity: Christ and the Modern Age. A Study Centering in the Christ-Hymn: Philippians 2:6-11", *Int* 22（1968），71-82; Jerome Murphy-O'Connor, "Christological Anthropology in Phil. II, 6-11", *RB* 83（1976），25-50; George Howard, "Phil 2: 6-11 and the Human Christ", *CBQ* 40（1978），368-387; D. G. Dunn, *Christology in the Making*（London: SCM Press, 1980），114-121。

85. Hartog, "Philippians", 481.

86. Vincent Taylor, *The Person of Christ in New Testament Teaching*（London: Macmillan, 1959），63.

段颂文不是书信式的散文，而是属于宗教仪文类型的。它的原始语言是闪语，很可能是使用在巴勒斯坦教会的圣餐中。[87] 汉特（Hunter）在《保罗和他的前人》一书中，把探讨的焦点放在保罗与那些比他更早的使徒们的信仰和礼仪传统上。[88]

在这段经文中，2:6 的下半节 "不以自己与上帝同等为强夺的" 这一句是引起最激烈争议的。保罗为何在这个句子使用否定的形式（οὐχ, not）？基督与上帝 "同等" 在此的神学内涵是什么？基督究竟放弃了什么具体的权利？"强夺" 在此又当如何来诠释？基于上述这些问题以及其他相关的问题，对这段要把 "基督颂歌"[89] 置于一个适当的历史和神学背景来探讨确实是新约研究的一个大难题之一。[90] 尽管有许多解经的方案都已经被提了出来，要找到一个共识还是不容易的。[91] 有学者尝试通过多种方式解读 "基督颂歌"。

1）以诺斯替派的救赎主（gnostic redeemer）下降到人间，

87. Lohmeyer, *Kyrios Jesus: Eine Untersuchung* zur *Phil. 2, 5-11*（2nd ed; Sitzungsberichte der Heidelberger Akademie der Wissenschaften 4; Heidelberg: Winter, 1961）.

88. A. M. Hunter, *Paul and his Predecessors*（Philadelphia: Westminster Press, rev. ed., 1961）.

89. 关于基督颂歌（Carmen Christi, "Hymn of Christ"）的研究，参见 Ralph P. Martin, *Carmen Christi*（Grand Rapids, MI: Eerdmans, 1983）; E. A. C. Pretorius, "A Key to the Literature on Philippians", *Neotestamentica* 23（1989），125-153。

90. 由于学者对保罗之前的基督教知道的极少，因此对这段经文起源的上下文也几乎一无所知。Morna D. Hooker, *From Adam to Christ: Essays on Paul*（Cambridge: Cambridge University Press, 1990），89.

91. 更为艰巨的问题是在颂歌的基本要素上学者们意见纷纭。参见 L. D. Hurst, "Re-enter the Pre-existent Christ in Philippians 2.5-11?", *NTS* 32（1986），449-57; J. Habermann, *Präexistenzaussagen im Neuen Testament*（Europäische Hochschulschriften XXII/362; Frankfurt am Main/Bern/New York/Paris: Peter Lang, 1990），149-156；Hurst, "Re-enter the Pre-existent Christ in Philippians 2.5-11?", 449-457; Martin, *Carmen Christi*, xxi。

然后又上升为神的思想来解读"基督颂歌"。但诺斯替派的"救赎主"的下降，根本就没有类似耶稣那样的谦卑，更没有任何可以与基督"道成肉身"可比较的神学思想。诺斯替派的救赎主也是绝对不会忍受一个像基督那样顺服的死亡。[92] 2）位格化的"智慧"（wisdom）模式，也认为是一个可以诠释"基督颂歌"的途径，尤其是它那与上帝"同等"的思想。但是，位格化的"智慧"也一样没有类似基督谦卑，道成肉身，以及顺服的死亡的观念。[93] 墨菲-奥康纳曾试图不依赖智慧的"先存性"（pre-existence）来理解颂歌。[94] 然而，结果仍旧是徒劳无功。[95] 3）颂歌的另一个最可能的背景，很自然是《以赛亚书》52—53 章的"受苦的仆人"（Suffering Servant）。[96]《以赛亚书》52—53 章那位"受苦的仆人"死了，也被上帝被高举了。但他的死是顺服的却是值得商榷的。[97] 这位"仆人"也不像基督那样，是先存的以及"道成肉身"的，更没有什么可以被看作是与上帝"同等"的，或是受到宇宙性的称赞。[98]

4）"亚当"（Adam）也被看作是"基督颂歌"的可能背景。基督与亚当都同样是有"上帝的形象"。[99] 亚当的背叛与耶稣

---

92. R. Bultmann, *Theology of the NewTestament*（2 vols., New York: Scribners, 1951），1.167; Martin, *Carmen Christi*, xix-xx, 76-78, 89-93, 219-20, 222-23; 另参见 121-28, 133 n. 3。

93. Martin, *Carmen Christi*, 93, 318-319.

94. Murphy-O'Connor, "Christological Anthropology in Phil. II, 6-11", 25-50.

95. Howard, "Phil 2:6-11 and the Human Christ", 369-72; C. A. Wanamaker, "Philippians 2.6-11: Son of God or Adamic Christology?", *NTS* 33（1987），179-193, at 182.

96. Martin, *Carmen Christi*, 51-52, 147-148, 182-190, 211-213.

97. Ibid., 212-213.

98. Ibid., 185-186.

99. 创 1:16; 腓 2:6。

至死忠心的顺服是一个最鲜明的对照。[100] 然而，一个很大的困难仍然存在。它涉及了颂歌中有关基督先存性的问题。[101] 接下来还有其他相关的问题：亚当的堕落与 2:7 中基督"奴仆"（δοῦλος）的身份是怎样联系起来的？[102] 同样地，亚当的耻辱的总体思路如何与 2:9-11 有关联？ 2:9-11 是如何反映《以赛亚书》45:23 的，两者又是怎样连接起来的？基督的先存论是否真与人格化的智慧或妥拉（Wisdom or Torah）有关？[103]

道成肉身的前提是救主的先存性。因此，那些质疑保罗是否了解基督的神性的学者，会在保罗书信中对基督先存性的问题引发争议。[104] 另一种理解始于两个重要前提：保罗引用先前的文本，他未必完全与具体的细节一致；2:6-8 反映了保罗的亚当—基督论，但保罗在这里看到的，只是基督在他的人性中，作为"亚当"按照上帝所给的"形象"。最关键的是，基督与亚当完全不同，他知道自己与上帝同等的地位并不是可以夺取来的。[105]

由于"基督颂歌"这段经文不同寻常的语言特点、韵律结构以及高尚的风格，多数学者都同意它反映了赞美诗（hymnody），或抒情诗（lyrical poetry），以及颂词（an encomium）的基本

100. Dunn, *Christology in the Making*, 114-121. 参见 Martin, *Carmen Christi*, 163-164。

101. Hurst, "Re-enter the Pre-existent Christ in Philippians 2.5-11?", 449.

102. Hurst, "Re-enter the Pre-existent Christ in Philippians 2.5-11?", 451-452; Wanamaker, "Philippians 2.6-11: Son of God or Adamic Christology?", 181-183.

103. Wright, *The Climax of the Covenant: Christ and the Law in Pauline Theology*, 91-92, 97. 另参见 O'Brien, *The Epistle to the Philippians: A Commentary on the Greek Text*, 263-268.

104. 罗 3:2; 林后 8:8; 加 4:4; 腓 2:6; 西 1:16-17。这五个历来按照传统来理解的文本有不同的解释，让人怀疑是否可以用约翰的神学来理解保罗。

105. Gordon D. Fee, *To What End Exegesis?: Essays Textual, Exegetical, and Theological* (Grand Rapids, Mich.; Cambridge, 2001), 338.

特色。只是这些学者们在具体的分节与对句（strophes and couplets）形成的结构上持不同的观点。[106]

2:6-11 是对"基督的先存"（the pre-existence of Christ）、道成肉身（incarnation）以及被高举（exaltation）的描述与宣告。耶柔米斯（Jeremias）把这首诗歌视为基督"三个存在阶段"的最古老证据。它因此也成了后代整个"基督论"的基础与范畴。[107] 很多学者也把它看作是早期基督徒纪念基督的一首赞美诗歌。[108]《腓立比书》2:6-11 是独立单元的资料，它是腓立比信徒确认作为崇拜和颂赞基督的一首诗歌。这首诗歌清楚地宣告和展示基督如何成全了人类的救恩。上帝也因此接纳了基督，并且给予他宇宙性的地位和主权。保罗在此处插入了这首诗歌，很显然是出于神学和教牧的考虑，为的是要解决当时在腓立比教会出现的问题。[109]

传统的看法是将 2:6-11 的基督颂歌看作是源自保罗自己的。因为它不但与 1:27-2:30 整个单元非常融洽，而且也符合全文的主旨。[110] 不论它是保罗本人所写的颂歌，还是他引用了先前

106. Hartog, "Philippians", 481.

107. J. Jeremias, "*Zur Gedankenführung in den paulinischen Briefen*", in J. N. Sevenster and W. C. van Unnik（eds.）, *Studia Paulina in honorem J. de Zwaan*（Haarlem: Bohn, 1953）, 152-55; cf. Martin, "Some Reflections on New Testament Hymns", in H. H. Rowdon（ed.）, *Christ the Lord: Studies in Christology Presented to Donald Guthrie*（Leicester: IVP, 1982）, 37-49.

108. O'Brien, *The Epistle to the Philippians: A Commentary on the Greek Text*, 186-202. 费尔（Fee）却认为它不属于诗歌体；参见 Fee, "Philippians 2:5-11: Hymn or Exalted Pauline Prose?", *BBR* 2（1992）, 29-46; idem, *Paul's Letter to the Philippians*, 40-43。

109. Thurston *and* Ryan, *Philippians and Philemon*, 79.

110. 参见 Ralph P. Martin, *An Early Christian Confession: Philippians II. 5-11 in Recent Interpretation*（London: The Tyndale Press, 1960）。

的资料，它与腓立比书信的整体思想是完全一致的。正如胡克（Hooker）所说的一样，即使 2:6-11 不是保罗自己的资料（non-Pauline），保罗不但已经给了它一个正确的诠释，并且还以自己的方式和需要把它纳入书信中。[111]

六、文体与结构

有关《腓立比书》的研究，过去学者们主要关注的议题包括：《腓立比书》的写作地点和日期；该书的完整性；保罗在腓立比的对手；以及 2:6-11 的"基督颂歌"（Christ-hymn）。然而，最近，许多学者已经开始集中在一些新的研究课题，包括文体、书信结构、修辞分析、文学分析、社会学分析等。自从戴斯曼将保罗的著作归类为"真正的信函"，而非"文学书信"以来，保罗书信的研究已经几乎接近一个世纪了。但有关保罗的书信类型，学术界仍未有一个普遍的共识。虽然多数学者拒绝了戴斯曼的个人信函（personal letter）与古代书信（ancient epistle）的严格区分，[112] 保罗的书信却不是那么容易被明确地纳入书信的其他类别中。[113]

最近在保罗书信的修辞研究上，出现了一个新的假设。那就是，书信和古典修辞风格（epistolary and classical rhetorical genres）

111. Morna D. Hooker, *From Adam to Christ: Essays on Paul*（Cambridge: Cambridge University Press, 1990），89.

112. Deissmann, *Light from the Ancient East*, 218.

113. Thomas H. Tobin, R. Jewett and J. L. White, "A Discussion of Light from Ancient letters", *BR* 32（1987），42-53; cf. Aune, *The New Testament in Its Literary Environment*, 161-204。Doty, "The Classification of Epistolary Literature", 183-199; Stowers, *Letter-Writing in Greco-Roman Antiquity*, 49-173.

实际上是不难融合在一起的。于是，一些学者就采用了修辞评鉴法来分析《腓立比书》的修辞演说结构。沃特森（Watson）和布姆奎斯（Bloomquist）肯定《腓立比书》是属于审议性的演说类型。[114] 肯尼迪则认为它是属于褒贬性的演说类型。布莱克却相信它可能是几种演说类型的混合体。[115] 其中比较值得注意的学者是沃特森，他于 1988 年尝试使用修辞手册来全面和系统地诠释《腓立比书》。[116] 他对《腓立比书》的解析，影响了随后的学者在这方面的研究。

　　布姆奎斯（Bloomquist）倡议以书信和修辞的方法来分析《腓立比书》。[117] 威瑟林顿认为，保罗在《腓立比书》混合了书信和修辞传统，因此，除了信首和信尾以外，书信的其余部分皆可用修辞传统来解析。[118] 布莱克在《〈腓立比书〉的演说结构》一文中，也提出了该书的修辞编排。[119] 其他作品虽然没有像沃特

---

114. Watson, "A Rhetorical Analysis of Philippians and Its Implications for the Unity Question", *NovT* 39（1988），57-88; Bloomquist, *The Function of Suffering in Philippians*, 85-91.

115. Kennedy, *New Testament Interpretation Through Rhetorical Criticism*, 77. Black, "Keeping Up with Recent Studies XVI: Rhetorical Criticism and Biblical Interpretation", 252-258.

116. 按照沃特森的提议（65），腓立比书的编排（τάξις, *dispositio*, "arrangement"）如下：1）绪论（*exordium*, 1:3-26）；2）叙事（*narratio*, 1:27-30）；3）论证（*probatio*, 2:1-3:21）；4）结论（*peroratio*, 4:1-20）。

117. 布姆奎斯提议的修辞编排（121-38）：1）绪论（*exordium*, 1:3-11）；2）叙事（*narratio*, 1:12-14）；3）解释（*partitio*, 1:15-18a）；4）论证（*probatio*, 1:18b-4:7）；5）结论（*peroratio*, 4:8-20）。*Bloomquist, The Function of Suffering in Philippians*, 85-91。

118. 威瑟林顿（18-20）：1）绪论（*exordium*, 1:3-11）；2）叙事（*narratio*, 1:12-26）；3）陈述命题（*propositio*, 1:27-30）；4）论证（*probatio*, 2:1-4:3）；5）结论（*peroratio*, 4:4-20）。Witherington III, *Friendship and Finances in Philippi: The Letter of Paul to the Philippians* The New Testament in Context; Valley Forge, PA: Trinity Press International, 1994），145.

119. 布莱克：1）绪论（*exordium*, 1:3-11）；2）叙事（*narratio*, 1:12-26）；（转下页）

森和布姆奎斯那样全面而系统的概述，也指出了《腓立比书》的修辞元素。[120]

然而，主张以修辞方法来分析《腓立比书》的学者们，除了在修辞编排的组成部分持有不同的见解外，他们在细节的段落分类中又进一步产生了分歧（参注脚）。由此可见，修辞分析本身具有的复杂性。它不单纯是一个科学地运用修辞"规则"的问题。再者，学者们在修辞的分析上，尚未导致他们对《腓立比书》的研究有一个普遍的共识。[121]

相比之下，《腓立比书》的书信功能却存在着普遍的一致性，正是因为它明确的公式信号结构单元。故此，多数学者赞同《腓立比书》的文体属于书信性质的。

亚历山大（L. Alexander）将《腓立比书》与古代的"家庭书信"进行比较，发现这些古代信件的主要目的是通过来往的

（接上页）3）论证（*probatio*, 1:27-3:21）；4）结论（*peroratio*, 4:1-9）；5）叙事（*narratio*, 4:10-20）. D. A. Black, "The Discourse Structure of Philippians: A Study in Textlinguistics", *NovT31*（1995），16-49, at 21。

120. Schenk, *Die Philipperbriefe des Paulus*, 133; R. Swift, "The Theme and Structure of Philippians", *Bibliotheca Sacra* 141（1984），234-254; Garland, "The Composition and Unity of Philippians: Some Neglected Literary Factors", 141-173; J. W. Marshall, "Paul's Ethical Appeal in Philippians", in Porter and Olbricht（eds.），*Rhetoric and the New Testament*: *Essays from the 1992 Heidelberg Conference*, 357-374. 以修辞方法处理《腓立比书》的部分段落的作品：C. J. Robbins, "Rhetorical Structure *of* Philippians 2:6-11", *CBQ* 42（1980），73-82; T. D. Robuck, *The Christ-hymn in Philippians*: a Rhetorical analysis of its function in the letter（PhD Dissertation of Southwestern Baptist, 1987）; C. Basevi *and* J. Chapa, "Philippians 2:6-11: The Rhetorical Function of a Pauline 'Hymn'", in *Rhetoric and the New Testament*, 338-55. A. H. Snyman, "Persuasion in Philippians 4:1-20", in *Rhetoric and the New Testament*, 325–337. O'Brien, *The Epistle to the Philippians: A Commentary on the Greek Text*, 37。

121. J. Schoon-JanBen, *Umstrittene "Apologien" in den Paulusbriefen: Studien zur rhetorischen Situation des 1. Thessalonicherbriefes, des Galaterbriefes, und des Philipperbriefes*（GTA 45; Göttingen: Vandenhoeck & Ruprecht, 1991），141-142.

信息来加强家庭的关系。亚历山大指出，在早期基督教群体中，
"兄弟"和"姐妹"等称呼是共同使用的家庭语言。[122] 威瑟林顿
同样把《腓立比书》划为家庭信函。[123]

也有学者把《腓立比书》归类为古代书信中的"友谊书信"
（φιλικός τύπος）。在一般的情况下，友谊书信的传统都会体现
在书信的主题（Τόποι Ἐπιστολικοί）中。[124] 友谊的（φιλικός,
friendly）书信的特点是体现在两个在地理上相距甚远的朋友之
间的亲密交流。[125]

保罗在《腓立比书》中与他在教会的朋友们分享他的心声
和非常个人化的意愿，并给他们鼓励。[126]《腓立比书》也因此可
以被称为"友谊的书信"。许多现存的蒲草纸文献也显示了类似
的信件类型。[127]

威特将《腓立比书》置于希腊罗马的社会习俗中。他
把《腓立比书》视为一封"友谊的劝告信"（friendly hortatory
letter），[128] 并且列出《腓立比书》中一些独特的专业用语，如

122. L. Alexander, "Hellenistic Letter-Forms and the Structure of Philippians", *JSNT* 37
（1989），87-101, at 99.
123. Witherington III, *Friendship and Finances in Philippi: The Letter of Paul to the
Philippians*, 181-221.
124. Stowers, *Letter Writing in Greco-Roman Antiquity*, 60. 参见 Malherbe, *Ancient Epistolary
Theorists*, 33。
125. Pseudo-Demetrius, Τόποι Ἐπιστολικοί 1. 不过，哈道格（Hartog）认为，在古代
书信中并没有发现个人与集体分享友谊信函的已知例子。此外，腓立比书也
没有任何预期的"友谊"（φιλία）术语。Paul Hartog, "Philippians", in David E.
Aune（ed.），*The Blackwell Companion to The New Testament*, 475-488, at 482。
126. 1:12-26; 2:17-18; 3:7-17; 4:10-14.
127. Harold W. Hoehner, Philip W. Comfort, and Peter H. Davids, *Ephesians,
Philippians*, 1&2 *Thessalonians, Colossians, Philemon*, 147. See Stowers, *Letter
Writing in Greco-Roman Antiquity*, 58-60.
128. L. M. White, "Morality Between Two Worlds: A Paradigm of Friendship in
Philippians", in David L. Balch et al.,（eds.），*Greeks, Romans, and Christians: Essays
in Honor of Abraham J. Malherbe*（Minneapolis: Fortress, 1990），201-215.

"交 通"（κοινωνία, fellowship），"喜 乐"（χαίρω, to rejoice），
"同样的意念"（τὸ αὐτὸ φρονεῖν, the same mind）。[129] 此外，信
中的"临在"（παρουσία, presence）思想和"美好的愿望"（πόθος, fond desire of）也一样表明了它的"友谊"性质。从整封
书信所使用的语言来看，亚历山大和威特认为，《腓立比书》的
原本毫无疑问是一封完整的作品。

费尔认为，与保罗的其他书信相比，特别是《加拉太书》
和哥林多书信所涉及的论战和保罗的辩护，《腓立比书》更明显
地反映了它作为"友谊信函"（letter of friendship）和"道德劝
告信函"（letter of moral exhortation）的根本特征。[130]

因此，费尔称《腓立比书》为一封"友谊的劝告书信"
（hortatory letter of friendship）。对费尔而言，希腊罗马友谊的正
常双向纽带（two-way bond）已被转化成涉及基督本人的"三
向纽带"（three-way bond）。[131] 这种混合的形式表明，《腓立比书》
的分类是有困难的，但友谊作为一个主题的存在是显而易见
的。[132] 威特作了如此的总结，保罗书信比普通书信更长，更富文
学性。[133] 此外，保罗将他的个人习语、犹太背景以及他自己的犹
太—基督教思想带进了书信的语境。[134] 一言以蔽之，《腓立比书》
的文体不是一个修辞演讲，在本质上它是属于书信式的。

---

129. White, "Morality Between Two Worlds: A Paradigm of Friendship in Philippians",
   206. 参见 Stowers, *Letter Writing in Greco-Roman Antiquity*, 60-70。
130. Fee, *Paul's Letter to the Philippians*, 12-14.
131. Ibid., 13.
132. Hartog, "Philippians", 482.
133. White, "Saint Paul and the Apostolic Letter Tradition", 433-444, at 436.
134. Reed, *A Discourse Analysis of Philippians: Method and Rhetoric in the Debate Over
   Literary Integrity*, 178-289.

七、内容纲要

（1）信首：问安，感恩祷告（1:1-11）

    1）问安（1:1-2）

    2）感恩祷告（1:3-11）

（2）保罗自身的处境（1:12-26）

    1）监禁的果效（1:12-14）

    2）事奉的动机（1:14-18a）

    3）保罗的困境（1:18b-26）

（3）给教会的教导（1:27–2:30）

    1）为福音之故同心（1:27-30）

    2）和睦与谦逊（2:1-4）

    3）基督颂歌（2:5-11）

    4）实际的影响（2:12-18）

    5）提摩太和以巴弗提的美好榜样（2:19-30）

        提摩太（2:19-24）

        以巴弗提（2:25-30）

（4）对不良教导的警告（3:1-21）

    1）关于"犬类"的警告（3:1-3）

    2）保罗自己的生命见证：过去与现在（3:4-11）

    3）保罗为信徒效法的榜样（3:12-17a）

    4）给仇敌的警告（3:17b-21）

（5）给腓立比人的劝勉（4:1-9）

    1）向同工的个人呼吁（4:1-3）

📚 推荐书目

中文推荐书目

巴克莱，《腓立比书，歌罗西书，帖撒罗尼迦前后书注释》，文国伟译，香
　　港：基督教文艺出版社，1992。

费尔，《腓立比书注释》，潘秋松、吴蔓玲译，美国：麦种传道会，2004。

冯荫坤，《腓立比书》，香港：天道书楼，1997。

黄浩仪，《腓利门书》，香港：天道书楼，1992。

黄朱伦，《腓立比书：仆友的生命与事奉》，香港：明道社，2006。

马丁，《腓立比书》，刘良淑译，台北：校园书房，2000。

麦启新，《新约文学释经：马可福音、腓立比书、雅各书》，香港：汉语圣
　　经协会，2006。

吴道宗，《腓立比书：在患难中成长的生命》，香港：天道书楼，2011。

周天和，《腓立比书，歌罗西书》，香港：基督教文艺出版社，1997。

英文推荐书目

Alexander, L., "Hellenistic Letter-Forms and the Structure of Philippians,
　　" *JSNT* 37（1989），87–101.

Barnett, A. E., *Paul Becomes a Literary Influence*. Chicago: University of
　　Chicago Press, 1941.

Black, D. A., "The Discourse Structure of Philippians: A Study in

Textlinguistics", *Nov T31* (1995), 16-49.

Bloomquist, L. G., *The Function of Suffering in Philippians*. Sheffield, England: Sheffield Academic Press, 1993.

Bruce, F. F., *New International Biblical Commentary: Philippians*. Peabody, MA: Hendrickson Publishers, Inc., 1989.

Bruce, F. F., "St. Paul in Macedonia: 3. The Philippian Correspondence", *Bulletin of the John Rylands Library*, LXIII (1981), 260-284.

Collange, J.-P., *The Epistle of Saint Paul to the Philippians*. London: Epworth, 1979.

Duncan, G. S., "ANew Setting for Paul's Epistle to the Philippians", *ExpT* 43 (1931–32), 7-11.

Duncan, G. S., *St. Paul's Ephesian Ministry* (London: Hodder & Stoughton, 1929), 211-218.

Dunn, J. D. G., *Christology in the Making*. Philadelphia: Westminster, 1980.

Fee, G. D., *Paul's Letter to the Philippians*. NICNT; Grand Rapids: Eerdmans, 1995.

Garland, D. E., "The *Composition and Unity* of Philippians: Some Neglected Literary Factors", *NovT* 27 (1985), 141-173.

Hawthorne, G. F., *Philippians*. WBC 43; Nashville, TN: Nelson, 2004.

Hoehner, Harold W., Philip W. Comfort, and Peter H. Davids, *Ephesians, Philippians, 1&2 Thessalonians, Colossians, Philemon*. Cambridge: Tyndale House, 2008.

Holloway, P. A., *Consolation in Philippians: Philosophical Sources and Rhetorical Strategy*. Cambridge: Cambridge University Press, 2001.

Hurst, L. D., "Re-enter the Pre-existent Christ in Philippians 2.5-11?", *NTS* 32 (1986), 449-457.

Jewett, R., "*The Epistolary Thanksgiving and the Integrity of Philippians*", *NovT* 12 (1970), 40-53.

Lightfoot, J. B., *St. Paul's Epistle to the Philippians: A Revised Text with Introduction, Notes and Dissertations*. London & Cambridge: Macmillan, 1869.

Manson, T. W., "St. Paul in Ephesus: The Date of the Epistle to the Philippians, " *BJRL* 23 (1939), 182-200.

Martin, Ralph P., *Carmen Christi*. Grand Rapids, MI: Eerdmans, 1983.

J. Moffatt, *Introduction to the Literature of the New Testament*. Edinburgh: T & T Clark, 1981.

Moffatt, J., *Introduction to the Literature of the New Testament*. Edinburgh: T & T Clark, 1981.

O'Brien, P. T., *The Epistle to the Philippians: A Commentary on the Greek Text*. Grand Rapids: Eerdmans, 1991.

Reed, J. T., *A Discourse Analysis of Philippians: Method and Rhetoric in the Debate Over Literary Integrity*. JSNTSup 136; Sheffield: Sheffield Academic Press, 1997.

Reumann, J., "Contributions of the Philippian Community to Paul and to Earliest Christianity", *NTS* 39 (1993), 438-457.

M. R. Vincent, *The Epistle to the Philippians and to Philemon*. ICC; New York: Charles Scribner's Sons, 1906.

Watson, D. F., "A Rhetorical Analysis of Philippians and Its Implications for the Unity Question", *Novum Testamentum* 30 (1988), 57-88.

White, J. L., "Saint Paul and the Apostolic Letter Tradition", *CBQ* 45 (1983), 433-444.

White, L. M., "Morality Between Two Worlds: A Paradigm of Friendship in Philippians", in David L. Balch et al., (eds.), *Greeks, Romans, and Christians: Essays in Honor of Abraham J. Malherbe* (Minneapolis: Fortress, 1990), 201-215.

Witherington III, *Friendship and Finances in Philippi: The Letter of Paul to the Philippians*. The New Testament in Context; Valley Forge, PA: Trinity Press International, 1994.

Witherington B., *Paul's Letter to the Philippians: A Socio-Rhetorical Commentary*. Grand Rapids, MI: Eerdmans, 2011.

第六章
《歌罗西书》

一、作　者

　　研究《歌罗西书》的作者也是一个关键的课题。《歌罗西书》的作者几次明确自称是保罗。[1] 作者还多次使用"我"的形式来描述自己作为使徒的身份，例如 1:23—2:5。不但如此，在一段冗长的个人问安之后（4:7-17），作者还在信尾亲自签字（4:18）。这一点与《腓利门书》中所列出的人物非常吻合。因此，在漫长的基督教历史上，《歌罗西书》一直被接纳为真正的保罗书信。然而，随着 19 世纪圣经评鉴的兴起，《歌罗西书》的作者问题就开始受到挑战，托名的可能性也就随之出现。[2]

---

1. 1:1, 23; 4:18.
2. John M. G. Barclay, *Colossians and Philemon*（T & T. Clark Study Guides; London: T. & T. Clark International, 2004），20.

1. 研究历史上的趋势

麦亚郝夫（E. T. Mayerhoff）于 1838 年首次对《歌罗西书》的作者身份提出质疑。他认为，该信依赖太多《以弗所书》那些非保罗的思想，以及与塞林索（Cerinthus）的对立。[3] 总结 19 世纪有关《歌罗西书》的研究历史，威尔森（R. McL. Wilson）的看法是，任何断定《歌罗西书》的对手是诺斯替主义的假设都是非常令人怀疑的。[4]

自 19 世纪 80 年代起，德国宗教历史学派的著作出现了学术观念的转变。在这里，代表学者闰宸斯坦（R. Reitzenstein）和迪贝留斯（M. Dibelius）的开创性著作表明，《歌罗西书》中关于宇宙的权力和基督的普遍权威的学说并不需要推迟到后使徒时期的诺斯替主义，因为它可以很容易地反映了保罗生平中的宗教状况。

20 世纪 30 年代和 40 年代，德国学者迪贝留斯和卢赫麦亚（Ernst Lohmeyer）的《歌罗西书》注释，以及珀西（E. Percy）的《歌罗西书》和《以弗所书》专著曾在学术界引起很大的影响。他们认为《歌罗西书》是属于保罗的著作。[5] 20 世纪 40 年代和 50 年代，布尔特曼及其学生尝试以存在主义神学

---

3. Kümmel, *Introduction to the New Testament*, 340.

4. R. McL. Wilson, *Colossians and Philemon*（International Critical Commentary; London: T & T Clark, 2005），9.

5. M. Dibelius, *A Fresh Approach to the New Testament and Early Christian Literature*（Hertford: Ivor Nicholson and Watson, 1936）; Ernst Lohmeyer, *Die Briefe an die Philipper, an die Kolosser und an Philemon*（KEK 9; Göttingen: Vandenhoeck & Ruprecht, 1930）; E. Percy, *Die Probleme der Kolosser- und Epheserbriefe*（Lund: Gleerup, 1946）; idem, "Zur den Problemen des Kolosser- und Epheserbriefes", *ZNW* 43（1950-1951），178-194.

（Existentialist Theology）的观点来诠释《歌罗西书》。

如今，在学术界中，《歌罗西书》常被看作是"第二保罗书信"（deutero Pauline）。只有七封被认为是纯正的以及无争议的保罗书信（genuine and undisputed Pauline Letters），即《罗马书》《哥林多前书》《哥林多后书》《加拉太书》《腓立比书》《帖撒罗尼迦前书》和《腓利门书》。[6]

学者们对《歌罗西书》作者的观点，大概可以归纳为四类：1）捍卫保罗的作者身份；2）拒绝保罗为作者；3）来自保罗在世期间的某位代笔门徒；4）源自保罗死后的门徒。[7]

2. 拒绝保罗为作者的"理由"

质疑保罗为《歌罗西书》作者的学者强调，《歌罗西书》几乎没有出现保罗常用的词语和神学观念，例如，复活、救恩、律法、称义、审判、基督的再来。再者，《歌罗西书》反映了后使徒时期的诺斯替主义。此外，导致一些学者不接受保罗为原

6. Barclay, *Colossians and Philemon*, 20.
7. R. McL. Wilson, *Colossians and Philemon*，9. 参见《歌罗西书》的现代研究资料：A. Jülicher & E. Fascher, *Einleitung in das Neue Testament*（Tubingen, Mohr Siebeck, 1931），126ff. Johannes Lähnemann, *Der Kolosserbrief, Komposition, Situation, and Argumentation*（SNT 3; Gütersloh: Mohn, 1971），12-27. P. Vielhauer, *Geschichte der urchristlichen Literatur: Einleitung in das Neue Testament, die Apokryphen und die Apostolischen Voter*（Berlin: de Gruyter, 1975），196-200. H. M. Schenke & K. M. Fischer, *Einleitung in die Schriften des Neuen Testaments I: Die Briefe des Paulus und Schriften des Paulinismus*（Gütersloh: Gerd Mohn, 1978），165ff. Koester, *Introduction the New Testament: History and Literature of Early Christianity*, 2.263f. Collins, *Letters That Paul Did Not Write: The Epistle to the Hebrews and the Pauline Pseudepigrapha*, 175-178. R. E. DeMaris, *The Colossians Controversy: Wisdom in Dispute at Colossae*（JSNTSup. 96; Sheffield: JSOT Press, 1994），11. Hans Hübner, *An Philemon, an die Kolosser, an die Epheser*（Tübingen: Mohr Siebeck, 1997），10. Barclay, Colossians and Philemon, 18-36.

作者的因素之一是在语言与风格、内容，以及《歌罗西书》与
《以弗所书》的关系。

（1） 语言与风格的问题

有些学者认为，《歌罗西书》在语言与风格方面都有别于保
罗书信。在语言方面，《歌罗西书》中有十五个单词出现在其他
的新约圣经中，却未出现在保罗书信中。再者，有三十四个单词
在《歌罗西书》中只使用过一次的词语（*hapax legomena*），但却
从未被使用在其他新约圣经中。[8] 此外，《歌罗西书》缺乏一些保
罗常见的观念，例如，称义（δικαιοσύνη, righteousness），律法
（νόμος, law），救恩（σωτηρία, salvation），启示（Αποκάλυψις,
revelation）等。[9]

然而，按照哈里森的看法，《歌罗西书》所运用的词汇
其实是包括在保罗书信的范围之内的。[10] 至于风格方面，由
于歌罗西书中出现的一连串的同义词，[11] 繁琐而冗长的风格和
不定式的结构，[12] 致使一些学者断言，这种风格不可能来自保
罗。其实，所谓"风格"也是一个非常主观和见仁见智的问
题。因此也有不少学者相信，《歌罗西书》中出现的一些表达
方式与一般的"保罗风格"（Pauline style）不太相似，那只能

---

8. Kümmel, *Introduction to the New Testament*, 240; Lohse, *Colossians and Philemon: A Commentary on the Epistles to the Colossians and to Philemon*, 84-85.

9. M. Kiley, *Colossians as Pseudepigraphy*（Sheffield: JSOT, 1986），44-45.

10. Harrison, *The Problem of the Pastoral Epistles*, 20-22.

11. 例如 1:9 "祷告祈求"，"智慧悟性"；1:5, 12; 2:2, 11, 12。

12. Kümmel, *Introduction to the New Testament*, 241.

说明保罗的风格是多样化的。[13] 奥柏仁认为，《歌罗西书》的许多形式其实是与保罗别的书信很相似的。[14] 不仅是文体风格如此，书信的结构（前言和结语）也是一样，[15] 包括感恩祈祷（1:3-8）、连接词、教导的短语与劝勉性的结语，[16] 以及最后的问候。[17]

（2）《歌罗西书》内容的问题

《歌罗西书》较为引起争议的问题其实是它的神学。麦亚郝夫曾经断言，《歌罗西书》充满了非保罗的思想。包尔及其杜宾根学派也质疑保罗是该信的作者，认为《歌罗西书》没有反映出使徒时代的标志，特别是犹太基督徒与外邦基督徒之间的冲突。他们怀疑信中的基督论是属于教会历史的晚期的。[18] 罗瑟（E. Lohse）也相信，《歌罗西书》中的神学与那些被接受的保罗书信的教导存在着明显的区别。[19] 例如，《歌罗西书》论及的基督在宇宙中统治地位和权力（1:15-20; 2:9-10），比保罗早期书信中的基督论更加完整和系统化。[20] 但另有学者则认为，《歌

---

13. Percy, *Die Probleme der Kolosser- und Epheserbriefe*, 36-66; Kümmel, *Introduction to the New Testament*, 341-342; Lohse, *Colossians and Philemon: A Commentary on the Epistles to the Colossians and to Philemon*, 84-91.
14. O'Brien, *Colossians-Philemon*, xlii.
15. 1:1-2; 4:18.
16. 2:1, 6, 16; 3:1, 5.
17. 4:8, 10, 12, 15.
18. O'Brien, *Colossians-Philemon*, xliv. Cf. W. G. Kümmel, *The New Testament: The History of the Investigation of Its Problems*, trans. S. MacL. Gilmour and H. C. Kee（London: SCM Press, 1972）, 135-137.
19. Lohse, *Colossians and Philemon: A Commentary on the Epistles to the Colossians and to Philemon*, 177-183.
20. 参见林前 8:6; 罗 8:31-39; 腓 2:10。

罗西书》的基督论是针对当时教会出现的异端，他人无须藉此来质疑保罗的作者身份。再者，《歌罗西书》的教会论是与它的基督论有密切联系的。《歌罗西书》中的教会论以"基督是首，教会为体"为核心思想，然后再从有形的地上教会延伸到天上那与复活的基督合而为一的普世群体。它因此超越了保罗早期书信中只是论及身体的概念。[21] 保罗这个不寻常的教会论也是为了处理教会当时出现的严重神学和异端的问题。另外一个极具争议性的问题是末世论，有学者认为末世论在《歌罗西书》似乎已经是不再重要了，只有 3:4 显示它对未来的关注。其实，《歌罗西书》里面含有"隐藏的启示"主题（hidden-revealed motif），但不能与保罗早期的书信相提并论。与此同时，"空间"的概念在《歌罗西书》似乎也具有特殊的意义（1:26-27; 3:1-4），并且与末世论有着密切的关系。[22] 此外，有些学者还指出，《歌罗西书》似乎出现了某种"已经实现的末世论"（a realized eschatology）；因此没有保罗在其他书信中所表达的那个典型的"已经—未然"之间的张力（the "already-not yet" tension）。[23] 针对以上关于末世论的言论，奥柏仁作出了反驳。他首先指出，《歌罗西书》确实涉及了将来的末世论。[24] 3:1-4 中的末世与天上的光景的对比，也可以从无争议的保罗书信中找

21. 西 1:2, 18; 3:1-4; 参见林前 12:12-27; 罗 12:4-5。E. P. Clowney, "Interpreting the Biblical Models of the Church: A Hermeneutical Deepening of Ecclesiology", in D. A. Carson（ed.）, *Biblical Interpretation of the Church*（Exeter: Paternoster, 1984）, 64-109。

22. O'Brien, *Colossians-Philemon*, xlvi.

23. P. Pokorny, *Colossians: A Commentary*, trans. Siegfried S. Schatzmann（Peabody, MA: Hendrickson, 1991）, 126-135.

24. 3:4, 6, 24; 1:22, 28; cf. 4:11.

到。1:18 那死人复活的启示观与保罗书信中的死人复活和末世的思想也是一致的。[25] 奥柏仁还提醒学者们，《歌罗西书》是根据当地特殊的教会处境来阐明末世论和相关的神学。[26] 关于《歌罗西书》的神学争论，巴克莱（Barclay）非常正确地指出，不少学者的错误是在证据不足的前提下，就断定《歌罗西书》是早期基督教"后使徒"（post-apostolic）时代的作品。这样一来，《歌罗西书》的神学就很容易被误读为早期基督教神学在保罗以后的"发展"（development）。[27]

（3）《歌罗西书》与《以弗所书》之间的关系

自麦亚郝夫提出了《歌罗西书》依赖《以弗所书》的假设之后，学术界就对这个问题始终挥而不去。总的来说，学术界当前的共识是：《腓立比书》和《歌罗西书》两封书信之间，在文学与内容上肯定有着密切的关系，只是不容易确定两者出现的"先后"秩序问题。至于《歌罗西书》的一般性质，它的形式和所针对的一些具体问题以及个人的问候和语气，都非常符合保罗书信的特征。《歌罗西书》4:7-17 与《腓利门书》1:23-24 所列举的问候名单，也显示两封书信的密切关系。[28]

---

25. 罗 4:17; 5:17, 18, 21; 8:11。

26. O'Brien, *Colossians-Philemon*, xlvi-xlvii. Cf. L. T. Johnson, *The Writings of the New Testament: An Interpretation.*（London: SCM Press, 1986），394-395.

27. Barclay, *Colossians and Philemon*, 24. 根据歌罗西书的风格论证，施瓦热（Schweizer）和邓恩（Dunn）认为，该书的作者不是保罗，但是在保罗生前写成。Schweizer, *The Letter to the Colossians: A Commentary*, 23-24; Dunn, *Epistles to the Colossians* and to *Philemon: A Commentary on the Greek Text*（New International Greek Testament Commentary; Grand Rapids: Eerdmans, 1996），35-39.

28. Barclay, *Colossians and Philemon*, 23-24.

3. 保罗为原作者

尽管一些学者对《歌罗西书》的作者质疑并提出了各种的理论，奥柏仁的立场是非常中肯与合理的。那就是，那些质疑者所提出的，主要还是假设和猜测多过于实证，始终都不能推翻保罗的作者身份。[29] 慕勒（C. F. D. Moule）认为，既然《腓利门书》普遍上都被接受是保罗所写的，《腓利门书》和《歌罗西书》之间的密切联系就毋庸置疑了。[30] 在这个基础上，《歌罗西书》也应当被看作是一封出自保罗的书信。[31] 同样的，皮克（Peake）也认为，《歌罗西书》与《腓利门书》的联系既然是密不可分的，《腓利门书》若被视为真正的保罗书信，几乎也可以保证《歌罗西书》的真实性。[32] 库麦尔（Kümmel）也持同样的

---

29. O'Brien, *Colossians-Philemon*, xlvii. 参见 Bruce, The *Epistles to the Colossians, Philemon*, and the *Ephesians*; N. T. Wright, *Colossians and Philemon*（Tyndale NTC; Grand Rapids, Mich.: Eerdmans, 1986）; D. E. Garland, *Colossians/Philemon*（NIVAC; Grand Rapids: Zondervan, 1998）。另参见鲍会园，《歌罗西书》（香港：天道书楼，1996）。周天和，《腓立比书，歌罗西书》（香港：基督教文艺出版社，1997）。沈保罗，《真知灼见：歌罗西书讲解》（香港：天道书楼，2000）。冯荫坤，《歌罗西书·腓利门书注释》（香港：明道社，2013）。鲍维均，《歌罗西书与腓利门书释读》（香港：天道书楼，2016）。曾思瀚，《连于基督走窄路：歌罗西书析读》（香港：基道出版社，2017）。巴克莱，《腓立比书，歌罗西书，帖撒罗尼迦前后书注释》（香港：基督教文艺出版社，1992）。大卫·加兰，《歌罗西书，腓利门书》（香港：汉语圣经协会，2015）。马丁，《以弗所书，歌罗西书，腓利门书》（台南：台湾教会公报社，2013）。彼得·郭尔迪，《歌罗西书，帖撒罗尼迦前后书，提摩太前后书，提多书，腓利门书》（台北：校园书房，2007）。罗伯逊，《加拉太书，以弗所书，腓立比书，歌罗西书》（美国：活泉出版社，1991）。赖特，《歌罗西书，腓利门书》（台北：校园书房，1994）。

30. C. F. D. Moule, The Epistles *of Paul the Apostle to the Colossians and to Philemon*（Cambridge Greek Testament Commentaries; Cambridge: University Press, 1957）, 13.

31. M. J. Harris, *Colossians and Philemon*（EGGNT; Grand Rapids: Eerdmans, 1991）, 3-4.

32. A. S. Peake, *Colossians*（Expositor's Greek Test III; London: Longmans, Green, and Co., 1903）, 491.

观点。[33]

二、写作地点与日期（参见《腓立比书》）

《歌罗西书》的写作地点有三个可能性：以弗所（Ephesus）、该撒利亚（Caesarea）和罗马（Rome）。直到最近，该书是保罗在罗马被囚期间所写的观点，才被认为是最合理的（4:3, 10, 18）。[34] 保罗在《歌罗西书》第4章不但给同工和朋友问候，也告诉他当时较为自由的处境。这就很符合于《使徒行传》28:30 的记载。《歌罗西书》和《腓利门书》所列举的名单很相似，尤其是阿尼西姆因为害怕被抓和惩罚而躲藏在首都罗马这件事。简而言之，罗马被囚之说比以弗所和该撒利亚更具说服力。[35] 书信应该写于保罗在罗马被囚禁（或软禁）的后期，也即是他接近判决的时候。因此，《歌罗西书》的写作日期约在公元61年左右。它与另外同一时期保罗写的三封书信，也即《腓立比书》《腓利门书》和《以弗所书》，一起被称为"监狱书信"。

三、歌罗西教会

这封信已经明确是写给亚细亚省的歌罗西教会。歌罗西昔日为弗吕家的一个重镇，位于以弗所的东部。公元前4/5世纪，歌罗西在经济上是属于较为富有的城市，但这座城后来逐渐衰

---

33. Kümmel, *Introduction to the New Testament*, 244.
34. Garland, *Colossians/Philemon*, 22.
35. O'Brien, *Colossians-Philemon*, l; Bruce, *The Epistles to the Colossians, Philemon, and the Ephesians*, 411-412.

退，到了罗马时代，它几乎已沦落为一个小镇了。[36] 它的地位已被同属亚细亚省的其他两座城市——老底嘉和希拉波立——所取代。根据犹太历史家约瑟夫的记载，歌罗西的居民原来主要是以弗吕家人和希腊移民为主，但在公元前 2 世纪，安提阿古三世命令两千个犹太家庭迁移到弗吕家定居。[37] 在该地发掘的碑文清楚显示，到了公元前 1 世纪，犹太文化已成了小亚细亚文化的一部分。由此可见，保罗时代的歌罗西可能是一座汇合不同文化和宗教的城市。当时的歌罗西教会也自然免不了会受到一些当地社会风气的影响。歌罗西教会的建立者并非是保罗，而是本地人以巴弗（4:12）。以巴弗是保罗在以弗所宣教期间成为基督徒的。此后，他便非常热心地在亚细亚传扬福音，并建立了歌罗西教会。保罗称他为"基督忠心的执事"，"基督耶稣的仆人"（1:7; 4:13）。保罗在罗马被囚期间以巴弗曾去探望过他，同时也向他报告有关歌罗西教会的进展情况。虽然保罗不能亲自到访歌罗西，但他一直都在关注着这间教会的成长。当保罗得悉歌罗西出现了对福音的错误教导时，[38] 便书写此信来回应那些问题。从信中就可以看到歌罗西教会的成员多数是外邦信徒。学者们也普遍赞同，作者写作的其中一个主要原因，是为了回应某些异端邪说在歌罗西教会所造成的破坏和干扰。[39]

---

36. Strabo, *Geog.* 12.8.13.
37. Josephus, *Antiquities* 12.3.4.
38. 例如：理学，人间的遗传，特别的知识，智慧，天使崇拜，神秘经验，禁欲，律法主义，等等。
39. Dunn, *Epistles to the Colossians* and to *Philemon: A Commentary on the Greek Text*, 23.

四、歌罗西的异端

保罗在信首是以友好和鼓励的语气开始。但到了 2:8 却提出了警告，特别是有关"理学"和"虚空的妄言"，以及人为的遗传和世上的小学。可是，保罗在此所驳斥的对象究竟是谁？其性质又如何？这些一直都是学者们在探讨时所面对的巨大困惑和难题。部分学者对歌罗西教会存在异端或错误的见解表示质疑，认为它只是一种受到社会风气影响的倾向而已。[40] 胡柯（Hooker）认为，保罗对歌罗西教会的评价基本上是正面的。歌罗西会众当时其实只是处在异教和犹太邻居的信仰和习俗的压力下，并非是因为他们的信仰已经受到了来自假教师的攻击和威胁。[41]

然而，多数学者根据 2:8-23 中记载，认为歌罗西教会当时确实是存在着一些错误的教导和学说，也即"理学"或"哲学"。[42] 奥柏仁的观点是，尽管保罗在信中没有明确地驳斥那些错误的教导，但根据 2:8-23 几处关键经文中所用的一些词语和口号，例如"理学"，"人间的遗传"，"一切的丰盛"，"故意谦虚和敬拜天使"，"这等人拘泥在所见过的"，"不可拿、不可尝、

40. Kirsopp Lake and Silva Lake, *An Introduction to the New Testament* (London: Christophus, 1938), 151. 参见 Ernest W. Saunders, "The Colossian Heresy and Qumran Theology", in Boyd L. Daniels and M. Jack Suggs (eds.), *Studies in the History and Text of the N.T.* (SD 29; Salt Lake City: University of Utah Press, 1967), 133-145. M. D. Hooker, "Were There False Teachers in Colossae?", in B. Lindars and S. S. Smalley (eds), *Christ and Spirit in the New Testament* (Cambridge: Cambridge University Press, 1973), 315-331。

41. Hooker, "Were there false teachers in Colossae?", 329.

42. O'Brien, *Colossians-Philemon*, xxxi.

不可摸"，"用私意崇拜，自表谦卑，苦待己身"等，歌罗西教会当时的确是存在着一些严重的问题的。此外，那些假教师还要求会众遵守食物条例、节期、月朔、安息日等。[43]巴克莱指出，《歌罗西书》的目的至少一部分是针对某事或某人的。书信在 2:9 和 2:10 这两节中，提醒歌罗西信众，他们在基督里一切的"丰盛"，他们因此就完全不需要外来的任何东西来"补充"或"加添"。[44]

至于《歌罗西书》的"理学"或"哲学"究竟是指什么，学者们都各持不同的见解，很难达到一个共识。[45] 1）赖特福和邦克曼认为，歌罗西的理学属于犹太教和基督教混合的诺斯替主义（Jewish-Christian Gnosticism）。[46] 2）迪比留斯（Dibelius）则相信，那是异教的神秘宗教与崇拜（Pagan Mystery Cult）。[47] 3）福兰西斯（Francis）认定，它是一种带有禁欲—神秘色彩的犹太敬虔主义（Jewish Mystical Asceticism）。[48] 4）施瓦哲（Schweizer）相信，在歌罗西的理学中可以发现希

43. O'Brien, *Colossians-Philemon*, xxxiii.

44. Barclay, *Colossians and Philemon*, 37.

45. Barclay, *Colossians and Philemon*, 40. 参见 F. O. Francis and W. A. Meeks, *Conflict at Colossae*（Missoula: Scholars Press, 1973）; Richard E. DeMaris, *The Colossian Controversy: Wisdom in Dispute at Colossae*（JSNTSup 96; Sheffield: JSOT Press, 1994）; Dunn, *Epistles to the Colossians* and to *Philemon: A Commentary on the Greek Text*; T. W. Martin, *By Philosophy and Empty Deceit: Colossians as a Response to a Cynic Critique*（JSNT Supplement Series 118; Sheffield: JSOT Press, 1996）; Arnold, *Power and Magic: The Concept of Power in Ephesians*。

46. Francis and Meeks, *Conflict at Colossae*, 13-59.

47. M. Dibelius, "The Isls Initiation in Apuleius and Related Initiatory Rites", in F. O. Francis and W. A. Meeks（eds）, *Conflict at Colossae*, 61-121.

48. Francis, "Humility and Angelic Worship in Col 2:18", in F. O. Francis and W. A. Meeks, *Conflict at Colossae*, 13-59. T. J. Sappington, *Revelation and Redemption at Colossae*（JSNTSup 53; Sheffield: JSOT Press, 1991）, 18.

腊哲学的背景（Greek philosophy）。[49] 5）迪玛瑞斯（DeMaris）都不同意以上的观点，认为歌罗西的所谓"哲学"，确实就是当时流行的中期柏拉图主义同犹太和基督教混合在一起的思想。它主要是环绕着对"智慧"（sophia, wisdom）的追求。6）阿诺德（Arnold）承接了威廉姆斯（Williams）的思想，提出了有些歌罗西人召唤天使和祷告或咒文的可能。[50] 7）奥柏仁和海伊（Hay）则把这"理学"或哲学看作是混合了犹太教和希腊的一套思想。[51]

保罗针对歌罗西教会出现的错误教导，向会众发出强烈的警告（2:4："免得有人用花言巧语迷惑你们"；2:8："你们要谨慎"）。全书的主题以基督为中心。保罗在 1:15-20 就开始完整而系统地论述基督在宇宙中统治万有的地位和权力（参见2:9-10），以纠正那些随从世上的传统与人为的"理学"。保罗慎重地提醒信徒，真正的智慧和知识不是源自人为的规条与教导（2:22-23），而是基于他们与基督生命的联合，即与基督一同受死、埋葬和复活。那些已经"在基督里"的人，完全不需要从人而来的什么"神秘经验"或通达"属灵境界"的途径，并且因此而"自高自大"（2:18）。为此，保罗在《歌罗西书》也特别重视有关"已经实现的末世论"（a realized eschatology）的教导。那就是，基督现在不但已经为人类成全了救恩，并且还

---

49. E. Schweizer, *The Letter to the Colossians: A Commentary* (London: SPCK, 1982). 参见 DeMaris, *The Colossian Controversy: Wisdom in Dispute at Colossae*, 88-97。

50. A. L. Williams, "The Cult of Angels at Colossae", *JTS* 10（1909），413-438; Arnold, *Power and Magic: The Concept of Power in Ephesians*, 10.

51. O'Brien, *Colossians-Philemon*, xxx-xli; D. M. Hay, *Colossians*（ANTC; Nashville: Abingdon, 2000），173-177.

升为至高，在上帝的右边作人类的中保。保罗也因此劝勉歌罗西会众要多思念"上面的事"（3:1-2）。[52]

五、内容纲要

（1）信首：问安，感恩与祈祷（1:1-23）

　　1）问安（1:1-2）

　　2）感恩（1:3-8）

　　3）为歌罗西教会代祷（1:9-23）

（2）为教会的劳苦（1:24-2:5）

（3）活出在基督里的生命（2:6—4:6）

　　1）忠于基督（2:6-7）

　　2）以基督为中心的生活（2:8-23）

　　　　在基督里的丰盛（2:8-15）

　　　　脱离律法主义后的自由（2:6-23）

　　3）过一个以基督为中心的生活（3:1—4:1）

　　　　寻求上面的事（3:1-4）

　　　　旧和新的道德伦理（3:5-17）

　　　　弃绝旧恶习（3:5-11）

　　　　穿戴新美德（3:12-17）

　　4）家庭规范的教导（3:18—4:1）

　　　　妻子和丈夫（3:18-19）

　　　　儿女和父母（3:20-21）

　　　　仆人和主人（3:22—4:1）

52. O'Brien, *Colossians-Philemon*，xxxviii-xli.

📖 推荐书目

中文推荐书目

巴克莱，《腓立比书，歌罗西书，帖撒罗尼迦前后书注释》，文国伟译，香港：基督教文艺出版社，1992。

鲍会园，《歌罗西书》，香港：天道书楼，1996。

鲍维均著，《歌罗西书与腓利门书释读》，曾景恒译，香港：天道书楼，2016。

彼得·郭尔迪，《歌罗西书，帖撒罗尼迦前后书，提摩太前后书，提多书，腓利门书》，林梓凤、黄锡木译，台北：校园书房，2007。

大卫·加兰，《歌罗西书，腓利门书》，高孟静安、黎桀丞译，香港：汉语圣经协会，2015。

冯荫坤，《歌罗西书·腓利门书注释》，香港：明道社，2013。

赖特，《歌罗西书，腓利门书》，贺安慈译，台北：校园书房，1994。

罗伯逊，《加拉太书，以弗所书，腓立比书，歌罗西书》，陈一萍译，美国：活泉出版社，1991。

R. P. 马挺，《以弗所书，歌罗西书，腓利门书》，陈嘉式译，台南：台湾教会公报社，2013。

沈保罗，《真知灼见：歌罗西书讲解》，香港：天道书楼，2000。

曾思瀚，《连于基督走窄路：歌罗西书析读》，香港：基道出版社，2017。

周天和，《腓立比书，歌罗西书》，香港：基督教文艺出版社，1997。

英文推荐书目

Abbott, T. K., A *Critical and Exegetical Commentary on the Epistles to the Ephesians and to the Colossians*. International Critical Commentary; Edinburgh: T & T Clark, 1897.

Arnold, Clinton E., *Power and Magic: The Concept of Power in Ephesians*. Eugene, OR: Wipf and Stock, 2001.

Barclay, John M. G., *Colossians and Philemon*. T & T Clark Study Guides; London: T & T Clark International, 2004.

Bornkamm, G., "The Heresy of *Colossians*", in F. O. Francis and W. A. Meeks (eds.), *Conflict at Colossae* (Missoula: Scholars, 1973), 123-145.

Bruce, F. F., The *Epistles to the Colossians, Philemon, and the Ephesians*. Grand Rapids: Eerdmans, 1984.

Bultmann, R., *Theology of the New Testament*, trans. K Grobel. 2 vols.; London: SCM Press, 1955.

Collins, R. F., *Letters That Paul Did Not Write: The Epistle to the Hebrews and the Pauline Pseudepigrapha*. Good News Studies 28; Wilmington, DE: Michael Glazier, 1988.

DeMaris, R. E., *The Colossians Controversy: Wisdom in Dispute at Colossae*. *JSNTSup*. 96; Sheffield: JSOT Press, 1994.

Dibelius, M., *A Fresh* Approach *to the New Testament and Early Christian Literature*. Hertford: Ivor Nicholson and Watson, 1936.

Dibelius, M., "The Isls Initiation in Apuleius and Related Initiatory Rites", in F. O. Francis and W. A. Meeks, *Conflict at Colossae* (Missoula: Scholars Press, 1973), 61-121.

Dunn, J. D. G., *Epistles to the Colossians* and to *Philemon: A Commentary on the Greek Text*. New International Greek Testament Commentary; Grand Rapids: Eerdmans, 1996.

Francis, F. O. and W. A. Meeks, *Conflict at Colossae*. Missoula: Scholars Press, 1973.

Francis, F. O., "Humility and Angelic Worship in Col 2:18", in F. O. Francis and W. A. Meeks, *Conflict at Colossae* (Missoula: Scholars

Press, 1973), 13-59.

Garland, D. E., *Colossians/Philemon*. NIVAC; Grand Rapids: Zondervan, 1998.

Harris, M. J., *Colossians and Philemon*. EGGNT; Grand Rapids: Eerdmans, 1991.

Hay, D. M., *Colossians*. ANTC; Nashville: Abingdon, 2000.

Hooker, M. D., "Were there false teachers in Colossae?", in B. Lindars and S. S. Smalley (eds), *Christ and Spirit in the New Testament* (Cambridge: Cambridge University Press, 1973), 315-331.

Johnson, L. T., *The Writings of the New Testament: An Interpretation*. London: SCM Press, 1986.

Käsemann, E., "A Primitive Christian Baptismal Liturgy", in *Essays on New Testament Themes* (London: SCM, 1964), 149-168.

Kiley, M., *Colossians as Pseudepigraphy*. Sheffield: JSOT, 1986.

Kümmel, W. G., *The New Testament: The History of the Investigation* of *Its Problems*, trans. S. MacL. Gilmour and H. C. Kee. London: SCM Press, 1972.

Lake, K. and Silva Lake, *An Introduction to the New Testament*. London: Christophus, 1938.

Lightfoot, J. B., *St. Paul's Epistles* to the *Colossians* and to *Philemon: A Revised Text with Introductions, Notes, and Dissertations*. London: Macmillan, 1875.

Lohse, E., *Colossians and Philemon: A Commentary on the Epistles to the Colossians and to Philemon*. Philadelphia, PA: Fortress Press, 1971.

Martin, T. W., *By Philosophy and Empty Deceit: Colossians as a Response to a Cynic Critique*. JSNT Supplement Series 118; Sheffield: JSOT Press, 1996.

Moule, C. F. D., *The Epistles of Paul the Apostle to the Colossians and to Philemon*. Cambridge Greek Testament Commentaries; Cambridge: University Press, 1957.

O'Brien, *Peter T., Colossians, Philemon*. Word Biblical Commentary; Waco, TX: Word, 1982.

Pokorny, P., *Colossians: A Commentary*, trans. Siegfried S. Schatzmann. Peabody, MA: Hendrickson, 1991.

Sappington, T. J., *Revelation and Redemption at Colossae*. JSNTSup 53; Sheffield: JSOT Press, 1991.

Saunders, Ernest W., "The Colossian Heresy and Qumran Theology", in B. L. Daniels and M. J. Suggs (eds.), *Studies in the History and Text of the N.T.* (SD 29; Salt Lake City: University of Utah Press, 1967), 133-145.

Schweizer, E., "The Church as the *Missionary Body* of Christ", *NTS* 8 (1961-1962), 1-11.

Schweizer, E., *The Letter to the Colossians: A Commentary*, trans. A. Chester. Minneapolis: Augsburg, 1976.

Williams, A. L., "The Cult of Angels at Colossae", *JTS* 10 (1909), 413-438.

Wilson, R. McL., *Colossians and Philemon*. International Critical Commentary; London: T & T Clark, 2005.

Wright, N. T., *Colossians and Philemon*. Tyndale NTC; Grand Rapids, Mich.: Eerdmans, 1986.

第七章
《帖撒罗尼迦前后书》

I 《帖撒罗尼迦前书》

一、作 者

《帖撒罗尼迦前书》一向都被承认是七封纯正和无争议的保罗书信之一。[1] 保罗作为该书信的作者在新约中具有深远的意义，因为它是现存最早的新约书信，并且是源自早期教会历史最重

---

1. 有少数学者接受《帖撒罗尼迦前书》为保罗所写的七封书信之一，但却对该书内容的完整性提出质疑。他们把 2:13-16 和 5:1-11 视为插段（interpolation），并非出自保罗之手。Pearson, "1 Thessalonians 2:13-16: A Deutero-Pauline Interpolation", *HTR* 64（1971），79-94; D. Schmidt, "1 Thess 2:13-16: Linguistic Evidence for an Interpolation", *JBL* 102（1983），269-279; E. J. Richard, *First and Second Thessalonians*（Sacra Pagina 11; Collegeville, MN: Liturgical Press, 1995），11-19. 详细讨论可参见 R. F. Collins, *Studies on the First Letter to the Thessalonians*（BETL 66; Leuven: Leuven University Press, 1984），96-135. 大多数学者坚持《帖撒罗尼迦前书》的完整性。可参见 Charles A. Wanamaker, *The Epistles to the Thessalonians: A Commentary on the Greek Text*（New International Greek Testament Commentary Series; Grand Rapids, MI: Eerdmans; Carlisle: Paternoster, 1990），30-33; C. J. Schlueter, *Filling up the Measure: Polemical Hyperbole in I Thessalonians 2.14-16*（JSNTSup 98; Sheffield: JSOT, 1994）; Reicke, *Re-Examining Paul's Letters: The History of the Pauline Correspondence*, 30-34。

要的人物之一。保罗的使徒使命是受托于复活的基督这一历史事实是毫无争议的。[2] 到了 20 世纪，保罗为该信作者的历史问题可说是已经解决了。[3]

尽管使徒保罗作为《帖撒罗尼迦前书》的原作者已被普遍接受，书信中的"复数"却引起学者们的研究兴趣，例如："使徒们"，"仆人们"以及《帖撒罗尼前后书》的第一人称复数"我们"（ἡμεῖς）的频繁出现，似乎表示保罗的同工提摩太和西拉也是帖撒罗尼迦书信的共同作者（co-authors）。[4] 因此，有些

---

2. 至少在里昂主教爱任纽（Irenaeus of Lyon，约公元 140 年—200 年）期间，早期教会一致接受《帖撒罗尼迦前书》为保罗书信和正典。爱任纽在《驳异端》中引用了《帖撒罗尼迦前书》5:23，并将它确定为"使徒"保罗的话（Irenaeus, *Adversus Haereses* 6.5.1）。此外，还有亚历山大的克莱门（Clement of Alexandria，约公元 150 年—215 年）的《导师》（*Pedagogus*）5，以及特土良（Tertullian，约公元 160 年—225 年）的《反马吉安论》5:15 都证实了保罗为帖撒罗尼迦前书的作者。马吉安正典（Marcion Canon，约 140 年）和穆拉多利正典纲目（Muratorian Canon，约 150 年）也将该书信列入圣经目录中。参见 Donald Guthrie, *New Testament Introduction*（4th. *ed.*; Downers Grove, IL: InterVarsity, 1990），589。

3. James E. Frame, *A Critical and Exegetical Commentary on the Epistles of St. Paul to the Thessalonians*（ICC; Edinburgh: T & T Clark, 1912），37; Gordon D. Fee, *The First and Second Letters to the Thessalonians*（NICNT; Grand Rapids, MI: Eerdmans, 2009），3-4; Malherbe, *The Letters to the Thessalonians*, 13. 参见石清州、周天和著，《帖撒罗尼迦前后书；提摩太前后书；提多书；腓利门书》（香港：基督教文艺出版社，1988）。冯荫坤，《帖撒罗尼迦前书注释》（香港：天道书楼，1989）。萧楚辉，《帖撒罗尼迦书信：末世风情画》（香港：天道书楼，1997）。邓溥年，《主必再来：帖撒罗尼迦前后书》（香港：天道书楼，2006）。杨克勤，《从帖撒罗尼迦书信看教牧关怀与辅导的应用》（新加坡：三一神学院，2010）。巴克莱，《腓立比书，歌罗西书，帖撒罗尼迦前后书注释》（香港：基督教文艺出版社，1992）。莫里斯，《帖撒罗尼迦前后书》（丁道尔新约圣经注释；台北：校园书房，1992）。迈克·霍姆兹，《帖撒罗尼迦前书，帖撒罗尼迦后书》（香港：汉语圣经协会，2008）。

4. 在《帖撒罗尼迦前书》中，第一人称的代名词复数"我们"（ἡμεῖς）共出现 43 次；第一人称复数的动词共出现 45 次；动词分词形式出现了 20 次。动词单数形式只出现两次（3:5; 5:27）；第一人称代名词"我"（ἐγώ, 2:18）仅出现一次。在《帖撒罗尼迦后书》中，第一人称代名词复数"我们"出现 22 次；第一人称复数的动词形式共出现 17 次；动词分词形式仅出现一次。单数动词形式只出现两次（2:5; 3:17）。参见 Malherbe, *The Letters to the Thessalonians*, 86。

学者根据《帖撒罗尼迦前书》中的复数来支持西拉和提摩太是该书信的共同作者的结论。[5] 塞尔韵（Selwyn）还以《使徒行传》15:23 和《彼得前书》5:12 的希腊短语"写信"（γράφειν διά）为根据，认为西拉很可能是保罗的"秘书"。瑞卡兹（Richards）则认为希腊文这短语并不具"秘书"的含义，它更可能是指书信的携带者。[6] 此外，塞尔韵还将《使徒行传》15:32 中所使用的术语"劝勉"（παρακαλεῖν, ἐπιστηρίξειν, to exhort, to strengthen or support）看成是描述西拉的活动。他甚至断定"写信"和"劝勉"这两个术语之所以经常出现在《帖撒罗尼迦前后书》和《彼得前书》中，是因为西拉写了这三封书信。[7] 但是，在仔细考察后，就不难发现塞尔韵的大胆假设是很有问题的。再者，这些术语在信中出现也是很自然的，因为它们具有劝勉的性质和功能。[8]

在保罗的书信中，频繁地使用第一人称复数"我们"的形式是比较罕见的。尽管保罗在《哥林多前书》《腓立比书》和《腓利门书》的信首也提及到另外一位共同发件人，但他随即改用第一人称单数动词的形式。[9]

不但如此，保罗使用复数动词的习惯也不是完全一致

5. Michael Prior, *Paul the Letter-Writer and the Second Letter to Timothy*（JSNTSup 23; Sheffield: JSOT Press, 1989），40; Murphy-O'Connor, *Paul: A Critical Life*, 19. S. Byrskog, "Co-Senders, Co-Authors and Paul's Use of the First Person Plural", *ZNW* 87（1996），230-250.

6. E. Randolph Richards, *The Secretary in the Letters of Paul*（WUNT 2/42; Tübingen: Mohr Siebeck, 1991），73.

7. E. G. Selwyn, *The First Epistle of St. Peter*（London: Macmillan and Company, 1946）; Byrskog, "Co-Senders, Co-Authors and Paul's Use of the First Person Plural", 236-238.

8. Malherbe, *The Letters to the Thessalonians*, 87.

9. 林前 1:1, 4, 10; 腓 1:1, 3; 门 1, 4。

的。关于保罗所提及的共同作者，学者们认为可能有几个不同的原因：尽量淡化书信的私人性质；让自己在信中所说的内容更有分量；与其他同工一起见证和确认福音；让收信者尊敬他所提到的共同作者，并且以读者们所熟悉的这些同工为中介人。其实，保罗的同工提摩太和西拉的名字在信中出现，除了意味着他们二人可能是书信的共同作者之外，也可能表示他们当时已经是教会的读者们所熟悉的人物或是携带信件的人。[10]

费尔的观察是对的，使徒保罗在《帖撒罗尼迦前书》中偶尔也使用单数的第一人称，表示他是该信的作者，但没有以"基督耶稣的使徒"或"基督的仆人"的自称。尽管书信本身出自于保罗，但保罗、提摩太和西拉三人被作为共同作者，共同向帖撒罗尼迦的处境说话。[11]。

作者的复数（authorial plural）在古代是一种书信的写作技巧。它反映了劝勉的特征（characteristic of paraenesis）。与保罗同时代的罗马哲学家塞涅卡，在其书信中也充分表现了这种特性。[12] 作者使用复数的目的，是把自己放在与读者们同样的地位上，并借此带出一个温馨的气氛。[13] 保罗也同样地使用了作者的复数形式来明确表示他与读者们是共同分享一个福音[14]

---

10. Wolf-Henning Ollrog, *Paulus und seine Mitarbeiter: Untersuchungen zu Theorie und Praxis der paulinischen Mission*（WMANT 50; Neukirchen: Erziehungsverein, 1978），184.

11. 帖前 2:18; 3:5; 5:27。Fee, *The First and Second Letters to the Thessalonians*, 4.

12. Seneca, *Epistle* 18.8; 24.15; cf. 22.2; 60; 74.11; 78.7; 92.34.

13. Fritz Husner, *Leib und Seele in der Sprache Senecas. Ein beitrag zur sprachlichen Formulierung der moralischen Adhortatio*（Halle：Max Niemeyer, 1924），82-100.

14. 上帝（1:3; 3:11, 13）。主耶稣基督（1:3; 3:11, 13; 5:23, 28）。福音（1:5）。相信（4:14）。

以及要为此感恩。[15] 第一人称复数给书信所制造的温馨的语气，特别是在书信被大声朗读的时候显出它的果效来（5:27）。保罗、西拉和提摩太一起在帖撒罗尼迦传福音。但保罗写帖撒罗尼迦书信时，西拉和提摩太也和保罗一起在哥林多。所以，保罗在书信中很自然地提到他们。[16]

二、帖撒罗尼迦城

帖撒罗尼迦（Thessalonica）是个人口兴旺、经济繁荣的古城。帖撒罗尼迦大约于公元前316年由马其顿王卡山德（Cassander）建于塞尔迈湾（Θερμαϊκός Κόλπος, Thermaic Gulf）。[17] 它是当时爱琴海最好的港口之一。卡山德以他妻子的名字为该城命名。卡山德曾是亚历山大大帝（Alexander the Great）的将领之一。卡山德的妻子则是腓力普（Philip）的女儿，亚历山大大帝同父异母的姊妹。[18] 马其顿于公元前167年被罗马侵吞之后，被划为四个辖区。帖撒罗尼迦为第二辖区的首府。公元前146年，当马其顿被合并为一个罗马的行省之后，帖撒罗尼迦便成为它的首府，它也是该省最重要的城市和罗马的行政中心。[19] 由于帖撒罗尼迦坐落于罗马帝国通往东方的艾格拿田大道（Ἐγνατία Ὁδός, Via Egnatia）的重要地理位置，该城也成了一个天然的贸易和商业中心。

---

15. 1:2, 3; 2:13; 3:9.
16. Malherbe, *The Letters to the Thessalonians*, 88-89.
17. 罗马人称塞尔迈湾为马其顿湾（The Gulf of Macedon）。现在被称为萨洛尼卡湾（Gulf of Salonica）。
18. Malherbe, *The Letters to the Thessalonians*, 14.
19. Karl P. Donfried, "1 Thessalonians", in Aune（ed.）, *The Blackwell Companion to the New Testament*（Oxford: Wiley-Blackwell, 2010）, 504-514, at 504.

公元 1 世纪初,希腊历史学和地理学家斯特拉波（Strabo）就已经称帖撒罗尼迦城为"马其顿的大都市"（the metropolis of Macedonia）。[20] 帖撒罗尼迦的讽刺诗人安提帕特（Antipater）还将该城美誉为"全马其顿之母"。[21] 在罗马内战期间,帖撒罗尼迦因选择了胜利的一方,而得到奖励,于公元前 42 年获得了一个自由城市的地位,[22] 被赋予了很大的自治权力。帖撒罗尼迦自此便可以尽情地享受"罗马的和平"（*Pax Romana*）。此外,相当数量的铭文清楚显示,帖撒罗尼迦人对罗马皇帝持有一个非常积极的态度。[23] 帖撒罗尼迦城门上的碑文（公元前 1 世纪末至公元前 2 世纪初）也提及了"地方官"（πολιτάρχης）。"地方官"是最高的城市官员。他们主要的责任是维持和平。[24] 路加记载了保罗和西拉在帖撒罗尼迦宣教时,跟随者耶孙和其他人就曾经被当地人拉到"地方官"那里去（徒 17:1-6）。

保罗到访帖撒罗尼迦时,它已经变得越来越都市化,成了马其顿最大的城市。城内人口高达八万,城郊的居民则接近两万。大多数居民是体力劳动者或从事商业活动的。但可能也有少数的"专业"人士,包括演说家和贵族。[25]

除了犹太教之外,帖撒罗尼迦还有其他的宗教。[26] 希腊罗

20. Strabo, *Geographica* VII Fragment 21.
21. Antipater of Thessalonica, *Greek Anthology* 9.428.
22. Anthony C. Thiselton, *1 & 2 Thessalonians Through the Centuries*（Blackwell Bible Commentaries; Chichester; Malden, Mass.: Wiley-Blackwell, 2011）, 10.
23. 参见帖前 5:3。Malherbe, *The Letters to the Thessalonians*, 14, 291-292。
24. G. H. R. Horsley, "The Politarchs", in D. W. J. Gill and C. Gempf（eds.）, *The Book of Acts in Its Graeco-Roman Setting*（Grand Rapids: Eerdmans, 1994）, 419-431.
25. Thiselton, *1 & 2 Thessalonians Through the Centuries*, 11.
26. Malherbe, *The Letters to the Thessalonians*, 14; C. Edson, "Cults of Thessalonica（Macedonia III）", *HTR* 41（1948）, 105-204.

马的神秘宗教（mystery religion）崇拜在城中特别盛行，包括不少个人和团体的宗教仪式。这些神秘宗教所崇拜的神明包括希腊的爱神阿芙洛狄忒（Αφροδίτη, Aphrodite），丰收女神底米特（Δήμητρα, Demeter），天神宙斯（Ζεύς, Zeus），月亮女神与贞操之神阿耳忒弥斯（Ἄρτεμις, Artemis），太阳神阿波罗（Ἀπόλλων, Apollo），酒神狄俄努索斯（Διόνυσος, Dionysus），希腊埃及的守护神塞拉皮斯（Σάραπις, Serapis），卡比露教（Cabirus），以及皇帝崇拜。[27] 皇帝崇拜及其祭司在帖撒罗尼迦城中发挥了重要的作用。[28] 因此，任何对这些宗教崇拜的攻击，就被看作是对城市本身的攻击。[29] 保罗传福音到帖撒罗尼迦城的时候，最显著的特点之一，就是弥漫在整个城市中的"和平与安全"。这充分体现了罗马在奥古斯都统治下的政治和社会情况。因此，任何试图破坏现状（*status quo*）的扰乱者都不会被容忍的。罗马的统治者也允许帖撒罗尼迦举办各种活动，包括大型的运动会。当地的宗教崇拜虽然是非常多样化，但在很大程度上，都被融入了唯我独尊和大一统的皇帝崇拜中。[30] 因此，圣经的读者和研究者也就必须从这个角度来理解和诠释《使徒行传》所记载的那些统治者对基督徒宣教者和跟随者的各种控告和扰

27. Jewett, *The Thessalonian Correspondence: Pauline Rhetoric and Millenarian Piety*, 126-127.
28. H. L. Hendrix, "Archaeology and Eschatology at Thessalonica", in B. A. Pearson（ed.）, *The Future of Early Christianity: Essays in Honor of Helmut Koester*（Minneapolis: Fortress Press, 1991）, 107-118.
29. Wanamaker, *The Epistles to the Thessalonians: A Commentary on the Greek Text*, 5.
30. Jewett, *The Thessalonian Correspondence: Pauline Rhetoric and Millenarian Piety*, 127-132; Ben Witherington, *1 and 2 Thessalonians: A Socio-Rhetorical Commentary*（Grand Rapids and Cambridge: Eerdmans, 2006）, 4-8.

乱事件。

三、写作日期与地点

保罗的年代表 [31] 是学者们根据保罗书信和《使徒行传》以及早期基督教的文献所提供的年代资料和有关线索来构建的。它涵盖了保罗从归信到去世这段时间的事迹。但学者们就保罗的年代表也持不同的见解。那些接受保罗书信为第一手资料的学者们，往往怀疑《使徒行传》中一些有关保罗记录的历史性和可靠性。书信写作的日期通常都是按保罗的宣教的行程和一些比较重大的事件来推算的。《帖撒罗尼迦前后书》的历史背景和时间也不例外。有些质疑《使徒行传》历史准确性的学者将保罗第一次宣教的活动置于公元 37 年—40 年之间。基于这样的历史重建，《帖撒罗尼迦前书》的成书日期可以被提前到公元 40 年—43 年左右。[32] 不过，多数学者都接受《使徒行传》的历史可靠性，认为《帖撒罗尼迦前书》成书的日期应当是在 50 年代初。其中有些学者则倾向于把该书的成书时间定的较晚，也即是在保罗第三次旅行宣教期间，大约是公元 53 年左右。[33] 一

---

31. 参见第三部分（3.2.4 综合年代表）。

32. M. J. Suggs, "Concerning the Date of Paul's Macedonian Ministry", *NovT* 4（1960），60-68. Knox, *Chapters in a Life of Paul*, 83-85. G. Luedemann, *Paul, Apostle to the Gentiles: Studies in Chronology*, trans. F. S. Jones（Philadelphia: Fortress, 1984），164-171, 201. Donfried, *The Theology of the Shorter Pauline Letters*（Cambridge: Cambridge University Press, 1993），9-12; Ibid. "1 Thessalonians", 505. Richard, *First and Second Thessalonians*, 7-8.

33. W. Lütgert, *Die Volkommenen im Philipperbrief und die Enthusiasten in Thessalonich*（BFCT 6; Gütersloh: C. Bertelsmann, 1909）. W. Hadorn, *Die Abfassung der Thessalonicherbriefe in der Zeit der dritten Missionsreise des Paulus*（BFCT 243-4; Gütersloh: C. Bertelsmann, 1919）; idem, "Die Abfassung der Thessalonicherbriefe auf der dritten Missionsreise und der Kanons des Marcion", *ZNW* 19（1919-20），67-72. W. Michaelis, *die Gefangenschaft des Paulus Ephesus das Itinerar des Timotheus*（NTF 3; Gütersloh:（转下页）

些学者比较确定地把成书日期放在公元 50 年，也即是保罗离开帖撒罗尼迦不久，居住在哥林多的时候。[34] 传统的观点是，保罗及其同工离开帖撒罗尼迦抵达雅典之后不久，就开始书写此书信（2:17; 3:1; 徒 17:10-15）。[35] 马尔伯（Malherbe）则指出，没有证据显示提摩太回到雅典去会见保罗；而《使徒行传》18:5 和《帖撒罗尼迦前书》1:1 两处似乎可以证实保罗是在哥林多书写《帖撒罗尼迦前书》的，并且提摩太和西拉当时也和他在一起。[36]

　　有观点认为《帖撒罗尼迦前书》写作的日期是公元 50 年，地点为哥林多。这种观点主要是基于两个历史事件。首先，罗马皇帝革老丢执政期间，曾下敕令驱逐在罗马的犹太人。保罗在这个事件发生期间来到了哥林多，并在此遇见从意大利来的犹太人亚居拉和百基拉夫妇（徒 18:2）。多数学者认为，保罗是于公元 49 年—50 年到达哥林多的。[37] 其次，在迦流作亚该亚方伯期间，保罗在这位罗马当地的最高长官面前被犹太人控告

（接上页）C. Bertelsmann, 1925）; idem, *Einleitung in das Neue Testament: Ergänzungsheft*（3rd.; Bern: Haller, 1961）, 221-225. Schmithals, *Paul and Gnostics*, 186.

34. 弗拉米（Frame）定的时间是保罗在帖撒罗尼迦宣教的 4 个月内。参见 Frame, *Epistles of St. Paul to the Thessalonians*, 9。犹利歇（Jülicher）和拉姆塞认为是 6 个月。参见 Adolf Jülicher, *Einleitung in das Neue Testament*（Tübingen：Mohr Siebeck, 1931）, 58; Ramsay, *St. Paul the Traveler and The Roman Citizen*, 228。参见 Riesner, *Paul's Early Period: Chronology, Mission Strategy, Theology*, 364-366。

35. Constantin von Tischendorf, *Novum Testamentum graece*, editio octava critica major（Vol. II; Leipzig: Giesecke and Devrient, 1872）, 776-778.

36. Malherbe, *The Letters to the Thessalonians*, 72. Fee, *The First and Second Letters to the Thessalonians*, 8.

37. Bruce, *The Acts of the Apostles: Greek Text with Introduction and Commentary*, 390-391. Riesner, *Paul's Early Period: Chronology, Mission Strategy, Theology*, 157-201. Jewett, *A Chronology of Paul's Life*, 36-38。Smallwood, *The Jews Under Roman Rule*, 210-216.

（徒 18:12）。按照戴费碑铭（Delphi Inscription）的记载，这个事件被普遍认为是发生于公元 51 年。这些学者得出的结论是，保罗于公元 49 年抵达帖撒罗尼迦，离开该城几个月之后，差派提摩太探访帖撒罗尼迦。公元 50 年初，保罗自己到达了哥林多。结果在那里逗留了十八个月，并在此地书写了《帖撒罗尼迦前书》。保罗通常在信尾会提到所处的教会向收信者问安。但在《帖撒罗尼迦前书》却没有提到哥林多教会给帖撒罗尼迦的问安（5:26），这可能是意味着当时哥林多的教会还未建立起来。[38]

四、写作背景与目的

《帖撒罗尼迦前书》有两个显著的特点。1）它是现存的一卷最早和最古老的基督教文献。《帖撒罗尼迦前书》不但是保罗书信中最早的一封书信，而且也早于任何其他的新约圣经书卷。它大约成书于公元 50 年，距离耶稣死后还不到二十年。2）帖撒罗尼迦城的重要性和地理状况。[39]

保罗及其同工在腓立比经历了一些冲突之后，便来到了帖撒罗尼迦。按照《使徒行传》的记载，帖撒罗尼迦有一个很大的犹太社区，并设有犹太人的会堂。保罗及其同工在该城的宣教也似乎带有比较浓厚的犹太色彩。他们以犹太人的会堂为基地，参与犹太人的崇拜，根据旧约圣经与犹太人辩论，尝试解释和证明基督的受害与复活是犹太人旧约圣经的应验。除了犹太人以外，还有一些敬畏上帝的希腊人；他们也参与犹太会堂

38. Malherbe, *The Letters to the Thessalonians*, 73.
39. Thiselton, *1 & 2 Thessalonians Through the Centuries*, 7.

的崇拜，追求真理和过一个敬畏上帝的生活。此外，还有一些尊贵的马其顿妇女也接受了基督的福音；她们比其他地方的妇女享有更多的自由。[40] 耶孙和教会的核心人士最初是来自这些背景的信徒。那些来自异教的人加入教会之后，便"离弃偶像，归向神，要服事那又真又活的神"（1:9）。[41] 但那些反对保罗的人却在地方官面前控告基督徒违背罗马皇帝凯撒的命令，扰乱太平，并声称还有一位叫耶稣的王。鉴于皇帝崇拜以及罗马赋予帖撒罗尼迦城的许多特权，这项控告和敌对势力自然会给基督徒巨大的压力。地方官因惧怕事情闹大，在接受了耶孙和其余的人的保状之后，便释放了他们。[42] 保罗及其同工也被迫离开帖撒罗尼迦。帖撒罗尼迦城的研究显示，罗马当局特别钟爱这城市。保罗似乎也因此要更慎重去处理一些比较敏感的政治和社会问题。

路加在《使徒行传》中对保罗在帖撒罗尼迦城的宣教活动与保罗在《帖撒罗尼迦前后书》的记载，是可以作个比较的。[43] 尽管路加的目的是叙事，他的神学却是以保罗宣教事工的实际情况为依据的，虽然路加比较注重的，可能是保罗在外邦人中的宣教活动。保罗在帖城宣教的处境也可能比《使徒行传》的记述较为复杂。尽管保罗在《帖撒罗尼迦前后书》中未提及旧约，却涉及犹太教的弥赛亚末世论（Jewish Messianic

---

40. J. B. Lighfoot, *St. Paul's Epistle to the Philippians*, 55-57. Ramsay, *St. Paul the Traveler and The Roman Citizen*, 227.

41. Thiselton, *1 & 2 Thessalonians Through the Centuries*, 10-11.

42. 该教会为了保罗和西拉的安全，把他们送到庇哩亚（17:5-10）。

43. 仅有《帖撒罗尼迦后书》2:3 一处；引用了《但以理书》11:36。

Apocalypticism），使得两封书信的信息具有强烈的末世论色彩。[44]

保罗在《帖撒罗尼迦前书》肯定了该城会众的信心，尽管他们正在受到迫害（1:6）。[45] 与其他保罗晚期的书信相比，《帖撒罗尼迦前书》显示了一些其他书信没有的特征。首先，保罗的其他书信都以感恩祷告开始。可是，《帖撒罗尼迦前书》的感恩祈祷（1:2—3:13）共占了书信大约一半的篇幅。再者，书信还有很大部分的内容似乎是旧事重提，为了是提醒帖撒罗尼迦信徒已经知道的信息和教导。[46] 这些属于回忆（recall）的语言，包括信徒悔改（conversion）的经历和保罗自己的生活方式。[47]

自从离开帖撒罗尼迦之后，保罗似乎就没有获得该城会众的消息了。保罗怀疑教会可能出现了一些严重的问题，让他深感焦虑。[48] 具体原因如下。1）因为保罗离开帖撒罗尼迦之前，那里的宣教事工还没有一个很好的基础，与保罗的期望还差距很远。2:17 中的“我们暂时与你们离别”暗示了这点。2）2:14-16 表明帖撒罗尼迦的信众当时已经是一个受难的群体。1:6 一开始就暗示了这点（“你们在大难之中”）。在这种情况下，受难的原因是与某种形式的迫害有关。3）保罗突然离开，随后没有返回，

---

44. 参见 J. W. Simpson Jr., "Letters to the Thessalonians", in G.F. Hawthorne, R. P. Martin and D. G. Reid（eds.），*Dictionary of Paul and His Letters*（Downers Grove, IL: InterVarsity Press, 1993），934-935。

45. Thiselton, *1 & 2 Thessalonians Through the Centuries*, 8-9.

46. 1:5; 2:1, 5, 9-11; 3:3-4; 4:1-2, 6, 9; 11; 5:1-2.

47. Fee, *The First and Second Letters to the Thessalonians*, 8.

48. K. Lake, *The Earlier Epistles of St. Paul: Their Motive and Origin*（London: Rivingtons, 1911），75-77; Donfried, "The Cults of Thessalonians and the Thessalonian Correspondence", 336-356, at 350-351.

以及信众遭受逼迫。[49] 保罗认为，有需要在信中向帖撒罗尼迦会众解释他被迫离城的原因以及他在那里宣教的目的。[50]

尽管保罗迫切希望重回帖撒罗尼迦，但几次都受阻（2:18）。保罗也就因此决定差派提摩太前往帖撒罗尼迦去进行查询并给予信众鼓励，以免他们因诸般的患难受动摇以及受诱惑（3:2-3, 5）。提摩太给保罗带回有关教会信心成长的好消息（3:6），让保罗对他们稳固的信仰更充满信心和喜乐。《帖撒罗尼迦前书》也清楚地反映了这一点。此外，提摩太的报告还提到信众对保罗继续持有美好的记忆，仍旧以他为事奉的好榜样。[51] 对保罗而言，他的生活与福音是密不可分的。[52] 保罗收到

49. Fee, *The First and Second Letters to the Thessalonians*, 7-8.
50. 因为帖撒罗尼迦会众当中可能有一些人对保罗的行为与动机产生误解，怀疑他就如某些诡辩家（sophists）一样。保罗为此在 2:1-12 作出了回应。古代哲学家尝试将自己与诡辩家区分出来，因为真正的哲学家是追求真理和知识。他们批评诡辩家只是另有目的和企图的专业人士，并非哲学家，因为他们巡回讲学，卖弄学问，动机不良，高价收费，谋求钱财。参见 Plato, *Men.* 91B. Cf. *Euthyd.* 271C-72B; *Rep.* 495E-96A. Winter, "The Entries and Ethics of Orators and Paul（1 Thessalonians 2:1-12）", *TynB* 44（1993）, 55-74; T. Holtz, "On the Background of 1 Thessalonians 2:1-12", in Karl P. Donfried and Johannes Beutler（eds.）, *The Thessalonians Debate: Methodological Discord or Methodological Synthesis?*（Grand Rapids: Eerdmans, 2000）, 69-80; J. A. D. Weima, "The Function of 1 Thessalonians 2:1-12 and the Use of Rhetorical Criticism: A Response to Otto Merk", in Donfried and Beutler（eds.）, *The Thessalonians Debate: Methodological Discord or Methodological Synthesis?*, 114-131。保罗在《帖撒罗尼迦前书》2:1-12 采用了"不是……乃是"对比的修辞方式来强调他所关注的，不是通过自己的学问或是动听的演说，乃是上帝的主动和言语。保罗尝试在帖撒罗尼迦家会众中以身作则，树立好榜样，并勉励他们效法他。参见 Lyons, *Pauline Autobiography: Toward a New Understanding*（SBLDS 73; Atlanta, GA: Scholars Press, 1985）, 184。Malherbe, "'Gentle as a Nurse': The Cynic Background of I Thess. II", *NovT* 12（1970）, 203-217; idem, "Exhortation in First Thessalonians", *NovT* 25（1983）, 238-256。
51. 保罗在《哥林多前书》3:5 总结了事奉的三个要素：事奉者的身份是执事；事奉的方式是照主所赐给各人的；事奉的目的是引导人相信。梁家麟，《今日哥林多教会》（香港：天道书楼，1999），74。
52. Koester, *Introduction to the New Testament: History and Literature of Early Christianity*, 113.

了这份报告之后的欣慰之情是不言而喻的（3:6-8）。保罗此后对帖撒罗尼迦信众的关爱也更加深切，希望借此书信继续发展和坚固他与教会之间的关系，并加强他们的信心（3:10）。[53] 受难中的帖撒罗尼迦会众，在信心方面也确实需要更多的鼓励。保罗在整封信中，也就很自然地表达了他与帖撒罗尼迦信徒的亲密关系以及对他们的深切关爱。[54]

被称为"使徒亲临"的主题，也很明显地出现在《帖撒罗尼迦前书》2:17—3:13 中。[55] 这一点与《罗马书》15 章很相似。书信的目的，也是为读者在心理上预备保罗的到来。换言之，当帖撒罗尼迦人收到保罗所写的书信时，他的使徒权柄和能力也同时临到了他们中间。

除了在道德行为方面的提醒和劝勉之外（4:1-12），保罗在信中还重点地论述了帖撒罗尼迦的一个重大的神学问题。那就是，有关主耶稣基督"再来"的性质与时间（4:13—5:11）。帖撒罗尼迦的教会当时为那些已经去世的信徒深感困惑，急于寻找一个令他们满意的答案。[56] 保罗在 4:13 将为离世的同伴而忧伤的人与那些没有盼望的人作比较，但这似乎并没有明确说明问题的所在。有些学者相信，这个问题可能与诺斯替

---

53. Malherbe, *The Letters to the Thessalonians*, 77-78. 有些学者认为帖撒罗尼迦会众的"信心需要补足并非纠正"。Moffatt, *An Introduction to the Literature of the New Testament*, 69; E. Best, *A Commentary on the First and Second Epistles to the Thessalonians*（BNTC; London: Black, 1972），15。

54. 《帖撒罗尼迦前书》被视为一封教牧书信。W. Marxsen, *Der erste Brief an die Thessalonicher*（ZB; Zurich: Theologischer Verlag, 1979），24-25, 28。

55. Funk, "The Apostolic *Parousia*: Form and Significance", in W. R. Farmer, C. F. D. Moule and R. R. Niebuhr（eds.），*Christian History and Interpretation: Studies Presented to John Knox*, 249-268.

56. Best, *A Commentary on the First and Second Epistles to the Thessalonians*, 181-184.

教师在帖撒罗尼迦教会的错误教导有关；诺斯替教师认为死人复活的事已经发生了。[57]但是，《帖撒罗尼迦前书》其实并不能证实诺斯替派人士当时在教会中的存在。保罗自己也没有清楚提到复活当时在教会中是个问题。[58]另一种看法是保罗当年在帖撒罗尼迦的时候，可能是对初信的会众侧重传讲过有关耶稣的复活与再来的事，因为这是福音的关键部分，可是却没有论及信徒死后将会复活的道理。[59]保罗离开之后，一些信徒先后去世。他们何去何从的问题就自然出现了。保罗现在需要向他们提供有关基督徒死后复活的教导。[60]还有部分学者提议，因为保罗当时的时间非常有限，被迫仓促离开帖撒罗尼迦城，以致他尚未来得及把复活的信息透彻地教导信众。[61]但是，保罗在去帖撒罗尼迦城之前就已经在外邦人中宣教多年了。复活的主题自然已经成为保罗教导初信者的基要部分。[62]再者，帖撒罗尼迦会众已经接受了末世论一般性的教导，在此期间这类问题也会自然地被提出来。保罗论及这个问题的可能性是由末世论的推测（apocalyptic speculation）所引起的。[63]

---

57. 提前 2:18; 帖后 2:2。 Schmithals, *Paul and Gnostics*, 160-164。
58. Malherbe, *The Letters to the Thessalonians*, 283.
59. 保罗也许无法把这个本来就是极其深奥的神学讲的很清楚或全面。因为属于"末世论"基要部分的"死人复活"问题，本来就是非常复杂和奥秘的。
60. F. Guntermann, *Die Eschatologie des Hl. Paulus*（NTAbh 13/4-5; Münster: Aschendorff, 1932）; W. Marxsen, "Auslegung von 1 Thess. 4, 13-18", *ZTK* 66（1969）, 22-37; Luedemann, *Paul, Apostle to the Gentiles: Studies in Chronology*, 212-238.
61. Howard Marshall, *1 & 2 Thessalonians*（NCB; Grand Rapids, MI: Eerdmans, 1983）, 120-122.
62. Best, *A Commentary on the First and Second Epistles to the Thessalonians*, 181.
63. 1:20; 2:16, 19; 3:13; 4:6. Malherbe, *The Letters to the Thessalonians*, 284.

4:14 明显地表明帖撒罗尼迦会众基本上是已经相信信徒死后复活的真理。但由于信众对"末日"的事理解不足，导致了他们为已经离世的同伴深切担忧。他们同时也极端盼望当末世到来的那一刻，可以"活着的"预先与主相聚。换言之，他们以为那些活着到主降临的人，会优先于那些已经离世的同伴。为了让信众明白主再来的"那一刻"事件发生的"先后顺序"，保罗在 4:15 使用了希腊文"之先"（φθάνω, come before, overtake, reach）[64] 一词来否定在主再来的时候活着的信徒会比那些已经去世者优先。保罗在 4:16-17 明确地表明：在基督里死了的人必先复活；然后，活着还存留的人必和这些复活的信徒一同被"提到云里"，在空中一起与主相遇。保罗在信中特别着重主的再来和复活。因为这是信徒的盼望和安慰的基础。鉴于主再来的日子随时都会出现，保罗在 5:1-10 还强调撒罗尼迦会众要更加谨慎当前的生活行为与见证。[65]

五、社会背景的研究以及书信与修辞分析

关于《帖撒罗尼迦前书》的研究，除了以上所讨论的作者、写作日期、地点与背景等问题之外，学者们还从社会学、书信形式以及修辞的角度来分析《帖撒罗尼迦前书》。

1. 社会背景的研究

自 20 世纪 80 年代以来，新约学者将社会科学的方法广泛

---

64. 1:16; 腓 3:16。

65. Malherbe, *The Letters to the Thessalonians*, 285.

地运用到保罗书信的研究中,《帖撒罗尼迦前书》也不例外。通过社会学的方法来分析第一世纪的文化和社会背景,将有助于理解保罗在帖撒罗尼迦的宣教处境以及他写给该教会的两封书信。[66] 保罗在《帖撒罗尼迦前后书》中透露,在他创建这所教会时,为了不给他的信徒增加经济上的负担以及为他们提供一个榜样,保罗从事了手工劳动(帖前 2:9;帖后 3:6-13)。[67] 保罗的社会处境肯定要包括他的工作场所。[68] 贾奇提出了一种假设,即保罗在帖撒罗尼迦可能举办过讨论伦理和神学主题的学术群体会议。在古代,一位哲学家也惯于聚集听众在他周围,给他们讲论哲学课题。《帖撒罗尼迦前书》显示,保罗也是以类似的方式在帖撒罗尼迦做教导的工作。[69]

有关帖撒罗尼迦会众的社会背景,学者们提出了不同的见解。有学者认为,帖撒罗尼迦会众的背景与哥林多教会有些相似;其特点是会众之间的社会分层和差异,因此给他们的生活和崇拜造成不少问题。尽管大多数信众是以手工劳动或商业活动谋生,也有少数人可能来自上层阶级,例如,专业人士,演

66. Todd D. Still, *Conflict at Thessalonica: A Pauline Church and its Neighbours* (JSNTSup 183; Sheffield: Sheffield Academic, 1999); J. R. Harrison, "Paul and the Imperial Gospel at Thessaloniki", *JSNT* 25 (2002), 71-96; G. L. Green, *The Letters to the Thessalonians* (Pillar New Testament Commentary; Grand Rapids: Eerdans, 2002); Ben Witherington, *1 and 2 Thessalonians: A Socio-Rhetorical Commentary*.

67. Malherbe, *The Letters to the Thessalonians*, 65.

68. 或许是某人的家(耶孙?)。R. F. Hock, *The Social Context of Paul's Ministry: Tentmaking and Apostleship*, 31. 参见 Murphy-O'Connor, *St. Paul's Corinth: Text and Archaeology*, 153-161。

69. Hock, *The Social Context of Paul's Ministry: Tentmaking and Apostleship*, 31-36; Malherbe, *Paul and the Thessalonians: The Philosophic Tradition of Pastoral Care* (Philadelphia: Fortress, 1987), 34-60.

说家和贵族，尊贵的妇女，以及耶孙一家（徒 17:4-5）。[70] 埃文斯（Evans）相信，帖撒罗尼迦教会仅有极少数的上层人士在帮助一些贫困的信徒，否则该教会不会出现"闲人"或"不按规矩而行"的人（ἀτάκτως, in idleness）的事。[71] 米克斯（Meeks）认为，有些富裕的信徒根本就是天天在闲着（帖后 3:11）。他们对保罗传讲的末世论特别感兴趣。《帖撒罗尼迦前书》非常清楚显示，末世论已经成了信徒普遍关心的课题和生活语言。[72]

有些学者比较重视帖撒罗尼迦会众的下层社会背景。早在 19 世纪，德国学者吕奈曼就认为，4:11 中提到的"亲手做工"，是表明帖撒罗尼迦的教会主要是由工人阶层组成。[73] 贝斯特（Best）的观点是，帖撒罗尼迦的信徒无论是有技术的还是无技术的，多数是手工劳动者。[74] 吉维特（Jewett）也同样把帖撒罗尼迦会众看作是来自社会的底层阶级的。[75] 保罗在《帖撒罗尼迦前书》4:10-12 给予会众手工劳动方面的指示，可能是意味

70. Theissen, *The Social Setting of Pauline Christianity: Essays on Corinth*, 69-174. Malherbe, *The Letters to the Thessalonians*, 14, 65.

71. 帖后 3:11。R. M. Evans, *Eschatology and Ethics: A Study of Thessalonica and Paul's Letters to the Thessalonians* (Dissertation, University of Basel, 1967), 91-92.

72. Meeks, *The First Urban Christians: The Social World of the Apostle Paul*, 174; Meeks, "Social Functions of Apocalyptic Language in Pauline Christianity", in D. Hellholm (ed.), *Apocalypticism in the Mediterranean World and the Near East: Proceedings of the International Colloquium on Apocalypticism, Uppsala, August 12-17, 1979* (Tubingen: Mohr Siebeck, 1983), 687-705.

73. G. Lünemann, *Critical and Exegetical Handbook to the Epistles of St. Paul to the Thessalonians*, trans. P. J. Gloag (Edinburgh: T & T Clark, 1880), 123.

74. Best, *A Commentary on the First and Second Epistles to the Thessalonians*, 176.

75. Jewett, *The Thessalonian Correspondence: Pauline Rhetoric and Millenarian Piety*, 122.

着帖撒罗尼迦人有不少是来自工匠阶层。

总之，鉴于帖撒罗尼迦城是个商业中心和大都市，生活成本极为昂贵，帖撒罗尼迦人可能像保罗一样，为谋生而昼夜工作。[76] 保罗劝勉帖撒罗尼迦人应当爱众人，包括非信徒，并追求良善，尤其是要务正业和避免多管闲事。为了不让自己成为社会的负担的正确途径，就是继续劳作。[77] 迪凯（Dickey）将第一世纪的经济和社会情况与帖撒罗尼迦书信的神学连接在一起。根据迪凯的研究，当时劳动阶层的经济地位每况愈下。这种困境既没有永久的缓解方法，也看不见有什么可以改变现状的盼望。因此，当保罗的福音带来了一个出自上帝的"新时代"的承诺的时候，广大的民众就很自然被吸引了过来。保罗末世论也许还包括"饥饿的得饱美食"和"卑贱的升高"之类的应许。[78]

正如其他的希腊罗马城市一样，神秘宗教在帖撒罗尼迦城中扮演了一个很重要的角色。单费德（Donfried）特别注意到酒神狄俄努索斯（Διόνυσος, Dionysus）的性行为和 4:3-8 所反映的情况之间的可能联系。他指出，保罗在这段的严厉警告，旨在尝试将帖撒罗尼迦信徒的行为从他们从前的异教徒生活脱离出来。因为这些不洁的行为当时还是非常活跃于该

---

76. Ernst von Dobschütz, *Christian Life in the Primitive Church, trans.*, Bremner, George（London: William Douglas, 1904）, 82; Evans, *Eschatology and Ethics: A Study of Thessalonica and Paul's Letters to the Thessalonians*, 90-91; Hock, *The Social Context of Paul's Ministry: Tentmaking and Apostleship*, 35.

77. Malherbe, *The Letters to the Thessalonians*, 65-66.

78. S. Dickey, "Some Economic and Social Conditions Affecting the Expansion of Christianity", in Shirley Jackson Case（ed.）, *Studies in Early Christianity*（New York and London: The Century Co. Dodd, C. H., 1934）, 393-416.

城的各种神秘宗教的崇拜中。[79] 在帖撒罗尼迦的神秘宗教崇拜中，卡比露教（Cabirus）最具该城宗教生活的特征。文化历史学家们普遍地接受了卡比露教在帖撒罗尼迦到处存在的证据，表明它不仅是最有特色的，而且也是该城宗教环境占最重要地位的。[80]

从外表来看，卡比露教的神秘和它的虔诚架构似乎与当时的基督教运动有些类似之处。该教所崇拜的对象，是帖撒罗尼迦的一位殉道英雄人物。他被他的兄弟谋杀之后，返回帖撒罗尼迦城市去帮助卑微和贫穷的人。跟随者相信卡比露可以为他们持守公义，提供安全，保护他们脱离各种危险。[81] 卡比露教的礼仪包括悔罪、洗礼，通过血的祭祀来纪念殉难之神卡比露的牺牲。[82] 英雄卡比露在下层社会中因此特别受欢迎，被视为末世救赎主。帖撒罗尼迦有一块铭碑，称卡比露为"最神圣的祖神"。[83] 卡比露钱币也可以见证帖撒罗尼迦人是非常沉迷于卡

79. Donfried, "The Cults of Thessalonians and the Thessalonian Correspondence", 341-342.

80. 参见 Edson, "Cults of Thessalonica（Macedonia III）", 153-204; B. Hemberg, *Die Kabiren*（Uppsala: Almqvist and Wiksells, 1950）, 106; Evans, *Eschatology and Ethics: A Study of Thessalonica and Paul's Letters to the Thessalonians*, 68; Winfried Elliger, *Paulus in Griechenland: Philippi, Thessaloniki, Athen, Korinth*（Stuttgart: Katholisches Bibelwerk, 1978）, 98; Donfried, "The Cults of Thessalonians and the Thessalonian Correspondence", 336-356。

81. A. D. Nock, "A Cabiric Rite", *American Journal of Archaeology* 45（1941）, 577-581, at 577.

82. Rex E. Witt, "The Kabeiroi in Ancient Macedonia", in B. Laourdas and C. I. Makaronas（eds.）, *Ancient Macedonia II: Papers Read at the Second International Symposium held in Thessaloniki*（2 vols.; Thessaloniki: Institute for Balkan Studies, 1977）, 2.72-73.

83. Edson, "Cults of Thessalonica（Macedonia III）", 193.

比露崇拜的，[84] 它也同时显示该教已经被纳入城市的体制中，甚至成了城市的宗教。卡比露教也就被确认为帖撒罗尼迦的城市之神。但这样一来，它也就失去了原有的宗教价值以及它与下层阶级的密切联系了。[85] 本来卡比露的主要角色是为那些以手工劳动为生计的人提供平等、援助和赈济的。可是，到了保罗的时代，卡比露却渐渐地被统治阶级利用，使得帖撒罗尼迦的劳动者和劳动也因此慢慢地失去了一个可靠的保护神。城市社会也就出现了一个宗教的真空。这也许就解释了保罗所传的福音为何那么快就被虔诚的帖撒罗尼迦人所接受。因为基督给他们带来了一个新的和更可靠的盼望。[86]

2．书信分析

《帖撒罗尼迦前书》的分析可以分为三个类别：文学形式分析，主题分析和形式评鉴。文学形式分析主要是涉及书信的结构，书信主体的详细研究，以及书信的特征（如信的开始和结语）。主题分析注重书信本身公式化的主题（epistolary, *topoi*），比如友谊、安慰或劝勉。形式评鉴（form criticism）主要是对口头形式进行分析，比如礼仪和劝勉的公式已被合并在书信中

84. Witt, "The Kabeiroi in Ancient Macedonia", in Laourdas and Makaronas（eds.），*Ancient Macedonia II: Papers Read at the Second International Symposium held in Thessaloniki*, 2.67-80; H. L. Hendrix, *Thessalonians Honor Romans*（ThD diss., Harvard 1984），154; Edson, "Cults of Thessalonica（Macedonia III）", 190-192.

85. Evans, *Eschatology and Ethics: A Study of Thessalonica and Paul's Letters to the Thessalonians*, 71.

86. 参见 Jewett, *The Thessalonian Correspondence: Pauline Rhetoric and Millenarian Piety*, 126-132。

成为书写的形式。[87]

由于《帖撒罗尼迦前书》被普遍视为现存的保罗书信中最早的一封书信，该书的文学体裁和形式受到学者的格外重视。部分学者把《帖撒罗尼迦前书》的书信体裁定为"安慰信函"。[88]一些学者则认为，《帖撒罗尼迦前书》的书信体裁是"劝勉信函"[89]和"友谊信函"。[90]按照古代信函的标准，友谊在信件中是首要的，它构成了古代书信的一个重要类型。伪德米特里（Pseudo-Demetrius）在书信手册中将"友谊书信"列在二十一种书信类型的首位。

《帖撒罗尼迦前书》按信首的常规开始。它由三个元素组成：1）发件人（*superscriptio*, sender）——"保罗，西拉，提摩太"；2）收件人（*adscriptio*, addressee）——"写信给帖撒罗尼迦在父神和主耶稣基督里的教会"；3）问候（*salutatio*,

---

87. Donfried, "1 Thessalonians", 511.

88. Bruce C. Johanson, *To all the Brethren*: A *Text-Linguistic and Rhetorical Approach to 1 Thessalonians* (ConBNT 16; Stockholm: Almqvist & Wiksell, 1987), 165-166, 189; Donfried, "The Theology of 1 Thessalonians as a Reflection of Its Purpose", in M. P. Horgan and P. J. Kobelski (eds.), *To Touch the Text, Festschrift J. A. Fitzmyer* (New York: Crossroad, 1989), 243-260; A. Smith, *Comfort One Another: Reconstructing the Rhetoric and Audience of 1 Thessalonians* (Louisville, KY: Westminster John Knox Press, 1995), 42-60. See also Juan Chapa, "Is First Thessalonians a Letter of Consolation?", *NTS* 40 (1994), 150-160.

89. Malherbe, "Exhortation in First Thessalonians", *NovT* 25 (1983), 238-56; idem, "Hellenistic Moralists and the New Testament", *ANRW* 2.26.1 (1992), 267-333, at 292; Lyons, *Pauline Autobiography: Toward a New Understanding*, 186-87, 218-219. Stowers, *Letter Writing in Greco-Roman Antiquity*, 96; Aune, *The New Testament in Its Literary Environment*, 186. Wanamaker, *The Epistles to the Thessalonians: A Commentary on the Greek Text*, 60-61.

90. Fee, *The First and Second Letters to the Thessalonians*, 4; Johannes Schoon-Janßen, "On the Use of Elements of Ancient Epistography in 1 Thessalonians", in Donfried and Beutler (eds.), *The Thessalonians Debate: Methodological Discord or Methodological Synthesis?*, 179-193, at 189-190.

greeting）——"愿恩惠平安归与你们"。保罗在此也同样沿用了希腊书信的风格，在结束信首问安之后，紧接着便是感恩祷告。舒伯特（Schubert）最早开始注重保罗书信中感恩的形式与功能的研究。他的结论是，通过对保罗书信中感恩的诠释，不难看出保罗是很严格地采纳了古代书信的形式和功能。[91] 舒伯特也尝试把保罗书信放在一个文学和文化模型内来研究保罗书信中的感恩。[92] 学者们意识到保罗书信中感恩形式的重要性之后，开始进一步扩大到探讨书信体的术语和公式。[93]

保罗书信的一个主要特征很明显是感恩，它紧随在收件人之后出现，并巧妙地通过感恩来介绍书信的主题。然而，《帖撒罗尼迦前后书》中的感恩却比较复杂。[94] 舒伯特认为，《帖撒罗尼迦前书》中的感恩不只是一般的"感恩"那么简单，而是包含着其他问题的（2:14-16）。[95] 学者们对《帖撒罗尼迦前后书》中出现的感恩形式也因此有不同的观点。有少数学者怀疑《帖撒罗尼迦前书》可能是由两封书信组成的。那就是，早期的一封书信（2:13—4:2）被插入到一封稍后的书信中（1:1—

---

91. Schubert, *Form and Function of the Pauline Thanksgivings*, 183.

92. David W. Pao, "Gospel within the Constraints of an Epistolary Form: Pauline Introductory Thanksgivings and Paul's Theology of Thanksgiving", in Stanley E. Porter and Sean A. Adams（eds.）, *Paul and the Ancient Letter Form*, 101-127, at 103.

93. Sanders, "The Transition from Opening Epistolary Thanksgiving to Body in the Letters of the Pauline Corpus", 348-362; J. H. Roberts, "The Eschatological Transitions to the Pauline Letter Body", *Neot* 20（1986）, 29-35; J. L. White, "Greek Documentary Letter Tradition Third Century B. C. E. to Third Century C. E.", *Semeia* 22（1982）, 89-106.

94. 帖前 1:2-10; 2:13-16; 3:9-13（or 3:9-10）; 帖后 1:3-12 or 1:3-4; 2:13-14. Cf. Jeffrey A. D. Weima & Stanley Porter, *An Annotated Bibliography of 1 and 2 Thessalonians*（NTTS 26; Leiden: Brill, 1998）, 82; Simpson Jr., "Letters to the Thessalonians", 936。

95. Schubert, *Form and Function of the Pauline Thanksgivings*, 23-26.

2:12 以及 4:3—5:28)。[96] 但这个观点却被大多数的学者拒绝。[97] 主张插段的学者提出了几个理由：1）2:13-16 这段经文与 2:12 和 2:17 的连接不太顺畅，而 2:12 与 2:17 连接比较吻合。2）很不寻常的语言以及第二个感恩的出现，并且还隐晦地暗示了公元 70 年耶路撒冷的被毁（"上帝的忿怒临在他们身上已经到了极处"）。这种强烈的反犹太人语调与《罗马书》9—11 章互相抵触。[98] 但坚持《帖撒罗尼迦前书》的完整性和保罗作者身份的真实性的学者们却指出，2:14 非常符合当时的历史和社会情况。书信在其他地方也提到"受难"的事（1:6; 2:2）。再者，2:14 中的"效法"（μιμητής, imitation）是保罗典型的表达方式，[99] 正如 2:15 的礼仪和教义的语言一样。最后，2:17 紧接在 16 节之后比在 12 节更加适合。[100]

---

96. Richard, *First and Second Thessalonians*, 11-19, 29-32; Murphy-O'Connor, *Paul: A Critical Life*, 104-110. Collins, "A Propos the Integrity of 1 Thes.", Ephemerides Théologiques et Lovanienses 55（1979）, 67-106, at 89-95; Jewett, *The Thessalonian Correspondence: Pauline Rhetoric and Millenarian Piety*, 33-36. 斯格特（Scott）假定"两封书信的重建"来自《帖撒罗尼迦前后书》，它们分别由西拉和提摩太大约在同一段时间所写。参见 Robert Scott, *The Pauline Epistles, A Critical Study*（Edinburgh, T. & T. Clark, 1909）, 215-233。希密塔尔斯（Schmithals）提出了一个不可能成立的理论。那就是假定《帖撒罗尼迦前后书》是由四封独立的书信组成的：1）帖后 1:1-12+3:6-16；2）帖前 1:1-2:12+4:3-5:28；3）帖前 2:13-14+2:1-12+2:15-3:5+3:17-18；4）帖前 2:13+4:2. Schmithals," Zur *Abfassung* und *altesten Sammlung* der *Paulinischen Hauptbriefe*", *Zeitschrift fur die neutestamentliche Wissenschqft* 51（1960）, 225-245。

97. Pearson, "1 Thessalonians 2:13-16: A Deutero-Pauline Interpolation", 79-94; Schmidt, "1 Thess 2:13-16: Linguistic Evidence for an Interpolation", 269-279.

98. Pearson, "1 Thessalonians 2:13-16: A Deutero-Pauline Interpolation", 79-94; Richard, *First and Second Thessalonians*, 17-19; Jewett, *The Thessalonian Correspondence: Pauline Rhetoric and Millenarian Piety*, 36-41; Hendrikus Boers, "The Form Critical Study of Paul's Letters: 1 Thessalonians as a Case Study", *NTS* 22（1975/76）, 140-158.

99. 林前 4:16; 11:1; 弗 5:1; 提前 1:6; 2:14。

100. Donfried, "Paul and Judaism: 1 Thessalonians 2:13-16 as a Test Case", *Int* 38（1984）, 242-253; Jewett, *The Thessalonian Correspondence: Pauline Rhetoric and Millenarian Piety*, 41.

保罗在其他书信中的开始和结尾的感恩是可以比较清楚辨认的。[101] 但在《帖撒罗尼迦前书》就没有那么明朗了。正如奥尼所提出的那样，保罗在《帖撒罗尼迦前书》1:2—3:13 中的表达似乎是比较类似某种的自我声明。这种情况当然也会出现在保罗的其他书信中。它一般是出现在书信的开始，紧接着便是感恩祈祷。[102] 但保罗在《帖撒罗尼迦前书》的自我声明却体现了修辞性的对立形式。[103]

奥柏仁认为，保罗在《帖撒罗尼迦前书》中的长篇感恩中，广泛地涉及保罗与收件人之间的亲密关系。[104] 按桑德斯（Sanders）的分析，保罗的感恩其实只限于 1:2-10；而 2:1—3:8 是叙事，然后又以感恩（3:9-10）作结束。这个结束概括了较早在 1:2-10 的感恩，也表达了保罗期望与帖撒罗尼迦信众再见面的心情（2:17）。[105] 舒伯特则认为，保罗的感恩是从 1:2 开始，延伸到 3:13。而 1:2—3:13 的感恩部分构成了整封书信的主体。用舒伯特的话来说："感恩就是书信本身"（the thanksing is the letter）。[106] 同样地，马尔伯（Malherbe）在其《帖撒罗尼迦前后书注释》一书中，也把 1:2—3:13 看作是保罗自传性的感恩祈祷部分，具有劝勉的功能。[107]

101. 腓 1:3-11；林前 1:4-9。

102. 罗 1:14-16a；林后 1:12-2:17；7:5-16；10:7-12:13；加 1:10-2:21；腓 1:12-26；3:2-14；帖前 2:1-12。只有在《哥林多前书》和《腓利门书》中，保罗没有提及自传声明。

103. Aune, *The New Testament in Its Literary Environment*, 190.

104. Peter T. O'Brien, *Introductory Thanksgivings in the letters of Paul*, 261.

105. Sanders, "The Transition from Opening Epistolary Thanksgiving to Body in the Letters of the Pauline Corpus", 355-356.

106. Schubert, *Form and Function of the Pauline Thanksgivings*, 26.

107. Malherbe, *The Letters to the Thessalonians*, 78.

奥柏仁归纳了《帖撒罗尼迦前书》中感恩的多种功能和目的。1）书信功能：它引进和展现了信件的主题。保罗在《帖撒罗尼迦前书》中，以感恩来替代信件给主体的正式介绍，并构成了信件的主体。2）教牧和使徒的关注：保罗的感恩表明了他对收件人的教牧性和使徒性的深切关注。[108] 虽然保罗为帖撒罗尼迦人的信心感到喜乐，他也同样清楚他们的问题和需要。帖撒罗尼迦会众通过保罗的祈祷，可以感受到保罗渴望会见他们的心情以及对他们灵性成长的关怀。与此同时，信众也应该可以因此认识到自己的问题。3）教导性功能：在《帖撒罗尼迦前书》的感恩中，保罗其实是已经展开了他的教导工作。保罗提醒教会他在开始建立教会时给予他们的教导。这里值得注意的是，教导的目的不仅表达在请求祈祷报告中，而且也在感恩报告中。4）劝勉性的目的：《帖撒罗尼迦前书》中的感恩祈祷可说是非常明智和巧妙地为保罗接下去的劝勉和忠告铺平了路。[109]

保罗在《帖撒罗尼迦前书》中，不但运用了传统的书信公式，而且还显示了保罗对书信术语的熟悉。不过，保罗最终还是按自己的目的和具创意的方式来使用传统的书信常规。[110]

第4—5章的内容，很明显是劝勉性的。4:13-17是保罗给教会的安慰。在古代，安慰也常被看作是劝勉（paraenesis）。4—5章的劝勉目的不但明显，其内容也是帖撒罗尼迦的信众

108.《帖撒罗尼迦前书》3:11-13:"愿神我们的父和我们的主耶稣一直引领我们到你们那里去。又愿主叫你们彼此相爱的心，并爱众人的心都能增长，充足，如同我们爱你们一样；好使你们当我们主耶稣同他众圣徒来的时候，在我们父神面前，心里坚固，成为圣洁，无可责备。"

109. O'Brien, *Introductory Thanksgivings in the letters of Paul*, 262.

110. 2:17-3:10; 4:9, 13. Malherbe, *The Letters to the Thessalonians*, 90.

所熟悉的（4:1, 2, 6, 11; 5:2）。信众其实是已经按保罗的教导去实践了。保罗在此给他们的勉励也是一个表扬和鼓励（4:1-2, 10b）。保罗在信中大量使用了书信的劝勉风格，可能是要针那些刚皈依基督的初信者。这些初信者在基督徒的行为方面，仍然需要更多的教导。因此，该信主要涉及的是行为问题。[111] 劝勉在此主要是指在道德伦理上的规劝。它的特征是动词的命令语气的使用。劝勉不只是保罗书信中的重要部分，也是其他新约圣经的一个主要课题。主题的论述展开之后，接下去的是 5:1-11 所关注的末世的问题。

3. 修辞分析

有些学者以修辞评鉴法来分析《帖撒罗尼迦前后书》的演说类型以及修辞演说的组成部分。[112] 游杰斯（Hughes）肯定了修辞在《帖撒罗尼迦前书》中的使用。[113] 肯尼迪认为，修辞分析的最终目标是发现作者的写作意图以及作者如何通过文字向观众转达他的信息。[114] 单费德（Donfried）特别兴趣于修辞评鉴

111. Malherbe, *The Letters to the Thessalonians*, 83-86.
112. Helmut Koester, "1 Thessalonians-Experiment in Christian Writing", in F. Church and T. George（eds.）, *Continuity and Discontinuity in Church History*（Leiden: E. J. Brill, 1979）, 33-44. F. W. Hughes, "The Rhetoric of 1 Thessalonians", in Raymond F. Collins（ed.）, *The Thessalonian Correspondence*（BETL 87; Leuven: Leuven University Press, 1990）, 94-116; cf. idem, *Second Thessalonians as a Document of Early Christian Rhetoric*（unpublished PhD dissertation: Northwestern University, 1984）. Glenn S. Holland, *The Tradition That You Received from Us: 2 Thessalonians in the Pauline Tradition*（Tübingen: Mohr Siebeck, 1988）.
113. Hughes, "The Rhetoric of 1 Thessalonians", in *The Thessalonian Correspondence*, 94-116. Cf. Wanamaker, "Epistolary vs. Rhetorical Analysis: Is a Synthesis Possible?", in Donfried and Beutler（eds.）, *The Thessalonians Debate: Methodological Discord or Methodological Synthesis?*, 255-286.
114. Kennedy, *New Testament Interpretation Through Rhetorical Criticism*, 12.

法所发现的所谓"说服的策略"。结果是有助于读信者能更准确地了解作者写信的目的以及他期望与会众沟通的意愿。这样的理解自然可以运用在《帖撒罗尼迦前书》的研究中。当然，也还有其他不同的见解和方法有助于《帖撒罗尼迦前书》更加协调和全面性的研究和探讨。[115] 柯林斯把《帖撒罗尼迦前书》理解为一个"演讲行为"（speech act），也即是"修辞行为"（rhetorical act）。[116]

修辞类型主要是根据亚里士多德的三种演说类型：法庭性的，审议性的，和褒贬性的。[117] 但奥贝赫特（Olbricht）却认为，《帖撒罗尼迦前书》不符合亚里士多德修辞演说的任何一种类型，并提出了"教会修辞"（church rhetoric）的一个新理念。[118] 然而，肯尼迪仍旧相信，《帖撒罗尼迦前书》是属于审议性的书信，主要注重劝告、说服及劝阻，关乎的是将来的事物，强调有何利弊。[119] 吉维特（Jewett）把《帖撒罗尼迦前书》归类为褒贬性的书信，因为它的内容集中在赞赏与责备的事物上。这也是一个向诸神感恩的传统。[120] 游杰斯（Hughes）和威瑟林顿

---

115. Donfried, "1 Thessalonians", 511.

116. R. F. Collins, "'I Command That This Letter Be Read': Writing as a Manner of Speaking", in Donfried and Beutler (eds.), *The Thessalonians Debate: Methodological Discord or Methodological Synthesis?*, 319-339.

117. Aristotle, *Rhetoric* 1.3.

118. Thomas H. Olbricht, "An Aristotelian Rhetorical Analysis of 1 Thessalonians", in David L. Balch, Everett Ferguson, and Wayne A. Meeks (eds.), *Greeks, Romans, and Christians: Essays Honor of Abraham J. Malherbe* (Minneapolis: Fortress, 1990), 216-236.

119. Kennedy, *New Testament Interpretation Through Rhetorical Criticism*, 142.

120. Jewett, *The Thessalonian Correspondence: Pauline Rhetoric and Millenarian Piety*, 71-78. Steven Walton, "What Rhetorical Criticism and 1 Thessalonians", *Tyndale Bulletin* 46 (1995), 229-250.

也同样认为，《帖撒罗尼迦前书》是属于褒贬性的修辞类型。[121] 至于《帖撒罗尼迦前书》的演说组成部分，学者们各自列出了自己的详细大纲。肯尼迪将《帖撒罗尼迦前书》划为五个组成部分：1）绪论（*exordium*, introduction）1:2-10；2）反驳（*refutatio*, refutation）2:1-8；3）叙事（*narratio*, narrative）2:9—3:13；4）论证（*confirmatio*, statement of arguments）4:1—5:22；5）结论（*peroratio*, conclusion）5:23-28。[122] 吉维特将它分为四个部分：1）绪论（*Exordium*）1:1-5；2）叙事（*narratio*）1:6—3:13；3）论证（*probatio*）4:1—5:22；4）结论（*peroratio*）5:23-28。[123] 游杰斯综合了修辞和书信分析的方法，将《帖撒罗尼迦前书》归纳为七个部分。但在游杰斯的大纲中，修辞明显地占优先地位。1）绪论（*exordium*, introduction）1:1-10：a）书信前言（epistolary prescript, 1:1），b）感恩祈祷（thanksgiving prayer, 1:2-10）；2）叙事（*narratio*）2:1—3:10；3）解释（*partitio*）3:11-13；4）论证（*probatio*）4:1—5:5；5）结论（*peroratio*）5:4-11；6）劝勉（*exhortatio*）5:12-22；7）总结：包括结语的祷告和问安（*conclusio*, epistolary conclusion）5:23-28。[124]

　　根据书信的形式和功能的分析，马尔伯（Malherbe）也给《帖撒罗尼迦前书》提供了一个大纲。1）问安（greeting, 1:1）；

121. Hughes, "The Social Situations Implied by Rhetoric", in Donfried and Beutler（eds.）, *The Thessalonians Debate: Methodological Discord or Methodological Synthesis?*, 252-253; Witherington, *1 and 2 Thessalonians: A Socio-Rhetorical Commentary*, 21.
122. Kennedy, *New Testament Interpretation Through Rhetorical Criticism*, 142-144.
123. Jewett, *The Thessalonian Correspondence: Pauline Rhetoric and Millenarian Piety*, 72-76.
124. Hughes, "The Rhetoric of 1 Thessalonians", 94-116.

2）自述（autobiography, 1:2-3:13）：a）感恩（1:2-3:10），b）结束祷告（concluding prayer, 3:11-13）；3）劝勉（exhortation, 4:1-5:22）；4）结语（final words, 5:23-28）。[125]

对保罗的第一封书信的这些完全不同的结构分析，表明了正在给予《帖撒罗尼迦前书》以及剩余的学术工作需要的显著的重新关注，以至于不同的见解和方法可能带入一个更加协调一致的整体。[126]

六、内容纲要

（1）问候（1:1）

（2）感恩（1:2—3:13）

  1）帖撒罗尼迦人的归信（1:2-10）

  2）保罗在帖撒罗尼迦的事奉（2:1-12）

  3）重申感恩（2:13）

  4）帖撒罗尼迦人所接受的上帝之道（2:13-14）

  5）保罗对探访的渴望（2:17—3:10）

    撒但的阻碍（2:17-20）

    提摩太的差派（3:1-5）

    提摩太带回来的报告（3:6-10）

  6）结束祷告（3:11-13）

（3）对帖撒罗尼迦人的劝勉（paraenesis, 4:1—5:22）

  1）劝勉前言（4:1-2）

---

125. Malherbe, *The Letters to the Thessalonians*, 78-79.
126. Donfried, "1 Thessalonians", 513.

2）身体的圣洁（4:3-8）

3）爱与工作伦理（4:9-12）

4）末世的劝勉（4:13—5:11）

　　主再来之前去世的信徒（4:13-18）

　　主的日子（5:1-11）

5）给群体的劝勉（5:12-22）

　　教会成员之间的教牧关怀（5:12-15）

　　凡事持谨慎的态度（5:16-22）

（4）结语（5:23-28）

II 《帖撒罗尼迦后书》

一、作　者

　　《帖撒罗尼迦后书》的作者问题也同样有一些争议。它不像《帖撒罗尼迦前书》那样被广泛地认为是出于使徒保罗的。事实上，除了教牧书信和《以弗所书》以外，《帖撒罗尼迦后书》是保罗书信中最受质疑的一封书信。贝斯特尝试解释问题的争议所在。其中有一点是：如果只有《帖撒罗尼迦后书》的存在，也许很少学者会去怀疑它是出自于保罗。可是，当"后书"与帖撒罗尼迦"前书"放在一起的时候，质疑就出现了。《帖撒罗尼迦后书》与《帖撒罗尼迦前书》两者之间不仅在词语和概念上，而且也在书信的总体结构上，有很大的相似之处。《帖撒罗尼迦前后书》又有别于其他保罗书信的形式。与前书相比，后书似乎是缺少了亲切和个人的语调。它的教导，特别是在有关末世论方面，似乎也与前书不太一致。[127] 以下是对后书作者身份质疑的分析以及它最终又为何被多数的新约学者接受为保罗的真实作品。

尽管包尔和少数学者在19世纪就开始对《帖撒罗尼迦后书》的作者身份提出质疑，多数学者仍旧认为保罗是该信名副其实的作者。到了20世纪70年代，德国学者特瑞林（Thrilling）不接受保罗为该信作者的论点，在一定的程度上改变了研究和探讨的情况和方向。特瑞林试图从《帖撒罗尼迦后书》的风格、词语和神学来说明该书信是伪造品。[128] 自从特瑞林的论点提出后的十多年间，伪造的假设仍旧有不少的支持者。[129] 拜黎（Bailey）可说是不受特瑞林影响的一位学者。他认为，《帖撒罗尼迦后书》可能是写于第一世纪的最后十年，主

---

127. Best, *A Commentary on the First and Second Epistles to the Thessalonians*, 37.

128. W. Trilling, *Untersuchungen zum zweiten Thessalonicherbrief* (Eth St 27; Leipzig: St. Benno, 1972). 参见 Charles Masson, *Deux Epîtres de saint Paul aux Thessaloniciens* (Paris: Delachaux & Niestle, 1957); Andrew Queen Morton & James McLeman, *Christianity and the Computer* (London: Hodder and Stoughton, 1964)。

129. F. Laub, *Eschatologische Verkündigung und Lebensgestaltung nach Paulus* (Regensburg: Pustet, 1973), 96-119, 146-157; P. Vielhauer, *Geschichte der urchristlichen Literatur: Einleitung in das Neue Testament, die Apokryphen und die Apostolischen Voter* (Berlin: de Gruyter, 1975), 252-257; Gerhard Friedrich, "Der Zweite Brief an die Thessalonicher", in *Die Briefe an die Galater, Epheser, Philipper, Kolosser, Thessalonicher und Philemon* (NTD 8; 14th ed.; Göttingen: Vandenhoeck & Ruprecht, 1976), 205, 225; Gerhard Krodel, "2 Thessalonians", in J. Paul Sampley, Joseph A. Burgess, Gerhard A. Krodel, and Reginald H. Fuller (eds), *Ephesians, Colossians, 2 Thessalonians, The Pastoral Epistles* (Proclamation Commentaries; Philadelphia: Fortress, 1978), 73-96, at 77; Koester, *Introduction to the New Testamen: History and Literature of Early Christianity*, 2:241-246; W. Marxsen, *Der zweite Brief an die Thessalonicher* (ZBK 11.2; Zürich: Theologischer Verlag, 1982).

要是反对诺斯替主义关于复活的事已经实现了的观点。[130] 正如马肖尔（Marshall）所观察的那样，自从 20 世纪 70 年代初以来，不认同《帖撒罗尼迦前后书》是可靠作品的观点似乎成了一个潮流。[131] 柯仁兹（Krentz）以《帖撒罗尼迦前后书》之间不同的风格和修辞为理由，肯定后书不是保罗的著作。[132] 有学者相信《帖撒罗尼迦后书》不是出自保罗的手笔，而是后人以《帖撒罗尼迦前书》作为范本写成的。[133] 这种假设主要是基于《帖撒罗尼迦后书》中出现那些与前书极为相似的用语和结构。[134] 另一方面，也有人强调两书之间的相异之处来假设后书不是保罗的著作。例如：语调的不同，前书显示作者与收信人之间的亲密关系，而后书的语气却似乎缺乏了保罗一贯的个人性。末世论的问题也成了学者们争议的焦点。前书所描述主再来的日子似乎是迫在眉睫（5:1-4）；而后书却只提到主再来的征兆（2:1-4）。

---

130. John A. Bailey, "Who Wrote II Thessalonians?", *NTS* 25（1978/79），131-145, at 142.

131. I. Howard Marshall, *1 and 2 Thessalonians*（NCB; Grand Rapids: Eerdmans, 1983），29.

132. Edgar Krentz, "A Stone That Will Not Fit: The Non-Pauline Authorship of II Thessalonians"（a paper circulated among members of the Society Biblical Literature Seminar on the Thessalonian Correspondence, Dallas, December 1983）. 游杰斯（Hughes）和郝兰德（Holland）也提出了《帖撒罗尼迦后书》不真实性的假设。参见 Hughes, *Second Thessalonians as a Document of Early Christian Rhetoric*（unpublished PhD dissertation: Northwestern University, 1984）; Holland, *The Tradition That You Received from Us: 2 Thessalonians in the Pauline Tradition*。

133. Marshall, *1 and 2 Thessalonians*, 28-45.

134. 相似的用语：帖前 1:1（对照帖后 1:1）；帖前 1:3（帖后 1:3-4; 11）；帖前 1:4（帖后 2:13）；帖前 2:9（帖后 3:8）；帖前 4:1（帖后 3:1）；帖前 4:5（帖后 1:8）；帖前 5:23 "亲自"（αὐτὸς, 帖后 2:16; 3:16）帖前 5:28（帖后 3:18）。另外两个希腊词只出现在帖撒罗尼迦前后书信中：帖前 3:11 "引领"（κατευθύναι, 帖后 3:5）；帖前 5:14 "不守规矩的人" 和帖后 3:6, 11 的 "不按规矩" 是源自同一个希腊字根（τάσσω）。相似的结构：信首常规——问候（同样的作者与收件人，帖前 1:1 和帖后 1:1）；两个感恩（帖前 1:2; 2:13; 帖后 1:3; 2:13）；祈祷（帖前 3:11-13; 帖后 2:16-17）；讨论的主题之一——主再来（帖前 4:13-5:11; 帖后 2:1-12）；以及有人不守规矩，拒绝做工（帖前 5:12-15; 帖后 3:6-15）。

希密德（Schmidt）甚至相信，两封书信的风格与《以弗所书》和《歌罗西书》相似，四封书信皆非保罗所作。[135]

那些支持保罗为该书作者的学者们也提出有力的辩护论据。[136] 1）两书的相似与相异之处：保罗写了《帖撒罗尼迦前书》的几个月之后，又收到有关帖撒罗尼迦教会情况恶化的消息。保罗于是就在同一地点（哥林多）写了《帖撒罗尼迦后书》。时间大约是在公元 51 年初。西拉和提摩太当时仍与保罗在一起。由于两封书信是在较短的时间内相继写给同一群会众，[137]

---

135. D. D. Schmidt, "The Syntactical Style of 2 Thessalonians: How Pauline is it?", in Raymond F. Collins（ed.）, *The Thessalonians Correspondence*, 383-393.

136. G. Milligan, *Saint Paul's Epistles to the Thessalonians*（London: Macmillan, 1908）, vi, ix, 448; Leon Morris, *The First and Second Epistles to the Thessalonians*（The New International Comuentary; Grand Rapids: Eerdmans Publishing Co., 1959）; A. F. J. Klijn, *An Introduction to the New Testament*（Leiden: Brill, 1967）; Murphy-O'Connor, *Paul: A Critical Life*, 111. Malherbe, *The Letters to the Thessalonians*, 349-375; Green, *The Letters to the Thessalonians*, 59-60; Bruce M. Metzger, *The New Testament: Its Background, Growth, and Content*（3rd ed.; Nashville: Abingdon Press, 2003）, 255; G. K. Beale, *1 and 2 Thessalonians*（IVP New Testament Commentary; Downers Grove, IL: InterVarsity, 2003）; C. R. Nicholl, *From Hope to Despair in Thessalonica: Situating 1 & 2 Thessalonians*（SNTSMS; Cambridge: Cambridge University Press, 2004）; Ivor H. Jones, *The Epistles to the Thessalonians*（Peterborough: Epworth Press, 2005）; Witherington, *1 and 2 Thessalonians: A Socio-Rhetorical Commentary*. 参见冯荫坤，《帖撒罗尼迦后书》（香港：天道书楼，1990）。张达民、郭汉成、黄锡木，《情理之间持信道：加拉太书、帖撒罗尼迦前后书析读》（香港：基道出版社，2003）。彼得·郭尔迪，《歌罗西书，帖撒罗尼迦前后书，提摩太前后书，提多书，腓利门书》（台北市：校园书房，2007）。罗斯顿，《帖撒罗尼迦前后书，提摩太前后书，提多书，腓利门书》（台南：人光出版社，2003）。约翰·斯托得，《帖撒罗尼迦前后书》（台北：校园书房，1999）。

137. 为维护保罗的作者身份，同时又试图解释两书之间的相似和差异之处；哈奈柯（Harnack）建议前书是保罗写给帖撒罗尼迦教会中的外邦信徒；而后书则针对于该教会中的犹太信徒。艾黎丝（Ellis）的假设是，前书是保罗写给全体会众；后书则仅限于他的同工。但他们的观点很少得到其他学者的赞同。参见 Adolf von Harnack, "Der Problem des zweiten Thessalonicherbriefes", in *Sitzungesberichte der königlichen preussischen Akademie der Wissenschaften zu Berlin 31*（1910）, 560-578; E. E. Ellis, "Paul and His Co-Workers", *NTS* 17（1970-1971）, 440-451。

它们面对的问题，所用的语言、结构以及观念都很相似，其实是不足为奇的。再者，两书的用语、风格以及神学思想都很明显是源自保罗的。有些学者还认为，保罗在写后书之前，也可能重新阅读过前书的副本或至少对前书的内容记忆犹新。[138] 至于保罗在两封书信中的末世论教导，实际上并没有一些学者们所假设的不协调之处，只是两封信前后针对的问题和侧重点不太相同而已。保罗的前书是针对一群初信者；他因此在前书中特别教导信徒要随时预备主来的日子，因为那日子是无人可以预测的。但在后书中，保罗所要处理的严重问题是，有人在教会中大肆传播主的日子就要到来的谣言，导致了会众内心的惊慌和信心的摇动。保罗警戒他们要保持冷静，不要轻信那些假教导。因为主来的日子以前必有预兆显现，诸如"离道反教的事，并有那大罪人，就是沉沦之子……抵挡主，高抬自己……甚至坐在上帝的殿里，自称是上帝"（帖后 2:3-4）。保罗还在 3:5 提醒他们说，他在帖撒罗尼迦城的时候，就已经教导了信众有关主再来之前将要发生的事。2）语调的改变：《帖撒罗尼迦后书》与前书在语调上似乎不完全相同，只是这意味情况已经有所改变。这也就说明保罗的权威在后书中似乎是比较强烈地表达了出来。《帖撒罗尼迦后书》显然是在驳斥和尝试纠正教会中对基督再来的一些严重的错误观点。可是，学者们却在教导的根源这个问题上有争议。有些把错误的观点归咎于保罗自

---

138. Theodor Zahn, *Introduction to the New Testament*, trans. M. W. Jacobus *et al.*,
（Edinburgh: T & T Clark, 1909），1.249-250; Stephen Neill, *The Interpretation of the New Testament 1861-1961*（London: Oxford University Press, 1964），xxiii.

己早期的教导。其他则认为错误的教导是来自教会本身。尽管两封书信非常类似，后书的目的显然是与前书不太相同的，[139] 因为它处理的问题也与前书不完全一样。此外，令使徒保罗感到极为震惊的是，他的会众竟然如此迅速地在"等候主再来"这个信念上动摇了。这也无形中暗示保罗在写后书时的心情是非常沉重的，他的语气也变得比较严厉。[140] 不过，两卷书信的语调差异并不像有些学者夸张的那样严重。3）外证：《帖撒罗尼迦后书》不仅在新约书信中现存的最早和完整的蒲草纸𝔓[46] 抄本（Papyrus Chester Beatty II，约公元 200 年）以及拉丁和叙利亚译本被发现，而且还被列入马吉安正典（Marcion Canon）和穆拉多利正典（Muratorian Canon）的保罗书信目录中。同时，《帖撒罗尼迦后书》在早期教父著作中的引用也是显而易见的。例如：安提阿的伊格纳修（Ignatius），士每拿的主教波利卡普（Polycarp），殉道者游斯丁（Justin Martyr），里昂的主教爱任纽（Irenaeus of Lyon）。以上这些外证显示《帖撒罗尼迦后书》很早就得到大公教会普遍的接受。[141] 最后，在保罗的书信中，有五封信函在结尾部分都有保罗个人的"亲笔签名问候"。保罗在《帖撒罗尼迦后书》3:17 也特别关注他的"签名"，强调这封信是他

---

139. Jewett, *The Thessalonian Correspondence: Pauline Rhetoric and Millenarian Piety*, 17.

140. 对比之下，保罗在写前书时，因着提摩太带来有关信众成长以及会众想念他的好消息而情绪激昂。但后书的处境已有很大的变化。伯尼曼（Bornemann）认为，保罗在写后书时，可能同时面对哥林多教会出现的复杂问题，所以情绪较为低落。参见 George Gillanders Findlay, *The Epistles to the Thessalonians; with Introduction, Notes and Map*（Cambridge: University Press, 1925），xlix; R. H. Walker, "The Second Epistle of Paul to the Thessalonians", in *The International Standard Bible Encyclopedia*, 5:2968。

141. Green, *The Letters to the Thessalonians*, 59-60.

自己写的。[142]

二、《帖撒罗尼迦前后书》的次序

有少数学者提出《帖撒罗尼迦后书》先写于《帖撒罗尼迦前书》的可能性。他们提出了以下几个理由。首先，《帖撒罗尼迦后书》描述该城的基督徒正处于逼迫患难之中（1:4-7），而《帖撒罗尼迦前书》给人的印象是，信徒已经历了患难（1:6；2:14；3:3）。其次，保罗在《帖撒罗尼迦后书》的亲笔签名，似乎表明他是先写此信的。不但如此，前书很可能是在回答一些后书所提出的问题。再者，圣经目录的排列之所以将前书置于后书之先，可能是由于前书的篇幅比后书长的缘故。最后，《帖撒罗尼迦后书》的内容似乎比较符合前书 3:1-5 保罗差派提摩太前往帖撒罗尼迦城的背景。保罗在后书 2:1-12 已经涉及了有关主的日子的教导，所以在前书 5:1 就不必再论及此事，而前书的末世论也似乎比后书更成熟。[143] 但多数学者仍旧接受帖撒罗尼迦前后书在新约经典中的先后次序。在谷瑟瑞（Guthrie）看来，所有关于后书先于前书的观点都缺乏说服力。[144] 贝斯特（Best）还进一步断言，所有撰写《帖撒罗尼迦后书》的注释者，都不认为它是在前书之前完成的。[145] 保罗在前书

142. Metzger, *The New Testament: Its Background, Growth, and Content*, 255.

143. Zahn, *Introduction to the New Testament*, 1.241; T. W. Manson, "St. Paul in Greece: The Letters to the Thessalonians", *BJRL* 35（1952-53），428-447; R. Gregson, "A Solution to The Problems of the *Thessalonian* Epistles", *The Evangelical Quarterly* 38.2（1966），76-80; J. C. Hurd, *Interpreter's Dictionary of the Bible*, 5.901; Wanamaker, *The Epistles to the Thessalonians: A Commentary on the Greek Text*, 37-45.

144. Guthrie, *New Testament Introduction*, 577.

145. Best, *A Commentary on the First and Second Epistles to the Thessalonians*, 45.

所担心的迫害，主的再来以及拜偶像等问题，到了后书似乎已经变得更加严重。吉维特（Jewett）对帖撒罗尼迦前后书正典次序作出了合理的解释：[146] 1）关于先前的信——《帖撒罗尼迦前书》并没有提及先前写过任何的书信给该教会。《帖撒罗尼迦后书》却提到了三次。第一次是 2:2 "有冒我名的书信"；[147] 第二次是 2:15 "凡所领受的教训，不拘是我们口传的，是信上写的，都要坚守"。该句使用的希腊动词是过去不定时被动式动词，即"领受的"或"被教导的"（ἐδιδάχθητε, you were taught），表明它是指先前的一封信。[148] "口传"和"信"的表达形式是由相同的连词"εἴτε...εἴτε"（either...or）结构组成。[149] 第三次提到另一封信是 3:17，保罗在此特别声明是他自己的手在信中签名的，并且"凡我的信"都应该有如此的印证（authentication）。保罗在这里暗示会众如今至少收过一封由保罗先前所写的信。保罗在前书 5:27 的信尾问候中所提到的亲手签名也符合后书 3:17 的要求。[150] 此外，《帖撒罗尼迦后书》也提及了前书所包含的一些详细信息。2）至于迫害的问题，帖撒罗尼迦前后书其实都提到了迫害。这里所涉及的，也许是一个修辞与用字的问

---

146. Jewett, *The Thessalonian Correspondence: Pauline Rhetoric and Millenarian Piety*, 26-30.

147. 吉维特（Jewett）的结论是，这里不是指伪造信，而是指《帖撒罗尼迦前书》被撒罗尼迦人的误读或曲解。

148. F. F. Bruce, *1 & 2 Thessalonians*（WBC vol. 45; Dallas: Word Books, 1982），xli; Ernst von Dobschütz, *Die Thessalonicher-Briefe*, ed., Ferdinand Hahn, Reprint of the 1909 edition with a bibliography by O. Merk（Göttingen: Vandenhoeck & Ruprecht, 1974），301.

149. Jewett, *The Thessalonian Correspondence: Pauline Rhetoric and Millenarian Piety*, 27.

150. Bruce, *1 & 2 Thessalonians*, 135.

题。保罗在后书 1:4-7 是指他们的迫害经历作为上帝末世审判的标志，并以此表明帖撒罗尼迦信徒的真实信心。在后书 1:8-10，保罗相信那些迫害信徒者将会得到上帝的报应。《帖撒罗尼迦后书》则没有涉及这一点。保罗所关注的，是会众之间的派系之争，世界末日的观点，以及如何把迫害看作是属于新时代，而不是旧时代的标志等。相比之下，保罗在《帖撒罗尼迦前书》给了迫害的末世意义一个较详细的解释。[151] 马尔伯（Malherbe）的总结是：保罗在哥林多写了《帖撒罗尼迦前书》之后不久，又在同样的地点写了《帖撒罗尼迦后书》，约在公元 51 年左右。西拉和提摩太当时也与保罗在一起。保罗所听到的帖撒罗尼迦情况包括：信徒因为迫害而沮丧；有关主再来的错误教导让信徒深感到不安；有些人拒绝做工，终日游手好闲。为了回应这些问题，保罗便写了一封教牧和劝勉的信。该信既有鼓励，也有警戒。保罗在《帖撒罗尼迦后书》继续向所有在帖撒罗尼迦的信徒问候及表达关怀，正如他在《帖撒罗尼迦前书》所写的一样。这群会众是在保罗带领下归信基督的。他们之前已经听到了《帖撒罗尼迦前书》的公开宣读，进一步明白保罗有关主再来的诠释和教导。因此，在写《帖撒罗尼迦后书》时，保罗就没必要再重复《帖撒罗尼迦前书》的内容了。[152]

---

151. Wayne A. Meeks, "Social Functions of Apocalyptic Language in Pauline Christianity", in D. Hellholm（ed.）, *Apocalypticism in the Mediterranean World and the Near East: Proceedings of the International Colloquium on Apocalypticism, Uppsala, August 12-17, 1979*, 697-699.

152. Malherbe, *The Letters to the Thessalonians*, 361-364.

三、帖撒罗尼迦书信中的保罗神学

在新约的研究中，学者们对统一性和多样性的问题愈来愈感兴趣，包括保罗个别书信中的独特的神学。[153] 有些学者把

153. Dunn, *Unity and Diversity in the New Testament*；参见 R. Morgan, *The Nature of New Testament Theology*（London: SCM/Naper-ville: Allenson. 1973）; G. Strecker（ed.）, *Das Problem der Theologie des Neuen Testaments*（Darmstadt: Wissenschaftliche Buchgesellschaft, 1975）; G. Hasel, *New Testament Theology: Basic Issues in the Current Debate*（Grand. Rapids: Eerdmans, 1978）; H. Boers, *What Is New Testament Theology?*（Philadelphia: Fortress, 1979）; Dunn and J. P. Mackey, *New Testament Theology in Dialogue*（London: SPCK, 1987）; John R. Donahue, "The Changing Shape of New Testament Theology", *Theological Studies* 50（1989）, 314-335; R. P. Martin, "Center of Paul's Theology", in *DPL*, 92-95; Joseph Plevnik, "The Center of Pauline Theology", *CBQ* 51（1989）: 461-478; Peter Stuhlmacher, *How to Do Biblical Theology*（PTMS 38; Allison Park, Penn.: Pickwick, 1995）; Victor Paul Furnish, "On Putting Paul in His Place", *JBL* 113（1994）, 3-17; A. J. M. Wedderburn, "Paul and 'Biblical Theology'", in S. Pedersen（ed.）, *New Directions in Biblical Theology*（NovTSup 76; Leiden: Brill, 1994）, 24-46; Dunn, "Prolegomena to a Theology of Paul", *NTS* 40（1994）, 407-432; Dunn, "In Quest of Paul's Theology: Retrospect and Prospect", in E. E. Johnson and D. M. Hay（eds.）, *Pauline Theology. IV. Looking Back, Pressing On*（Atlanta: Scholars Press, 1997）, 95-115; Dunn, *The Theology of Paul the Apostle*（Grand Rapids: Michigan/. Cambridge, U. K.: William B. Eerdmans Publishing Company, 1998）; E. Lohse, "Changes of Thought in Pauline Theology? Some Reflections on Paul's Ethical Teaching in the Context of His Theology", in E. H. Lovering and J. L. Sumne,（eds.）, *Theology and Ethics in Paul and His Interpreters: Essays in Honor of Victor Paul Furnish*（Nashville: Abingdon, 1996）, 146-160。参见 F. F. 布鲁斯，《使徒保罗与保罗神学》（香港：国际圣经协会，2002）。I. H. 马歇尔，《马歇尔新约神学》（美国：麦种传道会，2006）。T. R. 史瑞纳，《新约神学：在基督里尊神为大》（美国：麦种传道会，2014）。邓恩在《新约神学导论》一书中清楚地阐明以下几点。1）新约作者继承了希伯来圣经和七十士译本的遗产。2）旧和新约的正典经文为新约神学提供内容。提醒学者们留意，新约作者在处理许多议题时都是与第二圣殿时期犹太教作出互动。因为，若只通过旧和新两约之间的文献来认识犹太教，便不能完全领悟新约作者所提出的神学观点和主张。3）新约神学必须采用历史批判的进路，来处理它所提出的文献。因为经文本身具有历史的独特性——它们是在特定的处境中写成，也是为那处境而写的。这些处境决定了写成该著作的用语和主题。新约的用语是公元1世纪地中海的希腊用语，认识希腊文的词汇、文法和习语因此是非常重要的。与此同时，理解该著作的历史背景与处境，将有助于理解其中的（转下页）

保罗书信中的某些作品划为"第二保罗书信"（deutero-Pauline letters）。主要的原因之一，是学者们自己所假设的神学差异。其他学者也尝试去探索保罗书信中的思想发展阶段。最基本和简单的方法，就是将保罗的书信按时间顺序排列起来。[154] 由于帖撒罗尼迦书信被公认是保罗书信中最早的作品，两封书信中的神学也就受到学者们格外的重视。[155] 通过帖撒罗尼迦前后书这两封早期的保罗书信与他后期书信的比较，学者们普遍认为，帖撒罗尼迦书信中所显示的，是保罗的早期神学思想。这思想在后期的保罗书信中有着重要的发展；而那些被视为保罗后期的神学概念只出现在他的后期作品中。雷斯纳（Riesner）则强调，保罗的写作内容完全取决于它当时的处境。因此，《帖撒罗尼迦前书》中的神学，是保罗针对会众当时之需所表达的牧者关怀。它因此并不意味着这是保罗神学"发展"的"初级阶段"。雷斯纳的观点是非常合理的。[156]

表面上看来，帖撒罗尼迦书信似乎是缺乏"典型"的保罗神学观念。例如，帖撒罗尼迦书信有关保罗作为使徒身份的资

（接上页）修辞，以及作者为何用那种方式去表达其中的叙事和教导，讨论和劝勉。要避免把针对某个特定处境和只适用于那处境的教导普遍化。值得注意的是，将这些文献列为正典，并不表示要把所有独特性转化成普遍性。邓雅各，《新约神学导论》（香港：天道书楼，2012），331-332。

154. C. H. Dodd, *New Testament Studies*（Manchester: Manchester University Press, 1953）; W. L. Knox, *St Paul and the Church of the Gentiles*（Cambridge: Cambridge University Press, 1961）; R. Jewett, *Paul's Anthropological Terms: A Study of Their Use in Conflict Settings*（Leiden: Brill, 1971）; J. W. Drane, *Paul Libertine or Legalist? A Study in the Major Pauline Epistles*（London: SPCK, 1975）.

155. I. Howard Marshall, "Pauline Theology in the Thessalonian Correspondence", in M. D. Hooker & S. G. Wilson（eds.）, *Paul and Paulinism: Essays In honour C. K. Barrett*（London: SPCK, 1982）, 173-183.

156. Riesner, *Paul's Early Period: Chronology, Mission Strategy, Theology*, 394-403.

料几乎都没出现。这主要是因为保罗的使徒身份在帖撒罗尼迦并没有受到质疑。《帖撒罗尼迦后书》的争论点不是保罗的使徒权威问题，而是教会中一些严重的错误教导，包括信徒对主再来的猜测。与此同时，罪的问题在书信中似乎不太受到关注，罪这个词语（ἁμαρτία）只出现在《帖撒罗尼迦前书》2:16。那是指犹太人拒绝福音的罪。保罗所关注的，并不是会众的罪行，[157] 而是他们的灵性的长进。保罗也只有在一处警告信徒要远避淫行（4:1-8）。此外，在帖撒罗尼迦前后书中，保罗与犹太化信徒的争议也几乎完全没有出现。割礼、免受割礼、律法、行为、自夸、因信称义和自由等极富争议的神学课题，都没有提及。上述这些神学课题确是在《加拉太书》《罗马书》和《哥林多前后书》等书信中占核心地位的。必须一提的是，尽管这些神学课题没有在帖撒罗尼迦书信中出现，这并不意味着这些课题对保罗不重要。

在帖撒罗尼迦书信中，可以发现许多保罗在其他书信中常见的词语和特征。例如，基督称号的使用，以及"耶稣""基督""主"这些称号的组合。句子如"基督替我们死"和"基督死而复活"（帖前 5:10; 4:14）等，都是"典型"的保罗语言，用以表达救恩的基础和复活的盼望。[158] 基督的权能也通常是与上帝连在一起的。[159] 帖撒罗尼迦书信中还出现了一些在其他

---

157. 只有在前书 5:22 提到禁戒他们不做恶事，以及后书 3:2 脱离无理之恶人的手。

158.《帖撒罗尼迦前书》其实已经传达了有关十字架和因信称义等关键的信息。只是与其他的保罗书信相比，它没有那样明显而已。参见 M. Hengel & A. M. Schwemer, *Paul Between Damascus and Antioch*（London: SCM, 1997），302-307。

159. 帖前 1:1; 3:11-13; 5.28; 帖后 1:2; 3:3-5; 3:16, 18。

书信中常见的保罗词语，例如，"在基督里／在主里／在他里"等。[160] 基督的权能也通常是与上帝连在一起的。基督徒的经历主要是体现在信、望和爱上面。那样的组合（帖前 1:3；5:8）很可能就源于保罗之前，结果广泛地出现在保罗和其他新约的书卷中。收件人被简称为"信主的人"也是一个熟悉的保罗的表达方式。[161] 帖撒罗尼迦前后两封书信也有不少有关伦理方面的教导，其内容与其他的保罗书信也大致一样，并以同样的方式体现出来。[162]

两封书信的显著特色除了频繁使用第一人称复数的形式以外，还包括"主再来"的教导。前后两封书信都强调了"主再来"（παρουσία）这个主题。[163] 保罗之所以加强对主再来的教导，主要是在于纠正一些信徒的误解或是所受别人的误导。《帖撒罗尼迦前书》中那个主再来的核心思想，是与保罗的整体信息不可分割的。主再来的盼望也明显是会众过敬虔生活的一个激励，但不是唯一的激励。因为即使主再来的盼望被忽略了，保罗在其他方面的教导和劝勉也不会因此而失去它们的意义和力量。在《帖撒罗尼迦后书》中，保罗将"主的日子"引用到上帝对教会迫害者的审判。主再来与上帝审判的联系，也出现在《腓立比书》3:19-21 和《哥林多后书》5:10。只是《帖撒罗尼迦后

---

160. 帖前 1:1; 2:14; 3:8; 4:1, 16; 5:12, 18; 帖后 1:1, 12; 3:4, 12。E. Best, *One Body in Christ: A Study in the Relationship of the Church to Christ in the Epistles of the Apostle Paul*（London: SPCK, 1955），1-7.

161. 帖前 1:7; 2:10, 13; 帖后 1:10（参见 2:12）。Best, *The First and Second Epistles to the Thessalonians*, 265.

162. 例如：帖前 2:11-12; 4:1-12; 5:6-8; 9-22; 帖后 2:13-15; 3:4, 6-13。

163. 帖前 2:19; 3:13; 4:15; 5:23; 帖后 2:1, 8, 9。

书》第 1 章对审判的详细描述比较独特。第 2 章的末世论在保罗书信中也无疑是独一无二的，虽然广泛地来说，其他的新约书卷也有相似之处。

最后，两封书信都包括了大量的劝勉。首先，保罗特别鼓励信徒要在苦难之中站立得稳。再者，保罗是在道德行为上规劝信徒要圣洁和彼此相爱。这点也与保罗在其他书信中的教导类似。[164] 书信中那些针对外邦信徒的教导也是很自然的。这些都与殷勤做工，遵守教会的纪律，以及有关属灵方面的嘱托完全一致。这一点也凸显在《帖撒罗尼迦后书》第 3 章里面。

尽管有一些保罗的神学观念在两封书信中被省略，保罗神学的主要内容和特征还是存在的。贝斯特（Best）在他的注释中提出了保罗神学的一般问题，并特别以《帖撒罗尼迦前书》4:13—5:11 为例。他指出，帖撒罗尼迦书信的省略和增加构成了它在神学上与其他书信的"巨大差异"。各种相关因素可以概括为：（1）保罗是针对他的读者的处境来回答问题，从而省略不直接相关的事项；（2）保罗在书信里需要加以补充的，是他在帖撒罗尼迦已经说过的讲道和教导；（3）在工作的后一阶段发生的问题，保罗一贯都是根据自己的基本神学信念以及当前的情况来处理的。这也就说明了为何一些处理的方式和神学没有出现在保罗的早期书信中。[165]

以上的分析证实了贝斯特的观点是正确的。帖撒罗尼迦书信中某些关键概念的相对缺乏，并不妨碍学者去发现一些与保

---

164. 罗 13; 林前 6。
165. Best, *A Commentary on the First and Second Epistles to the Thessalonians*, 220-222.

罗神学基本相似的结构和表达方式。[166]

四、书信与修辞分析

像《帖撒罗尼迦前书》一样，学者们也采用同样的方法来分析《帖撒罗尼迦后书》。1）修辞分析：学者们在 20 世纪 80 和 90 年代，对《帖撒罗尼迦后书》的修辞体裁和结构的分析特别有兴趣。[167] 肯尼迪按照修辞评鉴法，将《帖撒罗尼迦后书》的演说类型归纳为审议性的。[168] 吉维特、赫兰德（Holland）、游杰斯（Hughes）以及沃纳马柯（Wanamaker）也持同样的观点。[169] 吉维特认为，采用审议性修辞的演说家旨在说服观众对未来采取行动；《帖撒罗尼迦后书》所涉及的问题，是如何重新诠释末世的盼望以及加强教会秩序的原则。[170] 与此同时，《帖撒罗尼迦后书》的作者还必须驳斥那些对主再来的错误教导以及纠正那些拒绝做工的人的行为。[171] 学者们似乎都一致赞同《帖撒罗尼迦后书》是

---

166. R. F. Collins, "The Theology of Paul's First Letter to the Thessalonians", *Louvain Studies* 6（1977）, 315-337.

167. Jewett, *The Thessalonian Correspondence: Pauline Rhetoric and Millenarian Piety*, 81-87; *Holland, The Tradition That You Received from Us: 2 Thessalonians in the Pauline Tradition*, 8-33; Hughes, *Early Christian Rhetoric and 2 Thessalonians*（JSNTSup 30; Sheffield: JSOT Press, 1989）, 68-93; Wanamaker, *The Epistles to the Thessalonians: A Commentary on the Greek Text*, 49.

168. Kennedy, *New Testament Interpretation Through Rhetorical Criticism*, 144.

169. Jewett, *The Thessalonian Correspondence: Pauline Rhetoric and Millenarian Piety*, 81-82; Holland, *The Tradition That You Received from Us: 2 Thessalonians in the Pauline Tradition*, 6; Hughes, *Early Christian Rhetoric and 2 Thessalonians*, 73-74; Wanamaker, *The Epistles to the Thessalonians: A Commentary on the Greek Text*, 48.

170. Jewett, *The Thessalonian Correspondence: Pauline Rhetoric and Millenarian Piety*, 82.

171. Hughes, *Early Christian Rhetoric and 2 Thessalonians*, 73-74; Witherington, *1 and 2 Thessalonians: A Socio-Rhetorical Commentary*, 33.

一封审议性的书信，因为它的目的明显是要帮助收信者确定今后的行动。[172] 对《帖撒罗尼迦后书》的修辞结构，吉维特将它归纳成五个部分。I. 绪论（*exordium*, introduction）1:1-12：A）书信前言（epistolary prescript, 1:1-2）；B）感恩（thanksgiving, 1:3-10）；C）代祷（intercessory prayer, 1:11-12）。II. 解释（*partitio*, 2:1-2）。III. 论证（*probatio*, 2:3-3:5）：A）第一论证（First Proof, 2:3-12）；B）第二论证（Second Proof, 2:13-3:5）。IV. 劝勉（*exhortatio*, 3:6-15）。V. 结论（*perotatio*, 3:16-18）。[173] 游杰斯（Hughes）的大纲综合了修辞和书信的分析。[174] I. 绪论（*exordium*, 1:1-12）：A）书信前言（epistolary prescript, 1:1-2）；B）感恩祈祷（thanksgiving prayer, 1:3-10）；C）代祷（intercessory prayer, 1:11-12）。II. 解释（*partitio*, 2:1-2）。III. 论证（*probatio*）2:3-17: A）第一论证（First Proof, 2:3-12）；B）第二论证（Second Proof, 2:13-17）。IV. 劝勉（*exhortatio*, 3:1-15）。V. 结论（epistolary postscript, 3:16-18）。[175] 沃纳马柯（Wanamaker）的修辞结构划分则与上述的不相同。[176] 他的分析既假设希腊演

---

172. Donfried, "2 Thessalonians and the Church of Thessalonica", in B. H. McLean（ed.）, *Origins and Method: Towards a New Understanding of Judaism and Christianity: Essays in Honour of John C. Hurd*（JSNT Sup 86; Sheffield: JSOT Press, 1993）, 128-144.

173. Jewett, *The Thessalonian Correspondence: Pauline Rhetoric and Millenarian Piety*, 82-85.

174. 赫兰德（Holland）也综合了修辞和书信的分析，其大纲如下：I. 书信前言（epistolary prescript, 1:1-2）；II. 绪论（*exordium*, 1:3-4）；III. 叙事（*narratio*, 1:5-12）。IV. 论证（*probatio*, 2:1-17）; V. 劝勉（*exhortatio*, 3:1-13）；VI. 结论（*perotatio*, 3:14-15）；VII. 书信结尾（epistolary postscript, 3:16-18）。Holland, *The Tradition That You Received from Us: 2 Thessalonians in the Pauline Tradition*, 8-33.

175. Hughes, "The Rhetoric of 1 Thessalonians", 94-116.

176. Wanamaker, *The Epistles to the Thessalonians: A Commentary on the Greek Text*, 49.

讲的结构适合于书信，也显示了它运用到书信时候的困难。此后，《帖撒罗尼迦后书》的释经者，几乎都没有使用修辞这个分析方法。瑞切德（Richard）在他的释经书中，完全没有谈论修辞学。[177] 用马尔伯的话来说，试图以古修辞系统来了解《帖撒罗尼迦后书》是否比形式批判的方法获益更多，本身就已经很明显了，尽管这两种方法不是相互排斥的。[178]

2）书信体裁：《帖撒罗尼迦后书》显然是具一般书信的形式，正如信首 1:1-2 和信尾 3:16-17 所显示的那样。书信分析主要是根据伪德米特里（Pseudo-Demetrius）的"书信类型"和伪利班尼乌斯（Pseudo-Libanius）的"书信风格"。沃纳马柯（Wanamaker）认为，《帖撒罗尼迦后书》的书信类型，是"劝告式的"（συμβουλευτικός, advisory）。[179] 但马尔伯（Malherbe）的看法是，在保罗那个时代，"劝告式的"（συμβουλευτικός, advisory）和"劝勉式的"（παραινετική, paraenetic）类型之间还没有出现后来那种鲜明的划分。[180] 不但如此，保罗在 3:6 和 3:15 分别使用的动词"吩咐"（παραγγέλλομεν, command）和"警告"（νουθετεῖτε, warn, admonish），还具有"命令式的"（παραγγελματική, commanding）书信特征。[181] 因此，更加准确地来说，《帖撒罗尼迦后书》其实是属于混合类型的（μικτή, mixed）。正如《帖撒罗尼迦前书》一样，《帖撒罗尼迦后书》仍

177. E. J. Richard, *First and Second Thessalonians: A Commentary on the Greek Text*.
178. Malherbe, *The Letters to the Thessalonians*, 359.
179. Cf. Pseudo-Demetrius, *Epistolary Styles* 11; Wanamaker, *The Epistles to the Thessalonians: A Commentary on the Greek Text*, 48.
180. Pseudo-Libanius, *Epistolary Styles* 5.
181. Ibid., 45.

旧是以劝勉和教牧为主。虽然两封书信在结构上不完全相同，但保罗在后书似乎需要在新的情况下更谨慎地处理新的问题。[182]

基于书信的风格和结构，马尔伯列出了《帖撒罗尼迦后书》的大纲。I. 问安（1:1-2）。II. 感恩与劝勉（1:3-2:12）：A）感恩（1:2—3:10）：1）感恩（1:3-4）；2）鼓励沮丧的（1:5-10）；3）为好行为恳请（1:11-12）；B）劝勉：主的日子（3:11-13）。III. 感恩与劝勉（2:13-3:5）：A）感恩阶段（2:13-14）；B）感恩（2:15-3:5）：1）警告（2:15）；2）为勉励祈求（2:16-17）；3）请求代祷（3:1-2）；4）上帝的信实（3:3-4）；5）为忠心祈求（3:5）。劝勉（4:1-5:22）。IV. 命令（3:6-15）：A）处罚不守纪律的行为（3:6-12）；B）给会众的训诲（3:13-15）。V. 结语（5:23-28）：A）为平安祈求（3:16）；B）问候（3:17）；C）祝福（3:18）。[183]

五、内容纲要

（1）问候（1:1-2）

（2）感恩与劝勉（1:3—2:12）

    1）感恩（1:3-12）

        为圣徒的坚忍而感恩（1:3-4）

        上帝的公义（2:5-10）

        祷告（1:11-12）

    2）主再来的劝勉（2:1-12）

---

182. Malherbe, *The Letters to the Thessalonians*, 361.

183. Ibid., 358-359.

主日尚未来到的警告（2:1-2）

主到来的前奏（2:3-12）

（3）感恩与劝勉（2:13—3:5）

　　1）感恩（2:13-14）

　　2）劝勉（2:15—3:5）

　　　　警告（2:15）

　　　　祝福（2:16-17）

　　　　请求代祷（3:1-2）

　　　　上帝的信实（3:3-4）

　　　　为信实祈求（3:5）

（4）训诫（3:6-15）

　　1）对不按规矩而行的人的训诫（3:6-12）

　　2）教会的训诫（3:13-15）

（5）结语（3:16-18）

　　1）祈求平安（3:16）

　　2）保罗个人的问候（3:17）

　　3）祝福（3:18）

📚 推荐书目

中文推荐书目

巴克莱，《腓立比书，歌罗西书，帖撒罗尼迦前后书注释》，文国伟译，香港：基督教文艺出版社，1992。

彼得·郭尔迪,《歌罗西书,帖撒罗尼迦前后书,提摩太前后书,提多书,腓利门书》,林梓凤、黄锡木译,台北:校园书房,2007。

邓溥年,《主必再来:帖撒罗尼迦前后书》,香港:天道书楼,2006。

冯荫坤,《帖撒罗尼迦后书》,香港:天道书楼,1990。

冯荫坤,《帖撒罗尼迦前书注释》,香港:天道书楼,1989。

罗斯顿,《帖撒罗尼迦前后书,提摩太前后书,提多书,腓利门书》,梁重光等译,台南:人光出版社,2003。

迈克·霍姆兹,《帖撒罗尼迦前书,帖撒罗尼迦后书》,吴淑媛译,香港:汉语圣经协会,2008。

莫里斯,《帖撒罗尼迦前后书》,杨传裕译,台北:校园书房,1992。

石清州、周天和,《帖撒罗尼迦前后书;提摩太前后书;提多书;腓利门书》,香港:基督教文艺出版社,1988。

萧楚辉,《帖撒罗尼迦书信:末世风情画》,香港:天道书楼,1997。

杨克勤,《从帖撒罗尼迦书信看教牧关怀与辅导的应用》,新加坡:三一神学院,2010。

杨克勤,《末世与盼望:帖前与帖后现代诠释》,北京:宗教文化出版社,2007。

约翰·斯托得,《帖撒罗尼迦前后书》,甘燿嘉译,台北:校园书房,1999。

张达民、郭汉成、黄锡木著,《情理之间持信道:加拉太书、帖撒罗尼迦前后书析读》,香港:基道出版社,2003。

英文推荐书目

Bailey, John A., "Who Wrote II Thessalonians?", *NTS* 25（1978/79）, 131-145.

Beale, G. K., *1 and 2 Thessalonians*. IVP New Testament Commentary; Downers Grove, IL: InterVarsity, 2003.

Best, E., *One Body in Christ: A Study in the Relationship of the Church to Christ in the Epistles of the Apostle Paul*. London: SPCK, 1955.

Best, E., *A Commentary on the First and Second Epistles to the Thessalonians*. BNTC; London: Black, 1972.

Boers, Hendrikus, "The Form Critical Study of Paul's Letters: 1 Thessalonians as a Case Study", *NTS* 22 (1975/76), 140-158.

Bruce, F. F., *1 & 2 Thessalonians*. WBC vol. 45; Dallas: Word Books, 1982.

Byrskog, S., "Co-Senders, Co-Authors and Paul's Use of the First Person Plural", *ZNW* 87 (1996), 230-250.

Chapa, Juan, "Is First Thessalonians a Letter of Consolation?", *NTS* 40 (1994), 150-160.

Collins, R. F., "The Theology of Paul's First Letter to the Thessalonians", *Louvain Studies* 6 (1977), 315-337.

Collins, R. F., *Studies on the First Letter to the Thessalonians*. BETL 66; Leuven: Leuven University Press, 1984.

Collins, R. F., "'I Command That This Letter Be Read': Writing as a Manner of Speaking, " in Karl P. Donfried and Johannes Beutler (eds.), *The Thessalonians Debate: Methodological Discord or Methodological Synthesis?*. Grand Rapids: Eerdmans, 2000), 319-339.

Dickey, S., "Some Economic and Social Conditions Affecting the Expansion of Christianity", in Shirley Jackson Case (ed.), *Studies in Early Christianity* (New York and London: The Century Co. Dodd, C. H., 1934), 393-416.

Donfried, Karl P., "The Cults of Thessalonians and the Thessalonian Correspondence", *NTS 31* (1985), 336-356.

Donfried, Karl P., "The Theology of 1 Thessalonians as a Reflection of Its Purpose", in M. P. Horgan and P. J. Kobelski (eds.), *To Touch the Text* (New York: Crossroad, 1989), 243-260.

Donfried, Karl P., *The Theology of the Shorter Pauline Letters*. Cambridge: Cambridge University Press, 1993.

Donfried, Karl P., "2 Thessalonians and the Church of Thessalonica", in B. H. McLean (ed.), *Origins and Method: Towards a New Understanding of Judaism and Christianity: Essays in Honour of John C. Hurd* (JSNT Sup 86; Sheffield: JSOT Press, 1993), 128-144.

Donfried, Karl P. and Johannes Beutler (eds.), *The Thessalonians Debate: Methodological Discord or Methodological Synthesis?*. Grand Rapids:

Eerdmans, 2000.

Drane, J. W., *Paul Libertine or Legalist? A Study in the Major Pauline Epistles.* London: SPCK, 1975.

Dunn, J. D. G., *Unity and Diversity in the New Testament.* London: S.C.M. Press, 1977.

Edson, Charles, "Cults of Thessalonica (*Macedonia III*) ", *HTR* 41 (1948), 105-204.

Ellis, E. E., "Paul and His Co-Workers", *NTS* 17 (1970-1971), 440-451.

Fee, Gordon D., *The First and Second Letters to the Thessalonians.* NICNT; Grand Rapids, MI: Eerdmans, 2009.

Findlay, George Gillanders, *The Epistles to the Thessalonians; with Introduction, Notes and Map.* Cambridge: University Press, 1925.

Frame, James E., *A Critical and Exegetical Commentary on the Epistles of St. Paul to the Thessalonians.* ICC; Edinburgh: T & T Clark, 1912.

Green, G. L., *The Letters to the Thessalonians.* Pillar New Testament Commentary; Grand Rapids: Eerdans, 2002.

Gregson, R., "A Solution to The Problems of the Thessalonian Epistles", *The Evangelical Quarterly* 38.2 (1966), 76-80.

Harrison, J. R., "Paul and the Imperial Gospel at Thessaloniki", *JSNT* 25 (2002), 71-96.

Hendrix, H. L., "Archaeology and Eschatology at Thessalonica", in B. A. Pearson (ed.), *The Future of Early Christianity: Essays in Honor of Helmut Koester.* (Minneapolis: Fortress Press, 1991), 107-118.

Hengel, M. and A. M. Schwemer, *Paul Between Damascus and Antioch.* London: SCM, 1997.

Holland, Glenn S., *The Tradition That You Received from Us: 2 Thessalonians in the Pauline Tradition.* Tübingen: Mohr Siebeck, 1988.

Hughes, F. W., *Early Christian Rhetoric and 2 Thessalonians* (JSNTSup 30; Sheffield: JSOT Press, 1989), 68-93.

Hughes, F. W., "The Rhetoric of 1 Thessalonians", *in Raymond F. Collins* (ed.), *The Thessalonian Correspondence* (BETL *87*; Leuven: Leuven University Press, 1990), 94-116.

Jewett, R., *The Thessalonian Correspondence*. Philadelphia: Fortress, 1986.

Jewett, R., *Paul's Anthropological Terms: A Study of Their Use in Conflict Settings*. Leiden: Brill, 1971.

Johanson, Bruce C., *To all the Brethren*: A *Text-Linguistic and Rhetorical Approach to 1 Thessalonians*. *ConBNT* 16; Stockholm: Almqvist & Wiksell, 1987.

Jones, Ivor H., *The Epistles to the Thessalonians*. Peterborough: Epworth Press, 2005.

Kennedy, G. A., *New Testament Interpretation Through Rhetorical Criticism*. Chapel Hill, *NC:* University of North Carolina Press, 1984.

Klijn, A. F. J., *An Introduction to the New Testament*. Leiden: Brill, 1967.

Knox, W. L., *St Paul and the Church of the Gentiles*. Cambridge: Cambridge University Press, 1961.

Koester, H., "1 Thessalonians-Experiment in Christian Writing", in F. Church and T. George (eds.), *Continuity* and *Discontinuity in Church History* (Leiden: E. J. Brill, 1979), 33-44.

Lyons, G., *Pauline Autobiography: Toward a New Understanding*. SBLDS 73; Atlanta, GA: Scholars Press, 1985.

Malherbe, Abraham J., "Exhortation in First Thessalonians", *NovT 25* (1983), 238-256.

Malherbe, Abraham J., "Hellenistic Moralists and the New Testament", *ANRW 2.26.1* (1992), 267-333.

Malherbe, Abraham J., *The Letters to the Thessalonians*. The Anchor Bible, vol. 32B; New York and London: Doubleday, 2000.

Manson, T. W., "St. Paul in Greece: The Letters to the Thessalonians", *BJRL* 35 (1952-53), 428-447.

Marshall, Howard, "Pauline Theology in the Thessalonian Correspondence", in M. D. Hooker & S. G. Wilson (eds.), *Paul and Paulinism: Essays In honour C. K. Barrett* (London: SPCK, 1982), 173-183.

Marshall, Howard, *1 & 2 Thessalonians*. NCB; Grand Rapids, MI: Eerdmans, 1983.

Meeks, W. A., "Social Functions of Apocalyptic Language in Pauline Christianity", in D. Hellholm (ed.), *Apocalypticism in the Mediterranean World and the Near East: Proceedings of the International Colloquium on Apocalypticism, Uppsala, August 12-17, 1979* (Tubingen: Mohr Siebeck, 1983), 687-705.

Metzger, Bruce M., *The New Testament: Its Background, Growth, and Content.* Nashville: Abingdon Press, 2003.

Milligan, G., *Saint Paul's Epistles to the Thessalonians.* London: Macmillan, 1908.

Morris, L., *The First and Second Epistles to the Thessalonians.* The New International Comuentary; Grand Rapids: Eerdmans Publishing Co., 1959.

Nicholl, C. R., *From Hope to Despair in Thessalonica: Situating 1 & 2 Thessalonians.* SNTSMS; Cambridge: Cambridge University Press, 2004.

Nock, A. D., "A Cabiric Rite", *American Journal of Archaeology* 45 (1941), 577-581.

Olbricht, Thomas H., "An Aristotelian Rhetorical Analysis of 1 Thessalonians", in David L. Balch, Everett Ferguson, and Wayne A. Meeks (eds.), *Greeks, Romans, and Christians: Essays Honor of Abraham J. Malherbe* (Minneapolis: Fortress, 1990), 216-236.

Richard, E. J., *First and Second Thessalonians.* Sacra Pagina 11; Collegeville, MN: Liturgical Press, 1995.

Richards, E. Randolph, *The Secretary in the Letters of Paul.* WUNT 2/42; Tübingen: Mohr Siebeck, 1991.

Roberts, J. H., "The Eschatological Transitions to the Pauline Letter Body", *Neot* 20 (1986), 29-35.

Sanders, J. T., "*The Transition from Opening Epistolary Thanksgiving to Body in the Letters of the Pauline Corpus*", *JBL* 81 (1962), 348-362.

Schlueter, C. J., *Filling up the Measure: Polemical Hyperbole in 1 Thessalonians 2.14-16.* JSNTSup 98; Sheffield: JSOT, 1994.

Smith, A., *Comfort One Another: Reconstructing the Rhetoric and Audience of*

1 Thessalonians. Louisville, KY: Westminster John Knox Press, 1995.

Still, Todd D., *Conflict at Thessalonica: A Pauline Church and its Neighbours*. JSNTSup 183; Sheffield: Sheffield Academic, 1999.

Suggs, M. J., "Concerning the Date of Paul's Macedonian Ministry", *NovT* 4 (1960), 60-68.

Thiselton, Anthony C., *1 & 2 Thessalonians Through the Centuries*. Blackwell Bible Commentaries; Chichester; Malden, Mass.: Wiley-Blackwell, 2011.

Walton, Steven "What Rhetorical Criticism and 1 Thessalonians", *Tyndale Bulletin* 46 (1995), 229-250.

Wanamaker, Charles A., *The Epistles to the Thessalonians*. New International Greek Testament Commentary Series; Grand Rapids, MI: Eerdmans; Carlisle: Paternoster, 1990.

Wanamaker, "Epistolary vs. Rhetorical Analysis: Is a Synthesis Possible?", in Donfried and Beutler (eds.), *The Thessalonians Debate*, 255-286.

Weima, Jeffrey A. D. & Stanley Porter, *An Annotated Bibliography of 1 and 2 Thessalonians*. NTTS 26; Leiden: Brill, 1998.

White, J. L., "Greek Documentary Letter Tradition Third Century B. C. E. to Third Century C. E.", *Semeia* 22 (1982), 89-106.

Winter, B. W., "The Entries and Ethics of Orators and Paul (1 Thessalonians 2:1-12) ", *TynB* 44 (1993), 55-74.

Witherington, Ben, *1 and 2 Thessalonians: A Socio-Rhetorical Commentary*. Grand Rapids and Cambridge: Eerdmans, 2006.

Zahn, Theodor, *Introduction to the New Testament*, trans. M. W. Jacobus et al.. Edinburgh: T & T Clark, 1909.

第八章
教牧书信

一、教牧书信

1. 名称

"教牧书信"是用于称呼新约圣经中保罗的三封书信，即《提摩太前书》《提摩太后书》和《提多书》。早在公元2世纪，里昂的主教爱任纽就将这三封书信集中在一起纳入保罗的文集中。[1] 中世纪有名的神学家和经院哲学家托马斯·阿奎那把《提摩太前书》称为"教牧规则"（pastoral rule），并且肯定它是使徒保罗写给提摩太的。[2] 到了1703年，伯多特（Berdot）

---

1. 爱任纽在《驳异端》（*Adversus Haereses*）中多次引用了《提摩太前后书》和《提多书》。例如：（adv. Haeres. i. and iii. 3, section 3-4; 4:16, section 3; 2:14, section 8; 3:11, section 1; 1:16, section 3）引用了《提摩太前书》1:4, 9; 6:20;《提摩太后书》4:9-11-21;《提多书》3:10。

2. Thomas Aquinas（1225—1274）, *Epistola I. ad Timotheum*, lectio 2. 参见 William Barclay, *The letters to Timothy, Titus, and Philemon*（Edinburgh: Saint Andrew Press, 2003）, 2。

把《提多书》称为"教牧书信"（Pastoral Epistle），主要是基于它的教牧指南的假设。[3] 但是，这个词语一直要到18世纪德国学者保罗·安东（Paul Anton, 1661—1730）的时候才被普及地使用。[4] 他在演讲和著作中常以"教牧书信"这个词语来统称这三封书信，并且还给这三封书信的目的和内容作了介绍。除了其他事项以外，这三封书信可说是教会的教牧和监督的指导手册，包括对教会领袖的素质和职责的要求。[5] 费尔（Fee）也因此将这三封书信看作是"教会手册"（Church manual）。[6]

2. 与其他保罗书信的关系

现代学术界倾向于将这三封书信作为一个整体单元来研究，并且致力于理解和诠释它们在保罗书信中的独特性。1）这三封书信是保罗书信中唯一写给个别同工的独特书信，并非是给教会的。2）没有证据证明它们是在同一时间或地点写成，或作者预期它们要一起向会众宣读。3）它们的主题有别于保罗的其他

3. D. N. Berdot, *Exercitatio theotogica-exegetica in epistulam Pauli ad Titum*, 3.
4. P. Anton, *Exegetische Abhandlung der Pastoral-Briefe Pauli an Timotheus und Titum*（ed., J. A. Maier; 1753—1755）；参见 Guthrie, *New Testament Introduction*, 584。Collins, *Letters That Paul Did Not Write: The Epistle to the Hebrews and the Pauline Pseudepigrapha*, 88. George W. Knight III, *The Pastoral Epistles: A Commentary on the Greek Text*（Grand Rapids, MI: Eerdmans, 1992），3。
5. Arland J. Hultgren, "The Pastoral Epistles", in James D. G. Dunn（ed.）, *The Cambridge Companion to St. Paul*（Cambridge: Cambridge University Press, 2003），141-155, at 141.
6. G. Fee, "Reflections on Church Order in the Pastoral Epistles with Further Reflection on the Hermeneutics of Ad Hoc Documents", *JETS* 28（1985），141-151. 亚德迈耶（Achtememier）认为教牧书信是针对特别问题而写，属于书信，所以不可将其视为超越时空管理教会的手册。

书信。[7] 4）三封书信都驳斥一些假教师。[8] 5）在语言和概念方面，与保罗的其他书信既有相似处也有不相同的地方。[9] 6）文体类型：[10] 为了比较全面地理解保罗在事工上与同工的关系，以及保罗对教会和教牧的关怀与教导，这三封书信肯定是不可少的。7）现代学术界普遍上都把这三封书信从保罗其他的书信中分割出来，并刻板地将它们划为单独的一个文集。8）无论如何，"教牧书信"一直还是在保罗神学的研究和探讨中拥有一席之地。[11]

---

7. 卡森则认为，教牧书信中可能存在重要的差别，若把它们与保罗的其他书信一起阅读的话，其独特性就会减少。卡森、穆尔，《21 世纪新约导论》，539。

8. 这群对手通常被假定为同一组人。Verner, *The Household of God, The Social World of the Pastoral Epistles*. G. D. Fee, *1 and 2 Timothy, Titus*（NIBCNT; Peabody, MA: Hendrickson, 1988）. Philip H. Towner, *The Goal of Our Instruction: The Structure of Theology and Ethics in the Pastoral Epistles*（Journal for the Study of the New Testament Supplementary Series 34; Sheffield: Sheffield Academic Press, 1989）.

9. 学者们普遍地接受，教牧书信中的有些部分所使用的语言和概念，与保罗书信非常一致。哈瑞森（Harrison）便因而提出了五个残篇的假说。哈瑞森于 1964 年修改了他的理论，将其简短为 3 个残篇。参见 P. N. Harrison, *The Problem of the Pastoral Epistles*（Oxford: Oxford University Press, 1921）, 115-127; Ibid., *Paulines and Pastorals*（London: Villiers Publications, 1964）。哈瑞森的重建受到了各种各样的批评。库柯（Cook）于 1984 年提出，这些片段与其余的教牧书信具有相同的风格。因此不能以一个不同的风格为理由将其分离出来。D. Cook, "The Pastoral Fragments reconsidered", *JTS* ns 35（1984）, 120-131. 老一辈的学者（如 Harrison, Easton, Barrett）接受一些真正的保罗片段被置于匿名的书信中。J. Becker, *Paulus: Der Apostel der Volker*（Tubingen: Mohr-Siebeck, 1989）. 学者们提供的各种理论往往都是过于武断，令人难以信服。参见 I. Howard Marshall, *A Critical and Exegetical Commentary on the Pastoral Epistles*（International Critical Commentary; London: T & T Clark, 1999）, 74。

10. 一些学者根据三封书信的风格与文体类型，把《提摩太前书》与《提多书》归为一类，然后与库姆兰文献《社团守则》（The Community Rule, 1QS）以及《大马色守则》（the Damascus Rule, CD）放在一起进行比较。《提摩太后书》则与遗训文学《十二族长遗训》（The Testaments of the Twelve Patriarchs）《摩西遗训》（亦称《摩西升天记》, The Testament of Moses of Assumption of Moses）以及《约伯遗训》（The Testament of Job）作比较。

11. Towner, *The Letters to Timothy and Titus*, 1. 参见 Verner, *The Household of God: The Social World of the Pastoral Epistles*; Fee, *I & II Timothy, Titus*; Towner, *The Goal of our Instruction: The Structure of Theology and Ethics in the Pastoral Epistles*。

这三封书信被组合在一起作为文集是有其历史原因的。它们明显是保罗写给同工的书信，结果一起出现在正典，被置于保罗书信的末尾。无论是接受这三封书信的真实性，还是将它们视为托名书信的学者，都把三封书信作为一个组合来研究。这样的研读方法可说是有利也有弊。有些学者虽然相信它们的可靠性，却很难将它们放在《使徒行传》与保罗书信年代的框架内。有些学者就干脆把这三封书信看作是写在保罗之后的托名信。[12]

3．保罗的对手

"教牧书信"清楚显示，保罗当时在教会中有一股抵抗他的势力以及一群把异端邪说带入教会的假教师。在一定的程度上，教牧书信可以被看作是对上述问题的回应。然而，这个观点也需要修正。无论如何，这三封书信书写的目的很明显是为了持守纯正的福音以及反对当时在教会中出现的异端邪说。[13]

写信者对手的"身份"（identity）在学术界仍然是一个争议性的问题。因为作者似乎有意避开与他的对手直接对抗，结果让问题更加难解决。学者们在处理问题的时候，至少不能忽略下面三个可能性。1）这些异端邪说可能是属于保罗时代的一个运动，但它对教会的负面影响是持续的。[14] 2）那些不相信书

---

12. Towner, *The Letters to Timothy and Titus*, 2-3.
13. Marshall, "Orthodoxy and Heresy in Earlier Christianity", *Themelios* 2（1976），5-14.
14. N. Brox, *Die Pastoralbriefe*（Regensburg: Friedrich *Pustet*, 1969），38.

信的作者是使徒保罗的学者，把这些异端邪说看成是属于晚期的一个运动，大概是作者自己那个时代（公元 2 世纪早期）。[15] 3）它们是与其他已知的运动没有关联的。[16]

有些学者假设，教牧书信中的异端者把保罗神学看作是支持禁欲主义或是妇女和奴隶解放的。相反地，也有学者认为，教牧书信的作者其实是极力反对提升妇女领导地位的。为了教会的稳定，教牧书信的作者提倡圣经中的家庭规范以及传统的父权制度，并且要求妇女以及年轻的寡妇要严守规矩。[17]

马歇尔（Marshall）把保罗的对手归纳为四种：1）以犹太人为主的；[18] 2）保罗事工中的异议分子；3）早期的诺斯替主义者；[19] 4）禁欲主义的推动者。这个理论主要依据保罗在《保罗

---

15. L. R. Donelson, *Pseudepigraphy and Ethical Argument in the Pastoral Epistles*（HUT 22; Tübingen: Mohr-Siebeck, 1986），121.

16. M. Dibelius and H. Conzelmann, *The Pastoral Epistles*（Hermeneia; Philadelphia: Fortress, 1972），66.

17. Schüssler Fiorenza, *In Memory of Her: A Feminist Theological Reconstruction of Christian Origins*, 288-291；Margaret Y. MacDonald, *The Legend and the Apostle: The Battle for Paul in Story and Canon*（Philadelphia: Westminster Press, 1983）; Bassler, *1 Timothy, 2 Timothy, Titus*; Ulrike Wagener, *Die Ordnung des "Houses Gones": Der On von Frauen in der Ekklesiologie und Ethik der Pastoralhriefe*（WUNT 2.65, Mohr: Tubingen, 1994）; Merz, *Die fiktive Selbstauslegung des Paulus: Intertextuelle Studien zur Intention und Rezeption der Pastoralbriefe*, 245-375.

18. 保罗在教牧书信中的对手似乎是属于同一组人。参见 J. N. D. Kelly, *A Commentary on the Pastoral Epistles: I Timothy, II Timothy, and Titus*（Black's New Testament Commentaries; London: Adam and Charles Black, 1963），10-11; Dibelius and Conzelmann, *The Pastoral Epistles*, 65-67。

19. 支持这个假设的学者包括莱特福（Lightfoot）。他认为，这群对手是犹太主义与诺斯替主义的混合体，他们否认基督的道成肉身。J. B. Lightfoot, *Biblical Essays*（London: Macmillan Press, 1893）; W. Lütgert, *Die Irrlehrer der Pastoralbriefe*（Giitersloh: W. Bertelsmann, 1909）; G. Haufe, "Gnostiche Irrlehre und ihre Abwehr in den Pastoral-briefen", in K. W. Troger（ed.）, *Gnosis und Neues Testament*（Giitersloh: Mohn, 1973）"Gnosis", 325-340; J. Roloff, *Der* （转下页）

行传》中对妇女的教导。[20] 源自犹太人的对手坚持外邦基督徒要遵守摩西律法的规条和仪式并过禁欲的生活，但他们自己的行为却干犯了律法中的伦理规条。[21]

尽管不少学者假定保罗的对手可能是诺斯替主义者，学界如今都一致认为诺斯替主义直到第二世纪才盛行。[22] 泰森（Theissen）认为，这些对手最可能还是来自犹太基督徒背景的。[23] 库麦尔（Kümmel）则相信，这些对手与保罗在《歌罗西书》中所描绘的假教师并无冲突之处。[24] 马歇尔的总结是，教牧书信所描述的对手是犹太人、基督徒、禁欲主义者混合在一起的。[25]

（接上页）*erste Brief an Timotheus*（EKKNT, 15; Zurich: Benziger Verlag, 1988）; L. Oberlinner, *Die Pastoralbriefe*（3 vols.; HTKNT 11/2; Freiburg: Herder, 1994—1996）; Michael Douglas Goulder, "The Pastor's Wolves: Jewish Christian visionaries behind the Pastoral Epistles", *Novum Testamentum* 38（1996）, 242-256.

20. MacDonald, *The Legend and the Apostle: The Battle for Paul in Story and Canon*; Verner, *The Household of God: the Social World of the Pastoral Epistles*; Frances Young, *The Theology of the Pastoral Letters*（New Testament Theology; Cambridge: Cambridge University Press, 1994）.

21. E. E. Ellis, *Prophecy and Hermeneutic in Early Christianity: New Testament Essays*（Grand Rapids, MI: William B. Eerdmans, 1978）, 36-52, 80-128, 230-236.

22. 亚德迈耶（Achtememier）认为，这些假教师的教导是由犹太教（分别洁净与不洁净食物，主张禁食：提前 4:3; 5:23; 多 1:15）和诺斯底主义混合而成的（强调物质世界是恶的，主张禁欲：提前 2:15; 4:3; 5:14; 谈论"无稽之谈和无穷的家谱"：提前 1:4; 多 3:9; 强调复活已经过时：提后 2:18）。不过，这些特征并不足以证明教牧书信属于后期的作品。因为它没有反映在第二世纪已成熟的诺斯底主义。Achtemeier, *Introducing the New Testament: Its Literature and Theology*, 462-463.

23. Gerd Theissen, *The Sign Language of Faith: Opportunities for Preaching Today*（London: SCM Press, 1995）, 317-318.

24. Kümmel, *Introduction to the New Testament*, 267.

25. Marshall, *A Critical and Exegetical Commentary on the Pastoral Epistles*, 46-51.

4. 托名的问题 [26]

除了部分学者坚持提摩太前后书和《提多书》的可靠性以外，在学术界占主流地位的假设是，这三封书信是比保罗更晚期的一位不明身份者写的。这位托名作者也许还是保罗的一位忠心追随者。他利用保罗的权威来呈现当时教会的情况和问题。[27] 该托名作者之所以使用保罗的名字而隐藏自己的身份，是因为对他而言，保罗是当时唯一被普遍认可的使徒以及教会神学和教导的权威。[28] 这三封书信的托名作者尝试在一个改变的处境中维持保罗的思想。[29] 因此，从根本上而言，这三封书信的作者似乎在自己的时代做了很不错的工作，尽管他不能与使徒保罗相比。[30] 学者们对教牧书信的理解，也许应当与研究异端的问题区分开来。因为异端往往是以制造和使用假名著作的方式来推广他们错误的教导的。这一点至关重要，因为教牧书信的作者，无论是谁，不仅对保罗非常崇敬，也竭力要持续以保罗为唯一权威的"传统"和教导。反对保罗是作者的主要观点是，

---

26. 许多学者认为教牧书信为托名的作者所写。V. Hasler, *Die Briefe an Timotheus und Titus* (Pastoralbriefe) (ZBKNT 12; Zürich: Theologischer, 1978); Arland J. Hultgren, *I-II Timothy, Titus* (Ausburg Commentary on the New Testament; Minneapolis: Augsburg, 1984); Donelson, *Pseudepigraphy and Ethical Argument in the Pastoral Epistles*; Roloff, *Der erste Brief an Timotheus*; J. L. Houlden, *The Pastoral Epistles* (2nd Edition; London: SCM, 1989); H. Merkel, *Die Pastoralbriefe* (NTD 9.1; Göttingen: Vandenhoeck und Ruprecht, 1991); Oberlinner, *Die Pastoralbriefe*; J. M. Bassler, *1 Timothy, 2 Timothy, Titus* (ANTC; Nashville: Abingdon, 1996); Raymond F. Collins, *1 & 2 Timothy and Titus: A Commentary* (The New Testament Library; Louisville and London: Westminster John Knox Press, 2002); Alfons Weiser, *Der zweite Brief an Timotheus* (Düsseldorf: Benziger Verlag, 2003).

27. Marshall, *A Critical and Exegetical Commentary on the Pastoral Epistles*, 80-81.

28. J. Zmijewski, "Die Pastoralbriefe als pseudepigraphische Schriften: Beschreibung, Erklarung, Bewertung", *SNT* (SU) 4 (1979), 97-118, at 110.

29. Young, *The Theology of the Pastoral Epistles*.

30. Ibid.

教牧书信中所反映的保罗，[31] 是一位自我中心和自我意识特别强的权威主义者。他把自己塑造成一位众信徒都必须效法的榜样，以及最忠诚的福音护卫者和承先启后的传人。[32]

也有学者认为，教牧书信是"非保罗式"的，它们的作者对保罗的思想似乎也缺乏认识。[33] 马歇尔认为，从托名这个意义上来说，它们是由某人所写，并非保罗。该作者只是试图让他的读者相信这些书信是保罗自己的真正著作。在古代世界的文学中，托名代笔是常见的现象。[34] 丹尔森（Donelson）认为，在第一世纪，没有托名代笔的作品被接纳为权威的例子。第一世纪的基督徒社群也不可能例外。[35] 米德（Meade）否认了这个观点，在他看来，第一世纪和随后的几个世纪之间存在着一个不规则和不一致的情况。第二世纪异端兴起后，早期教会便开始拒绝"匿名和托名"的著作，并且还更加仔细去区分正统和异端，也对基督教的著作加以更严谨的控制。[36] 马歇尔不太同意米德的观点，认为异端在第一世纪已经

31. R. F. Collins, "The Image of Paul in the Pastorals", *Laval théologique et philosophique* 31（1975），147-173; M. C. de Boer, "Images of Paul in the Post-Apostolic period", *CBQ* 42（1980），359-380; R. A. Wild, "The Image of Paul in the Pastoral Letters", *Bible Today* 23（1985），239-245.

32. J. Wanke, "Der verkundigte Paulus der Pastoralbriefe", in W. Ernst（ed.），*Dienst der Vermittlung. Festschrift zum 25-jahrigen Bestehen des Philosophisch-Theologischen Stadiums im Priesterseminar Erfurt*（Leipzig: St Benno Verlag, 1977），165-189; M. Wolter, Die *Pastoralbriefe als Paulustradition*（FRLANT 146; Göttingen: Vandenhoeck & Ruprecht, 1988）.

33. Donelson, *Pseudepigraphy and Ethical Argument in the Pastoral Epistles*, 60.

34. Marshall, *A Critical and Exegetical Commentary on the Pastoral Epistles*, 81-83; 同上，"Recent Study of the Pastoral Epistles", *Themelious* 23/1（1997），3-29. Cf. Donelson, *Pseudepigraphy and Ethical Argument in the Pastoral Epistles*, 11-12.

35. Donelson, *Pseudepigraphy and Ethical Argument in the Pastoral Epistles*, 11.

36. Meade, *Pseudonymity and Canon*, 206.

出现，这也意味着匿名和托名的情况已渐渐地普遍。[37]

5．现代学者的解释

在当代学界，三封教牧书信都普遍被认为是写于第二世纪初期的。在当时教会的信徒生活中，基督很快就会再来的盼望已经渐渐被淡化了。这个变化迫使教会必须调整它与当地社会生活的关系。在这样的处境中，教会的挑战是，如何在"后使徒时代"维持福音的延续和原貌。异端的出现让这个问题显得更严重和迫切。此外，教牧书信的教导反映了一个连贯的神学和伦理的论点；它可能是针对某时某地的真正教会。现代教牧书信研究学者一般都以作者的神学差异和独特性来强调教牧书信与真正的保罗书信之间是缺少连续性的。这些学者们认为，他们自己"调查的结果"足以显示：教牧书信与早期那些无可争议的保罗书信在思想上的联系是很难建立起来的。[38]

保罗书信中特别关注的问题，例如，犹太人与外邦人之间的问题，律法的行为与信心等，在教牧书信中似乎已经不再是那么重要了。主导教牧书信的论题明显是福音的继承和传播，以及教会论；而对较早期的保罗来说，这些是陌生的。[39]

根据以上这些教牧书信研究学者们的推论，教牧书信的神学必须按照"保罗的传统"（*Paulustradition*）而不是"保罗的神

---

37. Marshall, *A Critical and Exegetical Commentary on the Pastoral Epistles*, 82.
38. Towner, *The Letters to Timothy and Titus*, 17.
39. Ibid., 17-18.

学"（Pauline theology）来理解。[40] 通过假称保罗的名字，这位托名的作者暗示他自己是在作诠释保罗的工作。他假设收信者是非常熟悉保罗个人以及保罗的思想和教导的。作为一个诠释者，这位托名作者显然没有取代保罗或是保罗书信的意图。他只是尝试使用使徒保罗的名字来为自己处理当前所面对的问题而已。教牧书信的研究学者也认为，这三封书信的托名作者其实并没有发明自己的一套神学，[41] 而是按照他的处境来解释并实行 "保罗的传统"。这些书信的总体目标是使保罗跟上时代，并保存他对新一代的影响力。因为保罗书信缺乏对新一代的教会处境所面临的问题作出实际的教导。[42] 另一方面，又有学者尝试以教牧书信这位托名作者的教会背景来诠释保罗，并把焦点放在教会的异端、禁欲主义以及妇女等问题上。[43]

---

40. Brox, *Die* Pastoralbriefe; Hasler, *Die Briefe an Timotheus und Titus*; Donelson, *Pseudepigraphy and Ethical Argument in the Pastoral Epistles*; Roloff, *Der erste Brief an Timotheus*; Young, *The Theology of the Pastoral Epistles*; Merkel, *Die Pastoralbriefe*; L. Oberlinner, *Die Pastoralbriefe: Kommentar zum ersten Timotheusbrief*; Bassler, *1 Timothy, 2 Timothy, Titus*.

41. 例如，"托付"（παραθήκη, deposit）等概念（提前 6:20; 提后 1:12, 14）。

42. G. Kretschmar, "Der paulinische Glaube in den Pastoralbriefen", in F. Hahn and H. Klein（eds.）, *Glaube im Neuen Testament*（Festschrift H. Binder; BTS 7; Neukirchen-Vluyn: Neukirchener, 1982）, 115-140; M. Harding, *Tradition and Rhetoric in the Pastoral Epistles*（Studies in Biblical Literature 3; New York: Peter Lang, 1998）.

43. Margaret Y. MacDonald, *The Pauline Churches: A Socio-Historical Study* of *Institutionalization* in the *Pauline* and *Deutero-Pauline Writings*（SNTSMS, 60; Cambridge: Cambridge University Press, 1988）; Roloff, *Der erste Brief an Timotheus*, 23-29; 376-382; Oberlinner, *Die Pastoralbriefe: Kommentar zum ersten Timotheusbrief*; Peter Trummer, *Die Paulustradition der Pastoralbriefe*（BET, 8; Frankfurt: Lang, 1978）; M. Wolter, *Die Pastoralbriefe als Paulustradition*（Göttingen: V&R, 1988）, 11-25, 245-256; Merz, *Die fiktive Selbstauslegung des Paulus: Intertextuelle Studien zur Intention und Rezeption der Pastoralbriefe*（NTOA/SUNT 52: Göttingen: Vandenhoeck & Ruprecht 2004）, 195-375.

尽管研究教牧书信的新约学者在某些研究课题上已经达成某些共识，他们所采用的方法还是存在着一些悬而未决的严重问题。因为他们的推理和猜测几乎是完全建立在一些假设和自己"重建"的基础上，而没有提供真正有说服力的证据。比如说，假设教牧书信一开始就是托名作品，那些首次见到它们的教会领袖就那么轻易地把它们接受为是使徒保罗的吗？那些对保罗的神学和教导已经熟悉的信徒，连分辨真假的能力都没有吗？[44] 同时，以上这些教牧书信研究学者们，一般都会刻意强调教牧书信作者的神学差异和独特性，并尝试以此来否定他与保罗的连续性。这也就是他们所谓"调查的结果"的重点。但其他学者却怀疑这些"调查的结果"的可信度。

再者，保罗自己早就已经在《帖撒罗尼迦后书》2:2-3 明确地警告信徒有关冒他的名写信的事。在保罗以后的时代，凡托用保罗的名字所写的书信皆被排除于正典之外。[45] 不但如此，在这个时期，提摩太前后书和《提多书》及其权威都已经普遍地被接受了。[46]

二、作者问题

1. 关于作者的重要争议

尽管提摩太前后书和《提多书》的作者皆以使徒保罗自

---

44. 例如，Tertullian, *On Baptism* 17。
45. 《哥林多三书》(Third Corinthians);《老底嘉书》(The Letter to the Laodiceans);《保罗与塞涅卡书》(Letters of Paul and Seneca)。
46. Towner, *The Letters to Timothy and Titus*, 21.

称，自从 19 世纪德国学者施莱尔马赫（Schleiermacher）、艾赫宏（Eichhorn）和包尔提出疑问以后，这三封书信的作者身份受到的质疑便开始与日俱增了。[47] 基于教牧书信与波利卡普的《致腓立比书》之间在语言方面的许多相似之处，梵阙朋郝森（von Campenhausen）认为，教牧书信的作者可能是士每拿的主教波利卡普（Polycarp）。[48] 也有学者对照了教牧书信与《使徒行传》之间的语言与风格，怀疑路加可能是教牧书信的作者。[49] 总的来说，多数现代新约学者都把教牧书信视为托名书信（pseudepigraphal letters），属于第二世纪的作品，而三封书信也可能是由一个人写成的。[50] 怀疑保罗作者身份的争论，可以

47. Friedrich Schleiermacher, *Über den sogenannten ersten Brief des Paulus* an *Timotheus: Ein kritisches Sendschreiben an J. C. Gass*（Berlin: Realbuchhandlung, 1807）; J. G. Eichhorn, *Historisch-kritische Einleitung in das Neue Testament*（Leipzig: *Weidmanischen* Buchhandlung, 1812）; F. C. Baur, *Die sogenannten Pastoralbriefe des Apostels Paulus aufs neue kritisch untersucht*（Stuttgart: Cotta, 1835）. 参见 E. E. Ellis, "Ferdinand Christian Baur and his School", *The Making of the New Testament Documents*（Leiden: Brill, 1999）, 440-445; H. J. Holtzmann, *Die Pastoralbriefe kritisch und exegetisch bearbeitet*（Leipzig: W. Engelmann, 1880）, 84-252。

48. Polycarp, *To the Philippians*. Hans Freiherr von Campenhausen, "Polykarp von Smyrna und die Pastoralbriefe", in *Aus der Frühzeit des Christentums: Studien zur Kirchengeschichte des ersten und zweiten Jarhunderts*（Tübingen: Mohr Siebeck, 1963）, 197-252. 梵阙朋郝森（von Campenhausen）的观点被郝夫曼（Hoffmann）所接受，但却遭到哈特格（Hartog）的批判。R. Joseph Hoffmann, *Marcion: On the Restitution of Christianity: An Essay on the Development of Radical Paulinist Theology in the Second Century*（Chico: Scholars Press, 1984）, 284. Paul Hartog, *Polycarp and the New Testament*（Wissenschaftliche Untersuchungen zum Neuen Testament, 2.134; Tübingen: Mohr Siebeck, 2002）, 228-231。

49. C. F. D. Moule, *The Birth of the New Testament*（New York and Evanston: Harper & Row, 1962）, 220-221. Stephen G. Wilson, *Luke and the Pastoral Epistles*（London: SPCK, 1979）, 117-121, 179. 威尔森（Wilson, 3）认为，路加在完成《使徒行传》之后，便书写了教牧书信。

50. Jens Herzer, "Abschied vom Konsens? Die Pseudepigraphie der Pastoralbriefe als Herausforderung an die neutestamentliche Wissenschaft", *Theologische Literaturzeitung* 129（2004）, 1267-1282.

归纳为以下几点。[51] 1）现存最早的保罗书信蒲草纸本 𝔓 [46]（约公元 200 年），没有把教牧书信包括在内。2）《马吉安正典》（Marcion Canon）所收集的保罗书信目录也删除了教牧书信，原因不明。[52] 教牧书信中所使用的术语和表达方式没有出现在无争议的保罗书信中。3）教牧书信的神学特征不同于那些已经被接受的保罗书信。教牧书信也缺乏比较广泛的神学论述。[53] 保罗书信中常见的神学术语和概念，在教牧书信中不是遗漏了就是用法不同。例如：主即将再来的概念（林前 15:51-52; 帖前 4:15-18），保罗对信徒的称呼方式——在基督里，[54] 教会组织，[55] 以及信心，[56] 律法，[57] 称义，等等。4）词汇与风格也不同于那些无争议的保罗书信（《罗马书》《哥林多前后书》《加拉太书》）。[58]

---

51. 参见 David E. Aune, "The Pastoral Letters: 1 and 2 Timothy and Titus", in Aune（ed.）, *The Blackwell Companion to the New Testament*（Chichester, U.K.; Malden, MA: Wiley-Blackwell, 2010）, 551-569, at 552-553; Hultgren, "The Pastoral Epistles", 142-43; Towner, *The Letters to Timothy and Titus*, 15-16。

52. 按照特土良的记载，马吉安拒绝把提摩太前后书和《提多书》列入他的选集（*Against Marcion* 5:21）。马吉安可能认为这三封书信不利于他的计划的教导。马吉安省略这三封书信的主要原因很可能是因为书信涉及了反异端的主题。参见 Clement of Alexandria, *Stromateis* 2:11。

53. 例如:《罗马书》《哥林多前后书》《加拉太书》《腓立比书》《帖撒罗尼迦前书》以及《腓利门书》。

54. 例如：罗 6:11; 8:1; 帖前 1:30; 帖后 5:17。

55. 罗 12:8; 帖前 5:12; 多 3:8, 14。

56. Collins, *1 & 2 Timothy and Titus: A Commentary*, 367.

57. 慕尔（Moule）认为,《提摩太前书》1:8-9 中的 "我们知道律法是好的" 这句话不太可能来自保罗。但查寅（Zahn）却为保罗的作者身份辩护。查寅进一步声明，在《提摩太前后书》和《提多书》里找不到任何句子，不像是来自于保罗的。C. F. D. Moule, "The Problem of the Pastoral Epistles: A Reappraisal", *Bulletin of the John Rylands Library* 47（1965）, 430-52; T. Zahn, *Einleitung in das Neue Testament*, 2 vols.（Leipzig: A. Deichert, 1897, 1899; repr. Wuppertal: R. Brockhaus, 1994）, 2:121; English translation in 2 vols., Fellows and Scholars of Hartford Theological Seminary, ed. M. W. Jacobus 2d ed., 3 vols in one（New York: Scribner's Sons, 1971; repr. Edinburgh: T&T Clark, 1971）.

58. Harrison, *The Problem of the Pastoral Epistles*, 16-20. N. Brox, *Die* （转下页）

三封书信中占主导地位的神学词汇，如"敬虔"（godliness）、"纯正的道理"（sound teaching）、"显现"（epiphany）以及类似希腊传统的伦理语言等，把教牧书信置于别的类别里。[59] 再者，教牧书信中多次使用了在圣经中只出现过一次的词语（hapax legomena）。[60] 保罗书信中常见的连接词与助词，在教牧书信中也没有出现。教牧书信的语言似乎反映了它们受到某些后期的希腊化犹太著作的较大影响。例如，《马加比四书》和《十二族长遗训》等。[61] 而保罗早期的书信却是受到《七十士译本》（LXX）的影响比较明显。[62] 5）在教牧书信中出现的教会组织形式和秩序，如主教（监督）、长老和执事等规范都没有出现在保罗信件中。在教牧书信中出现的教会制度与秩序，与无争议的保罗著作相比，更像是使徒教父时代的教会制度，呈现出一种已经发展完整的体系。[63] 6）历史和地理的参考：保罗在

（接上页）*Pastoralbriefe*（RNT 7.2; Regensburg: Pustet, 1969），47. 库麦尔（Kümmel, 367）则认为，这三封书信的语言、风格以及内容皆出于同一个作者的手笔。

59. 卡森认为，教牧书信的词语是应对不同处境的情况而写的，因此与保罗其他书信的语调大体上是一致的。此外，关于学者提出教牧书信中有关救恩所采用的希腊用语，是属于非保罗式的说法。卡森的解释是：它们措词的方式其实也融合了保罗一贯的用语，与保罗其他书信的表达方式基本上一致。卡森、穆尔，《21世纪新约导论》，549-550。

60. Towner, *The Letters to Timothy and Titus*, 16. 参见 K. Grayston and G. Herdan, "The Authorship of the Pastorals in the Light of Statistical Linguistics", *NTS* 6（1959-60），1-15; T. A. Robinson, "Grayston and Herdan's 'C' Quantity Formula and the Authorship of the Pastoral Epistles", *NTS* 30（1984），282-88; K. Neumann, *The Authenticity of the Pauline Epistles in the Light of Stylo-statistical Analysis*（Atlanta: Scholars Press, 1990）; Marshall, *A Critical and Exegetical Commentary on the Pastoral Epistles*, 59-66。

61. *4 Maccabees* and *Testament of the Twelve Patriarchs*.

62. Towner, *The Letters to Timothy and Titus*, 16.

63. 教牧书信中所显示的教会生活不但有很强的教会组织和秩序，而且还出现了教会领袖诸如主教、长老、执事和寡妇等。这些在三封教牧书信中也占据了核心的位置。保罗在《腓立比书》虽然也有一次提及主教和执事的职位 （转下页）

教牧书信中的处境与宣教行动，与《使徒行传》和无争议的保罗书信中所叙述的生平与处境不太一致。[64] 7）托名书信的一些特征。[65]

2．另一个学派的观点和解释

（1） 保罗书信中的代笔书记

一些学者坚持保罗是教牧书信的真正作者，无论是他亲手所写还是通过一名代笔书记。当代学者的研究发现，代笔书记在古代所有的书信中一直都扮演了举足轻重的角色。在古希腊罗马时代，除了较短的信件之外，文字通常是由作者用笔蘸墨水写在蒲草纸上的，然后装帧成册。

公元 1 世纪，蒲草纸（papyrus）与羊皮纸（parchment）是最通用的书写素材。蒲草纸比较耐用，它是由一种盛产于尼罗河边的植物芦苇制成的。蒲草纸的制造方法是先将芦苇黏合在一起像夹板一般，然后将其置于太阳下晒干便成。蒲草纸出口

（接上页）（1:1），却没有论及其特质与职责。此外，保罗在其他书信中也从未提及寡妇为教会的领袖之一。由于第一世纪晚期写成的《十二使徒遗训》以及伊革那丢书信（参见《克莱门壹书》44.2）显示教会的领导层已经制度化，有些学者也因此怀疑教牧书信可能是晚期的作品。其实，教牧书信所注重的，是教会领袖的道德要求与资格，并未涉及具体和详细的分工与权限的问题。这就意味着教牧书信中所显示的教会秩序仍旧处在发展的阶段中。德席尔瓦，《21 世纪基督教新约导论》（台北：校园书房，2013），833. Schüssler Fiorenza, *In Memory of Her: A Feminist Theological Reconstruction of Christian Origins*, 287. Luke Timothy Johnson, *The First and Second Letters to Timothy: A New Translation with Introduction and Commentary*（AB 35A; New York: Doubleday, 2001），74-75。

64. Eusebius, *Ecclesiastical History* 2.2. 参见 A. T. Hanson, *The Pastoral Epistles*（NCBC; London: Marshall, Morgan & Scott, 1982），14-23。

65. Aune, "The Pastoral Letters: 1 and 2 Timothy and Titus", 553.

于叙利亚的比布罗港（Byblos Port, Βύβλος）。它在古埃及较为盛行。

新约希腊文蒲草纸抄本是由考古学者于 1895 年在埃及的古城奥克西林库斯（Oxyrhynchus）的废墟附近发现。新约蒲草纸残片所使用的文字是罗马时代地中海沿岸通用希腊语（Koine Greek, Κοινὴ Ἑλληνική）或通用方言（ἡ κοινὴ διάλεκτος）。通用希腊语是罗马时代地中海沿岸的通用语。[66] 在发现的蒲草纸文件中，除了新约希腊文蒲草纸抄本，还包括数以千计的私人信函、结婚证书、契约、官方公文、法律、业务合同、公务文件、政治和军事报告，以及匿名或虚构的信件、散文书信，等

66. 通用希腊语（Koine Greek），亦可称为民间希腊语，共通希腊语，或希利尼话（Hellenistic），亚历山大语（Alexandrian）。它通常是指约公元前 3 世纪到公元 6 世纪期间在欧洲以及中东所通用的一种希腊语言。在希腊和罗马时代，通用希腊语是常见的跨区域希腊口语和文字。通用希腊语属于希腊语的第三段历史时期。古希腊语（Αρχαία ελληνική γλώσσα）一般是指公元前 9 世纪至公元 6 世纪之间的所有的古希腊语言、文字和方言。它分为三段历史时期：第一段历史时期为公元前 9 世纪至公元前 6 世纪的古风时期（Archaic Greek）；第二段历史时期为公元前 5 世纪至公元前 4 世纪的古典希腊时期（Classical Greek）；第三段历史时期为公元前 3 世纪至公元 6 世纪的希腊化时期（Hellenistic）。希腊化时期通常被单独列为另一个发展阶段。古风时期是紧随着希腊黑暗时代（Greek Dark Ages，约公元前 13 世纪至公元前 9 世纪）的一段古希腊历史。在此期间，城邦（city-states）开始崛起，殖民地逐渐成立。古典哲学首次显露。酒神节期间以悲剧形式展现的戏剧，成文的诗歌和书写文字重新再现。这些都是在希腊的黑暗时代全部丧失的。古风这个定义最早被使用于 18 世纪。学者们发现这段时期的希腊艺术风格与早期以及随后的古典希腊时期的艺术风格明显不同。该段时期的希腊艺术风格之所以被称为古风，是因为其风格反映了希腊的古典艺术风格。古典希腊时期所通用的语言是雅典希腊语（Attic Greek）。雅典希腊语是指在希腊首都雅典所在的行政大区阿提卡（Αττική, Attica）使用的古希腊方言。在古代方言中，它最相似于后来的希腊语。雅典希腊语也是古希腊语课程中所学习的标准语言形式。通用希腊语自从公元前 4 世纪亚历山大大帝统一古希腊、征服波斯及其他亚洲王国以来的通用希腊语。它一直普及到接下来的几个世纪，并成为大部分地中海地区和中东地区的共通语言。因此，通用希腊语的重要性不仅在于它是希腊历史里第一个共同方言及通俗希腊语的主要原型，而且也在西方文明的发展中扮演了重要的角色，是当时欧洲以及中东地区的通用语。其中也包括通用希腊语新约圣经。

等。自此，学者们对古代蒲草纸文献的研究勃然兴起。蒲草纸信函及文件的发现和出版，对新约圣经尤其是保罗书信的研究和理解方面作出了很大的贡献。自 19 世纪起，圣经考古学的成就非常引人注目，成绩斐然。希腊文蒲草纸抄本（1895 年）以及死海古卷的发现（1947 年）震动和影响了整个学术界。这些成果积极地推动了圣经的学术研究，多方面促进了学者们对圣经的深入探讨与理解。

除了蒲草纸之外，另一种通用的书写素材是羊皮纸。羊皮纸是由山羊或羚羊的皮制作而成。由于羊皮纸较为昂贵与稀有，只有在抄写重要文件时才被使用。例如：公元第四世纪，以希伯来文字母 א 为代号的西乃山抄本（Codex Sinaiticus），以及梵蒂冈抄本（Codex Vaticanus，以字母 B 为代号）是新约圣经中最出色的羊皮手抄本，这两份手抄本都是用希腊文大楷的字体抄写在羊皮纸上的，被并称为世界上现存最古老完整的圣经希腊文抄本之一。羊皮纸一直盛行到中世纪末，才逐渐被纸张取代。

根据昆体良（Quintilian）的记载，由于笔墨的质量较低，往往造成书写工作的费时费力。[67] 蜡版或木板是希腊文与拉丁文的书写工具。代笔书记通常先以速记的方式将记录写在蜡版或木板上，然后才将内容抄写在蒲草纸上。[68] 保罗很可能是向助手口述他的书信的。[69] 教牧书信的核心问题，是代笔书记在词汇和用语方面使用的自由程度。理查兹（Richards）在其著作

---

67. Quintilian, *Inst. Orat.* 10.3.31; 10.3.19-22. Cf. O. Roller, *Das Formular der Paulinischen Briefe*（Stuttgart: W. Kohlhammer, 1933），6-14.
68. E. E. Ellis, "Pastoral Letters", in *DPL*, 658-666, at 663.
69. 罗 16:22; 林前 16:21; 加 6:11, 门 19。

《保罗书信中的代笔书记》中，详细地讨论了希腊和罗马的书信作家如何使用代笔书记，并区分了作者的控制和代笔书记的自由两者的组合问题。[70] 理查兹认为，代笔书记在从对贡献者的口述的誊写到最后书信的组成上，可能是有所不同的。[71]

朗格奈克在《古代抄写员与保罗书信》一文中，重点研究了保罗在他的书信写作中所使用的抄写员。朗格奈克批评那些试图采用自己的假设、在证据不足的情况下来鉴别保罗书信的学者们。朗格奈克的观察是很有说服力的：由于保罗的希腊文是在不同的时间和不同的地方口述给不同的抄写员，学者们根本就不能期望在保罗的信件中出现完全一致的文学风格或词汇。因为这个缘故，那些试图通过使用计算机获得的统计数据来确定保罗书信的作者，效力是甚微的。[72] 同样地，古特瑞（Guthrie）也推翻了哈瑞生对教牧书信中词汇的统计数据。哈瑞生曾试图通过统计数据所得出的推论，来断定作品的真伪。[73]

70. E. R. Richards, *The Secretary in the Letters of Paul* (WUNT 2/42; Tübingen: Mohr Siebeck, 1991).
71. Richards, *Paul and First-Century Letter Writing: Secretaries, Composition and Collection* (Downers Grove, IL: InterVarsity, 2004), 64-93.
72. N. Longenecker, "Ancient Amanuenses and the Pauline Epistles", in R. N. Longenecker and M. C. Tenney (eds.), *New Dimensions in New Testament Study* (Grand Rapids: Zondervan, 1974), 281-297, at 294.
73. Guthrie, *The Pastoral Epistles and the Mind of Paul* (Tyndale New Testament Commentary; London: The Tyndale Press, 1957), 13; Harrison, *The Problem of the Pastoral Epistles*, 22-70. See also P. Carrington, "The Problem of the Pastoral Epistles: Dr. Harrison's Theory Reviewed", *ATR* 21 (1939), 32-39; Grayston and Herdan, "The Authorship of the Pastorals in the Light of Statistical Linguistics", 1-15; Guthrie, *The Pastoral Epistles* (Grand Rapids: Eerdmans, 1957); A. Q. Morton, *Literary Detection: How to Prove Authorship and Fraud in Literature and Documents* (London: Bowker, 1978); Robinson, "Grayston and Herdan's 'C' Quanity formula and the authority of the Pastoral Epistles", 282-288; A. Kenny, A *Stylometric Study of the New Testament* (Oxford: Oxford University Press, 1986).

威林顿在其注释书中假设，路加是保罗所有三封教牧书信的代笔书记（amanuensis）。[74]

关于教牧书信的风格为何被认为有别于保罗其他书信的问题，普瑞尔（Prior）给了一个很不寻常的解释，认为它们是属于"双重意义"的私人书信。那就是说，教牧书信不但是保罗写给个人，而且还是由保罗自己亲手写的。保罗其他的书信则是由抄写员代笔。[75] 约翰逊（Johnson）还提出一个与众不同的观点，认为《提摩太前书》是属于"委任信"的体裁，而《提多书》则属于"遗嘱"性的体裁。保罗熟悉这些体裁，也适合他当时的处境。[76] 此外，研究教牧书信的一些学者们还相信书信中的那些所谓的"非保罗"（non-Pauline）因素，其实也出现在公认的保罗的书信里。

（2） 早期教会的传统

在早期教会的传统中，《提摩太前后书》和《提多书》是享有正典的地位与权威的。它们作为使徒保罗的书信，也因此被普遍地接受和引用。这三封书信在早期教父的著作中被引用的证据是很充分的。[77] 公元第一世纪末的罗马主教克莱门

---

74. Ben Witherington, *Letters and Homilies for Hellenized Christians, vol. 1: A Socio-Rhetorical Commentary on Titus, 1-2 Timothy, and 1-3 John*（Downers Grove: InterVarsity Press, 2006），57-62.

75. Prior, *Paul the Letter-Writer and the Second Letter to Timothy*, 37-59.

76. L. T. Johnson, *Letters to Paul's Delegates: 1 Timoty, 2 Timothy, Titus*（The New Testamnet in Context; Valley Forge, PA: Trinity Press International, 1996），106-108.

77. F. F. Bruce, *The Canon of Scripture*（Downers Grove, IL: InterVarsity Press, 1988），176; Fee, *I & II Timothy, Titus*, 23; Guthrie, *The Pastoral Epistles and the Mind of Paul*, 14-15.

（Clement of Rome）在《克莱门一书》中就引述了《提摩太前书》和《提多书》中的一些章节。[78] 公元 2 世纪初的士每拿主教波利卡普（Polycarp）引用保罗书信的例子就更多了。他在《腓立比教会书》中引用了《提摩太前书》，说明了提摩太书信和《提多书》在 2 世纪初已经被看为保罗文集的一部分。[79] 爱任纽（Irenaeus）也将这三封书信纳入保罗文集中，并称《提摩太前书》为"那使徒"写的。在第二个世纪后期，教牧书信连同其他新约圣经继续被看为权威性和无争议的著作。例如，安提阿的索菲鲁斯（Theophilus of Antioch）把教牧书信的教导称为"神圣的话语"。[80] 第三世纪亚历山大的克莱门（Clement of Alexandria）在《杂篇》和《劝告希腊人》中，也提到了这三封书信。[81] 此外，《提摩太前后书》和《提多书》还被列入《穆拉多利正典纲目》（Muratorian Canon）中。[82]

这三封书信没有被包含在现存的蒲草纸 $\mathfrak{P}$ [46] 抄本中。由于

---

78. *1 Clement* 2:7; 60:4; 61:2（多 3:1; 提前 2:2; 1:17）. 参见 *The New Testament in the Apostolic Fathers*（The Oxford Society of Historical Theology; Oxford: Clarendon, 1905），37-40。

79. *To the Philippians* 4:1（提前 6:7, 10）; 5:2（提前 3:8-13）. 参见 W. R. Schoedel, *The Apostolic Fathers: Polycarp, Martyrdom of Polycarp, Fragments of Papias*, ed. R. M. Grant（vol. 5; Camden, NJ: Nelson, 1967），4-5; D. A. Hagner, "Apostolic Fathers", *DLNTD*, 86。

80. Theophilus of Antioch, *Ad Autolycum* 3:14（提前 2:1; 多 3:1, 5）. 参见 Athenagoras, *Suoolicatio* 37:1（提前 2:2）; Justin, *Trypho* 47:15（多 3:4）; 7:7; 35:3; 47:15; Eusebius *HE* 5.1.17; 3.32。

81. *Stromateis* 1:1（提前 5:21）; 1:9（提前 6:3-5）; 4:7（提后 1:7-8）; 1:10（提后 2:14）; *Exhortation* 1（多 2:11-13; 3:3-5）. 参见克莱门，《劝勉希腊人》（香港: 汉语基督教文化研究所，1995）。

82. E. Ferguson, "Canon Muratori: Date and Provenance", in E. A. Livingstone（ed.）, *Studia Patristica* 17（New York: Pergamon, 1982），677-678. 不过，《穆拉多利正典纲目》将《提摩太前后书》《提多书》以及《腓利门书》作为写给个人的有关教会纪律的书信，与保罗写给教会的七封书信区别开来。Johnson, *Letters to Paul's Delegates: 1 Timoty, 2 Timothy, Titus*, 22-26。

蒲草纸$\mathfrak{P}^{46}$抄本缺少了最后七页，学者因此提出了各种不同解释。有些认为，$\mathfrak{P}^{46}$只包括保罗写给教会的书信，而其他的蒲草纸——遗失的部分——是写给个人的书信。但其他学者相信$\mathfrak{P}^{46}$原来很可能是包括了所有的保罗书信，只是较后在抄写的过程中出现了问题。[83]学者们一致认为，这些缺少的部分可能包括遗失的《帖撒罗尼迦后书》和《腓利门书》等。无论如何，《提摩太前后书》和《提多书》在教会最早的几个世纪都一致被大公教会和教父们纳入正典。值得特别注意的是，第四世纪的早期基督教"历史之父"，该撒利亚的优西比乌（Eusebius of Caesarea）也同样把保罗看作是这三封教牧书信的原作者。[84]再者，公元4世纪的《西乃抄本》（Codex Sinaiticus）已包括了《提摩太前后书》和《提多书》的完整文本。

（3） 教牧书信与罗马

接受《提摩太前后书》和《提多书》的权威和可靠性的学者们需要解释一个主要的难题。那就是，如何让教牧书信中反映的保罗处境与《使徒行传》和其他保罗书信中所记载的保罗相配合？学者们提出两个重要的解决方案：[85] 1）保罗曾先后两

83. J. D. Quinn, "$\mathfrak{P}^{46}$-the Pauline Canon?", *CBQ* 36（1974）, 379-85; J. Duff, "$\mathfrak{P}^{46}$and the Pastorals: A Misleading Consensus?", *NTS* 44（1998）, 578-90; N. A. Dahl, "The Particularity of the Pauline Epistles as a Problem in the Ancient Church", in *Neo-testamentica et Patristica*（NovTsup 7; Leiden: Brill, 1962）, 261-271.

84. Kent, *The Pastoral Epistles: Studied in I & II Timothy and Titus*（Chicago: Moody, 1958）, 24-33; J. H. Bernard, *The Pastoral Epistles*（Cambridge Greek Testament for Schools and Colleges; Cambridge: Cambridge University, 1899）, xiii-xxi.

85. Marshall, *A Critical and Exegetical Commentary on the Pastoral Epistles*, 66-71; Towner, *The Letters to Timothy and Titus*, 9-11.

次在罗马坐牢的可能性。有不少学者相信这个可能性是有的。路加在《使徒行传》28:30-31 确实是只记载保罗首次在罗马监禁两年，并到此作为结束。[86] 可是，路加并未提到保罗在罗马被监禁两年以后获释，又继续宣教了两至三年，然后在罗马再度坐牢，最终是在罗马殉道。教牧书信很可能是在这期间写成的。[87] 这种解释得到新约圣经以外最古老的基督教文献（公元95 年左右）《克莱门一书》5:7 的支持。此文献见证说："保罗成为东方和西方的福音先驱"，"并向全世界宣扬公义，直至西方的末端。"[88] 根据保罗在《罗马书》15:23，保罗确实是有一个

---

86. 但有些学者认为，路加在这里并没有排除保罗在两年之后被释放和继续传教的可能性。参见 R. St. John Parry, *The Pastoral Epistles with Introduction, Text and Commentary*（Cambridge: Cambridge University Press, 1920）, xv; 再者，路加在《使徒行传》25—26 章中明显地说明非斯都没有判保罗死刑的罪，亚基帕甚至还建议释放保罗。而保罗在罗马被囚期间，享受相当大的自由（28 章）。根据卡特伯雷（Cadbury）的研究，路加提到保罗在罗马的两年监禁时间，是有法律意义的。按照当时的罗马法律，控告若在 18 个月内不能提出足够的证据检控囚犯，控告罪便会自动取消，检控也一样自动停止。参见 H. J. Cadbury, "Roman Law and the Trial of Paul", in F. J. Foakes-Jackson and K. Lake（eds.）, *The Beginnings of Christianity, Part 1. The Acts of the Apostles*（5 vols; London: Macmillan, 1920-23）, 297-338. 另参见 A. N. Sherwin-White, *Roman Society and Roman Law in the New Testament*（Oxford: Clarendon Press, 1963）, 99-119。

87. 根据《克莱门一书》《穆拉多利正典纲目》以及《彼得行传》中的记载，莱特福（Lightfoot）相信，教牧书信是保罗在罗马第一次坐监获释之后所写。他认为，教牧书信中显示的教会组织机构与秩序方面的发展，可能是由于教牧书信与保罗的早期书信相隔数年的缘故。至于教牧书信中出现的不同词汇、风格以及神学主题，莱特福则认为为是基于保罗晚年事工的性质。Lightfoot, *Biblical Essays*, 421-437; Guthrie, *The Pastoral Epistles and the Mind of Paul*; Fee, *I & II Timothy, Titus*; Knight, *The Pastoral Epistles: A Commentary on the Greek Text*.

88. *1 Clement* 5.7: "[Paul] cast into chains; he was banished; he was stoned; having become a herald, both in the East and in the West, he obtained the noble renown due to his faith; and having preached righteousness to the whole world, and having come to the extremity of the West, and having borne witness before rulers..."（保罗七次被锁链捆绑；被驱逐，被投掷石块；结果成为东方和西方的福音先驱。由于他的信仰，保罗获得了崇高的名声，并向全世界宣扬公义，直至西方的末端，并在统治者面前作见证）。参见爱任纽（Irenaeus），《驳异端》（*Adversus Haereses*, "Against Heresies"）3.3.3。

"西行"的计划。克莱门也应该知道保罗第一次在罗马监狱获释的事。他在此所指的"西方的末端"可能就是保罗在《罗马书》所期望要去的"西班牙",而非罗马。[89] 此外,《彼得行传》(Acts of Peter, 1:1)和《穆拉多利正典纲目》也提及了保罗到访西班牙的事。该撒利亚的优西比乌在《教会史》中写道,保罗在罗马皇帝尼禄面前成功地为自己辩护,获得释放,继续传教,并再次坐牢,最终被斩首。[90] 另有其他教父文献记载保罗在罗马初次坐监获释之后,再次到东面地区传教。[91]

有一部分学者侧重研究保罗从罗马获释后在东部的宣教活动。费尔认为,保罗获释之后的西行计划有所改变,这也是《提摩太前书》和《提多书》所暗示的。[92] 麦兹格(Metzger)的看法是,保罗在罗马第一次下监获释后继续他的宣教活动。鉴于东方更为迫切的需求,保罗放弃了西行的计划。保罗差遣提多到革哩底,并吩咐他到尼哥波立来与他会面。提摩太随保罗一起,保罗打算将他派遣到以弗所去。保罗从米利都打发人往以弗所去,告诉他们自己不能前往,由提摩太代表他去拜访。来自推基古的消息促使保罗写了《提摩太前书》,后来在特罗亚写了《提多书》。此后,保罗仍然希望拜访以弗所以及路过

---

89. E. E. Ellis, " 'The Ends of the Earth' (Acts 1:8) ", *BBR* 1 (1991), 123-132.

90. Eusebius, *Historia ecclesiastica* 2.22: "After defending himself, the Apostle was again sent on the ministry of preaching, and coming a second time to the same city suffered martyrdom under Nero. During this imprisonment he wrote the second Timothy, indicating at the same time that his first defence had taken place and that his martyrdom was at hand." Cf. 2.21, 2.25.

91. Eusebius, Athanasius, Epiphanius, Theodoret, St. Jerome, Theodore of Mopsuestia, Pelagius. See Knight, *The Pastoral Epistles: A Commentary on the Greek Text*, 17-19.

92. Fee, *I & II Timothy, Titus*, 4.

米利都。结果却因为在亚历山大的活动在那里被逮捕，并被送去罗马。保罗在二次罗马坐牢期间写了《提摩太后书》。[93] 墨菲-奥康纳（Murphy-O'Connor）认为，《提摩太前书》和《提多书》的可信性是有问题的。所以他只接受《提摩太后书》的真实性，并在此基础上提出了保罗在罗马二次坐牢的理论。根据墨菲-奥康纳推测，保罗首次在罗马坐监时有许多朋友照顾他，但这次是在不同的处境下再度坐牢。保罗很可能在没有罗马基督徒赞助的情况下，对西班牙作了一个短期的拜访。但由于语言的障碍——希腊语没有广泛地在那里使用——使得宣教并不成功。保罗从西班牙返回以利哩古，然后回到亚细亚，经过马其顿到特罗亚。保罗在特罗亚留下了他的外衣和书卷，然后再到以弗所、米利都和哥林多。与此同时，由于情势变得十分紧张，提摩太不得已离开了以弗所，保罗让他从那里返回。公元 64 年，罗马火灾之后保罗移到罗马，最终在罗马成了尼禄皇帝大肆逼迫基督徒行动的一位受害者。[94] 甚至相信教牧书信为托名作品的马歇尔（Marshall）也认为，上述的可信度是存在的。[95]

（4） 教牧书信与《使徒行传》

不少学者采取另外一种理论，就是把《提摩太前后书》和《提多书》所反映的保罗的行踪放在《使徒行传》所记载的事

---

93. W. Metzger, *Die letzte Reise des Apostels Paulus*（Stuttgart: Calwer, 1976）; Marshall, *A Critical and Exegetical Commentary on the Pastoral Epistles*, 69-70.

94. Murphy-O'Connor, *Paul: A Critical Life*, 356-371.

95. Marshall, *A Critical and Exegetical Commentary on the Pastoral Epistles*, 70-71.

物中来比较。[96] 这种理论提倡《使徒行传》28 章和《提摩太后书》所指的，其实是同一事件。那就是，保罗在罗马坐牢仅有一次而已，虽然个别学者在事件具体的重建细节、方法和思路上略有不同而已。更重要的是，这种理论的倡议者都一致肯定《提摩太前后书》和《提多书》这三封教牧书信的真实性。那就是说，他们是源自使徒保罗自己的，纵使《使徒行传》与保罗书信两者之间在记述和细节上还存在着某些不容易解释的间隙（gap）。

赖特匹（Lestapis）认为，《提摩太前书》和《提多书》是保罗于公元 58 年写于腓立比（徒 20:30）。保罗于公元 61 年抵达罗马，并在不久之后写了《提摩太后书》。那就是，不论其他的情况和问题如何，《提摩太前书》和《提多书》的风格明显是统一的，至少说明它们是出于同一个作者保罗，在路加的协助下写成。[97] 梵布根（van Bruggen）基本上采取了同样的立场，认为《提摩太前书》和《提多书》是保罗在第三次宣教行程中所写的（徒 18:3—21:15）。除了以弗所之外，监狱书信被认为是保罗在该撒利亚坐监期间所写。《提摩太后书》则是保罗在罗马唯一的一次坐牢期间所写的（徒 28）。[98] 瑞柯（Reicke）和鲁宾逊（John Robinson）几乎也持守同样的看法，明显的差异在于他们将《提摩太后书》与保罗的其他监狱书信放在一起，认

---

96. 这样的比较方法显示出一个问题，因为《使徒行传》在 28 章记载了保罗首次在罗马坐牢后就没有下文了。以后发生在保罗身上的事，基本上还是要依赖早期教会和教父们的见证和著作。

97. Stanislas de Lestapis, *L'Enigme des Pastorales de Saint Paul*（Paris: Gabalda, 1976）; Marshall, *A Critical and Exegetical Commentary on the Pastoral Epistles*, 71.

98. Bruggen, *Die geschichtliche Einordnung der Pastoralbriefe*, 65-68.

为它们是保罗在该撒利亚囚禁期间所写的。[99] 坚持《提摩太前后书》和《提多书》的可靠性的约翰逊（Johnson）也持类似的观点。只是在约翰逊看来，路加和保罗对行程和宣教工作的细节记述似乎有些不容易解释的间隙，让读者无法得知为何路加会选择省略某些在保罗看来是极为重要的事（例如，哥林多出现的问题，或保罗作为一个书信作者所从事的活动等）。教牧书信及其所记载的一些事件，可以构成保罗行踪的一部分，而这些事件正好是《使徒行传》保持沉默，没有记载下来的。约翰逊认为，《提摩太前书》和《提多书》属于《使徒行传》20 章开端那几节所指的工作阶段，也即是在乱定之后。[100]

坚持保罗是《提摩太前后书》和《提多书》的原作者的现代学者还有伯那德（Bernard），罗克（Lock），盛姆生（Simpson），肯特（Kent），古特瑞（Guthrie），凯利（Kelly），梵卜根（van Bruggen），罗恩（Loane），费尔（Fee），那特（Knight），爱利斯（Ellis），普拉尔（Prior），约翰逊（Johnson），孟斯（Mounce）等。[101]

---

99. B. Reicke, "Chronologie der Pastoralebriefe", *Theologische Literaturzeitung* 101 (1976), 81-94; Robinson, *Redating the New Testament*.

100. Johnson, *Letters to Paul's Delegates: 1 Timoty, 2 Timothy, Titus*, 65-68.

101. M. L. Bailey, "A Theology of Paul's Pastoral Epistles", in R. B. Zuck and D. L. Bock (eds.), *A Biblical Theology of the New Testament* (Chicago: Moody Press, 1994), 299-367, at 334. See Bernard, *The Pastoral Epistles*; W. Lock, *A Critical and Exegetical Commentary on the Pastoral Epistles* (The International Critical Commentary; Edinburgh: T & T Clark, 1924); E. K. Simpson, *The Pastoral Epistles* (Grand Rapids: Eerdmans, 1954); Kent, *The Pastoral Epistles: Studied in I & II Timothy and Titus*; Guthrie, *The Pastoral Epistles*, Tyndale New Testament Commentary; Kelly, *A Commentary on the Pastoral Epistles: I Timothy, II Timothy, and Titus*; J. van Bruggen, *Die geschichtliche Einordnung der Pastoralbriefe* (Wuppertal: Brockhaus, 1981); Macrus L. Loane, *Godliness and Contentment: Studies* (转下页)

教牧书信悬而未决的作者身份问题，其实也不会让人忽视它们的价值和重要性。因为这三封书信有助于理解早期基督教领袖的角色与职责，以及教牧事工的挑战和问题。[102] 此外，教牧书信中也有些经文鼓励教会中的女信徒应当在社会中作良好的典范。例如，穿着正派，行为合体，贤惠沉静，敬虔顺服，勤于家务，谨守贞洁等。[103]

三、写作日期和地点

关于教牧书信的写作日期和地点，保罗书信和《使徒行传》都没有提供应有的资料，使得学者们只能凭借有限的资料作出推测，结果是众说纷纭。纵使是这样，学者们的众多理论和观点还是可以归纳为三个。第一，鲁宾逊（John Robinson）

（接上页）*in the Pastoral Epistles*（Grand Rapids: Baker Book House, 1982）; Fee, *I & II Timothy, Titus*; Knight, *The Pastoral Epistles: A Commentary on the Greek Text*; E. E. Ellis, *Pauline Theology: Ministry and Society*（Grand Rapids: Eerdmans/ Exeter: Paternoster, 1989）; Prior, *Paul the Letter-Writer and the Second Letter to Timothy*; Johnson, *Letters to Paul's Delegates: 1 Timoty, 2 Timothy, Titus*; W. D. Mounce, *The Pastoral Epistles*（WBC 46; Dallas: Word, 2000）. 参见石清州、周天和，《帖撒罗尼迦前后书；提摩太前后书；提多书；腓利门书》（香港：基督教文艺出版社，1988）。杨牧谷，《得救，成长与事奉：教牧书信浅释》（台北：校园书房，1989）。孙汉书、汪维藩，《教牧书信讲义》（南京：金陵协和神学院，199—?）。张永信，《教牧书信注释》（香港：天道书楼，1997）。杨牧谷，《是贵重的器皿：教牧书信的情怀》（香港：恩谷出版社，2004）。弋登·费依，《教牧书信简释》（美国：麦种传道会，2016）。韩威廉，《提摩太前后书注释》（香港：天道书楼，1988）。彼得·郭尔迪，《歌罗西书，帖撒罗尼迦前后书，提摩太前后书，提多书，腓利门书》（台北市：校园书房，2007）。古特立，《教牧书信》（丁道尔新约圣经注释；台北：校园书房，2012）。罗斯顿，《帖撒罗尼迦前后书，提摩太前后书，提多书，腓利门书》（台南：人光出版社，2003）。唐书礼，《提摩太与提多书信注释》（美国：麦种传道会，2008）。

102. 德席尔瓦，《21 世纪基督教新约导论》，823。
103. 提前 2:9-12；多 2:4。

在《新约日期重估》一书中，将整部新约的写作日期确定在公元47年至公元70年耶路撒冷城被毁之前这段时间。[104] 根据《使徒行传》20:1 的记载，鲁宾逊（Robinson）认为，保罗在此给门徒的劝勉其实就是他书写在《提摩太前书》中的基本内容。[105] 保罗在《哥林多前书》最后（16章）曾嘱咐哥林多会众，在提摩太到访时要热情接待他，不可藐视他（16:10-11）。因为当时的提摩太还非常年轻。鲁宾逊（Robinson）将《提摩太前书》与《哥林多前书》的写作日期定为公元55年，[106]《提多书》的日期定为公元57年，[107]《提摩太后书》的日期则为58年秋。[108] 但是，多数学者都认为鲁宾逊所假设的这些日期似乎是太早。第二，传统的观点相信保罗是在罗马暴君尼禄手下殉道的。这意味着保罗死于尼禄自杀之前（公元68年）。[109] 按照《使徒行传》第28章的描述，保罗第一次在罗马坐监两年之后获释（约公元62年）。因此，《提摩太前书》和《提多书》可能是保罗在公元62年或63年写成。多数学者赞同保罗是在公元

104. Robinson, *Redating the New Testament*, 352.

105. 《使徒行传》20:1："乱定之后，保罗请门徒来，劝勉他们，就辞别起行，往马其顿去。"

106. 《哥林多前书》写于公元55年春；《提摩太前书》写于公元55年秋（写作地点可能是马其顿）。

107. 鲁宾逊建议提多书可能是保罗在前往耶路撒冷的路途中写成的。鲁宾逊基于保罗在《罗马书》最后两章的记载，认为保罗本人即将把捐款带给耶路撒冷的信徒（15:25-28）。他在对众人的最后问安中，并没有提到提多（16章）。

108. Robinson, *Redating the New Testament*, 67-83.

109. 参见 Zahn, *Introduction to the New Testament*, 2.61-67; G. Edmundson, *The Church in Rome in the First Century*（London: Longmans, Green & Co., 1913），147-152; A. von Harnack, *Geschichte der altchristlichen Literatur, Teil II: Chronologie*（2 vols., Leipzig: Hinrichs, 1958），1.480-485。

64 年尼禄迫害的最高峰期间殉道。[110]《提摩太后书》1:8 和 2:9 也暗示了保罗此时可能在罗马被囚禁。因此，坚持保罗是教牧书信的真正作者的学者们认为，《提摩太前后书》与《提多书》很可能写于保罗在罗马殉道之前，大约在公元 62 或 63 年左右。教牧书信必须与其他的保罗书信以及《使徒行传》中所记载的保罗生平和宣教旅程一致。[111]

主张罗马再度坐牢之说的学者认为，保罗第一次从罗马获释后又继续宣教两三年左右，并在罗马再度坐牢，最终在罗马殉道。[112] 这些学者主要是根据该撒利亚的优西比乌在《编年史》与《教会史》中的记载。保罗于尼禄在位第十四年（公元 67/68 年）时，在罗马被斩首。[113] 若由此推算，《提摩太前后书》与《提多书》的写作日期大约在公元 65 年左右。[114]

第三类观点来自那些相信教牧书信是托名作品的学者，他们通常把提摩太书信的日期定在公元 1 世纪末或 2 世纪初。[115] 库麦尔（Kümmel）认为，《提摩太前书》的写作日期不会迟于公元 2 世纪初，因为它只反映了最早期的诺斯替主义的雏形特

---

110. Lightfoot, *Biblical Essays*, 421-37.

111. Aune, "The Pastoral Letters: 1 and 2 Timothy and Titus", 554.

112. *1 Clement* 5.7; Acts of Peter 1:1; Muratorian Canon.

113. Eusebius, *Chronicle* (cf. St. Jerome, *De viris illustribus* 1; 5; 12); idem, *Historia ecclesiastica* 2.22. Cf. *The Acts of Paul* 9-11.

114. 查恩（Zahn）根据《提摩太前书》1:3 和《提多书》1:5 提供的线索，认为保罗可能于公元 64 年在马其顿、革哩底以及亚该亚宣教一年，然后在尼哥波立过冬（多 3:12）。公元 66 年左右，保罗到访了米利都，并将生病的特罗非摩留在此地。保罗在探访特罗亚时，留下了他的外衣与一些书籍皮卷（提后 4:20 ）。参见 Zahn, *Introduction to the New Testament*, 2.27-35; Richards, *The Secretary in the Letters of Paul*, 158-160。

115. Hanson, *The Pastoral Epistles*; Meade, *Pseudonymity and Canon*.

征。到了 2 世纪中期，诺斯替主义已经是非常兴盛了。[116] 马克森（Marxsen）则将三封教牧书信的写作日期都定在 2 世纪中期。[117]

至于教牧书信的写作地点，罗马普遍被接受为《提摩太后书》的写作地点。[118] 保罗在此书信中提及阿尼色弗终于在罗马监狱寻见他，并且还不以他的锁链为耻。保罗在信中要求提摩太尽快到他那里见他，并把马可一同带来（4:9, 11）。根据这一些线索，保罗在罗马狱中书写监狱书信时似乎拥有一定的自由，并且还有提摩太和马可陪同。[119] 故此，许多学者认为，保罗这次坐牢似乎不是《使徒行传》所描述的首次，而是保罗在罗马的第二次被囚。《提摩太后书》可能就在此期间写成。因为保罗在信中表达了自己即将离世的时刻（4:6-8）。

《提摩太前书》和《提多书》的写作地点似乎更难肯定。麦兹格（Metzger）相信，保罗可能是在特罗亚写了《提摩太前书》和《提多书》。[120] 有些学者则根据《提摩太前书》1:3 的暗示，认为保罗在马其顿书写《提摩太前书》和《提多书》的可能性较大。[121]

保罗书写教牧书信时的处境，与较早期在爱琴海一带的

---

116. Kümmel, *Introduction to the New Testament*, 272.

117. Marxsen, *Introduction to the New Testament: An Approach to Its Problems* (Philadelphia: Westminster, 1968), 215. 参见 Witherington, *Letters and Homilies for Hellenized Christians*, vol. 1: *A Socio-Rhetorical Commentary on Titus, 1-2 Timothy, and 1-3 John*.

118. 鲁宾逊（Robinson）根据《使徒行传》24:27 的描述，建议《提摩太后书》是保罗在该撒利亚两年被囚期间写成的。Robinson, *Redating the New Testament*, 67-82.

119. 西 1:1; 4:10; 门 24。

120. Metzger, *Die letzte Reise des Apostels Paulus*; Marshall, *A Critical and Exegetical Commentary on the Pastoral Epistles*, 69-70.

121. Kent, *The Pastoral Epistles: Studied in I & II Timothy and Titus*, 47; John R. W. Stott, *The Message of 2 Timothy* (The Bible Speaks Today series: London and Downers Grove: IVP, 1973), 17.

宣教事工相比，显然发生了较大的变化。从正面来看，爱琴海沿岸的信众已经迅速地增长，其中包括革哩底、尼哥波立和米利都等。[122] 再者，保罗所栽培的同工提摩太和提多当时也与保罗一起肩负起教会的事工与宣教使命。从负面来看，保罗面临教内与教外的攻击与挑战也越来越大，其中包括保罗的对手和教会同工。[123] 此外，保罗个人当时所面临的处境也似乎十分艰难。这一点在《提摩太后书》尤其明显，保罗不仅在此暗示了自己成了狱中的囚犯，而且预示了生命终结的到来。[124] 保罗因此也叮嘱提摩太尽快来见他最后的一面（4:9）。在这样的艰难处境下，保罗似乎已经没有机会和时间再像往常那样，写信给个别的教会并差遣一位送信的使者把信送到目的地。保罗也不再像当年书写监狱书信时那样，相信自己还有获释的希望。面对着自己人生路程的总结阶段，保罗此时优先考虑的，自然是向他的接班人交代教会的牧养和宣教的使命。提摩太[125]

---

122. 多 1:5, 3:12; 提后 4:20。

123. 对手的攻击：提前 1:3-7, 19-20; 4:1-2, 6:20; 多 1: 5, 10-16; 提后 4:3-4。教会领袖或同工的攻击：多 3:9-14; 提后 1:15-18; 2:16-17; 3:4-9; 4:10。参见 Ellis, *Prophecy and Hermeneutic in Early Christianity: New Testament Essays*, 92-93, 113-115。

124. 保罗 "经历了各种的苦难与不幸"（1 Clement 1:1）。

125. 提摩太的母亲是犹太裔友尼基（Eunice），外祖母是罗以（提后 1:5），父亲是希腊人（徒 16:1）圣经第一次提到提摩太是在《使徒行传》16:1-2。根据路加的记载，保罗在路司得认识提摩太时，他已经是个信徒，并且得到众人的称赞。保罗结果选择了他为自己的助手（徒 16:3）。保罗在书信中称提摩太为弟兄，同工以及同伴（西 1:1；门 1。林后 1:19。徒 17:14-15; 18:5; 19:22; 20:4）。此外，保罗在书信中也多次把提摩太一同作为书信的共同发信人，可见他对保罗宣教事工的重要性（林后 1:19。帖 1:1；帖后 1:1；林后 1:1；腓 1:1。）。不但如此，保罗在书信中还对提摩太在服事上的忠诚表示感激（腓 2:19-23；帖前 3:2）。在教牧书信中，保罗像父亲般叮咛提摩太要注意身体，还称呼他为自己的儿子（提前 5:23; 1: 2, 18；提后 2: 1; 4: 9; 4: 21）。当时提摩太还相对年轻，大概不会超过 30 岁（Achtemeier, *Introducing the New Testament: Its Literature and Theology*, 447）。

和提多 [126] 是保罗多年来忠心耿耿的密友与同工。保罗也视他们如同自己的儿子一样。[127] 故此，保罗在三封教牧书信中所表达和流露的，不只是一位牧长的身份，更像是一位慈父的形象。保罗首先是鼓励和赞许提摩太与提多在教会中的辛勤服侍。接下去，保罗便是向他们交代处理教会的各种事宜，如何教导信徒，特别是如何应付异端。保罗最终授予他们作为教会领导应有的权柄，并勉励他们要成为众人的榜样。教牧书信的风格之所以有别于保罗写给各教会的书信，主要也是因为教牧书信可以给保罗更大的自由与空间向收信者表达和流露自己与他们之间个人的情感和心思。[128] 现存的教牧书信既是个体性的，也是公众性的。保罗嘱咐提摩太要将这些事吩咐和教导众人（提前 4:11; 3:15）。并且，《提摩太前后书》和《提多书》的信尾都提到向众人的问安和祝福。换言之，这三封书信是写给以提摩太和提多为首的两位年轻同工的训诲与劝勉的个人信件。提摩太和提多并非是唯一的读者，也包括以他们为首的会众。这些信件结果成了近

---

126. 《使徒行传》未提及提多。保罗在《加拉太书》中有提及提多的希腊血统（加 2:3）。他被保罗称为伙伴和同工（林后 8:23）。再者，提多还奉命出席在耶路撒冷举行的宣教会议，其重要性不言而喻（加 2:1）。此外，提多还担任保罗的特使，到访哥林多，将保罗的书信送给他们（林后 2:4, 13; 7:6, 8），并在保罗与哥林多之间的纠纷中，担当调解人（林后 7: 13-15）。提多也积极推动教会捐助耶路撒冷的穷人（林后 8:16-18; 9:5），但未提及提多的年纪（Achtemeier, *Introducing the New Testament: Its Literature and Theology*, 447-448）。

127. 在三封书信中，保罗都以"父亲"的身份来称呼收信人提摩太与提多。保罗也多次称呼提摩太与提多为"儿子"。

128. "不可叫人小看你年轻"（提前 4:12）；"因你胃口不清，屡次患病……可以稍微用点酒"（提前 5:23）；"纪念你的眼泪，昼夜切切的想要见你"（提后 1:4）；"这信是先在你外祖母罗以和你母亲友尼基心里的"（提后 1:5）；"不要胆怯"（提后 1:7; 参见林前 16:10）；"凡在亚细亚的人都离弃我，这是你知道的"（提后 1:15; 4:10）；"在特罗亚留于加布的那件外衣"（提后 4:13）。

两千年来历代教会的教导手册。

四、内容纲要

提摩太前书

（1）信首：问安（1:1-2）

（2）书信的主体（1:3—6:21上）

　　1）有关教师与教会领袖的教导（1:3—3:16）

　　　　（a）有关假教师的教导（1:3-20）

　　　　　　假教师的问题（1:3-7）

　　　　　　律法的用途（1:8-11）

　　　　　　保罗蒙召作为归信基督的榜样（1:12-17）

　　　　　　重申对提摩太的指示（1:18-20）

　　　　（b）有关祷告的教导（2:1-15）

　　　　　　祷告（2:1-7）

　　　　　　在公开崇拜中的适宜行为（2:8-15）

　　　　（c）监督和执事的资格（3:1-13）

　　　　　　监督的资格（3:1-7）

　　　　　　执事的资格（3:8-13）

　　　　（d）教会是神的家（3:14-16）[129]

　　2）教会领袖对待教会及其成员的态度（4:1—6:21上）

　　　　（a）提摩太面对异端的责任（4:1-16）

---

129. "在上帝的家中当怎样行"几乎概括了教牧书信的主题（提前 3:15）。这 3 封书信最显著的焦点是论及上帝的家的管理（提前 1:4）。德席尔瓦，《21 世纪基督教新约导论》，843。

防备异端（4:1-5）

教导与敬虔（4:6-10）

作信徒的榜样（4:11-16）

（b）对待教会其他团体的态度（5:1—6:2 上）

对不同年龄段信徒的态度（5:1-2）

对待寡妇（5:3-16）

对待长老（5:17-25）

作仆人的态度（5:1-2 上）

（c）真假教师的比较（6:2 下-21 上）

假教师及其贪财之心（6:2 下-10）

真教师应有的品行（6:11-16）

对待富者的教导（6:17-19）

对提摩太的最后托付（6:20-21 上）

（3）书信结语：祝福（6:21 下）

提摩太后书

（1）信首：问安（1:1-2）

（2）书信的主体（1:3-4:18）

1）坚守福音的呼吁（1:3-18）

为提摩太的信心感恩（1:3-5）

面对苦难的勇敢和忠诚（1:6-14）

耻辱与勇敢的模范（1:15-18）

2）刚强与忍受苦难的劝勉（2:1-13）

在苦难中要刚强（2:1-7）

忍受苦难的缘由（2:8-13）

3）处理对手的挑战（2:14-26）

4）刚强与忍受苦难的劝勉（3:1—4:8）

末世危险日子的特征（3:1-9）

学习保罗的样式（3:10-17）

对提摩太的最后托付（4:1-8）

5）最后的嘱咐与个人的信息（4:9-18）

要求提摩太尽快到来（4:9-13）

对铜匠亚历山大的警告（4:14-15）

离世前对主的信靠（4:16-18）

（3）书信结语：问安与祝福（4:19-22）

提多书

（1）信首：问安（1:1-4）

（2）书信的主体（1:5—3:11）

1）对提多的教导（1:5-16）

设立长老（1:5-9）

斥责对手（1:10-16）

2）对教会的教导（2:1—3:11）

（a）在教会里的基督徒生活（2:1-15）

按照纯正的道理生活（2:1-10）

上帝的恩典（2:11-15）

（b）教会在世上的生活（3:1-8）

基督徒在社会中的生活（3:1-2）

救恩的果效（2:3-8）

3）处理对手的挑战（2:14-26）

（3）最后的个人嘱咐（3:12-14）

（4）书信结语：问安（3:15）[130]

📚 推荐书目

中文推荐书目

彼得·郭尔迪，《歌罗西书，帖撒罗尼迦前后书，提摩太前后书，提多书，腓利门书》，林梓凤、黄锡木译，台北：校园书房，2007。

戈登·费依，《教牧书信简释》，苏绮宁译，美国：麦种传道会，2016。

---

130. 注释参考书：C. K. Barrett, *The Pastoral Epistles*（NClarB; Oxford: Clarendon, 1963）; Kelly, *A Commentary on the Pastoral Epistles: I Timothy, II Timothy, and Titus*; M. Dibelius and H. Conzelmann, *The Pastoral Epistles*（Hermeneia; Philadelphia: Fortress, 1972）; A. T Hanson, *The Pastoral Epistles*（Grand Rapids: Eerdmans, 1982）; Verner, *The Household of God: The Social World of the Pastoral Epistles*; Dennis R. MacDonald, *The Legend and the Apostle: The Battle for Paul in Story and Canon*; Fee, *1 and 2 Timothy, Titus*; Towner, *The Goal of Our Instruction: The Structure of Theology and Ethics in the Pastoral Epistles*; Jerome D. Quinn, *The Letter to Titus*（AB 35; Garden City: Doubleday, 1990）; Thomas D. Lea and Hayne P. Griffin, Jr., *1, 2 Timothy, Titus*（The New American Commentary 34; Nashville: Broadman Press, 1992）; Knight, *The Pastoral Epistles: A Commentary on the Greek Text*; Towner, *The Letters to Timothy and Titus*（New International Commentary on the New Testament; Grand Rapids, Mich.; Cambridge：William B. Eerdmans, 2006）; Walter L. Liefeld, *1 & 2 Timothy & Titus*（NIVAC; Grand Rapids: Zondervan, 1999）; Jouette M. Bassler, *1 Timothy 2 Timothy Titus*（Nashville: Abingdon, 1996）; I. Howard Marshall, *A Critical and Exegetical Commentary on the Pastoral Epistles*（Edunburgh: T & T Clark 1999）; Jerome D. Quinn and William C. Wacker, The *First and Second Letters to Timothy*（Grand Rapids: Eerdmans, 2000）; Johnson, *The First and Second Letters to Timothy: A New Translation with Introduction and Commentary*; Mark Harding, *What Are They Saying about the Pastoral Epistles?*（New York: Paulist Press, 2001）; Raymond F. Collins, *1 & 2 Timothy and Titus: A Commentary*（NTL; Louisville, Kentucky: Westminster. John Knox Press, 2002）。

古特立,《教牧书信》,李信毅、徐成德译,台北:校园书房,2012。

韩威廉,《提摩太前后书注释》,宋华忠译,香港:天道书楼,1988。

罗斯顿,《帖撒罗尼迦前后书,提摩太前后书,提多书,腓利门书》,梁重光等译,台南:人光出版社,2003。

石清州、周天和,《帖撒罗尼迦前后书;提摩太前后书;提多书;腓利门书》,香港:基督教文艺出版社,1988。

孙汉书、汪维藩,《教牧书信讲义》,南京:金陵协和神学院,1990。

唐书礼,《提摩太与提多书信注释》,潘秋松译,美国:麦种传道会,2008。

杨牧谷,《得救,成长与事奉:教牧书信浅释》,台北:校园书房,1989。

杨牧谷,《是贵重的器皿:教牧书信的情怀》,香港:恩谷出版社,2004。

张永信,《教牧书信注释》,香港:天道书楼,1997。

英文推荐书目

Aune, David E., "The Pastoral Letters: 1 and 2 Timothy and Titus", in David E. Aune (ed.), *The Blackwell Companion to the New Testament* (Chichester, U.K.; Malden, MA: Wiley-Blackwell, 2010), 551-569.

Bailey, M. L., "A Theology of Paul's Pastoral Epistles", in R. B. Zuck and D. L. Bock (eds.), *A Biblical Theology of the New Testament* (Chicago: Moody Press, 1994), 299-367.

Barclay, William, *The letters to Timothy, Titus, and Philemon.* Edinburgh: Saint Andrew Press, 2003.

Bassler, J. M., *1 Timothy, 2 Timothy, Titus.* ANTC; Nashville: Abingdon, 1996.

Barrett, C. K., *The Pastoral Epistles.* NClarB; Oxford: Clarendon, 1963.

Bernard, J. H., *The Pastoral Epistles.* Cambridge Greek Testament for Schools and Colleges; Cambridge: Cambridge University, 1899.

Bruce, F. F., *The Canon of Scripture.* Downers Grove, IL: InterVarsity Press, 1988.

Carrington, P., "The Problem of the Pastoral Epistles: Dr. Harrison's Theory Reviewed", *ATR* 21 (1939), 32-39.

Collins, R. F., "The Image of Paul in the Pastorals", *Laval théologique et philosophique* 31 (1975), 147-173.

Collins, R. F., *Letters That Paul Did Not Write: The Epistle to the Hebrews and the Pauline Pseudepigrapha*. Good News Studies 28; Wilmington: Michael Glazier, 1988.

Collins, Raymond F., *1 & 2 Timothy and Titus: A Commentary*. The New Testament Library; Louisville and London: Westminster John Knox Press, *2002.*

de Boer, M. C., "Images of Paul in the Post-Apostolic period", *CBQ* 42 (1980), 359-380.

Dibelius, M. and H. Conzelmann, *The Pastoral Epistles*. Hermeneia; Philadelphia: Fortress, 1972.

Donelson, L. R., *Pseudepigraphy and Ethical Argument in the Pastoral Epistles*. HUT 22; Tübingen: Mohr-Siebeck, 1986.

Ellis, E. E., *Prophecy and Hermeneutic in Early Christianity: New Testament Essays*. Grand Rapids, MI: William B. Eerdmans, 1978.

Ellis, E. E., *Pauline Theology: Ministry and Society*. Grand Rapids: Eerdmans, 1989.

Ellis, E. E., " 'The Ends of the Earth' (Acts 1:8) ", *BBR* 1 (1991), 123-132.

Ellis, E. E., "Pseudonymity and Canonicity of New Testament Documents", in Michael J. Wilkins and Terence Paige (eds.), *Worship, Theology and Ministry in the Early Church: Essays in Honor of Ralph P. Martin* (JSNTSup 87; Sheffield; Sheffield Academic Press, 1992), 212-224.

Ellis, E. E., "Ferdinand Christian Baur and his School", *The Making of the New Testament Documents* (Leiden: Brill, 1999), 440-445.

Fee, Gordon D., *1 and 2 Timothy, Titus*. New International Biblical Commentary; San Francisco: Harper & Row Publishers, 1984.

Fee, Gordon D., "Reflections on Church Order in the Pastoral Epistles with Further Reflection on the Hermeneutics of Ad Hoc Documents", *JETS* 28 (1985), 141-151.

Grayston, K. and G. Herdan, "The Authorship of the Pastorals in the

Light of Statistical Linguistics", *NTS* 6 (1959-1960), 1-15.

Guthrie, D., *The Pastoral Epistles and the Mind of Paul.* Tyndale New Testament Commentary; London: The Tyndale Press, 1957.

Hanson, A. T., *The Pastoral Epistles.* NCBC; London: Marshall, Morgan & Scott, 1982.

Harding, M., *Tradition and Rhetoric in the Pastoral Epistles.* Studies in Biblical Literature 3; New York: Peter Lang, 1998.

Harding, M., *What Are They Saying about the Pastoral Epistles?* . New York: Paulist Press, 2001.

Harrison, P. N., *The Problem of the Pastoral Epistles.* Oxford: Oxford University Press, 1921.

Houlden, J. L., *The Pastoral Epistles.* London: SCM, 1989.

Hultgren, Arland J., "The Pastoral Epistles", in James D. G. Dunn (ed.), *The Cambridge Companion to St. Paul.* Cambridge: Cambridge University Press, 2003.

Johnson, L. T., *Letters to Paul's Delegates: 1 Timoty, 2 Timothy, Titus.* The New Testamnet in Context; Valley Forge, PA: Trinity Press International, 1996.

Johnson, L. T., *The First and Second Letters to Timothy: A New Translation with Introduction and Commentary.* AB 35A; New York: Doubleday, 2001.

Kelly, J. N. D., *A Commentary on the Pastoral Epistles: I Timothy, II Timothy, and Titus.* Black's New Testament Commentaries; London: Adam and Charles Black, 1963.

Kent, H. A., *The Pastoral Epistles: Studied in I & II Timothy and Titus.* Chicago: Moody, 1958.

Knight, George W., *The Pastoral Epistles: A Commentary on the Greek Text.* New International Greek Testament Commentary; Grand Rapids, MI: Eerdmans; Carlisle: Paternoster, 1992.

Lea, Thomas D. and Hayne P. Griffin, Jr., *1, 2 Timothy, Titus.* The New American Commentary 34; Nashville: Broadman Press, 1992.

Liefeld, Walter L., *1 & 2 Timothy & Titus.* NIVAC; Grand Rapids:

Zondervan, 1999.

Lightfoot, J. B., *Biblical Essays*. London: Macmillan Press, 1893.

Loane, Macrus L., *Godliness* and *Contentment: Studies in the Pastoral Epistles*. Grand Rapids: Baker Book House, 1982.

Lock, W., *A Critical and Exegetical Commentary on the Pastoral Epistles*. The International Critical Commentary; Edinburgh: T & T Clark, 1924.

Longenecker, N., "Ancient Amanuenses and the Pauline Epistles", in R. N. Longenecker and M. C. Tenney (eds.), *New Dimensions in New Testament Study* (Grand Rapids: Zondervan, 1974), 281-297.

MacDonald, Dennis R., *The Legend and the Apostle: The Battle for Paul in Story and Canon*. Philadelphia: Westminster, 1983.

MacDonald, Margaret Y., *The Pauline Churches*: A *Socio-Historical Study* of *Institutionalization in the Pauline and Deutero-Pauline Writings*. *SNTSMS, 60*; Cambridge: Cambridge University Press, 1988.

Marshall, I. Howard, "Recent Study of the Pastoral Epistles", *Themelious* 23/1 (1997), 3-29.

Marshall, I. Howard, *A Critical and Exegetical Commentary on the Pastoral Epistles*. International Critical Commentary; London: T & T Clark, 1999.

Meade, D., *Pseudonymity and Canon*. WUNT 39; Tübingen: Mohr-Siebeck, 1986.

Moule, C. F. D., "The Problem of the Pastoral Epistles: A Reappraisal", *Bulletin of the John Rylands Library* 47 (1965), 430-452.

Mounce, W. D., *The Pastoral Epistles*. WBC 46; Dallas: Word, 2000.

Neumann, K., *The Authenticity of the Pauline Epistles in the Light of Stylo-statistical Analysis*. Atlanta: Scholars Press, 1990.

Prior, M., *Paul the Letter-Writer and the Second Letter to Timothy*. Sheffield: Sheffield Academic Press, 1989.

Quinn, Jerome D., *The Letter to Titus*. AB 35; Garden City: Doubleday, 1990.

Quinn, Jerome D. and William C. Wacker, *The First and Second Letters to Timothy*. Grand Rapids: Eerdmans, 2000.

Richards, E. R., *The Secretary in the Letters of Paul.* WUNT 2/42; Tübingen: Mohr Siebeck, 1991.

Richards, E. R., *Paul and First-Century Letter Writing: Secretaries, Composition and Collection.* Downers Grove, IL: InterVarsity, 2004.

Robinson, John A. T., *Redating the New Testament.* London: S. C. M. Press, 1976.

Robinson, T. A., "Grayston and Herdan's 'C' Quantity Formula and the Authorship of the Pastoral Epistles", *NTS* 30 (1984), 282-288.

Simpson, E. K., *The Pastoral Epistles.* Grand Rapids: Eerdmans, 1954.

Stott, John R. W., *The Message of 2 Timothy.* The Bible Speaks Today series: London and Downers Grove: IVP, *1973.*

Towner, Philip H., *The Goal of our Instruction: The Structure of Theology and. Ethics in the Pastoral Epistles.* JSNTSup 34; Sheffield: Sheffield Academic Press, 1989.

Towner, Philip H., *The Letters to Timothy and Titus.* NICNT; Grand Rapids, Mich.: Eerdmans, 2006.

Verner, D. C., *The Household of God: The Social World of the Pastoral Epistles.* SBLDS 71; Chico: Scholars Press, 1983.

Weiser, Alfons, *Der zweite Brief an Timotheus.* Düsseldorf: Benziger Verlag, 2003.

Wild, R. A., "The Image of Paul in the Pastoral Letters", *Bible Today* 23 (1985), 239-245.

Witherington, B., *Letters and Homilies for Hellenized Christians, vol. 1: A Socio-Rhetorical Commentary on Titus, 1-2 Timothy, and 1-3 John.* Downers Grove: InterVarsity Press, 2006.

Young, Frances, *The Theology of the Pastoral Letters.* New Testament Theology; Cambridge: Cambridge University Press, 1994.

第九章
《腓利门书》

一、作者

除了 19 世纪的包尔及其杜宾根学派对《腓利门书》的真实性提出的挑战以外，[1] 几乎没有任何现代学者质疑《腓利门书》的原始作者及其正典地位。[2] 在这封简短的书信中，保罗的名字

---

1. 包尔只接受《罗马书》《哥林多前书》《哥林多后书》《加拉太书》为保罗书信，却把《腓利门书》视为二等书信（*antilegomena*）。对包尔而言，《腓利门书》是第二世纪写的，主要论及早期教会的奴仆问题。参见 Baur, *Paul, The Apostle of Jesus Christ, His Life and Work, His Epistles and His Doctrine: A Contribution to a Critical History of Primitive Christianity*, 1.246; 2.18-21, 35-42. 参见 M. R. Vincent, *A Critical and Exegetical Commentary on the Epistles to the Philippians and to Philemon*（ICC; Edinburgh: T & T Clark, 1897），159-160; Bruce, *Paul: Apostle of the Free Spirit*, 394-396。

2. Tertullian, *Against Marcion* 5:21: "The Brevity of this Epistle is the sole cause of its escaping the falsifying hands of Marcion...I wonder, however, when he received ［into his Apostolicon］ this letter which was written but to one man, that he rejected the two". *Muratorian Fragment*（约公元 150 年）: "But he［wrote］one［letter］to Philemon and one to Titus, but two to Timothy for the sake of affection and love." Marianne Meye Thompson, *Colossians and Philemon*（The Two Horizons New Testament Commentary; Grand Rapids: Eerdmans, 2005），200-201. Cf., J. B. Lightfoot, *Saint Paul's Epistles to the Colossians and to Philemon*（London: Macmillan, 1875），314-315; Caird, *Paul's Letters from Prison*（*Ephesians, Philippians,*（转下页）

分别出现了三次（门 1:1, 9, 19）。《腓利门书》显示了早期基督教时代的一封简短的个人信函的所有的形式特征。该信的语调反映了保罗的教牧技巧和灵敏度。它的风格和词汇也自然地显示它是出自使徒保罗之手的。[3]《腓利门书》的开始与结尾（门 1:1-7, 21-25）都是典型的保罗型式。此外，书信总体的变异程度是基于保罗书信实践的多样性这一点，可以在那些无可争议的保罗书信中得到证实。[4]

（接上页）*Colossians, Philemon*），213; Dunn, *The Epistles to the Colossians and to Philemon: A Commentary on the Greek Text*, 299-300; J. M. G. Barclay, *Colossians and Philemon*（Sheffield: Sheffield Academic Press, 1997），97; Allen Dwight Callahan, *Embassy of Onesimus: The Letter of Paul to Philemon*（Harrisburg, PA: Trinity, 1998），365-367; Joseph A. Fitzmyer, *The Letter to Philemon: A New Translation with Introduction and Commentary*（Anchor Bible 34C; New York: Doubleday, 2000），8-9. John Knox, *Philemon Among the Letters of Paul*（London: Collins, 1960），79; P. Stuhlmacher, *Der Brief an Philemon*（EKK 18; Zürich and Braunschweig: Benziger Verlag; Neukirchen-Vluyn: Neukirchener Verlag, 1975），18-19. 参见陈终道，《腓立比，腓利门书讲义》（香港：宣道书局，1968）。石清州、周天和，《帖撒罗尼迦前后书；提摩太前后书；提多书；腓利门书》（香港：基督教文艺出版社，1988）。黄浩仪，《腓利门书》（香港：天道书楼，1992）。杨浚哲，《腓利门书讲义》（香港：福音文宣社，2002）。冯荫坤，《歌罗西书·腓利门书注释》（香港：明道社，2013）。鲍维均，《歌罗西书与腓利门书释读》（香港：天道书楼，2016）。林辅华，《以弗所，歌罗西，腓利门书释义》（香港：圣书公会，1953）。巴克莱，《提摩太前后书，提多书，腓利门书注释》（香港：基督教文艺出版社，1986）。大卫·加兰，《歌罗西书，腓利门书》（香港：汉语圣经协会，2015）。彼得·郭尔迪，《歌罗西书，帖撒罗尼迦前后书，提摩太前后书，提多书，腓利门书》（台北：校园书房，2007）。罗斯顿，《帖撒罗尼迦前后书，提摩太前后书，提多书，腓利门书》（台南市：人光出版社，2003）。赖特，《歌罗西书，腓利门书》（台北：校园书房，1994）。

3. Murray J. Harris, *Colossians and Philemon*（Exegetical Guide to the Greek New Testament; 2nd ed.; Nashville: Broadman & Holman, 2010），207.

4. S. S. Bartchy, "Epistle to *Philemon*", in David Noel Freedman（ed.）, *Anchor Bible Dictionary V*（6 vols.; Garden City, NY: Doubleday, 1992）: 305-310, at 306.

二、收信人

在保罗的所有书信中，《腓利门书》是篇幅最短以及最富有私人信函特征的一封书信。[5] 然而，有些学者认为，尽管《腓利门书》是最具个人化的一封信函，它同时也含有公开信函的一些特征。例如：1）作者保罗提及他和提摩太为《腓利门书》的共同作者（门 1:1）；2）收信人共有三位：腓利门，亚腓亚，与亚基布（门 1:2）。关于亚腓亚与亚基布，有学者作出了一些推测，认为亚腓亚可能就是腓利门的妻子，不太可能是他的姐妹。[6] 亚腓亚被称为"我们的姐妹"，而在早期的基督教团体中，每个成年女性都可以被看作姐妹。同样地，每个成年男性基督徒也可以被看为兄弟。[7] 至于亚基布是否是腓利门和亚腓亚的儿子，就无法确定了。无论如何，保罗在信中称他为"同当兵的"（fellow soldier）。他可能是《歌罗西书》4:17 所提到的亚基布。亚基布也可能是吕家谷教会（Lycus Valley Church）的牧者。[8]

一些释经者把《腓利门书》看作是私人的书信沟通，是保罗敦促腓利门接受阿尼西母的一个很特殊的做法。有学者则认

---

5. 整封书信只有 335 个希腊文字，共 25 节经文。Martin, *Colossians and Philemon*, 133; Barclay, *Colossians and Philemon*, 14.

6. Ben Witherington, *The Letters to Philemon, the Colossians, and the Ephesians: A Socio-Rhetorical Commentary on the Captivity Epistles* (Grand Rapids: William B. Eerdmans, 2006), 54; O'Brien, *Colossians-Philemon*, 273.

7. Markus Barth and Helmut Blanke, *The Letter to Philemon: A New Translation with Notes and Commentary* (ECC; Grand Rapids, Mich.: Eerdmans, 2000), 254.

8. Barth and Blanke, *The Letter to Philemon: A New Translation with Notes and Commentary*, 258-259.

为，保罗写这封信的意图也包括了基督徒群体。[9]

信首出现的名字不止腓利门一人。因此，《腓利门书》究竟是私人信函还是公函的问题，学者们有着不同的见解。[10] 有些认为《腓利门书》是介于私人信函与公开信函之间的文件。[11] 那些强调该信是公函的学者，提出如下的理由。1）与古代私人信函相比，《腓利门书》似乎是略长了一些。2）《腓利门书》使用了一些法律术语与专有名词。3）它与保罗的公开书信有类似的特征。例如，保罗和提摩太是共同作者；信首的问安与感恩，正文，以及信尾的问安。4）保罗在信尾所列举的问安名单似乎是包括了一间家庭教会（门 1:23-24）。5）信首出现的一些称呼看起来像是教会中的用语。[12] 最后，按照当时的惯例，保罗的书信通常都是在教会信众中公开宣读的。[13]

戴瑞特（Derrett）认为，鉴于阿尼西母的归信，保罗有意在一个基督徒群体中解决一个基督徒奴隶的地位问题。沃尔

---

9. J. M. G. Barclay, "Paul, Philemon and the Dilemma of Christian Slave-Ownership", *NTS* 37（1991），161-186; J. Duncan M., "The Functions of the Epistle to Philemon", *ZNW* 79（1988），63-91; N. R. Petersen, *Rediscovering Paul: Philemon and the Sociology of Paul's Narrative World*（Philadelphia: Fortress Press, 1985），89-109; Robert W. Wall, *Colossians and Philemon*（The IVP New Testament commentary series; Downers Grove: InterVarsity Press, 1993），184-186; Sara C. Winter, "Methodological Observations on a New Interpretation of Paul's Letter to Philemon", *USQR* 39（1984），203-212.

10. 卡德（Caird）认为，尽管《腓利门书》的信息是直接给腓利门的，但它并不是一封私人信函。G. B. Caird, *Paul's Letters from Prison:*（*Ephesians, Philippians, Colossians, Philemon*），218.

11. Barth and Blanke, *The Letter to Philemon: A New Translation with Notes and Commentary*, 112-115.

12. 例如："同工"（συνεργός, co-worker），"妹子"（ἀδελφή, sister），"同当兵的"（συστρατιώτης, fellow soldier），"在你家的教会"（οἶκόν σου ἐκκλησίᾳ, the church in your house）。Cf. A. G. Patzia, "Philemon, Letter to", *DPL*, 703-707, at 706.

13. 帖前 5:27; 西 4:16。

（Wall）的观点是，保罗可能希望用他的领导地位和威望，帮助阿尼西母在腓利门家中确定他在基督徒群体中的身份地位。温特（Winter）认为，虽然这封信是保罗写给歌罗西的监督腓利门的，它的对象其实是整体教会。对彼得森（Petersen）而言，当阿尼西母被欢迎回到腓利门家中的时候，他是以一位基督徒兄弟的身份回去的。可是，基于当时的社会制度和价值观，腓利门需要承受很大的社会压力。另一方面，如果腓利门拒绝听从保罗的请求接受阿尼西母为主里的弟兄，他自己就不像是一位基督徒弟兄了。罗赛（Lohse）认为，在教会中，个人私事实际上也与众人有关。马廷（Martin）在他的《歌罗西书》和《腓利门书》的注释中，作出了这样的结论：《腓利门书》并非是保罗以私人名义所写的私人信函，他乃是以使徒的身份来讨论信函中有关私人的事宜。[14] 此外，《腓利门书》很明显是涉及了当时的社会问题，保罗也因此更有必要和整体教会来商讨这件大事件。这也是《腓利门书》最终之所以被纳入新约圣经正典的主要原因。[15]

其他学者则坚持《腓利门书》是一封个人请求的私人信函。按照邓恩（Dunn）的观点，《腓利门书》第 1 节就明显表示收信者只有一位，也即是腓利门。1）腓利门本人很富有，他有宽敞的房子来开放给教会活动（门 1:2），并且给客人提供住房（1:22）。他也是奴隶的主人。2）歌罗西是腓利门的家。3）他

---

14. Lohse, *Colossians and Philemon: A Commentary on the Epistles to the Colossians and to Philemon*, 187; R. P. Martin, *Colossians and Philemon*（NCB; London: Oliphants, 1973 = Grand Rapids: Eerdmans, 1981），144. 参见马丁，《以弗所书，歌罗西书，腓利门书》（台南：台湾教会公报社，2013）。

15. Patzia, "Philemon, Letter to", 706.

是一位成功的商人（门 1:17-18）。他是在生意的旅途中遇见保罗的，地点可能是距离以弗所不远（1:19）。4）他是在保罗的带领下成为基督徒的，并与保罗的关系很亲密。5）保罗形容他为同工（συνεργός, co-worker）和同伴（κοινωνός, partner）。[16] 6）教会就设在他的家里，他也可能就是该教会的领袖。[17] 奥柏仁（O'Brien）也认为，亚腓亚、亚基布以及家庭教会，并没有与腓利门的名字列在一起作为收信人。保罗是在《腓利门书》中处理涉及了腓利门个人的事，虽然腓利门个人所要作出的决定，最终也是关于整个教会群体的。保罗在问安（1:1-2）和祝福（1:3, 25）中列入了其他基督徒的名字，是出于使徒的礼貌。[18] 麦里克（Melick）的看法是，信中已经明确表示，保罗是单独向腓利门提出他个人的请求。保罗之所以在信中提到其他人，是因为他们是保罗在腓利门家庭教会中所熟悉的重要成员，也是出于礼貌的考虑。[19] 布鲁斯（Bruce）也同样强调，《腓利门书》是一封私人信函，是专门发给腓利门的。[20]

总之，在新约圣经中，《腓利门书》是独特的一封书信。即使《腓利门书》也考虑到更广泛的社群，它毕竟还是一封真正的个人对个人的私人信函。相比之下，其他新约书信普遍都是

---

16. 门 1:1, 17。

17. Dunn, *The Epistles to the Colossians and to Philemon: A Commentary on the Greek Text*, 300-301.

18. O'Brien, *Colossian-Philemon*, 268, 273.

19. Richard R. Melick, *Philippians, Colossians, Philemon*（The New American Commentary; Nashville: Broadman & Holman Publishers, 1991），349.

20. Bruce, The *Epistles to the Colossians, Philemon*, and the *Ephesians*, 206.

针对整体教会。更重要的是,《腓利门书》让读者对古代社会的情况有更深入的认识,也更理解主人和奴隶之间的关系绝对不是个人的事,而是在当时社会规范内的行为。[21] 在这样的情况下,基督徒为了爱或是其他的原因所作出的决定,是需要付上很大的代价的。

三、写作地点与日期

研究《腓利门书》的学者之间除了为了阿尼西母的身份而争辩议之外,在写作的地点这个问题上也常各持己见。保罗很明显是在监狱里写《腓利门书》的(1:1, 9-10, 13, 22-23)。但那监狱究竟是在哪里呢?该撒利亚、以弗所和罗马都普遍被认为是可能的地方。尽管少数学者主张写作地点可能是保罗在该撒利亚坐监期间(徒 24:26-27),因它距离歌罗西较近。[22] 但这个假设存在着无法解释的疑点,造成《腓利门书》和《歌罗西书》的记载不吻合。因为保罗在《歌罗西书》4:3-4 请歌罗西教会为他的广传福音的事工代祷;也在《腓利门书》1:22 要求腓利门为他预备住处,期望到访歌罗西。这些似乎都说明保罗不但有相当的自由传福音,并计划释放后到访歌罗西去。在该撒利亚,保罗就已经知道,倘若被释放便很有可能落入犹太人的手中。因此,他生存的唯一希望就是在罗马。所以,该撒利亚的假设

---

21. Dunn, *The Epistles to the Colossians and to Philemon: A Commentary on the Greek Text*, 299.

22. M. Dibelius, *An die Kolosser, Epheser an Philemon*, new edition by H. Greeven(HNT 12; Tübingen: Mohr Siebeck, 1953), 107; E. Lohmeyer, *Die Briefe an die Philipper, Kolosser und an Philemon*(KEK 9; Gottingen: Vandenhoeck & Ruprecht, 1964), 3-4; Kümmel, *Introduction to the New Testament*, 347-348.

已经在很大程度上被学者抛弃在一边了。[23]

至于其他两个可能的写作地点，以弗所和罗马，有利于以弗所的主要理由，是因为是它比较靠近歌罗西，距歌罗西只有不到一周的路程。[24] 到罗马就肯定需要更长的旅途，无论是危险性的海路航行，还是疲劳的陆地旅程，都要数周的时间。阿尼西母应考虑由短程到达以弗所是一回事，而到罗马却是一个相当不同的承诺。保罗期望获释后去歌罗西，并在22节要求腓利门为保罗的到访预备住处。保罗在以弗所书写这封信，是因为它较靠近歌罗西。写作时间是公元55年。然而，反对以弗所为写作地点的主要理由是，新约圣经没有任何有关保罗在以弗所监禁的记载；整个假设完全是建立在有问题的推论上（林后1:8; 11:23）。[25] 再者，保罗在《腓利门书》1:24的最后问安中提到了《使徒行传》的作者路加的名字，表明路加与保罗当时一起在罗马（参见西4:14）。腓利门应该是一个相当有影响力的人物，以弗所也很方便他调查阿尼西母逃跑的原因。假设腓利

23. Dunn, *The Epistles to the Colossians and to Philemon: A Commentary on the Greek Text*, 307.

24. 参见 Duncan, *St. Paul's Ephesian Ministry*, 72-75; J. Gnilka, *Der Philipperbrief*, 4-5, 18-24; R. P. Martin, *Colossians and Philemon* (NCB; *London*: Oliphants, 1974), 26-32; Stuhlmacher, *Der Brief an Philemon*, 21-22; F. F. Church, "Rhetorical Structure and Design in Paul's Letter to Philemon", *Harvard Theological Review* 91 (1978), 17-33; H. Binder, *Der Brief des Paulus* an *Philemon* (THKNT 11.2; Berlin: Evangelische, 1990); 22, 28-29; Wright, "Putting Paul Together Again: Toward a Synthesis of Pauline Theology", in Jouette M. Bassler (ed.), *Pauline Theology*, 1:183-211; M. Wolter, *Der Brief an die Kolosser: Der Brief an Philemon* (ÖTK 12; Gütersloh: Mohn, 1993), 238; P. N. Harrison, "Onesimus and Philemon", *ATR* 32 (1950), 268-294, at 271-74, 281-82; Lohse, *Colossians and Philemon: A Commentary on the Epistles to the Colossians and to Philemon*, 188; Martin, 26-32; Wright, "Putting Paul Together Again: Toward a Synthesis of Pauline Theology", 183。

25. Dunn, *The Epistles to the Colossians and to Philemon: A Commentary on the Greek Text*, 308.

门认为阿尼西母不知何故而逃跑，在阿尼西母未见到保罗之前，腓利门是可以采取法律行动来对付他的。[26] 有些学者认为，如果阿尼西母真是要设法离开歌罗西，逃避腓利门的追寻，人海茫茫的首都罗马可能是一个更理想的避难所，而不是以弗所。以弗所作为书信的写作地点也因此被怀疑。

教会的传统普遍都接受《腓利门书》起源的地方是罗马，而这些传统至少可以追溯到第四或第五世纪。[27] 只是在 20 世纪初，教会的传统才受到质疑。提出反对意见的学者认为，罗马距离歌罗西非常遥远，需要数周的路程。再者，在《使徒行传》中路加只提到保罗一人坐监，而保罗却提到"亚里达古"（西 4:10）和"以巴弗"（门 23）也与保罗一同坐监。

有利于罗马的主要因素是《腓利门书》与《使徒行传》记载的处境比较相符（徒 28:30-31）。保罗当时虽然被囚在罗马，却有较开放的环境与自由传福音。保罗在《腓利门书》1:9 首次称自己为"有年纪的"（πρεσβύτης, the old man），并在第 10 节称阿尼西母为"捆锁中所生的儿子"。若将监狱书信与保罗较早期的书信相比，就可以发现保罗思想在监狱书信中的发展。按照保罗在以弗所坐监的理论，监狱书信的写作时间将提早到 50 年代中期。而罗马起源说则相信保罗在罗马被监禁是在 60 年代初。由此推论，罗马为《腓利门书》的写作地点可能性更大。[28]

---

26. Dunn, *The Epistles to the Colossians and to Philemon: A Commentary on the Greek Text*, 307.

27. Metzger, *A Textual Commentary on the Greek New Testament*（London: United Bible Societies, 1975）, 658-659.

28. Lightfoot, *Saint Paul's Epistles to the Colossians and to Philemon* 310-311; Vincent, *A Critical and Exegetical Commentary on the Epistles to the Philippians*（转下页）

在保罗的所有书信中,《腓利门书》与《歌罗西书》之间的
关系最为密切。由于《歌罗西书》与《腓利门书》具有许多共
同的特征,有些学者也就以《腓利门书》来论证保罗也同样是
《歌罗西书》的作者。[29] 因此,决定《腓利门书》的写作地点的
关键可能就在于《歌罗西书》与《腓利门书》之间的关系。[30]
学者们也因此将这两封书信放在一起作比较研究,结果发现两
者有许多共同之处,例如,两封书信都显示了保罗被囚在狱中
(门 1:2, 10;西 4:9, 17);都在信首列入了提摩太为共同的作者
(门 1:1;西 1:1);都提到了阿尼西母与亚基布的名字,并且二
人也可能都是歌罗西人(门 1:1;西 4:3, 10, 18)。两封书信都
提及阿尼西母回到歌罗西(门 1:10-12;西 4:9)。保罗在《腓利
门书》信尾的问候名单也同样出现在《歌罗西书》中(门 1:23-
24;西 4:10-14)。主仆之间的关系也都显露在两封书信中。由此
可见,两封书信都可能是在同一地点、同一时期写成(公元 60

(接上页)*and to Philemon*, 161-162; E. Percy, *Die Probleme der Kolosser-und
Epheserbrief* (Lund: C. W. K. Gleerup, 1946), 467-474; H. Gülzow, *Christentum
und Sklaverei in den ersten drei Jahrhunderten* (Bonn: Habelt, 1969), 30; Moule,
The Epistles of Paul the Apostle to the Colossians and to Philemon, 21-25; Bruce,
The *Epistles to the Colossians*, *Philemon*, and the *Ephesians*, 193-196; *Bruce, Paul:
Apostle of the Free Spirit* (Exeter: Paternoster, 1977) =USA title: *Paul, Apostle of
the Heart Set Free*, 396-399; 411-412; O'Brien, *Colossians-Philemon*, xlix-liii; Mary
Ann Getty, "The Letter to Philemon", *BT* 22/3 (1984), 137-144; L. M. McDonald
and S. E. Porter, *Early Christianity and its Sacred Literature* (Peabody: Hendrickson,
2000), 480-482; Barth and Blanke, *The Letter to Philemon: A New Translation
with Notes and Commentary*, 121-126; Fitzmyer, *The Letter to Philemon: A New
Translation with Introduction and Commentary*, 372.

29. Moule, *The Epistles of Paul the Apostle to the Colossians and to Philemon*, 13; Harris,
Colossians and Philemon, 3-4; A. S. Peake, *Colossians* (Expositor's Greek Test III;
London: Longmans, Green, and Co, 1903), 491.

30. Martin, *Colossians and Philemon*, 149; Bruce, *The Epistles to the Colossians*,
Philemon, and the *Ephesians*, 196.

年—61 年）。[31]

若《歌罗西书》被接受为保罗在罗马坐监时所写，两封书信之间的思想重叠也是可以理解的。若《歌罗西书》是写于《腓利门书》之后不久，《腓利门书》与《歌罗西书》就可能合并在一起，成为保罗在罗马写的监狱书信。[32]

尽管学者很难为写信的地点作出最后的决定，总的来说，罗马却是比以弗所更合理和更具有说服力。《腓利门书》写于保罗在罗马坐监期间，其日期就大约是在公元 61 年左右。《腓利门书》也就因此与《歌罗西书》《腓立比书》和《以弗所书》一起合称为写于同一时期的四封"监狱书信"。[33]

四、写作缘由与目的

阿尼西母是歌罗西的腓利门的一个奴隶。他不仅从他的主人那里潜逃，而且还携带了腓利门的一些钱财（参见西 4:9；门 1:15-16）。[34] 邓恩认为，《腓利门书》提及阿尼西母是一个奴隶，但告诉极少关于阿尼西母本人的事。[35] 阿尼西母可能是被

31. Knox, *Philemon Among the Letters of Paul*, 34-39. Harris, *Colossians and Philemon*, 241.

32. Dunn, *The Epistles to the Colossians and to Philemon: A Commentary on the Greek Text*, 308, cf. 39-41. Binder, *Der Brief des Paulus an Philemon*, 22-29.

33. J. L. Houlden, *Paul's Letters from Prison: Philippians, Colossians, Philemon, and Ephesians* (Philadelphia, PA: Westminster Press, 1970).

34. Harris, *Colossians and Philemon*, 207.

35. Dunn, *The Epistles to the Colossians and to Philemon: A Commentary on the Greek Text*, 302. 有关希腊罗马社会的奴隶制度，可参见：Finley (ed.), *Slavery in Classical Antiquity* (Cambridge: W. Heffer and Sons, 1960); idem, "Slavery", *Oxford Classical Dictionary* (Oxford, 1970), 994-996; idem, *Ancient Slavery and Modern Ideology* (London: Chatto & Windus, 1980); Wiedemann, *Greek and Roman Slavery*; Buckland, *Roman Law Of Slavery: The Condition Of The Slave In Private Law From Augustus To Justinian*; A. Watson, *Roman Slave Law* (Baltimore: John (转下页)

大都市吸引而逃往罗马去的。[36] 也有学者倡议阿尼西母或许是逃往以弗所（参见"写作地点"）。[37] 但不知何故，他却遇到了在那里被囚禁的保罗，可能是通过以巴弗。保罗带领阿尼西母信了基督（门 1:10）。[38] 保罗似乎很欣赏阿尼西母的能力以及他在狱中的忠心服侍（1:11-13, 16-17）。保罗虽然有意将阿尼西母留在身边（1:13），但觉得有必要送阿尼西母回去歌罗西，希望他的合法主人腓利门能像基督徒兄弟一般接纳他（1:16）。于是，在推基古的陪同下，阿尼西母就带着这封信回到腓利门那里（1:12）。推基古是《歌罗西书》和《以弗所书》的信使（西 4:7-9; 弗 6:21-22）。[39]

保罗在这封短信向腓利门发出的请求，很显然不是按照罗马当时的法律或社会习俗，而是一个基督徒基于爱心和宽容的不寻常行为。[40] 换句话说，保罗写信的主要目的是希望腓利门能以同样的爱心和宽容接待阿尼西母，把他看作是主里的兄弟。[41] 事实上，保罗在信中根本就没有提到腓利门是阿尼西母的"主"

（接上页）Hopkins University Press, 1987); Martin, *Slavery as Salvation: The Metaphor of Slavery in Pauline Christianity*; Barclay, "Paul, Philemon and the Dilemma of Christian Slave-Ownership", 161-186; S. Scott Bartchy, "Slavery（Greco-Roman）", *ABD* 6:65-73; Harrill, *The Manumission of Slaves in Early Christianity*。

36. Barth and Blanke, *The Letter to Philemon: A New Translation with Notes and Commentary*, 121-128, 243.

37. Fitzmyer, *The Letter to Philemon: A New Translation with Introduction and Commentary*, 9-11, 17-18.

38. 阿尼西母意为"有好处"。保罗希望带领他信主后使人得好处。

39. Harris, *Colossians and Philemon*, 207.

40. Thompson, *Colossians and Philemon*, 199.

41. Cain Hope Felder, "The Letter to Philemon: Introduction, Commentary, and Reflections", in *The New Interpreter's Bible 11*（Nashville: Abingdon, 2000）, 881-905; Wall, *Colossians and Philemon*, 184; N. T. Wright, *The Epistles of Paul to the Colossians and to Philemon*（Grand Rapids: Eerdmans, 1986）, 166-170.

（κύριος, master, lord）。"主"这个词语只限于复活的基督。只有基督是保罗、腓利门、阿尼西母以及在信中提到的所有其他人的"主"。[42] 因此，对保罗而言，腓利门和阿尼西母之间今后的关系已不再是主仆，而是兄弟（1:16-17）。[43]

在保罗那个时代，奴隶制在罗马帝国早已成为一个非常庞大的体系。它遍及在罗马各地，当时没有任何民主力量和方法可以引入法例，废除根深蒂固的奴隶制度。若有人鼓励奴隶起来革命，结果只会惨遭当局的血腥镇压及灭绝。再者，奴隶买卖交易亦使当局获益（购买一个奴隶需向国家缴纳4%的销售税）。[44] 所以，为了增加奴隶的市场价值，罗马人通常鼓励奴隶接受教育，这样对其主人也大有益处。例如，哲学家艾彼克泰德（Epictetus）以及尼禄的私人医生皆是奴隶。[45]

保罗自己也似乎已经接受了奴隶制这个事实。他也因此从来没有在书信中显示反抗奴隶制度的思想。然而，当保罗劝勉基督徒腓利门接纳奴隶阿尼西母为弟兄时，就已经表示教会打破了当时的社会常规。《克莱门一书》55.2 曾提及基督徒有时为那些身为奴隶的信徒赎身的事，也有记载为了喂养饥饿的人而将自己卖身为奴的动人故事。[46]

然而，布鲁斯却认为，尽管《腓利门书》没有直接攻击当

---

42. Fitzmyer, *The Letter to Philemon: A New Translation with Introduction and Commentary*, 38.

43. Thompson, *Colossians and Philemon*, 199.

44. 塔西图（Tacitus），《编年史》（*Annales*）13.21。

45. 普鲁塔克（Plutarch），《论迷信》（*Superstition*），166D。Achtemeier, *Introducing the New Testament: Its Literature and Theology*, 425.

46. Achtemeier, *Introducing the New Testament: Its Literature and Theology*, 425.

时的奴隶制度，却让读者们看见奴隶制度最终必然是会衰败和消失的。马歇尔的结论是，基督教的信仰与奴隶的拥有权是不能相容的。[47]

保罗在信中向腓利门发出的请求有得到正面的回应吗？腓利门最终是否赦免了回归的阿尼西母，并且还接纳他为一个基督里的兄弟，如同保罗一样（1:12，16-17），然后又将他释放，让他回去作保罗的助手（1:11，13, 16, 20-21）？对于以上的问题，哈瑞斯（Harris）的答案是肯定的。《腓利门书》这封信涉及了一些非常感人的具体事件。它得以保留，并且还被列入新约的正典中，让人相信腓利门最终是听从了保罗的请求的。[48]

五、关键议题

1. 传统解释

早期释经者的共识是阿尼西母从主人腓利门的家逃跑，并且在潜逃时还可能偷了主人的东西（1:18）。[49]阿尼西母在罗马遇见了保罗并在他的带领下信了基督。然后，保罗打发阿尼西母带着此信回到腓利门那里去。在这样的共识下，仍旧有两个

---

47. Barclay, "Paul, Philemon and the Dilemma of Christian Slave-Ownership", 161-186; Bruce, *Paul: Apostle of the Free Spirit*, 401; Karl P. Donfried and I. Howard Marshall, *The Theology of the Shorter Pauline Letters* (Cambridge: Cambridge University Press, 1993), 190. 亚德迈耶也指出保罗在《加拉太书》3:28 宣告了人人平等的信息，表示奴隶制度不能与基督教共存。Achtemeier, *Introducing the New Testament: Its Literature and Theology*, 424.

48. Harris, *Colossians and Philemon*, 209.

49. Patzia, "Philemon, Letter to", 705. John G. Nordling, "Onesimus Fugitivus: A Defense of the Runaway Slave. Hypothesis in Philemon", *JSNT* 41 (1991), 97-119.

问题需要考虑的。1）保罗在第 18 节中提到了阿尼西母对腓利门有"亏负"。这究竟是指阿尼西母在逃跑的时候曾经盗窃了一些财物，还是指阿尼西母逃跑这件事给腓利门所造成的损失？2）阿尼西母是在什么情况下遇见保罗的？是他被捕了并且被放在同保罗一个监狱？被带到保罗那里是通过他人的介绍，还是他自己主动寻求保罗的帮忙？尽管上述的问题很难会得到令人满意的答案，基本的事实却是非常清楚的。那就是，阿尼西母是在没有经过主人的同意而离开的。保罗当时的心愿是去和解一个逃奴与他的主人的关系。但近年来，学者们对早期释经者上述的共识提出了质疑。例如：阿尼西母究竟是否是一个逃奴（门 1:15）？阿尼西母确实是带信人吗？保罗提及了阿尼西母的事，是否只是为了要把阿尼西母留在他的身边（13-14）？阿尼西母是否真是腓利门的奴隶？以上这些问题迫使学者们重新审视学者以往的一些共识，并测试这些共识是否是建立在一个可靠的基础上的。[50]

诺克斯（John Knox）在《保罗书信中的〈腓利门书〉》中，提出了一个大胆的假设。他对背景的重建，也完全不同于传统。诺克斯继承了古德斯皮德（Goodspeed）的观点，认为《腓利门书》就是保罗在《歌罗西书》4:16 提及的那封老底嘉书信（Loadiceans）。[51]

诺克斯还在此基础上进一步提出了新的主张。那就是，亚

50. Barclay, *Colossians and Philemon*, 99.
51. E. J. Goodspeed, *The Key to Ephesians* (Chicago, Illinois: The University of Chicago Press, 1956), xiv-xvi.

基布住在歌罗西，并在那里领导歌罗西的教会。他实际上才是《腓利门书》的收信人以及阿尼西母的主人，而不是腓利门。保罗并不认识亚基布。腓利门则是吕家谷教会的总督，住在老底嘉。保罗打发阿尼西母将这封被称作"腓利门书"的书信首先送到腓利门所处的老底嘉。因为保罗希望在这件事上获得腓利门的支持。然后，再将这封书信送到歌罗西的亚基布那里去，也就是阿尼西母的主人和该信的主要收信人。保罗因此在《歌罗西书》中特别吩咐那里的信众也要读从老底嘉来的书信。而这封信就是所谓"腓利门书"（西 4:16）。保罗在《歌罗西书》中还叮嘱亚基布要谨慎（4:16）去尽他从主那里所受的职分（διακονία, service or ministry）。保罗在此很清楚是请求亚基布给阿尼西母重获得自由，好让他可以继续参与对基督的侍奉。[52]慕尔（Moule）将诺克斯的重构描述为"侦探故事"。[53]

古德斯皮德声称，《腓利门书》中的阿尼西母就是公元 2 世纪初伊格纳修在写给以弗所教会书信中所提到的那位以弗所监督。[54]诺克斯赞同古德斯皮德的看法，认为阿尼西母获得自由以后，便成为以弗所的主教。他可能是公元 2 世纪保罗书信的收集人。作为主教，阿尼西母确保自己得自由的凭据被保存并被纳入新约正典之中。[55]尽管有些学者接受伊格纳修提到的以弗所监督可能与腓利门中的阿尼西母是指同一个人，但他们同时也指出，诺克斯的假设存在很多无法克服的难题。例如：保罗在

---

52. 西 4:17。
53. Moule, *The Epistles of Paul the Apostle to the Colossians and to Philemon*, 14.
54. Ignatius, *To the Ephesians* 1:3.
55. Knox, *Philemon Among the Letters of Paul*, 91-108. Cf. Patzia, "Philemon, Letter to", 704.

《腓利门书》中所表达的私人性质沟通以及要求歌罗西信徒公开宣读那来自老底嘉的信似乎是不太协调（西 4:16）。并且，依照保罗惯常的用法，4:17 的"职分"是不会用于释放奴隶这个事件上的。此外，《腓利门书》中的"你"，明显是指腓利门而言，并非诺克斯所重构的亚基布。是腓利门把自己的家开放为教会崇拜的场所。保罗在信中也明显是刻意为阿尼西母向腓利门发出请求。[56]

巴特（Barth）、布蓝科（Blanke）以及费兹米尔也指出，诺克斯的假设面临着一些无法克服的困难，所以没有得到学者广泛的接受。第一，《腓利门书》1:2 中的短语"在你家的"（κατ' οἰκόν σου）那个"你"（σου），很自然指该信的主要收信人是腓利门，并非亚基布。第二，《歌罗西书》4:16 所指的是歌罗西和老底嘉两封书信之间的交换。那就是，老底嘉教会要宣读保罗写给歌罗西教会的书信，而歌罗西教会也同样要宣读保罗写给老底嘉教会的书信。但在诺克斯的假设中，《腓利门书》的收信人主要是在歌罗西的亚基布。该信先送到老底嘉，然后才送到歌罗西。第三，《歌罗西书》4:17 的"职分"（διακονία，service or ministry）描述了一个积极和持续的事奉（注意希腊原文的现在时态动词 βλέπε 和 πληροῖς）。这个从保罗或是从启示而来的事奉，已经在教会里完成，并且得到了保罗的接纳。第四，在《腓利门书》中，保罗为阿尼西母代求所表达的语气是非常谨慎和细腻的。在歌罗西公众宣读《腓利门书》（西 4:17）

---

56. Moule, *The Epistles of Paul the Apostle to the Colossians and to Philemon*, 16-21; O'Brien, *Colossians-Philemon*, 268.

自然会将给阿尼西母的主人带来很大的压力，这本来是完全不合时宜的，也是不敏感的。在诺克斯的假设中，主人被提名以及被间接地要求去释放他的逃亡奴隶。[57]

诺克斯坚持保罗整封书信的要旨是要求阿尼西母留在他的身边作助手。温特和万盛科（Wansink）进一步发展了诺克斯的这个观点。他们认为，阿尼西母不是逃奴（fugitive），而是受腓利门教会之差派把信息或礼物送给保罗，并在约定的时间作保罗的助手。因此，这封信不是一封呼吁和解的信函，而是一封感谢信，是为着礼物和腓利门应允阿尼西母留在监狱服侍保罗，解除了阿尼西母在腓利门家中的职责的感谢。[58]

温特认为，保罗在信首的感恩部分（1:4-7）不仅是对腓利门表示称赞，也是他对阿尼西母来到他身边侍奉他的感激。保罗还在第 5 节表示他已经 "听说" 过腓利门的爱心与信心（ἀκούων, I hear of）。这主要是从阿尼西母那里听来的。

赖特指出，"善事"（παντὸς ἀγαθοῦ）以及 "与人所同有的爱心"（ἡ κοινωνία τῆς πίστεώς）是指保罗对腓利门把阿尼西母差派到他身边的回应。[59]

---

57. Barth and Blanke, *The Letter to Philemon: A New Translation with Notes and Commentary*, 225-226; Fitzmyer, *The Letter to Philemon: A New Translation with Introduction and Commentary: A New Translation with Introduction and Commentary*, 14-17.

58. Barclay, *Colossians and Philemon*, 99-100. Winter, "Methodological Observations on a New Interpretation of Paul's Letter to Philemon", 203-212; C. S. Wansink, *Chained in Christ: The Experience and Rhetoric of Paul's* Imprisonments（JSNTSup 130; Sheffield: Sheffield Academic Press, 1996）.

59. Winter, "Methodological Observations on a New Interpretation of Paul's Letter to Philemon", 203-212. Wright, *The Climax of the Covenant: Christ and the Law in Pauline Theology*, 41-55.

可是，诺克斯和温特的假设也面对一些问题。首先是，他们的理论给予《腓利门书》1:12 和 1:15 的动词一个不太可能的含义。因为 12 节和 15 节通常翻译成"打发（ἀναπέμπω, to send）他亲自回你那里去"和"叫你永远得着（ἀπέχω, to obtain or to receive）他"。因此，就语文来说，诺克斯和温特的理论免不了还是有困难的。文本十分清楚地说明阿尼西母是真正伴随着这封信的。其次，阿尼西母这种身份的人似乎也不太可能受到教会信众的委托把礼物送给保罗的。根据第 10 节，阿尼西母是在监狱中遇见了保罗之后才成为一个基督徒的。不但如此，保罗在第 11 节也认为未成为基督徒之前的阿尼西母其实对腓利门是没多大益处的（ἄχρηστος, useless or worthless）。此外，保罗在第 18 节似乎表示阿尼西母是曾经亏负过他的主人腓利门的。若是那样，腓利门的教会又怎么会雇用一个"无益"的，并且是曾经亏负过他主人的非基督徒奴隶来参与保罗的重要侍奉？由于诺克斯和温特的修正与重建缺乏经文本身的支持，也就因此没有得到多数学者的采纳。[60]

此外，在温特看来，《腓利门书》中使用的法律术语与当时的法律文件相似。保罗在第 10 节为阿尼西母的祈求（παρακαλῶ περὶ, urge），是属于法律上的陈情公式。在第 12 节所采用的法律术语"打发"（ἀναπέμπω, send），已将阿尼西母的个案上呈

60. Barclay, *Colossians and Philemon*, 100. Cf. Dunn, *The Epistles to the Colossians and to Philemon: A Commentary on the Greek Text*, 300-301; Heinrich Greeven, "Prüfung der Thesen von J. Knox zum Philemonbrief", *TLZ* 79（1954），373-378; Lohse, *Colossians and Philemon: A Commentary on the Epistles to the Colossians and to Philemon*, 186-187; Bruce, *The Epistles to the Colossians, to Philemon, and to the Ephesians*, 199-200. Wright, *The Epistles of Paul to the Colossians and to Philemon*, 165.

到更高的权威。同时，温特还认为保罗与腓利门之间的伙伴（κοινωνία）关系，是受到法律约束的伙伴关系。保罗请求腓利门接受阿尼西母，让他享有伙伴的同等权利。[61]

阿尼西母是否是一个逃奴？"逃亡"这个假设的主要困难在于解释阿尼西母是如何来到保罗那里。大多数逃亡者试图消声匿迹是可以理解的。但一个逃犯既然逃到与他主人有联系的人那里去就令人感到很奇怪了！一个比较传统和普遍的假设是：阿尼西母被逮捕后下监了。班因德（Binder）认为，他们都被关押在同一个监狱，阿尼西母遇到保罗是偶然的。[62] 但是，阿尼西母和保罗个别被囚禁的背景和原因是很不相同的。如果阿尼西母是因为逃跑而被抓的话，他是应该由官方送回去，而不是与保罗因禁在一起的。如果保罗不是被放进监狱，而是被软禁在家中，一个逃奴是肯定不会到他那里去的。"逃亡"这个假设不但没有给予解决方案，反而引发了更多的问题。[63]

顾迪纳弗（Goodenough）指出，按当时罗马法律中管理奴隶的条例，当奴隶与主人之间产生矛盾时候，奴隶是允许寻求一个避难所（asylum）的。奴隶的选择一般是与他的主人和解，或是被出售给另外一个主人。阿尼西母可能曾经从腓利门那里听说过保罗这个人。当他从主人家逃出以后，因为担心将会遭

61. Winter, "Methodological Observations on a New Interpretation of Paul's Letter to Philemon", 203-212; idem, *Paul's Letter to Philemon*, NTS 33（1987）, 1-15.

62. Binder, *Der Brief des Paulus an Philemon*, 35.

63. Barclay, *Colossians and Philemon*, 101; Dunn, *The Epistles to the Colossians and to Philemon*, 303-304. Cf. R. Gayer, Die *Stellung des Sklaven in den paulinischen Gemeinden und bei Paulus*（Bern: Hebert Lang; Frankfurt: Peter Lang, 1976）, 231-232; Brian M. Rapske, "The Prisoner Paul in the Eyes of Onesimus", NTS 37（1991）, 187-203, at 191-192.

受严重的刑罚，便把保罗的所在之处作为一个避难所，逃到他那里去寻求庇护。[64] 但是，这很难看到那样的行动在当时是合法的。[65] 一个更为简单与合理的解决方案得到了许多学者的支持。那就是，阿尼西母在技术上来说，并不是传统解释中的"逃奴"（δραπέτης 或 φυγάς; *fugitivus*）。阿尼西母的处境不符合法律上逃犯的类别。根据当时罗马管理奴隶的条例，有一种现象是司空见惯的（*Digest* 21.1.17.5）。那就是，当奴隶得罪了主人的时候，奴隶是可以寻求一个友好的第三方，要求第三方以他的名义恳求被冒犯了的主人。奴隶的目的并不是逃跑，而是要改善他与主人今后的工作关系。当时的法律条例并不会把这位奴隶看作是"逃奴"。[66] 所以，阿尼西母到保罗那里去求助是完全合法的。[67]

如前所说，阿尼西母以前可能是从腓利门那里听过甚至是认识保罗的。阿尼西母与腓利门之间在此之前可能是因为某种原因产生了一些嫌隙。阿尼西母便到保罗那里寻求帮助。保罗当时既然是在家中受到软禁，阿尼西母在这个时候来照顾侍候保罗也是很合理的。保罗也就带领阿尼西成为一位基督徒。保

---

64. Edwin R. Goodenough, *"Paul and Onesimus"*, HTR 22（1929），181-183.

65. Barclay, *Colossians and Philemon*, 101.

66. Buckland, *Roman Law Of Slavery: The Condition Of The Slave In Private Law From Augustus To Justinian*, 268.

67. Bruce, The *Epistles to the Colossians, Philemon*, and the *Ephesians*, 197; Peter Lampe, "Keine 'Sklavenflucht' des Onesimus", ZNW 76（1985），135-137; Rapske, "The Prisoner Paul in the Eyes of Onesimus", 195-203; Bartchy, "Epistle to *Philemon*", 307-308. Cf. Dunn, *The Epistles to the Colossians and to Philemon: A Commentary on the Greek Text*, 304-305; Barclay, *Colossians and Philemon*, 101; Fitzmyer, *The Letter to Philemon: A New Translation with Introduction and Commentary: A New Translation with Introduction and Commentary*, 16-23.

罗接下来就写了这封"请求书"，希望腓利门能够赦免阿尼西母对他的"亏欠"以及"债务"（1:18-19），并释放阿尼西母，使他可以"名正言顺"地回到保罗身边去给他服侍。[68] 帕兹亚（Patzia）进一步推测，腓利门暂将阿尼西母留在保罗身边服侍，所欠的债可能是指时间，而非金钱。[69]

2.《腓利门书》的书信形式与修辞学的分析

《腓利门书》中出现的书信的形式一向受到学者们的重视。[70] 有学者认为，《腓利门书》与当时的推荐信与和解信或是一般的个人信函很类似。[71] 邓恩认为，《腓利门书》是一封结构正常的私人信函，还有常见的保罗书信式的开始与结尾。《腓利门书》也可以被归纳为推荐信函或调解信函。[72] 魏玛（Weima）运用书信的形式分析了《腓利门书》中的问候、感恩、正文以及结尾。[73]

---

68. O'Brien, *Colossians-Philemon*, 299-300.

69. Patzia, *Ephesians, Colossians, Philemon*（NIBC; Peabody, MA: Hendrickson, 1991），114.

70. J. L. White,"The Structural Analysis of Philemon: A Point of Departure in the Formal Analysis of the Pauline Letter", *SBLSP* 1（1971）1-47. Cf. A. Wilson, "The Pragmatics of Politeness and Pauline Epistolography: A Case Study of the Letter to Philemon", *JSNT* 48（1992），107-119.

71. Doty, *Letters in Primitive Christianity*, 22; White, *Light from Ancient Letters*, 19-20; 218-20; Schubert, *Form and Function of the Pauline Thanksgivings*, 365-377; Kim, *Form and Structure of the Familiar Greek Letter of Recommendation*, 123-127; Mitchell, *Paul and the Rhetoric of Reconciliation: An Exegetical Investigation of the Language and Composition of 1 Corinthians*, 65-183.

72. Dunn, *The Epistles to the Colossians and to Philemon: A Commentary on the Greek Text*, 301; Kim, *Form and Structure of the Familiar Greek Letter of Recommendation*, 123-128; Stowers, *Letter Writing in Greco-Roman Antiquity*, ch.11.

73. Jeffrey A. D. Weima, "Paul's Persuasive Prose: An Epistolary Analysis of the Letter to Philemon", in D. F. Tolmie（ed.）, *Philemon in Perspective*: *Interpreting a Pauline Letter*（Berlin: De Gruyter, 2010），29-60.

其他学者则注重以修辞评鉴法的角度来研究《腓利门书》。对威瑟林顿（Witherington）而言，理解保罗在《腓利门书》的内容，在一定程度上取决于理解保罗是如何使用修辞中的"说服艺术"。[74] 用斯坦因（Steyn）的话来说，"这封书信的写作风格有助于它的说服性（persuasive nature）。除了其他事项以外，该信的说服性的建立和确认，可说是通过文体特征的应用"。[75] 保罗的《腓利门书》可以被列为演说类型中的审议性修辞。这个分类有助于读者了解具体的经节以及整体书信的目的。邱切尔（Church）肯定保罗向腓利门接受奴仆阿尼西母的请求是一种审议性的修辞。[76] 审议性修辞旨在说服听者最终接受演讲者的立场，[77] 它的焦点是关系到荣誉和优势的问题。保罗采纳了古典修辞学中的三种有效说服手段：性格（ἦθος, character）、情感（πάθος, emotion）和理性（λόγος, logical reasoning）。[78] 保罗的目的是尝试说服腓利门接受阿尼西母所带来的荣誉和优势，尤其是基于保罗与腓利门个人的关系以及他们和阿尼西母作为

---

74. Witherington, *The Letters to Philemon, the Colossians, and the Ephesians: A Socio-Rhetorical Commentary on the Captivity Epistles*, 51. 参见 P. Lampe, "Affects and Emotions in the Rhetoric of Paul's Letter to Philemon: A Rhetorical-Psychological Interpretation", *Philemon in Perspective*, 61-77。

75. "The style of writing in this epistle contributes towards its persuasive nature...persuasive nature is established and confirmed, inter alia, by the application of the stylistic features." G. J. Steyn, "Some Figures of Style in the Epistle to Philemon: Their Contribution Towards the Persuasive Nature of the Epistle", *Ekklesiastikos Pharos* 77（1995），64-80, at 78-79.

76. F. F. Church, "Rhetorical Structure and Design in Paul's Letter to Philemon", *HTR* 71（1978），17-33.

77. 威瑟林顿也接受《腓利门书》的演说类型是属于审议性的（deliberative rhetoric）。Witherington, *The Letters to Philemon, the Colossians, and the Ephesians*, 51.

78. Aristotle, *Rhet.* 1356a 3; 另参见 *Rhet.* 1356a 7; *Eth. Nic.* 1094a-b。

基督徒的关系。这三者的关系都与基督的事奉有关。[79] 尽管《腓利门书》十分简洁，这封"说服的杰作"充分利用了古典修辞学的规范与力量，[80] 包括性格、情感和理性所有三种有效的说服手段，以及保罗在信中所表达的应有的礼貌和态度，让腓利门知道接受阿尼西母并不是什么羞辱的事，反而会提高他在社群中的威望。[81] 按戴瑞特（Derrett）的观察，保罗在《腓利门书》中所表达的含蓄要求，其实是采纳了当时流行的"隐藏修辞法"，让听众或读者自行去体会所讲的或是所写的。[82]

按照修辞学的形式，《腓利门书》可以非常简单地分为绪论（exordium, 4-7）、论证（probatio, 8-16）和结论（peroratio, 17-22）。修辞评鉴法的分析方法有助于理解保罗书信的文理脉络。[83]

---

79. Church, "Rhetorical Structure and Design in Paul's Letter to Philemon", 17-33; cf. J. Paul Sampley and Peter Lampe（eds.）, *Paul and Rhetoric*（London: T & T Clark, 2010）, 28.

80. Ivan Havener, *First Thessalonians, Philippians, Philemon, Second Thessalonians, Colossians, Ephesians*（Collegeville, MI: Liturgical Press, 1983）, 1169; Gorman, *Cruciformity: Paul's Narrative Spirituality of the Cross*, 259.

81. Wilson, "The Pragmatics of Politeness and Pauline Epistolography: A Case Study of the *Letter to Philemon*", 107-119; S. C. Mott, "The Power of Giving and Receiving: Reciprocity in Hellenistic Benevolence", in Gerald F. Hawthorne（ed.）, *Current Issues in Biblical and Patristic Interpretation*（Grand Rapids, Mich.: Eerdmans, 1975）, 60-71; Thomas H. Olbricht, "Pathos as Proof in Greco-Roman Rhetoric", in Thomas H. Olbricht and Jerry L. Sumney（eds.）, *Paul and Pathos*（Atlanta: Society of Biblical Literature, 2001）, 7-22; Margaret M. Mitchell, "New Testament Envoys in the Context of Greco-Roman Diplomatic and Epistolary Conventions: The Example of Timothy and Titus", *JBL* 111（1992）, 641-62; Willi Marxsen, *New Testament Foundations for Christian Ethics*, trans. O. C. Dean, Jr.（Fortress Press, Minneapolis, 1993）, 221.

82. Derrett, "The Functions of the Epistle to Philemon", 63-91.

83. Patzia, "Philemon, Letter to", 704.

3. 社会科学的研究方法 [84]

有些学者采用社会学与人类学的研究成果与模式来解读《腓利门书》。其重点是该书信的历史与社会背景。彼得森（Petersen）在《重新发现保罗：〈腓利门书〉与保罗叙事世界中的社会学》一书中，将《腓利门书》置于人类学的框架内来分析它。[85] 彼得森发现百德曼（Beidelman）所采用的人类学研究方法特别有价值。它注重对一个社会中群体的理解，然后确认他们所处的生活世界，[86] 特别是那个社会的"社会制度或机构"，以及那些与社会生活相关的社会制度，如家庭、亲属制度、政治组织、法律程序、宗教崇拜。

彼得森以故事的形式来理解《腓利门书》。在这个故事中，保罗是叙述者，腓利门是主角。这个故事的场景是教会与世界。根据彼特森的观点，保罗不仅涉及腓利门和阿尼西母之间的关系，而且也包括这个特殊的基督徒群体的健全问题。[87] 腓

---

84. Peter L. Berger and Thomas Luckman, The *Social Construction of Reality: A Treatise in the Sociology of Knowledge*（New York: Doubleday, 1967）; Umberto Eco, *The Role of the Reader: Explorations in the Semiotics of Texts*（Bloomington: Indiana University Press, 1979）; Theissen, *The Social Setting of Pauline Christianity: Essays on Corinth.* Meeks, *The First Urban Christians: The Social World of the Apostle Paul*; B. Holmberg, *Sociology and the New Testament*; Elliott, *What Is Social-Scientific Criticism?*（Guides to Biblical Scholarship; New Testament Series; Minneapolis: Fortress, 1993）; Malina, *The New Testament World: Insights from Cultural Anthropology*; Horrell, *Social-Scientific Approaches to New Testament Interpretation.*

85. N. R. Petersen, *Rediscovering Paul: Philemon and the Sociology of Paul's Narrative World*（Philadelphia: Fortress Press, 1985）. 参见梁工,《圣经叙事艺术研究》（北京：商务印书馆, 2005）。

86. T. O. Beidelman, *The Kaguru: A Matrilineal People of East Africa*（New York: Holt, Rinehart and Winston, 1971）.

87. Petersen, *Rediscovering Paul: Philemon and the Sociology of Paul's Narrative World*（Philadelphia: Fortress Press, 1985）, 99.

利门所面对的，是教会与世界不同价值观之间的矛盾。保罗因此是要求腓利门在二者之间选择其一。[88] 腓利门对"在基督里"（being in Christ）的身份应该是很清楚的。这也就是他最终做选择的基础和指导原则。[89]

六、内容纲要

（1） 信首：发信人、收信人与问安（1-3）

　　　　感恩与祈祷（4-7）

（2） 正文：为阿尼西母恳求（8-20）

　　　1） 保罗的请求（8-11）

　　　2） 保罗的动机（12-16）

　　　3） 保罗的要求（17）

　　　4） 保罗的承诺（18-20）[90]

（3） 书信结语：问候与祝福（21-25）

　　　1） 保罗对腓利门的信任（21）[91]

---

88. Petersen, *Rediscovering Paul: Philemon and the Sociology of Paul's Narrative World*, 19-20.

89. Petersen, *Rediscovering Paul: Philemon and the Sociology of Paul's Narrative World*, 269.

90. 有些学者把 1:21-22 看作是作正文的部分。参见 Patzia, "Philemon, Letter to", 704。

91.《腓利门书》在 20 与 21 节之间没有一个连接词。因此，21 节是一个中断与新的开始（a break and a fresh start），也即是书信结尾的开始。参见 Dunn, *The Epistles to the Colossians and to Philemon*, 343; White, *The Form and Function of the Body of the Greek Letter: A Study* of the Letter Body of the Non-Literary Papyri and in Paul the Apostle, 104-106. 保罗在 21 节使用的完成式分词（perfect participle），字面的意思是"被说服的"或"信任的"。它表示保罗对他的朋友的信心是确实的（林后 1:15; 2:3）。参见 Fitzmyer, *The Letter to Philemon: A New Translation with Introduction and Commentary: A New Translation with Introduction and Commentary*, 121。

📚 推荐书目

中文推荐书目

巴克莱，《提摩太前后书，提多书，腓利门书注释》，文国伟译，香港：基督教文艺出版社，1986。

鲍维均，《歌罗西书与腓利门书释读》，香港：天道书楼，2016。

彼得·郭尔迪，《歌罗西书，帖撒罗尼迦前后书，提摩太前后书，提多书，腓利门书》，林梓凤、黄锡木译，台北：校园书房，2007。

大卫·加兰，《歌罗西书，腓利门书》，高孟静安、黎桀丞译，香港：汉语圣经协会，2015。

冯荫坤，《歌罗西书·腓利门书注释》，香港：明道社，2013。

黄浩仪，《腓利门书》，香港：天道书楼，1992。

赖特，《歌罗西书，腓利门书》，贺安慈译，台北：校园书房，1994。

梁工，《圣经叙事艺术研究》，北京：商务印书馆，2005。

林辅华，《以弗所，歌罗西，腓利门书释义》，程伯群译，香港：圣书公会，1953。

罗斯顿，《帖撒罗尼迦前后书，提摩太前后书，提多书，腓利门书》，梁重光等译，台南：人光出版社，2003。

马挺，《以弗所书，歌罗西书，腓利门书》，陈嘉式译，台南：台湾教会公报社，2013。

石清州、周天和，《帖撒罗尼迦前后书；提摩太前后书；提多书；腓利门书》，香港：基督教文艺出版社，1988。

杨浚哲，《腓利门书讲义》，香港：福音文宣社，2002。

英文推荐书目

Barclay, J. M. G., "Paul, Philemon and the Dilemma of Christian Slave-Ownership", *NTS* 37 (1991), 161-186.

Barclay, J. M. G., *Colossians and Philemon*. Sheffield: Sheffield Academic Press, 1997.

Bartchy, S. S., "Epistle to *Philemon*, " in David Noel Freedman (ed.), *Anchor Bible Dictionary V* (6 vols.; Garden City, NY: Doubleday, 1992), 5:305-310.

Bartchy, S. Scott, "Slavery (Greco-Roman) ", *ABD* 6:65-73.

Barth, Markus and Helmut Blanke, *The Letter to Philemon: A New Translation with Notes and Commentary*. ECC; Grand Rapids, Mich.: Eerdmans, 2000.

Beidelman, T. O., *The Kaguru: A Matrilineal People of East Africa*. New York: Holt, Rinehart and Winston, 1971.

Berger, Peter L. and Thomas Luckman, The *Social Construction of Reality: A Treatise in the Sociology of Knowledge*. New York: Doubleday, 1967.

Binder, H., *Der Brief des Paulus* an *Philemon*. THKNT 11.2; Berlin: Evangelische, 1990.

Bruce, F. F., *Paul: Apostle of the Free Spirit*. Exeter: Paternoster, 1977. USA title: *Paul, Apostle of the Heart Set Free*. Grand Rapids, MI: Eerdmans, 1977.

Bruce, F. F., *The Epistles to the Colossians, to Philemon, and to the Ephesians*. NICNT; Grand Rapids: Eerdmans, 1984.

Buckland, W. W., *Roman Law Of Slavery: The Condition Of The Slave In Private Law From Augustus To Justinian*. Cambridge: Cambridge University Press, 1908; reprinted 1970.

Caird, G. B., *Paul's Letters from Prison* (*Ephesians, Philippians, Colossians, Philemon*) *in the Revised Standard Version: Introduction and Commentary*. Oxford: Oxford University Press, 1981.

Callahan, Allen Dwight, *Embassy of Onesimus: The Letter of Paul to Philemon*. Harrisburg, PA: Trinity, 1998.

Church, F. F., "Rhetorical Structure and Design in Paul's Letter to

Philemon", *Harvard Theological Review* 91 (1978), 17-33.

Derrett, J. Duncan M., "The Functions of the Epistle to Philemon", *ZNW* 79 (1988), 63-91; N. R. Petersen, *Rediscovering Paul: Philemon and the Sociology of Paul's Narrative World* (Philadelphia: Fortress Press, 1985), 89-109.

Dibelius, M., *An die Kolosser, Epheser an Philemon*, new edition by H. Greeven. HNT 12; Tübingen: Mohr Siebeck, 1953.

Donfried, Karl P. and I. Howard Marshall, *The Theology of the Shorter Pauline Letters*. Cambridge: Cambridge University Press, 1993.

Doty, W. G., *Letters in Primitive Christianity*. Philadelphia: Fortress, 1973.

Duncan, G. S., *Paul's Ephesian Ministry: A Reconstruction with Special Reference to the Ephesian Origin of the Imprisonment Epistles*. New York: Scribner's, 1929.

Dunn, James D. G., *The Epistles to the Colossians and to Philemon: A Commentary on the Greek Text*. Grand Rapids, MI: William B. Eerdmans, 1996.

Eco, Umberto, *The Role of the Reader: Explorations in the Semiotics of Texts*. Bloomington: *Indiana* University Press, 1979.

Elliott, J. H., *What Is Social-Scientific Criticism?*. Minneapolis: Fortress, 1993.

Felder, Cain Hope, "The Letter to Philemon: Introduction, Commentary, and Reflections", in *The New Interpreter's Bible 11* (Nashville: Abingdon, 2000) .

Finley, M. I. (ed.), *Slavery in Classical Antiquity*. Cambridge: W. Heffer and Sons, 1960.

Finley, M. I. , "Slavery", *Oxford Classical Dictionary* (Oxford, 1970), 994-996.

Finley, M. I., *Ancient Slavery and Modern Ideology*. London: Chatto & Windus, 1980.

Fitzmyer, Joseph A., *The Letter to Philemon: A New Translation with Introduction and Commentary*. Anchor Bible 34C; New York: Doubleday, 2000.

Gayer, R., *Die Stellung des Sklaven in den paulinischen Gemeinden und bei Paulus*. Bern: Hebert Lang; Frankfurt: Peter Lang, 1976.

Getty, Mary Ann, "The Letter to Philemon", *BT* 22/3 (1984), 137-144.

Gnilka, J., *Der Philipperbrief*. HTKNT 10.3; Freiburg: Herder, 1976.

Goodenough, Edwin R., "Paul and Onesimus", *HTR* 22 (1929), 181-183.

Goodspeed, E. J., *The Key to Ephesians*. Chicago, Illinois: The University of Chicago Press, 1956.

Gorman, Michael J., *Cruciformity: Paul's Narrative Spirituality of the Cross*. Grand Rapids, Michigan: William B. Eerdmans Publishing, 2001.

Greeven, Heinrich, "Prüfung der Thesen von J. Knox zum Philemonbrief", *TLZ* 79 (1954), 373-378.

Gülzow, H., *Christentum und Sklaverei in den ersten drei Jahrhunderten*. Bonn: Habelt, 1969.

Harrill, J. A., *The Manumission of Slaves in Early Christianity*. Tübingen: Mohr & Siebeck, 1997.

Harris, Murray J., *Colossians and Philemon*. Exegetical Guide to the Greek New Testament; 2nd ed.; Nashville: Broadman & Holman, 2010.

Harrison, P. N., "Onesimus and Philemon", *ATR* 32 (1950), 268-294.

Havener, Ivan, *First Thessalonians, Philippians, Philemon, Second Thessalonians, Colossians, Ephesians*. Collegeville, MI: Liturgical Press, 1983.

Holmberg, B., *Sociology and the New Testament*. Minneapolis: Fortress, 1990.

Horrell, D. G., *Social-Scientific Approaches to New Testament Interpretation*. Edinburgh: T & T Clark, 1999.

Houlden, J. L., *Paul's Letters from Prison: Philippians, Colossians, Philemon, and Ephesians*. Philadelphia, PA: Westminster Press, 1970.

Kim, Chan-Hie, *Form and Structure of the Familiar Greek Letter of Recommendation*. SBLDS; Missoula, MT: Scholars, 1972.

Knox, John, *Philemon Among the Letters of Paul*. London: Collins, 1960.

Lampe, P., "Keine 'Sklavenflucht' des Onesimus", *ZNW* 76 (1985), 135-137.

Lampe, P., "Affects and Emotions in the Rhetoric of Paul's Letter to Philemon: A Rhetorical-Psychological Interpretation", in Tolmie, D. Francois (ed.), *Philemon in Perspective: Interpreting a Pauline Letter* (Berlin: de Gruyer, 2010), 61-77.

Lightfoot, J. B., *Saint Paul's Epistles to the Colossians and to Philemon.* London: Macmillan, 1875.

Lohmeyer, E., *Die Briefe an die Philipper, Kolosser und an Philemon.* KEK 9; Gottingen: Vandenhoeck & Ruprecht, 1964.

Lohse, E., *Colossians and Philemon.* Philadelphia: Fortress, 1971.

McDonald, L. M. and S. E. Porter, *Early Christianity and its Sacred Literature.* Peabody: Hendrickson, 2000.

Malina, J. B., *The New Testament World: Insights from Cultural Anthropology.* Louisville: Westminster/ John Knox Press, 1993.

Martin, D. B., *Slavery as Salvation: The Metaphor of Slavery in Pauline Christianity.* New Haven CT: Yale University Press, 1990.

Martin, R. P., *Colossians and Philemon.* NCB; London: Oliphants, 1973 = Grand Rapids: Eerdmans, 1981.

Marxsen, Willi, *New Testament Foundations for Christian Ethics*, trans. O. C. Dean, Jr.. Minneapolis: Fortress Press, 1993.

Meeks, W. A., *The First Urban Christians: The Social World of the Apostle Paul.* New Haven: Yale University, 1983.

Melick, Richard R., *Philippians, Colossians, Philemon.* The New American Commentary; Nashville: Broadman & Holman Publishers, 1991.

Metzger, Bruce M., *A Textual Commentary on the Greek New Testament.* London: United Bible Societies, 1975.

Mitchell, Margaret M., *Paul and the Rhetoric of Reconciliation: An Exegetical Investigation of the Language and Composition of 1 Corinthians.* Louisville, KY: Westminster/John Knox Press, 1991.

Mitchell, Margaret M., "New Testament Envoys in the Context of Greco-Roman Diplomatic and Epistolary Conventions: The Example of Timothy and Titus", *JBL* 111 (1992), 641-662.

Mott, S. C., "The Power of Giving and Receiving: Reciprocity in

Hellenistic Benevolence", in Gerald F. Hawthorne (ed.), *Current Issues in Biblical and Patristic Interpretation* (Grand Rapids, Mich.: Eerdmans, 1975), 60-71.

Moule, C. F. D., *The Epistles of Paul the Apostle to the Colossians and to Philemon*. Cambridge Greek Testament Commentaries; Cambridge: University Press, 1957.

Nordling, John G., "Onesimus Fugitivus: A Defense of the Runaway Slave. Hypothesis in Philemon", *JSNT* 41 (1991), 97-119.

O'Brien, Peter T., *Colossians* and *Philemon* (*Word* Biblical Commentary 44; Waco, TX: Word Books, 1982), 273.

Olbricht, Thomas H., "Pathos as Proof in Greco-Roman Rhetoric", in Thomas H. Olbricht and Jerry L. Sumney (eds.), *Paul and Pathos* (Atlanta: Society of Biblical Literature, 2001), 7-22.

Patzia, A. G., "Philemon, Letter to", *DPL*, 703-707.

Patzia, A. G., *Ephesians, Colossians, Philemon* (NIBC; Peabody, MA: Hendrickson, 1991) .

Peake, A. S., *Colossians*. Expositor's Greek Test III; London: Longmans, Green, and Co, 1903.

Percy, E., *Die Probleme der Kolosser-und Epheserbrief*. Lund: C. W. K. Gleerup, 1946.

Petersen, N. R., *Rediscovering Paul: Philemon and the Sociology of Paul's Narrative World* (Philadelphia: Fortress Press, 1985).

Rapske, Brian M., "The Prisoner Paul in the Eyes of Onesimus", *NTS* 37 (1991), 187-203.

Sampley, J. Paul and Peter Lampe (eds.), *Paul and Rhetoric*. London: T&T Clark, 2010.

Schubert, P., *Form and Function of the Pauline Thanksgiving*. Berlin: Topelmann, 1939.

Steyn, G. J., "Some Figures of Style in the Epistle to Philemon: Their Contribution Towards the Persuasive Nature of the Epistle, " *Ekklesiastikos Pharos* 77 (1995), 64-80.

Stowers, Stanley K., *Letter-Writing in Greco-Roman Antiquity*. Louisville:

Westminster John Knox Press, 1986.

Stuhlmacher, P., *Der Brief an Philemon*. EKK 18; Zürich and Braunschweig: Benziger Verlag; Neukirchen-Vluyn: Neukirchener Verlag, 1975.

Theissen, G., *The Social Setting of Pauline Christianity*. Philadelphia: T & T Clark, 1982.

Thompson, Marianne Meye, *Colossians and Philemon*. The Two Horizons New Testament Commentary; Grand Rapids: Eerdmans, 2005.

Vincent, M. R., *A Critical and Exegetical Commentary on the Epistles to the Philippians and to Philemon*. ICC; Edinburgh: T & T Clark, 1897.

Wall, Robert W., *Colossians and Philemon*. The IVP New Testament commentary series; Downers Grove: InterVarsity Press, 1993.

Wansink, C. S., *Chained in Christ: The Experience and Rhetoric of Paul's Imprisonments*. JSNTSup 130; Sheffield: Sheffield Academic Press, 1996.

Watson, A., *Roman Slave Law*. Baltimore: John Hopkins University Press, 1987.

Weima, Jeffrey A. D., "Paul's Persuasive Prose: An Epistolary Analysis of the Letter to Philemon", in D. F. Tolmie (ed.), *Philemon in Perspective: Interpreting a Pauline Letter* (Berlin: De Gruyter, 2010), 29-60.

Wiedemann, T., *Greek and Roman Slavery*. London: Croom Helm, 1981.

White, J. L., "The Structural Analysis of Philemon: A Point of Departure in the Formal Analysis of the Pauline Letter", *SBLSP* 1 (1971), 1-47.

White, J. L., *The Form and Function of the Body of the Greek Letter: A Study of the Letter Body of the Non-Literary Papyri and in Paul the Apostle*. SBLDS 2; Missoula: Scholars, 1972.

White, J. L., *Light from Ancient Letters*. Philadelphia: Fortress Press, 1986.

Wilson, A., "The Pragmatics of Politeness and Pauline Epistolography: A Case Study of the Letter to Philemon", *JSNT* 48 (1992), 107-119.

Winter, Sara C., "Methodological Observations on a New Interpretation of Paul's Letter to Philemon", *USQR* 39 (1984), 203-212.

Witherington, Ben, *The Letters to Philemon, the Colossians, and the*

Ephesians: A Socio-Rhetorical Commentary on the Captivity Epistles.
Grand Rapids: William B. Eerdmans, 2006.

Wolter, M., *Der Brief an die Kolosser: Der Brief an Philemon.* ÖTK 12;
Gütersloh: Mohn, 1993.

Wright, N. T., *The Epistles of Paul to the Colossians and to Philemon* (Grand
Rapids: Eerdmans, 1986), 166-170.

Wright, N. T., "Putting Paul Together Again", in Jouette M. Bassler (ed.),
Pauline Theology (Minneapolis: Fortress, 1991), 1:183-211.

Wright, N. T., *Climax of the Covenant: Christ and the Law in Pauline
Theology.* Edinburgh: T & T Dark, 1991.

附　录
死海古卷简介

一、来　源

死海古卷（Dead Sea Scrolls; 简称 DSS）是公元 1946 年—1956 年之间发现的 972 卷文本的一个集合。这些闻名于世的古卷被称为死海古卷，因为它们是在死海西北岸的库姆兰废墟（Khirbet Qumran，或译为昆兰）被发现的。这一带地区曾经是英属巴勒斯坦托管地（British Mandate for Palestine, 1920—1947）的一部分。自 1947 年以来，就一直被称为"约旦河西岸地区"，或简称"西岸"（West Bank）。出自库姆兰地区的死海古卷被誉为 20 世纪最重要的考古发现之一。主要是因为它们具深厚的历史和宗教意义。这些文本通常被划分为三类。1）圣经手抄本（Biblical Manuscripts），是已知最早的幸存的希伯来文圣经手抄本；其中包括次经与伪经（Apocrypha and Pseudepigrapha）。[1] 2）希伯来文圣经以外的手抄本，包括

---

1. 次经与伪经：五经故事，智慧箴言，以及预言，末日启示，异象。

第二圣殿时期已知的文件，如《以诺一书》(1 Enoch)，《禧年书》(The Book of Jubilees)，《多俾亚传》(The Book of Tobias)，《便西拉智训》(The Wisdom of Ben Sira, or Ecclesiasticus)，《创世纪藏经》(Genesis Apocryphon)，² 《暗兰遗训》(Testament of Amram) 和额外诗篇等。³ 第二类一般被视为非宗派作品（non-sectarian compositions)。3) 宗教文学作品，保存了有关第二圣殿后期犹太教存在着巨大差异的证据。这一类文献通常被学者鉴定是属于"库姆兰社群"或"库姆兰教派"的（Qumran Community or Qumran Sect)。其中包括《哈巴谷书注释》(Pesher Habakkuk, 1QpHab)，⁴ 《大马色规则》(the Damascus Rule)，或称《大马色契约》(the Covenant of Damascus, or the Damascus Document, 简称 CD)。⁵ 有关库姆兰社群规则的文献包

2.《创世纪藏经》的代号是 1QapGenesis：其中 1=1 号洞穴（Cave 1)，Q ＝库姆兰，ap=apocryphon, 意为"隐藏的经卷"或"次经"。

3. 额外诗篇（additional psalms) 是指在叙利亚的别西大所发现的诗篇 152-155。

4.《哈巴谷书注释》的代号是 1QpHab：其中 1 表示 1 号洞穴（Cave 1)，Q 表示是来自库姆兰。p 代表 *Pesher*（פשר, "interpretation", or "commentary") 意为"注释"，Hab=Habakkuk（哈巴谷书）。

5. CD: C= 开罗（Cairo)，D= 大马色（Damascus)。《大马色契约》(其中主要的两部抄本收藏于开罗；部分残篇出自库姆兰第 4 号洞穴) 是由犹太学者所罗门·谢赫特（Solomon Schechter) 于 1897 年在埃及开罗的以斯拉会堂（The Ben Ezra Synagogue) 中的众多文件中寻获的，故亦称为开罗藏经库（Cairo Geniza)。谢赫特于 1910 年出版了《大马色契约》的全文。《大马色契约》被分成 Cda 和 Cdb 两个独立的部分。这两部分通常被分别称为训诫和法律（Admonition and Laws)。谢赫特确定 CDa 的日期为公元 10 世纪，CDb 为 11 或 12 世纪。《大马色契约》涉及了该社群的历史、法规以及对"公义的教师"(*moreh ha-tsedeq*, "Teacher of Righteousness") 的赞赏，对嘲讽者和谎言者（"Scoffer" and "Spouter of Lies") 的严厉指责。该群体热切地盼望着以色列的弥赛亚（"Messiah of Israel") 的来临。与库姆兰发掘的残篇片段相比，《大马色契约》基本上是属于完整的文件。因此，它对文本的重建是举足轻重的。戴维斯（Philip Davies) 又将训诫划为四个部分：历史（History)，法律（Legal)，警告（Warnings)，补充（智慧是指劝告；a Supplement)。法律部分包括了宣誓和誓愿（Oaths and Vows)，杂项裁决（*halakhot*, Sundry rulings)，营法（Camp laws)，（转下页）

括 [6]《社团规则》(The Community Rule, 1QS), [7]《会众规则》(The Congregation Rule, 1QS^a), [8]《祝福规则》(The Rule of the Blessing,

---

（接上页）刑法典（Penal codes）。参见 Solomon Schechter, *Documents of Jewish Sectaries*, Volume 1, Fragments of a Zadokite I/Vork（Cambridge: Cambridge University Press, 1910; repr. with prolegomenon by Joseph A. Fitzmyer; The Library of Biblical Studies; New York: Ktav, 1970 ）。P. R. Davies, *The Damascus Covenant: An Interpretation of the "Damascus Document"*（JSOTSup 25; Sheffield: JSOT, *1983*）. 另参见 H. H. Rowley, *The Zadokite Fragments and the Dead Sea scrolls*（Oxford: Blackwell, 1952）; C. Rabin, *The Zadokite Documents*, I: the Admonition, II: the Laws（2nd ed.; Oxford: Clarendon, 1958）; Paul Kahle, *The Cairo Genizah*（Oxford: Blackwell, 1959）; J. A. Fitzmyer, *The Dead Sea Scrolls: Major publications and Tools for Study*（Missoula, MT: Scholars Press, 1977）; James C. Vanderkam, *The Dead Sea Scrolls Today*（London/Grand Rapids, MI: SPCK/Eerdmans, 1994）, 29-69; idem, "The *Damascus Document*", in M. Wise, M. Abegg and E. Cook（eds.）, *The Dead Sea Scrolls: A New Translation*（New York: HarperCollins, 1996）, 49-74; Joseph M. Baumgarten, Jozef T. Milik, Stephen Pfann, Ada Yardeni（eds.）, *Qumran Cave 4 Vol. XIII*：*The Damascus Document*（*4Q266-273*）（Oxford: OUP, 1997）; Joseph M. Baumgarten, Torleif Elgvin, Esther Eshel, Erik Larson, Manfred R. Lehmann（eds.）, *Qumran Cave 4 Vol. XXXV: Halakhic Texts*（Oxford: OUP, 2000）; Stefan C. Reif, "Cairo Genizah", in Lawrence H. Schiffman and James C. Vanderkam（eds.）, *Encyclopaedia of the Dead Sea Scrolls*（2 Vols.; Oxford: OUP, 2000）; Charlotte Hempel, *The Damascus Texts*（Sheffield: Sheffield Academic Press, 2000）《大马色文本》。

6. 《社团规则》的代号是 1QS：1=Cave 1, Q = Qumran；S = *serekh*（rule）, "规则"。库姆兰文献中有三卷是以 "守则"（*serekh*）的标题出现的文件:《社团规则》（The Community Rule, 1QS）,《大马色规则》(the Damascus Rule, CD), 以及《战卷》(War Rule, 1QM)。

7. 1QS 5:1-3 "They shall separate from the congregation of the men of injustice and shall unite, with respect to the Law and possessions, under the authority of the sons of Zadok, the Priests who keep the Covenant, and of the multitude of the men of the Community who hold fast to the Covenant. Every decision concerning doctrine, property, and justice shall be determined by them."

8. 1QSᵃ 是《会众规则》的代号: 1=Cave 1, Q = Qumran；S = *serekh*, "规则", ᵃ 用以区分 1QSᵇ《祝福规则》。《会众规则》是另外一个关于末世的文献。《会众规则》与第 4 洞穴的文献构成一个组合, 被标为 4QSEa-i.《会众规则》属于公元前 2 世纪的文本, 是现存最古老的规则, 内容相当简短。它主要概述了会众（*'edah*, congregation）在末日（end of days）应当遵行的规则。该文献还描述了祭司-弥赛亚（Priest-Messiah）所召开的大会及其所设摆的筵席, 只有身体健全的人才允许参与大会与筵席。1QSa 2:11-17 还描述了由两个受膏者出席的末世筵席: "When God engenders the（Priest-）Messiah, he shall come with them [at] the head of the whole congregation of Israel with all [his brethren, the sons] of Aaron the Priests … and they shall sit [before him, each man] in the order of his dignity. And then [the Mess] iah of Israel shall [come], and the chiefs of（转下页）

1QS^b)。^{9}《会众规则》和《祝福规则》原本是附加在《社团规则》中的文献。此外，还有《战争规则》或称《战卷》(War Rule, or War Scroll, 1QM)，^{10} 以及《圣殿古卷》(Temple Scroll, 11QT^a)。^{11}

（接上页）the[clans of Israel]shall sit before him,[each]in the order of his dignity..."
参见 Lawrence H. Schiffman, *The Eschatological Community of the Dead Sea Scrolls* (Atlanta: Scholar's Press, 1989)。 Schiffman, "Rule of the Congregation", in Schiffman and Vanderkam (eds.), *The Encyclopedia of the Dead Sea Scrolls*, 797-798. Phillip R. Davies, George J. Brooke and Phillip R. Callaway (eds.), *The Complete World of the Dead Sea Scrolls* (London: Thames and Hudson, 2002). Michael O. Wise, Martin G. Abegg Jr., and Edward M. Cook (eds.), *The Dead Sea Scrolls: A New Translation.*

9. 1QS^b 是《祝福规则》的代号：1=Cave 1, Q = Qumran；S = *serekh*, "规则"，^{b} 用以区分 1QS^a《会众规则》。《祝福规则》(1QS^b) 是最后一件有关末世的文本，与《会众规则》(1QS^a) 一起，原本附加在《社团守则》(1QS) 之后。《祝福规则》包括三个用于在末世的祝福：一个用于末世的以色列部落的一般会众，它描述了一种 "活水"，使他们进入一个与上帝所立的新约。另外一个是关于被神所拣选的祭司撒督子孙 (sons of Zadok)，他们的行动将像天使一样，在战争后领导以色列。最后的祈祷是为着弥赛亚的筵席，祝福大卫的弥赛亚，来拯救以色列。这些祝福是为了称赞居住在库姆兰的群体及其领导人，因为最终的完美已经开始来临。他们已经成了它的预兆。例如：1QS^{b}3:22-23 ("Words of blessing. The M [aster shall bless]the sons of Zadok the Priests, whom God has chosen to confirm His Covenant for[ever, and to inquire]into all His precepts in the midst of His people . . .")。

10. 1QM 是《战争规则》的代号：1=Cave 1, Q = Qumran；M = *milhamah*, "war" (战争)。《战争守则》(War Rule, also known as The War of the Sons of Light Against the Sons of Darkness) 是库姆兰社群的 "规则" 文献中，一卷最长的处理有关末世事宜。它有 6 件存现的受损的第 4 洞穴抄本 (4QMa-F)。《战争规则》生动地描述了末世临近的 40 年战争，在此期间该社群恢复纯净的圣殿崇拜。该群体作为 "光明之子" 由天使长米迦勒（Michael）统帅与比列（Belial）领导的黑暗之子进行的最后战争。尽管祭司自己并不参战，但他们在战场中担任重要的角色。善的力量征服了整个世界之后，便是庆祝和赞美。显而易见的是，武器和士兵在 40 年的战争中既是军事的，也是 "属灵" 的。

11.《圣殿古卷》(Temple Scroll) 是死海古卷中最长的文献之一。在库姆兰的发现中它被定为 11QTemple Scroll (11QT^a)。《圣殿古卷》描述了一座从未建立起来的犹太圣殿，其中还有献祭和圣殿活动的详细规定。该文献是根据一个来自上帝对摩西的启示写成的。该古卷不但重新统一编写了摩西五经中的律法，并且还重新把它应用到耶路撒冷的圣殿和崇拜里。在该古卷作者的思想中，所罗门第一圣殿的建造者，因为它在《圣殿古卷》里被提及。最为显著的是在文献中所使用的第一人称 (11QT^a 56:12-18 "When you have come into the land that I am giving you, and have taken possession of it and settled in it, and you say, 'I will set a king over me, like all the nations that are around me,' you may indeed set over you a king whom I will choose. One of your own community you may set as king over you; you shall not put a foreigner over（ 转下页 ）

除了以上提及的各种规则之外，古卷还包含了十一份类似于诗篇的感恩与赞美诗歌的文献。这些诗歌所表达的虔诚特征显示了库姆兰背后的那些灵性层面，是在其他类别中没有的。在这些文献中，其中一半可能是带有宗派性质的。这些古卷主要采用了《感恩诗卷》（The Thanksgiving Scroll or *Hodayot*, 1QH^a）的形式，但以 1QT^b 作为补充。它包括了大约二十四首感谢上帝的救恩及其特别的知识的诗歌。另外六件抄本（4QH^{a-f}）出土于第四洞穴。诗歌本身体现了个人感恩的赞美诗篇，并非是公用诗歌。[12]

专为公用崇拜设计的诗歌为《安息日献祭之歌》（the Songs of the Sabbath Sacrifice, *Shirot 'Olat ha-Shabbat*），被称为 4QShirShab^{a-h} and 11QShirShab。《安息日献祭之歌》存有许多抄本，也称为天使的礼仪。它含有十三首诗歌，每首诗歌为每年第一个安息日崇拜所用。诗歌非常重视天上的圣所与上帝宝座的神圣崇拜。[13] 十三首诗歌详细地描绘了天使带领会众在至

（接上页）you, who is not of your own community. Even so, he must not acquire many horses for himself, or return the people to Egypt for war in order to acquire for himself more horses, and silver and gold, since I have said to you, 'You must never return that way again." Cf. Deuteronomy 17:14-16）。参见 Jonathan G. Campbell, *Deciphering the Dead Sea Scrolls*（2nd edition. Oxford: Blackwell, 2002）; Timothy H. Lim, *Dead Sea Scrolls: A Very Short Introduction*（Oxford: OUP, 2005）, 83-84. Florentino Garcia Martinez, *The Dead Sea Scrolls Translated: The Qumran Texts in English*, trans. Wilfred G. E. Watson（Leiden: E. J. Brill, 1994）. Johann Maier, *The Temple Scroll*（Sheffield: JSOT Press［Supplement 34］1985）.

12. 1QH^a 18:14-16: "Blessed art Thou, O Lord, God of mercy［and abundant］grace, for Thou hast made known［Thy wisdom to me that I should recount］Thy marvellous deeds, keeping silence neither by day nor［by night］!"

13. 4QShirShab 20, ii, 21-22: "For the Mas［ter. Song of the holocaust of］the twelfth［S］abbath［on the twenty-first of the third month.］［Praise the God of ... w］onder, and exalt Him ... The［cheru］bim prostrate themselves before Him and bless. As they rise, a whispered divine voice［is heard］, and there is a roar of praise."

高圣所的祈祷和崇拜。《安息日献祭之歌》可以划分为三部分：1）1—5 首诗歌；2）6—8 首；3）以及 9—13 首。第一部分受到了严重的损坏，它主要是描述在天上的祭司的活动。第二部分关注的是 7 位不同等级的天使的赞美和祝福，第 7 首诗歌作为 13 首诗歌的高峰。最后一部分主要以天上的圣所和上帝的宝座（merkavah）为核心。[14]

尽管学者对这些手稿的书写日期的鉴定持有不同见解，[15] 多

---

14. Schiffman, *Reclaiming the Dea Sea Scrolls: The History of Judaism, the Background of Christianity, the Lost Library of Qumran* (New York: Double Day Publishing Group, Inc. 1994). Michael O. Wise, Martin G Abegg Jr., and Edward M. Cook, *The Dead Sea Scrolls: A New Translation*, 350-376. Carol Newsom, "Songs of the Sabbath Sacrifice", in Schiffman and VanderKam (eds.), *Encyclopedia of the Dead Sea Scrolls*. Phillip R. Davies, George J. Brooke and Philip R. Callaway, *The Complete World of the Dead Sea Scrolls*(London: Thames and Hudson, 2002).

15. 有三种基本鉴定死海古卷的写作日期的方法。1）考古学证法（archaeological dating）。这主要是依靠考古地层学、类型学和考证纪年来推测它大约是在公元前 150 至公元 68 年之间成文的。2）碳素年代测定法（carbon dating），亦称碳 14 年代测定法 / 定年法（carbon-14 dating）或放射性碳定年法（Radiocarbon dating）。它是一种用来计算古老物件年代的系统，通过该物件所含的放射性来确定它的年代。认为它是在公元前 200 年至公元 1 世纪写成的。3）古文字学考证法（palaeographic dating）。这是通过古代文字的研究，包括文字的书写方法，来决定古卷的起源与历史年代。结果断定它是源自公元前 225 至 50 年的。参见 G. Bonani, S. Ivy, W. Wölfli, M. Broshi, I. Carmi and J. Strugnell, "Radiocarbon Dating of Fourteen Dead Sea Scrolls", *Radiocarbon* 34 (1992), 843-849. A. J. T. Jull, D. J. Donahue, M. Broshi, and Emanuel Tov, "Radiocarbon Dating of Scrolls and Linen Fragments from the Judean Desert", *Radiocarbon* 37 (1995), 11-19. Greg Doudna, , "Dating the Scrolls on the Basis of Radiocarbon Analysis", in Peter W. Flint and James C. VanderKam (eds.), *The Dead Sea Scrolls after Fifty Years*, Vol.1 (Leiden: Brill, 1998), 430-471. Israel Carmi, "Radiocarbon Dating of the Dead Sea Scrolls", in Lawrence H. Schiffman, Emanuel Tov, and James C. VanderKam(eds.), *The Dead Sea Scrolls: Fifty Years after their Discovery, 1947-1997*(Jerusalem: Israel Exploration Society & The Shrine of the Book, 2000) 881-888. G. Doudna, "Carbon-14 Dating", in Schiffman and VanderKam (eds.), *Encyclopedia of the Dead Sea Scrolls*. Magen Broshi & Hanan Eshel, "Radiocarbon dating and 'The Messiah before Jesus' ", *Revue de Qumran* 20/2 (2001), 310-317. Kaare L Rasmussen, Johannes van der Plicht, Frederick H Cryer, Gregory Doudna, Frank M Cross, and John Strugnell, "The Effects of Possible Contamination on the Radiocarbon Dating of the Dead Sea Scrolls, 1: Castor Oil", *Radiocarbon* (转下页)

数都认为是在公元前 3 世纪至公元 1 世纪圣殿被毁之间。[16] 希伯来文圣经手抄本是现存最古老的手抄本。这些希伯来文圣经手抄本大都是书写在羊皮上，也有部分是书写在蒲草纸与青铜上。抄本使用的文字以希伯来文为主，其中也有少数是希腊文、亚兰文和纳把提文（Nabataean）。除了《以斯帖记》以外，死海古卷包含了旧约圣经的全部内容，以及被天主教接受、但被基督新教视为外典的经卷（包括次经与伪经）。尽管有许多重要的文本早已出版，新的资料直到 1991 年才被发行，使得所有学者都可以接触到整部古卷的内容。

二、死海古卷的最初发现

虽然发现古卷的故事已经重复地被讲述，它的事实却似乎仍旧是一个耐人寻味的谜。但通过几个人当时的回忆，事情发生的经过毕竟还是有一个相当合理的概述。[17] 据说，大约是

（接上页）43, 1（2001）127-132. James C. VanderKam & Peter Flint, *The Meaning of the Dead Sea Scrolls*（New York: HarperSanFrancisco, 2002）, 32. Carmi, "Are the（super 14）C dates of the Dead Sea Scrolls affected by castor oil contamination?", *Radiocarbon* 44/1（2002）, 213-216（Response to Rasmussen et al. 2001）. K. L. Rasmussen, van der Plicht, , G. Doudna, F. M. Cross, and J. Strugnell, "Reply to Israel Carmi: 'Are the（super 14）C dates of the Dead Sea Scrolls affected by castor oil contamination?'", *Radiocarbon* 45/3（2003）, 497-499.（Reply to Carmi 2002）. J. Atwill, S. Braunheim, and R. Eisenman, "Redating the Radiocarbon Dating of the Dead Sea Scrolls", *DSD* 11/2（2004）, 143-157. van der Plicht, "Radiocarbon Dating and the Dead Sea Scrolls: A Comment on 'Redating'", *DSD* 14/1（2007）, 77-89.（This is a response to Atwill et al.）. Maxine L. Grossman（ed.）, *Rediscovering the Dead Sea Scrolls: An Assessment of Old and New Approaches and Methods*（Grand Rapids William B. Eerdmans Pub., 2010）, 48-51.

16. 参见 Doudna, "Dating the Scrolls on the Basis of Radiocarbon Analysis", in Peter W. Flint and James C. VanderKam（eds.）, *The Dead Sea Scrolls after Fifty Years*, 430-471。

17. 参见 Weston W. Fields, "Discovery and Purchase", in Schiffman and VanderKam（eds.）, *Encyclopedia of the Dead Sea Scrolls*。J. C. Trever, *The Untold Story*（转下页）

在 1946 年底至 1947 年初期间，死海古卷首先是由贝都因牧童（Bedouin shepherd）[18]Muhamme Edh-Dhib 及其堂兄弟 Jum'a Muhammed 与 Khalil Musa 在寻找丢失之羊的时候，无意间在洞穴中发现的。当时 Jum'a 是随便扔了一块石头进入了悬崖围绕的其中一个洞穴，洞穴便立即发出了一个意外的崩溃噪音。由于此洞穴当时几乎是黑暗的，Jum'a 就决定第二天再进一步查究。隔日早晨，Muhamme Edh-Dhib 第一个进入了洞穴，在大约两英尺高的一个瓦罐中发现了三份古卷，[19]其中两份是用亚麻布包裹。贝都因牧童随后在该洞穴中又发现了另外 4 份古卷。由于贝都因牧童不知道这些古卷的价值，他们很快就将这些异乎寻常的发现带到最近的城镇伯利恒，希望能出售古卷，但没有成功。他们最后将古卷卖给了一个古董商（a cobbler-cum-antiquities dealer），名叫 Khalil Eskander Shahin，也称为阚都（Kando）。然而，阚都当时也不确定在他手中的七卷手稿的年代和价值。阚都本人是叙利亚东正教的成员，便联系了耶路撒冷叙利亚东正教圣马可修道院（St. Mark's Syrian Orthodox Monastery）的大主教撒母耳（Athanasius Yeshue Samuel）。大主

（接上页）*of Qumran*（Westwood, NJ: Revell, 1965）; idem, *The Dead Sea Scrolls: A Personal Account*（Piscataway, NJ: Gorgias Press, 2003）; 同时参见 Millar Burrows, *The Dead Sea Scrolls*（New York: Viking Press, 1955）; Campbell, *Deciphering the Dead Sea Scrolls*; Timothy H. Lim, *Dead Sea Scrolls: A Very Short Introduction*（Oxford: OUP, 2005）; Craig A. Evans, *Guide to the Dead Sea Scrolls*（Nashville: B & H Publishing Group, 2010）。

18. 贝都因人（Bedouin）源自阿拉伯语（*badawī*），是指居于沙漠的一个部落。

19. 这 7 份古卷包括：大以赛亚书卷（the Great Isaiah Scroll, lQIsaiah[a]），第二份以赛亚抄本（lQIsaiah[b]），《社团规则》（The Community Rule, 1QS），《哈巴谷书注释》（Pesher Habakkuk, 1QpHab），《战卷》（War Rule, or War Scroll, 1QM），《感恩诗卷》（The Thanksgiving Scroll or *Hodayot*, 1QH[a]），《创世纪藏经》（Genesis Apocryphon, 1QapGenesis）。

教撒母耳购买了阙都的四卷文本，这四卷文本后来被耶路撒冷美国东方研究学院的学者崔威尔（John Trever）确定是一件近乎完整的以赛亚书抄本（Isaiah manuscript），也即是后来的"大以赛亚书卷"（the Great Isaiah Scroll, 1QIsaiah[a]）[20]，一个先前未知的宗教规则手册，《社团规则》（The Community Rule, 1QS），一个同样与众不同的《哈巴谷书诠释》（1QpHab），以及一卷保存很不完整的《创世记藏经》（Genesis Apocryphon, 1QapGen）。[21]大主教撒母耳曾尝试出售这四份古卷，但一直都没有找到合适的买主。后来，他将这些古卷带到了美国，并在国会图书馆举行展览，但仍旧无人问津。结果，大主教撒母耳在《华尔街日报》（Wall Street Journal）的"杂项销售"（Miscellaneous For Sale）刊登了这样的一个标题为《四份死海古卷》（The Four Dead Sea Scrolls）的广告："出售至少是公元前200年的圣经手抄本。这是对个人或团体的教育或宗教机构的一个理想礼物。华尔街日报，206F邮箱。"[22] 圣经考古学家雅丁（Yigael Yadin）

20. lQIsaiah[a] 通常是指大以赛亚书卷的代号：其中 1=1 号洞穴（Cave 1），Q ＝库姆兰，[a] 是置于右上角的标注字母 [a] 代表同一书卷的不同抄本的记号，以区别于 1QIsaiah[b]，它是被发掘于同一个地点的另外一卷以赛亚书。《大以赛亚书卷》的抄写日期被学者们确定在公元前 2 世纪左右。该书卷被抄写在 17 张羊皮纸上。它特别庞大，长 24 英尺（730 厘米），高 11 英寸（28 厘米），含有 54 段文本。《大以赛亚书卷》是现今圣经中最长、最古老和保存最完整的书卷。在发现死海古卷之前，旧约圣经最古老与完整的希伯来抄本是 1008 年的《列宁格勒抄本》（Leningrad Codex）。《列宁格勒抄本》采用了马苏拉文本和提比里安发音法。《列宁格勒抄本》（Leningrad Codex）现藏于俄罗斯国家图书馆（The National Library of Russia, 1795-1917）或称为列宁格勒国家公共图书馆（State Public Library）。因此，《大以赛亚书卷》和发现死海古卷前最古老的希伯来文《列宁格勒抄本》相比，还要提早一千多年。

21. 参见 M. Burrows（ed.），*The Dead Sea Scrolls of St. Mark's Monastery*（2 Vols.; New Haven, Conn.: ASOR, 1950）；N. Avigad, Y. Yadin, *A Genesis Apocryphon*（Jerusalem: Magnes Press/Heikhal ha-Sefer, 1956）。

22. "The Four Dead Sea Scrolls：Biblical Manuscripts dating back to at least（转下页）

当时恰巧也在美国。他是耶路撒冷希伯来大学的教授苏肯尼克（Eleazer Lipa Sukenik）之子。雅丁看到死海古卷出售的广告之后，便隐藏自己作为以色列代表的身份，以二十五万美元秘密地向大主教撒母耳购买了这四份古卷。

1947 年巴勒斯坦仍属英国托管。巴勒斯坦地区不断发生内乱，联合国大会通过决议，规定在巴勒斯坦建立阿拉伯和以色列两个独立的国家。就在同年的 11 月和 12 月间，耶路撒冷的希伯来大学教授苏肯尼克（Eleazer Lipa Sukenik）听到手稿发现的传闻之后，冒险去了伯利恒，并设法从阙都那里购买了其余的三份古卷。这三份古卷都是用希伯来文写的，它们包括了迄今仍未明确鉴定的《感恩诗卷》(The Thanksgiving Scroll or *Hodayot*, 1QH^a)，关于末世宇宙大战的一部戏剧作品《战卷》（ War Rule, or War Scroll, 1QM ），以及保存不太完好的第二份以赛亚书抄本（ lQIsaiah^b ）。苏肯尼克是研究从公元前 1 世纪至公元 1 世纪的墓碑专家。他很快就肯定了这些皮卷的古老和重大意义。1948 年 4 月，美国东方研究学院的学者崔威尔（Trever）与希伯来大学教授苏肯尼克（Sukenik）分别发表了新闻稿，简要地描述了他们各自发现的文件。所以，在牧羊人发现第一个洞穴（Cave 1）将近一年之后，整个世界都听闻了古卷被发现的消息。自此，库姆兰废墟（Khirbet Qumran）便吸引了大批考古学家。

1949 年，耶路撒冷的法国圣经考古学院（ Ecole biblique et

（接上页）200 BC, are for sale. This would be an ideal gift to an educational or religious institution by an individual or group. Box F 206, The Wall Street Journal."

archeologique Francaise）的主管德沃（Roland Guérin de Vaux）
和约旦文物局的主管（Director of the Department of Antiquities）
哈丁（Gerald Lankester Harding）便开始在库姆兰的第一个山洞
正式进行了考古发掘和探勘。德沃于 1952 年首次提出了库姆兰
艾赛尼派之说（Qumran-Essene Hypothesis）。同年，耶路撒冷
的美国近东研究学院（American School of Oriental Research）也
开始在库姆兰地区作考古勘探工作。1952 年 3 月 14 日，考古
学家在第三个洞穴（Cave 3）发现了十四份手抄本和《铜卷书》
（Copper Scroll, 3Q15）。接下去，贝都因人又连续在第二洞穴
（Cave 2）和第四洞穴（Cave 4）发现了更多的古卷。第四洞穴
出土的古卷最多。然而，遗憾的是，该洞穴的大批古卷因为没
有储存在瓦罐中，已经分解成残篇碎片。后来，学术界就死海
古卷未能早日出版产生了极大的争议。主要的原因可能是因为
这些支离破碎的抄本残片需要大量的时间来整理。自 1947 年至
1956 年，将近十年之间，972 卷文本都先后在库姆兰的十一个
洞穴中被挖掘。[23] 死海古卷不但是 20 世纪最重要的考古发现之
一，而且也为圣经鉴别学以及新约研究提供了非常重要的背景
资料。

---

23. 参见 Jodi Magness, *The Archaeology of Qumran and the Dead Sea Scroll*（Grand
Rapids, MI: Eerdmans, 2002）; Magness, *Debating Qumran: Collected. Essays
on Its Archaeology*（Leuven: Peeters, 2004）。 Jean-Baptiste Humbert and Alain
Chambon（eds.）, *The Excavations of Khirbet Qumran and Ain Feshkha: Synthesis
of Roland de Vaux's Field Notes*（NTOA. SA. 1B; English edition translated and
revised by Stephen J. Pfann; Switzerland: University Press Fribourg Switzerland and
Vandenhoeck & Ruprecht Gottingen, 2003）。Hershel Shanks, *The Dead Sea Scrolls:
What They Really Say*（Biblical Archaeology Society, 2007）。Timothy H. Lim and
John J. Collins（eds.）, *The Oxford Handbook of the Dead Sea Scrolls*（Oxford.
Oxford University Press, 2010）。

三、死海古卷与艾赛尼派

关于死海古卷的起源，至今还是一个有争议性的课题。占主导地位的理论仍然认为死海古卷是犹太人一个被称为"艾赛尼"（Essene）教派的作品。这教派就居住在库姆兰附近。但这个理论也受到了几个现代学者的质疑。死海古卷的起源如今大概有下列这几个理论。

（1）早期基督徒起源说（Christian Origin Hypothesis）假设早期基督徒是在库姆兰崛起的。因为库姆兰教派的一些特征与早期基督徒的群体非常相似。[24] 西班牙耶稣会士何塞普·奥卡拉汉-马丁内斯（Josep O'Callaghan-Martínez）认为，7Q5 残篇保留了新约圣经《马可福音》6:52-53 的文本。罗伯特·艾森曼（Robert Eisenman）进一步推动了这个理论，认为一些古卷描述了早期基督徒群体。艾森曼还尝试把耶稣的兄弟雅各[25] 和使徒保罗的生涯与这些古卷联系起来。[26] 但是，另有学者则指出了库姆兰教派与早期基督徒之间存在的明显差异。库姆兰教派仍然严守犹太教的安息日条例和洁净圣礼，而这些就与早期基督徒的教导大不相同了。

---

24. 诸如财产公有和实施浸礼等。

25. 公义者雅各（James the Just, Ἰάκωβος），亦被称为公义的雅各（James the Righteous），是来自耶路撒冷的雅各（James of Jerusalem），也即是主耶稣的兄弟雅各（James, the Brother of the Lord, Ἰάκωβος ὁ ἀδελφόθεος）。雅各死于公元 62 年或 69 年，是早期基督教中的一个重要人物。在耶稣死后的几十年中，雅各成了耶路撒冷基督教运动的领袖，被尊为耶路撒冷教会的第一任主教。

26. Robert H. Eisenman, *James, the Brother of Jesus: The Key to Unlocking the Secrets of Early Christianity and the Dead Sea Scrolls* (1st American ed.; New York: Viking, 1997). 参见 Josep O'Callaghan-Martínez, *Cartas Cristianas Griegas del Siglo V* (Barcelona: E. Balmes, 1963)。

（2）耶路撒冷起源说（Jerusalem Origin Hypothesis）主张，古卷是居住在耶路撒冷的犹太人的作品，是在公元70年耶路撒冷圣殿被毁之前，犹太人在逃离罗马人之时，将古卷藏在库姆兰附近洞穴的。德国学者卡尔·海因里希·任斯托夫（Karl Heinrich Rengstorf）首次提出，"死海古卷起源于耶路撒冷圣殿的犹太图书馆"。[27] 哥伯（Norman Golb）的观点是，古卷是耶路撒冷众多图书馆中的文献，并不限于耶路撒冷圣殿图书馆。还有一些学者以古卷中的思想和书写的多样性作为证据，来反对古卷的库姆兰起源之说。[28]

（3）库姆兰撒都该派说（Qumran-Sudducean Hypothesis）相信，在公元70年耶路撒冷圣殿被毁之前，耶路撒冷圣殿的撒都该人曾将古卷藏在洞里。但多数学者如今都反对这个理论，认为这个假设与古卷本身的内容并不一致。许多古卷所反映的观点和习俗，不但与撒都该人的看法大不相同，甚至还弃绝耶路撒冷圣殿的崇拜仪式。

（4）昆兰教派说（Qumran-Sectarian Hypothesis）是从艾赛尼派学说变化出来的。这个学说接受死海古卷是属于住在库姆兰附近的犹太群体，但不肯定该教派就是艾赛尼人。

---

27. Karl Heinrich Rengstorf, *Hirbet Qumran und die Bibliothek vom Toten Meer*, trans. J. R. Wilkie (Stuttgart: W. Kohlhammer, 1960).

28. Norman Golb, "On the Jerusalem Origin of the Dead Sea Scrolls", University of Chicago Oriental Institute (2009), 1-2; Golb, *Who Wrote the Dead Sea Scrolls? The Search for the Secret of Qumran* (New York: Scribner, 1995). 参见 Yizhar Hirschfeld, *Qumran in Context: Reassessing the Archaeological Evidence* (Peabody: Hendrickson Publishers, 2004); Yizhak Magen and Yuval Peleg, *The Qumran Excavations 1993-2004: Preliminary Report* (JSP 6; Jerusalem: Israel Antiquities Authority, 2007).

（5）库姆兰艾赛尼派说（Qumran-Essene Hypothesis）。这个理论最初是由耶路撒冷法国圣经考古学院（Ecole biblique et archeologique francaise）的德沃（Roland Guérin de Vaux）以及波兰的圣经学者米里克（Józef Tadeusz Milik）提出的。[29] 理由如下。首先，古卷与遗址的雷同之处。古卷发现的洞穴非常靠近一个宗教团体居住的废墟。[30] 考古学家经过对该遗迹的发掘和研究，证明有一群犹太团体在公元前 2 世纪与公元 1 世纪期间曾经在此居住。[31] 这个犹太教团体可能就是库姆兰的艾赛尼派（Qumran-Essene）。学者们通过对古卷与遗址的研究和比较，发现了两者之间存在许多相同的地方。例如：古卷的抄写日期与该团体居住的时期一致；洞穴发现的陶器以及陶器上雕刻的字迹与遗址里所发掘的一样。此外，该宗教团体的遗址特征与犹太教的聚餐、洁净礼仪以及经卷的抄写等活动非常吻合。其次，《社团规则》（The Community Rule, 1QS）也被认为是死海古卷中一份属于库姆兰团体的手册。在此手册中，社团内的成员被称为"光明之子"，而社团之外的人皆被视为"黑暗之子"。这些"光明之子"是蒙上帝呼召从众人中分别出来组成的团体。

---

29. Józef Tadeusz Milik, *Ten Years of Discovery in the Wilderness of Judea*（London: SCM, 1959）; Roland de Vaux, *Archaeology and the Dead Sea Scrolls*（Schweich Lectures of the British Academy, 1959; Oxford: Oxford University Press, 1973）.

30. 第四洞穴距离居住的遗址仅咫尺之遥。

31. 在库姆兰遗迹中，考古学家发现了遗留的建筑房屋、会堂、粮仓、陶瓷器具、输水系统、园地以及墓地等，证明曾经有一个宗教社团在此居住过。在一所较大型的古建筑中设有住房、储藏室、厨房、陶器、蓄水池等。其中一间房屋还备有桌椅和墨水池（inkwells），可能是供抄写或写作之用的。德沃将此地称为"写作室"（scriptorium, a place for writing）。此外，在库姆兰还发现了几个犹太人举行洁净礼时所用的浸礼池（הוקמ Mikveh, ritual baths），提供了一个恪守犹太习俗教规的犹太群体在此居住的证据。在所发掘的墓地中，除了大型的葬有男人的坟墓之外，还有小型的葬有妇女和儿童的墓地。

他们共同生活在一起，凡物公用，简朴节俭，严守团规，研读律法，实行圣礼。至于艾赛尼派的起源问题至今尚无定论。它可能是在公元前 2 世纪的马加比起义（Maccabean Revolt）时期中崛起的。希腊化塞琉古帝国的统治者塞琉古四世（Seleucus IV）于公元前 186 年开始对犹太人强施希腊化政策，禁止犹太人的宗教实践，如行割礼和守安息日，并强迫他们拜希腊神像。[32] 到了公元前 167 年，安条克四世（Antiochus IV）不但把犹太教判为非法，而且还下令将耶路撒冷圣殿改为祭祀希腊的奥林匹亚宙斯的神庙（The Temple of Olympian Zeus）。[33] 结果引发了马加比家族领导的犹太人反抗塞琉古帝国统治的起义，并于公元前 165 年取得了独立，建立了哈斯摩尼王朝（Hasmonean Dynasty）。在哈斯摩尼王朝（公元前 164 年—前 63 年）期间，犹太人重新确立了自己的宗教，并扩大了以色列的疆界，致使犹太人减少希腊化的影响。到了公元 66 年，犹太与罗马之间又发生了一场战争。[34] 这场战争是犹太人为脱离罗马的统治而发起的，参战者主要为农民、奴隶以及手工业者。犹太人迅速击退了在耶路撒冷的罗马驻军，亲罗马的亚基帕二世

---

32. 塞琉古四世（Seleucus IV Philopator, ? —公元前 175 年），于公元前 187 年—前 175 年在位。塞琉古四世的继任者是安条克四世。

33. 安条克四世约公元前 215 年—前 164 年）于公元前 175 年至前 164 年期间统治塞琉古帝国。安条克四世是安条克三世（Antiochus III the Great, 约公元前 241 年—约前 187 年，统治期间为公元前 222 年至前 187）第三子，登基后改名为安条克。安条克四世在位期间发生的两大事件：1）企图征服埃及之举几乎成功，后在罗马干涉下被迫撤退；2）企图使犹太人希腊化，结果导致马加比起义。参见 *1 Maccabees*。

34. 第一次犹太—罗马战争（The First Jewish-Roman War, 公元 66 年—73 年），也称为犹太人大起义（The Great Revolt）。

（Agrippa II）与加利利的罗马官员一起逃离耶路撒冷。[35] 叙利亚的地方总督带来了叙利亚军队以平息叛乱，但该军队在伯和仑之战（the Battle of Beth Horon）中被犹太人击败，此举震动了罗马。为了平定这场叛乱，罗马皇帝尼禄派韦斯帕先（Vespasian）将军亲自前往镇压。韦斯帕先与其长子提多（Titus Flavius）副将带领了四个军团于公元 67 年入侵加利利。维斯帕先以该撒利亚港（Caesarea Maritima）作为他的总部。公元 70 年，提多带兵攻陷了耶路撒冷。罗马军队所到之处都进行大肆破坏和屠杀，大批犹太人被卖为奴。在犹太和罗马的战争期间，艾赛尼派可能已经预计到罗马军队的入侵。为了保全犹太民族的宗教和文化，他们设法将古卷埋在死海附近干燥的地方。[36]

---

35. 亚基帕二世是大希律王的曾孙，希律亚基帕一世之子。当亚基帕二世的父亲于公元 42 年去世时，他年仅 17 岁。罗马皇帝革老丢就将他留在罗马。亚基帕二世是大希律王朝的第七位和最后一位王。他也被称为希律王亚基帕二世。亚基帕二世效忠于罗马。参见路 3:1；徒 25:13—26:32。

36. H. Stegemann, "The Qumran Essenes-Local Members of the Main Jewish Union in Late Second Temple Times", in J. T. Barrera, L. V. Montaner（eds.）, *The Madrid Qumran Congress: Proceedings of the International Congress on the Dead Sea Scrolls Madrid 18-21 March, 1991*（2 vols.; STDJ 11; Leiden/New York/ Koln and Madrid: E. J. Brill and Universidad Complutense, 1992）, 1.83-166。G. Vermes, *The Dead Sea Scrolls: Qumran in Perspective*（2nd ed.; London: SPCK, 1982.1st ed.1977）. A. S. van der Woude, "Fifty Years of Qumran Research", in *DSSFY*, I.1-45. J. Murphy-O'Connor, "An Essene Missionary Document? CD II, 14-VI, 1", *Revue Biblique* 77（1970）, 201-229; Murphy-O'Connor, "The Essenes and Their History", *Revue Bibliqe* 81（1974）, 215-244; Murphy-O'Connor, "The Damascus Document Revisited", *Revue Biblique* 92（1985）, 223-246. P. R. Davies, *The Damascus Covenant: An Interpretation of the "Damascus. Document"*（JSOTSup 25; Sheffield: Sheffield: Academic Press, 1982）; Davies, *Behind the Essenes: History & Ideology in the Dead Sea Scrolls*（Atlanta, Ga: Scholars Press, 1987）; Davies, *Sects & Scrolls: Essays on Qumran & Related Topics*（South Florida Studies in the History of Judaism134; Atlanta: Scholars Press, 1996）. 参见 J. G. Campbell, "Essene-Qumran Origins in the Exile: A Scriptural Basis?", *Journal of Jewish Studies* 46（1995）, 143-156.

此外，还有古典文献的证明。公元 1 世纪有两位著名的犹太学者，即希腊化的犹太哲学家斐洛 [37] 和犹太历史学家约瑟夫 [38] 他们在著作中所记载的艾赛尼人与死海古卷中的《社团规则》所描述的社团非常相似。此外，非犹太学者罗马地理学家大普林尼也记载了艾赛尼社团居住于死海的西岸即耶利哥和隐基底之间的事。该派主张灵魂不死以及与天使一同崇拜的神秘学说。斐洛、约瑟夫和罗马地理学家大普林尼皆把艾赛尼派形容为隐修的苦行教徒。死海古卷因此可能是属于艾赛尼派的藏书。

斐洛在《每个正直的人都是自由的》这部著作中提到了艾赛尼人：[39] 那部分被称为艾赛尼人的，在我看来，他们的数目超过四千人以上。艾赛尼之称源于他们的虔诚，但不是按照标准的希腊方言。因为他们首要的是致力于服奉上帝的男人，不祭献活牲畜，而是专研经卷以保持他们的灵魂处于圣洁和纯净的状态。首先，这些人居住在乡村，远离所有城市……他们杜绝一切来自世间那无法治愈的邪恶、诱因与贪婪，并全心投入利人利己的和平事业中。他们不存金银，也不求富裕，只提供简单的生活所需；他们的生活方式虽清贫节俭，但在精神上却知

---

37. 斐洛（约公元前 20 年—公元 50 年）试图融合希腊哲学与犹太哲学。他用柏拉图主义，新斯多亚主义来解释犹太教经典。按照斐洛，上帝是纯存的和超验的；上帝和世界是通过神秘的逻格斯（Logos）为中介而联系起来的。参见章雪富，《斐洛思想导论（I）：两希文明视野中的犹太哲学》（北京：中国社会科学出版社，2006）。

38. 约瑟夫（公元 38 年—约 93/100 年），全名为提多·弗拉维斯·约瑟夫（Titus Flavius Josephus）。著有：《犹太古史》（*Antiquitates judaicae*, The Jewish Antiquities），《犹太战记》（*Bellum judaicum*, The Jewish War），《驳阿皮安》（Against Apion），及其自传《约瑟夫生平》（*josephi vita*, The Life of Josephus）。

39. 参见斐洛，《为犹太人辩护》（*Apologia pro Iudaeis*, Apology for the Jews），4-13。

足富有。他们不携带任何武器，平等相处，彼此相助。[40]

---

40. 斐洛（Philo），《每个正直的人都是自由的》（*Quod omnis probus liber sit*, "Every Good Man is Free"），12.75-87: "Moreover Palestine and Syria too are not barren of exemplary wisdom and virtue, which countries no slight portion of that most populous nation of the Jews inhabits. There is a portion of those people called Essenes, in number something more than four thousand in my opinion, who derive their name from their piety, though not according to any accurate form of the Grecian dialect, because they are above all men devoted to the service of God, not sacrificing living animals, but studying rather to preserve their own minds in a state of holiness and purity. These men, in the first place, live in villages, avoiding all cities on account of the habitual lawlessness of those who inhabit them, well knowing that such a moral disease is contracted from associations with wicked men, just as a real disease might be from an impure atmosphere, and that this would stamp an incurable evil on their souls. Of these men, some cultivating the earth, and others devoting themselves to those arts which are the result of peace, benefit both themselves and all those who come in contact with them, not storing up treasures of silver and of gold, nor acquiring vast sections of the earth out of a desire for ample revenues, but providing all things which are requisite for the natural purposes of life; for they alone of almost all men having been originally poor and destitute, and that too rather from their own habits and ways of life than from any real deficiency of good fortune, are nevertheless accounted very rich, judging contentment and frugality to be great abundance, as in truth they are. Among those men you will find no makers of arrows, or javelins, or swords, or helmets, or breastplates, or shields; no makers of arms or of military engines; no one, in short, attending to any employment whatever connected with war... and there is not a single slave among them, but they are all free... they devote all their attention to the moral part of philosophy, using as instructors the laws of their country which it would have been impossible for the human mind to devise without divine inspiration. Now these laws they are taught at other times, indeed, but most especially on the seventh day, for the seventh day is accounted sacred, on which they abstain from all other employments, and frequent the sacred places which are called synagogues, and there they sit according to their age in classes, the younger sitting under the elder, and listening with eager attention in becoming order. Then one, indeed, takes up the holy volume and reads it, and another of the men of the greatest experience comes forward and explains what is not very intelligible... and thus the people are taught piety, and holiness, and justice, and economy, and the science of regulating the state, and the knowledge of such things as are naturally good, or bad, or indifferent, and to choose what is right and to avoid what is wrong, using a threefold variety of definitions, and rules, and criteria, namely, the love of God, and the love of virtue, and the love of mankind. Accordingly, the sacred volumes present an infinite number of instances of the disposition devoted to the love of God, and of a continued and uninterrupted purity throughout the whole of life... In the first place, then, there is no one who has a house so absolutely his own private property, that it does not in some sense also belong to every（转下页）

根据约瑟夫在《犹太战记》中的记载，犹太人分为法利赛人（Φαρισαῖοι, Pharisees）、撒都该人（Σαδδουκαῖοι, Sadducees）和艾赛尼人（Ἐσσήνοι, Essenes）三大派系（philosophical sects）。其中的艾赛尼人被描述为严守纪律，拒绝邪恶欲望，以美德征服情感，节制有度。他们自己虽忽视婚姻，却选择他人的孩子，并尊重和教导他们，使他们接受自己的生活方式。他们不完全否定健全的婚姻，从而使人类可以延续不断。但他们防止女性的淫荡行为。因此，艾赛尼派以圣洁、敬虔以及注重群体之间的生活与联系而闻名。[41] 此外，约瑟夫还提到了艾赛尼派的另一个分支（ἕτερον Ἐσσηνῶν τα´γμα, another order of Essens），他们的生活方式、习俗和律法与其余

（接上页）one: for besides that they all dwell together in companies, the house is open to all those of the same notions, who come to them from other quarters; then there is one magazine among them all; their expenses are all in common; their garments belong to them all in common; their food is common… and those who are sick are not neglected because they are unable to contribute to the common stock, inasmuch as the tribe have in their public stock a means of supplying their necessities and aiding their weakness, so that from their ample means they support them liberally and abundantly; and they cherish respect for their elders, and honour them and care for them, just as parents are honoured and cared for by their lawful children: being supported by them in all abundance both by their personal exertions, and by innumerable contrivances. "

41. 约瑟夫，《犹太战记》(*Bellum judaicum*), 2.119: "For there are three philosophical sects among the Jews. The followers of the first of which are the Pharisees; of the second, the Sadducees; and the third sect, which pretends to a severer discipline, are called Essens. These last are Jews by birth, and seem to have a greater affection for one another than the other sects have. These Essens reject pleasures as an evil, but esteem continence, and the conquest over our passions, to be virtue. They neglect wedlock, but choose out other persons children, while they are pliable, and fit for learning, and esteem them to be of their kindred, and form them according to their own manners. They do not absolutely deny the fitness of marriage, and the succession of mankind thereby continued; but they guard against the lascivious behavior of women, and are persuaded that none of them preserve their fidelity to one man."

的艾赛尼人皆相同无异，唯独在婚姻的观点上有所不同。他们认为，人若不婚，将断绝了人类繁衍后代延续生命的福分与前景。不仅如此，假使每个男人都持守独身的看法，整个人类将会尽快灭绝。然而，在结婚之前，男人需要观察他的配偶三年；她要经过三段洁净期以证实有正常的生育能力。但他们不会与怀孕的妻子同房，藉以表明他们结婚并非贪图享乐，而仅为生儿育女。女人要穿戴衣服沐浴，如同男人缠裹腰布沐浴一般。这些都是艾赛尼人的习俗。[42]

同样的，约瑟夫在《犹太古史》中又描述了艾赛尼人的教义：凡事都交在上帝的手中。他们相信灵魂不灭与努力行义。他们以一种不同的洁净礼仪来献祭。但他们的生活方式比任何人都好。他们只靠耕种土地。他们的品德和正义是值得我们钦佩的，不但远超越常人，甚至是从来没有人如此行的，不论是希腊人或是野蛮人，况且他们不是暂时如此生活，乃是一如既往。他们的制度证明他们凡物公用，以致于贫穷的和富有的共同享用一切所有。他们大约有四千人如此生活，不娶妻子，也不要奴仆。他们认为有奴仆诱使人不义，有妻产生家庭纠纷。

---

42. 约瑟夫，《犹太战记》，2.160: "Moreover, there is another order of Essens, who agree with the rest as to their way of living, and customs, and laws, but differ from them in the point of marriage, as thinking that by not marrying they cut off the principal part of human life, which is the prospect of succession; nay, rather, that if all men should be of the same opinion, the whole race of mankind would fail. However, they try their spouses for three years; and if they find that they have their natural purgations thrice, as trials that they are likely to be fruitful, they then actually marry them. But they do not use to accompany with their wives when they are with child, as a demonstration that they do not many out of regard to pleasure, but for the sake of posterity. Now the women go into the baths with some of their garments on, as the men do with somewhat girded about them. And these are the customs of this order of Essens."

他们彼此互相教导。他们也任命良善的人作管家……派祭司为他们预备食物。艾赛尼人的生活方式非常接近于达西亚人当中的伯利斯泰人。[43]

最后，大普林尼（公元23年—79年）在《博物志》（*Naturalis Historia*，又译《自然史》）中也描述了艾赛尼派的独居特征与地理位置："在死海的西面，远离海岸……独居着艾赛尼人的部落。这个部落显然比世界上所有的其他部落都更特殊，因为它没有女人，完全禁欲，清贫如洗，只与棕榈相依。每天都有成群的难民，由于劳命奔波，被命运驱使到那地方，接受了他们的生活方式，使得这个数目与原有居民的数目一样。因此，经过千世万代，令人难以置信的是，这样的一个没人出生的族群竟然可以永存下去。他人对生命的厌倦，反而让他们得益。位于艾赛尼镇下面的是隐基底的前身，隐基底的肥沃土地

---

43. 约瑟夫，《犹太古史》, 2.18-22: "The doctrine of the Essens is this: That all things are best ascribed to God. They teach the immortality of souls, and esteem that the rewards of righteousness are to be earnestly striven for; and when they send what they have dedicated to God into the temple, they do not offer sacrifices because …they are excluded from the common court of the temple, but offer their sacrifices themselves… It also deserves our admiration, how much they exceed all other men that addict themselves to virtue, and this in righteousness; and indeed to such a degree, that as it hath never appeared among any other men, neither Greeks nor barbarians, no, not for a little time, so hath it endured a long while among them. This is demonstrated by that institution of theirs, which will not suffer any thing to hinder them from having all things in common; so that a rich man enjoys no more of his own wealth than he who hath nothing at all. There are about four thousand men that live in this way, and neither marry wives, nor are desirous to keep servants; as thinking the latter tempts men to be unjust, and the former gives the handle to domestic quarrels; but as they live by themselves, they minister one to another. They also appoint certain stewards to receive the incomes of their revenues, and of the fruits of the ground; such as are good men and priests, who are to get their corn and their food ready for them. They none of them differ from others of the Essens in their way of living, but do the most resemble those Dacae who are called Polistae〔dwellers in cities〕."

和棕榈树林仅次于耶路撒冷，但现在它也像耶路撒冷一样，成为一堆灰烬。接下来的是马萨达，也在死海的不远处，是在岩石上的一个堡垒。"[44]

大普林尼的这段描述不仅呼应了斐洛和约瑟夫所描述的独身生活与社群主义，而且还引导我们到西部海岸的死海，靠近隐基底（Ein-Gedi）的艾赛尼。[45] 多数学者的结论是，这个位置肯定是库姆兰废墟。

然而，这个库姆兰艾赛尼派假设（the Qumran-Essene Hypothesis）随着 1991 年第四洞穴（Cave 4）的发掘，开始产生了变化。自从第四洞穴的文献面世之后，库姆兰艾赛尼派这个假设也就受到更大的挑战了。

四、死海古卷的意义

死海古卷的发现对关于圣经、犹太教、耶稣和基督教的理解与研究，具有重大的价值和意义。这些文本的重要性可以归纳为以下几方面。

---

44. 大普林尼（Pliny the Elder），《博物志》5.15.73: "On the west side of the Dead Sea, but out of range of the noxious exhalations of the coast, is the solitary tribe of the Essenes, which is remarkable beyond all the other tribes in the whole world, as it has no women and has renounced all sexual desire, has no money, and has only palm trees for company. Day by day the throng of refugees is recruited to an equal number by numerous accessions of persons tired of life and driven thither by the waves of fortune to adopt their manners. Thus through thousands of ages (incredible to relate) a race in which no one is born lives on for ever: so prolific for their advantage is other men's weariness of life! Lying below the Essenes was formerly the town of Engedi, second only to Jerusalem in the fertility of its land and in its groves of palm-trees, but now like Jerusalem a heap of ashes. Next comes Masada, a fortress on a rock, itself also not far from the Dead Sea."

45. "Ein-Gedi" 中文和合本圣经译为 "隐基底"。艾赛尼（Essene）的拉丁文是 essenos。

（1）圣经文本。死海古卷发现之前，旧约圣经的资料来源只有希伯来文的《马所拉文本》(Masoretic Text, MT)，希腊文的《七十士译本》(Septuagint, LXX) 和拉丁文的《武加大译本》(Vulgate)。当时最古老的希伯来文手稿是《马所拉文本》，它属于公元 9 世纪的手抄本，不是原始版本；但自从死海古卷发现以后，旧约的原本资料可以追溯到公元前 3 世纪（约公元前 250 年—公元 68 年 ）。

（2）犹太教。第一，犹太教派的复杂化：从公元前 1 世纪至公元 1 世纪，犹太种族、社会、宗教趋于多元化。犹太教的派别就有好几个。因此，不能简单地将犹太教归纳为一个统一的体系，应该注意早期犹太教各派别的活动、理念和发展。第二，库姆兰文献特别有助于学者了解早期犹太教的思想发展。这个背景可以在保罗书信的一些言论中发现。这些古代文献所展示的犹太社群及其生活和思想的方式，肯定有助于认识和理解第一批基督徒的世界观。再者，库姆兰文献的发现也明显对研究犹太教的末世观念有很大的贡献。公元前 1 世纪的犹太教以及库姆兰社群都有盼望弥赛亚来临及其复兴以色列国的思想。这也是耶稣在世时，其门徒的思想背景。

（3）耶稣和基督教。第一，虽然死海古卷不是由基督徒所写，但是这些文献与最早期基督徒社群的起源是相关的。这是因为古卷中的一些文本与最早的新约文本有不少类似之处（包括内容、信息、思想、语言和措辞）。从 19 世纪末到 20 世纪中左右，也即是涵盖了死海古卷被发现那半个世纪，不少新约圣经学者，尤其是欧洲大陆的，曾经过于片面地强调希腊文化和思想，包括诺斯替派，对原始基督教包括保罗在内的影响。自死海古卷等重要文献面世以后，这个强调基督教希腊色彩的观点才渐渐被纠正过来。原始基督教的犹太背景和本质，现在已经是新约研究的主流观点和思想。第二，古卷对早期基督教的研究意义，不仅限于第一世纪，第二、三世纪的研究也在迅速地发展。库姆兰和中国的吐鲁番（Turfan）都有一部"巨人之书"，这两者都可能与摩尼教（Manichaeism）有关。库姆兰发现的一些思想也涉及了第二、三世纪的"诺斯替"文学。有关新约和古卷的关系的说法虽然已经很多，这一方面的研究仍旧继续在发开展。学者们从单一文件的多个副本中可以看出，当时文件的传播以及处理的方式是很多的。一个明显的情况是，文本的抄写者（scribes）在抄写的过程中具有高度的灵活性去改变文本或给文本添加内容。这个新的证据提供了重要的背景，帮助学者进一步理解新约三部"对观福音"（Synoptic Gospels）在文本和书写之间的关系。这是古卷对新约研究的另一个贡献。在过去二十年中，库姆兰研究的成果也增强了人们对智慧文学发展的认识。智慧研究在这个时代的戏剧性变化还得赶上早期基督教智慧的研究，特别是有关福音书那些"Q"资料的来源以及雅各书信的问题。第三，保罗与死海古卷。自从桑德斯的著作《保罗与巴勒斯坦犹太教》问世以后，保罗思想及其书信的研究展开了新方向，保罗的犹太根源重新得到重视。有些学者将保罗的某些思想与死海古卷的内容作了比较之后，便作出了保罗不是《以弗所书》《歌罗西书》以及教牧书信原作者的结论，虽然这个结论在学术界仍有争议。第四，基督的独特性。

有些学者认为死海古卷对圣经正典的权威提出挑战，尤其是新约圣经。可是，一些学者的研究表明，死海古卷的发现其实并未削弱基督的独特性。基督的独特性并非是因为他与众不同，而是在于他的言行在圣经中都能找到根据。此外，基督的神圣来源，为人赎罪的代死，以及死而复活，也非常明确地证实了他的独特性。

五、小结

死海古卷自发现起，就一直成为学术界一个非常有意义和兴趣的话题，这个热潮一直持续到现在。学者们不仅执迷于古卷，而且还继续对这些文献进行激烈的争辩。[46]

库姆兰的发现在研究上的创新，目前正朝向若干令人兴奋的方向。MladenPopović, Lambert Schomaker 和 Hans van der Plicht 荣获得了欧洲研究理事会的授权，涉及数码研究方法的开发和应用，对死海古卷的古文字学的分析（a palaeographical analysis）。他们使用人工智能和碳素年代测定法等新技术，结合古文字的研究，尝试揭示死海古卷文本背后每位作者的身份。死海古卷的数码化，使得学者能够近距离接触和观察第二圣殿

---

46. John J. Collins, *Beyond the Qumran Community: The Sectarian Movement of the Dead Sea Scrolls*（Grand Rapids: Eerdmans, 2009）; 同上，*The Dead Sea Scrolls: A Biography*（Princeton: Princeton University Press, 2012）; 同上，*Early Judaism: A Comprehensive Overview*（2nd revised ed.; Grand Rapids, MI: Eerdmans, 2013）. Benjamin G.Wold, "Family Ethics in 4QInstruction and the New Testament", *NovT* 50（2008）: 286-300; 同上，" 'Flesh' and 'Spirit' in Qumran Sapiential Literature as the Background to the Use in Pauline Epistles", *ZNW* 106.2（2015）: 262-79; 同上，"Is the 'Firstborn Son' in 4Q369 a Messiah? The Evidence from 4QInstruction." *Revue de Qumran* 29/1（2017）, 3-20; 同上，*4QInstruction: Divisions and Hierarchies*（Leiden; Boston: Brill, 2018）.

时期最古老的文本。

从库姆兰中获取的古物和未经审查的碎片也已经受到多方的关注。2017 年 24/2 期的《死海发现》(Dead Sea Discoveries) 就有三篇关于这个主题的文章。最近一些未经证实的碎片可能是伪造的问题，也在学者们的研究领域中。

社会学模型早就已经应用于古卷的研究，最显著的是从马克斯·韦伯到布莱恩·威尔逊的所提及的"派别主义"问题。跨学科方法的社会学层面将会继续发现一些很有趣的问题。在这方面，心理学也已经提出了新的问题。例如，人的"自我"（self）和一个人的"内在"（the interior）问题在"古卷"中是如何构建起来的。

📚 推荐书目

Atwill, J., S. Braunheim, and R. Eisenman, "Redating the Radiocarbon Dating of the Dead Sea Scrolls", *DSD* 11/2 (2004), 143-157.

Baumgarten, Joseph M., Jozef T. Milik, Stephen Pfann, Ada Yardeni (eds.), *Qumran Cave 4 Vol. XIII: The Damascus Document* (*4Q266-273*). Oxford: OUP, 1997.

Baumgarten, Joseph M., Torleif Elgvin, Esther Eshel, Erik Larson, Manfred R. Lehmann (eds.), *Qumran Cave 4 vol. XXXV: Halakhic Texts*. Oxford: OUP, 2000.

Bonani, G., S. Ivy, W. Wölfli, M. Broshi, I. Carmi and J. Strugnell, "Radiocarbon Dating of Fourteen Dead Sea Scrolls", *Radiocarbon* 34 (1992), 843-849.

Broshi, M., and HananEshel, "Radiocarbon dating and 'The Messiah before Jesus'", *Revue de Qumran* 20/2 (2001), 310-317.

Burrows, M., The *Dead Sea Scrolls of St. Mark's Monastery*. New Haven, Conn.: ASOR, 1950.

Burrows, M., *The Dead Sea Scrolls*. New York: Viking Press, 1955.

Campbell, J. G., "Essene-Qumran Origins in the Exile: A Scriptural Basis?", *Journal of Jewish Studies* 46 (1995), 143-156.

Campbell, Jonathan G., *Deciphering the Dead Sea Scrolls*. Oxford: Blackwell, 2002.

Carmi, I., "Radiocarbon Dating of the Dead Sea Scrolls", in Lawrence H. Schiffman, Emanuel Tov, and James C. VanderKam (eds.), *The Dead Sea Scrolls: Fifty Years after their Discovery, 1947-1997* (Jerusalem: Israel Exploration Society & The Shrine of the Book, 2000), 881-888.

Carmi, I., "Are the (super 14) C dates of the Dead Sea Scrolls Affected by Castor Oil Contamination?", *Radiocarbon* 44/1 (2002), 213-216 (Response to Rasmussen et al. 2001.

Collins, John J., *Beyond the Qumran Community: The Sectarian Movement of the Dead Sea Scrolls* (Grand Rapids: Eerdmans, 2009).

Collins, John J., *The Dead Sea Scrolls: A Biography* (Princeton: Princeton University Press, 2012).

Collins, John J., *Early Judaism: A Comprehensive Overview* (2nd revised ed.; Grand Rapids, MI: Eerdmans, 2013).

Davies, P. R., *The Damascus Covenant: An Interpretation of the "Damascus Document"*. JSOTSup 25; Sheffield: JSOT, *1983*.

Davies, P. R., *Behind the Essenes: History & Ideology in the Dead Sea Scrolls*. Atlanta, Ga: Scholars Press, 1987.

Davies, P. R., *Sects & Scrolls: Essays on Qumran & Related Topics*. South Florida Studies in the History of Judaism 134; Atlanta: Scholars Press, 1996.

Davies, Phillip R., George J. Brooke and Phillip R. Callaway, *The Complete World of the Dead Sea Scrolls*. London: Thames and Hudson, 2002.

Doudna, G., "Dating the Scrolls on the Basis of Radiocarbon Analysis", in Peter W. Flint and James C. Vander Kam (eds.), *The Dead Sea Scrolls after Fifty Years*, vol.1 (Leiden: Brill, 1998), 430-471.

Doudna, G., "Carbon-14 Dating", in Lawrence Schiffman, Emanuel Tov, & J. VanderKam (eds.), vol.1, *Encyclopedia of the Dead Sea Scrolls* (Oxford: 2000).

Eisenman, Robert H., *James, the Brother of Jesus: The Key to Unlocking the Secrets of Early Christianity and the Dead Sea Scrolls*. New York: Viking, 1997.

Evans, Craig A., *Guide to the Dead Sea Scrolls*. Nashville: B & H Publishing Group, 2010.

Fields, W. W., "Discovery and Purchase", in L. H. Schiffman, John. C. VanderKam (eds.), *Encyclopedia of the Dead Sea Scrolls* (2 vols.; New York: Oxford University Press, 2000), 1.211.

Fitzmyer, J. A., *The Dead Sea Scrolls: Major publications and Tools for Study*. Missoula, MT: Scholars Press, 1977.

Golb, Norman, *Who Wrote the Dead Sea Scrolls? The Search for the Secret of Qumran*. New York: Scribner, 1995.

Golb, Norman, "On the Jerusalem Origin of the Dead Sea Scrolls", *University of Chicago Oriental Institute* (2009), 1-2.

Grossman, Maxine L. (ed.), *Rediscovering the Dead Sea Scrolls: An Assessment of Old and New Approaches and Methods*. Grand Rapids: William B. Eerdmans, 2010.

Hempel, Charlotte, *The Damascus Texts*. Sheffield: Sheffield Academic Press, 2000.

Hirschfeld, Yizhar, *Qumran in Context: Reassessing the Archaeological Evidence*. Peabody: Hendrickson Publishers, 2004.

Humbert, Jean-Baptiste and Alain Chambon (eds.), *The Excavations of Khirbet Qumran and Ain Feshkha: Synthesis of Roland de Vaux's Field Notes IB*. NTOA.SA 1B. English edition translated and revised by Stephen J. Pfann; Switzerland: University Press Fribourg Switzerland and Vandenhoeck & Ruprecht Gottingen, 2003.

Jull, A. J. T., D. J. Donahue, M. Broshi, and Emanuel Tov, "Radiocarbon

Dating of Scrolls and Linen Fragments from the Judean Desert",
Radiocarbon 37 (1995), 11-19.

Lim, Timothy H., *Dead Sea Scrolls: A Very Short Introduction*. Oxford: OUP, 2005.

Lim, Timothy H. and John J. Collins (eds.), *The Oxford Handbook of the Dead Sea Scrolls*. Oxford: Oxford University Press, 2010.

Magen, Yizhak and Yuval Peleg, *The Qumran Excavations 1993-2004: Preliminary Report*. JSP 6; Jerusalem: Israel Antiquities Authority, 2007.

Magness, Jodi, *The Archaeology of Qumran and the Dead Sea Scroll*. Grand Rapids, MI: Eerdmans, 2002.

Magness, Jodi, *Debating Qumran: Collected. Essays on Its Archaeology*. Leuven: Peeters, 2004.

Maier, Johann, *The Temple Scroll*. JSOTSup 34; Sheffield: JSOT Press, 1985.

Martinez, Florentino Garcia, *The Dead Sea Scrolls Translated: The Qumran Texts in English*, trans. Wilfred G. E. Watson. Leiden: E. J. Brill, 1994.

Milik, Józef Tadeusz, *Ten Years of Discovery in the Wilderness of Judea*. London: SCM, 1959; Roland de Vaux, *Archaeology and the Dead Sea Scrolls*. Schweich Lectures of the British Academy, 1959; Oxford: Oxford University Press, 1973.

Murphy-O'Connor, J., "An Essene Missionary Document? CD II, 14-VI, 1", *Revue Biblique* 77 (1970), 201-229.

Murphy-O'Connor, J., "The Essenes and their History", *Revue Biblique* 81 (1974), 215-244.

Murphy-O'Connor, J., "The Damascus Document Revisited", *Revue Biblique* 92 (1985), 223-246.

Newsom, Carol, "Songs of the Sabbath Sacrifice", in Lawrence H. Schiffman and James C. VanderKam (eds.), *Encyclopedia of the Dead Sea Scrolls*. Oxford: Oxford University Press, 2000.

O'Callaghan-Martínez, Josep, *Cartas Cristianas Griegas del Siglo V*. Barcelona: E. Balmes, 1963.

Rabin, C., *The Zadokite Documents*, I: the Admonition, II: the Laws. 2nd ed.; Oxford: Clarendon, 1958. Paul Kahle, *The Cairo Genizah*. Oxford: Blackwell, 1959.

Rasmussen, K. L., van der Plicht, J., Cryer, F.C., Doudna, G., Cross, F.M., and Strugnell, J., "The Effects of Possible Contamination on the Radiocarbon Dating of the Dead Sea Scrolls", *Radiocarbon* 43, 1 (2001)127-132.

Rasmussen, K. L., van der Plicht, G. Doudna, F. M. Cross, and J. Strugnell, "Reply to Israel Carmi: 'Are the (super 14) C dates of the Dead Sea Scrolls affected by castor oil contamination?'", *Radiocarbon* 45/3 (2003), 497-499 (Reply to Carmi 2002) .

Reif, Stefan, "Cairo Genizah", in *Encyclopaedia of the Dead Sea Scrolls*, vol.1, ed. L. H. Schiffman and J. C. VanderKam. Oxford: OUP: 2000.

Rengstorf, Karl Heinrich, *Hirbet Qumran und die Bibliothek vom Toten Meer*, trans. J. R. Wilkie. Stuttgart: W. Kohlhammer, 1960.

Rowley, H. H., *The Zadokite Fragments and the Dead Sea scrolls*. Oxford: Blackwell, 1952.

Schechter, Solomon, *Documents of Jewish Sectaries*, Volume 1, Fragments of a Zadokite I/Vork. Cambridge: Cambridge University Press, 1910; repr. with prolegomenon by Joseph A. Fitzmyer; The Library of Biblical Studies; New York: Ktav, 1970.

Schiffman, Lawrence H., *The Eschatological Community of the Dead Sea Scrolls*. Atlanta: Scholar's Press, 1989.

Schiffman, Lawrence H., *Reclaiming the Dea Sea Scrolls: The History of Judaism, the Background of Christianity, the Lost Library of Qumran*. New York: Double Day Publishing Group, Inc. 1994.

Schiffman, Lawrence H., "Rule of the Congregation", in Lawrence H. Schiffman and James C. Vanderkam (eds.), *The Encyclopedia of the Dead Sea Scrolls* (Oxford: Oxford University Press, 2000), 797-798.

Shanks, H., *The Dead Sea Scrolls: What They Really Say*. Biblical Archaeology Society, 2007.

Stegemann, H., "The Qumran Essenes—Local Members of the Main Jewish Union in Late Second Temple Times", in J. T. Barrera, L. V.

Montaner (eds.), *The Madrid Qumran Congress: Proceedings of the International Congress on the Dead Sea Scrolls Madrid 18-21 March, 1991* (2 vols.; STDJ 11; Leiden/New York/ Koln and Madrid: E. J. Brill and Universidad Complutense, 1992), 1.83-166.

Trever, J. C., *The Untold Story of Qumran.* Westwood, NJ: Revell, 1965.

Trever, J. C., *The Dead Sea Scrolls: A Personal Account.* Piscataway, NJ: Gorgias Press, 2003.

Vanderkam, James C., *The Dead Sea Scrolls Today* (London/Grand Rapids, MI: SPCK/Eerdmans, 1994), 29-69.

Vanderkam, James C., "The Damascus Document", in M. Wise, M. Abegg and E. Cook (eds.), *The Dead Sea Scrolls: A New Translation* (New York: Harper Collins, 1996), 49-74.

Vander Kam James C. & Peter Flint, *The Meaning of the Dead Sea Scrolls.* New York: HarperSanFrancisco, 2002.

van der Plicht, Johannes, "Radiocarbon Dating and the Dead Sea Scrolls: A Comment on 'Redating'", *DSD* 14/1 (2007), 77-89 (This is a response to Atwill et al.) .

van der Woude, A. S., "Fifty Years of Qumran Research", in Peter W. Flint and James C. VanderKam (eds.), *The Dead Sea Scrolls after Fifty Years*, vol.1 (Leiden: Brill, 1998), 1-45.

Vermes, G., *The Dead Sea Scrolls: Qumran in Perspective.* London: SPCK, 1982.

Wise, Michael O., Martin G Abegg Jr., and Edward M. Cook, *The Dead Sea Scrolls: A New Translation* (rev. ed.; San Francisco: Harper SanFransisco, 1996), 350-376.

Wise, Michael O., Martin G. Abegg Jr., and Edward M. Cook (eds.), *The Dead Sea Scrolls: A New Translation.* San Francisco: Haper SanFrancisco, 2005.

Wold, B. G., *Women, Men and Angels: The Qumran Wisdom Document Musar leMevin and its Allusions to Genesis Creation Traditions.* WUNT II/201; Tübingen: Mohr Siebeck, 2005.

Wold, Benjamin G., "Family Ethics in 4QInstruction and the New

Testament", *NovT* 50（2008）: 286-300.

Wold, Benjamin G., " 'Flesh' and 'Spirit' in Qumran Sapiential Literature as the Background to the Use in Pauline Epistles", *ZNW* 106.2（2015）: 262-279.

Wold, Benjamin G., "Is the 'Firstborn Son' in 4Q369 a Messiah? The Evidence from 4QInstruction." *Revue de Qumran* 29/1（2017）, 3-20.

Wold, Benjamin G., *4QInstruction: Divisions and Hierarchies*. Leiden; Boston: Brill, 2018.

保罗与保罗书信

图书在版编目(CIP)数据

保罗与保罗书信/施文华著. —上海:上海三联书店,
2022.12 重印
ISBN 978-7-5426-7192-9

Ⅰ.①保… Ⅱ.①施… Ⅲ.①圣保罗(Saint Paul 约 3-67)
-生平事迹 ②《圣经》-研究 Ⅳ.①B979.919.85 ②B971

中国版本图书馆 CIP 数据核字(2020)第 234443 号

保罗与保罗书信

著　　者 / 施文华

责任编辑 / 李天伟
装帧设计 / 徐　徐
监　　制 / 姚　军
责任校对 / 王凌霄

出版发行 / 上海三联书店
　　　　　(200030)中国上海市漕溪北路 331 号 A 座 6 楼
邮购电话 / 021-22895540
印　　刷 / 上海展强印刷有限公司

版　　次 / 2022 年 1 月第 1 版
印　　次 / 2022 年 12 月第 2 次印刷
开　　本 / 640mm×960mm　1/16
字　　数 / 530 千字
印　　张 / 49.75
书　　号 / ISBN 978-7-5426-7192-9/B・703
定　　价 / 128.00 元

敬启读者,如发现本书有印装质量问题,请与印刷厂联系 021-66366565